我认为我最重要的贡献是什么？

- 早在60年前，我就认识到管理已经成为组织社会的基本器官和功能；

- 管理不仅是"企业管理"，而且是所有现代社会机构的管理器官，尽管管理最初侧重于企业管理；

- 我创建了管理这门独立的学科；

- 我围绕着人与权力、价值观、结构和方式来研究这一学科，尤其是围绕着责任。管理学科是把管理当作一门真正的人文艺术。

彼得·德鲁克
1999年1月18日

注：资料原件打印在德鲁克先生的私人信笺上，并有德鲁克先生亲笔签名，现藏于美国德鲁克档案馆。为纪念德鲁克先生，本书特收录这一珍贵资料。本资料由德鲁克管理学专家那国毅教授提供。

彼得·德鲁克和妻子多丽丝·德鲁克

德鲁克妻子多丽丝寄语中国读者

在此谨向广大的中国读者致以我诚挚的问候。本书深入介绍了德鲁克在管理领域的多种理念和见解。我相信他的管理思想得以在中国广泛应用，将有赖于出版及持续的教育工作，从而令更多人受惠于他的馈赠。

盼望本书可以激发各位对构建一个令人憧憬的美好社会的希望，并推动大家在这一过程中积极发挥领导作用，他的在天之灵定会备感欣慰。

Doris Drucker

注：本页照片和多丽丝寄语原文与亲笔签名由北京光华博雅管理研修学院提供。

管　理

（原书修订版）

［美］ 彼得·德鲁克　著
约瑟夫·A.马恰列洛　修订

辛弘　译

Management
(Revised Edition)

彼得·德鲁克全集

机械工业出版社
CHINA MACHINE PRESS

图书在版编目（CIP）数据

管理（原书修订版）/（美）彼得·德鲁克（Peter F. Drucker）著；（美）约瑟夫·A. 马恰列洛（Joseph A. Maciariello）修订；辛弘译 . —北京：机械工业出版社，2020.6（2024.3 重印）

（彼得·德鲁克全集）

书名原文：Management（Revised Edition）

ISBN 978-7-111-65765-1

I. 管… II. ① 彼… ② 约… ③ 辛… III. 企业管理 IV. F272

中国版本图书馆 CIP 数据核字（2020）第 094648 号

北京市版权局著作权合同登记 图字：01-2009-2479 号。

Peter F. Drucker. Management, Revised Edition.

Copyright © 1973, 1974 by Peter F. Drucker and MANAGEMENT, REVISED EDITION. Copyright © 2008 by the Peter F. Drucker Literary Trust. Foreword Copyright © 2008 by Jim Collins.

Chinese (Simplified Characters only) Trade Paperback Copyright © 2020 by China Machine Press.

本书两面插页所用资料由彼得·德鲁克管理学院和那国毅教授提供。封面中签名摘自德鲁克先生为彼得·德鲁克管理学院的题词。

管理（原书修订版）

出版发行：机械工业出版社（北京市西城区百万庄大街 22 号 邮政编码：100037）

责任编辑：岳晓月　　　　　　　　　　　　责任校对：殷　虹

印　　刷：北京建宏印刷有限公司　　　　　版　　次：2024 年 3 月第 1 版第 3 次印刷

开　　本：170mm×230mm 1/16　　　　　印　　张：45.25

书　　号：ISBN 978-7-111-65765-1　　　　定　　价：159.00 元

客服电话：（010）88361066 68326294

| 目　录 |

第一部分　│　**管理的新现实**

第四部分 │ **高效率的工作与有成就的员工**

第五部分　│　**社会影响、社会责任及新多元化**

第六部分　│　**管理者的工作与职责**

第九部分 | **管理组织**

功能正常的社会和博雅管理

为"彼得·德鲁克全集"作序

享誉世界的"现代管理学之父"彼得·德鲁克先生自认为,虽然他因为创建了现代管理学而广为人知,但他其实是一名社会生态学者,他真正关心的是个人在社会环境中的生存状况,管理则是新出现的用来改善社会和人生的工具。他一生写了 39 本书,只有 15 本书是讲管理的,其他都是有关社群(社区)、社会和政体的,而其中写工商企业管理的只有两本书(《为成果而管理》和《创新与企业家精神》)。

德鲁克深知人性是不完美的,因此人所创造的一切事物,包括人设计的社会也不可能完美。他对社会的期待和理想并不高,那只是一个较少痛苦,还可以容忍的社会。不过,它还是要有基本的功能,为生活在其中的人提供可以正常生活和工作的条件。这些功能或条件,就好像一个生命体必须具备正常的生命特征,没有它们社会也就不成其为社会了。值得留意的是,社会并不等同于"国家",因为"国(政府)"和"家(家庭)"不可能提供一个社会全部必要的职能。在德鲁克眼里,功能正常的社会至少要由三大类机构组成:政府、企业和非营利机构,它们各自发挥不同性质的作用,每一类、每一个机构中都要有能解决问题、令机构创造出独特绩效的权力中心和决策机制,这个权力中心和决策机制同时也要让机构里的每个人各得其所,既有所担当、做出贡献，又得到生计和身份、地位。这些在过去的国家中从来没有过的权力中心和决策机制，或者说新的"政体"，就是"管理"。在这里德鲁克把企业和非营利机构中的管理体制与政府的统治体制统称为"政体"，是因为它们都掌握权力，但是，这是两种性质截然不同的权力。企业和非营利机构掌握的，是为了提供特定的产品和服务，而调配社会资源的权力，政府所拥有的，则是整个社会公平的维护、正义的裁夺和干预的权力。

在美国克莱蒙特大学附近，有一座小小的德鲁克纪念馆，走进这座用他的故居改成的纪念馆，正对客厅入口的显眼处有一段他的名言：

> 在一个由多元的组织所构成的社会中，使我们的各种组织机构负责任地、独立自治地、高绩效地运作，是自由和尊严的唯一保障。有绩效的、负责任的管理是对抗和替代极权专制的唯一选择。

当年纪念馆落成时，德鲁克研究所的同事们问自己，如果要从德鲁克的著作中找出一段精练的话，概括这位大师的毕生工作对我们这个世界的意义，会是什么？他们最终选用了这段话。

如果你了解德鲁克的生平，了解他的基本信念和价值观形成的过程，你一定会同意他们的选择。从他的第一本书《经济人的末日》到他独自完成的最后一本书《功能社会》之间，贯穿着一条抵制极权专制、捍卫个人自由和尊严的直线。这里极权的极是极端的极，不是集中的集，两个词一字之差，其含义却有着重大区别，因为人类历史上由来已久的中央集权统治直到20世纪才有条件变种成极权主义。极权主义所谋求的，是从肉体到精神，全面、彻底地操纵和控制人类的每一个成员，把他们改造成实现个别极权主义者梦想的人形机器。20世纪给人类带来最大灾难和伤害的战争和运动，都是极权主义的"杰作"，德鲁克青年时代经历的希特勒纳粹主义正是其中之一。要了解德鲁克的经历怎样影响了他的信念和价值观，最好去读他的《旁观者》；要弄清什么是极权主义和为什么大众会拥护它，可以去读汉娜·阿伦特 1951 年出版的《极权主义的起源》。

好在历史的演变并不总是令人沮丧。工业革命以来，特别是从 1800 年开始，最近这 200 年生产力呈加速度提高，不但造就了物质的极大丰富，还带来了社会结构的深刻改变，这就是德鲁克早在 80 年前就敏锐地洞察和指出的，多元的、组织型的新社会的形成：新兴的企业和非营利机构填补了由来已久的"国（政府）"和"家（家庭）"之间的断层和空白，为现代国家提供了真正意义上的种种社会功能。在这个基础上，教育的普及和知识工作者的崛起，正在造就知识经济和知识社会，而信息科技成为这一切变化的加速器。要特别说明，"知识工作者"是德鲁克创造的一个称谓，泛指具备和应用专门知识从事生产工作，为社会创造出有用的产品和服务的人群，这包括企业家和在任何机构中的管理者、专业人士和技工，也包括社会上的独立执业人士，如会计师、律师、咨询师、培训师等。在 21 世纪的今天，由于知识的应用领域一再被扩大，个人和个别机构不再是孤独无助的，他们因为掌握了某项知识，就拥有了选择的自由和影响他人的权力。知识工作者和由他们组成的知识型组织不再是传统的知识分子或组织，知识工作者最大的特点就是他们的独立自主，可以主动地整合资源、创造价值，促成经济、社会、文化甚至政治层面的改变，而传统的知识分子只能依附于当时的统治当局，在统治当局提供的平台上才能有所作为。这是一个划时代的、意义深远的变化，而且这个变化不仅发生在西方发达国家，也发生在发展中国家。

在一个由多元组织构成的社会中，拿政府、企业和非营利机构这三类组织相互比较，企业和非营利机构因为受到市场、公众和政府的制约，它们的管理者不可能像政府那样走上极权主义统治，这是它们在德鲁克看来，比政府更重要、更值得寄予希望的原因。尽管如此，它们仍然可能因为管理缺位或者管理失当，例如官僚专制，不能达到德鲁克期望的"负责任地、高绩效地运作"，从而为极权专制垄断社会资源让出空间、提供机会。在所有机构中，包括在互联网时代虚拟的工作社群中，知识工作者的崛起既为新的管理提供了基础和条件，也带来对传统的"胡萝卜加大棒"管理方式的挑战。德鲁克正是因应这样的现实，研究、创立和不断完善现代管理学的。

1999年1月18日，德鲁克接近90岁高龄，在回答"我最重要的贡献是什么"这个问题时，他写了下面这段话：

> 我着眼于人和权力、价值观、结构和规范去研究管理学，而在所有这些之上，我聚焦于"责任"，那意味着我是把管理学当作一门真正的"博雅技艺"来看待的。

给管理学冠上"博雅技艺"的标识是德鲁克的首创，反映出他对管理的独特视角，这一点显然很重要，但是在他众多的著作中却没找到多少这方面的进一步解释。最完整的阐述是在他的《管理新现实》这本书第15章第五小节，这节的标题就是"管理是一种博雅技艺"：

> 30年前，英国科学家兼小说家斯诺（C. P. Snow）曾经提到当代社会的"两种文化"。可是，管理既不符合斯诺所说的"人文文化"，也不符合他所说的"科学文化"。管理所关心的是行动和应用，而成果正是对管理的考验，从这一点来看，管理算是一种科技。可是，管理也关心人、人的价值、人的成长与发展，就这一点而言，管理又算是人文学科。另外，管理对社会结构和社群（社区）的关注与影响，也使管理算得上是人文学科。事实上，每一个曾经长年与各种组织里的管理者相处的人（就像本书作者）都知道，管理深深触及一些精神层面关切的问题——像人性的善与恶。

　　管理因而成为传统上所说的"博雅技艺"（liberal art）——是"博雅"（liberal），因为它关切的是知识的根本、自我认知、智慧和领导力，也是"技艺"（art），因为管理就是实行和应用。管理者从各种人文科学和社会科学中——心理学和哲学、经济学和历史、伦理学，以及从自然科学中，汲取知识与见解，可是，他们必须把这种知识集中在效能和成果上——治疗病人、教育学生、建造桥梁，以及设计和销售容易使用的软件程序等。

　　作为一个有多年实际管理经验，又几乎通读过德鲁克全部著作的人，我曾经反复琢磨过为什么德鲁克要说管理学其实是一门"博雅技艺"。我终于意识到这并不仅仅是一个标新立异的溢美之举，而是在为管理定性，它揭示了管理的本质，提出了所有管理者努力的正确方向。这至少包括了以下几重含义：

　　第一，管理最根本的问题，或者说管理的要害，就是管理者和每个知识工作者怎么看待与处理人和权力的关系。德鲁克是一位基督徒，他的宗教信仰和他的生活经验相互印证，对他的研究和写作产生了深刻的影响。在他看来，人是不应该有权力（power）的，只有造人的上帝或者说造物主才拥有权力，造物主永远高于人类。归根结底，人性是软弱的，经不起权力的引诱和考验。因此，人可以拥有的只是授权（authority），也就是人只是在某一阶段、某一事情上，因为所拥有的品德、知识和能力而被授权。不但任何个人是这样，整个人类也是这样。民主国家中"主权在民"，但是人民的权力也是一种授权，是造物主授予的，人在这种授权之下只是一个既有自由意志，又要承担责任的"工具"，他是造物主的工具而不能成为主宰，不能按自己的意图去操纵和控制自己的同类。认识到这一点，人才会谦卑而且有责任感，他们才会以造物主才能够掌握、人类只能被其感召和启示的公平正义，去时时检讨自己，也才会甘愿把自己置于外力强制的规范和约束之下。

第二，尽管人性是不完美的，但是人彼此平等，都有自己的价值，都有自己的创造能力，都有自己的功能，都应该被尊敬，而且应该被鼓励去创造。美国的独立宣言和宪法中所说的，人生而平等，每个人都有与生俱来、不证自明的权利（rights），正是从这一信念而来的，这也是德鲁克的管理学之所以可以有所作为的根本依据。管理者是否相信每个人都有善意和潜力？是否真的对所有人都平等看待？这些基本的或者说核心的价值观和信念，最终决定他们是否能和德鲁克的学说发生感应，是否真的能理解和实行它。

第三，在知识社会和知识型组织里，每一个工作者在某种程度上，都既是知识工作者，也是管理者，因为他可以凭借自己的专门知识对他人和组织产生权威性的影响——知识就是权力。但是权力必须和责任捆绑在一起。而一个管理者是否负起了责任，要以绩效和成果做检验。凭绩效和成果问责的权力是正当和合法的权力，也就是授权（authority），否则就成为德鲁克坚决反对的强权（might）。绩效和成果之所以重要，是因为不但在经济和物质层面，而且在心理层面，都会对人们产生影响。管理者和领导者如果持续不能解决现实问题，大众在彻底失望之余，会转而选择去依赖和服从强权，同时甘愿交出自己的自由和尊严。这就是为什么德鲁克一再警告，如果管理失败，极权主义就会取而代之。

第四，除了让组织取得绩效和成果，管理者还有没有其他的责任？或者换一种说法，绩效和成果仅限于可量化的经济成果和财富吗？对一个工商企业来说，除了为客户提供价廉物美的产品和服务、为股东赚取合理的利润，能否同时成为一个良好的、负责任的"社会公民"，能否同时帮助自己的员工在品格和能力两方面都得到提升呢？这似乎是一个太过苛刻的要求，但它是一个合理的要求。我个人在十多年前，和一家这样要求自己的后勤服务业的跨国公司合作，通过实践认识到这是可能的。这意味着我们必须学会把伦理道德的诉求和经济目标，设计进同一个工作流程、同一套衡量系统，直至每一种方法、工具和模式中去。值得欣慰的是，今天有越来越多的机构开始严肃地对待这个问题，在各自的领域做出肯定的回答。

第五，"作为一门博雅技艺的管理"或称"博雅管理"，这个讨人喜爱的中文翻译有一点儿问题，从翻译的"信、达、雅"这三项专业要求来看，雅则雅矣，信有不足。liberal art 直译过来应该是"自由的技艺"，但最早的繁体字中文版译成了"博雅艺术"，这可能是想要借助它在汉语中的褒义，我个人还是觉得"自由的技艺"更贴近英文原意。liberal 本身就是自由。art 可以译成艺术，但管理是要应用的，是要产生绩效和成果的，所以它首先应该是一门"技能"。此外，管理的对象是人们的工作，和人打交道一定会面对人性的善恶，人的千变万化的意念——感性的和理性的，从这个角度看，管理又是一门涉及主观判断的"艺术"。所以 art 其实更适合解读为"技艺"。liberal——自由，art——技艺，把两者合起来就是"自由技艺"。

最后我想说的是，我之所以对 liberal art 的翻译这么咬文嚼字，是因为管理学并不像人们普遍认为的那样，是一个人或者一个机构的成功学。它不是旨在让一家企业赚钱，在生产效率方面达到最优，也不是旨在让一家非营利机构赢得道德上的美誉。它旨在让我们每个人都生存在其中的人类社会和人类社群（社区）更健康，使人们较少受到伤害和痛苦。让每个工作者，按照他与生俱来的善意和潜能，自由地选择他自己愿意在这个社会或社区中所承担的责任；自由地发挥才智去创造出对别人有用的价值，从而履行这样的责任；并且在这样一个创造性工作的过程中，成长为更好和更有能力的人。这就是德鲁克先生定义和期待的，管理作为一门"自由技艺"，或者叫"博雅管理"，它的真正的含义。

邵明路

彼得·德鲁克管理学院创办人

跨越时空的管理思想

20 多年来，机械工业出版社关于德鲁克先生著作的出版计划在国内学术界和实践界引起了极大的反响，每本书一经出版便会占据畅销书排行榜，广受读者喜爱。我非常荣幸，一开始就全程参与了这套丛书的翻译、出版和推广活动。尽管这套丛书已经面世多年，然而每次去新华书店或是路过机场的书店，总能看见这套书静静地立于书架之上，长盛不衰。在当今这样一个强调产品迭代、崇尚标新立异、出版物良莠难分的时代，试问还有哪本书能做到这样呢？

如今，管理学研究者们试图总结和探讨中国经济与中国企业成功的奥秘，结论众说纷纭、莫衷一是。我想，企业成功的原因肯定是多种多样的。中国人讲求天时、地利、人和，缺一不可，其中一定少不了德鲁克先生著作的启发、点拨和教化。从中国老一代企业家（如张瑞敏、任正非），及新一代的优秀职业经理人（如方洪波）的演讲中，我们常常可以听到来自先生的真知灼见。在当代管理学术研究中，我们也可以常常看出先生的思想指引和学术影响。我常常对学生说，当你不能找到好的研究灵感时，可以去翻翻先生的著作；当你对企业实践困惑不解时，也可以把先生的著作放在床头。简言之，要想了解现代管理理论和实践，首先要从研读德鲁克先生的著作开始。基于这个原因，1991年我从美国学成回国后，在南京大学商学院图书馆的一角专门开辟了德鲁克著作之窗，并一手创办了德鲁克论坛。至今，我已在南京大学商学院举办了100多期德鲁克论坛。在这一点上，我们也要感谢机械工业出版社为德鲁克先生著作的翻译、出版和推广付出的辛勤努力。

在与企业家的日常交流中，当发现他们存在各种困惑的时候，我常常推荐企业家阅读德鲁克先生的著作。这是因为，秉持奥地利学派的一贯传统，德鲁克先生总是将企业家和创新作为著作的中心思想之一。他坚持认为："优秀的企业家和企业家精神是一个国家最为重要的资源。"在企业发展过程中，企业家总是面临着效率和创新、制度和个性化、利润和社会责任、授权和控制、自我和他人等不同的矛盾与冲突。企业家总是在各种矛盾与冲突中成长和发展。现代工商管理教育不但需要传授建立现代管理制度的基本原理和准则，同时也要培养一大批具有优秀管理技能的职业经理人。一个有效的组织既离不开良好的制度保证，同时也离不开有效的管理者，两者缺一不可。这是因为，一方面，企业家需要通过对管理原则、责任和实践进行研究，探索如何建立一个有效的管理机制和制度，而衡量一个管理制度是否有效的标准就在于该制度能否将管理者个人特征的影响降到最低限度；另一方面，一个再高明的制度，如果没有具有职业道德的员工和管理者的遵守，制度也会很容易土崩瓦解。换言之，一个再高效的组织，如果缺乏有效的管理者和员工，组织的效率也不可能得到实现。虽然德鲁克先生的大部分著作是有关企业管理的，但是我们可以看到自由、成长、创新、多样化、多元化的思想在其著作中是一以贯之的。正如德鲁克在《旁观者》一书的序言中所阐述的，"未来是'有机体'的时代，由任务、目的、策略、社会的和外在的环境所主导"。很多人喜欢德鲁克提出的概念，但是德鲁克却说，"人比任何概念都有趣多了"。德鲁克本人虽然只是管理的旁观者，但是他对企业家工作的理解、对管理本质的洞察、对人性复杂性的观察，鞭辟入里、入木三分，这也许就是企业家喜爱他的著作的原因吧！

德鲁克先生从研究营利组织开始，如《公司的概念》（1946 年），到研究非营利组织，如《非营利组织的管理》（1990 年），再到后来研究社会组织，如《功能社会》（2002 年）。虽然德鲁克先生的大部分著作出版于 20 世纪六七十年代，然而其影响力却是历久弥新的。在他的著作中，读者很容易找到许多最新的管理思想的源头，同时也不难获悉许多在其他管理著作中无法找到的"真知灼见"，从组织的使命、组织的目标以及工商企业与服务机构的异同，到组织绩效、富有效率的员工、员工成就、员工福利和知识工作者，再到组织的社会影响与社会责任、企业与政府的关系、管理者的工作、管理工作的设计与内涵、管理人员的开发、目标管理与自我控制、中层管理者和知识型组织、有效决策、管理沟通、管理控制、面向未来的管理、组织的架构与设计、企业的合理规模、多角化经营、多国公司、企业成长和创新型组织等。

30 多年前在美国读书期间，我就开始阅读先生的著作，学习先生的思想，并聆听先生的课堂教学。回国以后，我一直把他的著作放在案头。尔后，每隔一段时间，每每碰到新问题，就重新温故。令人惊奇的是，随着阅历的增长、知识的丰富，每次重温的时候，竟然会生出许多不同以往的想法和体会。仿佛这是一座挖不尽的宝藏，让人久久回味，有幸得以伴随终生。一本著作一旦诞生，就独立于作者、独立于时代而专属于每个读者，不同地理区域、不同文化背景、不同时代的人都能够从中得到启发、得到教育。这样的书是永恒的、跨越时空的。我想，德鲁克先生的著作就是如此。

　　特此作序，与大家共勉！

南京大学人文社会科学资深教授、商学院名誉院长

博士生导师

2018 年 10 月于南京大学商学院安中大楼

彼得·德鲁克与伊藤雅俊管理学院是因循彼得·德鲁克和伊藤雅俊命名的。德鲁克生前担任玛丽·兰金·克拉克社会科学与管理学教席教授长达三十余载，而伊藤雅俊则受到日本商业人士和企业家的高度评价。

彼得·德鲁克被称为"现代管理学之父"，他的作品涵盖了 39 本著作和无数篇文章。在德鲁克学院，我们将他的著述加以浓缩，称之为"德鲁克学说"，以撷取德鲁克著述在五个关键方面的精华。

我们用以下框架来呈现德鲁克著述的现实意义，并呈现他的管理理论对当今社会的深远影响。

这五个关键方面如下。

（1）**对功能社会重要性的信念**。一个功能社会需要各种可持续性的组织贯穿于所有部门，这些组织皆由品行端正和有责任感的经理人来运营，他们很在意自己为社会带来的影响以及所做的贡献。德鲁克有两本书堪称他在功能社会研究领域的奠基之作。第一本书是《经济人的末日》（1939 年），"审视了法西斯主义的精神和社会根源"。然后，在接下来出版的《工业人的未来》（1942 年）一书中，德鲁克阐述了自己对第二次世界大战后社会的展望。后来，因为对健康组织对功能社会的重要作用兴趣盎然，他的主要关注点转到了商业。

（2）**对人的关注**。德鲁克笃信管理是一门博雅艺术，即建立一种情境，使博雅艺术在其中得以践行。这种哲学的宗旨是：管理是一项人的活动。德鲁克笃信人的潜质和能力，而且认为卓有成效的管理者是通过人来做成事情的，因为工作会给人带来社会地位和归属感。德鲁克提醒经理人，他们的职责可不只是给大家发一份薪水那么简单。

对于如何看待客户，德鲁克也采取"以人为本"的思想。他有一句话人人知晓，即客户决定了你的生意是什么、这门生意出品什么以及这门生意日后能否繁荣，因为客户只会为他们认为有价值的东西买单。理解客户的现实以及客户崇尚的价值是"市场营销的全部所在"。

（3）**对绩效的关注**。经理人有责任使一个组织健康运营并且持续下去。考量经理人的凭据是成果，因此他们要为那些成果负责。德鲁克同样认为，成果负责制要渗透到组织的每一个层面，务求淋漓尽致。

制衡的问题在德鲁克有关绩效的论述中也有所反映。他深谙若想提高人的生产力，就必须让工作给他们带来社会地位和意义。同样，德鲁克还论述了在延续性和变化二者间保持平衡的必要性，他强调面向未来并且看到"一个已经发生的未来"是经理人无法回避的职责。经理人必须能够探寻复杂、模糊的问题，预测并迎接变化乃至更新所带来的挑战，要能看到事情目前的样貌以及可能呈现的样貌。

（4）**对自我管理的关注**。一个有责任心的工作者应该能驱动他自己，能设立较高的绩效标准，并且能控制、衡量并指导自己的绩效。但是首先，卓有成效的管理者必须能自如地掌控他们自己的想法、情绪和行动。换言之，内在意愿在先，外在成效在后。

（5）**基于实践的、跨学科的、终身的学习观念**。德鲁克崇尚终身学习，因为他相信经理人必须要与变化保持同步。但德鲁克曾经也有一句名言：

"不要告诉我你跟我有过一次精彩的会面，告诉我你下周一打算有哪些不同。"这句话的意思正如我们理解的，我们必须关注"周一早上的不同"。

这些就是"德鲁克学说"的五个支柱。如果你放眼当今各个商业领域，就会发现这五个支柱恰好代表了五个关键方面，它们始终贯穿交织在许多公司使命宣言传达的讯息中。我们有谁没听说过高管宣称要回馈他们的社区，要欣然采纳以人为本的管理方法和跨界协同呢？

彼得·德鲁克的远见卓识在于他将管理视为一门博雅艺术。他的理论鼓励经理人去应用"博雅艺术的智慧和操守课程来解答日常在工作、学校和社会中遇到的问题"。也就是说，经理人的目光要穿越学科边界来解决这世上最棘手的一些问题，并且坚持不懈地问自己："你下周一打算有哪些不同？"

彼得·德鲁克的影响不限于管理实践，还有管理教育。在德鲁克学院，我们用"德鲁克学说"的五个支柱来指导课程大纲设计，也就是说，我们按照从如何进行自我管理到组织如何介入社会这个次序来给学生开设课程。

德鲁克学院一直十分重视自己的毕业生在管理实践中发挥的作用。其实，我们的使命宣言就是：

> 通过培养改变世界的全球领导者，来提升世界各地的管理实践。

有意思的是，世界各地的管理教育机构也很重视它们的学生在实践中的表现。事实上，这已经成为国际精英商学院协会（AACSB）认证的主要标志之一。国际精英商学院协会"始终致力于增进商界、学者、机构以及学生之间的交融，从而使商业教育能够与商业实践的需求步调一致"。

最后我想谈谈德鲁克和管理教育，我的观点来自 2001 年 11 月 *BizEd* 杂志第 1 期对彼得·德鲁克所做的一次访谈，这本杂志由商学院协会出版，受众是商学院。在访谈中，德鲁克被问道：在诸多事项中，有哪三门课最重要，是当今商学院应该教给明日之管理者的？

德鲁克答道：

第一课，他们必须学会对自己负责。太多的人仍在指望人事部门来照顾他们，他们不知道自己的优势，不知道自己的归属何在，他们对自己毫不负责。

第二课也是最重要的，要向上看，而不是向下看。焦点仍然放在对下属的管理上，但应开始关注如何成为一名管理者。管理你的上司比管理下属更重要。所以你要问，"我应该为组织贡献什么？"

最后一课是必须修习基本的素养。是的，你想让会计做好会计的事，但你也想让他了解组织的其他功能何在。这就是我说的组织的基本素养。这类素养不是学一些相关课程就行了，而是与实践经验有关。

凭我一己之见，德鲁克在 2001 年给出的这则忠告，放在今日仍然适用。卓有成效的管理者需要修习自我管理，需要向上管理，也需要了解一个组织的功能如何与整个组织契合。

彼得·德鲁克对管理实践的影响深刻而巨大。他涉猎广泛，他的一些早期著述，如《管理的实践》（1954 年）、《卓有成效的管理者》（1966 年）以及《创新与企业家精神》（1985 年），都是我时不时会翻阅研读的书，每当我作为一个商界领导者被诸多问题困扰时，我都会从这些书中寻求答案。

珍妮·达罗克

彼得·德鲁克与伊藤雅俊管理学院院长

亨利·黄市场营销和创新教授

美国加州克莱蒙特市

在我读研究生一年级的时候，有一次上讨论课，教授给我们出的题目是：管理者和领导者有无区别？同学们议论纷纷：

"领导者确立愿景，管理者负责设法实现愿景。"

"领导者负责鼓动和激励，管理者负责组织。"

"领导者发挥人的最大价值，管理者处理细节。"

讨论揭示出大家在心底里是崇拜"领导"的，对"管理"却是瞧不起的。领导者是受了神灵启示的，形象高大。他们是一群穿着黑色皮夹克、戴着太阳镜、无比潇洒的人。管理者则是一群卑微、了无情趣、缺少魅力的人。大家自然都想做**领导者**，把管理这个苦差事留给别人。

我们真是错得不能再错，幼稚得不能再幼稚了。正如彼得·德鲁克在本书中阐明的那样，**最出色的领导者首先必须是卓有成效的管理者**。那些只想领导却不愿管理的，要么会成为无关紧要的人，要么会成为非常危险的人——对他们所在的组织，对整个社会都是如此。

商业与社会创业家鲍伯·班福德（Bob Buford）⊖曾经评述说，

⊖ 1998 年德鲁克非营利管理基金会成立时，他出任董事会主席。2006 年德鲁克研究院创建时，他任董事，并于 2008 年担任该研究院顾问委员会的主席。——译者注

就对自由社会的胜利所做的贡献而论，德鲁克不比其他任何一个人逊色。对此我深表赞同。自由社会要正常运转，各个部门的自治机构就必须有出色的绩效——商业部门的机构如此，社会部门的机构也同样如此。正如德鲁克所指出的，如果这个条件得不到满足，那么社会唯一可能的形态就是极权主义专制。强大的机构反过来又直接依赖于出色的管理。对管理实践的影响，没有哪一个人比得过德鲁克；对管理实践的精髓的把握，没有哪一本书比得过《管理》这一鸿篇巨制。

我第一次感受到德鲁克的影响是在 20 世纪 90 年代初。那时，我正在斯坦福大学与杰里·波拉斯（Jerry Porras）合作研究 20 世纪的杰出公司，如通用电气、强生、宝洁、惠普、默克和摩托罗拉等，我们对这些公司的形成阶段和转折点的研究越深入，发现德鲁克思想的触角伸得就越远。惠普联合创始人戴维·帕卡德（David Packard）在公司创建之初的言论犹如德鲁克著述的镜像，以至于我甚至能想象出一幅帕卡德手捧德鲁克经典著作做管理祷告的画面。我们的研究完成后，我和杰里在书名上颇费思量，先后否决了 100 多个题目。一天，我备感沮丧，竟然脱口而出下面这句话："把它取名为《德鲁克说得对》就好了嘛！"（后来我们给这本书取名为《追求卓越》。）

德鲁克为什么会有如此大的影响？我认为，不仅因为他有独特的思想，还因为他有一套完整的**思考方法**。这套方法由以下四个要素构成：

- 他的目光盯着窗户外面，而不是盯着镜子里面；
- 他总是从结果入手；
- 他提出的问题直击要害；
- 他的著述全都充满对个人的关注和同情。

我曾与系里一位同事讨论有哪些思想家对我们形成了影响。当我提到德鲁克的名字时，这位同事有些不屑地回答："德鲁克？他太偏**实践**了。"

德鲁克如果看到有人对他表示鄙夷的情景，肯定会对自己的思想对他人产生了影响而感到欣喜。他的思想之所以能够产生影响，是因为它们来自对事实的准确观察。他总是不断努力推动自己和学生"目光盯着窗户外面，而不是盯着镜子里面"，观察真实的世界，从中总结思想。德鲁克与达尔文、弗洛伊德和泰勒是同一类人，都属于经验主义者。达尔文长篇累牍地做笔记，记录鸽子和乌龟的点点滴滴；弗洛伊德把自己的精神治疗室作为一个实验室；泰勒通过反复试验，系统地跟踪数以千计的动作细节。同样，德鲁克也是带着下面这个问题观察大量的事实："什么样的基本原理能够解释这些事实，我们如何掌握这条原理？"

德鲁克属于成果"教派"。他并不是带着对某一种答案，如对领导力、文化、信息、创新、分权、营销、战略等近乎宗教般的信仰，而是带着"什么是取得出色成果的原因"这个问题出发，**在此基础上**寻找答案。他从输出，也就是从成功的定义和标志入手，努力寻找输入，而不是相反。然后，他向自己的学生以及来自企业、政府和社会部门的客户传播这种对成果的坚定信仰。你的使命越崇高，他就会追问得越紧：卓越的绩效是怎样定义的？"良好的愿望并不能作为无能的借口。"他说这句话的时候不动声色，效果却振聋发聩。

尽管依赖于经验实践，但德鲁克从未变成技术分析派或者只关心琐事，也没有追逐现代学术的洪流，试图去（用约翰·加德纳⊖的话讲）"越来越精确地回答越来越无关紧要的问题"。他一直保留着一名管理学教授的本色，把它当成一门博雅技艺，而不是一门科学，自由地提出一些直击要害的问题并寻找答案。我是在加州蒙特雷市度假时第一次读到德鲁克的书的。那一天，我和妻子去一家旧书店淘宝，偶然看到一本《公司的概念》，书又破又旧，书角都卷起来了。我以为那是一本关于如何创建一家公司的教程，

⊖ 约翰·加德纳（John Gardner，1929—2007），英国著名侦探小说作家，"007"系列故事是他最广为人知的作品。

但是只翻了几页，就发现它回答的是一个比它宏大得多的问题：在人类文明的这个阶段，公司应该承担一个怎样的角色？写这本书之前，德鲁克受通用汽车公司之邀，深入该公司内部进行观察，结果，观察越深入，他就越觉得不安。"通用汽车公司……既是技术统治型管理者的成功，也是技术专家管理者的失败。"他在书中写道，"以销售额和利润而论，它的成功令人钦羡……但以公众声誉以及公众对它的尊重和接受度而论，它一败涂地。"德鲁克坚定地认为，管理不是一种技术统治型的活动，而是一个像医学和法律一样有着高尚使命的专业。

德鲁克有时也言语尖刻，没有耐心，性情乖戾，但在他带刺的外表下，在他的著述的字里行间，流露出来的是对个体的巨大同情。他不仅想要提高经济的生产率，而且希望能让整个社会变得更加富有效率，变得更加仁爱。把人看成实现某个目的的手段，而不是把人本身看成目的，在德鲁克看来是极不道德的。尽管他的著述大多关乎组织和社会，但我认为他最关切的是作为个体的人。

1994 年，我亲身经历了德鲁克对人的关切和同情。那时，我处在人生的十字路口，正在思考是不是应该抛弃传统的研究路子，开拓一条属于自己的道路。我对《产业周刊》（*Industry Week*）的一位编辑表达了自己对德鲁克的景仰之情，他回答说："我不久前采访过德鲁克，我替你问问，看他是不是愿意见一见你。"

我从未想过此事会有结果。有一天，我的电话上居然有这样一条留言——"我是彼得·德鲁克。柯林斯先生，我很乐意跟你待上一天。请给我回个电话。"他带着奥地利口音，不紧不慢地说道。我们约在 12 月的某一天见面，我坐飞机去了加州克莱蒙特市。他打开门，用双手握住我伸出的那只手，把我迎了进去："柯林斯先生，很高兴见到你，请进。"这一天，他大部分时间都坐在自己钟爱的藤椅上，不断发问、释疑、指导和追问。我怀着朝圣的心情去了克莱蒙特，希望得到最伟大管理思想家的点拨，离开时却觉得自己见到的是一个满怀同情心、慷慨的人，而这个人恰巧是一个多产的天才。

改变世界的方式有两种：用笔（用思想）和用剑（用武力）。德鲁克选择了用笔，改变了数以千计的持剑之士。相比持剑之人，用笔之人有一个优势——写下的文字永存。如果你在德鲁克的有生之年没有见过他，你一样可以在本书中认识他的思想。你可以跟他对话，可以在页面的空白处做笔记，还可以跟他争论。你可能会被他激怒，也有可能受他启发。如果你愿意，他可以指导你、教育你、追问你、改变你，进而通过你改变你所触及的世界。

彼得·德鲁克给一个无知而又混乱的世界带来了光明，他数十年前在那台嘎嘎作响的旧打字机上敲下的文字，到今天一如当初那样切中要害。它们值得每一个肩负责任的人去读——现在值得读，明天值得读，10 年后、50 年后、100 年后仍值得读。自由社会在 20 世纪取得了胜利，但这无法保证它在 21 世纪也会取得胜利，从历史来看我们并不占优势。年轻人如果在思考"我做什么事情才能让世界有所改变"这个问题，那么在本书中可以找到最好的答案。你应该加入一个适合发挥自己激情的组织，如果找不到这样一家企业，那就去社会部门寻找。如果还是找不到这样一个组织，那就自己创建一个。然后，通过管理实践领导这个组织取得非凡的成果，产生独特的影响，把自己一个人的影响放大上千倍。

吉姆·柯林斯

于科罗拉多州博尔德市

2007 年 12 月

彼得·德鲁克的《管理：使命、责任、实践》最初出版于1973年。该书出版之后，他继续从事写作、教学和管理咨询工作长达32年。本修订版在原作的基础上，融入了德鲁克1974～2005年有关管理的著述。修订使用的材料，除简介之外，全都来自德鲁克的作品。这些作品保存在位于美国加州克莱蒙特市的德鲁克研究院，版权属于彼得·德鲁克。

我的任务是把这些新材料揉进原作，以新替旧。此外，我还删除了原作中一些已经过时的内容，并尽可能对其中的具体事例做了更新。

本书使用指南

本书与原作都是对管理的全面阐述。本书首先详细阐述了管理的三项责任：管理者所服务的**机构的绩效，使工作富有效率与让员工有所成就，管理社会影响和社会责任**。然后，本书介绍了管理者为了履行自己的职责必须承担的责任。

本书的前五部分阐述的是管理者的**责任**，以及组织中领导群体的**责任**。第六部分至第九部分阐述的是管理者为了履行责任必须承担的各种错综复杂的任务和实践活动。第十部分详细阐述的是信息革命和知识社会（knowledge society）对管理者与管理当局提出的各种新要求。原作对这些新要求有所涉及，但论述并不充分。

修订版继承了原作写给不同读者阅读这一思路。经验丰富的经理人和咨询顾问，可以在处理具体问题时把本书作为参考书。他们使用本书的最有效的方式，莫过于把书中的观点付诸实践，这是从管理原理中获取最大价值的正确方法。

管理新手应该努力把书中每一个议题与自己在组织中担任的职务结合起来。在这里要注意的是，书中的原理是德鲁克从他65年实际工作的经验当中提炼出来的，因此只有把它们与实际工作结合起来，你才能充分理解它们的含义。所以，管理新手在读本书时，对每一章都应该根据自己的具体责任进行深入的思考。其中，第六部分至第九部分是与他们相关性非常大的一部分内容。

管理和文科学生还可以使用德鲁克撰写的配套书《德鲁克经典管理案例解析》（*Management Cases*），学习如何将本书介绍的原理运用到解决实际的管理问题中。他们还应该尽可能地把这些原理与自己熟悉的组织结合起来。书中部分内容，只有读者拥有相关的实际经验，它们的作用才能真正得以显现。

图 0-1 所包含的和本简介所介绍的系统观，有助于把本书的全部内容作为一个整体来理解，对经验丰富的经理人和咨询顾问会特别有帮助。图 0-1 和本简介还可以作为一个参考指南，供大家把德鲁克提出的十几个重要的管理概念彼此联系起来。

我把本简介作为一个向本科生、研究生以及经理人讲授本书的参考指南，取得了良好的效果。在用作教学指南时，老师和学生都可以随时查看本简介，这样效果更好。

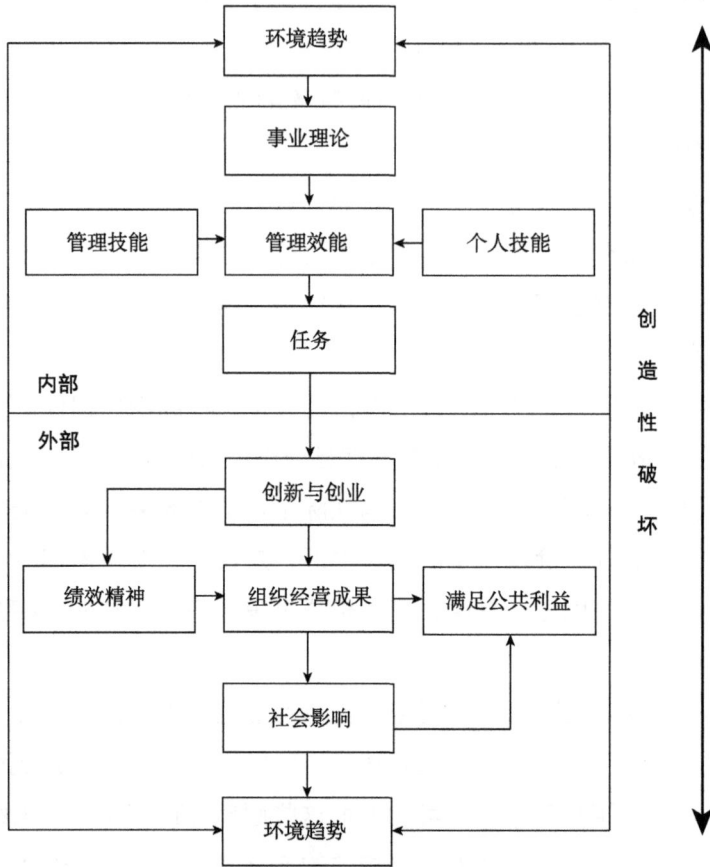

图 0-1　系统观：管理作为一个整体

管理是一个由相互关联的不同要素组成的系统

德鲁克的著述所涉及的管理话题虽然丰富多样，但无不体现出他关于"管理是什么"以及"领导者和管理者应该如何进行管理"的明确思想：管理是一门**学科**（discipline）和一种**实践**（practice）。管理是多中心的——

有多个中心和多个相互关联的基本要素。因此，以线性方式掌握本书的各个章节，是很难掌握"管理"这个主题的。我们必须把不同的基本要素融合成一个有机的框架，因为整体的作用总是大于各个部分之和。本书有十个部分，每一部分都与另外九个部分中至少一个部分是相互关联的。本书的每一章都是整体的一部分，它们就像一句句的歌词，正如你想听到美妙的音乐就得把歌词视为一个整体一样，你要想真正掌握"管理"这个主题，也得把它视为一个有机的整体。

本简介把这些相互关联的基本要素作为一个系统加以介绍。图 0-1 显示了每一个要素与整体之间的关系，而每一个基本要素包括了本书中一个或多个章节。读者应该努力**把管理这个主题作为一个有机的整体**来理解和运用，而不是止于孤立地掌握这些要素。把管理作为一个有机的整体来阐述，与德鲁克在原作中对组织和管理的性质所做的论述是相吻合的：

> 所有管理科学都有一个基本的思想，那就是认为企业是一个最高级别的系统：一个由众多为了一项共同事业而自愿奉献自己知识和技能的人所组成的系统。所有真正的系统，无论它是机械的（如火箭的控制部分），还是生物的（如一棵树），或者是社会的（如一个企业），都有一个共同的特点：它的各部分是相互关联的。某一项功能或某一个部分得到改善或者效率得到提高，并不一定能使整体得到改善，事实上还有可能损害甚至毁坏这个系统。在某些情况下，强化这个系统的最佳方法是弱化某一个部分——降低它的精度或效率。这是因为，在任何一个系统中真正重要的都是整体的性能。它是成长和动态平衡、调整和融合的结果，而不是机械地提高效率的结果。

图 0-1 对本修订版进行了系统的描绘。这张图以及本简介的其他部分将有助于你浏览、理解和运用本书的内容。本书的各个部分和章节，只有

被视为一个有机的整体，一个由不同的基本要素相互关联构成的，包括责任、任务和实践的系统，它们的作用才能得到最好的发挥。所有这些基本要素组合在一起，便构成了管理实践的基础。

绩效精神（第 27 章）

绩效精神（见图 0-1 左下角）是德鲁克关于领导和管理的著述的核心思想。一个组织，只有管理者致力于**做正确的事情**以及让人们**做正确的事情**，才有可能具有高涨的绩效精神。

管理者应该竭力创造绩效精神高涨的组织。为了激发绩效精神，管理者必须：

- 从道德和伦理方面体现出自己是非常正直的；
- 关注成果；
- 培养长处，包括自己的和别人的；
- 至少满足顾客、员工和股东等利益相关者的最低要求；
- 突破组织的边界，满足一些对共同利益有贡献的社会需要。

要想让组织的绩效精神高涨，管理者必须正直，必须清楚组织的目的，必须关注机会和成果，必须是变革的推动者，必须遵循那些关键的管理任务、责任和实践。

事业理论（第 8 章）

领导企业始于构建正确的"事业理论"（theory of the business）。

事业理论是每一个组织希望用来为顾客创造价值的方式，因此这个概念适用于所有的组织，而不仅是商业组织。构建这个理论需要回答下述问题：

- 我们的使命是什么?
- 我们的核心能力是什么?
- 我们的顾客是谁, 非顾客又是谁?
- 我们认为哪些东西是企业经营的成果?
- 我们的事业理论应该是什么? (这又要求管理者寻找创新的机会。)

一个企业的事业理论常常不是显而易见的, 也不可能毫无争议。构建事业理论要求管理者超越所在组织的边界, 把目光投向**外部环境**。这里所说的环境, 不仅是企业目前的经营环境, 还包括其他类型的"环境", 例如非顾客得到服务以及未来的顾客可能得到服务所置身的环境。构建事业理论必须面向未来。它需要创建一个使命, 并用这个使命来推动组织系统地评估环境中出现的各种新趋势和新变化, 评估现存的或者正在形成的、有可能转化为机会的种种社会问题。

在确定自己的核心能力时, 组织的管理者必须弄清楚:"我们真正擅长的事情是什么?""我们应该做的事情是什么?"

关于使命、核心能力和顾客的假设不仅必须符合现实, 而且必须协调一致。正是出于这个原因, 一个组织必须持续检验和更新自己的事业理论。比如, 对于一家销售大型机的计算机企业而言, 如果顾客的偏好正在逐渐转向个人电脑, 就像 IBM 公司所经历的那样, 那么它肯定不想只卖大型机。

如果一家企业的事业理论与当前的业务有区别, 那么就有必要进行**舍弃、创新**和**变革**。它的领导者必须能够及时判断在何时放弃一些产品、流程和顾客, 调整资源的配置方式, 把它们用于一些前景更好的机会。

总而言之, 事业理论是用来确定方向的, 组织必须用它来向组织成员传达前进的方向, 用它来解释为什么组织要朝着某条路径前进, 并用它来协调组织成员的努力。

发现环境中的趋势和已经发生的未来
（第 4～7 章、第 10 章、第四部分）

一个组织必须有事业理论、管理方法、技能和任务，并对社会影响以及图 0-1 中其他基本要素进行管理，这一需要并不会因为既有和即将出现的趋势而改变。但是，环境中已经明确的和可以推断出来的各种趋势，确实能够改变这个组织的机会集合。

例如，由于知识工作的重要性越来越突出，管理者必须把更多的精力放在如何让知识工作更有成效，以及如何让知识工作者取得更大的成绩上面。这就要求他们把精力放在下面这些事务上：发挥知识工作者的长处、提高知识工作者的生产率，以及使这些专家融入一个高效的整体中。在知识社会里，专家的融合正日益成为管理的要事。

发达国家出现了人口老龄化现象，许多发达国家还面临着出生率低于死亡率等变化，这些变化会导致这些国家的劳动人口减少。这些变化的发生，意味着相关企业的营销策略和事业理论可能必须做出调整。针对年青一代和年老一代，企业必须有大不一样的价值主张和营销策略，必须使用两个不同世代（如千禧一代和婴儿潮一代）的价值体系来回答顾客提出的"价值是什么"这个问题。

社会影响和社会责任（第 20 章和第 21 章）

管理者在实现组织的使命时应该遵守的道德准则是："最重要的是，绝不明知其有害而为之有意作恶。"组织是公共机构，因此它们的行动会对社会产生影响。它们的职业道德准则必须包括"不有意作恶"这一条。对于那些违反法律或者有意作恶的企业，必须严惩不贷。

社会影响可以分为两类（见图 0-1 的底部）：

- 组织造成的负面影响；
- 可以转化为业务机会的社会弊端。

这两种影响都很重要，都必须予以管理，因为第一种影响涉及组织对社会的危害，第二种影响涉及组织能够怎样造福社会。

所谓组织的社会影响，就是这个组织在实现自己使命的过程中开展的活动或者这些活动所造成的结果。每一个机构都必须致力于发挥某种社会影响或者服务于某个目的。例如，医院应该救死扶伤，企业应该满足经济需要，教堂、犹太会堂和清真寺应该给人们精神滋养。组织在此过程中必须极力避免对社会造成负面影响，因为这些负面影响不仅有损公共利益，而且有违组织的正当使命。

企业必须努力消除负面影响，但这要付出成本，从而有可能导致整个行业内各个企业的竞争力减弱。因此，企业在管理社会影响时必须在这二者之间取得平衡。在后一种情况下，这个行业（如会计行业）里的管理者必须赞同推行某些规章制度（也就是避免发生安然和世通等公司那样的会计丑闻），从而尽可能减少负面影响。

各种组织必须致力于实现自己的愿景，尽可能减少负面的社会影响，并且主动维护公共利益。机构是社会的器官，因此它们自身的繁荣也在很大程度上取决于社会的繁荣。为此，当管理者了解到行业和企业内存在某些严重的负面社会影响时，管理当局必须努力推行一些适当的监管措施，让行业内的竞争条件归于平等。

企业为了遵守2002年颁发的《萨班斯－奥克斯利法案》（因为20世纪90年代会计丑闻频发，在公众的呼吁下美国制定了该法案）而遇到的困难和所付出的成本，其实是可以避免的——要做的事情仅仅是以美国注册会计师协会和财务会计标准委员会为代表的会计从业人员进行自律。这种自律完全可以使得会计防弊法律能够更加高效，因为如果是自律行为，这种法律就会由最了解内情的专业团体来拟订并提交给国会审议，最后由专业团体在团体成员之间执行监管。

第二种社会影响，也就是社会弊端或机能障碍，应该被同时当作挑战和潜在的业务机会。企业应该积极从事能够把社会机能障碍转化为业务机会的活动（布鲁克林道奇棒球队的总经理布兰奇·里基打破肤色禁忌，把杰克·罗宾逊引入大联盟，就是这样一个事例）。

把社会弊端转化为业务机会的另一个事例，是通用电气公司所强调的"17项清洁技术"，它希望这些"绿色"技术所带动的业务"销售额从2004年的100亿美元增长到2010年的200亿美元，并在之后瞄准更加宏伟的目标"。这些机会是全球排放的温室气体过多带来的。此外，通用电气还给每个业务单元制定了不同的二氧化碳和温室气体总的减排目标。⊖

最后，管理当局还必须通过公司捐助和鼓励员工捐献钱物并从事志愿者工作，从财务和人员上支持社区组织，以此为公共利益做出贡献。管理当局还应该发挥自己的管理专长，帮助社区团体应对一些重大社会问题（例如，俄亥俄州克利夫兰市中心的振兴，当地企业CEO贡献的管理专长就功不可没）。管理者还必须牢记，在一个日益衰败的社会里是没有哪个企业能够繁荣的。不过，在为公共利益做贡献的同时，管理者绝对不能忽视自己最重要的使命，如果他们忽视了最重要的使命，就会对整个社会毫无用处。

创造性破坏以及创新与创业（第八部分）

互联网使得大家能够平等地获取信息，并且缩短了人们在经济活动中的距离，而全球化和外包使得劳动力、产品和资本市场的竞争变得更加激烈。变化的速度越来越快，人们可以对变化做出反应，可以适应变化，甚

⊖ "The Greening of General Electric", *The Economist*, December 10, 2005, pp.77-78.

至主动引领变化，从而影响环境中的趋势。一个充满激情的组织里必定会有一些能够发现"已经发生的未来"，从而引领变化的管理者。

这些管理者利用正在萌芽的趋势持续开展创造性破坏（这是自由市场和全球市场的一个特征），从而成为变革的引领者。他们清楚，那些试图维持现状的组织其实正在走向衰败。⊖ 变革的引领者制定并且伺机运用各种创业策略，他们还会在组织内部营造一种文化和制定一套管理体系，鼓励并奖励创新和创业。

通过捕捉机会对已经明朗的未来进行管理的最有效方式，是采取积极主动的态度，利用正在萌芽的各种趋势，拥抱变化，从而成为变革的引领者。我们的社会正在成为一个以知识为基础的全球化信息社会，我们的管理实践也必须做出变化，以适应新的现实。

管理技能、管理任务和个人技能

未来的企业远比今天的企业复杂，它们会包括大量合作伙伴、合资企业、联盟、外协承包商，以及各种其他类型的关联机构或分支机构，范围和复杂程度远远超出当前。企业的每一个方面可能都有自己的管理当局，但是不同主体之间的关系必须协调一致，并运行顺畅。这种复杂性要求管理者掌握许多复杂的技能和行为习惯，这是他们作为管理者和专业人员必须满足的要求。

⊖ "创造性破坏"（creative destruction）的过程由著名的奥地利裔经济学家约瑟夫·熊彼特做了充分的阐述。对这个过程所做的最通俗的解释，是在他的著作《资本主义、社会主义与民主》（*Capitalism, Socialism and Democracy*）第 7 章（Harper & Row 出版社，1942 年，第 81~110 页；中文版：商务印书馆，1999 年）中阐释的。例如，"新市场的开辟，无论是国内市场还是国际市场，以及企业从一个小手工店铺和小工厂发展像美国钢铁公司那样的大公司，描述的都是同一个产业变化过程……不间断地从内部变革经济结构，不间断地毁灭老结构，不间断地创建新结构的过程。这个创造性破坏过程是关于资本主义的根本事实，是资本主义寄身之所，是所有资本主义企业都必须面对的"。又如，"我们所理解的竞争不仅目前存在，而且会是一个永远存在的威胁。它首先必须经过磨炼，然后才会发起攻击"。

如图 0-1 所示，要想发挥管理效能，管理者必须掌握三种相互关联的技能和习惯做法：

- 管理者成为高效领导者所需掌握的特定技能；
- 管理者带领所属组织发挥效能所必须完成的特定任务；
- 管理者在生活和管理中发挥效能所需掌握的个人技能和习惯做法。

管理技能（第 28～33 章）

要想取得成效，管理者必须掌握以下六个方面的技能：

- 决策制定；
- 人员决策；
- 沟通；
- 预算管理；
- 衡量和控制手段；
- 信息技术。

高效的管理者必须做出有效的决策。高效的决策过程分为六个步骤，而有效的决策有五个特征。决策的第一步，也是最重要的一步，是决策者对问题进行界定和分类。如果问题界定正确而解决方案错误，纠正起来就比较容易；如果解决方案"正确"而问题界定错误，那么纠正起来就要难得多。如果问题界定错误，那就不可能找到真正的解决方案。相反，如果问题界定正确，哪怕解决方案错了，也能提供一些有用的反馈信息，从而让管理者能够更加接近正确的解决方案。高效决策过程的后五个步骤依次介绍如下：

- 判断"这个问题是普遍的还是独特的"。如果问题是普遍的，就应该用一个其他人已经用过的准则来解决。如果问题是独特的，决策者就要确定，这个决策发挥效用必须满足哪些边界条件。

- 为了确定边界条件，必须回答下面这个问题："这个决策要有效地解决这个问题，必须取得什么结果？"

- 然后，决策者应该问："在这些条件下，正确的解决方案是什么？"

- 接下来，决策者必须把执行决策的责任交给一个或者多个人，并且为执行者扫清一切障碍，使之可以把决策付诸行动。大量的决策出差错，就发生在这个环节。

- 最后，决策者还会跟踪决策的执行情况，收集真实的反馈信息，并与希望取得的结果进行对比。

在高效决策过程的特征方面，决策者首先要问："是否有必要做决策？"若有必要，他们会向这个问题的相关人员征求意见，寻找备选方案。然后，他们会让赞同决策的人根据事实检验他们的"假设"，判断事实是否支持他们的观点。（也就是说，为了让某个观点成立，事实必须是怎样的？）

高效的决策者会鼓励对备选方案提出**异议**，只要潜在的好处大于成本和风险就予以采纳。异议处理得当，就能发挥相关各方寻找合理决策的想象力，从而对问题形成更加完整的理解。如果经过激烈的辩论发现决策的边界条件无法得到满足，那么决策者在考虑了其他备选方案之后，就会对可能导致失败的那些原因有更加清楚的认识。

最后，高效的决策过程需要勇气，因为就像许多良药一样，有效的决策有时也会有副作用或不良后果。

人员决策是一种特殊的决策，需要遵守一些特殊的规则。它是管理者所做的各种决策中最重要的一种，因为它对组织的绩效影响最大，而且许多人员决策没有起到预期的作用。

有效的人员决策有五个步骤：

- 认真考虑所涉及的职位；

- 考察 3～5 个合格人选；
- 考察每个候选人的长处；
- 与每个候选人的同事及其上司讨论；
- 确保得到任命的人理解这个职务及其要求，并且要求他们在到任后再次汇报职务要求。

除了遵循这五个步骤以外，决策者还必须考虑其他一些因素。你必须为所有人员决策（例如，安排或者提拔的某个人不能胜任工作）承担责任。你还必须接受一条规则：任何不能胜任工作的人都必须调走。但是，不能因为一个人不能胜任这项工作就认为他是一个不合格的人，于是认为必须予以解聘。

外聘者最好是安排到要求明确并有人能够提供帮助的老职位上。最后也是最重要的一点是，努力做出正确的人员决策是管理者必须承担的一项责任。

下面我们来讨论管理者为了完成任务必须掌握的另外四种管理技能。

（1）管理者必须学会做一个良好的**沟通者**。高效的管理者必须参加向上沟通，这是一个**由信息的接受者发起的**双向过程。这有助于确保接受者理解沟通的内容，除非接受者真正"听到"了所传递的信息，否则就无所谓沟通。信息和沟通是两码事。比方说，如果沟通是以谈话或备忘录的形式进行的，那么除非信息的接受者真正理解了需要采取的是什么行动，否则沟通就等于没有实现。确认沟通达到预期效果的最有效方式，就是信息的发送者要求接受者复述听到的内容，其中包括需要采取的行动，并且确认接受者的理解无误。

（2）预算管理是使用最普遍的管理工具。预算是为每一个部门编制的收入和支出计划，目的在于帮助管理者决定把组织的财务和人力资源用在何处。管理者在估计收入和费用的过程中，能够与整个组织的各个部分之间建立沟通，并能把它们的目标、计划和支出融合为一个整体。预算如果得到正确的理解和使用，就会成为整合（包括向上、向下和横向整合）组织计划和绩效的重要工具。让每一个部门对预算方案中的计划和支出负责，预算管理就能提供一个有效的框架，用来在组织内部建立针对各个部门与各个管理者的问责制。因此，预算管理对于管理一个组织来说是至关重要的。

预算管理为评估和决定现有市场、产品、流程和计划的连续性提供了一个讨论的平台。有一些活动，如果不是因为已经存在就不可能获得支持，就是应该考虑予以放弃的主要对象。为了不给各个阶段制造混乱，有必要预先对每个部门从事的各种活动定期进行评审（有时称为"零基评审"[⊖]），**这有助于以制度化的方式在组织内建立一个系统的舍弃流程。**

（3）采取合理的**衡量和控制手段**，也是高效管理者必须掌握的技能。组织对控制手段的选择能够向人宣示它重视什么和希望得到的是什么。因此，控制手段并不是中性的，而是能反映出组织的价值观，对组织成员的行为起着引导作用。所以，控制手段关注的必须是结果。它们必须易于理解，并被当成对负责这一工作的人进行控制的**依据**。另外，控制手段还必须及时，并同目标保持一致。

（4）把信息组织起来用于制定决策，是管理者必须掌握的另一项技能。管理者越来越倚重使用技术来支持和引导自己所在的组织（例如，给每一个职位创建绩效仪表盘或全面衡量指标的做法，如今已经不再稀罕）。大量的数据必须转化为对每一个知识工作者和管理者有用的信息。这会提高管理者帮助下属提高产出的能力，无论他们的下属是服务人员还是知识工作者。

更重要的是，管理当局要想取得成效，还必须从企业外部获得信

⊖　所谓零基评审（zero-based review），就是完全抛开过去的预算项目和金额，从头开始编制预算，以求尽可能客观，真正满足现实情况的需要。——译者注

息。那些使企业发生重大转变的变化，就算不是全部，也有很多起源于这个企业所属行业之外。这些信息在本行业的各个组织的电脑中是找不到的。

建立数据网络与知识管理系统，把全球供应链中的不同数据库连为一体，并让大家能够直接获得有关信息，这非常重要。

我们必须用信息去挑战公司的战略，检验公司的各种假设和事业理论，其中包括检验公司关于环境的假设：社会及其结构、市场、顾客和技术。获得关于环境的信息也变得日益重要——重大威胁和机会都是在那里孕育的。

管理任务（第9～11章、第24～26章、第九部分、第45章）

管理者的五项任务以落实公司的事业理论为目标，这些任务开展的好坏则取决于管理者对管理技能和个人技能掌握的好坏。

（1）事业理论是设定目标的起点，而目标管理是设定目标，达成事业理论所界定的组织使命的一种好方法。目标管理包括设定不同的目标和目标值，以便在短期和长期之间取得平衡。这些目标是组织公司的人力资源和财务资源以及分配工作任务的基础。

目标管理过程能够把管理过程的各个方面融为一体。例如，为了确立公司的使命和目标，管理者必须首先确立公司的事业理论。要确保事业理论得到贯彻实施，管理者必须开展沟通，做出决策，使用衡量手段和信息技术工具。但是，目标管理不只是管理者应该学习的一项技能，它还是一种真正的管理哲学。

目标管理是一个支持和促进团队合作的流程。沟通（包括向上、向下和横向的沟通）对于设定和实现目标至关重要。向上沟通必不可少，它可以确保每个管理者都清楚组织的方向是什么，自己的目标与整体之间的关系又是什么。最为重要的是，目标管理有赖于自我控制，使用得当能让个人的需要与组织的目标保持协调一致。因此，目标管理能把**个人的自由和责任**与**组织的绩效和成果**统一起来。它建立在对人的动机和行为持积极态度的基础之上，是建立一个生机勃勃的组织的基础。

（2）管理者担负着组织的责任从表面上看很简单，但是要想让组织的使命得以实现，那么开展组织工作就必须掌握一些分析技能，这样才能理解各种必要的活动、决策和关系。开展组织工作要求管理者对活动做出分类，并根据对成果的贡献把它们安排到组织结构中去。这项工作的结果应该是尽可能减少每一个职位取得预期绩效所需关系的数量。

组织的结构应该使决策在尽可能低的层级上做出，使之符合决策时所咨询的人数尽可能少这一要求。管理者还应该使组织结构符合明确、简单和经济的原则，尽可能减少层级，因为每个层级都是一个沟通环节，会增加决策过程的复杂性和噪声。

（3）管理者还必须对组织成员实行激励和沟通。这就要求他们掌握社交技能、建立信任、关注结果，并且创造一个生机勃勃的组织所需具备的其他一些条件，其中包括进行公平的、能够平衡个人功绩与组织的需要和稳定性的奖励。激励有赖于经过深思熟虑的人员决策、职务设计、高绩效标准，以及良好的薪酬奖励决策。

（4）为了确保组织成员都致力于实现组织的目标，管理者必须确立绩效衡量标准。每一个人的绩效都必须对照个人以及组织的目标加以衡量。建立合理的控制手段和汇报机制，有助于实现自我控制以及管理者的自我开发和对别人的开发。

（5）随着知识工作、知识经济以及全球化所致的竞争的到来，管理自己和自己的职业发展以及培养别人变得越来越重要。一个人要管理自己，就必须建立一个流程，用来判断自己擅长做什么（也就是自己的长处是什么），判断自己应该把精力放在工作中的哪个地方才能取得丰硕成果（也就是做出最大贡献）。

管理者还对开发下属和周围同行的能力负有责任，这是管理者必须取得成果的一个关键领域。这个过程对于培养企业未来的领导者以及帮助员工发展**个人技能**以应对未来的工作至关重要。不过，开发是一个双重过程。一个人除非积极开发别人，否则自己也是得不到开发的。

个人技能（第十部分）

管理自己要求知识工作者承担管理自身职业发展的责任。这就要求知识工作者了解自己，并且进行自我开发。

知识工作者面临着一些重要的**新要求**。

- 他们必须回答：我是谁？我有什么长处？我是怎样工作的？
- 他们必须回答：我属于什么地方？
- 他们必须回答：我做出的贡献是什么？
- 他们必须对自己的各种关系，包括向上、向下和横向的关系承担责任。

如何做一个调查，很有可能会发现很少有人考虑过下面这些问题：我是一个善听者还是一个善读者？我最高效的学习方式是什么？我的职务与我的价值观相符吗？我有什么样的持续学习和自我激励的计划？我对下半辈子的生活有什么打算？我想让自己的什么方面被人铭记？

然而，这些问题对于确立职业发展和人生方向非常重要。我们必须确定自己属于什么地方，也就是判断自己应该去大型组织还是小型组织，或者做一个自由职业者；适合去企业、政府机构，还是社会机构；适合做管理者，还是技术人员。

人际技能和沟通技能对于未来的管理者越来越重要。他们所属的组织是一个复杂的系统、网络和单元式结构⊖，他们穿行其间是离不开这些技能的。

技术应用的增加会影响管理者和专业人员的生产率，从而需要他们掌握更多的个人技能，其中包括充分运用互联网、移动电子设备和视频会议等技术手段。这些技能将会提高人们在全球范围内与同事合作和交往的能力。

小　　结

图 0-1 表达的是德鲁克对于管理的系统观，它把德鲁克的管理思想概括为一个有机的整体。各种管理技能、个人技能和管理任务必须组合成高效的管理原理，用以贯彻企业的事业理论，创新和创业也是这些原理之一。管理原理必须用于激发和维持高涨的绩效精神，用于取得组织成果，用于管理组织的社会影响以服务于社会的共同利益。

图 0-1 中的每一个构成要素在本书中都会有所论述。如无特别说明，本书各个章节的内容都来自彼得·德鲁克的著述，都可以在他为数众多的专著和文章中找到出处。本书使用了他的整个知识体系，所有相关著述都藏于德鲁克研究院。

⊖　参见马尔科姆·格拉德威尔（Malcolm Gladwell），"The Cellular Church"，The New Yorker，September 12，2005，pp.60-67. 他还是畅销书《引爆点》和《决断 2 秒间》的作者。

　　未来的历史学家在回顾 20 世纪时，会把哪个事件列为最重要的事件：两次世界大战？原子弹爆炸？日本成为第一个非西方经济大国？信息革命？我认为这些都不是。20 世纪最重要的事件是人口革命，它给世界人口构成情况带来的变化之深，前所未有。我说的革命并不仅是人口数量的变化：20 世纪人口数量增长迅速，人口寿命的增长也同样迅速，导致所有发达国家和大多数发展中国家的人口日益老龄化。其实，同样甚至更加重要的是人口质量的变化：劳动人口从过去以技能要求简单的体力劳动为主转变为以知识工作为主。这个空前的变化，在所有发达国家都曾发生。

　　20 世纪初，每个国家的劳动人口 90% 是体力劳动者、农场主及其雇工、家仆、工人、矿工或建筑工人。人们的寿命，特别是劳动寿命非常短暂，大部分劳动人口在年龄还远未达到老年人的标准（当时是 50 岁）时，就已经丧失了劳动能力。

　　如今个人的平均寿命，特别是知识工作者的平均寿命，提高到了20 世纪初的任何一个人都无法预料的水平。与此同时，各种雇用机构的平均寿命却在持续下降，并有可能继续下降。也就是说，雇用机构,特别是企业,有望保持成功的年数在不断减少。成功的时间过去就不长。从历史上看,很少有企业能够连续 30 年保持成功。当然,不是所有运营不善的企业都会倒闭,但那些存续超过 30 年的企业大多会陷入长时间的停滞,而且很少能扭转乾坤,再次成为成功的增长型企业。

因此,虽然人们的,特别是知识工作者的平均寿命和平均劳动寿命一直在快速增长,但是雇用机构的平均寿命实际上在不断缩短。在技术变革迅猛、全球化带来的竞争日趋激烈、创新层出不穷的时代,雇用机构取得成功的平均寿命继续缩短,几乎是一种必然。因此,越来越多的人,特别是越来越多的知识工作者,将会比他们的雇用机构长寿,所以他们必须为自己的下半辈子从事新的工作、学习新的技能、确立新的社会身份、建立新的关系做好准备。

如今,所有发达国家的劳动力队伍中最大的群体是知识工作者,而不是体力劳动者。在 20 世纪初,任何一个国家,哪怕是当时最发达的国家,知识工作者也极少。我甚至怀疑当时有没有哪个国家知识工作者占劳动总人口的比例超过百分之二三。在现今的美国,这个比例已达 33%。到 2020 年,日本和西欧的知识工作者差不多也将达到这一比例。这是我们过去从未见过的一个群体。由于他们拥有知识,所以拥有自己的生产资料,而这些知识又装在他们的头脑中,因此是随时可以移动的。

数千年以来,任何一个国家的绝大多数人都别无选择,农民的儿子做农民,工匠的儿子做工匠,工匠的女儿嫁给另一个工匠,工厂工人的儿女进工厂工作。即使能够流动,也是流向更低的阶层。比方说,在日本 250 年的德川幕府统治时期,只有极少数人由平民升为拥有某些特权的武士,却有非常多的武士丧失武士地位,沦为平民,也就是向下流动。在全球范围内都是如此。哪怕是在当时流动性最强的国家,也就是 20 世纪初的美国,向上流动都仍然是例外。我们有自 20 世纪初至 1950 年或 1955 年的数据,从中可以看出,当时的经理人和专业人员,10 个当中至少有 9 个，父辈是经理人和专业人员，只有 1 个来自"下层"（当时的称呼）。

在 1860～1870 年出现的企业，是人类历史上意义最重大的发明之一。之所以说它是一个重大创新，就是因为它允许少数人在内部向上流动。我们说企业打破了古老的社会组织，原因就在这里。这些古老的社会组织包括村庄、小城镇和行业公会等。

但是，企业在发明之初也是想要成为那种传统组织的。人们普遍认为，不管是在日本还是在西方，实行终身雇用制的大企业只存在于日本，反映的是日本独特的价值观。其实这是对历史缺乏了解——日本企业对白领和全职员工实行终身雇用制，直到明治末年（也就是 20 世纪之前）都还没有建立起来，而且西方的大企业与这也没有多大的差别。德国、英国、美国和瑞典等国家大公司的全职员工，事实上也是享受终身雇用制。这些公司里的员工，哪怕只是比入门级高一个级别，也会自认为是"公司员工"，认为自己跟公司是一体的。例如，他（那时都是男性）在德国是"西门子人"，在美国是"通用电气人"。所有西方国家的大公司，都跟日本公司一样，只从外面招聘入门级的员工，然后要求这些人一直待在这里，直到死亡或退休。事实上，热衷于对一切事物分门别类的德国人甚至还创造了一个专有名词"私人雇员"来称呼这些人。在社会阶层上他们低于公务员，但是在法律上他们的工作一样有保障，也是终身雇用——隐含的假设是他们反过来会把整个劳动寿命和职业生涯都奉献给雇用自己的机构。换句话说，从企业在 19 世纪末诞生，到 20 世纪上半叶完全成熟，就一直是这种状况，而最终形成于 20 世纪五六十年代早期的日本企业，只不过是以最结构化、最明确的方式体现了这种状况罢了。

19 世纪早期的企业，甚至 19 世纪中期的企业，都是依靠低成本取得成功的。那时，企业要取得成功，就得以更低的成本生产同行都在生产的产品。到了 20 世纪，成功的关键变为我们现在所称的"战略"，或者旨在获得竞争优势的分析。我可能是指出这一点的第一人，是在 1964 年出版的《为成果而管理》一书中提出的。但在那时候，它又开始向另一个基本要素转变——知识。（我发现这一点的时间是 1959 年，而这一发现导致的第一个成果是 1966 年出版的《卓有成效的管理者》。这本书首次预言了劳动力向知识工作者的转变，并且分析了这一转变对企业的意义。）

再强调一次，知识工作者在两个方面与过去的劳动者存在重大差别：首先，知识工作者拥有生产资料，而且他们是可以移动的；其次，他们有可能比雇用自己的机构活得更长久。除此之外，知识工作只有高度专业化方可高效，这一点非常不同于过去的各种工作。一个脑外科医生之所以出色，是因为他是脑外科手术方面的专家。然而，也正是出于这个原因，他可能不知道怎样给病人修复膝盖骨。如果遇到一个热带寄生虫侵入血液的病人，他更有可能束手无策。

所有的知识工作概莫能外。"通才"是包括日本公司在内的所有传统企业努力培养的人才，但是通才在知识经济中的作用有限。事实上，**只有成为管理知识与知识工作者的专家**，他们的工作才会富有成效。然而，这也意味着无论我们在"忠诚"这个问题上费多少口舌，越来越多的知识工作者必然用自己的知识领域（也就是他们的专业而不是雇用他们的组织）来表明自己的身份。他们的圈子里会有越来越多的人，是掌握着同一种高度专业化知识的，至于这些人在哪里工作，为谁工作，都不重要。

直到 20 世纪五六十年代，你在聚会上遇到一个人，如果你问他是做什么的，得到的回答通常是"我在通用电气工作"或者"我在花旗工作"，等等。在德国、英国、法国以及其他任何一个发达国家，你得到的回答都会如出一辙。但是，今天你如果再在聚会上问别人"你是做什么的"，得到的回答可能是"我是搞冶金的""我是税务专家"或者"我做软件设计"。换句话说，至少美国的知识工作者不再用雇主名号，而是用某一个知识领域来表明自己的身份。在日本，这样的情况也越来越多，当然是在年轻人中。

这给组织，特别是给企业带来的变化，可能会超过技术、信息或电子商务。

自从在1959年意识到这场变革即将发生后，我就开始深入思考这一巨大转变的意义，特别是它对个人的意义。这是因为，把这种变化转化成在生活、职业生涯、成就、归属感和满足感等方面机会的就是这些个体，而且这一个个知识工作者在很大程度上决定了未来的组织会是一个什么模样，以及哪些类型的组织将会取得成功。

于是，不管我们讨论的是企业、政府机构，还是非营利组织，对管理的定义都只有下面这个能让人满意：**让人力资源富有效率**。这会日渐成为获得竞争优势的唯一方式。经济学家笔下那些传统的资源，如土地、劳动力和资本，没有一个能真正带来竞争优势。毫无疑问，不能与别人一样善用这些资源将会是一个巨大的竞争劣势。但是，现在所有的企业都能用同样的价格获得同样的原材料，资金可以在全球范围内获取，体力劳动这个传统上位列第三的资源在大多数企业里都已变得不那么重要。就算是一些传统的制造行业，劳动力成本也只不过占总成本的12%或13%而已，因此除非是一些像羊毛衫编织那样劳动力极其密集的行业（这种行业数量极少，而且仍在不断减少），否则哪怕劳动力成本的优势相当可观（例如5%），最终形成的竞争优势也几乎可以忽略不计。真正有意义的竞争优势是知识工作者的生产率，而这在极大程度上取决于知识工作者而非管理当局。因此，知识工作者将日益成为决定组织成功的因素。

这一状况蕴涵的内容便是本书的基本主题。这些要求是全新的，而满足这些要求日益成为成功乃至生存的关键——于个人、于企业都是如此。让读者，也就是组织中的管理者在管理自己和管理别人这两个方面取得成功，便是本修订版的主要目的。

　　由于本书很厚，我建议你每次只读一章。每读完一章之后，要问一问自己："这些问题和挑战，对于我们组织以及我个人作为知识工作者、专业人员和管理者来说，意味着什么？"在把这个问题考虑清楚之后，再问："我们组织以及作为知识工作者或管理者的我，应该采取哪些行动才能把这一章所讨论的挑战转化为机会？"

绪论：管理与管理者的定义

　　管理（management）也许称得上是 20 世纪最重要的创新，也是对某些年轻人直接影响最大的创新——这些年轻人在大学里接受良好的教育，毕业后进入各种受管理的机构成为"知识工作者"，然后再成为这些机构的管理者。不过，什么是管理？为什么需要管理？"管理者"（manager）如何定义？他们的任务是什么，责任又是什么？管理的研究和这门学科是如何发展到今天这个样子的？

　　美国的第一批商学院是在 19 到 20 世纪之交后的几年内设立的，那时它们就连一门管理课程也没有开设。也就是在差不多同一个时间，"管理"这个词在弗雷德里克·温斯洛·泰勒（Fredrick Winslow Taylor）的推动下开始流传。泰勒当时用它来描述自己此前所称的"作业研究"或"任务研究"（其实原来的称呼更加准确）；我们现在称之为"工业工程"。不过，我们现在所称的"管理当局"和"管理者"，泰勒使用的词是"所有者"和"他们的代表"。

　　管理这个学科虽然可以追溯到大约 200 年前（参见本章后文"注解：管理的根源与历史"一节），但它成为一项职能、一种独特的工作、一个学科和研究领域，却全是在 20 世纪发生的事情。大多数人对管理有所了解，更是在第二次世界大战以后。

我们这个社会称为"知识社会"（knowledge society）、"组织社会"（society of orgnization）和"网络社会"（networked society），转变是在短短几十年内完成的，目睹这一转变的人如今仍然健在。在 20 世纪，重大社会任务都是由各种组织有序的机构完成的。这些机构包括大大小小的企业、中小学、大学、医院、研究实验室、政府以及不同类型和不同规模的政府机构等，而且这些机构全都委托给了施行"管理"的"管理者"。

什么是管理

管理和管理者是各种机构的独特需要，也是各种机构的独特器官，他们使得机构成为一个整体并正常运转。离开了管理者，就没有哪个机构能够正常运转。管理者履行自己的职责——这并不是因为得到了"所有者"的授权。机构需要管理的原因，并不仅仅是工作太多，多到无论是谁都做不过来。管理一个企业或一个公共服务机构，在本质上不同于管理自己的财产、行医或者独自开展律师或咨询业务。

当然，许多又大又复杂的公司是从个人小作坊开始的，但这些小作坊在经过最初几个发展阶段之后，发生变化的就不再仅仅是规模。它们的成长达到某个点（远在具有"相当规模"之前），规模就会带来复杂性。这时，"所有者"即使是唯一拥有人，也不再是在做"他们自己的"生意，而是在负责一个企业——他们如果不迅速成为管理者，就很快会被取代，丧失"所有者"的身份，或者企业破产倒闭。这是因为，昔日的生意已经变成了一个组织，需要不同的结构、不同的原理、不同的行为和不同的工作才能生存下去，它需要管理者和管理。

从法律上讲，企业的管理当局仍被视为所有者的受托方。虽然在法律上还没有成文原则，但是现实的原则已经是**管理当局优先于甚至在级别上高于**

所有者。所有者必须服从于企业对管理和管理者的需要。当然，有许多所有者成功地把这两个角色，也就是把所有者兼投资人和高层管理者结合在一起。不过，如果企业没有它所需要的管理当局，那么所有权本身也就毫无价值。有一些规模很大或者作用非常重要的企业，它们能否生存以及绩效好坏已经成为国家大事，在这样的企业里，如果所有者妨碍了管理当局，公众压力或政府行为会让所有者丧失企业的控制权。因此，在 20 世纪 50 年代，霍华德·休斯（Howard Hughes）在美国政府的压力下，被迫交出自己全权拥有的休斯飞机制造公司的控制权。该公司当时生产的一些电子产品对于美国军方来说至关重要。类似地，德国也在 20 世纪 60 年代把摇摇欲坠的克虏伯公司交给管理当局全权管理，尽管克虏伯家族拥有该公司百分之百的股份。

企业从可以由所有者兼创始人在"助手"的协助下经营到需要**管理**，这是一个影响深远的变化，需要把一些基本概念、基本原理和个人远见带入企业。

我们可以把这两类企业比作两类生物：昆虫和脊椎动物。昆虫的全身包裹在一个坚硬的外壳中，而脊椎动物由骨骼支撑。由硬壳支持的陆生动物最大不过几英寸，体形要想更大，就必须有骨骼。然而，骨骼并不是由昆虫的硬壳进化来的，而是由不同祖先的不同器官进化而来的。类似地，组织达到一定的规模和复杂性之后也必须有管理。不过，管理所取代的虽然是所有者兼创始人这个"硬壳"，但并不是它的继承者，而是**接替者**。

那么，什么时候企业需要达到从"硬壳"变为"骨骼"这个阶段？规模上的分界线在 300～1000 人。不过，更重要的是企业的复杂性。当各种各样的任务只有通过协作、同步和沟通才能完成时，组织就需要管理者和管理。研究实验室就是这样一个例子。一个实验室可能只有 20～25 名研究人员，但由于他们来自不同学科，而且需要彼此合作，因此如果没有管理，事情就会失控，轻则计划不能及时落实，重则负责计划的不同小组各自为政，速度不同，时间不同，目标和目标值也不同。没有管理，"老板"的喜爱就比绩效更加重要。这时，产品可能很出色，人员都既能干又有奉献精神，老板也通常是一个非常能干且非常有个人魅力的人。但是，除非这家企业变成由管理者和管理组成的"骨骼"结构，否则就会犯错误、发展停滞，然后很快开始走下坡路。

"管理"这个词在几个世纪之前就已诞生，而用它来指代一个机构，特别是一个企业的管理当局则是在美国兴起的。"管理"既指代一项职能，也指代履行这项职能的人；既指代一个社会职位及其职权，也指代一个学科和一个研究领域。

就算是在美国，"管理"这个词也不是那么容易理解的，因为除企业之外的各种机构并不总是用管理或管理者这两个词。例如，大学和政府机构用的是行政官（administrator），医院也是如此；军队用的是指挥官（commander）；其他一些机构用的是执行官（executive）。

然而，所有这些机构的共同点在于，它们都有**管理职能**、管理任务和管理工作。它们都需要管理，而且管理都是它们的心脏。

没有机构，就没有管理；没有管理，机构就不成机构，属下人员不过是一群乌合之众。机构本身便是一个社会器官，它们之所以存在，就是为了取得社会、经济和个人所必需的成果。然而，对器官做出定义，从来不是按照它们的功能，更不是按照它们如何执行这些功能，而是按照它们所做的贡献去定义的。正是管理使机构有能力做出贡献。

管理既是一系列**任务**，也是一个**学科**。但是，管理也指人。管理的任何成绩都是管理者的成绩，任何失败都是管理者的失败。施行管理的是人，而不是什么"力量"或"事实"。管理者的洞察力、奉献精神和正直，决定了管理的正确与否。

谁是管理者

"管理者"是什么人？大多数人的回答是："老板。"但是，如果在机场的擦鞋摊上看到"约翰·史密斯 经理"这个牌子，谁都会明白史密斯并不是老板，只不过是一名员工，而且职权很小，薪水仅比那些擦鞋工人略高一点儿。

在管理史的早期，管理者曾被定义为一个"对其他人的工作负责"的人。这个定义把管理者的职能与所有者区分开来，明确指出施行管理是一种特定的工作，是能够加以系统地分析、研究和提高的。这个定义所关注的是那些出现不久、履行各种社会经济任务的、永久性的大型组织。

然而，这个定义现在根本不能让人满意，事实上过去也从未让人满意过。从一开始，企业里有这样一些人，虽然他们身处负责人的岗位，因此显然是管理人员，但他们并不"管理"，也就是并不对其他人的工作负责。以公司负责资金供应和使用的财务负责人为例，他可能有一些下属，因此按传统的定义他确实是一名管理者。但是，他一个人承担了这个职务的大部分工作，例如与公司的承包商以及金融机构打交道等，在这个意义上讲他是"个人贡献者"，而不是管理者。然而，由于财务负责人对企业的经营成果有直接贡献，而且是公司高管团队的成员，因此他又算是管理者。另外，这个定义关注的是完成任务的工具，而不是任务本身。负责公司市场研究的人如果有许多下属，那么他们就是传统意义上的管理者。但是，他们的下属数量有多少，甚至有没有下属，他们的职能和贡献都不会有真正的差别。市场研究和市场分析方面的贡献，完全可以由某个没有一名下属的人来完成。

事实上，市场研究人员如果不需要在下属及其工作上花费大量的时间，他们所做的贡献甚至还会更大，让公司的市场研究变得更加有效，让它们更好地被管理同行理解，并且更好地融入公司的基本业务决策。

如今的组织中增长最快的群体是这样一些管理人员，他们有向企业做出贡献的责任并对企业的经营成果负责，而不是对其他人的工作负责。他们是专业人员，独立开展工作（有时会配一名助理或秘书），但会对公司的财富创造能力、业务的发展方向和绩效造成影响。由于承担着经营责任，因此他们是经营管理人员，但他们不对其他人的工作负责。

这些人不仅仅存在于技术研究领域，虽然他们最初是在这里成为一个独特群体的。实验室的资深化学家担负着很大的责任，并且要做出许多重大的决策，其中有不少会产生不可逆转的影响。但是，制定公司组织结构和设定公司管理职务的人，也同样如此。决定成本归属和分摊的高级成本会计人员，也属于此列——他通过定义管理所用的衡量指标，实际上大致决定了某个产品的去留。属于这个行列的还有：负责为公司的产品制定和维护质量标准的人；在分销体系中负责把产品送到市场上去的人；广告总监，他们负责的是公司的基本促销策略、广告内容、媒体使用以及广告有效性的衡量。

"管理"的传统定义，是专业人员在组织结构中和个人发展方面碰到问题的原因所在。这些专业人员的头衔、薪酬、职能和职业发展机会，都因此陷入混乱不堪、模糊不清的状态，并且成为不满和矛盾的起因。可是，这类专业人员的数量却在快速增长。

管理者的新定义

管理者的正确定义是什么？谁应该被列为管理人员？人们首次努力回答这两个问题的时间是20世纪50年代，但只是通过承认"专业人员"以及提倡"平行的发展机会"对旧的定义做了一些补充。这使得企业可以向高级的"专业"工作支付合理的报酬，而不是让晋升到一个对其他人的工作负责的职位上去成为取得更高报酬的唯一途径。

不过，这种方法没有彻底解决问题。采取了这种做法的组织称，专业人员的不满程度只是略有下降，他们还是确信真正的发展机会仍然主要存在于公司的行政体系中，因此一个人只有成为"老板"才算得上"上升"。最重要的是，把管理世界划分为两个独立的群体，其实是突出了这两个群体的差别，让那些独立开展工作的人比那些需要对其他人的工作负责的人低一等。这个定义的重点仍然是在**权力**和**职权**上面，而不是在**责任**和**贡献**上面。

任何分析，只要不是从这个传统定义出发，而是从工作本身出发，就会得出一个结论：把管理者定义为"一个对其他人的工作负责的人"强调的是一个次要特征，而不是主要特征。

管理者的工作内容可以划分为计划、组织、整合、衡量以及人员开发。专业人员和知识工作者，如独自工作的市场研究人员和高级成本会计人员，也必须计划、组织以及根据目标和预期对工作结果进行衡量。他们所做的事情以及做这些事情的方式，对人员开发有着相当大的影响，他们若在组织中担任教师的角色就更是如此。专业人员要取得真正的成果，也必须把自己的工作和组织中其他人的工作结合在一起，其中最重要的是进行"横向"整合——那些人属于其他的领域和职能，需要利用这些专业人员的工作成果。

管理者的传统定义强调的是"向下整合"，也就是对下属的工作进行整合，但哪怕是对于那些有下属的管理者来说，与那些自己无权加以监管的人的"横向"关系，在工作中至少也同样重要，从决策和信息的角度来看，他们通常更加重要。例如，地区销售经理必须与生产计划员、销售分析人员和成本会计密切合作，后面这些人反过来也必须同前者密切合作。这些人必须做出的大部分日常决策，影响的是他们的"同僚"，而不是他们的下属。换句话说，整合之所以重要，并不是因为他们有下属，而是因为他们在组织中工作，必须与别人合作。

工厂和办公室一线主管，如生产线上的班组长和保险公司保单受理办公室的主管，他们工作的本质是管人，可是他们只勉强算得上"管理者"，这也就是为什么他们会带来这么多的"问题"。这些一线主管，无论是在工厂还是在办公室，通常都用不着进行计划和组织，也不用对自己的贡献和成果担负多大的责任，因此他们并不属于管理者。他们只要完成别人设定的目标就行了。大规模生产的工厂里的一线主管，可以做的或者应该做的事情，也仅限于此。

因此，要判断一个组织中哪些人担负着管理责任，不把是否拥有指挥别人的权力列为首要标准是有道理的。**首要标准应该是对做出贡献担负着责任，必须把职能而不是权力作为判断的依据和组织原则。**

可是，这些人应该怎样称呼呢？许多组织都尝试过使用新的定义，或者给旧名称赋予新内涵，但恐怕最好还是不要生造新词，而是沿用"管理群体"（management group）这个流行的称呼比较好。这个词指的是**所有对做出贡献负有主管责任的人**。在管理群体中，有一些人的职能是包括传统管理职能的，也就是要对其他人的工作负责，但也有一些人在工作中是不需要担负这一责任的。另外还有一些人介于上述两种人之间，如团队负责人或任务小组组长，或者身为高管的参谋同时又要负责管理某个具体领域员工的人。管理者有时会碰到自己不是上级的情况，而专业人员有时也会成为某个任务小组的组长。

这一解决方法并不是非常好，更谈不上完美。每个组织都会有一些真正的专家，尽管绝非普通的工作人员，但并不认为自己是管理群体的一员。他们忠于自己的技术或专业技能，而不是忠于他们所在的组织。例如，人力资源部的心理学专家，可能希望别人把他当作一名专业人员，也就是某个学术领域的一名成员，而不希望被当作这个或那个组织的主管人员（甚至不愿被当作这个或那个大学的老师）。软件设计专家可能也是这种想法。

但不管怎么样，这个定义使得我们能够用"管理者"这个词来称呼所有承担管理任务的人，无论这些人有无指挥别人的权力。

管理者做什么

大部分管理者把大部分时间花在一些不是"管理"的事务上。例如，销售经理做统计分析或者拜访某个重要客户；生产经理设计工厂的新布局或者测试新材料，公司总经理斟酌银行贷款细节或者参与大额合同谈判，或者花上数小时主持资深员工的答谢宴会。所有这些活动都属于某一个职能，都是必要的，而且都必须做好，但又都不同于管理者平常要做的工作，无论这些管理者属于哪个职能，从事什么活动，位于哪个级别，或者担任什么职位。我们可以对管理者的**工作**做出"科学管理"式的系统分析，把他们因为是管理者才做的事情分离出来，并且把工作划分成各种活动。而且，任何人都可以通过提高这些活动的成效来提高自己的绩效。

管理者的工作包括五种基本活动，它们结合在一起，把各种资源整合成一个有生命力的、不断成长的有机体。

第一，管理者需要**设定目标**。他们决定目标应该是什么，决定每个目标值应该设多高，决定为了实现这些目标要做哪些事情。他们还要同相关人员沟通，以便实现这些目标。

第二，管理者需要**实施组织**。他们对必需的活动、决策和关系进行分析，对工作进行分类，把工作划分成便于管理的活动。然后，他们把这些活动进一步划分成便于管理的职位，并把这些部门和职位组合成一个组织结构。他们还要选出合适的人员来管理这些部门和职位。

第三，管理者需要**开展激励和沟通**。他们必须把众多担任不同职务的人组建成一个团队。他们通过自己与同事的关系，通过与报酬、职务安排和晋升等"人员决策"，通过与下级、上级和同级之间持续的双向沟通，来做到这一点。这就是管理者担负的整合职能。

第四，管理者需要**确立衡量标准**。管理者必须确立目标值和衡量标准——很少有什么因素的重要性比得上组织及其每个成员的绩效。他们必须确保每个人都有合适的衡量标准，而且这些标准既要关注整个组织的绩效，又要关注个人的工作，管理者还要对此进行分析、评估和解释。此外，就像在其他方面一样，他们必须把衡量标准的含义以及衡量结果向下级、上级和同级通报。

第五，管理者还必须**开发人员**，包括自己在内。在知识时代这是一个尤其重要的任务，因此在本书中占了整整一部分的内容。

这些活动类型还可以进一步划分成多个亚类，而且每个亚类都可以写成一部专著。另外，每个类型的活动都要求管理者具备不同的素质和条件。

比如，设定目标就是一个如何取得平衡的问题：取得组织经营成果与践行个人笃信的原理之间的平衡；当前需要与未来需要之间的平衡；理想结果与可用手段之间的平衡。设定目标显然需要分析和综合能力。

实施组织显然也要求管理者具备分析能力，因为它要求以最经济的方式使用稀缺资源。但是，由于组织的对象是人，因此这一活动必须遵守公平原则，并且需要管理者正直无邪。同样，人员开发也需要分析能力和正直的品格，而且还少不了识人察人的本领。

激励和沟通所需要的，主要是社交能力。它们需要的不是分析，而是整合与综合。它们要遵守的主要是公平性原则，经济性则居其次。正直的品格比分析能力重要得多。

进行衡量最需要的是分析能力。但是，衡量必须成为自我控制的手段，而不是被滥用——用来从外部自上而下地控制别人，即统治别人。人们经常违背这个原则，所以衡量成为当今管理工作中最薄弱的一环。例如，衡量有时成为内部秘密警察的武器，用于向老板提供关于管理者的审计和批评性评估结果，而这些结果甚至不会抄送管理者本人。只要衡量被误用为控制手段，它作为管理者绩效当中最薄弱环节的状况就不会改变。

把管理者的活动分为设定目标、实施组织、开展激励和沟通、衡量以及开发人员，这是一种正式的分类方法。管理者只有在实际工作中才能让它们变成具体的、有意义的活动。但由于它们是正式的活动，因此适用于所有的管理者以及他们所有的管理工作。因此，所有的管理者都可以用这些活动评估自己的技能和绩效，以及用于系统地提高自身和自己的绩效。

会在一个狭小的空间里打结，不等于可以当外科医生。同样，会设立目标不等于可以做管理者。不过，一个人如果没有设立目标的能力，那么他就不能做一个合格的管理者。这也跟不会在狭小的空间里打结就做不好手术一个道理。正如外科医生通过练好打结技术可以成为一个更好的外科医生，管理者也可以通过提高在各类活动方面的技能和绩效从而成为一个更好的管理者。

管理者的资源：人

管理者要使用一种特殊的资源：人。可以说，人是一种独特的资源，它要求资源的使用者必须具备某些品质。

"用人"始终意味着开发人，而且开发的方向决定着这个人（无论是作为一个人，还是作为一种资源）是变得更加富有成效，还是最终完全丧失成效。这不仅适用于被管理的人，也适用于管理者自己——这一点无论怎么强调都不为过。管理者对下级的培养方向是否正确，能否帮助他们成长，使他们变得更加强大和更加富有，将直接决定管理者自己能否得到发展，是成长还是凋零，是更加富有还是越来越穷，是进步还是退步。

人们可以在管理别人时学会一些技能，例如主持会议和开展谈话的技能。人们还可以找到一些有助于开发的方法，包括管理者与下级的关系、晋升制度以及组织的报酬和激励制度等方面。不过说到底，人员开发还需要管理者具备一种基本的品质，这种品质是不能通过提高技能或者强调人员开发的重要性培养出来的。它就是**正直的品格**。

人们现在非常强调喜欢下级、帮助下级以及同下级友好相处，认为这是管理者必须具备的素质。可光有这些还不够。在每个成功的组织中，总有那么一些上司，他们并不喜欢下级，也不帮助下级，对下级关系也不怎么友好。他们冷酷、不讨人喜欢、待人严苛，但是他们培养出来的人通常比任何其他管理者都要多。他们比那些讨人喜欢的管理者赢得了更多的尊敬。他们给下级设定很高的标准，判断是非时对事不对人。他们自己常常很有才华，但是从不把才华置于品格之上。一名管理者如果缺少这样的品质，那么无论他多么讨人喜欢，多么乐于助人，多么和蔼可亲，甚至无论多么能干或者才华横溢，都是一个危险人物，都不适合做管理者。

管理者所做的工作是可以进行系统分析的，完成必要工作的能力是可以学会的，但是有一个任职条件是必须先行具备的，这个条件不是天赋，而是**品格**。

管理：实践而非科学

20 世纪 30 年代以后，所有发达国家都已经成为一个由各种机构组成的社会。如今，所有重要的社会任务，不管是经济活动还是医疗保健，不管是教书育人还是环境保护，不管是探索新知还是保家卫国，都是交由相应的组织来完成的。这些组织不是临时性的，而是都有自己的管理当局。**现代社会的绩效，甚至社会成员的生存，都越来越取决于这些机构的绩效。而这些机构的绩效和生存，又取决于管理当局的绩效。**

管理者和管理的绩效直接关系到每一个人。90% 的大学生毕业后会成为组织的员工，他们的成效和绩效、满足感、成就和成长，大致取决于所在组织的管理当局的绩效。这些"知识工作者"又有很多会成为管理者，因此他们开展工作和取得成绩的能力，将取决于他们对管理的了解以及对管理技能的掌握。

由此，我们可以把管理当成"科学"，但如果我们认为管理是纯粹的科学，那又只会有害无益。

毫无疑问，管理者的工作是可以进行系统的分析和分类的。换句话说，管理有一些独特的专业特征和科学的一面。管理不只是经验、直觉或本能，它的构成要素和要求是可以进行系统分析和组织的，是任何一个智力正常的人都可以学会的。本书从头到尾都建立在这样一个命题之上："直觉型"管理者的日子已经屈指可数。本书认为，管理者通过系统地研究管理原理、掌握管理知识体系，以及持续不断地分析在各个工作领域的绩效，可以提高各个管理领域和各个管理层级的绩效——从管理培训生到巨型跨国公司的CEO，概莫能外。对于提高管理者的技能、效能和绩效而言，没有什么事情的作用能超过上述活动。这个主题的基础则是我们确信：管理者对现代社会和公民的影响之大，已经要求管理者进行自我约束，并且达到很高的专业服务水准。

不过，管理的最终检验标准是**绩效**。管理的目标和证据，必定仍是成绩而非知识。管理是一种**实践**（practice），而不是一门**科学**或一种**职业**⊖，尽管它兼有后面二者的一些要素。如果试图只让那些持有专业学位的人从事管理，那么只会给社会和经济造成危害，最终的结果只会是用官僚主义者代替管理者，并且扼杀创新（innovation）、创业（entrepreneurship）和创造力。

无论如何，我们对管理还知之甚少，不能称之为严密的"科学"，也不能把管理变成一种需要持证上岗的垄断性职业，因为对管理的研究与管理本身一样年轻，也就是说它才刚刚起步。

当然，我们也已经知道很多东西，尽管我们尚不了解，因此需要加以探索的领域，多过我们已经拥有的真正经过检验的知识和"正确答案"的领域——本书将清楚地阐述这一点。

首先，我们知道许多看似很有道理的东西，在管理实践中其实是不管用的；我们还知道管理并不是局限于某个国家或某种文化。事实上，一个多世纪以前第一批得到管理的机构（如美国铁路公司），它们诞生时，管理作为一种实践和一个学科，许多不同国家的人都在探究。在第二次世界大战（简称"二战"）后的数年间，一些观察家认为管理是美国人的发明。其

⊖ profession，指的是那些只有受过相关教育或训练，并取得诸如毕业证、资格证等凭证才能从事的职业。——译者注

实，这是不正确的，西欧和日本的快速恢复也很快就证实了这一点。管理这项职能、管理工作、管理的任务和维度是普适的，并不存在国家差异。但是，管理方式受各个国家的特色、传统和历史的影响极大，有时甚至取决于这些因素，例如，企业与政府之间的关系、人员管理的宜忌以及高层管理的结构等。

管理是一项社会职能，同时体现在传统价值观、习俗、信仰以及政府和政治体系中。管理会受到也应该受到文化的影响；反过来，管理和管理者也会影响文化和社会。因此，管理虽然是一个知识体系，但它不管在哪里也都是一种**文化**。它不是"不受价值观影响"的科学。

最重要的是，我们知道管理者是管理实施者。他们不是搞经济学，不是搞量化，也不是搞行为科学——这些都只是管理者的工具。但是，经济学之于管理者，一如验血之于内科医生；行为科学之于管理者，一如显微镜之于生物学家；量化之于管理者，一如判例之于律师。管理者施行的是管理。

因此，管理有一些不属于其他任何学科的特殊技能。组织内的沟通就是其中之一，在不确定条件下进行决策也是其中之一。另外，还有一项特殊的企业家技能：战略规划。

作为一个专门的学科，管理有自己的基本问题要解决，有自己独特的方法和特殊的关注点。一个掌握了管理原理的管理者，就算没有掌握什么管理技能和工具，仍然有可能成为一个很有成效甚至是一流的管理者。但一个人倘若只掌握各种技能和技巧，对管理的基本原理不了解，那他就不可能成为一个管理者，只不过是一个技术专家而已。

管理是一种实践，而不是一门科学。在这一点上，它可以同医学、法律和工程学相比。管理不是学知识，而是要做出绩效。它也不是运用常识或者发挥领导力，更不是实行财务操纵。管理实践必须以知识和责任为基础。

注解：管理的根源与历史

从一些管理文献中可以看出，它们的作者认为管理是二战结束以后的发明，而且是美国人的发明。诚然，二战以前确实只有极少数人对管理感兴趣，并就此开展研究，人们对于管理作为一个学科和一个研究领域普遍感兴趣，还没有多长时间。不过，管理作为一种实践和一个研究领域其实已经有相当长的历史，在许多国家都可以追溯到近 200 年前。

在欧洲，亚当·斯密（Adam Smith，1723—1790）和卡尔·马克思（Karl Marx，1818—1883）等经济学先驱撰文著书的时候，管理学还不存在。他们认为，经济学是不具人格的，是受客观经济力量支配的。正如古典传统的当代代言人、英裔美国经济学家肯尼思·博尔丁（Kenneth Boulding，1910—1993）所言："经济学探讨的是商品的行为，而不是人的行为。"马克思则认为，历史的客观规律不可转移，人类只有适应规律。人类适应规律的最好结果是实现经济所允许的最优状况，最坏结果则会阻碍经济的发展，造成资源的浪费。最后，一位伟大的英国古典经济学家阿尔弗雷德·马歇尔（Alfred Marshall，1842—1924）的确把管理列为生产要素，使之与土地、劳动力和资本为伍，但这只是一种勉强的让步，因为他仍然没有把管理列为一个核心要素。

不过，一种不同的态度也很早就已存在。这种态度把管理者置于经济的中心，强调资源的有效利用这个管理任务的重要性。才华出众的法国经济学家萨伊（J. B. Say，1767—1832）是亚当·斯密的早期追随者，不过在他自己的著述中，核心却不是生产要素，而是一个自造的词——企业家（entrepreneur）。企业家把资源从产出较低的活动中撤出，投向产出更高的活动，从而创造财富。追随萨伊的，是以傅立叶（Francois Fourier，1772—1837）和怪才圣西门（Comte de Saint-Simon，1760—1825）为代表的法国"空想社会主义者"。那时虽然还没有大型组织和管理者，但是傅立叶和圣西门都在管理尚未存在之前就已预见到了管理的发展，并且"发现"了管理。特别是，圣西门预见到了组织的兴起，预见到了提高资源的产出和建立社会结构这一任务。也就是说，他预见到了管理任务的产生。

正是由于这些法国人强调，管理是一种独立的特殊力量，是一种能够独立于生产要素和历史规律而发挥作用的力量，所有社会主义经济体的设计，其实都是以这些法国人，特别是圣西门所制定的基本方法和基本概念为基础的。

在美国，管理也早就被看作一个核心要素。亚历山大·汉密尔顿（Alexander Hamilton，1757—1804）的名篇《制造业报告》（*Reports on Manufactures*），虽然以亚当·斯密的观点开头，但随即就强调了管理的作用——建设性的、有目的的、系统的作用。他认为，经济和社会发展的动力在于管理，而不是经济力量；经济进步的载体是各种组织。在他之后，亨利·克莱（Henry Clay，1777—1852）在他的名篇《美国制度》（*American System*）中提出了可能是人类历史上首个系统化经济发展的蓝图。

此后不久，英格兰实业家罗伯特·欧文（Robert Owen，1771—1858）成为第一名真正的管理者。19 世纪 20 年代，他在自己的纺织厂里着手解决生产率和激励问题，或者说工人与工作的关系问题，也可以说是工人与企业以及工人与管理当局的关系问题——直到今天它们仍然是管理所要解决的关键问题。从欧文开始，管理者成为一个实实在在的人。不过，欧文的继承者却在很久以后才出现。

大型组织的兴起

欧文的继承者要出现，首先必须有大型组织出现。1870 年前后，在两个地方同时诞生了大型组织。在北美，横跨北美大陆的铁路成为一个管理问题。在欧洲，出现了拥有全新的目标、业务遍及全国，并且具有多个总部的"综合银行"，它们使得传统的结构和观念不再适用，因此提出了管理的需要。

美国的亨利·汤（Henry Towne，1844—1924）做出了反应。特别是，他在《作为经济学家的工程师》（*The Engineer as Economist*）这篇论文中提出了可以称得上人类历史上的首个管理计划。他提出了一系列基本问题：效果与效率、工作的组织与工人的组织、市场和顾客决定的价值、技术成就等。从汤开始，人们开始系统地关心管理任务和管理工作之间的关系。

在几乎同一时间的德国，乔治·西门子（George Siemens，1839—1901）在把德意志银行建设成欧洲首屈一指的金融机构这个过程中，首次设计了一个有效的高层管理机构，首次深入思考了高层管理的任务，首次着手解决大型组织中的沟通和信息等问题。

在日本，由政治家转变为商业领袖的涩泽荣一（Eiichi Shibusawa，1840—1931）在 19 世纪七八十年代首次提出了工商企业与国家意图、企业需要与个人道德等方面的基本问题。他还着手系统地解决了管理教育问题，并且首次预见了职业管理者的出现。日本经济在 20 世纪迅速崛起并处于全球领先地位，涩泽荣一的思想和工作功莫大焉。

几十年后，在 19 世纪与 20 世纪交替的前后几年间，现代管理的所有主要方法都已成形。同样，这些也是在多个国家独立地发展起来的。

在 19 世纪 90 年代，自学成才的工程师泰勒（1856—1915）开始对工人的工作进行研究。我们如今有很多人都对泰勒老朽的思想不以为然，但他其实是历史上第一位不理所当然地看待工作，并对它加以观察和研究的人。他的作业研究方法至今仍然是管理的基础。尽管他研究工人的方法显然没有逃脱 19 世纪的窠臼，但他是从社会的角度而不是从工程或利润目标出发的。泰勒做这项工作的初衷和动力，首先来自他想让工人摆脱繁重的体力劳动对身心的摧残这种强烈愿望，其次是他希望通过提高劳动生产率使工人过上体面的生活。

大约在同一时期的法国，一个当时规模庞大的煤矿的负责人亨利·法约尔（Henry Fayol，1841—1925），首先深入思考了组织结构，并且提出了对企业进行组织的第一种合理的方法：职能制。在德国，年轻时在一家大公司里接受训练的沃尔特·拉特瑙（Walter Rathenau，1867—1922）提出了下面这个问题："大企业在现代社会和现代国家中处于一种什么地位？它对社会和国家有什么影响？它的基本贡献和基本责任分别是什么？"当前关于企业责任的大部分问题，都是拉特瑙在第一次世界大战（简称"一战"）爆发前的几年内率先提出并且深入思考过的。与此同时，欧根·施马伦巴赫（Eugen Sehmalenbaeh，1873—1955）等德国人建立了"经营学"（Betriebswissenschaft）这个新学科。此后发展起来的管理科学，如管理会计、运筹学和决策理论等，在很大程度上都是一战爆发前数年内"经营学"的分支（尽管不是有意识地划分出来的）。在美国，出生于德国的雨果·芒斯特伯格（Hugo Munsterberg，1863—1916）首次尝试把社会科学和行为科学，特别是心理学应用到现代组织和管理中去。

第一次管理热潮

　　一战结束后，第一次管理热潮兴起。它主要是由那个时代最受拥戴的两位政治家发起的，他们是美国总统赫伯特·胡佛（Herbert Hoover，1874—1964）和捷克斯洛伐克[⊖]总统托马斯·马萨里克（Thomas G. Masaryk）。胡佛是一名工程师，他还是一名贵格会教徒。他之所以享誉全球，是因为他在历史上首次大规模援外活动中成功地使用了管理原理。他规划了救济成千上万饥民的行动：首先是在美国加入一战前对比利时饥民的救济，后来是在一战后对中欧和东欧饥民的救济。不过，提出管理能够使战后欧洲经济得以恢复这一思想的，却是历史学家出身的捷克斯洛伐克首任总统马萨里克。25 年

　　⊖　捷克斯洛伐克联邦共和国于 1993 年解体，成为捷克共和国和斯洛伐克共和国两个独立的国家。——译者注

后，这一思想在二战后美国的"马歇尔计划"中得到实现。他们二人奠定了国际管理运动的基础，并且努力把管理当作一股重要的社会力量来加以运用。

然而，在两次世界大战之间的这段时间里，却没有出现类似的思想。这是一个停滞的时期，其间除了美国之外的任何一个政府或经济体，最高目标都是恢复到一战前的水平。政治、社会和经济方面的矛盾越积越多，很快就使整个世界完全丧失了发展的决心和远见。

20 世纪二三十年代的努力

第一次管理热潮退去，无限希望变成失望。然而，在表面的停滞之下仍有人在努力。正是这些人在那些年月当中的努力，为二战后风起云涌的管理热潮奠定了基础。

20 世纪 20 年代早期，美国杜邦公司的皮埃尔·杜邦（Pierre S. du Pont，1870—1954）及其后来者通用汽车公司的阿尔弗雷德·斯隆（Alfred Sloan，1875—1966）首次为新的"大型企业"发明了一种组织原则——分权制。杜邦特别是斯隆还首次提出了针对企业目标、企业战略和战略规划的系统方法。同样是在美国，先后由朱利叶斯·罗森沃尔德（Julius Rosenwald，1862—1932）和罗伯特·沃德（Robert E. Wood，1879—1969）领导的西尔斯公司，建立了首个以市场营销为基础的企业。在不久之后的欧洲，英国和荷兰的两家公司合并成为联合利华公司，该公司设计了一个直到目前仍是最先进的跨国公司的组织结构，并着手处理跨国公司的业务规划和销售等问题。

管理学科也得到了进一步的发展。在美国，出现了一些泰勒的继承者，吉尔布雷思夫妇（Frank Gilbreth，1868—1924；Lillian Gilbreth，1878—1972）和亨利·甘特（Henry Gantt，1861—1919）就是其中的代表人物。在英国，伊恩·汉密尔顿（Ian Hamilton，1853—1947）基于他在一战期间作为军官的经验，认识到必须在正式的组织结构与赋予组织以"灵魂"的政策之间取得平衡。两位美国人，玛丽·福列特（Mary Parker Follett，1868—1933）和切斯特·巴纳德（Chester Barnard，1886—1961）首先对组织中的决策过程、正式组织与非正式组织的关系、管理者的作用和职能开展研究。英国的西里尔·伯特（Cyril Burt，1883—1972）与在美国哈佛大学工作的澳大利亚人埃尔顿·梅奥（Elton Mayo，1880—1949）分别发展了工业心理学和人际关系理论，并把它们应用于企业和管理。

在两次世界大战之间的岁月里，人们开始把管理作为一门学科来教授。哈佛商学院在 20 世纪 30 年代率先开设管理课程——尽管仍然以生产管理为主。麻省理工学院则在同一时期开始针对年轻的中层经理人员开展管理进修培训。

美国人詹姆斯·麦肯锡（James McKinsey，1889—1937）和英国人林德尔·厄威克（Lyndall F. Urwick，1891—1983）开始从事管理咨询工作，咨询范围不再仅局限于技术问题，而是包括有关企业政策和管理组织等基本管理问题。厄威克还对当时关于管理结构和经理人员职能的所有研究做了分类整理。

小　结

人类社会在 20 世纪变成了一个组织社会。组织依赖于管理者——组织由管理者建立、指挥和维系，并在管理者的努力下开展经营活动。组织一旦壮大到不再是一个很小的规模，就必须配备施行专业管理的管理者。这里的管理，指的是符合一个学科的要求，符合这个组织的目标和成员客观需要的管理，而不是建立在所有权和政治任命基础之上的管理。每一个组织都需要有人来从事具体的管理工作：计划、组织、整合、衡量和人员开发。它需要管理者来承担做出贡献的责任。一个人是不是管理者，要看他有没有承担**做出贡献的责任**，而不是看他的级别有多高，头衔有多大，有没有指挥别人的权力。管理者必须具备的基本条件是品格正直，而不是拥有天赋。

作为社会职能和博雅技艺的管理

卡尔·马克思在 19 世纪 50 年代开始撰写《资本论》时，管理这种现象还无人知晓，管理者所经营的企业也是如此。

在人类历史上，很少有一种制度的兴起像管理一样迅速，并造成如此大的影响。在不到 150 年的时间里，管理就使得全球发达国家的社会和经济基础结构发生了深刻的变化。它开创了全球化的经济，为那些希望以同等身份加入进来的国家设定了一些新的规则。它自身也发生了深刻的变化。很少有管理者真正了解管理所造成的影响有多么巨大，事实上很多人就像莫里哀戏剧《贵人迷》中的人物茹尔丹一样，对自己说的话就像散文这一点浑然不觉。他们几乎没有意识到自己在以或好或坏的方式施行管理，因此对自己目前所面临的挑战准备不足。管理者所面临的真正重要的问题，并不是来自技术或政治。事实上，这些问题的源头并不在管理和企业之外，它们恰恰是管理所取得的成功导致的。

的确，管理的基本任务并没有变化，仍然是通过共同目标、共同价值观、合理的结构以及开展工作和应对变化所需要的培训和开发，让人们能够共同取得成绩。但是，这个任务的确切含义已经改变，因为正是由于管理所取得的成功，劳动力队伍已经从以技能水平低的体力劳动者为主，转变为以受过良好教育的知识工作者为主。

作为变革推动力的管理

直到一战爆发前夕，少数思想家才开始意识到管理的存在，而当时哪怕是在最先进的国家，也没有几个人与"管理"有关。可是到了现在，美国劳动力队伍中最庞大的一个群体是美国统计局所称的"管理人员和专业人员"，他们的数量超过总劳动人口的1/3。这一深刻变化的发生，管理是主要推动力。

管理解释了我们为什么能够雇用大量有知识、有技能的人从事生产工作。这在人类历史上是第一次，过去的任何一个社会都做不到这一点。事实上，过去的社会只能供养少数这样的人。直到不久之前，都还没有谁知道如何让拥有不同技能和知识的人为了实现共同的目标在一起工作。

18 世纪的中国是同时期西方知识分子羡慕的对象，因为中国每年能给读书人提供约 2 万个职位，比整个欧洲所能提供的还要多。今天的美国，虽然人口仅与当时的中国相当，每年的大学毕业生却超过 100 万人，其中只有极少数人要费一些周折才能找到一份收入体面的工作。让美国社会有能力雇用这些毕业生的，就是管理。

知识特别是深度知识，总是专业化的。知识本身不会有任何产出。然而，一个普通规模的现代企业就有可能雇用上万名知识丰富的人，涉及五六十个不同的知识领域。各个领域的工程师、设计师、市场营销专家、经济学者、统计人员、心理学者、计划人员、会计人员、人力资源专员，全都在一个共同事业体里工作。离开这样一个受到管理的企业，他们谁都不可能取得成效。

是 100 年以来教育的爆炸式发展更加重要，还是让这些知识取得成效的管理更加重要？提这个问题其实毫无意义。没有发达社会所打下的知识基础，现代管理和受到管理的企业就根本不会存在。但同样重要的是，让这些知识以及掌握这些知识的人取得成效的是管理，而且仅仅是管理。管理的兴起把知识从一种装饰品和奢侈品，转化成为一个经济体最重要的资本。

1870 年大型企业刚开始出现时，不可能有很多企业的领导者能够预测到这一发展，这并不是因为他们没有远见或者没有先例可供借鉴。其时，社会上唯一的永久性大型组织就是军队，因此军队的"指挥与控制"的结构就自然而然成为铁路公司、钢铁厂、现代银行和百货商店模仿的典范。由上层极少数人发号施令，底层大批人员服从命令的指挥与控制模式，在近百年的时间里都是标准的结构。不过，它尽管长盛不衰，但也并非一成不变。相反，在各种专业知识开始涌入企业时，它几乎立即开始发生变化。

在制造业中第一个受过大学教育的工程师是德国西门子公司于 1867 年雇用的弗里德里克·冯·赫夫纳 – 阿尔滕耐克（Friedrich von Hefner-Alteneck）。他用不到 5 年的时间建立起一个研究部门。其他专业化的部门也很快建立起来。到一战时，制造企业的标准职能配置就已基本形成，这些职能包括研究与工程、制造、销售、财务与会计，以及稍后一些出现的人力资源（或人事管理）。

对企业以及整个世界经济产生更大影响的，是当时在管理的推动下所取得的另一个进展——以培训的方式**将管理用于组织体力劳动**。培训是战时生产生活必需品的产物，它推动着世界经济在过去 60 年间发生了深刻的变化，因为它让低工资国家几乎一夜之间成为高效率的竞争者，同时保持低工资不变。传统经济理论认为，这样的事情是永远不可能发生的。

亚当·斯密提出，一个国家或地区要培养生产和销售某种产品所需的劳动力、工艺和管理技能，不管这种产品是棉织物还是小提琴，都需要几百年的时间。

然而，在一战期间，大量没有掌握什么技能的农业人口必须在极短的时间内变为生产工人。为此，美国和英国的一些企业开始把"科学管理"（它是由泰勒于 1885～1910 年构建，并在他的《科学管理》一书中加以阐述的）用于对蓝领工人进行大规模的系统培训。他们对各种生产任务加以分析，然后把它们划分成一些单独的、不需要什么技能就可以完成的作业，以便工人迅速掌握。培训不断得到新的发展，并在二战期间的日本以及二战结束 20 年后的韩国得到广泛运用，成为这两个国家经济迅猛发展的重要基础。

20 世纪二三十年代，管理在更多领域和制造业的更多方面得到了运用。例如，分权制使得一个企业能够同时具备规模大和规模小所带来的好处；会计从"簿记"发展为财务分析和控制；从 1917 年和 1918 年提出来的"甘特图"发展而来的计划编制，被用于战时生产的安排；通过量化手段把经验和直觉转化为定义、信息和判断的分析逻辑学和统计学，也被用于战时生产的安排；市场营销学随着管理概念在分销和销售中的应用而诞生。另外，早在 20 世纪 20 年代中期至 30 年代初，美国一些管理先驱，包括羽翼未丰的 IBM 公司的托马斯·沃森（Thomas Watson）、西尔斯公司的罗伯特·沃德、哈佛商学院的埃尔顿·梅奥等人，就已经开始质疑当时制造企业的组织形式。他们得出结论，流水线是一个短期的妥协，因为流水线虽然生产效率高，但是由于缺少灵活性，没有充分发挥人力资源的作用，甚至没有充分发挥工程技术的作用，因此在经济上并不划算。他们这些思考和随后开展的实验，最终导致"自动化"成为制造过程的组织方式，导致团队合作、质量小组以及以信息为基础的组织成为人力资源的管理方式。所有这些管理创新都是**把知识运用到工作当中的结果**，也就是用系统和信息代替臆测、体力和辛劳的结果。用泰勒的话讲，每一项创新都是用"做得更聪明"代替"做得更努力"。

这些变化的强大作用在二战期间得以彰显。自始至终，德国人在战略方面都出色得多。他们的供给线很短，因此只需要比较少的后勤部队，就可以在战斗力上与对手抗衡。然而，最终取胜的是盟军——取胜的原因就是管理。美国的人口仅为所有其他参战国总人口的 1/5，参军比例基本持平，但是美国所生产的军用物资比其他所有参战国之和还要多。美国还设法把这些物资运送到遥远的前线，包括中国、俄罗斯、印度、非洲和西欧。因此，战争结束之后全世界都开始关注管理也就不足为怪了。或者说，管理已经成为一种显著不同的工作，一种应该加以研究并且发展成一个学科的工作——这在战后经济达到世界领先水平的每一个国家都已成为现实。

二战结束后，我们开始不再认为管理只是企业管理，它关系到组织中知识和技能迥异的每一个人的努力。它必须运用到所有的社会机构中，如医院、大学、教堂、艺术组织和社会服务机构等，这些机构的发展速度自二战结束以来已经超过企业或政府，这是因为，虽然非营利机构的管理者必须管理志愿者和筹集资金（这是让他们区别于营利机构管理者的两项任务），但是这两类机构管理者的许多责任都是相同的，其中包括制定正确的战略和目标、开发人员、衡量绩效以及对组织的服务进行营销。简而言之，**管理已在世界范围内成为一种新的社会职能。**

管理与创业

管理学科和管理实践的一个重要发展是它们现在都把创业和创新包括在内。有人认为"管理"与"创新"是敌手，甚至是相互排斥的。这与小提琴师的按弦的手与拉弓的手是"敌手"，是"相互排斥的"没有什么两样。其实，二者始终都是必需的，而且必须协调一致，共同发挥作用。任何一个已经存在的组织，无论它是企业、教堂、工会还是医院，如果不创新，很快就会失败。反过来，任何一个新创的组织，不管它是企业、教堂、工会还是医院，如果不管理，就会崩溃。**不创新**是**既有组织衰败**的最大原因，**不知道如何管理**是**新创组织失败**的最大原因。

然而，关注创新的管理书籍少之又少。造成这种状况的原因之一是，很多书都是在第二次世界大战结束后的一段时间内写成的，那时最重要的任务是管理既有组织，而不是创建新的、不同类型的组织。在这段时间内，大多数机构都是按照三五十年前就已设定的方式发展。不过，如今的情况已经大不相同。我们已经进入一个创新的时代，而且绝不仅限于"高科技"或者整个技术领域。事实上，社会创新（正如本书力图阐述的）比任何科技创新的意义都更加重大，影响都更加深远。另外，我们现在已经有了创新这个"学科"（参见本人 1985 年出版的《创新与企业家精神》一书）。这个学科显然是管理的一部分，而且是建立在一些广为人知并且经过实践检验的管理原则之上。它不仅适用于既有组织，也适用于新创组织；既适用于工商企业，也适用于包括政府机构在内的非商业组织。

管理的责任

管理书籍所关注的大都是管理在组织内的职能，很少有人认为它是一种社会职能。然而，正因为管理已经成为一种非常普遍的社会职能，所以它才面临着最严峻的挑战：管理当局对谁负责？对什么负责？管理当局的权力建立在什么基础之上？它的合法性来自哪里？这些不是商业问题或经济问题，而是政治问题。然而，管理有史以来遇到的最猛烈攻击，就是以这些问题为基础的。这种攻击就是**收购**（takeover）。收购最初是在美国兴起的，但如今已经遍布所有发达资本主义国家。让收购成为可能的，是养老基金成为上市公司的控股股东。这些养老基金在法律上是"所有者"，在经济上却是"投资者"，而实质上经常是"投机者"，它们对企业及其繁荣毫无兴趣。事实上，至少在美国，它们是"受托人"，除了得到即期经济上的回报之外，在本质上不需要考虑任何其他东西。收购方提出要约的假设是，企业唯一的职能就是给股东提供最大可能的即期回报。不用给管理当局和企业的任何其他理由，谁的出价高，谁就成为收购者，结果经常是打破持续经营的理念，为了短期收益牺牲长期创造财富的能力。

管理当局（不仅仅是企业的管理当局）必须对绩效负责。可是，绩效应该如何定义？如何衡量？衡量又该如何进行？管理当局又应该对谁负责？这些问题的提出，本身就是对管理的成功和重要性的一种体现。不过，这也是对管理者的一种控诉。原因在于，他们还没有直面自己已经成为权力的代表这个事实（拥有权力就必须担负责任），就必须证明自己的合法性。然而，他们还没有直面自己其实非常重要这一事实。

什么是管理

可是，什么是管理？它是一大堆技巧和窍门，还是一大把商学院传授的那种分析工具？毫无疑问，这些东西确实很重要，一如体温表和解剖学之于医生。但是，管理的发展和历史（包括它所取得的成功和所面临的问题）告诉我们，管理首先是少数几条关键的原理。具体而言有以下几个方面。

（1）管理的对象是人。管理的任务是让人们能够共同做出成绩，发挥他们的长处，规避他们的短处。这就是组织的全部任务，也是管理成为决定性关键要素的原因。如今几乎所有的人，特别是受过良好教育的人，都受雇于得到了管理的各种组织。这些组织有大有小，有商业的，也有非商业的。我们的生计有赖于管理。我们对社会做出贡献的能力也有赖于所在组织的管理，就像这些组织有赖于我们的技能、奉献和努力。

（2）由于管理要把人们整合在一个共同的事业中，因此它深深地根植于**文化**中。无论是在联邦德国、英国、美国、日本还是在巴西，管理者所做的事情都完全相同，但是他们做这些事情的方式有可能大相径庭。因此，发展中国家的管理者所面临的一个基本挑战，就是要从本国的传统、历史和文化中找出可以用作管理的基本构件的那些东西。日本的经济全球领先，印度的经济却相对落后，这种差别在很大程度上可以由下面这个事实做出解释：日本的管理者能够把外来的管理概念移植到本国的文化土壤中，并让它们茁壮成长。

（3）每一个组织都必须信奉**共同的目标和共同的价值观**。没有这种承诺，也就没有组织，有的只是一群乌合之众。组织必须有简单、清晰并能让所有成员保持一致的目标。组织的使命必须足够清晰和高远，从而为所有成员树立共同的愿景。体现这一使命的组织目标值则必须清晰、公开，并且经常得到重申。

管理群体的头等大事就是要把这些目标、价值观和目标值**考虑清楚**并且明确下来，然后**身先示范**。

（4）管理还必须让组织及其成员在客观需要和机会发生变化时能够不断地成长和发展。每一个组织都是一个**学习和教学机构**。培训和开发必须融入它的每一个层级，而且必须永不停息。

（5）每一个组织都是由掌握着不同技能和知识，并且从事多种不同工作的人组成的，因此必须建立在**沟通**和**个人责任**的基础之上。所有的成员都必须考虑清楚自己要实现什么目标，并要确保同事们了解和理解这个目标。所有成员都必须考虑清楚自己要对别人付出什么，并要确保对方理解这一点。反过来，所有成员还必须考虑清楚自己要从别人那里得到什么，并要确保对方了解自己的期望。

（6）单纯的产出数量或"净利"都不足以衡量管理和组织的绩效。市场地位、创新、生产率、人员开发、质量和财务成果，对于一个组织的绩效和生存来说都是至关重要的。非营利组织也同样需要根据自己的使命确定多方面的衡量指标，就像一个人需要用众多不同的指标来衡量健康状况和成就，一个组织也需要用众多不同的指标来衡量健康状况和成就。**绩效**必须成为组织和管理的组成部分；它还必须得到衡量，或者至少得到评判，并且必须持续得到改善。

（7）最后，对于任何一个机构来说最重要的一点是，**经营成果仅仅存在于外部**。企业经营的成果是满意的顾客；医院经营的成果是痊愈的患者；学校经营的成果是学生学有所成，并在 10 年之后学有所用。至于在组织的内部，一切都是成本。

懂得这些原理并且遵照这些原理施行管理的管理者，将会成为卓有成效的管理者。

作为一门博雅技艺的管理

英国科学家、小说作家斯诺（C. P. Snow）提出，当代社会有两种文化：人文文化（humanist）和科学文化（scientist）。然而，管理不属于其中任何一种。管理关乎行动和应用，检验标准是它取得的成果，从这一点看，它是一门技术。管理还关乎人以及人的价值观、成长和开发，从这一点来看，它又是一门人文学科。另外，它还关乎社会结构和社群并对其造成影响，这也反映了它的人文性。事实上，管理又深深地关系到精神方面的问题，即人性的善与恶——所有和作者一样长年与各种机构的管理者打交道的人对这一点都深有体会。

因此，管理是传统上所称的"博雅技艺"（liberal art）。"liberal"是指它涉及知识、自知、智慧和领导的基本原理，而称之为"art"是因为它是一种实践和应用。[⊖]管理者要从人文和社会科学（例如心理学和哲学、经济学和

　⊖　博雅技艺（liberal arts）原指自由民接受的教育，它是综合性的，目的是提升人的智慧和品格。与此对应的是"servile arts"，是奴隶或农奴接受的教育，它是专业性的，目的是培养特定的实用技能。"liberal arts"在不同历史时期有不同内涵，在中世纪的欧洲包括语法、逻辑、修辞、几何、算术、天文和音乐共七科，如今则涵盖人文科学、社会科学、自然科学和数学等领域。"liberal art"的译法较多，本书选择"博雅技艺"（本书的初版译为"人文学科"）。"博雅"意为"学识渊博雅正"，渊博体现其综合性，雅正体现其提升智慧和品格之目的。"艺术"有"创造性的方式、方法"之意，其古体"藝术"更是泛指儒家"六艺"以及术数方技等各种技术技能。由此看，"liberal art"译为"博雅技艺"是合适的。然而，"艺术"二字容易引起误解。它在日常语境里最广为人知的含义是塑造形象的各种创作，几乎是"科学"的对立面。这容易让人产生管理无成规、无定法，凡事因人而异等想法。可实际上，管理发展到今天已有比较完整的体系，有它的假设、目标、任务和方法等。作者在前文也讲到"管理关乎行动和应用，检验标准是它取得的成果，从这一点看，它是一门技术。"读者对此应当特别留心，避免望文生义，以为作者主张管理是不含"科学"成份的"艺术"。——译者注

历史学、物理学和伦理学）中汲取各种知识和见地，也同样要从自然科学当中汲取营养。但是，他们必须把重点放在如何运用这些知识并取得成效和成果上面，例如治愈病人、教育学生、架设桥梁以及设计和销售"用户友好"的软件等。

由于这些原因，借助管理这一学科和实践，"人文科学"将再次得到人们的认可，并且发挥它们的影响和作用。

小　结

管理是社会变革的推动力，它把发达国家的劳动力队伍从以体力劳动者为主，转变为以受过良好教育的知识工作者为主，这一转变是通过把知识运用到工作中实现的。管理者把不同学科的人所付出的努力整合到一个组织中，从而成为一种新的社会职能。因此，社会中的各种机构要想取得成效，都离不开管理这一学科和实践。管理者在发挥自己的作用时，必须运用来自人文科学、社会科学和技术等方面的知识。因此，管理是一门真正意义上的博雅技艺，而且在这个学科中其他各种博雅技艺的价值将会得到彰显。

管理的维度

工商企业和公共服务机构都是社会的器官。它们之所以存在，并不是因为自身有什么目的，而是为了实现某个特定的社会目的，以及满足社会、社群或个人的特定需要。它们本身并不是目的，而是手段。针对它们，我们不应该问："它们是什么？"我们应该问："它们应该做什么事情以及它们的任务是什么？"

管理是组织的器官。

"管理是什么"这个问题是次要的，因为我们首先必须用它的任务来给管理下一个定义。

每一个机构，无论它是企业、医院还是大学，它的管理当局都面临着三个同样重要但有着本质区别的任务：

- 深入思考并且界定机构的**特定目的和使命**；
- 让**工作富有效率，使员工有所成就**；
- 管理机构的**社会影响和社会责任**。

这就是所谓的管理维度。

使　命

机构总是为了一个特殊的宗旨和使命，也就是一种特定的社会职能而存在。对于工商企业而言，它意味着经济效益。

在第一项任务，也就是取得特定绩效这个任务方面，企业机构与非企业机构是有所区别的。在其他各个任务方面，它们则是相似的。但是，只有企业把经济效益当作自己的特殊使命。企业就是为了经济效益而存在的，这是企业的定义。对于其他类型的机构，如医院、教会、大学和军队等，经济因素只是一个约束条件，整个机构以及管理者能做什么要受到预算的限制。对于企业而言，经济效益则是它们存在的根本原因和目的。

企业的管理当局在每一个决策和行动中，都始终必须把经济效益放在首位，因为它只有通过所取得的经济成果才能证明自己存在与获得职权的必要性。企业的管理当局若不能取得经济成果，它就是失败的；若不能按照消费者愿意支付的价格提供他们想要的产品和服务，它就是失败的；若不能提高或者至少是维持所投入的经济资源的财富创造能力，它就是失败的。也就是说，无论一个社会是何种经济性质、政治结构或意识形态，企业的管理当局都负有盈利的责任。

然而，企业的管理当局与其他机构的管理当局在某一个方面毫无差别，这个方面就是，它必须**施行管理**。施行管理并不仅是被动适应，还意味着通过采取行动获得预期的结果。

早期的经济学家认为，工商业者的行为是完全被动的——它们要想取得成功，就必须迅速对外界发生的事件做出明智的适应，而外界的经济状况是一些与人无关的、客观的力量决定的，这些力量既不由商业人士控制，也不受他们所做反应的影响，我们可以称之为"商人"观念。商人即使不被当作寄生虫，他们的贡献也可以说是机械的，只不过是把资源投入产出更高的用途。现在的经济学家认为，工商业者是在不同的行动方案之间做出理性的选择。这已不再是一个机械论的观念，因为这种选择显然对经济是会造成影响的。然而，经济学家眼里的"工商业者"（这是主流的"公司理论"和"利润最大化"原则的基础），仍然是对经济方面的变化做出反应。工商业者仍然是在被动地适应，只不过是通过在不同方式之间做出选择来适应。从本质上讲，这是"投资者"或"金融家"观念，而不是"**管理者**"观念。

毫无疑义，迅速、巧妙和理性地适应经济变化始终是非常重要的，但是施行管理还意味着有责任努力影响经济环境，有责任在这个经济环境中计划、发起和推动变化，有责任不断打破经济环境对组织做出贡献的能力所施加的限制。因此，什么是可能的，也就是经济学家所称的"经济条件"，只是管理一个企业的一极；对经济和企业来说什么是理想的，是另一极。尽管人类永远不可能真正"驾驭"环境，我们总是被限制在少数的可能性中，但是管理的一项特殊职责就是首先要使理想变成可能，然后使之变成现实。管理不完全是经济的产物，它同时也是一个创造者。只有在能够驾驭并能通过自觉行动去加以改变的经济环境内，才真正称得上是在施行管理。因此，管理一个企业意味着施行**目标管理**。

高效率的工作与工作者的成就

管理的第二项任务是让工作富有效率，让工作者有所成就。企业（或者任何其他机构）只有一种真正的资源：人。企业是通过发挥人力资源的生产力进行经营，通过工作取得绩效的。因此，让工作富有效率是一项至关重要的职能。但与此同时，当今社会的这些机构正日益成为个人谋生、获得社会地位、融入社群以及取得个人成就和满足感的手段。因此，让工作者有所成就不仅越来越重要，而且是衡量一个机构绩效的指标，它是管理面临的一项日益重要的任务。

按照工作自身的逻辑对工作进行组织仅仅是第一步。我们还必须让工作适合由人来承担，因为人的逻辑与工作的逻辑大不相同，这一步比第一步要难得多。让工作者有所成就，意味着要把人当成一个有着特殊的逻辑和心理特征、各种能力和各种局限性的生命体。

企业的产出在本质上必须大于或者好于它的所有构成资源。它必须是一个真正的整体：大于或者至少不同于各个部分之和，产出大于所有投入之和。

因此，企业不能是各种资源的机械堆砌。要想把各种资源组建成一个企业，不能仅把它们按照逻辑顺序拼在一起，然后合上资本的开关，就像19世纪的经济学家所信奉的那样（许多继承了他们思想的理论经济学家至今仍然这么认为），我们还必须把这些资源转化成一种更具价值的形式。这就需要管理。

很显然，具有放大作用的"资源"只有人力资源这一种。所有其他资源都是遵守物质守恒定律的，它们的利用有好有坏，但是永远不可能使得产出大于投入之和。唯独人是可以成长和发展的，只有自由的人齐心协力才有可能真正创造出一个整体。我们所说的成长和发展，指的就是人能够自主决定自己做出什么样的贡献。

然而，我们习惯性地把普通员工与管理者区别开来，认为普通员工是受人指挥的，对于涉及他们工作的决策，普通员工既无责任也无须参与。这表明我们把这些员工与其他实物资源等同视之，认为他们在对组织的贡献方面同样遵守物质守恒定律。这是一个非常严重的误解。但是，误解不在于对普通工作的定义，而在于没有看到其实普通岗位也是有可能变成管理岗位的，并且变成管理岗位之后工作效率会变得更高。

人力资源通过管理获得成长、发展和做出贡献的能力。我们谈到"组织"，也就是机构的正式结构，指的却是管理者及其管理的部门的组织，实物资产和普通员工都不是组织结构的构成要素。我们讨论组织的"领导力"和"精神"，但领导力是由管理者发挥出来的，也主要是在管理者群体内发挥作用，组织的精神也是由管理群体内的精神所构成的。我们谈论公司的"目标"和绩效，其实这些目标是管理者的目标，绩效也就是管理群体的绩效。机构的业绩不好，我们肯定不会换一批普通员工，而是换一个总经理。

社会责任

管理的第三项任务是对组织的社会影响和社会责任进行管理。没有哪个机构能够独自存在，并以自身为存在的目的。每一个机构都是社会的一个器官，都是为了社会而存在，企业也不例外。政府极少干预的"自由企业制"并不一定对企业有利，只是对整个社会有利。

如今的每一个机构，存在就是为了对外界做出贡献，为非成员提供让他们满意的东西。企业，存在就是为了向顾客提供商品和服务，为了向社会提供经济剩余，而不是为了向员工和管理者提供职位，甚至不是为了向股东提供股息。职位和股息是企业存在的必要手段，但不是存在的目的。医院存在不是为了医生和护士，而是为了以治愈疾病且永不再来医院为唯一愿望的患者。学校存在不是为了教师，而是为了学生。忘记这一点的管理当局，只会管理不善。

企业要履行自己的职责，也就是生产商品和服务，必然要对人、对社群、对社会产生影响。企业必然要对人，如对员工拥有权力和权威——员工的目的和目标也不是由企业以及在企业内部界定的。企业必然要对社区产生影响，成为社区中的一员，并且提供职位和税收，当然同时也会带来废品和污染物。而且，在这个多元化的组织社会里，除了必然关心的生活的数量（商品和服务）之外，企业还必须关心生活的质量——自然环境、人文环境和社会环境的质量。

哪项任务最重要

这三项任务始终必须在任何一个管理行动中同时得到兼顾，甚至不能说其中哪一项任务处于支配性地位或者需要更强的技能或能力。诚然，对于企业来说经济效益是第一位的，因为这是企业的目标和存在的理由，但如果对工作和员工的管理严重失当，那么企业根本不可能取得经济效益，无论公司的 CEO 多么善于管理企业。通过错误地管理工作和员工所取得的经济效益只会是昙花一现，事实上就算是在很短的时间内也会破坏企业的资本。这样的效益将会导致成本上升，企业丧失竞争力。它还会挑起不同阶层之间的怨恨，最终使企业无法正常运转。错误地管理社会影响最终会破坏社会对企业的支持，同时也会毁灭这家企业。

这三项任务都有理由排在首位。业务管理可以排在首位，因为企业本来就是一个经济机构。但是，让工作富有效率与让员工有所成就也很重要，恰恰因为社会不是一个经济机构，所以社会的基本信念和价值观只有依靠管理才能得以实现。对企业的社会影响进行管理也可以排在首位，因为没有哪个器官能够在主体死亡后仍然生存，而企业就是社会和社区的一个器官。

时间维度

在每一个管理问题、决策和行动中还存在着另一种复杂性——时间。它虽然不能成为管理的第四项任务，但确实是管理的一个维度。

管理始终必须考虑现在和未来，考虑短期和长期。如果短期的利润是以危害企业的长期健康，甚至是以危害企业的生存为代价取得的，那么管理问题也就没有得到解决。如果为了一个辉煌的未来而冒引发一场灾难的风险，那么这样的管理决策就是不负责任的。有很多所谓的能人，在位的时候带领公司取得了让人瞩目的利润，可是只要他一离开，公司就成为一艘底舱开始进水的船。这就是管理行动不负责任，现在和未来失去平衡的例子。他们所取得的即期利润其实是虚构的，是通过破坏公司的资本获得的。在任何时候，只要现在和未来的需要没有同时得到满足，现在和未来的要求没有和谐一致或至少取得平衡，那么企业的资本，也就是能够生产财富的那些资源，就会受到危害和破坏，甚至是毁灭。

时间这个维度在管理中之所以特别重要和特别困难，原因有两点。第一，由于经济和技术的进步，一个决策产生结果和得到检验所需的时间越来越长。19 世纪 80 年代，托马斯·爱迪生在实验室里开始研究一个构想之后，只要大约两年的时间就可以进入中试。现在，这可能需要 15 年的时间。一个人群组织，如一支销售队伍或一个管理群体，可能需要更长的时间才能建成并收回投资。

时间维度的第二个特性是管理不仅要活在当下，而且要活在未来。管理必须让企业在当前做出绩效，否则这个企业就会消失，将来也就无法做出绩效了。它必须让企业有能力在将来做出绩效、取得成长和做出改变，否则就会毁坏企业的资本——资源在未来生产财富的能力。

对于管理来说，未来具有**不连续性**。然而，未来尽管会跟现在很不一样，但是只能从现在出发才能抵达未来。向前跳跃的步伐越大，起跳点的基础就必须打得越牢固。因此，时间给管理决策赋予了一些特殊的性质。

经营与创业

管理者始终必须经营、管理和改善那些现存的和已知的东西。但是，管理绩效还有另一个维度——管理者还必须是创业者。他们必须把资源从产出较低或者递减的领域撤出来，投入到产出较高或者递增的领域当中去。他们必须抛弃昨天，淘汰现存的、已知的东西，他们必须创造明天。

在已有的业务市场中，技术、产品和服务都已经存在，生产场所和设备已经建成，资本已经投入并且必须使用起来，人员也已经聘任到位……管理者的经营职责就是**优化这些资源的产出**。

这意味着要**提高效率**，也就是比现在做得更好；这意味着降低成本是重点。但是，优化的方法应该把重点放在**提高效果**上面。它应该关注产生收入、开辟市场以及改变已有产品和市场的经济特性。它要问的不是："我们如何把这个或那个做得更好一些？"它要问的是："哪些产品确实能够或有能力产生非凡的经济成果？哪些市场和／或最终用途可以产生非凡的经济成果？"它接下来要问的是："因此，应该把企业的资源和努力配置到哪里，从而取得非凡的成果，而不是通过提高效率只能取得的'普通的'成果？"

毫无疑问，提高效率是很重要的。哪怕是最健康的企业，也就是效果最好的企业，也会因为效率低下而灭亡。但是，一个企业哪怕效率再高，如果做的事情是错误的，也就是说没有效果，那么它也不可能生存，更不用说取得成功了。比方说，一个生产赶马车用的鞭子的企业，无论效率有多高，都不可能生存。

效果是成功的基础，而效率是取得成功之后继续生存的一个极小条件。**提高效率就是要把事情做对，提高效果则是要做对事情。**

提高效率关心的是在各种活动领域中付出的努力，提高效果则是从这样一条认识开始的：在企业中，与在其他任何社会机构中一样，10%～15%的主体，如产品、订单、顾客、市场或人员等，会产生80%～90%的成果，而另外85%～90%的主体，无论用多高的效率对待它们，都只会产生成本。

因此，管理者的第一项经营职责，就是让极少数有价值、有可能产生效果的核心活动发挥作用。与此同时，对于大量无论做得怎么好产出都不可能特别高的普通事务，包括一些产品或员工活动、研究工作或销售活动等，管理者要消除它们的有害作用（或者放弃这些事务）。

第二项经营职责是让企业不断靠近充分发挥潜力的状态。哪怕是那些最成功的企业，与它们的潜力比起来，绩效水平都是很低的。这里所说的潜力，是各种努力和资源在本质上所能产生的最大经济成果。

这项任务不是创新，它事实上是接受企业的现状，然后提出下面这些问题：理论上的最优产出水平是什么？是什么因素妨碍我们达到这个最佳水平？换句话说，妨碍企业的发展并从所投入的资源和努力中取得最大回报的限制因素是什么？

此外，管理任务在本质上是包括创业的，也就是创造明天的企业。这个任务在本质上又包括创新。

创造明天的企业是从"明天的企业将会不同于也必须不同于今天的企业"这个信念出发的，当然也必定是从今天的企业出发的。创造明天的企业不能靠灵光乍现，而是必须在今天进行系统的分析和艰苦卓绝的工作，这意味着由今天企业里的人员来承担这些工作。

有人也许会说，成功不可能永远持续，因为企业毕竟是人创造出来的，不可能真正永生，就算是那些历史最悠久的企业，创建至今也不过只有几个世纪的时间。但是，一个企业要想延续自己对经济和社会所做的贡献，它的寿命就必须比某一个人更长，比某一代人更长。让企业永生是最核心的创业任务——做到这一点的能力可能是管理所面临的最终评判标准。

小　　结

管理有三项基本任务或三个维度：第一项任务是深入思考并且界定组织的特定目的和使命，无论这个组织是企业、医院、学校还是政府机构；管理的第二项任务是让工作富有效率，让员工有所成就；第三项任务是管理社会影响和社会责任。对于第二项和第三项任务，所有的机构都是相同的，把企业与医院、学校和政府机构彼此区分开来的是第一项任务。企业的特殊目的和使命就是取得经济效益。为了完成这一任务，管理者始终必须在现在与不确定的、有风险的未来之间取得平衡，必须既要让企业取得短期效益，又要让企业能够取得长期效益。管理者始终必须照管已经存在的东西，也就是担当经营者。他们同时也必须创造未来的东西，成为创业者、风险承担者和创新者。一个现代企业要想产生成果，对社会和社会成员做出贡献，它的寿命就必须比人更长，并能在截然不同的未来环境中取得绩效。

1

管理的新现实

MANAGEMENT

毫无疑问，不管是在发达国家还是在发展中国家，如今的情况与 20 世纪末相比正在变得大不一样，很多东西是全新的，而且其中很大一部分已经或者很快就将成为现实。

　　在此背景下，接下来四章的内容将试图回答三个问题：为了做好迎接新现实的准备，管理群体现在能够以及应该做哪些事情？还有可能发生哪些我们目前尚未意识到的巨变？从这些新的现实中将会有哪些新的管理范式浮现出来？

一切皆因知识

知识已经成为社会的关键资源,知识工作者已经成为劳动人口中最主要的群体——这就是新的现实。知识经济有三个主要特征:

- 无边界,因为知识比资金更加容易流动。
- 向上流动性,每一个人都可以通过相当普及的正式教育实现这一点。
- 成功与失败的可能性并存。每一个人都能获得"生产资料",也就是工作所需的知识,但未必每一个人都能获得成功。

这三个特征使得知识社会成为一个竞争激烈的社会,无论对组织还是对个人都是如此。信息技术虽然只是这些新现实众多新特点中的一个,但是它已经带来了非常重要的影响:它使得知识几乎能够在瞬间传播出去,并让每一个人都能获知。由于信息极易传播,而且传播速度极快,因此知识社会中的每一个机构,无论是企业,还是学校、医院和政府机构,都必须具有全球竞争力,尽管大多数组织的活动和市场仍然局限在当地。这是因为,互联网会让全球各地的顾客越来越多地了解到在世界其他地方能够以什么样的价格获得哪些东西。

这种全新的知识经济对知识工作者的依赖性非常大。目前，"知识工作者"这个词主要用于描述那些具有深厚理论知识和学问的人，如医生、律师、教师、会计师和化学工程师等。但是，这个队伍中增长最快的将会是"知识型技术人员"（knowledge technologist），如计算机技术人员、软件设计师、化验室分析师、制造业技术人员和律师助理等。这些人既是知识工作者，也是体力劳动者。事实上，他们用双手工作的时间通常远多于用大脑工作的时间。然而，他们的体力劳动建立在牢固的理论知识基础之上，而这些知识只有通过接受正式的教育才能获得，不能通过做学徒获得。他们的薪水通常不如传统的技术工人高，但是他们认为自己是"专业人员"。就像制造业中没有技能的体力劳动者是 20 世纪最主要的社会和政治力量一样，知识型技术人员也有可能在未来数十年成为最主要的社会力量，并有可能成为最主要的政治力量。

新的劳动人口

一个世纪以前，发达国家的绝大部分人都是用双手工作，干农活、做佣人、开手工艺品店，以及在工厂做工人（当时仍只是少部分人）。50 年后，美国劳动人口中体力劳动者所占比例下降了约一半，工厂工人成为比例最大的一个群体，占总劳动人口的比例达到 35%。又过了 50 年，也就是现在，美国的劳动人口中只有不到 1/4 的人是靠体力劳动谋生的。虽然工厂工人仍占体力劳动者的大多数，但是他们在总劳动人口中所占比例已经下降到 15% 以下。

在所有的发达大国中，美国的工人在劳动人口中所占比例最小。英国以微弱的差距紧随其后，日本和德国的这一比例虽然仍在 25% 左右，但也正在稳步下降。

　　一战前，我们对那些不靠体力劳动谋生的人甚至还没有一个称呼。1920年前后，"服务行业人员"（service worker）这个词诞生。然而，这个词后来变得非常容易让人产生误解。如今，只有不到一半的非体力劳动者是真正的服务行业人员。事实上，无论是在美国还是在其他发达国家，劳动人口中增长最快的群体是"知识工作者"，也就是需要接受正式的高等教育才能胜任有关工作的那些人。他们如今已占美国劳动力的 1/3，数量远超过工厂工人。大约 15 年后，他们在所有富裕国家中所占总劳动人口的比例有可能接近 2/5。

　　"知识型行业""知识工作"和"知识工作者"这些词已经存在了近 50 年的时间，它们是在 1960 年左右由不同的人独立提出来的。"知识型行业"是由普林斯顿大学经济学家弗里茨·马克卢普（Fritz Machlup）提出的，"知识工作"和"知识工作者"则是由作者本人提出的。现在大家都在使用这些词，尽管不是每一个人都能理解它们对于人类价值观和人类行为，对于管理员工以及让他们富有成效，对于经济学和政治学有什么样的含义。然而，非常明确的一点是，新出现的知识社会和知识经济，在根本上将会不同于 20世纪末的社会和经济。它们之间的差异主要体现在以下这些方面。

　　知识工作者作为一个整体，是新型社会和经济中的资本家。知识已经成为关键资源，而且是唯一稀缺的资源。这意味着知识工作者作为一个整体是拥有生产资料的，同时也成为传统意义上的资本家：他们通过持有养老基金和共同基金成为知识社会中许多大企业的大股东和所有者。

　　知识只有专业化才能发挥作用，这意味着知识工作者必须加入一个组织——这个组织把许多知识工作者聚集在一起，并且运用他们的专长生产一个共同的最终产品。一个初中数学老师再怎么才华横溢，也只有成为教员之一才能发挥作用。一个产品开发咨询顾问再怎么聪颖超群，如果没有一个拥有相应能力的组织把他的建议付诸行动，他就不可能发挥作用。最伟大的软件设计师，也离不开硬件制造商。反过来，中学需要数学老师，企业需要产品开发专家，个人电脑制造商需要软件工程师。因此，知识工作者认为自己是"专业人员"，与聘用自己的机构是平等的。在他们眼里，知识社会只分资历的深浅，不分级别的高低。

男性与女性

所有这一切对女性在劳动人口中的地位具有非凡的意义。从历史上看，女性与男性对工作的参与是平等的。即使是在19世纪某个富庶国度里，一个妇人闲逸地坐在客厅里消磨时光的现象也是极为罕见的。当时，一家手工艺店铺或一个小商店，必须由夫妇俩共同操持才有可能立足。迟至20世纪初，医生如果不结婚就不可能自己开业，因为他需要妻子帮助他安排时间、开门、记录病历和开具账单。

但是，尽管女性一直是需要工作的，可自古以来女性从事的工作就经常不同于男性从事的工作，过去的工作是分性别的。比如，《圣经》里多次出现女性去井边打水的场景，却从未出现男性去打水。知识工作是男女咸宜的，这倒不是因为受到了来自女权主义者的压力，而是因为无论哪个性别的人都能做好这些工作。尽管如此，现代社会中的知识工作最初是分性别的。例如，教师作为一个职业是随着1794年法国巴黎高等师范学院的创建而诞生的，当时严格规定只有男性才能担任教师工作。60年后，南丁格尔（Florence Nightingale）在1853～1856年的克里米亚战争中开创了第二个知识型职业——护士。过去只有女性才能当护士，然而，到了1850年各地的护士都有男有女，到了2000年美国护士学校里的学员2/5是男性。

欧洲直到19世纪90年代都还没有女博士。有人称，欧洲最早获得医学博士学位的女性之一、伟大的意大利教育家蒙台梭利（Maria Montessori）曾说："我不是女博士，我碰巧是一个女性的博士。"同样的逻辑适用于所有的知识工作。知识工作者，无论男女，都是专业人员，运用的知识相同，做的工作相同，遵守的标准相同，用于评判他们的结果也相同。

一些需要丰富知识的知识工作者，如医生、律师、科学家、牧师和教师等，是很久以前就出现了的，但是他们人数的迅猛增长却发生在过去 100 年间。不过，最大的知识工作者群体是直到 20 世纪初才开始成长的，迅速扩大则是二战以后的事情。这个群体就是知识型技术人员，他们的大部分工作是用双手完成的（在这个意义上讲他们是技术工人的继承者），但是他们的薪水是由脑袋里的知识决定的，而他们的知识又是通过正规教育而不是通过拜师学艺获得的，他们包括 X 光技师、理疗师、超声波专家、精神病医生、牙医等。自 20 世纪 70 年代初以来，医学技术人员是美国劳动人口中增长最快的一个群体，在英国可能也是如此。

在未来 15～20 年，计算机、制造业和教育领域的知识型技术人员的数量有可能更快地增长。办公室技术人员，如专职的律师助手，也在快速增多。昨天的"秘书"迅速变成今天的"助手"，成为上司办公室以及上司工作的管理者，这绝非偶然。在二三十年后的所有发达国家里，知识型技术人员将成为劳动人口中的第一大群体，地位堪比 20 世纪五六十年代处于权力巅峰的工会工人。

这些知识工作者的一个最重要的特征是，他们不认为自己是"工人"（worker），而是"专业人员"（professional）。他们中有许多人把大量时间用来做一些不需要很多技能的工作，例如整理病人的床单、接听电话或者整理文件，但是他们自己以及社会大众在确认他们的身份时，使用的是需要他们运用正规知识做好那一部分工作。正是这一部分工作，使得他们成为真正的知识工作者。

这些人有两大需要：一是接受使得他们有能力进入知识工作这个范围的正规教育；二是在整个职业生涯都接受继续教育，不断更新自己的知识。一些职业存在已久，并且需要丰富的知识，如医生、牧师和律师等，对于这些专业人员，很多国家都提供正式的教育。但是，对于知识型技术人员，目前提供系统教育的国家还只是少数。未来的几十年间，无论是发达国家还是发展中国家，培养知识型技术人员的教育机构会迅速增多，一如过去那些新机构迅速满足各种新要求时的情况。唯一不同的是，对这些已经接受过良好教育、知识渊博的成年人，还必须提供继续教育。而在过去，参加工作即意味着不用再接受学校教育。在知识社会，继续教育这个过程永远不会停息。

传统技能变化非常缓慢。西班牙巴塞罗那市附近的一座博物馆里收藏的许多手动工具，还是罗马帝国末年的能工巧匠使用的，可是今天的任何一名工匠一眼就可以看出来它们派什么用场，因为它们与今天仍在使用的工具非常相似。因此，就技能的培养而言，我们可以认为十七八岁学到的东西是可以享用终生的。

相反，知识过时很快，因此知识工作者必须经常回学校学习，因此为接受过良好教育的成年人提供继续教育将成为未来社会的一个巨大的增长领域。但是，大部分继续教育都会使用非传统的方式，如周末讲座和在线培训等，并且在各种不同的地点进行，可能是在传统的大学里，也有可能是在学生的家中。被认为会对教育以及传统的学校带来重大影响的信息革命，对知识工作者的继续教育带来的影响，可能会有过之而无不及。

各种知识工作者都倾向于用自己掌握的知识来表明身份。他们做自我介绍时会说："我是搞人类学的"或者"我是理疗师。"他们对自己所服务的组织可能会感到骄傲，这个组织可能是一家公司、一所大学或一个政府机构，但他们只不过是在这个组织"供职"罢了，并不"属于"这个组织。大部分人觉得，自己与另一个机构里从事同一个专业的人之间的共同点，要多于自己与所在机构的另一个知识领域里的同事之间的共同点。

知识成为一种重要资源意味着专业化程度越来越高，但是知识工作者的流动性非常强。在他们看来，只要没有离开自己的专业领域，那么换一所大学、一家公司或一个国家都无所谓。很多人热衷于讨论如何恢复知识工作者对组织的忠诚，但这些努力只会是无果而终。知识工作者对组织可能会有一些依恋，觉得待在这里很自在，但是他们效忠的主要对象很可能是自己那个专业知识领域。

知识是没有阶层之分的，只有适用与否。心脏手术医生的薪水和社会地位可能比语言矫治医生高得多，但如果碰到某个特定的场合，例如需要对一个中风病人进行语言康复治疗，那么后者的知识用处就会大得多。这就是为什么各种知识工作者都不认为自己是别人的下级，而是专业人员，因此应该被当作专业人员来对待。

知识工作者也跟所有人一样需要钱，但是他们不认为钱是最终的衡量标准，也不认为钱可以代替专业水准和专业成就。过去的工人与今日的知识工作者之间存在鲜明的对比，前者首先把工作当成谋生的手段，后者认为工作只是人生的一部分。

向上流动

知识社会是人类历史上第一个不对向上流动加以限制的社会。知识不同于其他任何生产资料之处，在于它不能世袭和遗赠。每个人都必须从头开始学习，每个人在诞生时都是一样的蒙昧。

知识必须是可以传授的，这意味着它是公开的。它是谁都可以学习的，或者很快就会变得谁都可以学习，这一切将导致知识社会具有很高的流动性。任何人都可以通过一种程式化的学习过程在学校里获得任何知识，而不是采用拜师学艺的方式。

直到19世纪50年代甚至是1900年，任何一个国家的流动性都很小。印度千百年来实行严格的种族制度，身世不仅决定一个人的社会地位，而且决定这个人的职业。这可能只是一个极端的例子。但在其他绝大多数国家，农民的儿子仍然是农民，农民的女儿也还是嫁给农民。总体上讲，人们只能向下流动，原因则包括战争和疾病、个人灾祸以及酗酒或赌博等劣行。

就算是在美国这个机会无穷的国度，过去向上流动性也比人们想象的小得多。20世纪上半叶，美国的绝大多数专业人员和管理者，父辈都是专业人员和管理者，而不是农民、小店主或工厂工人。让美国与大多数欧洲国家形成鲜明对比的，不是美国向上流动的人更多，而是向上流动这件事情本身是受人欢迎、鼓励和珍视的。

知识社会把人们对向上流动的认可推向了更高的水平：它认为妨碍向上流动的一切因素都是一种歧视。这意味着每一个人都被认为可以成为"成功人士"。这种想法在我们的先辈看来是荒唐可笑的。诚然，能够做出丰功伟绩的只是极少数人，但是有非常多的人是有望变得非常成功的。

1958年，美国经济学家约翰·肯尼斯·加尔布雷思（John Kenneth Galbraith, 1908—2006）首次阐述了"富足社会"。所谓的富足社会，不是一个有许多富人的社会，也不是一个富人变得更富的社会，而是一个大部分人都有经济安全感的社会。在知识社会，许多人甚至是大部分人都拥有比经济安全感更加重要的东西：社会地位或"社会富足"。

成功的代价

然而，知识社会的向上流动性来之不易，需要付出高昂的成本：激烈竞争所带来的心理压力和情感创伤。只有存在输家才会存在赢家。过去不是这样的。在过去，无地苦力的儿子成为一个无地苦力，根本不算是失败。但在知识社会，这不仅是他个人的失败，同时也是整个社会的失败。

日本青少年睡眠不足，是因为他们晚上要上补习课，以期提高成绩，考进心仪的名牌大学，毕业后找个好工作。这样的压力不仅会导致人们敌视学习，而且有可能破坏日本引以为傲的经济平等，使日本成为一个富豪统治的国家，因为只有那些富有的父母才能供得起儿女接受那么昂贵的大学学前教育。其他一些国家，如美国、英国和法国，也任由学校里的竞争变得激烈。

这样的现象是在短短三四十年里发生的，足见知识社会里的人们是多么害怕失败。

尽管竞争如此激烈，但是越来越多的非常成功的知识工作者，如企业管理者、大学教师、博物馆馆长和医生等，无论性别，会在四十多岁的时候"登顶"。他们知道，自己的事业已达顶峰。这时如果工作是他们生活的全部内容，他们就会碰到麻烦。因此，知识工作者必须发展（而且最好是在年轻的时候就开始发展）一种非竞争性的生活和一个属于自己的圈子，培养一些业余爱好，如做社区志愿者、参加乐团或者积极参与某个小城镇的政府管理事务等。这些业余爱好会给他们带来做出个人贡献和取得个人成就的机会。

小　结

知识型行业、知识工作和知识社会自 20 世纪 50 年代开始慢慢形成，如今在发达国家已经成为现实。这对管理者而言有诸多含义。知识工作的增加对应着制造业员工的减少。增长最快的知识工作者是知识型技术人员，这一趋势仍将延续。

从长期趋势来看，制造业将步农业后尘，从业人员不断减少。加入劳动人口的女性一直在稳步增加，因为知识工作是不分性别的，不像制造业从业人员那样以男性为主。

知识工作者对自己专业的认同，至少不亚于对自己所在组织的认同。这给管理者带来了新的挑战，因为知识工作者的流动性强，更加难以让他们融入组织的使命。

新的人口构成情况

　　2030 年，德国 65 岁以上的老人将占成年人口的一半左右，而目前（2007 年）这一比例仅为 1/5。除非该国的生育率能从目前每名女性生育 1.3 名子女的低点反弹，否则该国 35 岁以下人口的缩减速度，会达到老年人口增速的 2 倍。这一变化的结果是，该国人口将从目前的 8200 万降至 7000 万～ 7300 万，劳动年龄人口下降整整 1/4，从 4000 万减少到 3000 万。

　　德国的人口构成情况并非特例。世界第二大经济体日本的人口目前（2007 年）约为 1.28 亿，接近峰值。据日本政府比较悲观的预测，该国人口将于 2050 年缩减至 9500 万左右，而老年人口占成年人口的比例在 2030 年就会逼近 50%。日本的生育率则和德国相当，低至 1.3。

　　包括意大利、法国、西班牙、葡萄牙、荷兰和瑞典在内的其他大部分发达国家，以及包括中国在内的许多发展中国家，这些数字也都是大同小异。在意大利中部、法国南部和西班牙南部等地区，生育率甚至比德国和日本更低。

平均寿命以及与之对应的老年人数量 300 年来一直稳步增长，但是年轻人的数量减少是过去没有发生过的事情。迄今为止唯一没有遭遇这一情况的发达国家是美国，但是美国的生育率目前也低于更替水平，而老年人占成年人口的比例在未来 30 年间将快速上升。

这意味着在每一个发达国家，赢得老年人的支持都会成为一个政治命题，养老金已经成为这些国家选举中的一个常设主题。对于是否应该利用移民来维持总人口和劳动人口，争论也越来越激烈。这两个方面的问题结合在一起，正在改变每一个发达国家的政治局势。

最迟于 2030 年，所有发达国家支付全额养老金的年龄标准都会提高到七十四五岁，而且身体状况良好的人所领取的养老金会远低于现在。事实上，要求那些生理和心理状况都还不错的人在固定年龄退休的做法可能会被废弃，以免劳动人口被沉重的养老金负担压垮。一些年轻人和中年人已经开始怀疑，等自己到了传统的退休年龄时养老金是否够发。不过，世界各国的政治家都假称自己能够维持现行养老金制度。

必需但不受欢迎

毫无疑问，移民是一个更加容易引起争议的话题。位于德国柏林的著名研究机构 DIW 估计，到 2020 年，德国若想维持自己的劳动人口，就必须每年吸纳 100 万名适龄移民。其他富裕欧洲国家的处境也是如此。日本有人在讨论每年要引进 50 万名韩国人，让他们工作五年后再送回去。对于除美国以外的所有大国，如此大规模的移民是空前的。

这个问题的政治意义已经有所呈现。1999 年，奥地利一个以"不接受移民"为政纲的右翼党派赢得大选，整个欧洲为之震惊。比利时的弗莱芒语地区、传统自由主义国家丹麦和意大利北部地区，也出现过类似的运动。就算是在美国，移民问题也正在动摇由来已久的政治同盟。美国多个工会反对大规模的移民，于是加入了反全球化的阵营，于1999年在西雅图世界贸易组织大会期间组织了暴力抗议活动。将来，美国总统的民主党候选人可能必须做出选择，是反对移民以获取工会的选票，还是支持移民以获取新移民的选票。同样，共和党候选人也可能必须做出选择，是支持移民以获得强烈要求得到更多工人的商界选票，还是反对移民以获得这一立场日趋坚定的中产阶级白人的选票。

但尽管如此，美国在移民方面的经验将有助于美国在未来数十年间保持领先优势。自20世纪70年代以来，美国一直在大量吸纳移民，这些移民大多是年轻人，而且第一代的生育率会比原住民高。这意味着美国的人口在未来三四十年间仍将继续增长，尽管增速缓慢。其他一些发达国家的人口，则会不断下降。

移民之国

美国的优势不仅仅在于移民的数量。更重要的是，美国在文化上也乐于接纳移民，很久以前就学会了如何把移民融入自己的社会和经济。事实上，近些年移居美国的人，无论他们来自拉美还是亚洲，融入社会的速度比过去快得多。例如，有报道称，1/3的拉美新移民的婚嫁对象是非拉美移民和非移民。妨碍这些新移民完全融入美国的一大障碍，是美国的公立学校运行得太糟糕（参见第14章）。

在所有发达国家中，只有澳大利亚和加拿大有类似于美国的移民传统。日本坚决地抵制移民，仅在20世纪二三十年代对韩国移民开放过一回，而且这些移民的后代至今仍受歧视。19世纪全球发生的大规模移民，若不是流向无人居住的空旷地带（如美国、加拿大、澳大利亚和巴西），就是在同一个国家内部从农村移往城市。不同的是，21世纪是跨国移民，不同国籍、语言、文化和宗教信仰的人流向另一个国家。在接纳这些外来移民方面，欧洲国家迄今为止乏善可陈。

人口构成方面的这些变化带来的最大后果，可能是打破迄今为止保持同一的社会和市场。直到 20 世纪二三十年代，每一个国家都有许多不同的文化和市场，它们因为阶层、职业、住处等的差别而显著不同。在 20 世纪 20～40 年代消失的"农村市场"和"上层社会主顾"，就是两个这样的例子。然而，自二战以后，所有的发达国家都只有一种大众文化和一个大众市场。现在，各个发达国家人口方面的不同力量都在朝着完全相反的方面发展，原来那种同一性还能存在吗？

发达国家的市场是由年轻人的价值观、习惯和偏好所支配的。过去半个世纪以来，一些最成功的企业，如美国的可口可乐和宝洁公司、英国的联合利华公司、德国的汉高公司，它们的繁荣昌盛都主要得益于 1950～2000 年年轻人的数量增长以及高生育率。同时期汽车工业的兴旺发达也是由于这个原因。

单一市场的终结

有迹象表明市场正在分裂。在 25 年来增长可能最快的金融行业，这种分裂已经发生。20 世纪 90 年代末的泡沫市场以及疯狂的高科技股日间交易，参与者主要是 45 岁以下的人。共同基金和延期年金等投资市场的客户，大部分是 50 岁以上的人，而且这个市场本身也在不断分化。任何一个发达国家里成长最快的可能要数继续教育行业，这个行业所秉持的价值观与年轻人的文化是格格不入的。

一些年轻人市场将会变得非常有利可图。例如，据报道，在中国东部一些严格实行独生子女制的沿海城市，一个中产阶层家庭在一个孩子身上的花费要大于以前的中产阶层家庭在四五个孩子身上的总花费。在日本似乎也是如此。许多美国中产阶层家庭也在独生子女的教育上投入巨大，主要是移居至拥有好学校的昂贵郊区。这个新出现的年轻人奢侈消费市场，与朝鲜战争结束之后的单一大众市场差别很大。由于进入成年期的青少年数量在下降，那个大众市场正在快速弱化。

几乎可以肯定的是，劳动人口将来会分成两个截然不同的群体，大致以50岁为分界线。这两个群体的需要和行为以及承担的工作等各个方面，都会大不相同。50岁以下的那个群体需要的，是一个永久性的工作，至少是一连串的全职工作，从而获得稳定的收入。人数迅速增加的50岁以上的那个群体则会有更多选择，能够把传统的、非传统的工作以及闲暇时间以最适合自己的比例组合起来。

劳动人口分为两个群体可能会从女性知识型技术人员开始。女性护士、计算机技术人员或专职的律师助手可能会花15年的时间去生儿育女，然后返回全职工作岗位。美国高校的女生人数已经超过男生人数，她们中有越来越多的人愿意在新兴的知识型技术领域工作。女性作为母亲有一些特殊的需要，女性的寿命也越来越长，而这些知识型技术工作是人类历史上第一批能够满足女性这些特点的工作。女性的长寿也是工作市场分裂的原因之一。50年的工作生涯在人类历史上是前所未有的，如果在这50年间只做一种工作，那实在是太漫长了。

分裂的第二个原因是企业等各种组织的平均寿命越来越短。过去，用人组织的寿命比员工长。将来，越来越多的员工，特别是知识工作者的寿命会比组织长。例如，只有极少数企业或政府机构的寿命能够超过30年。过去，大部分员工的工作生涯都不会超过30年，因为大多数体力劳动者很快就年老力衰了。然而，在20多岁加入劳动人口行列的知识工作者，50年后身体和思维都还处于良好的状态。

"第二职业"和"人生的下半场"已经成为美国的热门词汇。越来越多的人在缴足社保年限并达到按工龄退休即可领取养老金和享受社会保障福利的基本条件后，就选择提前退休。但是，他们不是停止工作，而通常是以非常规的方式从事"第二职业"，例如做自由职业者（通常会"忘记"告诉报税人员自己还在工作，从而提高自己的纯收入），做兼职工作，或者给外包商做"临时工"，或者自己做外包商。这种"为了继续工作而提前退休"的现象在知识工作者中尤其普遍。在目前已经年满 50 岁或 55 岁的人中，知识工作者还只是少数，但是从 2030 年左右开始，他们会成为老年人中最大的一个群体。

警惕人口构成情况的变化

我们可以对 15 年后的人口构成情况进行相当准确的预测，因为在 2020 年之前加入劳动人口的每一个人如今都已降生。但是，正如美国在过去数十年所经历的那样，人口构成情况可能发生突如其来和很难预测的变化，并且立即造成相应的影响。例如，美国 20 世纪 40 年代的婴儿潮就引发了 20 世纪 50 年代的房地产热潮。

20 世纪 20 年代中期，美国经历了首个"婴儿低谷"。1925～1935 年，出生率下降接近一半，低于平均每名妇女生育 2.2 个孩子的更替水平。30 年代末，富兰克林·罗斯福总统的人口委员会（由美国最著名的人口学家和统计学家组成）很有把握地预言，美国的人口将于 1945 年达到顶峰之后开始下降。然而，40 年代后期生育率的爆发性增长证明这个预测是错误的。在 10 年内，平均每名妇女的活产婴儿翻了一番，从 1.8 个增加到 3.6 个。1947～1957 年，美国经历了一波令人意想不到的"婴儿潮"，每年出生的婴儿数量从 250 万增加到 410 万。

可是，到了 1960 年和 1961 年，风向突变。人们认为，第一次婴儿潮一代成年之后，美国社会将迎来第二次婴儿潮，但实际上迎来的却是又一个大低谷。1961～1975 年，生育率从 3.7 跌至 1.8，新生婴儿数量从 1960 年的 430 万人降至 1975 年的 310 万人。接下来发生的意外，是 20 世纪 80 年代末至 90 年代初的"婴儿潮的回响",活产婴儿再次飙升,甚至超过了第一次婴儿潮的峰值。事后来看,这显然是由于 20 世纪 70 年代初开始的大规模移民所引发的。这些移民的女儿们在 80 年代末开始生儿育女时,生育率更加接近原籍国而不是入籍国的生育率。20 世纪头 10 年,加州的学龄儿童当中有整整 1/5 的人,他们的父母至少有一方在美国以外出生。

没有人知道那两个婴儿低谷和 20 世纪 40 年代婴儿潮的出现是什么原因。两个低谷都发生在美国经济运行良好的时期,从理论上讲,人们应该多生孩子。至于第一次婴儿潮,根本就没有理由发生,因为从历史上看每次大战之后的生育率总是下降而不是上升的。事实证明,我们根本不知道现代社会的生育率是由什么因素决定的。所以,人口构成情况不仅是未来社会最重要的因素,也将是最不可预测和最不可控制的因素。

小 结

发达国家的人口趋势将会造成重要的政治和经济影响。这些国家的低出生率使得由于移民政策而起的政治紧张关系日益升级,因此这对一些拥有接纳移民文化的国家是有利的,如美国。然而,就算是在美国,移民问题也成为不同群体之间政治对立的缘由,这些群体包括需要移民工人的雇主机构、害怕新移民给自己成员的薪水和就业机会造成冲突的工会。另外,还有美国一些数量庞大的移民,如拉美裔美国人,这些移民极力要求美国政府对合法和非法移民都实施宽松的政策。

发达国家人口的老龄化让其现行养老金日趋紧张,从而导致提高退休年龄的压力大增。知识工作者在退休之后,有可能以兼职员工的身份重返劳动力大军,以便补足自己的养老金。平均寿命的提高,特别是知识工作者平均寿命的提高,使得第二职业或者同时从事第二职业不仅成为可能,而且成为一种理想的状况。这会进一步改变劳动人口的结构。

随着人口的老龄化，年龄超过 50 岁的群体对金融服务的需求也会发生了相应的变化。这个群体也将是一个对继续教育提出更多需求的群体。继续教育、医疗保健和金融服务将来仍然属于成长型市场。

公司的未来与努力方向

公司自 1870 年左右诞生以来，在大部分时间里都被认为是适用以下五条原则的。

（1）公司是"主人"，员工是"仆人"。由于公司掌握着生产资料，没有这些生产资料员工就无法谋生，因此员工更加需要公司，而不是公司更加需要员工。

（2）绝大部分员工都全职为公司工作，薪水是他们唯一的收入和生活来源。

（3）生产最高效的方式，是把生产所需的活动尽可能多地集中到一个管理群体的管辖下。

这一做法的指导理论是在二战结束后才由英裔美籍经济学家罗纳德·科斯（Ronald Coase，1910—2013）提出来的。他认为，把各种活动集中到一家公司内部来完成可以降低"交易成本"，特别是能够降低沟通成本（他因为提出这一理论获得 1991 年的诺贝尔经济学奖）。不过，这个概念本身早在七八十年前就已由约翰·洛克菲勒（John Rockefeller Jr.）发现并且付诸实践。他发现，把勘探、采油、运输、精炼和销售纳入一家公司的组织结构，可以使公司的效率最高，成本最低。他基于这一见地建立了标准石油公司这家堪称商业史上盈利最丰厚的企业。这个概念在 20 世纪 20 年代被亨利·福特（Henry Ford）发挥到了极致。福特汽车公司不仅生产汽车的所有零部件并负责组装，而且自己炼钢，自己制造汽车玻璃和轮胎。它还在亚马孙河流域拥有橡胶园，还拥有并且自主经营铁路，负责工厂供给和成车的运送，他还曾经打算自己来做销售和售后服务（尽管一直没有这样做）。

（4）供应商尤其是制造商拥有市场支配能力，因为它们掌握着关于产品或服务的信息，而顾客是没有或者不可能掌握这些信息的，而且他们如果相信这个品牌的话，也是不需要这些信息的。这就是为什么品牌产品盈利丰厚的原因。

（5）任何一项技术都从属于一个行业，任何一个行业也只从属于一项技术。这意味着炼钢所需的所有技术都是钢铁行业独有的，用于炼钢的任何一项技术都来自钢铁行业本身。造纸行业、农业以及银行业和商业等，也都是如此。

一切均已不同

类似地，每一个人都认为每一种产品或服务都只有一种特定的用途，而针对每一种用途都会有一种特定的产品或材料。因此，啤酒和牛奶只装在玻璃瓶里出售，汽车车身只用钢铁制造，企业所需运营资金只由商业银行以商业贷款的方式提供，如此等等。于是，竞争只发生在行业内部。总的来说，某家公司的业务是什么，市场在哪里，是显而易见的。

这五个假设在整整一个世纪里都是有效的，但是自 1970 年以来每一个假设都已被颠覆。如今对应的假设是以下五个方面。

（1）知识就是生产资料。它们掌握在知识工作者手中，是非常容易移动的。这一点既适用于研究人员那样需要深厚知识的人，也适用于理疗师、计算机技术人员和律师专职助理等知识型技术人员。知识工作者和资金所有者一样提供生产资料，因此二者是相互依赖的。这就使得知识工作者与后者平起平坐，成为其盟友或合伙人。

（2）许多员工，有可能还是大多数员工，仍然是全职工作，薪水是他们唯一的或主要的收入。但是，为一个组织工作的人会有越来越多不是全职员工，而是兼职人员、临时人员、咨询顾问或承包人。就算是那些为其全职工作的人，也有很多人（而且越来越多）可能不是这个组织的员工，而是诸如外包商等其他组织的员工。

（3）交易成本的重要性过去一直是有限的。亨利·福特那个无所不包的汽车公司被证明是不可能有效管理的，于是以惨败收场。企业应以一体化（integration）程度最大化为目标这一传统原则，如今已经几乎完全失效。原因之一是，任何一项活动所需的知识都已经高度专业化，因此在企业内部为每一项主要任务保持足够多的人员就变得越来越昂贵，也越来越困难。另外，知识如果不经常使用就会迅速退化，所以在企业内部维持一项只是偶尔才进行的活动，是注定不可能达到非常熟练水平的。

企业不再需要一体化程度最大化的第二个原因是，沟通成本已经快速下降到几乎可以忽略不计的水平。这一现象早在信息革命发生很久以前就已出现，它的最大起因可能是**商业知识的增长和扩散**。洛克菲勒在创建标准石油公司时，很难找到几个哪怕是掌握了最基本的记账技能或者听说过一些最常用的商业术语的人。那时，既没有商业教科书，也没有商业课程，因此光是让别人理解自己的想法这项沟通成本就极高。60年后，到1950年或1960年，标准石油公司拆分出来的各大石油公司都可以放心地认为，较高层级的员工都掌握了一定的商业知识。

如今，互联网和电子邮件等信息技术使得沟通的物理成本几乎可以忽略不计，这意味着最有效的、利润最高的组织方式是**非一体化**（disintegration）。

这一现象正扩散到越来越多的活动中。一个机构对自己的信息技术、数据处理和计算机系统的管理实行外包已经成为一个惯例。在 20 世纪 90 年代初，大多数美国的计算机公司，如苹果电脑公司，甚至还把硬件的生产外包给日本或新加坡的制造商。到了 20 世纪 90 年代末，几乎所有的日本消费电子产品公司都"礼尚往来"，把在美国市场上销售的产品的制造业务外包给美国的合同制造商。

在过去 10 年间，美国有 200 多万人的人力资源管理活动，包括招聘、解聘、培训、福利等，都已经外包给一些专业雇主组织（PEO）和商业流程外包组织（BPO）。人力资源外包行业在 10 年前还几乎不存在，但如今的年均增长速度达到了 30%。过去这个行业的业务主要集中在中小企业，但到了今天，这个行业的第一大公司，成立于 1998 年的商业流程外包组织 Exult 公司在为众多《财富》全球 500 强公司管理所有的员工流程，包括薪水发放、招聘和人员配置、培训管理、员工数据管理、员工异地安置以及解聘服务等。英国石油、美国银行、国际纸业、信诚金融、电路城、麦克森、环球娱乐、优利系统和蒙特利尔银行等，不断拉长这个行业的客户名单。

（4）顾客如今也能掌握信息。谁掌握信息，谁就拥有权力。因此，权力正在向顾客转移，不管这里的顾客是企业还是最终消费者。特别是，这意味着供给方，如制造商，将不再是产品的卖方，而是成为顾客的采购员。这种情况已经发生。

（5）最后，真正独特的技术只会是极少数。某个行业所需的知识越来越多地来自一些完全不同的、这个行业里的人通常一无所知的技术领域。例如，电话行业当时没有一个人了解玻璃光纤，是玻璃企业康宁公司开发了这种产品。反过来，二战以来最高产的研究实验室——贝尔实验室（如今的朗讯）的重大发明，有一半以上主要用在电话行业之外（有关这一话题的讨论参见第 7 章）。

谁需要研究实验室

公司研究实验室是 19 世纪的一个伟大发明，但如今许多研究总监和高科技实业家都认为它已经过时。这就是为什么企业的发展和成长不是在公司内部进行的，而是越来越多地采取与不同行业和拥有不同技术的公司建立合作关系、合资企业、联盟，或者获得少数股权以及知识产权使用权等方式。仅仅在 50 年前还认为是不可思议的事情，如今已经成为普遍现象：性质完全不同的机构之间建立联盟关系，例如，一家盈利性公司和一所大学的某个院系合作，一个市或州的政府把诸如街道清扫和监狱管理等服务外包给一家公司，等等。

现在，几乎没有一个产品或服务只有一种最终用途，或是只有一个独占市场。商业票据，也就是公司和金融机构发行的短期无担保债券，与银行的商业贷款展开竞争。纸板、塑料、铝板和玻璃生产商同在玻璃瓶行业内竞争。玻璃光纤正在代替铜质线缆。钢铁正在试图取代美国建设独幢房屋所使用的木质和塑料立柱。延期年金正在取代传统的人寿保险，但是反过来，是保险公司而不是金融机构正在成为商业风险的管理者。

因此，一家"玻璃公司"可能必须用自己擅长的东西，而不是过去专注于什么东西来重新定义自己。全球最大的玻璃制造商康宁公司，就卖掉了自己仍在盈利的传统玻璃制品业务，旨在成为世界上头号高科技玻璃材料制造商。美国最大的制药公司默克实行多元化发展，进军多种药品的批发业务，其中大部分药品根本不是默克生产的，甚至有很多是竞争对手生产的。

同样的事情也发生在非商业领域。范例之一就是美国由一群妇产科医生经营的一个独立的、与医院妇产科展开竞争的"分娩中心"。英国早在互联网出现很久以前，就创办了开放大学，让人们不用踏进教室或者不用参加讲座，就可以接受大学教育并获得学位。

未来的公司

几乎可以肯定：未来的公司不会只有一种类型，而是会有几种不同的类型。现代公司同时独立地诞生于三个国家：美国、德国和日本。它在当时是全新的，与已经存在数千年的经济组织"经济体"——由个人所有和经营的小企业根本不同。直到 1832 年，英国的麦克兰报告（最早的商业统计调查报告）发现，除了英格兰银行和东印度公司这样的准政府机构以外，几乎所有的公司都是私营公司，而且员工不超过 10 个人。40 年后，诞生了一种拥有数千名员工的组织，例如，在美国联邦和州政府的支持下组建的美国铁路公司，以及德意志银行。

公司无论开在哪里，都会带上一些当地的特色，并且必须遵守所在地的不同法律条款。另外，规模很大的公司的经营方式，与所有者自己管理的公司是大不一样的。不同行业的公司还会在内部文化、价值观和术语等方面存在很大的差别。各地的银行、零售商和制造商，彼此都非常相似，但是各地的银行都有别于零售商或制造商。尽管如此，各地公司之间的差异主要是形式上的，而非实质上的。现代社会中的所有其他组织也是如此，无论是政府机构、军队，还是医院和大学等。

1970 年前后，事态发生了变化。先是出现了作为新型所有者的机构投资者，如养老基金和共同基金，后来出现了作为经济重要新资源和社会代表阶层的知识工作者——后者的意义更加重大。于是，公司发生了根本性改变。

在未来社会里，银行仍然不会像医院，也不会像医院一样运营。但是，银行与银行之间，由于对**劳动力、技术和市场变化**所做出的反应不同，区别可能会非常明显。届时将出现许多不同的模式，特别是不同的组织及其结构模式，但也有可能出现不同的激励和报酬模式。

同一个法律主体，例如一家企业、一个政府机构或一个大型非营利组织，可能包含多个不同的人群组织，它们相互关联，但是采用不同的方式分别管理。传统的全职员工是其中之一。另一个与全职员工密切相关，但管理上分开的群体主要由年纪比较大的人组成，这些人不是组织的员工，而是组织的合作伙伴。另外就是"外围"群体，例如那些兼职或全职为这个组织工作，但属于外包厂商的人。他们与自己效力的企业并无雇用关系，因此企业无权控制他们。企业未必需要对他们进行管理，但必须让他们富有效率。因此，企业必须把他们安排到能够充分发挥专业知识，做出最大贡献的地方去。

同样重要的是，必须让所有这些组织中的每一个人都感到满意。吸引并留住他们是人员管理的中心任务。我们已经知道的是，收买这个办法行不通。10~15年以来，许多美国公司都使用奖金或股票期权来吸引和挽留知识工作者，但是屡屡失败。

毫无疑问，知识工作者必须对他们的薪水感到满意，因为对收入和福利不满是一个严重的不利因素。但是，能够起到激励作用的是薪水以外的东西。对知识工作者的管理应该建立在这样一个假设之上：首先公司对他们的需要甚于他们对公司的需要。他们很清楚，自己是可以离开的。他们既有流动性，又很自信。这意味着企业必须像非营利组织对待志愿者那样来对待和管理他们（关于非营利组织对待志愿者的方式，参见第13章）。这些人想要知道的第一件事，就是公司想要做什么，发展的目标是什么。其次，他们对个人成就和个人责任感兴趣，这意味着必须把他们放在合适的职位上。再次，知识工作者渴望继续教育和继续培训。最后，他们希望得到尊重——对他们的知识领域的尊重比对他们个人的尊重更加重要。在这一点上，知识工作者比传统工人前进了好几步。传统工人习惯于接受指令，尽管越来越多的企业曾经希望他们能够"参与"。相反，知识工作者希望在自己的领域内能够自主决策。

从公司到联盟

首个以联盟形式出现的公司是通用汽车公司。该公司在 20 世纪 20 年代发明的组织概念和组织结构，至今仍然是世界各地大公司的基石。在这 80余年的绝大部分时间内，通用汽车一直遵循两个基本原则：我们尽可能多地拥有我们生产的东西；我们拥有我们从事的一切活动。

现在，该公司也在尝试成为竞争对手的小股东，这些竞争对手包括瑞典的萨博、日本的铃木和五十铃。

与此同时，它已经剥离了百分之七八十的制造业务，不过同时也在转变为一个贸易商，不仅通过自己的经销商为顾客采购商品，而且直接帮助顾客寻找他们心仪的汽车。

丰田模式

另一个以联盟形式经营的公司，则完全是反其道而行。这家公司就是自20 世纪 80 年代以来一直最成功的汽车公司，如今已是全球第一大汽车公司的丰田。目前，该公司正围绕着自己在制造方面的核心能力进行重塑。它在世界各地裁减零部件和配件的供应商，目标是每一种产品只保留一两家供应商。同时，它也运用自己的核心能力来管理这些供应商，使得这些供应商名义上仍是独立的公司，但从管理的角度来看基本上已经成为丰田的一部分。

这不是什么新鲜事物。西尔斯公司早在 20 世纪二三十年代就是这样对待供应商的。英国的玛莎百货（Marks & Spencer）也曾依靠对供应商的铁腕控制，独步全球零售业 50 年。据日本媒体称，丰田公司最终打算向汽车行业以外的公司推销自己的制造咨询服务，利用制造方面的核心能力建立一个独立的大公司。

不过，一家品牌包装消费品大公司正在探索另一种方式。这家公司 60%

的产品是通过 150 多家连锁零售公司销往发达国家的。该公司计划创建一个网站，直接接受各国消费者的订单，商品可由消费者到离家最近的零售店取货，或者由该零售店送货上门。但是，真正具有创新意义的是，这个网站也接受消费者订购一些不构成竞争的，特别是一些小公司生产的品牌包装消费品。这些小公司很难让自己的产品挤进日益"物满为患"的超市货架，而这个跨国网站给它们提供了一个直接接触消费者的通道，并且配送也交由这家树大根深的大型零售商完成。这家跨国零售商获得的回报，则是可观的佣金，它又无须投入多少自有资金，无须承担风险，而且无须牺牲货架空间。

这种方式还有很多"变种"：前文提到的美国制造商现在为自己的竞争对手、六家日本消费电子产品公司制造产品；一些独立的专家为相互竞争的硬件制造商设计软件；一些独立的专家为相互竞争的美国银行设计信用卡，而且经常负责银行卡的推销（银行所做的唯一一件事情就是提供资金）。

这些方法虽然彼此不同，但仍将传统公司带到了一个新的起点。还有一些新构想将彻底改变公司的形态。例如，欧盟几家互不构成竞争关系的制造商正在试验组建"辛迪加"：每家公司都是中等规模的家族企业，并由所有者经营管理；每家公司在自己那条狭窄的、设计精良的产品线中都是领先者；每家公司都非常倚重出口；每家公司都希望保持独立性，继续独立设计自己的产品。对于各自的主要市场，它们仍然在自己的工厂里生产，并且自己负责销售，但在其他的市场上，尤其在新兴市场或不发达国家市场上，生产就由辛迪加来安排，或者在辛迪加拥有的、为各成员公司服务的工厂里生产，或者外包给当地的制造商。所有成员公司在所有市场上的配送和售后服务，均由辛迪加负责。每个成员公司拥有辛迪加的一部分股份，辛迪加也反过来拥有每个成员公司的少量资本。是不是似曾相识呢？其实，19 世纪的农场合作社采用的就是这个模式。

公司向联盟或辛迪加转型时，更加需要一个独立的、有力的、负责任的高层管理者。高层管理者的责任涵盖整个组织的方向、规划、战略、价值观和原则，组织的结构以及组织与不同成员之间的关系，组织的联盟机构、合作伙伴和合资企业，组织的研究、设计和创新。它还必须负责管理组织中各个部门共有的两种资源：**关键员工**和**资金**。它对外代表着公司，要处理好与政府、公众、媒体和工会之间的关系。

高层管理

在未来社会的公司里，高层管理的另一项同样重要的任务是平衡公司的三个维度：作为**经济组织**、作为**人群组织**，以及作为日益重要的**社会组织**。过去 50 年间发展起来的三种公司模式，每一种都只强调一个维度，而忽视了另外两个。德国"社会市场经济"模式强调社会维度，日本模式强调人的维度，美国模式则强调经济维度（股东至上）。

这三种模式各有不足。德国模式在经济和社会稳定方面取得了成功，但代价是高失业率和就业政策的僵化。日本模式的成功延续了 20 年，但刚一受到挑战就已步履蹒跚，并且成为日本经济复苏的主要障碍。美国的"股东至上"模式也必将失败，因为这是一种只有在经济繁荣时期才有效的模式。显然，一个企业只有在经济上取得成功，才能发挥它在人员和社会方面的职能。但是，现在知识工作者已经成为关键员工，一个公司要想成功，还必须成为一个让人心仪的雇主。

至关重要的是，股东至上、把盈利放在首位的主张也体现了企业的社会职能的重要性。自 1960 年或 1970 年以来出现的、让股东至上主义得以诞生的新股东并不是"资本家"，而是通过养老基金拥有公司股票的员工。到 2000 年，养老基金和共同基金已经成为美国许多大公司的大股东。这给股东们赋予了获得短期回报的权力，但是希望退休后收入仍有保障的愿望会使得他们关心投资的长远价值。因此，企业作为养老金的实际提供者，必须兼顾短期和长期绩效。短期和长期绩效虽然不是无法调和的，但是它们确实不同，所以必须平衡好。

在二战结束后的半个世纪里，企业已经证明自己是一种非常出色的经济组织——财富和工作的创造者。在未来社会里，大公司所面临的最大挑战可能是它的社会合理性：它的**价值观**、**使命**和**愿景**。过去，无论是德国公司，还是日本公司和美国公司的高管，尽管他们采取的方式不同，但都在努力做同一件事情：建立所在组织的独特个性。

公司会不会生存下去？会的，尽管有些勉强，因为总要有类似于公司这样的组织来调配未来社会的经济资源。这种组织在法律上、财务上都很像今天的公司，不过它们不会只采取一种模式，而是有多种模式可供选择。

前面的道路：现在就该准备好迎接新的现实

未来社会显露的诸多端倪已经足以让我们考虑在下述各个方面采取行动。

未来的公司。企业甚至还包括大学等许多非企业组织，都应该开始试验新的公司形式，并且开展一些试点研究，特别是应该与联盟机构、合作伙伴以及合营企业一起，在确定高层管理的新结构和新任务等领域开展这些试点研究。对于跨国公司地域上的分散和产品的多样化，以及对于集中经营与多元化经营的平衡，还需要一些新的模式。

人员政策。世界各地的组织目前管理员工的方式都有一个假设：劳动人口仍然主要由组织员工组成，这些人全职为组织工作，直到被解雇或者他们辞职、退休或死亡。可实际上在许多组织里，有多达 2/5 的人既不是这些组织的员工，做的也不是全职工作。

如今许多人力资源管理者还认为，最理想和最廉价的员工是年轻人。特别是在美国，一些年长员工，尤其是年长管理者和专业人员被迫提前退休，为那些被认为成本更低或技能更新的年轻人让路。不过，这一政策的结果到目前为止并不令人鼓舞。通常来说，这些年轻人的工资在两年后就会涨到甚至超过"老人"被迫提前退休时的水平。员工人数的增速至少达到产量或销量的增速，这说明年轻人的效率并不比老员工高。但无论如何，人口构成情况的变化都会让现行政策越来越站不住脚，成本越来越高。

首先，企业需要一种能够覆盖所有人员的政策，无论这些人是不是企业的员工。毕竟，他们中任何一个人的绩效都关系重大。针对这个问题，迄今为止似乎还没有一个让人满意的解决方案。其次，企业必须吸引和留住那些达到正式退休年龄的人、已经成为独立外包商的人，以及不能全职为企业工作的员工，并让这些人富有效率。例如，对于那些学识渊博、技能娴熟的老员工，或许应该让他们退而不休，以某种形式与企业继续保持联系，把他们变为"内部外人"，也就是留住他们的技能和知识，但同时让他们拥有足够大的灵活性和自由度。

这样的制度已经出现，但它不是来自企业界，而是来自学术界。这种制度就是荣誉退休教授。荣誉退休教授会让出自己的教席，而且不再领取工资，但是只要他愿意，就可以给学生讲课，并且只按工作量领取报酬。许多教授完全退休了，但是可能仍有多达一半的教授在兼职授课，还有很多教授在全职做研究。在企业里或许也可以对高级专业人员实行类似的制度。一家美国大公司正在尝试对法律、税务和研发部门的退休高管以及一些退休高参做出这样的安排。不过，对于销售、制造等运营方面的人员，需要寻找其他的方式。

外部信息。让人觉得诧异的是，信息革命让管理群体掌握的情况可能还不如过去多。他们拥有更多的数据，这一点毋庸置疑，但是通过信息技术所能获得的大部分信息都是有关公司内部事务的。然而，正如本章在前面已经阐述的那样，对一个机构影响最大的变化可能来自外部，可是信息系统对外部变化鲜有记录。

造成这种现象的原因之一是，有关外部世界的信息通常不是以适合计算机处理的形式出现的。这些信息没有经过编码，而且经常不是量化的。这就是为什么信息技术人员及其服务的经理人，常常轻蔑地称有关外部世界的信息犹如"轶事"。另外，太多的管理者错误地认为，自己熟知的这个社会将永远不会发生变化。

如今，可以通过互联网获得一些有关外部的信息。为此，管理当局首先要弄清楚自己需要哪些外部信息，然后在此基础上建立一个合适的信息收集系统。（关于如何把数据转化为信息，参见第 33 章。）

变革推动者。为了生存和成功，每一个组织都必须成为一个变革推动者。对变革进行管理的最有效方式就是发起变革。但是，有经验表明，把创新移植到传统企业里是行不通的。这家企业必须成为变革的推动者。这就要求在企业内部有组织地放弃已被证明并不成功的那些东西，并且有组织地不断改进每一种产品、服务和每一个流程 [日本人称之为"持续改善"（kaizen）]。它还要求对过去的成功，特别是那些意外的成功进行探究，以及系统地开展创新。成为变革推动者的关键在于改变整个组织的心智模式——不把变革看成威胁，而是把它当作机会。

接下去怎么办

对可以预见的未来要做哪些准备，上文已经做了不少讨论。那么，对那些无法知晓的未来趋势和事件，我们又该怎么办呢？如果说有什么事情是可以准确预测的，那么这件事情就是——未来会以无法预料的方式发展。

不妨以信息革命为例。几乎每个人都确信两件事情：一是信息革命正以空前的速度发展；二是它带来的影响将比过去任何事物都更加深远。可事实上，**大错特错**。无论是速度还是影响，信息革命都与 200 年来的两次工业革命惊人地相似。这两次革命分别是 18 世纪后期到 19 世纪初期的**第一次工业**

革命，以及 19 世纪末的**第二次工业革命**。

18 世纪 70 年代中期，詹姆斯·瓦特对蒸汽机做了改进，从而引发了第一次工业革命。工业革命立即点燃了西方人的想象力，但直到 1829 年发明铁路，以及在此后 10 年邮资预付的邮政和电报的发明，它才真正开始带来广泛的社会和经济变化。同样，计算机相当于信息革命的蒸汽机，它在 20 世纪 40 年代中期诞生后也激发了人们的想象力，但直到 40 年后，即 20 世纪 90 年代互联网日益普及，信息革命才开始带来重大的经济和社会变化。

同样，人们的收入和财富差距也日益拉大，并且出现了微软公司的比尔·盖茨那样的"超级富豪"，我们对此感到困惑和惊恐。然而，类似的现象也同样出现在第一次和第二次工业革命中。与同时代和同一个国家的平均收入和平均财富相比，当时的超级富豪比美国的比尔·盖茨富裕得多。

这些惊人的相似之处足以让我们肯定，与前两次工业革命一样，**信息革命对未来社会的主要影响尚未发生**。就制度和理论的创造而言，19 世纪第一次和第二次工业革命以后的数十年，是 16 世纪以来最富有革新精神和成果最丰硕的时期。第一次工业革命使工厂成为主要的生产组织和财富创造者。工厂工人成为自 1000 多年前甲胄骑士出现以来诞生的第一个社会阶层。罗斯柴尔德（Rothschild）家族成为 1810 年以后全球最庞大的金融力量，这个家族不仅是第一家投资银行，也是 15 世纪汉萨同盟（Hanseatic League）和美第奇（Medici）家族以后的第一个跨国公司。第一次工业革命还带来了知识产权、全球公司、有限责任、工会、合作社、技术大学和日报等许多新鲜事物。第二次工业革命则带来了现代行政机构、现代公司、商业银行、商业学校，并且让妇女走出家门从事非女佣工作。

两次工业革命还孕育了一些新的理论和新的意识形态。《共产党宣言》是对第一次工业革命做出的反应；共同塑造了 20 世纪民主政治的政治理论和政治家（俾斯麦的福利国家、英国的基督教社会主义和费边社、美国对企业的监管），全都是对第二次工业革命做出的反应。泰勒的"科学管理"（始于 1881 年）及其引发的生产率大幅提高，也是如此。

重要思想

信息革命发生后，我们再次看到了新制度和新理论的出现。一些新的经济区，如欧盟、北美自由贸易协定以及拟议的美洲自由贸易区，既不是传统的自由贸易的产物，也不是传统的贸易保护的产物，而是试图在这二者之间以及在民族国家的经济主权与超国家的经济决策之间取得新的平衡。同样，已开始支配世界金融的花旗集团、高盛或荷兰国际集团巴林投资公司等组织，也没有真正的先例。它们不是跨国家的，而是**超国家**的，它们的交易资金几乎完全不受任何国家的政府或中央银行的控制。

此外，人们对美籍奥地利裔经济学家约瑟夫·熊彼特（Joseph Schumpeter，1883—1950）的假设的兴趣激增。熊彼特认为，**动态失衡**是经济的唯一稳定状态，创新者的**创造性破坏**是经济的推动力，新技术即使不是经济变革的唯一动因，也是主要动因。这些假设完全是此前各种经济理论的对立面。此前各种经济理论的基础假设是：平衡是健康经济的标准，货币和财政政策是现代经济的推动力，技术则是外生的。

这一切都表明，最重大的变革几乎可以肯定尚未到来。我们也能确信，2030 年的社会将与今天大不一样。它不会受信息技术的支配，甚至不是由信息技术塑造的。信息技术当然很重要，但它仅仅是若干重要的新技术之一。与以前的社会一样，新制度、新理论、新意识形态和新问题，才是未来社会的主要特征。

小　结

公司这一制度发明时所依赖的几个关键假设已经改变。第 7 章将会对其中几个做更进一步的讨论，但是有两个假设特别重要，有必要做个总结。第一，**知识的专业化、沟通成本的下降以及技术的交叉发展**，极大地改变了一个世纪以来公司把不同活动整合成一个科层制组织的趋势。第二，企业的发展和成长不是发生在公司内部，而是越来越多地采取与不同行业和拥有不同技术的公司建立合作关系、合资企业、联盟，或者获得少数股权以及知识产权使用权等方式。因此，"一体化"正在被"非一体化"所取代。吸引和留住不同的群体将成为新型公司人员管理的中心任务。这些群体与企业并无永久性的雇用关系。他们不需要企业进行管理，但是企业必须让他们富有效率。因此，企业必须把他们安排到能够充分发挥其专业知识，做出最大贡献的地方去，他们必须获得满足感。

管理的新范式

概　　述

关于现实的各种基本假设就是一门社会科学（如管理学）的**范式**，它们通常为这个领域的学者、著述者、教师以及专业人士下意识地信奉。它们也基本决定了这个学科，也就是相关学者、著述者、教师以及专业人士，把什么东西认定为**现实**。

学科的基本假设决定了这个学科的关注点，决定了这个学科把哪些东西认定为"事实"，甚至决定了这个学科的内容。它们还基本决定了哪些东西在这个学科里会被忽视或者被认定为"让人生厌的例外"。它们也决定了这个学科会关注什么，会忽略或者完全忽视什么。

这些假设虽然重要，但是人们极少对它们进行分析、研究和质疑，事实上极少能把它们阐述清楚。

就管理这样的社会学科而言，这些假设的重要性远远超过一门自然学科的范式对这门学科的重要性。范式，也就是最普遍的一般理论，对自然界是不会造成影响的。无论一个范式认为太阳绕着地球转，还是地球绕着太阳转，都不会影响太阳与地球之间的关系。自然学科研究的是**客观事物**的行为，管理这样的社会学科研究的是**人**以及**人类**机构的行为。因此，专业人士会依照这个学科的假设行事。更加重要的是，自然学科所面对的现实，也就是客观世界及其运行规律是不会改变的（如果发生变化，也需要亿万年，而不是几个世纪，更不用说是几十年）。社会却不会有自己的自然规律，是时刻处于变化之中的。这意味着昨天正确的假设，瞬间就变成错的了，只会让人误入歧途。

因此，对于管理这样的社会学科来说，最重要的就是它的基本假设。如果假设发生变化，就更是意义非凡。自管理研究发端以来（20 世纪 30 年代才真正开始的），对于管理的**现实**是什么，大多数学者、著述者和专业人士持有的范式有两套。

其中一套假设是关于管理学科的：

- 管理就是企业管理。
- 存在或者必定存在唯一正确的组织结构。
- 存在或者必定存在唯一正确的人员管理方法。

另一套假设是关于管理实践的：

- 技术和最终用途是确定不变的。
- 管理的范围是由法律界定的。
- 管理关注的是内部。
- 以国界划分的经济体是企业与管理的"生态系统"。

管理就是企业管理

大多数人，不管是管理人员还是非管理人员，都认为这个假设是不言自明的。事实上，很多管理作家、管理专业人士和非管理人士的词典里甚至没有"管理"这个单独的词，只有"企业管理"这个词。

关于管理范围的这个假设，诞生的时间其实并不久远。在 20 世纪 30 年代以前，从 19 世纪与 20 世纪之交的泰勒开始，至二战爆发之前的切斯特·巴纳德为止，讨论过管理的有限几位作家和思想家，都认为企业管理只是一般管理的分支与任何其他组织的管理之间的差别，在本质上就如同一个品种的狗与另一个品种的狗之间的差别。

人们把**企业管理**（business management）等同于**管理**（management），是因为美国 20 世纪 30 年代的大萧条，以及随之而来的对企业的敌意和对经理人的蔑视。为了与企业划清界限，公共部门的管理被命名为"**公共管理**"（public administration），并被认为那是一个独立的学科——有自己的大学院系、自己的词汇、自己的职业发展阶梯。在同一时间，出于同样的原因，在发展迅速的医院领域刚刚兴起的管理研究，也被划分为一个独立的学科，并且命名为"**医院管理**"（hospital administration）。

换句话说，在大萧条时期，不提**管理是政治正确**。

不过，二战结束后，风向发生了变化。到 1950 年，主要是由于二战期间美国企业管理的绩效，"**企业**"（business）变成了一个好词，"**企业管理**"（特别是作为一个研究领域）也就很快变成了政治正确。而自那时以来，在学术界与公众的看法上，对管理与企业管理的认同保持不变。从那以后，无论是在公众心里还是在学术界，管理就与企业管理画上了等号。

现在，我们开始纠正这个犯了 70 年的错误。许多"商学院"（business school）更名为"管理学院"（school of management），这些管理学院提供的"非营利管理"课程迅速增加，出现了同时招收企业和非企业学员的经理人培训班，一些神学院还成立了牧师工作管理系——这些便是明证。

但是，认为管理就是企业管理的思想仍在负隅顽抗，因此我们必须大声疾呼——**管理不仅仅是企业管理**，就如同**医学不仅仅只有妇产科一样**。

当然，不同组织的管理是有差别的，**毕竟使命决定战略，战略决定结构**。管理一家连锁零售公司与管理一个天主教教区，的确会有不同之处（尽管差别比零售店和主教设想的要少得多）。管理一个空军基地、一家医院和一家软件公司，也是如此。但是，最大的差别在于各个组织使用的术语不同。除此之外，**差别主要在于原理的应用而不在于原理本身**。甚至在任务和挑战方面，也没有多大的差别。

因此，为使管理研究与管理实践富有成效，有关基本**假设**的第一个结论是：**管理是所有各类组织用以识别身份的独特器官**。

存在唯一正确的组织结构

对管理及其研究的关注缘于大型组织的兴起。这些大型组织包括企业、政府公共服务机构以及大量的现役部队（这在 19 世纪末尚属新的社会现象）。组织研究从一个多世纪之前诞生之日起，就是建立在这样一个假设之上：**存在或者必定存在唯一正确的组织结构**。

虽然这种所谓的正确的组织结构已经不止一次发生变化，但是人们仍然在孜孜不倦地寻找它。

一战证明了组织需要一个正式的结构，但它同时也证明了亨利·法约尔（以及安德鲁·卡内基）的职能型结构并不是那个唯一正确的组织结构。一战结束后不久，皮埃尔·杜邦、阿尔弗雷德·斯隆提出了**分权制**。近些年来，我们又开始宣称"团队"是唯一正确的组织结构，适合几乎所有的场合。

至此，我们应该已经明白，这种唯一正确的组织结构其实是不存在的。组织不是一个绝对不变的事物。不同组织之间，它们的优点、局限性及其产品或服务的用途，都是存在差别的。组织是一个让一群共同工作的人富有成效的工具，因此任何一种组织结构都只在某些时候、在某些条件下，适用于完成某些任务。

如今"科层制寿终正寝"之说甚嚣尘上，其实这纯属无稽之谈。每一个机构都需要有一个人拥有最终权威，也就是"老板"，一个能够做出最终决策并要求决策得到执行的人。每一个机构迟早都会碰到危机，危难关头的存亡就取决于命令是否清晰得当。如果船在下沉，船长不会先召集大家开会，而是直接下命令。如果要避免船沉人亡，每一个人都必须服从命令，都必须准确地知道到哪个位置上去做什么事情，而且是在不"参与"、不争辩的情况下去做。"科层制"以及每一个人都绝对接受科层制，是组织战胜危难的唯一希望。

在其他情况下应该采取什么结构，则是需要加以考虑的。例如，有些情况是需要团队合作的。无论是哪一个企业，哪怕是法约尔所说的"典型的制造公司"，都需要同时采用多种不同的组织结构。

例如，在全球化经济的背景下，外汇管理是一个越来越关键，也越来越艰难的任务。它必须绝对集权，不允许企业的任何一个部门自行其是。但同样是这个企业，特别是如果它还是一个高科技企业，它的客户服务必须实行几乎完全的地方自治，远远超出传统分权制的要求。这时，每一个客户服务人员都必须是"老板"，组织内的所有其他人都听从他的指挥。

某些研究必须采用严格的职能制，所有专家"各司其职"。然而，另外一些研究，特别是一些需要在早期做出决策的研究（例如药品研究），从一开始就需要进行团队协作。在同一个研究机构里，经常是这两种类型的研究同时存在。

认为存在唯一正确的组织结构的幻想，与管理就是企业管理这一谬论密切相关。倘若早期学管理的人没被这个谬论蒙蔽，而是考虑到了非企业组织的管理，那么他们很快就会发现，组织的结构之所以存在很大的差异，原因是组织的任务性质不同。例如，天主教教区与歌剧团，还有现代军队与医院，它们的结构都大相径庭。

不过，一些**组织原则**倒是存在的。

第一条原则是组织必须透明。人们必须清楚自己置身其中的组织是什么结构。这一点听起来再明显不过了，可是违背这条原则的现象比比皆是（甚至包括在军队当中）。

另一条原则上面已经提到：组织内必须有一个人有权在一个给定的领域内做出最终决策。碰到危机，必须有一个人站出来发号施令。另外，还必须遵循**权责对等**的原则。

组织当中的成员应当只有一个"主人"，这也是必须遵守的一条原则。古罗马谚语所言不假：一个有三个主人的奴隶就是自由人。在处理人员关系时有一条非常古老的原则：不要把人置于效忠于谁的矛盾中。让一个人有不止一个上级就会制造这种矛盾。（顺便提一下，爵士乐团型团队现在如此盛行，但也如此难以管理，原因也在于此——每个成员都有两个上级，一个是某个职能部门的负责人，另一个是团队领导者。）设计组织结构时还要遵守一条原则：尽可能减少层级，也就是让组织尽可能**扁平**。信息理论告诉我们，**信息每传递一次，噪声就增加一倍，信号就衰减一半。**有这一条理由就足矣。

然而，这些原则没有告诉我们应该**做什么**，而只是告诉我们不要做什么。它们没有告诉我们什么是行得通的，而只是告诉我们什么是行不通的。它们与建筑师在设计时要遵守的原理没有什么大的区别。建筑原理没有告诉建筑师建造什么类型的建筑，而只是告诉他在建造时存在哪些约束。有关组织结构的各种原则，作用与此基本相同。

这意味着，**个人必须能够在多种不同的组织结构中工作**。一个人如果同时担负两项任务，那么有可能他在完成这个任务时必须在团队当中工作，但在完成另外一个任务时必须在指挥和命令的结构当中工作。这个人可能在自己的组织当中是"老板"，在联盟、参股企业、合营公司等结构当中却成了"合作伙伴"。也就是说，经理人必须熟练掌握好组织结构这个工具。

更加重要的是，我们必须对不同组织的优点和局限做进一步的研究（参见第38~42章）。哪种组织最适合哪些任务？哪种组织最不适合哪些任务？还有，在完成任务的过程中，我们要不要改变组织结构？**团队**这个目前政治上正确的组织结构，可能是最需要进行这些分析的。

一个尤其需要进一步研究的领域是**高层管理的结构**。我怀疑没有一个人敢说我们真正了解高层管理的工作应该如何组织，不管是在一个企业、一所大学，还是一家医院或一个现代教堂。一个明确的信号是我们的言行越来越不一致：我们不停地谈论团队，而且每一项研究都得出结论称，高层管理的确需要以团队的形式开展工作，可实际做的**却是把 CEO 当作超人，搞个人崇拜**，而且不仅仅在美国业界是这样。我们在对这些英雄式的 CEO 顶礼膜拜时，对他们怎样以及借助什么样的流程才能取得成功这个问题，似乎没有哪一个人有过丝毫的关心。然而，不管是哪个机构，也不管是哪一个高层管理，都要接受继任的最终检验。

换句话说，尽管组织理论和组织实践是管理工作和管理实践最古老的两个方面，但是仍然有大量的工作需要我们去做。

一个世纪以前的管理先驱们认为**组织需要结构**，在这一点上他们是正确的。因为现代机构，不管是企业、行政机构、大学、医院，还是大型的教堂或军队，都需要组织，就像所有比阿米巴原虫高级的生物都需要结构一样。不过，他们认为存在或者应该存在唯一正确的组织结构，这个假设却是错误的。正如生物组织有许多种不同结构一样，作为社会有机体的现代机构也会有多种不同的结构。管理当局不应该试图去寻找唯一正确的组织结构，而是应该学会寻找、发展和检验**切合自身任务的组织结构**。

存在唯一正确的人员管理方法

关于人员和人员管理的基本假设，是所有传统假设中最根深蒂固的，与现实最格格不入的，同时也是反作用最大的。

人员管理有或者至少应该有一种正确的方法。这是几乎所有关于人员管理的书籍或论文的基础假设，其中引用最多的是道格拉斯·麦格雷戈（Douglas McGregor）在他的著作《企业的人性面》（*The Human Side of Enterprise*，1960 年）一书中的观点。他称，管理当局必须在仅有的两种不同的人员管理方法（"X 理论"和"Y 理论"）当中做出选择，并且认为"Y 理论"是唯一正确的方法（我在 1954 年出版的《管理的实践》一书中也提出了与此非常类似的观点）。几年后，亚伯拉罕·马斯洛（Abraham H. Maslow，1908—1970）撰写了《优心管理》一书（*Eupsychian Management*，1965 年出版，新版更名为《马斯洛论管理》于 1995 年出版）。他在书中论证了麦格雷戈和我的观点都是错误的，并且得出结论称：不同的人需要用不同的管理方法。

我立即改变了自己原来的看法，因为马斯洛的证据非常令人信服。然而，直至今日，真正重视这一点的仍然只是极少数人。

人员管理有或者至少应该有一种正确的方法这个基本假设，是所有组织及其管理当局在人员管理方面的其他假设的基础。

其中一个假设是，为组织效力的人就是这个组织的员工，他们全职工作，生计与事业完全依赖于组织。另一个假设是，为组织效力的人全都是下属。事实上，它假设绝大部分人不是完全没有技能，就是技能水平很低，因此要完全听命于人。

这些假设在数十年前首次被提出来的时候，也就是在一战期间以及战后数年间，它们与现实是相当贴近的。如今，它们全都已经站不住脚了。尽管为一个组织效力的人大部分仍然是这个组织的员工，但是有相当一部分人不再是这个组织的员工，更不用说是全职员工（在第 6 章已有论述），而且这些人所占比例还在稳步扩大。他们可能是效力于外包供应商，例如给医院或工厂提供维修服务的公司，或者给政府机构和企业提供数据处理系统维护服务的外包公司。他们可能是临时员工或兼职员工。还会有越来越多的人成为按任务收费的个人承包商，或者以短期合同的方式工作。

另外，现在的上级通常没有在下级的职位上干过——几十年前他们是那么做的，如今很多人也仍然那么认为。仅仅在几十年前，军队里的团长都是从排长到连长再到营长，一步一个脚印干过来的。这些不同工作之间，包括职衔较低的排长与气派的团长之间的差别，在于指挥人数的多寡，至于工作本身是完全相似的。今天的团长当然也曾指挥过部队，但通常只是很短一段时间。他们也是从上尉和少校升上来的，但是他们在职业生涯的大部分时间里担任的是截然不同的职位，包括参谋、研究人员、教官和使馆武官等。他们根本不能自认为了解自己的下级，也就是少尉连长正在做或者想要做的事情——他们确实当过少尉，但是他们可能从来没有指挥过一个连队。

类似地，负责营销的副总裁可能是从销售部门一步步升上来的，对销售非常了解，但对市场研究、定价、包装、服务和销售预测等事务一窍不通，因此并不能简单地告诉营销部门的专家应该做什么或者怎样做。但是，这些专家被认为是营销副总裁的下级——营销副总裁也毫无疑义要对他们的绩效，以及他们为公司的营销活动所做的贡献负责。

医院的院长与化验室里的技师，或者科室主任与理疗师的关系，也是如此。

当然，由于在聘用或解聘、晋升和评估等方面取决于上级，因此这些同行确实是下级，但是在这些人的工作中，只有这些所谓的下级承担起教育上级的责任，也就是让上级明白市场研究或理疗的功用，应该做什么事情以及结果如何，这个上级才能开展工作。反过来，这些下级也有赖于上级指明方向，有赖于上级告诉他们表现是好是坏。

也就是说，他们之间并不是传统的上下级关系，把它比作交响乐团指挥与演奏者之间的关系要贴切得多。通常而言，知识工作者的上级并不能做好那些所谓的下级的工作，就像乐团指挥通常吹不好大号一样。反过来，知识工作者有赖于上级指明方向，而且尤其重要的是，有赖于上级为他们确定在整个组织中的表现，也就是确定标准和价值观、绩效和成果。乐团有能力破坏一个最能干的指挥的工作，当然也能破坏一个最专制的指挥的工作。同样，一个知识型组织也有能力轻松地破坏一个最能干的上级的工作，更不用说最专制的上级。

总而言之，对越来越多的全职员工必须像对待志愿者那样进行管理。知识工作者要从企业领取薪水，这一点没错。但是，他们的流动性很强，可以离职。他们拥有自己的生产资料，也就是知识。真正能够激励他们，特别是能够激励知识工作者的，是那些能够激励志愿者的东西。我们知道，志愿者通常想比领薪员工从工作中获得更大的满足感，原因恰恰在于他们是不领薪的。他们最需要的是挑战。他们必须了解并且拥护组织的使命。他们需要持续的培训，还需要看到成果。

这意味着劳动人口中的不同群体，以及同一群体在不同的时间，都必须采用不同的管理方式。员工越来越应该被当作伙伴进行管理——按照合作伙伴的定义，所有伙伴都是平等的；按照合作伙伴的定义，伙伴也是不能加以指使的，只能进行劝说。因此，人员管理会越来越像**营销工作**。做营销不能从"我们需要什么"这个问题出发，而是应该先问："对方需要什么？对方的价值观是什么？目标是什么？认为理想的结果是什么？"这不是"X理论"，也不是"Y理论"，或者任何一种别的什么人员管理理论。

也许我们必须对这个任务重新进行界定。这个任务也许不是"对人的工作进行管理"，无论是从理论上还是从实践上，出发点都必须是"为了绩效而管理"。出发点也许应该是对结果所做的定义——正如乐团指挥和橄榄球教练的出发点都是为**成绩**一样。

如同100年前，也就是从泰勒开始，体力劳动者的生产率是人员管理的中心问题一样，知识工作者的生产率将会成为未来人员管理的中心问题。这首先要求对组织中的人员及其工作抱有全然不同的假设：

管理者的任务不是"管理"人，而是引导人。

人员管理的目标是让每一个人的长处和知识发挥作用。

技术和最终用户是确定不变的

正如本章开头指出的，有四个主要假设始终伴随着管理实践，事实上，它们远在管理成为一门学科之前就已存在。

关于技术和最终用户的假设，在很大程度上贯穿了现代企业和现代经济的兴起。它们可以追溯到工业革命的早期。在纺织从家庭手工业脱胎成为一个行业时，人们就认为纺织行业拥有自己的独特技术（这个假设在当时的确是正确的）。事实上，18世纪末至19世纪上半叶兴起的采煤业和其他任何一个行业，莫不如此。第一个理解这一点并在此基础上建立现代企业的人，就是德国人沃纳·西门子（Werner Siemens，1816—1892）。这一认识促使他于1869年聘请了世界上第一个受过大学教育的科研人员，建立了现代意义上的研究实验室。这个实验室只开展我们今天所说的电子学研究（当时被称为"低压"行业），它的指导思想是：电子学是一个独立于其他所有行业的独特行业，拥有与其他技术不相关的独特技术。

在"**技术及其最终用途是独特的**"这一思想的基础上，不仅诞生了西门子自己的公司及其研究实验室，而且诞生了德国的化学工业。德国的化学工业曾在全球独领风骚，因为它建立在下面这个假设之上：化学工业特别是有机化学工业，是拥有独特技术的。在这一思想的基础上，还诞生了世界各地占领先地位的大公司，包括美国的电气和化工公司、汽车公司、电话公司等。也是在这一思想的基础上，诞生了许多堪称19世纪最成功的发明的研究实验室——最后一个这样的实验室是IBM于1950年建立的，比西门子实验室晚了近一个世纪。几乎与此同时，大型制药公司的研究实验室开始成为一个全球性的行业。

不过，此等成功背后的假设如今已经站不住脚。最好的例子来自制药行业。它如今越来越倚重的技术，如基因技术、微生物技术、分子生物技术和医疗电子技术等，与过去建立研究实验室所依靠的技术有着本质差别。

在整个 19 世纪和 20 世纪上半叶，人们认为行业之外的技术对本行业的影响是微乎其微的，甚至是毫无影响的。**如今的基础假设是，对一家公司和一个行业影响最大的技术可能来自这个领域以外。**

过去的假设是：公司自己的研究实验室将会并且能够开发出本公司甚至本行业所需的一切，而这些也都将被用在它所在的行业。

与 19 世纪的技术不同，如今的技术不再是平行发展的，而是经常交叉的（第 6 章做过简要阐述）。一个行业常常因为一项业内人士几乎从未听闻的技术而发生革命性变化。例如，制药行业的人当初就从未听说过基因技术，更不用说医疗电子技术。这些外部技术迫使各个行业不断学习、调整和改变它们的心智模式，当然也包括它们的技术知识。

对 19 世纪和 20 世纪工业和公司的兴起同样重要的第二个假设是：**最终用途是确定不变的**。例如，对于把啤酒装进容器这个最终用途而言，现在不同容器供应商之间的竞争极其激烈。曾几何时，所有的啤酒容器供应商都是玻璃制品公司，把啤酒装进容器里也只有一种方式——装在玻璃瓶里。最终用途固定不变是天经地义的，持这种观点的不仅是企业、行业和消费者，就连政府也这么认为。美国政府对企业进行监管所依据的假设，就是每一种独特的技术都只属于一个行业，每一种独特的产品或服务都只有一种最终用途。美国的反垄断政策就是建立在这些假设的基础之上的。直至今日，反垄断法关注的仍然是玻璃瓶市场的垄断，对越来越多的啤酒装在金属罐和塑料瓶中这一事实视而不见。

自二战以来，一种最终用途不再只属于某一种产品或服务。第一个明显打破那条规则的，就是塑料，但它显然不是侵入其他材料"领地"的唯一一种材料。满足同一种需要的方式，如今越来越多。具有独特性的是不同需要，而不是满足需要的方式。

直至第二次世界大战爆发，新闻传播都基本上被报纸垄断——报纸诞生于18世纪，在20世纪早期成长最为迅猛。现在，相互竞争的新闻传播手段多种多样，如电台和电视，当然还有报纸，只不过越来越多的报纸同时还通过互联网提供新闻，另外还出现了一些独立的电子新闻提供者和其他一些新的形式。

信息成为一种新的"基本资源"。它与其他商品的根本区别，在于它遵循的不是**稀缺性**原理，而是**丰沛**原理。一件东西，如一本书，我如果把它卖了，那么我就不再拥有这本书，但如果我卖的是信息，那么卖完之后我仍然拥有这些信息。事实上，掌握信息的人越多，信息的价值越大。它的经济学含义已经超出本章的讨论范围，但是很显然它会迫使我们对基本经济学理论进行根本性的修改。它对于管理学也有深刻的含义。越来越多的基本假设必须加以改变。信息不是排他性地属于某一个行业或某一家公司，也不是只有一种最终用途，也没有哪一种最终用途是只能用某一种信息来满足的。

因此，现在的管理必须对技术有一个新的假设：没有哪一项技术只属于一个行业，而是所有的技术对于任何一个行业都有重要的意义，并且有能力（而且很有可能）对这个行业造成重大影响。类似地，对最终用途也必须有一个新的假设：没有哪一种产品或服务的最终用途是确定不变的，也没有哪一种最终用途是只能用某一种产品或服务满足的。

这些假设的一个重要含义是，一个机构，无论它是一家企业、一所大学，还是一个教堂或一家医院，它的非顾客和顾客都同等重要，甚至更加重要。

除了政府完全垄断的机构之外，哪怕是规模最大的机构，它们的非顾客也比顾客多得多。市场份额达到30%的企业非常少，因此只有极少数企业的非顾客不超过潜在市场的70%。然而，不仅只有极少数机构对非顾客有所了解，就连知道有非顾客存在的机构也是极少数，更不用说知道这些非顾客是谁了。可是，变化总是从非顾客那里开始的。

因此，**管理的出发点应当是顾客认为什么是有价值的**，它必须是一个得到我们的经验充分证明了的假设——卖家兜售的东西顾客从来不会买。顾客眼中的价值和质量，不同于卖家眼中的价值和质量。这一点适用于所有机构，无论它是一家企业，还是一所大学或一家医院。

换句话说，管理政策的制定越来越不能以技术或最终用途为基础。技术和最终用途只不过是管理所面临的限制条件。管理必须以顾客价值和顾客使用可支配收入的决策为基础。我们在制定管理政策和管理战略时，越来越需要从这些假设出发。

管理的范围是由法律界定的

无论是在理论上还是在实践上，管理都是针对一个个的法律主体和机构，如企业、医院、大学等。因此，管理的范围是由法律界定的，这到现在一直是一个极其普遍的假设。

形成这个假设的原因之一，在于管理这个概念过去建立在命令与控制的基础之上，命令与控制的范围确实是由法律界定的。例如，一家公司的CEO、一个教区的主教，一家医院的院长，他们的命令与控制权都不可能超越其所在机构的法律边界。

在近 100 年前，人们首次发现这个法律界定无法满足管理一家大型机构的需要。

很多人认为"**财团**"（keiretsu）这个管理概念是日本人的发明。所谓财团，就是一家像丰田那样的大公司，把所有以它为主要客户的供应商捆绑在一起，共同制定产品规划、成本控制等活动。可事实上，财团是美国人的发明，它在美国出现比日本早得多。它可以追溯到 1910 年，追溯到历史上第一个认为汽车可能会成为一个重要行业的人——威廉·杜兰特（William C. Durant,

1861—1947）。杜兰特买下许多规模不大但相当成功的汽车制造商，如别克汽车，然后把它们合并成一个庞大的汽车公司——通用汽车。几年后，杜兰特发现必须把一些主要供应商纳入公司的版图，于是启动了又一轮收购，买下了一个又一个零部件制造商。此轮收购结束的标志是买下当时美国最大的车身制造商费舍尔车身公司，时值1920年。至此通用汽车，成为世界上一体化程度最高的大型企业，一辆汽车所需的所有零部件自己能生产70%。正是这种财团原型为通用汽车带来了决定性的成本优势和速度优势，让它在短短数年内成为全球最大、盈利最丰厚的制造企业，并在竞争极为激烈的美国汽车市场上成为无可争议的领导者。事实上，在此后30多年里，相对于包括福特与克莱斯勒在内的所有其他竞争者，通用汽车的成本优势高达30%。

但是，杜兰特的财团仍然建立在管理就是命令和控制这一思想上——他把所有公司买下来，纳入通用汽车财团，原因就在于此。这一思想最终也成为通用汽车最大的弱点。为了保证通用汽车拥有作为零部件制造商的竞争力，杜兰特做过精心的规划。他要求，除了费舍尔车身公司之外的所有制造商，都必须把50%的产品卖到通用汽车以外去，也就是卖给通用汽车的竞争对手，从而保持这些零部件制造商的成本和质量竞争力。然而，这个竞争性的汽车零部件市场在二战后不复存在了，因此损害了通用汽车合资拥有的零部件事业部的竞争力。同时，汽车行业工会在1936～1937年成立，汽车总装厂高昂的劳动力成本被部分转移到零部件事业部，从而让它们处于成本劣势，至今未能翻身。换言之，杜兰特把自己的财团建立在命令与控制的假设上，这是通用汽车25年来不断衰落、回天乏术的主要原因。

这一点显然在20世纪二三十年代就已被西尔斯公司的创建者洞悉。西尔斯是紧随通用汽车出现的又一个财团。西尔斯在成为美国最大的零售商，特别是成为最大的家用电器和五金工具零售商之后，意识到必须把所有主要供应商组成一个集团，以便在整个经济链上实行统一规划，统一开发和设计产品,统一进行成本控制。不过,西尔斯没有买下所有这些供应商,而是采取购买少数股权的办法(更多的是表明承诺的一种象征,而不是一种投资),把彼此的关系建立在合同的基础上。再后来出现的财团,可能也是迄今为止最成功的财团(甚至比日本的财团更加成功),是英国的玛莎百货。该公司自20 世纪 30 年代初开始,就几乎把所有供应商整合到自己的管理体系中,但整合的基础是契约关系,而不是拥有股份或者收购。

日本企业在 20 世纪 60 年代精心学习的,正是玛莎百货的模式。

自通用汽车开始的每一个财团,也就是把经济上有联系而不是法律上拥有控制权的企业整合到一个管理体系中,都获得了至少 25%,很多时候是30% 的成本优势。每一个财团都在行业内和市场上获得了支配性的地位。

不过,财团也不是理想的模式,因为它仍然建立在权力的基础上。无论是通用汽车与杜兰特在 1915~1920 年收购的小规模独立零部件公司,还是西尔斯、玛莎百货或丰田汽车,核心企业都拥有压倒性的经济实力。也就是说,**财团不是建立在平等的合作伙伴关系之上,而是建立在供应商对核心企业的依赖之上**。

然而,越来越多的经济链上开始出现真正的合作伙伴,也就是合作的机构权力平等,真正相互依赖。制药公司与著名研究型大学生物系之间建立的合作关系,二战后美国企业为进入日本市场与日本企业建立的合资企业,化学公司或制药公司与基因、分子生物或医疗电子公司之间的合作,都是如此。

新技术公司的规模或许很小(事实上有很多的确很小),并且非常需要资金,但是它们拥有独立的技术,因此在技术方面是占据优势地位的一方,在选择合作伙伴时有挑选余地的是它们,而不是那些规模比它们大的制药公司或化学公司。在信息技术和金融行业也是如此。

因此,我们必须对管理的范围重新进行界定,**管理必须包括整个过程**。就企业来讲,这基本上意味着整个经济过程。

管理无论是作为一门学科还是一种实践，都越来越需要下面这个假设为基础：管理的范围不是由法律界定的，它必须从经营上进行界定，必须包括整个过程，必须关注整个经济链上各方的成果和绩效。

管理的范围是由政治界定的

在管理这个学科和管理实践中，人们普遍认为由国界确定的国内经济是机构及其管理的生态系统。无论这个机构是商业的还是非商业的，概莫能外。

传统的"跨国公司"（multinational）就是建立在这个假设之上。众所周知，跨国生产的产品和提供的金融服务在全球所有产品和金融服务中所占比例，在一战前就可以比肩今日。1913年，任何一个行业，无论是制造业还是金融业，头号企业在国外市场的销售额都能与国内市场持平，只不过当时是产品在哪个国家销售，就在哪个国家生产。

菲亚特汽车公司就是一个范例。一战期间，意大利军方最大的物资供应商是一家位于都灵的公司，这家名叫"菲亚特"的公司成立时间不长，但是增长非常迅猛，意军的所有轿车和卡车都是由该公司生产的。一战期间，奥匈帝国军方最大的物资供应商也是一家叫"菲亚特"的公司，只不过公司设在维也纳，该公司为奥匈帝国军队提供所有的轿车和卡车。它的规模是其母公司的两三倍，主要原因是奥匈帝国的市场规模比意大利大，因为奥匈帝国不仅人口更多，而且更加发达，特别是它的西部地区要比意大利发达得多。菲亚特奥匈帝国公司虽然为菲亚特意大利公司全资所有，但除了设计图纸来自意大利之外，其他业务都是完全独立的。它所使用的所有原材料和零部件都是在奥匈帝国生产或采购，产品也全部在奥匈帝国销售。它的每一个员工，下至普通工人，上至CEO，全都是奥匈帝国的人。因此，一战爆发后，奥匈帝国与意大利成为交战国，菲亚特奥匈帝国公司所要做的全部事情，就是更改一下银行账号，然后一切照老样子经营。

如今，即使是汽车和保险这些传统行业，也不再按这种方式组织。

诸如制药和信息技术等行业，越来越多的公司在二战后都不再像通用汽车和全球性金融服务公司安联（Allianz）今天所做的一样，按"国内"和"国际"划分业务部门。它们现在是一个全球性系统，每一项任务，不管是研究、设计和工程，还是开发和测试，以及越来越多的制造和营销业务，都是以**跨国家**的方式组织完成的。

某大型制药公司在 7 个不同的国家设有 7 个实验室，分别专注于一个重要领域（如抗生素），但全都归属于同一个"研究部门"，向总部的同一位研究总监汇报工作。这家公司还在 11 个国家设有工厂，分别负责一两条主要产品线的生产，然后在全球范围内进行销售。它的医疗总监可以决定选择在哪一个国家进行新药测试。但是，整个公司的外汇管理则完全集中在一个地方进行。

在传统跨国公司看来，经济实体与政治实体是全等的。用今天的话来讲，一个国家就是一个"业务单元"（business unit）。但是，对于今天的跨国公司（当然也包括越来越多的老跨国公司，因为它们不得不转型），一个国家只是一个成本中心、一个综合体，而不是一个组织单元，也不是一个业务、战略等职能单元。管理与国家边界不再是全等的，因此管理的范围不能再由政治来决定。国界仍然重要，但是关于管理范围的假设应该是：

国界的重要性主要在于它们构成限制条件。各种机构的管理实践都越来越需要从经营上而不是从政治上去做界定。

管理的领域是组织内部

上述所有假设都指向一个结论：管理的领域仅限于组织的内部。只有这个假设才能解释人们为什么会把管理和创业明确区分开来。

在实践中，这种区分是毫无意义的。一个组织，无论是一家企业还是别的什么机构，不创新、不创业，就活不长久。

管理和创业是同一个任务的两个不同维度，这是显而易见的道理。一个不学会如何管理的创业者干不长久，一个不学会如何创新的管理当局也干不长久。事实上，每一个企业，甚至是今天的每一个组织，都必须在设计时把变化视为常态，都必须创造变化，而不是仅仅做出回应——这一点将在第8章详述。

但是，创业活动是从外部开始，并专注于外部的，因此落在关于管理领域的传统假设之外，这就是为什么人们如此普遍地认为管理与创业是不同的，甚至是无法相容的。然而，任何一个机构，倘若果真相信管理与创业不同，甚至将二者对立起来，那么它很快就会被淘汰。

由于信息技术的兴起，管理的内部导向10年来尤其突出。迄今为止，信息技术实际上对管理带来的害处大于益处（详见第33章）。

按照管理的领域仅限于组织内部的假设，管理当局只关心自己的工作，甚至只关心成本，因为组织内部唯一存在的东西就是工作，组织内部的任何事务都是成本中心。

但是，任何一个组织的成果都只存在于组织外部。

管理在诞生之初只关注组织内部是可以理解的。大型组织开始兴起时（当时最引人注目的是1870年前后出现的大型企业），管好组织内部事务是一个前无古人的全新挑战。认为管理的领域仅限于组织内部的假设，最初是有道理的，或者至少解释得通，但如今死守不放，便毫无道理了，因为它违背了组织本身的职能和性质。

管理必须专注于组织的成果和绩效。事实上，管理的首要任务便是**界定组织的成果和绩效是什么**。但凡做过这件事的人都能证明，这是一项最困难、最富有争议但也是最重要的任务。因此，把组织的资源组织起来，**在组织的外部取得经营成果**，这便是管理特有的职能。

因此，管理作为一门学科或一种实践用作依据的新范式应该是：

管理为了机构取得成果而存在。它必须从预期的成果出发，并对这个机构的资源加以组织，去努力取得这些成果。不管是企业还是教堂、大学、医院，或者受虐妇女收容机构等非营利组织，管理都是使得这个机构有能力取得外部成果的器官。

本章有意没有试图回答问题，而是在不断提出问题，并把前面各章的内容综合成六个新的管理范式。所有这些新范式传递出来的思想是：**管理是使得各种机构有能力取得成果的独特工具、独特职能和独特手段**。

不过，这还需要另一个也是最后一个新的管理范式：

管理当局所关心的事项和它的责任，涵盖影响机构绩效和成果的各种因素——既包括机构内部和外部的因素，也包括它能控制的和完全不能控制的因素。

小　结

人们对管理所面临的现实所持的普遍假设，决定了学者、教师和管理者对现实的认识。本章质疑了有关管理学科的三个假设：管理就是企业管理，存在唯一正确的组织结构，存在唯一正确的人员管理方法。本章还质疑了有关管理实践的四个假设：技术和最终用途是确定不变的，管理的范围是由法律界定的，管理的范围是由政治界定的，管理的领域是组织内部。

应该用来取代管理学科有关旧假设的新范式是：

• 管理是所有各类组织用以识别身份的独特器官。

• 管理必须寻找切合自身任务的组织结构。

• 管理者的任务不是"管理"人，而是引导人。人员管理的目标是让每一个人的长处和知识发挥作用。

应该用来取代管理实践有关旧假设的新范式是:

- 无论是技术还是产品的最终用途,都不是制定管理政策的正确基础。管理必须从顾客价值和顾客使用可支配收入的决策出发制定相关战略。
- 管理的范围不是由法律界定的,它必须从经营上做出界定,必须包括整个经济链。
- 管理实践必须根据经营的需要,而不是根据国界进行界定。
- 最后,任何一个组织的成果都只存在于组织外部。

2

企业的绩效

MANAGEMENT

当前的企业管理还不能算是一个完整的学科。不过，我们已经知道企业及其关键职能是什么。我们已经知道利润的职能，知道企业必须提高生产率。每一个企业都必须考虑清楚一个问题：我们的事业是什么，它又应当是什么？企业必须根据自己的使命和目的制定不同关键领域的目标，并且平衡好这些目标以及当前和长远的需要。企业必须把目标转化为具体的战略，并且集中资源予以贯彻。最后，企业还必须深入思考自己的战略规划，也就是对企业的未来有决定性作用的当前决策。

事 业 理 论

不久以前，可能是自20世纪40年代末或50年代初，管理方法才开始像今天这样百花齐放，如削减规模、外包、全面质量管理、六西格玛、作业成本法、经济价值分析、对标、流程再造等。这些工具每一个都很强大，但是除了外包和流程再造之外，都主要是用来以不同的方式做过去已经在做的事情。换言之，它们都是关于"怎么做"的工具。

然而，"做什么"日益成为管理当局所面临的首要挑战，那些享受成功多年的大公司尤其如此。这样的故事屡见不鲜：一家公司在昨天还是超级明星，今天却发现自己停滞不前、士气低迷，深陷困境，甚至面临一场棘手的危机。这绝不只是发生在美国，在日本、德国、荷兰、法国、意大利、瑞典，都可以看到这样的现象。它们也经常发生在非商业机构身上，如工会、政府机构、医院、博物馆和教堂等。事实上，在这些领域这样的现象似乎更加难以对付。

发生这样的危机，根源极少在于做事情的效率太低，甚至不在于做的事情不正确。其实，在大多数情况下人们做的事情是正确的，只不过徒劳无果罢了。为什么会出现这样明显的悖论？原因在于，**组织建立和经营所依据的假设与现实不再相符**。这些假设决定了一个组织的行为，支配着这个组织关于做什么事情和不做什么事情的决定，并且确定了这个组织认为什么是有意义的成果。这些假设涉及顾客和竞争对手以及它们的价值观和行为，涉及技术及其变化趋势以及公司的优势和劣势，涉及一家公司如何取得回报。我把所有这些假设称为**事业理论**（theory of the business）。

每一个组织，无论是否属于营利组织，都有自己的事业理论。一个正确且清晰、一致和聚焦的事业理论，其实是极其强大的。通用汽车公司和 IBM 公司在 20 世纪下半叶独步美国市场，此后又面临各种挑战，都可以用事业理论去解释。事实上，现在全世界有如此多成功的大企业面临困境，原因都在于它们的事业理论已经过时。

IBM 的敏捷性

一家大公司，特别是一家已经享受成功多年的大公司，无论何时陷入困境，人们都会将其归咎于行动迟缓、骄傲自大、官僚主义盛行。对吗？好像是那么回事。不过，这样的答案十之八九不靠谱。我们来看两个例子。它们都是知名的美国大公司，人们普遍认为它们最近碰到的麻烦都是官僚主义作祟。

在计算机诞生之初，IBM 公司就坚信计算机会像电力供应那样，只有不断推出计算非常精确、功能越来越强大的大型机，并且不断建设基站，让大量的用户接驳进来，才是取胜的唯一方式。包括经济学分析、信息的逻辑和技术在内的一切证据都支持这一结论。然而，就在一个以中心基站、大型机为基础的信息系统即将成为现实之时，突然冒出来两个年轻人，推出了世界上第一台商业化的个人电脑（PC）。当时所有的计算机制造商都认为 PC 毫无用处，因为它根本没有在市场上取胜所需的内存、数据库、处理速度和计算能力。事实上，所有计算机制造商都认为 PC 必败无疑——施乐公司（Xerox）几年前得出来这个结论，世界上首台 PC 实际上是该公司一个研究团队发明的。可是，当那个无用的怪胎（首先是苹果电脑，后来是麦金塔）投放市场后，不仅赢得了人们的喜爱，还赢得了他们的钱包。

纵观整个商业史，每个成功的大公司碰到这种意外，做出的反应都是拒绝接受。大多数大型机制造商就是如此。这些公司的名单有很长一串：美国的控制数据公司（Control Data）、Univac 公司、Burroughs 公司和 NCR 公司；欧洲的西门子、Nixdorf 公司、Machines Bull 公司和 ICL 公司；日本的日立和富士通。IBM 是当时大型机行业的霸主，销售额相当于其他所有同行之和，利润空前丰厚。它做出同样的反应是在情理之中的。然而，它立即把 PC 作为一个新的现实接受下来。仿佛一夜之间，它抛弃了经过时间检验的老政策和规章制度，建立了两个相互竞争的团队，要求它们设计出一台更加简单的PC。数年之后，IBM 成为全球最大的 PC 制造商和行业标准的制定者。

这样的成就在商业史上绝无先例，它有力地回击了人们认为大公司官僚主义盛行，以及反应迟缓、骄傲自大的成见。不过，尽管表现出史无前例的灵活性、敏捷性和谦逊，但是 IBM 几年后同时在大型机和 PC 两个领域陷入困境，突然间失去了前进、果断行动和做出变化的能力。

通用汽车的强项

通用汽车公司的例子也让人迷惑不解。20 世纪 80 年代初，也就是在其乘用车这项主要业务几乎完全瘫痪的时候，通用汽车收购了两个大企业：休斯电子公司（Hughes Electronics）和罗斯佩罗电子数据系统公司（Ross Perot's EDS）。分析师大多认为这两家公司都已处于成熟期，因此批评通用汽车出价太高。然而，在短短几年之内，通用汽车从罗斯佩罗电子数据系统公司获得的营业收入和利润都增长了 2 倍有余。10 年后，也就是 1994 年，罗斯佩罗电子数据系统公司的市值已经 6 倍于通用汽车的收购价，收入和利润是当初的 10 倍。

通用汽车收购休斯电子也是如此。休斯电子是一家专门的国防工业公司，规模庞大，但是几乎没有利润。通用汽车在国防工业放开的前夜收购了休斯电子。在通用汽车的管理下，休斯电子不仅国防业务的利润有所增长，而且进入了大规模的民用业务，成为少数几家成功转型的大型国防承包商之一。值得注意的是，带领休斯电子的人已经在通用汽车工作 30 余年，从未在其他公司工作过，也从未在财务和会计部门以外工作过，他们在汽车业务上惨败，在休斯电子却取得了如此惊人的业绩。而且，在这两桩收购中，他们都只是沿用了通用汽车的政策、措施和程序。

这样的事情在通用汽车不是第一次发生。自从该公司于 1908 年通过一系列的收购组建以来，它的核心能力之一就是以高价收购业绩良好但已处于成熟期的公司，然后把它们改造成世界一流的公司，早年收购别克、AC 火花塞和费舍尔公司即是如此。通用汽车的收购能力只有极少数公司能比，这样的成绩无疑不是官僚主义、行动迟缓、骄傲自大的结果。然而，在通用汽车知之甚少的公司里如此奏效的东西，在通用汽车本身却一败涂地。

瘫痪的 IBM

IBM 和通用汽车的各种政策、措施和行为，曾经在数十年间都管用，通用汽车那一套如果用到一些新业务上现在仍然管用，但是它们在各自的组织里已经不再适用。这该如何解释？答案是：它们如今实际面临的现实与它们想象的现实之间存在本质的区别。换言之，现实已经改变，但是事业理论没有随之改变。

大型机与 PC 就像发电站与电烤炉一样，不是同一个事物。发电站与电烤炉虽然不同，但它们是相互依存和相互补充的，但大型机与 PC 却基本上属于竞争关系。就它们对信息的基本定义而言，它们是互相矛盾的：大型机认为信息意味着存储；PC 认为信息意味着软件。建发电站和生产电烤炉必须分开经营，但是可以由同一个公司拥有。通用电气公司数十年来就是如此，IBM 却不能这么做。

当时，IBM 试图同时经营大型机和 PC，但由于 PC 是公司增长最快的业务，因此 IBM 如果让 PC 从属于大型机业务，它就不可能在 PC 市场上获胜。由于大型机当时仍是公司的现金牛，因此 IBM 也不能为了在 PC 市场上获得领导地位而将这项业务剥离。

最后，IBM 改变自己的战略，转而提供信息解决方案，接受了下面这个假定：信息技术行业最终会变为服务导向，而不是由技术导向⊖。

通用汽车的修修补补

通用汽车曾经拥有比 IBM 更有效力、更加成功的事业理论，并在它的指引下一度成为全球规模最大、盈利最丰厚的制造企业。该公司曾经 70 年没受过任何挫折，创造了商业史上独一无二的纪录。通用汽车的事业理论，把关于市场和顾客的假设，以及关于核心能力和组织结构的假设天衣无缝地结合在了一起。

自 20 世纪 20 年代初起，通用汽车认为美国汽车市场在价值观上是同质的，但整个市场又能分为几个由收入极其稳定的群体组成的细分市场。车况良好的二手车的售价，是管理当局唯一可以控制的独立变量。二手车转售价高让顾客有能力买一辆更好的新车——换言之，就是购买利润更高的车。按照这一理论，频繁推出差别很大的车型只会压低二手车转售价。

在公司内部，这些关于市场的假设与关于生产安排的假设是密切相关

⊖ 参见 Luis V. Gerstner, Jr. *Who Says Elephants Can't Dance?* HarperBusiness, New York, 2002, p.123。（郭士纳，《谁说大象不能跳舞》，中信出版社，2006 年。）

的。为了取得最大的市场份额和利润，通用汽车使用大批量生产的方式，而且车型尽可能不做改变，从而以尽可能低的固定成本生产尽可能多的同一种车型。

通用汽车的管理当局把这些关于市场和生产的假设转化成对应的组织结构——公司分为多个半自治的事业部，每个事业部专注于一个收入群体，这个事业部生产的价格最高的车型与另一个事业部生产的价格最低的车型重合。在二手车转售价格高的情况下，这几乎是迫使顾客换购价格更高的汽车。

在 70 年间，这个理论如魔术般灵验。即使在大萧条期间最不景气的年度，通用汽车也从未出现过亏损，而且市场份额步步上升。可是，到了 20 世纪 70 年代末，它关于市场和生产的假设失效了。这时的美国汽车市场正在按"生活方式"分裂为不同的细分市场，而且这些市场变幻无常。收入仅是影响购买决策的因素之一，不再是唯一的因素。同时，**精益制造缩小了经济规模**，使得小批量生产不同车型的成本劣势得以缩小，同时让它的利润率超过大批量生产的单一车型。

通用汽车对此可谓洞若观火，但就是不肯相信（通用汽车的工会到现在也还是不相信）。于是，该公司试图进行修补。它保留了原来按收入细分市场设立的各个事业部，但是让每一个事业部都为"每一个钱包生产汽车"。它试图对自己的大规模生产实行自动化改造，以此来抗衡经济规模更小的精益制造（在此期间损失了数十亿美元）。通用汽车不顾大家对精益制造的普遍看好，付出了艰苦卓绝的努力和巨额的资金对自己的体系进行修补。然而，修补只是让顾客、经销商以及通用汽车自己的员工和管理群体变得更加迷惑。在修补的过程中，通用汽车还忽略了自己真正的成长型市场，自己拥有的堪称坚不可摧的优势市场：轻型卡车和小型客货两用车。

事业理论的三个假设

事业理论可以分为三个部分。第一部分是关于**组织环境**的假设。组织环境包括社会及其结构、市场、顾客以及技术。

第二部分是关于**组织独特使命**的假设。西尔斯公司在一战期间以及战后多年，就是以成为"美国家庭的内行采购员"作为自己的使命。10 年后，英国的玛莎百货把自己的使命定义为成为"第一家不分阶层的零售商"，以此推动英国社会的变革。美国电话电报公司也是在一战期间以及战后几年内把自己的作用定义为"确保每一个美国家庭和企业都拥有电话"。一个组织的使命未必一定要如此宏远。通用汽车确立的使命就平实得多——用阿尔弗雷德·斯隆的话讲，就是成为"陆上机动运输设备的领导者"。

第三部分是关于达成组织使命所需**核心能力**的假设。例如，创建于1802 年的美国西点军校，把自己的核心能力定义为培养值得信赖的领导者的能力。玛莎百货在 1930 年前后把自己的核心能力定义为，发现、设计和开发所售产品的能力，而不是采购能力。美国电话电报公司在 1920 年左右把自己的核心能力定义为，让公司得以不断提高服务质量并降低费率的技术领先能力。

关于环境的假设定义的是，这个组织因为什么取得回报。关于使命的假设定义的是，一个组织认为什么结果是有意义的——换言之，它们指的是这个组织设想自己如何让经济和整个社会发生一些变化。关于核心能力的假设定义的是，这个组织必须在哪些方面表现出色才能确立领先地位。

当然，这听起来再简单不过了，可实际上经常需要进行长达数年的艰苦探索、思考和试验之后，才能确立一个明确、一致和有效的事业理论。要想取得成功，任何一个组织都必须确立这样一个理论。

一个有效的事业理论必须满足哪些条件？答案是它必须满足四个条件。

四个条件

（1）**关于环境、使命和核心能力的各种假设必须符合现实。**20 世纪

20 年代初，四个来自英国曼彻斯特、不名一文的年轻人——西蒙·马克斯（Simon Marks）和他的三个小舅子——得出结论，一个简朴的廉价百货店将会成为社会变革的一股推动力。当时，一战深深动摇了英国原有的社会阶层结构。它还创造了一大批希望购买质量好、款式新、价格便宜的商品的顾客。玛莎百货第一批热销的产品是女用内衣、宽松短衫和长袜。然后，玛莎百货就开始系统地建立全新的、人们从未听闻的核心能力。直到这个时候，零售商的核心能力都是采购能力。可是，玛莎百货认为真正了解顾客的是零售商而不是制造商，因此设计和开发产品，并找人按照设计、规格和成本生产这些产品的，应该是零售商而不是制造商。玛莎百货用了 5~8 年的时间才确立了这个关于零售商的新定义，并让一直自视为"制造商"而非"承包商"的传统供应商接受。

（2）**关于这三个方面的各种假设必须彼此匹配**。通用汽车在漫长的鼎盛时期最大的优势恐怕就在于此。它关于市场的假设与关于最优生产流程的假设配合得天衣无缝。它在 20 世纪 20 年代中期就决定要培养当时闻所未闻的全新核心能力：对制造流程实行财务控制，并且确立资金分配的原则。结果，通用汽车发明了现代成本会计，并且建立了第一个规范的资金分配流程。

（3）**事业理论必须为整个组织所了解和理解**。在组织创建之初要做到这一点很容易，不过一旦成功，这个组织就会想当然地接受自己的事业理论，而且越来越不在乎它。这时，这个组织就会马虎起来，开始抄近路，开始便宜从事，而不是努力做正确的事情。它会停止思考，停止质疑，记住答案却把问题置之脑后。事业理论变成了"文化"。可是，文化并不能代替纪律，而事业理论就是一项纪律。

（4）**事业理论必须不断得到检验**。事业理论不是刻在石碑上的，它是一种假设，对社会、市场、顾客和技术这些不停变化着的事物的假设。因此，事业理论中必须包含自我变革的能力。

防患于未然

有些事业理论的生命力非常旺盛，因此能够长期有效，但是它们毕竟是人类提出来的，所以很少能够维持非常长的时间。最终，每一个事业理论都会过时，然后失效。20 世纪 20 年代创建的那些伟大的美国公司，经历的恰恰就是这样一个过程。通用汽车、美国电话电报公司、IBM 都曾如此。显然，如今这样的情况正发生在德意志银行及其关于综合银行的事业理论身上，也正发生在快速解体的日本财团身上。

一个组织的事业理论如果快要过时，它的第一反应几乎总是防御性的。人们倾向于把头埋进沙子，假装什么也没有发生。接下来的反应就是试图进行修补，就如通用汽车 20 世纪 80 年代所为，以及德意志银行目前所为。的确，德意志银行的一些老客户（德国大公司）一个接一个突然陷入完全无法预料的危机中，说明它的事业理论已经不再管用。也就是说，德意志银行在做的事情已经背离创建时的初衷：为现代企业提供有效的监管。

然而，修补从来都是无济于事的。相反，组织在看到自己的事业理论即将过时的第一个信号时，就应该开始重新思考关于环境、使命和核心能力的假设有哪些最准确地反映了现实情况——非常清楚地认识到过去那些指导我们成长的假设已经不足以反映现实。

预防性措施虽然只有两种，但只要始终如一地加以运用，它们应该可以让一个组织保持警醒，并让它有能力快速改变自身及其事业理论。第一项预防性措施是放弃。一个组织应该每三年就针对自己所有的产品、服务、政策和分销渠道提出这样一个问题：如果不是因为已经置身其中，我们现在还会进入吗？一个组织可以通过质疑已被大家接受的政策和程序，迫使自己思考自己的事业理论，迫使自己对各种假设进行检验，迫使自己提出下面这些问题：它为什么不行，而我们五年前开始做的时候它的前景看起来是那么美好？是因为我们犯了错误吗？是因为我们做的事情不正确吗？还是因为事情本身确实行不通吗？

不进行系统的、目标明确的放弃，一个组织就会被各种事件压垮。它会把最好的资源浪费在一些从来都不应该做或者从此以后不该再做的事情上面，于是在市场、技术和核心能力发生变化时就缺少资源，特别是缺少能干的人员去抓住发展机会。换言之，面对在事业理论过时之后环境所创造出来的机会，它没有能力做出建设性的响应。

玛莎百货就因为没有防患于未然，也就是没有跟踪并且不断更新自己的事业理论，差一点被人收购。它变得极其自满，完全背离了自己成功的原因，因此陷入了内忧外患。惊魂之余，它才重新关注顾客，关注如何为顾客提供质量、价值、服务、创新和信任；才开始重新投资于员工，改变此前过于依赖外部咨询顾问、没有一贯的战略这种让人沮丧的局面。为了再次明确业务核心，他们不得不对事业理论的各个方面进行评估，并做出系统地放弃。⊖

第二项预防性措施就是对企业的外部，特别是**非顾客**展开研究。走动式管理（walk-around management）在几年前开始盛行，因为这种研究很重要。尽可能深入地了解自己的顾客也同样重要，因信息技术而变化最快的可能就是这个方面。但是，根本性变化的最初信号，极少出现在组织内部或顾客中，而是几乎总是出现在非顾客那里。非顾客总是比顾客多。例如，当今的零售巨头沃尔玛在美国消费品市场所占份额是20%，这意味着整个市场的80%是该公司的非顾客。

事实上，就说明非顾客的重要性而言，美国的百货公司是最好的近例。它们在30年前鼎盛时期占据着美国非食品零售市场30%的份额。它们对于自己的顾客不停地询问和调查，但对没有成为其顾客的另外70%的市场不闻不问，因为它们觉得没有任何理由那样做。它们的事业理论认为，大多数有相应能力的人都已在百货公司购物。60年前，这个假设与现实是相符的，

⊖ 详情参见"Back in Fashion：How We're Reviving a British Icon"，*Harvard Business Review*, May 2007。

但它到"婴儿潮"一代成年时就失效了。这一代的女性受过良好的教育，并跟她们的丈夫一样在外工作，决定她们去哪里购物的主要因素并不是金钱而是时间——她们没有那么多时间去逛百货公司。

如今的百货公司认为，它们的典型顾客都是有工作收入甚至是全职工作的，有很多场合需要做出选择和决策，而且其中大多数都比做什么饭菜要有趣得多。他就算是从不离开自己的家，也可以通过电话或网络了解外面的世界。对他来说，购物已经不再是一种享受，而是一种累赘。

当年的百货公司只盯着自己的顾客，因此直到几年前才意识到这一变化。这时，它们的生意已经慢慢变得萧条，无法把"婴儿潮"一代再拉回来。百货公司付出惨重的代价后才认识到：由顾客驱动虽然至关重要，但这仍然不够，一个组织还必须由市场驱动。

警告信号

若要及早洞察问题，管理者必须留意各种警告信号。一个组织在**实现原来的目标之后**，它的事业理论就会过时。因此，实现目标之后不要急于庆祝，而是要开始新一轮的思考。到 20 世纪 50 年代中期，美国电话电报公司（AT&T）实现了让每个家庭和企业拥有电话的使命，于是有些高管提出，应当重新评估公司的事业理论并采取相应的行动，例如把目标已经实现的本地电话业务与正处于成长期的业务分开。后者是公司未来的业务，始于长途电话业务，并向国际电信服务扩展。他们的意见没有引起重视。几年后，美国电话电报公司陷入了困境，最后因为反垄断判决而得救，原因是政府法令迫使它做了管理当局不情愿做的事情。

快速增长是一个组织的事业理论遭遇危机的另一个准确信号。任何一个组织，规模在很短的时间内翻番甚至增长两倍之后，都必然超出原有事业理论的有效范围。就连美国硅谷那些公司也已明白，如果公司规模已经大到大家需要看胸卡才能叫得出对方的名字，那么光靠开派对喝啤酒是再也满足不了沟通需要的。这样的快速增长常常会对更深层次的假设、政策和习惯构成考验。这个组织若要保持健康，更不用说为了保持增长，就必须再次思考关于环境、使命和核心能力的各种假设。

关于一个组织的事业理论不再有效的信号还有另外两个：一个是意外的成功，包括自己的和竞争对手的成功；另一个是意外的失败，同样也包括自己的和竞争对手的失败。

就在日本进口汽车把底特律三巨头逼上绝路之时，克莱斯勒意外地打了一场非常漂亮的翻身仗。该公司的乘用车丧失市场份额的速度甚至比通用汽车和福特汽车还要快，但是它的吉普车和新开发的客货两用车（无心插柳之作）销量却一路飙升。当时，通用汽车是美国轻型卡车的领导者，在产品的设计和质量方面无人匹敌，但它对自己在轻型卡车方面的能力未加注意。毕竟，尽管客货两用车和轻型卡车如今大多是当乘用车来购买的，但在传统统计中一直是归属于商用车的。通用汽车如果注意到了弱势竞争对手克莱斯勒的成功，意识到自己关于市场和核心能力的假设已经失效的时间就会早得多。从一开始，客货两用车和轻型卡车市场就不是一个按收入划分的市场，而且很少受到汽车转售价格的影响。颇有些荒谬的是，25 年前通用汽车的轻型卡车已在今天我们所说的精益制造方面有了相当大的进展。

意外的失败和意外的成功一样重要，应该像对待一个 60 岁老人第一次犯"轻微"的心肌梗死一样给予重视。70 年前，大萧条时期的西尔斯公司认为汽车保险已经成为一个"附属物"，不再是一种金融产品，进而认为销售汽车保险符合自己成为美国家庭的内行采购员这一使命。每一个人都认为西尔斯公司疯了，不料这项业务刚刚推出就成为该公司盈利最丰厚的业务。20 年后，也就是 20 世纪 50 年代，西尔斯认为钻石戒指已经成为一个必需品，不再是一个奢侈品，该公司很快就成为全球最大，可能也是利润率最高的钻石零售商。到了 1981 年，西尔斯认为投资产品对于美国家庭来说已经成为消费品，这个决定看起来是那么顺理成章。于是，它收购了添惠公司（Dean Witter），把它的销售办公室开到了西尔斯的门店里。不料，此举却是一次彻底的失败。美国民众显然不认为自己的金融需求是"消费品"。西尔斯于是放弃了这项举措，决定把添惠的股票经纪作为一项独立的业务，办公室不设在西尔斯的门店里，结果添惠立即兴旺发达起来。1992 年，西尔斯公司变卖了这项业务，获利颇丰。

西尔斯想成为美国家庭投资产品的供应商，结果失败了。如果该公司把这次失败当成事业理论的失效，而不是一次孤立的、偶然的失败，也许它进行改组和再定位的时间会比实际行动的时间提早 10 年，那时它在市场上还有相当大的优势。如果那样，西尔斯也许就会因为添惠的失败而怀疑市场是同质的这个概念——西尔斯以及其他大众零售商多年来的战略都是建立在这个概念之上。

果断行动

一个组织如果陷入了困境，我们过去的做法便是去寻找一个手持魔杖的魔术师。然而，建立、维护和重建事业理论并不需要一个成吉思汗或达·芬奇那样的 CEO。它需要的不是天才，而是艰辛的工作。它也不需要有多么聪明，而是需要恪守职责。CEO 拿他那份薪水，就要做好这件事情。

成功改变企业事业理论的 CEO 有很多。例如，美国默克制药公司的 CEO 曾经让公司绝对专注于研发高利润率的突破性专利药，从而把这家公司建设成世界上最成功的制药公司。但是，他后来收购了一家销售普通药物和非处方药的大公司，对公司的事业理论做了根本性颠覆。而且，他还是在没有碰到任何危机的情况下这么做的，因为默克当时的经营看起来非常好。类似地，日本索尼公司的新任 CEO 也在几年前改变了该公司的事业理论。

他收购了一家好莱坞电影制片公司，从而把索尼的重心从一家寻找软件的硬件制造商，转变为一家创造硬件需求的软件提供商。

但是，每出现一个如此成功的魔术师，就会有数十个个人同样能干，所在组织却误入歧途的CEO。我们不能指望魔术师去更新已经过时的事业理论，就像我们不能指望他去医治什么恶疾一样。如果去问一问这些人是怎么做到这一点的，他们都会极力否认自己靠的是领导魅力或愿景的作用，或者是天赐之福。他们会从诊断和分析着手。他们相信，要想实现目标，取得快速增长，就必须认真地审视公司的事业理论。他们不认为失败是某个下属的无能所致，或者把它看成一次偶然的失误，而是把它当作"系统性失败"的一个症状。他们对意外的成功也不居功，而是把它当作对自己有关假设的一次质疑。

他们相信，事业理论过时是一种会不断恶化甚至危及生命的疾病。他们也了解并且相信外科医生那条久经检验并证明有效的原则，那也是关于有效决策的最古老的原则：治疗恶疾不能靠拖延，必须果断行动。

小　　结

事业理论包括三个部分：

- 关于组织环境的假设。它们定义的是这个组织因为什么取得回报。
- 关于组织的独特使命的假设。它们定义的是一个组织想要如何让社会发生一些变化，以及什么结果是有意义的。
- 关于实现目标所需核心能力的假设。它们定义的是这个组织必须在哪些方面表现出色才能完成使命。

这三方面的假设必须**彼此匹配**，而且必须**与现实相符**。事业理论必须得到所有组织成员的理解。

　　一个组织如果想当然地接受了自己的事业理论，它就会停止思考和质疑自己存在的前提。每一个事业理论最终都会过时，如果不系统地放弃，一个组织会把资源浪费在一些不应该做的事情上，从而占用它利用机会所需的资源。

　　检验事业理论最有效的方法之一，是对非顾客的行为进行研究。

企业的目的与目标

企业是什么？工商界人士通常都会回答："一个为了赚钱的组织。"经济学家通常也会给出同样的答案，只不过用词更加深奥："为了使利润最大化"。其实，这个答案不仅是错误的，而且是答非所问。

利润最大化这个概念的危害在于它让盈利能力看起来像一个神话。的确，利润和盈利能力是至关重要的，对单个企业如此，对整个社会更是如此。然而，盈利不是工商企业和工商活动的目的，而是它们面临的一个限制性因素。利润不是企业行为和企业决策的理由、原因和理性，而只是它们的检验标准。就算坐在董事位置上的不是从商者而是天使，他们也仍然必须关注企业的盈利能力，哪怕他们自己对获利丝毫不感兴趣。

形成这种错误认识的根源在于人们认为，一个人的动机，也就是所谓的经理人的利润动机，是对这个人的行为的解释，或者是他采取正确行动的指南。世间是否存在"利润动机"是非常值得怀疑的。这个词是古典经济学家发明的，目的是用它来解释静态均衡理论解释不了的某些经济现象。但是，从来没有什么证据表明利润动机是真实存在的。至于当初用利润动机来解释的经济变化和经济增长现象，我们早已找到正确的解释。

不管利润动机是否存在，用它来理解企业行为、利润和盈利能力就是文不对题。吉姆·史密斯（Jim Smith）为了赚钱而从商，这只关系到他本人及其天使唱片公司（Recording Angel），并没有告诉我们吉姆·史密斯做的是什么和他是怎么做的。如果有人告诉我们某个人在内华达州的沙漠里寻找铀矿是为了发财，我们对他的工作会一无所知。如果有人告诉我们某个心脏专家是为了谋生或者造福人类，我们对他的工作也会一无所知。利润动机及其派生出来的利润最大化，与企业的职能、企业的目的和管理企业之间的关系也同样不相关。

事实上，这个概念不仅不相关，而且有害，它是导致人们误解利润的本质和敌视利润的罪魁祸首（误解利润的本质和敌视利润是社会或组织中危害最大的弊病）。它要对美国和西欧一些公共政策中的严重错误负主要责任（这些政策完全建立在对企业的性质、职能和目的的误解之上）。它要对很多人持有的企业获取利润与做出社会贡献二者天生矛盾这一观点负主要责任。事实上，一个公司只有盈利丰厚，才能对社会做出贡献。

要了解企业是什么，我们必须从它的目的（purpose）入手。企业的目的必然存在于企业的外部。事实上，它必然存在于社会当中，因为企业是社会的一个器官。因此，关于企业的目的只会有一个正确的定义：**创造顾客**。

市场不是由上帝、自然或经济力量创造的，而是由管理者创造的。一个企业所满足的欲求（want），可能是顾客在看到满足这种欲求的方式之前从来没有意识到的。就像在一场大饥荒当中，获得食物是顾客生活当中的头等大事，但是直到从商者把它转变为有效需求（demand），它都会是一种潜在的欲求。这种欲求可能从未有潜在顾客意识到，例如，直到复印机和计算机出现，人们才知道自己是不是想要一台复印机或计算机。一种欲求可能从来都不存在，直到有商业行为创造出这种欲求——通过创新、贷款、广告或者推销。无论是通过其中哪一种方式，都是商业行为创造出了顾客。

决定一个企业是什么的是顾客。把经济资源转化为财富，把物品转变为商品的，只可能是顾客为商品或服务付费的意愿。顾客购买并认为有价值的东西永远不是产品，而是效用，也就是这种产品或服务对他的用途。

企业的目的

因为企业的目的是创造顾客，因此它有且仅有两个基本职能：一是**营销**；二是**创新**。

尽管很多企业非常重视营销和营销方法，但是有太多的企业说得多做得少。**消费者至上主义**的存在就是最好的明证，因为这一思想就是要求企业进行真正的营销。它要求企业从顾客的需要、现实情况和价值观出发，要求企业把满足顾客的需要当成自己的目标，要求企业根据对顾客所做的贡献来获取回报。

但是，消费者至上主义也是企业通过营销实现以顾客为中心的一个机会，它迫使企业从言语到行动都以市场为中心。

最重要的是，消费者至上主义可以消除一种概念上的混淆。正是由于存在这种混淆，所以真正的营销才会这么少。许多管理者所讲的营销，其实是有组织地开展所有的**销售**活动。这在本质上仍然是销售。它从"我们的产品"出发，寻找"我们的市场"。真正的营销会像玛莎百货一样从顾客出发，从顾客的人口构成情况、现实、需要、价值观出发。它不会问："我们要卖的是什么？"它会问："顾客想要买的是什么？"它不会说："这是我们的产品或服务所能做的。"它会说："这是顾客想要的、重视的和需要的满足。"

事实上，销售与营销是互相对立的，不是同义词，甚至不是互补的关系。

有人认为，销售无论什么时候都是需要的。可是，营销的目标就是要让销售成为多余的东西。**营销的目标就是要深入了解顾客，让产品或服务适合**

他的需要，从而自己实现销售。

营销这项职能还不能构成一个企业。静态经济中是不会有企业的，甚至不会有管理者。静态社会的中介，不是一个以佣金形式得到报酬的经纪人，就是一个不创造任何价值的投机者。企业只能存在于扩张的经济中，或者这种经济至少认为各种变化是自然而然的、可以接受的事情。企业是**增长、扩张和变化的特殊器官**。

因此，企业的第二项职能就是创新——经济地提供各种让顾客满足的东西。企业不是随便提供什么商品或服务就行，而是必须提供更好的、更经济的产品或服务。一个企业未必要变得更大，但它必须不断变得更好。

创新可以促使价格降低——这是经济学家一直关心的数据，因为它是唯一可用定量工具进行处理的。但是，创新的结果也可能是一种更好的新产品或一种新的便利，抑或是确立一种新的欲求。

最有成效的创新是一种全新的、能够带来新的满足感的产品或服务，而不是原有产品或服务的改进。这种全新的产品通常需要付出更高的成本，但是总体上看它能提高整个经济的生产率。

抗生素的成本比冷敷布要高得多。在抗生素发明之前，医生对付肺炎的唯一手段就是用冷敷布。

创新也可能是为老产品找到新用途。把冰箱成功地卖给因纽特人，让他们用来防止食物冻结的销售人员也是一名创新者，就如同他发明了一种全新的工艺或产品。把冰箱卖给因纽特人，让他们用来冷藏食物是找到一个**新市场**；让他们用冰箱来防止食物冻结，实际上是发明了一种**新产品**。当然，从技术上看仍然是那种老产品，但从经济上看这是一个创新。

最重要的是，"创新"不等于**发明**。"创新"是一个经济术语，而不是一个技术术语。非技术创新（包括社会创新和经济创新）至少与技术创新同等重要。

在企业里，创新也与营销一样不能看作一项独立的职能。它不是仅局限于工程或研究部门，而是贯穿于企业的所有部门、所有职能和所有活动。它也不是仅局限于制造领域，分销领域的创新与制造领域的创新一样重要。保险公司或银行的创新，重要性也丝毫不减。

所谓创新，就是赋予人力资源和实物资源新的、创造更多财富的能力。

管理者必须把社会的需要转化为获利的机会，这是创新的另一种定义。如今，我们对社会、学校、医疗制度、城市和环境的需要有了如此多的了解，更加需要强调创新的这个定义。

如今的企业（当然也包括医院和政府机构）在组织的几乎每一个层级，都拥有大量知识丰富、技能精熟的员工。这些知识和技能对于工作方式和实际工作内容是有影响的。

于是，组织的各个层级，甚至包括相当低的层级，都会做出一些对整个企业及其经营能力造成影响的决策。在如今的企业（特别是大企业）的实际经营中，每天都在做出许多包含着风险的决策，例如做什么与不做什么，坚持什么与放弃什么，不同产品、市场或技术哪些付出更大的努力与哪些予以忽略等，都是由大量低层级的人，通常还是没有传统管理头衔或职位的人做出的。这些人包括研究人员、设计工程师、产品规划员和税务会计等。

这些管理者都是依据自己对事业理论的模糊理解做出决策的。换言之，每个人都对"我们的事业是什么以及它应该是什么"这个问题有自己的答案。因此，除非企业自己（在这里意味着企业的高层管理）把这个问题真正考虑清楚了，并且做出了明确的回答，否则不同层级的决策者就会自己提出各种不同的、互不兼容的、彼此冲突的事业理论，并据此行事。他们可能南辕北辙，却浑然不觉大家的方向其实存在差别。他们还有可能根据错误的、让人误入歧途的事业理论行事。

整个组织要形成共同愿景、共同理解，并且方向和努力协调一致，就必须清楚地回答这个问题："我们的事业是什么，以及它应该是什么？"

要了解一家公司的业务是什么，看起来也许没有什么事情比它更简单、更显而易见。炼钢厂炼钢，铁路公司开火车运货载人，保险公司承保火险，银行放贷。可事实上，"我们的事业是什么"这个问题几乎总是很难回答，答案通常并不是那么容易找到的。

回答"我们的事业是什么"这个问题是高层管理的首要责任。企业的目的和使命很少得到充分的思考，这可能是许多企业碰到挫折甚至遭遇失败的最重要的一个原因。相反，诸如宝洁和丰田这样杰出的企业，它们的成功在很大程度上取决于明确而又慎重地提出"我们的事业是什么"这个问题，并在经过深思熟虑之后得出答案。

对于企业目的和企业使命的定义，有且只有一个中心、一个出发点，它就是顾客。决定企业是什么的，只能是顾客，而不是这家公司的名字、地位或公司章程。企业是由顾客在购买产品或服务时所满足的欲求界定的。满足顾客是任何一个企业的使命和目的。

因此，"我们的事业是什么"这个问题，只有从企业的外部，站在顾客和市场的立场上才能回答。所有的顾客都只关心自己的价值观、自己的欲求、自己的实际情况。正是因为这个原因，回答这个问题就必须从顾客及其实际情况、处境、行为、期望和价值观出发。

"顾客是谁"是定义企业目的和企业使命时要回答的首要问题。回答这个问题不容易，能够想到要提出这个问题就更不容易。如何回答这个问题，在很大程度上决定着一个企业如何定义自己。

消费者，也就是产品或服务的最终使用者，无论何时都是企业的顾客。但是，消费者不是唯一的顾客。企业的顾客通常至少有两类，有时甚至更多。顾客类型不同，所定义的企业也就不同，期望和价值观也不同，购买的东西也不同。

大多数企业至少有两类顾客。地毯行业的顾客包括建筑商和房主，只有他们同时愿意购买，地毯公司才能把生意做成。每一个品牌消费品制造商都至少有两类顾客：家庭主妇和杂货店。主妇们的购买意愿再强烈，如果杂货店不进这个品牌的货，那也是白搭。反过来，杂货店进了货，但主妇们不愿意买，也同样是白搭。

"顾客在哪里"这个问题同样重要。西尔斯公司在 20 世纪 20 年代大获成功的秘诀之一，就是发现了它的老主顾发生了变化：那些农场主有了汽车，开始进城去购物了。

接下来要问的是："顾客购买的是什么？"凯迪拉克的人曾经说他们生产的是汽车，他们公司的名字就是凯迪拉克汽车公司。可是，一个人花 5 万美元买一辆凯迪拉克，是为了购买一种交通工具，还是主要为了取得声望？凯迪拉克是在与雪佛兰、福特和大众等汽车竞争吗？出生在德国的机械师、在 20 世纪 30 年代大萧条期间成为凯迪拉克领导人的尼古拉斯·德雷斯塔特（Nicholas Dreystadt）回答说："凯迪拉克是同钻石和貂皮大衣在竞争。凯迪拉克车主购买的不是'交通工具'而是'地位'。"这个答案拯救了濒临破产的凯迪拉克汽车公司。不到两年，该公司就取得了强劲的增长，尽管当时仍是大萧条时期。

即便提出了"我们的事业是什么"，大多数管理当局也是在公司陷入泥淖时才问这个问题的。毫无疑问，这种时候必须问这个问题，而且如果回答正确，可能会取得惊人的结果，甚至扭转看似无力回天的颓势。

直到企业或行业陷入困境才问这个问题无异于玩俄罗斯轮盘赌局[⊖]，是一种不负责任的管理方式。这个问题在企业成立之初就应该提出来，如果是一家胸怀大志，希望取得长足发展的企业，尤其如此。

认真思考"我们的事业是什么"这个问题的最重要时刻，是企业取得成功之时。成功总是会让原来的做法过时，开创新的现实情况。特别是，它总是会带来一些新问题。只有童话故事才会以这样一句话结尾：他们从此过上了幸福的生活。

⊖ 一种赌博游戏。在左轮手枪能装多颗子弹的弹膛中只装一发子弹，然后转动弹膛，将枪口对准自己的头扣下扳机。玩这种游戏的人，弄不好就会送命。——译者注

要让一家成功企业的管理当局思考"我们的事业是什么"，可真不是一件容易的事情，因为在那时候，公司里的每一个人都会认为答案实在是太显而易见了，根本不值得再做任何讨论。否定成功，无事生非，这种事情从来不是大多数人所为的。不过，"我们的事业是什么"这个问题的答案，无论多么正确，也是迟早要过时的。

因此，管理当局在思考"我们的事业是什么"这个问题时，还必须进一步思考下面这些问题：我们的事业将会变成什么？环境中有哪些已经可以辨别的变化，可能对我们企业的特性、使命和目的产生大的影响？我们**现在**怎样把这些预测纳入我们的事业理论、目标、战略和工作分配中？

同样，在回答这些问题时，出发点必须是市场及其潜力和发展趋势。五年或十年之后，倘若顾客、市场结构和技术没有发生根本性的变化，我们企业的市场能有多大？这些预测要成立或者被推翻，分别需要什么样的条件？

这些发展趋势中最重要的，但也很少有企业真正关心的是人口结构及其变化情况。过去，管理者总是相信经济学家的分析，认为人口构成情况是恒定不变的。这种假设曾经是合理的，因为除非是发生战争或饥荒这样灾难性的事件，否则人口的变化是极其缓慢的。但是，这一假设如今已经不再成立。今天的人口构成情况，无论是在发达国家还是在发展中国家，都有可能而且确实在发生剧烈的变化。

人口构成情况的变化，意义不仅在于人口结构对购买力和购买习惯，以及对劳动人口的数量和结构有影响，还在于人口变化是真正可以预测的未来事件。

管理当局必须预测经济趋势、潮流或品位的变化，以及竞争对手的行动将会导致市场结构发生什么样的变化。在界定竞争对手时，必须始终采用产品或服务在顾客心中的概念，因此必须既包括直接竞争对手，也包括间接竞争对手。

最后，管理当局还必须问："消费者的哪些欲求是如今的产品或服务没有充分满足的？"提出这个问题并且正确做出回答的能力，通常能够决定一个企业是能够不断取得成长，还是仅仅能够随着经济或者行业的景气而水涨船高。然而，任何一个满足于水涨船高的人，也必定会在退潮时随之跌落。

"我们的事业应该是什么"

回答"我们的事业将来会是什么"这个问题，目的在于适应可以预期的变化，在于调整、扩张和发展现有的业务。

但是，企业还必须回答"我们的事业应该是什么"这个问题。企业可以捕捉或者创造哪些机会让自己变得不同，从而达到企业目的和实现企业使命。

不提这个问题的企业将会错失重大机会。

在回答"我们的事业应该是什么"这个问题时，在考虑了社会、经济和市场的变化后，应该考虑的因素自然就是创新，包括本企业和其他企业的创新。

企业必须决定哪些新的、不一样的事情是应该做的，同样重要的是，必须有计划地、系统地放弃那些不再符合企业的目的和使命，不能再给顾客带去满足，不能再做出很大贡献的老事情。

因此，在回答"我们的事业是什么、将来会是什么以及应该是什么"时，关键的一步是要系统地分析所有现存产品、服务、流程、市场，最终用途和分销渠道。它们仍然有生命力吗？将来还有生命力吗？它们仍能给顾客提供价值吗？将来还能提供吗？它们还符合人口、市场、技术和经济方面的现实情况吗？如果不符合，如何最妥善地放弃，或者至少停止投入更多的资源和努力？除非这些问题得到认真而系统的回答，而且管理当局愿意按照答案行事，否则关于"我们的事业是什么、将来会是什么以及应该是什么"的界定就是虚伪的陈词滥调，大家的精力都会耗费在捍卫历史上面，谁也不会有时间、资源或意愿去充分开拓今天，更不用说去探索明天。

　　界定企业的目的和使命是艰难、痛苦和有风险的，但是只要能把它们界定清楚，企业就能设定目标、制定战略、集中资源、开始行动，就能进行成果管理。

　　企业必须把自己的基本定义以及目的和使命转化成目标（objective），否则它们就只是一些思想、愿望和隽永的警句，永远不可能成为实实在在的业绩。

　　（1）目标必须来自"我们的事业是什么、将来会是什么以及应该是什么"。它们不是抽象的概念，而是采取行动实现企业使命的承诺，是用来衡量企业绩效的标准。换言之，**目标就是一个企业的基本战略**。

　　（2）目标必须具有**操作性**。它们必须能被转化为具体的目标值和具体的任务，它们必须能够成为人们开展工作和做出绩效的基础和动力。

　　（3）目标必须能让企业**集中**资源和努力。它们必须能从企业的不同目标值中分出最重要的那一些，从而让企业可以集中关键的人、财、物等资源。因此，它们必须是有选择性的，而不是无所不包。

　　（4）它们必须是**多元**的而非单一的。现存的许多目标管理（management by objective）关心的是寻找"一个正确的目标"，这种努力不仅会像寻找魔法石一样徒劳无益，而且还会造成危害，使人误入歧途。管理企业必须平衡好各种不同的需要和目标值，因此需要设立多个目标。

　　（5）企业**生存**所必需的每一个领域都需要设立目标。任何一个目标领域的目标值如何设定，取决于各个企业，但是在哪些领域需要设立目标，对于所有企业来说都是相同的，因为所有企业的生存都取决于同样一些因素。

　　一个企业首先必须创造顾客，因此它必须设立**营销目标**。企业必须有能力进行创新，否则就会被竞争对手抛在身后，因此必须设立**创新目标**。所有的企业都离不开经济学家所说的三种生产资料，也就是人力资源、资本资源和实物资源，因此必须设立这些资源的供给、使用和开发方面的目标。企业要想生存，这些资源就必须得到充分的使用，而且生产率必须不断提高，因

此必须设立**生产率目标**。企业存在于社会和社区当中，因此必须履行社会职
责，至少要对自己造成的环境影响负责，因此还必须设立**社会责任**的目标。

最后，企业还必须有利润，否则前述目标就没有一个能够实现。它们都
需要付出努力，因此都需要成本，而成本只有可能由企业的利润来提供。它
们都会遭受风险，因此它们都需要用利润来补偿可能会受的损失。利润不是
一个目标，而是根据每一个企业及其战略、需要和风险进行客观判断的一个
必要条件。

因此，企业必须在以下八个关键领域设立目标：

- 营销；
- 创新；
- 人力资源；
- 资本资源；
- 实物资源；
- 生产率；
- 社会责任；
- 必需利润。

目标是工作和任务的基础。它们决定了企业应该采用什么结构、必须开
展哪些活动，特别是决定了应该如何根据任务来分派人员。**目标是设计企业
的结构以及各个部门和各个管理者工作的基础。**

企业始终必须在这八个领域设立目标。哪个领域不设目标，哪个领域就
会被忽略。除非我们能确定一个领域有哪些东西是应该衡量的，并且确定衡
量时使用什么样的标准，否则这个领域就会从人们的视线中消失。（有关衡
量方面的内容，参见第 31 章。）

目前用来衡量企业这些关键领域的指标大部分可能都是有害的。除了市
场地位之外，我们甚至没有足够多的概念，更不用说足够多的衡量指标。对

于盈利性这样核心指标，我们只有一把弹性很大的橡皮尺，根本没有真正的工具来判断企业必须有多高的利润率。在创新方面，特别是在生产率方面，我们几乎只知道应该有所作为。在包括实物资源和资本资源的其他领域，我们只能表述一下自己的意图，没有目标值，也没有衡量目标的指标。

不过，我们对每一个领域的了解已经多到至少能够写出一个进展报告，多到足以让每一个企业开始设立目标。

我们对目标的了解还包括应该**如何使用目标**。

目标如果只是一些愿望，那么它们就百无一用。它们必须分解为工作，而工作总是具体的，总有或者至少应该有清晰、明确、可以衡量的结果，有最终期限，有具体的责任分配。但是，目标如果一成不变就会有害。目标总是建立在期望之上，而期望顶多就是有一些依据的猜测。目标所表达的是一种评估，以不受企业控制的外部因素为主，而世界并不是一成不变的。

企业要像航空公司使用航班时刻表和飞行计划那样使用目标。按照航班时刻表，上午 9 点从洛杉矶起飞的航班将于下午 5 点抵达波士顿，但如果当天波士顿有暴风雪，那么飞机就在匹兹堡降落，等待暴风雪停止。按照飞行计划，飞机应该在 3 万英尺[⊖]的高度巡航，并且飞经丹佛和芝加哥上空，但如果飞机遭遇湍流或强烈的逆风，那么飞行员可能向飞行控制中心申请，要求再拉升 5000 英尺，并且改飞明尼阿波利斯—蒙特利尔的航线。尽管有如此多的变化，但是没有哪一个航班是没有时刻表或飞行计划的。时刻表和飞行计划有任何变化，都会立即反馈到飞行控制中心，生成一个新时刻表和新飞行计划。在一家经营有方的航空公司，除非 97% 的航班完全按原定时刻表和计划飞行，或者只是稍有一点偏差，否则运营负责人就只有让贤，把位置让给一个懂行的人来坐。

目标不是死结果，而是方向；不是命令，而是承诺。目标不能决定未来，而是为了创造企业的明天调集资源和努力的一种手段。

⊖　1 英尺 =0.3408 米。

营销目标

营销和创新是设定目标的两大支柱。企业获得的结果都会是在这两个领域。顾客花钱购买的就是企业在这两个领域中的表现和贡献。

营销不能只有一个目标，而是需要在多个方面设有目标。它们包括：

- 现有市场中的现有产品和服务；
- 放弃"昨天"的产品、服务和市场；
- 服务于现有市场的新产品和新服务；
- 新市场；
- 分销组织；
- 服务标准和服务绩效；
- 信用标准和信用绩效；

……

关于这些领域的每一个都已经有许多著作，但是几乎从来没有人强调，只有在做出两个关键决策之后，企业才能设定在这些领域的目标。这两个关键决策涉及：集中经营和市场地位。

据说，伟大的古代科学家阿基米德说过："给我一个支点，我就能撬动整个地球。"对于企业而言，这个支点就是集中经营的领域，是它让企业拥有一根能够撬动整个地球的杠杆。因此，集中经营的决策是一个至关重要的决策。从很大程度上讲，它把"我们的事业是什么"的界定转化为实际的投入。

关于市场地位的决策，是构成营销目标基础的另一项重要决策。很多企业宣称："我们要成为领导者。"还有些企业宣称："我们不在乎市场份额，只要销售额增长就行。"这两种说法，听起来都有道理，但都是错误的。

　　显然，不是所有的企业都能成为市场领导者。一个企业必须确定自己应该在哪一个细分市场，在什么产品、什么服务和什么价值方面成为领导者。如果市场份额在不断萎缩，即使销售额在不断上升，也就是如果市场的扩张速度比公司销售额的增长速度更快，那么这家企业的处境并不妙。

　　一家市场份额很小的公司最终会变得边缘化，因而极其容易受到竞争对手的攻击。

　　因此，无论一家企业的销售曲线是怎样的走势，市场地位都是至关重要的。企业边缘化的临界点会因为行业的不同而不同，但一家处于边缘状态的企业可能很难长期生存。

　　市场地位也有一个上限，企业最好不要超过这个上限——哪怕没有反垄断法的约束。一家企业取得市场支配地位后，很容易滋生高枕无忧的情绪。垄断企业犯错误常常是因为自满，而不是因为公众的反对。市场支配地位会导致企业在内部强烈抵制任何创新，从而让这家企业极其难以适应变化。

　　市场也反对一家独大。无论是制造企业的采购人员、美国空军的采购军官，还是家庭主妇，谁都不愿意听凭一家垄断供应商摆布。

　　最后，如果市场在快速扩张，而有一家供应商占据着支配地位，这家供应商的绩效反倒不如有一两个劲敌那么好。如果是一个新市场，就更是如此。这看似矛盾，而且很多企业难以接受这种说法。事实上，一个新市场，特别是一个规模较大的新市场，如果有多家供应商，它的扩张速度要比只有一家供应商快得多。一家公司若能占据80%的市场份额，那么它的虚荣心会得到极大的满足，但如果整个市场的扩张速度受一家独大的压制，那么这家供应商的收入和利润可能会远低于两家供应商共享快速成长的市场那种情况。100的80%，显然比250的50%要小得多。一个只有一家供应商的新市场，很有可能因为这个市场会受囿于这家供应商的想象力，规模在达到100之后便停止扩张，因为这家供应商总是认为自己非常清楚那些产品或服务不能用于或者不应该用于什么地方。如果有几家供应商，那么它们就会超出一家供应商的想象力，发现和开发一些全新的市场和最终用途，于是整个市场的规模就迅速扩张到 250。

杜邦公司似乎深谙此道。对于一些最成功的创新，杜邦公司只把自己的独家供应商地位保持到收回初始投资为止。往后，该公司就会开始授予其他公司特许使用权，有意培养竞争对手，于是就会出现众多雄心勃勃的公司为这种新产品开拓新市场，寻找新用途。以尼龙为例，如果不是杜邦公司有意扶持竞争，那么这个市场的扩张肯定要慢得多。这个市场今天仍然在增长，但若是没有竞争，它可能在 20 世纪 50 年代初就开始衰落了。那时，美国的孟山都公司（Monsanto）和联合碳化物公司（Union Carbide）、英国的帝国化学公司（Imperial Chemical）以及荷兰的 AKU 公司都推出了各自的合成纤维。

市场地位不是越大越好，而是要以**最优**为目标。

创新目标

企业通过创新目标落实对"我们的事业应该是什么"的界定。

基本上每一家企业都会进行三种创新：产品或服务创新；市场、消费者行为和价值创新；生产产品和服务以及将它们推向市场所需的各种技能和活动方面的创新。我们可以分别称之为**产品创新**、**社会创新**（如分期付款）、**管理创新**。

在设立创新目标时面临的问题是：不同创新的相对影响和重要性难以衡量。有两种创新，一种是产品包装方面 100 项细小但可以立即投入使用的改进，另一种是经过 10 年的努力后可能改变整个业务性质的一项重大化学发明，我们应该怎样判断孰轻孰重呢？百货公司与制药公司的答案不一样，但即便是两家制药公司，答案也有可能不一样。

资源目标

企业开展经营需要不同的资源，因此也需要在资源的供应、使用及其生产率方面设定目标。

200 年来经济学家一直在讲，所有的经济活动都需要三种资源：土地，即自然产品；劳动力，即人力资源；资本，即投入未来的金钱。企业必须吸引这三种资源，并以富有生产率的方式使用它们。

一个不能吸引所需人员和资金的企业，是支撑不了多久的。

一个行业开始衰落的最初信号，便是对合格的、能干的、雄心勃勃的人丧失了吸引力。例如，美国铁路公司是直到二战结束后才开始衰落的，但只是这个时候才显露出来，并且变得无法逆转。该行业的衰落其实早在一战结束后就开始了，因为一战前美国工科院校的优秀毕业生都想进入铁路行业，但自一战结束以后，不知为何铁路公司就再也无法吸引那些年轻的工科毕业生，甚至无法吸引任何受过良好教育的年轻人。

因此，企业必须在人员和资金供应这两个领域设立真正的营销目标。"为了吸引和挽留所需人员，我们应该提供什么样的职位？就业市场上有什么样的人供应？我们必须做哪些事情才能吸引这些人？"在资金方面，"为了吸引和挽留所需资金，我们必须采用什么样的投资方式，是银行贷款、长期负债还是股东资金？"

企业在设定资源目标时必须采用一个双向的流程。出发点之一是企业的预期需要，然后由内而外推及土地、劳动力和资本市场。另一个出发点是这些"市场"本身，然后由外而内推及企业的结构、方向和计划。

生产率目标

企业吸引资源并将它们投入使用还仅仅是个开头。企业的任务是让资源富有生产率，因此每一个企业都需要给三种主要资源（人员、资本、自然产品）分别设定生产率目标，并且给整个企业设定生产率目标。

生产率指标是对同一个企业内不同部门以及不同企业的管理当局进行比较的最佳标准。

所有企业所能获得的资源几乎都相同。除非是罕见的完全垄断，否则任何一个领域中两个企业之间的唯一差别就在于它们不同层级的管理群体有好坏之分。衡量这一关键因素的首要标准就是生产率，也就是资源的利用程度及其产出。

不断提高生产率是管理当局最重要的工作之一，也是最艰难的工作之一，因为生产率是多种不同要素之间的平衡，而这些要素只有极少数是比较容易界定的或者能够明确加以衡量的。

资本是生产三要素之一。如果资本的生产率的提高，是通过降低其他资源的生产率获得的，那么生产率实际上反倒降低了。

生产率是一个难以界定和衡量的概念，但又是一个核心概念。企业没有生产率目标，就没有方向；没有衡量生产率的指标，就没有控制。

社会责任目标

仅仅是在数年以前，管理者和经济学家都认为企业的社会维度是很难捉摸的，因此不可能为其设立绩效目标。但现在我们知道，不可捉摸的东西可以变得非常具体。工业因为破坏环境而受到责难等教训，让企业以代价高昂的方式明白，企业必须深入思考自己的影响和责任并为其设定目标。

企业的社会维度关系到企业的存亡。企业存在于社会和经济中，然而人们常常认为自己所在的机构是独立地存在于真空中，管理者也不可避免地只从内部考虑自己的企业。其实，企业是社会和经济的产物，社会或经济可以在一夜之间毁灭一家企业。只有社会和经济容许，认为一家企业在做必要的、有益的和富有生产率的工作，这家企业才有可能生存。

在这里要强调一句，企业必须把这些目标纳入自己的战略，而不是让它们仅仅成为表达良好愿望的空话。企业之所以需要这些目标，并不是因为管理者对社会负有责任，而是因为管理者对企业负有责任。

利润：必要条件与限制条件

企业只有考虑清楚并且一一确立上述七个关键领域的目标之后，才能着手回答"我们需要多高的利润率"这个问题。要实现这些目标中的任何一个，企业都需要承担很大的风险。它需要企业付出努力，这就意味着成本。因此，企业需要利润来支付实现企业目标所需的成本。利润是企业生存的一个前提条件，是企业继续经营，走向未来的成本。

一个企业获得的利润，如果足以支持它实现这些关键领域的目标，那么这家企业就拥有了生存的手段；反之，如果不足以支持它实现这些关键目标，那么它就是一家处于边缘状态、岌岌可危的企业。

企业必须进行利润规划，但规划的目标应该是获得必需的最低利润率，而不是"利润最大化"这个毫无意义的陈词滥调。其实，这个必需的最低利润率可能比许多公司的利润目标高得多，更不用说它们实际获得的利润。

不同目标的平衡

企业在设立目标时必须进行三种平衡：首先，必须平衡好各个目标与可以实现的利润率；其次，必须平衡好各个目标与近期和长期之需；最后，必须平衡好各个不同目标之间的关系，对不同领域的理想绩效做出权衡取舍。管理当局在设立目标时，始终必须平衡好近期与长期的需要。如果为了短期利益牺牲"我们的事业将会是什么"以及"我们的事业应该是什么"的长期需要，那么企业很快就会灭亡。

企业在设立目标时，总要做出在哪里冒一些风险的决策，做出如何为了获得长期增长而牺牲短期利益或者为了获得短期绩效而牺牲长期增长的决策。这些决策没有公式可循，它们是有风险的，是需要创业精神的，是不确定的，但又是必须做出的决策。

成长型公司经常承诺无限期地获得更高的销售额和利润，光凭这一点就不能信任它们。每一个有经验的管理者都应该明白，这两个目标通常是不兼容的——获得更高的销售额几乎总是意味着牺牲短期利润，获得更高的利润几乎总是意味着牺牲长期销售额。

区分管理当局的能力高低，最有效的手段可能就是考察它们平衡不同目标的好坏。如何平衡不同目标也没有公式可循。每一个企业都需要自己的平衡方式，而且在不同时期可能需要不同的平衡。平衡不同目标不是一种机械的工作，它是在预算编制和设定优先顺序的过程中做出的承担风险的决策。（关于预算编制，参见第 32 章。）

从目标到行动

最后一步是要把目标转化为行动。提出"我们的事业**是什么**、它**将来会是什么**、它**应该是什么**"这些问题的目标不是为了了解，而是为了采取行动。这样做的目标是要集中组织的精力和资源，努力取得正确的结果。因此，业务分析的最终产物是具有明确目标、最终期限和明确责任的工作计划和具体的工作安排。除非转化为行动，否则目标就不能称之为目标，只能称之为梦想。

小　结

营销和创新是企业取得结果的两个领域，企业设定目标必须从这两个领域出发。企业必须针对这两个领域设定一系列的目标，而不是单一的目标。企业在设定这些目标之前还必须做出两个高风险的决策：关于集中经营的决策与关于市场地位的决策。企业必须针对所有的资源（人员、资本和关键的物质资源），为它们的供应、使用和生产率设定目标。企业必须针对企业的社会维度（包括社会责任和社会影响）设定目标。无论企业的规模大小，都需要在所有这些领域设定明确的目标。利润和利润率是企业最后要考虑的目标。利润是企业生存的必要条件，因此企业也必须设定利润目标。但是，企业必需的利润率也给其他所有目标设定了限制条件。企业必须平衡好各个不同目标之间的关系——从短期和长期的不同要求以及从可以获得的资源这两个角度。最后，企业还必须设定不同行动的优先顺序。

现在开始创造未来

对于未来，我们只了解两点：

· 它是不可知的。

· 它会不同于当前的现实，也会不同于我们当前所预料的。

这两个论断既不新颖，也没有惊世骇俗之处，但是它们有非常深远的意义。

（1）**预测未来会发生什么事件**，并据此决定今天的行动和资源投入，这种做法是徒劳无益的。我们顶多能够预测一下那些已经发生的、不可逆转的**事件将来会产生什么影响**。

（2）正因为未来会不同于现在，而且是无法预测的，所以才有可能让一些意外的、无法预测的事情发生。**试图创造未来是有风险的，但这种行为是理性的**。相比认为一切都将保持不变并安逸地生活，相比根据预测什么是"必然"或者"极有可能"发生的并据此行事，试图影响未来这种做法的风险会更小一些。

管理者必须认同，企业需要付出系统的努力去创造未来。但是，这并不意味着管理者要努力完全消除风险和不确定性。人类是不具备这种能力的。管理者所能做的唯一一件事情，就是努力去发现（偶尔还要去创造）**正确的风险，并且充分利用不确定性**。努力创造未来的目的，不是要决定明天应该做什么事情，而是要决定今天应该做什么事情才能拥有明天。

我们将慢慢学习如何系统地、有方向和有控制地做这件事情。首先，我们必须认识到有两种互补的不同方法：

- 发现并且充分利用经济和社会中的突变从发生到结果完全显现出来之间的这一段时间。我们或许可以称之为**预测已经发生的未来**。
- 针对尚未发生的未来提出一个新的构想，试图影响未来的发展方向和状态。我们可以称之为**创造未来**。

已经发生的未来

一个重大的社会、经济或文化事件发生后，它的影响需要一段时间才能完全显现出来。例如，出生率的急剧上升或下降，需要 15～20 年才能对劳动力的供应产生影响。但是，这种变化已经发生，只有毁灭性的战争、饥荒或严重的流行性疾病等浩劫，才有可能改变它对未来的影响。

这些变化就是已经发生的未来所创造的机会，因此它们可以称为**潜在事实**。但是，已经发生的未来并不是发生在当今组织的内部，而是发生在组织的外部，包括社会、知识、文化、行业或经济结构的变化。

另外，它还是一种**重大变化**，而不是一种趋势，是对**原有模式的突破**，而不是对原有模式的枝节改变。根据预测投入资源当然有相当大的不确定性和风险，但风险还是有限的。尽管我们并不清楚影响要多快才能显现出来，但是我们能够比较有把握地说它们是会显现的，并且我们可以在一定程度上对这种影响做出描述。

我们还必须获得一些基础知识，才能让它们在 10～15 年之后为我们服务。法拉第（Michael Faraday）发现的电磁感应现象将会对经济产生什么样的影响呢？人们在 19 世纪中期的时候只能猜测，而且有很多猜测必定是非常离谱的。但是，这一突破性的发现开启了一个全新的能源领域，它必然带来重大的影响，这一点几乎确凿无疑。

文化方面的重大变化，影响也需要相当长的时间才能显现。人们认识上的变化是最微妙的也是最强大的文化变迁，它的影响尤其如此。毫无疑义，并不是目前所有的发展中国家都能快速发展起来。相反，它们当中只有少数几个能够成功，而且即便是这几个国家也会经历一些艰难时刻和严重的危机。但是，拉美、亚洲和非洲人已经认识到发展的可能性，并已积极投身于发展事业。这种认识上的变化激发出来的巨大动力，除非发生灾难，否则是不可逆转的。这些国家未必能够实现工业化，但是它们至少会在一段历史时期内优先发展工业，而且艰难时世只有可能让它们更加清楚地认识到工业发展的可能性和必要性。

企业可以通过**系统的搜索**寻找"已经发生的未来"产生的原因。企业应该搜索的首个领域始终应当是**人口构成情况**。人口变化对于劳动力、市场、社会压力、经济机会来说是最根本性的变化。它们在正常发展过程中是最不容易受外界因素影响而发生逆转的。变化发生与影响显现之间的最小时间差也是已知的，例如，出生率上升要五六年之后才会对学校资源带来压力，但是这种压力是一定会出现的。人口变化产生的影响，可预测性是最强的。

在寻找已经发生的未来产生的原因时，始终应该搜索的另一个领域是**知识**。但是，搜索范围不能仅限于组织目前的知识领域。在搜索时，我们会有一些假设，比方说假设企业将会变得不同，那么让企业变得不同的重要领域之一，就是企业做到出类拔萃所依赖的知识将会发生变化。于是，只要发现某一项根本性的变化还没有显现出重大影响，我们就应该思考："我们应该而且可以在这里找到什么机会？"

行为科学便是知识领域发生重大变化的一个例子，尽管没有几个企业认为它和自己有直接关系。学习理论（learning theory）是 75 年来真正获得进展的心理学领域。尽管这种新知看似与管理者相当遥远，但它不仅会影响教育的形式和内容，而且会影响教学材料、学校设备、学校设计，甚至会影响研究组织和研究管理。

企业还应该带着下面这个问题搜索其他行业、其他国家和其他市场：**那里有没有发生什么事情，是有可能给我们这个行业、这个国家或这个市场建立一个新模式的？**

接下来，我们要问：**行业结构中有没有发生什么事情，是预示着即将发生重大变化的？**

正在整个工业世界风起云涌的材料革命就是这样一种变化，它使不同材料之间泾渭分明的界限完全消除或者变得模糊。仅仅在一代人之前，不同的材料流从头至尾都是分开的。例如，纸是木材能制成的主要加工材料，反过来，纸也必须用木材来制造。其他主要材料，例如铝和石油、钢铁和锌，也都是如此。不同材料的制成品，大多数都有独特的最终用途。换言之，大多数的物质决定着最终用途，大多数的最终用途也决定着物质。可是到了今天，就连流程也不再是独特的。例如，制纸行业在自己的流程中越来越多地采用塑料制品行业开发的技术，纺织行业也越来越多地采用造纸行业的工艺。

在企业内部也经常能发现一些线索，进而找到一些根本性的、不可逆转，但是影响还没有充分显现出来的事件。

内部摩擦通常就是这样一个迹象。企业引入了一些新的东西，结果它成为争论之源，于是在不知不觉之间触动了一个敏感点，之所以敏感，通常是因为这种新活动是对未来变化所做的预测，因此与人们已经接受的模式相矛盾。

例如，美国公司在把产品开发划分为一项新的职能和一种独特的工作时，就会导致摩擦。它通常以无休止地争论这项活动应该属于哪一个部门表现出来：它属于营销部门？还是属于研究和工程部门？事实上，人们的争议更多的不是针对这项新职能，而是针对一种模糊的最初认识——在营销思想的指导下，产品开发会高于所有其他部门，并且所有部门都是成本中心而不是结果的制造者。然而，这一定会导致组织中发生根本性的变化。人们正是因为预期到这些变化会发生，所以才强烈地反对"产品开发"这个征兆。

它已经发生

应该提出的另外两个彼此相关的问题是：**已经得到广泛认同的预测在 10 年、15 年和 20 年后有哪些会发生？它真的已经发生了吗？** 大多数人的想象力跳不出自己的所见，因此如果一项预测得到了广泛的接受，那么很有可能它并不是在预测未来，而是真实地反映了新近发生的事实。

这种方法的效力，在美国商业史上有一个著名的例子可以说明。1910 年前后，在亨利·福特成功的早年，有人开始预测汽车会成为一种大众交通工具，当时大多数人认为那是 30 年左右之后才会发生的事情，但当时还只是掌管一家小型制造公司的威廉·杜兰特提出了这个问题：它不是已经发生了吗？他一提出这个问题，答案立即不言自明：它确已发生，尽管它的主要影响还没有完全显现。公众对汽车的认识已经发生变化，不再把它当成有钱人的玩具，而是希望它成为一种大众交通工具。这就要求成立大型汽车公司。出于这一洞见，杜兰特构思出通用汽车公司，并且开始把许多小型汽车制造商和小型零配件公司聚集在一起，组建了一个有能力利用这个新机会和开发这个新市场的企业。

于是，最后应该提出的问题是：**我们自己对社会和经济、对市场和顾客、对知识和技术分别有哪些假设？它们仍然有效吗？**

人们通过寻找已经发生的未来，并且预测它们的影响，可以获得新的认识。正如上面这个例子所揭示的，新的事件其实是显而易见的，我们要做的事情是不能视而不见。获得新的认识之后，能够做什么事情通常也就不难发现了。换句话说，机会并不遥远，也并不模糊，但是我们首先必须能够明白这个模式。

上面这个例子也应该已经揭示，这是一种非常有效的方法。不过，这种方法也有一个很大的危险：容易发现一种我们认为正在发生的变化，甚至更加糟糕的是，发现一种我们认为应该发生的变化。通常而言，如果公司上下都对某个发现有着狂热的态度，那么说明这是危险的，因此应该质疑这一发现。如果大家异口同声地高呼"这就是我们一直想要的东西"，那么很有可能反映的只是我们的愿望，而不是事实。

这种方法的效力在于它会质疑并且最终推翻一些根深蒂固的假设、做法和习惯。它会让人们做出决策，顺应企业的整个经营甚至结构中发生的变化。它会让人们做出改变企业的决策。

构想的力量

猜测未来需要哪些产品和工艺只会是徒劳无益的，但是我们可以判断人们希望把什么构想（idea）变为现实，从而根据这个构想建立一个不一样的企业。

创造未来还意味着创建一个不同的企业，也体现了企业对经济、技术和社会将会怎样变得不同所做的构想。这个构想并不一定要非常宏大，但它必须不同于今天的标准。

它必须是一个创业性构想——具有创造财富的潜力和能力，由一个持续经营的企业提出来，并且通过商业行动和行为落到实处。它不是"未来社会应该是什么样的"这个问题的答案。这是社会改革家、革命者或哲学家提的问题。导致创造未来的创业性构想产生的问题，始终会是："经济、市场或知识中的哪一个重大变化，将让我们能以自己真正喜欢的方式，真正能获得最佳经济结果的方式经营我们的企业？"

这是一种看起来非常狭窄，并以自我为中心的方法，因此历史学家经常会忽视它，对它的影响视而不见。当然，伟大的哲学思想的影响要大得多，只不过真正有影响的哲学思想没有几种。尽管每一个商业构想都比较狭窄，但是相当大的一部分发挥了作用，因此富有创造性的管理者作为一个群体所产生的影响，比历史学家所想象的要大得多。

正是因为创业性构想包含的不是整个社会或所有知识领域，而只是一个狭窄的领域，所以它更加切实可行。提出这个构想的人对于未来经济和社会的其他所有理解可能都错了，但只要他们在自己关注的商业领域大致正确，也就无妨。他们要取得成功，需要的只是**一个又小又具体的变化**。

一手创办并带领 IBM 公司壮大的托马斯·沃森根本就没有看到技术的发展，但是他有一个构想：把数据处理看成一个统一的概念并据此建立一个企业。这个企业在很长的时间内都很小，而且只从事一些诸如会计账目和时间记录的普通业务。但是，当电子计算机技术在毫不相干的备战工作当中诞生，数据处理真正成为现实时，它已经做好跳跃式发展的准备。20 世纪 20 年代，就在沃森建立一个毫不起眼，以设计、销售和安装穿孔卡片设备为生的小公司的同时，一些数学家和信奉逻辑实证主义的逻辑学家，例如美国的布里奇曼（Percy Williams Bridgman）和奥地利的鲁道夫·卡纳普（Rudolf Carnap），讨论并且动手创建一种系统的量化和测量方法。他们很可能从来都没有听说过那家刚刚起步的、经营步履维艰的 IBM 公司，当然也就没有把自己的构想与它联系在一起。然而，电子计算机这项新技术在二战期间诞生后，将其变成现实的是沃森创建的 IBM 公司，而不是他们二人的哲学思想。

西尔斯公司的创始人理查德·西尔斯、朱利叶斯·罗森沃尔德、阿尔伯特·洛布（Albert Loeb）以及罗伯特·沃德，他们都非常关心社会问题，并且有丰富的社会想象力，但是他们当中没有一个人想过要改变经济。我甚至怀疑他们提出开辟大众市场（与传统的按阶层划分的市场）这个构想，也是在创建公司很久以后才发生的事情。但是，西尔斯一开始就明白，它们是可以设法让穷人的钱与富人的钱具有同等购买力的。这也不是一个特别新颖的构想，当时社会改革家和经济学家宣扬这一思想已经好几十年，欧洲的合作社运动也主要是受这一思想的推动。但是，西尔斯是根据这一思想建立的第一个美国企业。它是从下面这个问题出发的：**怎样才能让农场主成为零售企业的顾客？**答案很简单：他必须确信自己能用与城里人一样低的价格获得质量同样可靠的商品。当时，这可是一个相当大胆的创造性构想。

伟大的创业型创新（entrepreneurial innovation）的实现，都是通过把一些现行的**理论主张**转化为实际的企业。有一项对经济发展有巨大影响的创业型创新，就是把法国社会哲学家圣西门的理论主张转化成银行。圣西门从萨伊的"企业家"这个概念出发，围绕着资本的创造性作用建立了一个思想体系。然而，他这种思想是通过一家银行成为现实的。著名的动产信贷银行（Crédit Mobilier），就是他的门徒佩雷尔（Pereire）兄弟于 19 世纪中期创建的，该行的目的是引导社会流动资金有意识地促进经济的发展。它是当时落后的欧洲整个银行系统的原型——从法国开始，然后拓展到荷兰和比利时。佩雷尔的模仿者后来在德国、瑞典、奥地利、斯堪的纳维亚和意大利创建"商业银行"，成为各自国家工业发展的一股重要推动力。促进了美国经济发展的美国银行家，从杰伊·库克（Jay Cooke）和为横贯北美大陆的铁路提供资金的动产信贷银行美国分行，再到摩根，无论它们是否知情，其实都是佩雷尔的模仿者。缔造现代日本经济的伟大的银行家、实业家以及日本的财阀也是如此。

这个基本的创业构想，可能只是模仿在另一个国家或行业已经广为人知的某个事物。捷克鞋业大王托马斯·拔佳（Thomas Bata）在一战结束后从美国返回欧洲时，他的脑海里有了一个构想：每一个捷克人和巴尔干人都要像美国人一样有鞋穿。据报道，他曾经说："农民经常赤脚，不是因为他们穷，而是因为买不到鞋子。"要把农民有鞋穿的梦想变成现实，需要的只是像在美国一样供应一些便宜的、标准化的，但是设计不错而且经久耐用的鞋子。正是通过这种类比，拔佳只用了几年的时间就建立了欧洲最大的鞋业公司，这家公司也是欧洲最成功的公司之一。

创 造 力

换句话说，创造未来并不需要一个人特别富有创造性思维，它需要的是**付出努力而不是聪明才智**，因此在某种意义上是人人都可以做的事情。富有创造性思维的人能够提出更多富有想象力的构想，这一点毫无疑问，但是提出更多富有想象力的构想并不一定会更加成功。一些平淡无奇的构想有时也会成功。例如，拔佳运用美国的方法制鞋在 20 世纪 20 年代的欧洲就不是一个非常新颖的构想，当时欧洲非常感兴趣的是美国的亨利·福特及其汽车装配线。真正重要的不是**聪明才智**，而是**勇气**。

一个人要想创造未来，就必须做一些全新的事情。他必须愿意回答："我们很想看到的与现在大为不同的事情是什么？"他还必须愿意这么想："这是对企业的未来有利的事情，我们要努力把它创造出来。"

缺少"创造力"，如今的人们在讨论创新时非常关注这个话题，但其实它并不是真正的问题所在。包括企业在内的任何一个组织，构想多得根本用不过来。**通常而言，缺少的是超越产品寻找构想的意愿**。产品和流程只是构想得以实现的载体。正如 IBM 那个例子所揭示的那样，未来的具体产品和流程通常是无法想象出来的。

杜邦公司开始进入聚合体化工业务时（最终研发出尼龙），并不知道人造纤维会成为这种业务的最终产品。杜邦公司此举的假设是，人类掌控有机大分子结构的能力（当时处于起步阶段）每提高一小步，都会导致在商业上意义重大的某些结果出现。后来，该公司经过五六年的努力，才开始发现人造纤维有可能成为一个获得结果的重要领域。

另外，管理者通常缺少在这样一个构想上投入资源的勇气。投入到创造未来中去的资源应该很少，但是它们必须是最好的资源，否则就不会有任何结果。

然而，管理者最缺的是一块检验有效性和可行性的试金石。任何一个构想，若是想创造企业的未来，都必须经受一些严格的检验。

它必须具有**操作上的有效性**。我们能够针对这个构想采取行动吗？或者只能说说而已？真的能够立刻做一些事情，让未来按照我们的希望发展吗？

能够在研究上花钱是不够的，研究必须集中在实现构想上面。正如杜邦的例子所揭示的，研究所探求的知识可能是通用的，但是至少要有足够的理由相信，如果获得这些知识，那么它们是具有实用性的。

它还必须具有**经济上的有效性**。如果它能立即投入实践，那么它应该能够产生经济成果。我们可能在很长时间内，甚至永远不可能做自己想做的事情，但是如果我们现在就做这件事情，那么它所产生的产品、流程或服务要能找到顾客、市场和最终用途，要能出售并且获得一定利润，要能满足一种欲求或需要。

构想本身或者可以瞄准社会变革，但是除非组织能够将其付诸实践，否则它就不是一个有效的创业构想。检验构想的标准不是它获得多少赞成票或者获得多少思想家的喝彩，而是**经济绩效**和**经济成果**。哪怕这个企业存在的理由是为了推动社会变革而不是取得商业上的成功，试金石也必须是做出绩效并作为一家企业继续生存的能力。

最后，构想还必须经得起个人承诺（personal commitment）的检验。我们真的相信这个构想的价值吗？我们真的愿意成为那样的人，从事那样的工作，经营那样的企业吗？

创造未来需要勇气，需要付出努力，而且需要信仰。让自己相信权宜之计是根本行不通的，因为它根本经不起未来的考验。没有一个构想是绝对安全的，而且也不应该是绝对安全的。必然失败的关于未来的构想，就是那些显然"确凿无疑的事情""毫无风险的构想"以及"不可能失败"的构想。未来企业所依赖的构想必然具有不确定性，没有一个人能断言它能否以及何时成为现实，成为现实时又会是什么样子。它必然是有风险的：成败皆有可能。如果既没有不确定性，又没有风险，那么它根本不可能成为一个创造未来的构想，因为未来本身就是既不确定又有风险的。

除非一个人相信这个构想的价值并且坚信它一定会实现，否则很难持续地投入必要的努力。管理者不应该成为一个爱好者，更不能成为一个狂热者。他应该意识到，事情不会因为他的美好愿望变成现实，甚至不会因为他努力工作就变成现实。与其他工作一样，创造未来的工作也应该定期评审，从已经取得的成果和前景两个角度考察是否还有充分的理由继续进行下去。关于未来的构想也有可能成为维护管理者自我主义的投资，所以必须对它们完成任务和产生结果的能力进行细致的考察。负责创造未来的人也必须非常肯定地说："我们就是想要企业将来变成这个样子。"

不是每一个企业都真正需要可以创造未来的构想，因为许多组织及其管理当局甚至没有管好现在的组织——然而这个组织也莫名其妙地生存了一段时间。特别是那些大公司，由于前任管理者的勇气、努力和远见，看起来可以依靠惯性滑行很长一段时间。

但是，明天总会到来，而且总是与今天不同。到那时，如果没有做好迎接未来的准备，哪怕是实力最强大的公司也会陷入困境，丧失自己的卓越声誉和领导地位，唯一留下的是大公司的管理费用。它既无法控制，也无法理解当前的事态。由于不敢承担创造未来的风险，它必然会被未来发生的事情弄得惊惶失措，从而遭受更大的风险。这种风险，一个公司规模再大，财力再雄厚，也是负担不起的；一个公司再小，也是不应该承担的。

　　管理者若不想成为一个懒惰的人才管家，就必须担负起创造未来的责任。正是主动担负这种责任的意愿，决定着一个组织是成为一个伟大的组织，还是一个刚刚合格的组织；决定着一个管理者是成为一个组织的缔造者，还是成为一个坐在经理办公室的管家。

小　　结

　　预测未来只会是徒劳无益，但是发现那些已经不可逆转地发生，并且会在 10 年或 20 年后产生可以预知的后果的重大事件，不仅有可能，而且会硕果累累。换言之，我们可以发现已经发生的未来，并且为之做好准备。

　　未来几十年各个组织应该关注的首要因素就是人口构成的情况。企业面临的关键因素，不是我们已经讨论多年的人口过剩，而是发达国家的人口不足，这些国家包括日本、韩国和西欧各国。

战略规划：创业技能

　　每一项基本管理决策实际上都是一项长期决策——现在来看10年是一个相当短的时间。无论是开展研究工作，还是建一座新工厂，或者设计一个新的营销组织或新产品，每一项重大管理决策都需要若干年才能真正生效。决策付诸实施以后，必须在若干年内持续产出，以便收回投入的人力和资金。因此，管理人员必须掌握系统地做出长期决策的技能。

　　管理当局除了努力预测未来、创造未来以及平衡短期目标和长期目标之外，别无选择。这些事情没有一件是容易做的。但是，尽管没有神谕的指引，管理当局仍然必须确保这些重大责任不会被忽略或忘记。

　　长期规划这一思想及其大部分实践，都建立在许多误解之上。其实，目前和短期也跟长期一样需要战略决策。长期决策大都是由短期决策组成的。如果长期规划和长期决策不是以短期规划和短期决策为依据，并且体现在短期规划和短期决策中，那么长期规划做得哪怕再详尽，也只会是徒劳。反过来，短期计划，也就是有关此时此地的决策，如果没有整合成一个统一的行动计划，它们也只不过是权宜之计，容易让人误入歧途。

"长期"和"短期"并不是用某个时间跨度来划分的。不能因为一个决策只需要几个月来实施，就称它是短期决策。真正重要的是决策需要多长时间才能生效。不能因为我们在 2008 年年初做出决定到 2012 年再去做出某个决策，就认为这个决策是长期的。其实，这根本就不是一个决策，而只是一种消遣。它的真实性，就好像一个八岁的男孩想要在长大以后做一个消防员。

长期规划的指导思想是"我们的事业应该是什么"这个问题，是可以而且应该独立解决的，并不依赖于"我们的事业是什么"和"我们的事业将来会是什么"这两个问题。这种观点有一定道理。不过，在进行战略规划时，必须分别从这三个问题出发：我们的事业**是**什么？我们的事业**将来会**是什么？我们的事业**应该**是什么？它们是，而且应该是独立的思考方法。对于"我们的事业应该是什么"这个问题，第一个假设就必须是它与现在的业务不同。

长期规划应该防止管理者不加分辨地把目前的趋势延伸到未来，或者认为今天的产品、服务、市场和技术明天仍然不会变化。更加重要的是，它应该防止管理者运用企业的资源和力量去捍卫昨天。

有关我们的事业是什么、它将来会是什么，以及它应该是什么的规划，应该成为一个整体。因此，什么是短期规划和什么是长期规划，就取决于决策的**时间跨度**和**未来性**（futurity）。凡是已经**规划**的事情，就要立即成为**工作**和**投入**。

我们需要掌握的技能不是进行长期规划，而是**战略决策**或**战略规划**。

通用电气公司把这项工作叫作"战略业务规划"。它的最终目标是要识别公司在长期应该创建什么样的新业务、新技术和新市场。但是，这项工作始于"我们目前的业务是什么"这个问题。实际上，它始于下面这些问题："在我们目前的业务中，哪些是应该舍弃的，哪些是应该缩小的，哪些是应该大力推进并且投入更多资源的？"

战略规划不是什么

管理者有必要弄清楚战略规划不是什么。

（1）它不是一个魔术箱或一堆技术。它是分析型思维，是把资源投入到行动中去。

在战略规划过程中，可能要用到许多技术，但没有哪一种技术是必不可少的。战略规划可能需要使用计算机，但最重要的问题，"我们的事业是什么"或者"它应该是什么"，是无法量化并编出计算机程序的。建模或者模拟可能有帮助，但它们并不是战略规划，只是用于特定目的的工具。对于某个特定场合，它们可能适用，也有可能不适用。

量化不是规划。诚然，在战略规划中，哪怕只是为了肯定没有自欺欺人，人们也应该尽可能地使用逻辑严密的方法，但是有一些最重要的问题也许只能用定性的词来表达，例如"较大"或"较小"，以及"较快"或"较迟"。这些词是不便于用定量技术来处理的。还有一些同样重要的领域，如政治风气、社会责任或人力资源（包括管理资源），是根本无法量化的。它们只能作为限制条件或边界，而不能作为方程式中的因子。

战略规划不是科学方法在商业决策中的应用，而是**思考能力、分析能力、想象力和判断力**的应用。它是**责任**，而不是**技术**。

（2）战略规划不是预测。它不是设计未来。任何设计未来的企图都是愚蠢的，因为未来是不可预测的。试图设计未来，只会让我们怀疑自己正在做的事情。

如果还有人抱有幻想，认为人有能力预测很短的时间以后的事情，那么不妨看一看昨天报纸上的头条新闻，然后问一问有哪些事情是谁能在 10 年以前预见的。例如，在艾森豪威尔当政、经济陷入衰退的 1960 年，我们能否预见：美国黑人中产阶级将会出现爆炸式增长，并在 1970 年就已使 2/3 的美国黑人家庭脱离贫困，并让美国黑人家庭的平均收入大大超出富裕的英国家庭平均收入？我们能否预见，这一史无前例的经济成就尽管只留下 1/4 的黑人仍然处于贫困状态，可它却让这些人的问题变得更加尖锐、更加紧迫？

我们首先必须接受一个前提——预测这种人类行为是很不准确的，而且只要超出一个极短的期限，预测就毫无价值。**战略规划之所以很有必要，正是由于我们无法做出预测。**

说明预测不是战略规划的一个更有力的理由是：预测总是试图找出事件发展的最可能途径，或者最好是一个概率范围。但是，创业问题是一个将会使可能性发生变化的独特事件。创业世界不是一个物理世界，而是一个社会世界。事实上，创业的最核心贡献就是推动一个独特的事件或者开展一项独特的创新，从而改变经济、社会或政治情况。这一贡献本身得到的回报就是利润。

施乐公司在 20 世纪 50 年代开发和销售复印机时，就是这么做的。经营活动房屋的创业者在 60 年代也是这么做的。当时，拖车成为一种新型永久性固定住房，几乎占领了整个美国低价住房市场。50 年代，蕾切尔·卡逊（Rachel Carson）的著作《寂静的春天》（*Silent Spring*）出版，这个独特的事件改变了整个人类对环境的态度。在社会和政治领域，这正是民权运动领袖在 20 世纪 60 年代所做的，也正是女权运动领袖在 70 年代初所做的。

由于创业者会打乱各种预测赖以立足的概率，因此对于那些试图为组织指明未来方向的规划者来说，预测不能帮助他们实现目的；对于那些想要革新或者改变人们工作和生活方式的规划者来说，预测也没有多大的用处。

（3）战略规划所涉及的不是未来的决策，而是当前决策的未来性。决策只存在于当前。战略决策者所面临的问题，不是所在组织明天应该做什么，而是要回答：为了迎接不确定的未来，我们今天必须做什么事情？当前的思考和行动中必须包含什么样的未来性，我们必须考虑什么样的时间跨度，我们现在如何运用这些信息做出合理的决策？

决策是一台时间机器，把大量不同的时间跨度同步为一个时间——现在。我们直到现在才开始了解这一点。但是，我们还是倾向于为未来决定要做的事情进行计划。这可能很有趣，但是毫无用处。我们只有现在能够做出决策，但是我们在做决策时不能只是**为了**现在。最权宜、最机会主义的决策，且不说那种根本不做决定的决策，可能会束缚我们很长时间，甚至永久地和无可挽回地束缚我们。

（4）战略规划不是完全消除风险的企图。它甚至不是一种使风险最小化的企图。那样一种企图只会导致非理性和无限制的风险，并且必然导致灾难。

所谓经济活动，就是把现在的资源投入未来，也就是投入极其不确定的期望中去。经济活动的本质就是承担风险。一种重要的经济理论贝姆－巴威克定律（Boehm-Bawerk's Law）证明：只有通过更大的不确定性，也就是更大的风险，现有的生产资料才能产生更高的经济效益。

战略规划是什么

尽管完全消除风险是徒劳无益的，试图使风险最小化也是值得怀疑的，但是只承担合适的风险这一点至关重要。成功的战略规划的最终结果必须是承担更大风险的能力，因为这是提高创业绩效的唯一途径。为了提高这种能力，我们必须了解自己承担的风险，必须有能力在面临风险的不同行动之间做出理性的选择，而不是根据预感、传言、经验一头扎进不确定性中，无论做了怎样细致的量化分析，都不能这样做。

我们现在可以尝试着为战略规划下一个定义。**战略规划是一个包括以下工作的持续的过程：系统地做出承担风险的当前决策，并尽可能了解这些决策的未来性；系统地组织落实这些决策所需的努力；通过有条理的、系统的反馈，根据当初的期望对这些决策的结果进行衡量。**

舍弃过去

做规划要从企业的目标入手。针对每一个目标领域，都必须问："为了实现未来的目标，我们现在必须做什么？"为了实现未来的目标，要做的第一件事便是"舍弃过去"。大多数规划只涉及必须做的新增事物，如新产品、新流程和新市场等。但是，在未来要做一些不同的事情，关键在于舍弃不再具有生产性的、陈旧的、过时的东西。

因此，做规划的第一步是要对每项活动、产品、流程或市场提出这样一个问题："如果我们之前没有投入资源，现在还会进入吗？"如果答案是否定的，接下来就要问："我们怎样才能退出，而且是迅速退出？"

系统地舍弃过去本身就是一项规划——对许多业务都是合适的。它会迫使人们思考和行动，让企业腾出人员和财力投入新事物，让人们产生行动的意愿。

相反，一项规划如果只规定要做的新增事物，没有规定要舍弃的陈旧的老事物，那就不可能取得成果。它会始终是一项规划，永远不会成为现实。可是，大多数企业（更多的政府机构）的长期规划只字不提抛弃过去的决策，也许这就是这些规划无果而终的主要原因。

我们必须做哪些新的事情，什么时候做

规划的下一步是回答这个问题："我们必须做哪些**新的**、不同的事情？什么时候做？"

每一项规划都会有这样一些领域，看起来在这些领域必须做的事情就是更加努力地做现在已经在做的事情。不过，比较明智的做法是假定我们已经在做的事情总是满足不了未来的需要。但是，"我们必须做哪些事情"还只是问题的一半，同样重要的还有"什么时候做"，它确定的是何时开始完成

新任务。

事实上，每个决策都存在"短期"和"长期"两个方面。以投资一个钢铁厂为例，从方案启动到可能取得成果的最早时间（开始产出成品钢）需要5年，那么5年便是这个决策的短期。收回工厂投资及其复利需要20年甚至更长的时间，那么20年便是决策的长期。一个决策的长期，便是证明这个最初决策的正确性需要这个决策继续保持有效的时间长度，包括在市场、流程、技术和厂址等方面继续有效。

但是，谈论短期规划和长期规划是毫无意义的。有一些规划导致**现在的行动**，但它们是真正的规划、真正的战略决策。有一些规划谈论的是**未来的行动**，但它们只是一些梦想，甚至是不做思考、不做规划、不采取行动的托词。规划的实质就是在了解决策的未来性的情况下做出当前决策。是未来性决定时间跨度，而不是时间跨度决定未来性。

要经过长时间孕育才能得到结果的事情，就必须开始得足够早。因此，长期规划要求对未来性有所了解："如果想要在未来实现某个目标，我们现在必须做些什么？如果我们现在不投入资源，哪些事情是做不成的？"

重复一个常用的例子：如果我们知道美国西北部的花旗松需要生长99年才能用于制浆造纸，那么为99年后供应用花旗松造的纸浆的唯一办法就是现在开始栽树。也许有人会发明一种生长素，但如果我们从事的是造纸业，就绝不能指望这件事情真的发生。如果造纸厂用的原料是花旗松，那么它的规划就不能只关心20年，而必须考虑99年。

还有一些决策，即使是5年也已长得荒谬可笑。如果我们的业务是整批收购别人亏本销售的货物，然后把它们拍卖出去，那么下一周的清仓拍卖就是长期的未来。任何更加长远的事情，通常都与我们无关。因此，企业及其决策的性质决定了规划的时间跨度。

时间跨度不是固定的，也不是给定的。在规划过程中，关于时间的决策本身就是一项承担着风险的决策，它在很大程度上决定着资源和努力的分配，决定着承担的风险。推迟决策本身就是一项承担着风险，而且往往是不可逆转的决策，这一点无论重复多少遍也不嫌多。在很大程度上，时间决策决定着企业的特点和性质。

总而言之，在战略规划中至关重要的是：第一，为了实现目标，要系统地、有目的地进行工作；第二，规划开始于舍弃过去，并且要把这种舍弃作为实现未来目标所做的系统努力的一部分；第三，我们要寻找实现目标的新途径，而不是认为更加努力地做同样的事情就足够了；最后，我们要深入思考时间因素并提出这样一个问题："我们必须在什么时候开始工作才能按时取得结果？"

一切都要转化为工作

除非转化为具体的工作，否则规划做得再好，也只是一些美好的愿望。一项规划要经受的检验是管理当局是否真的投入资源，并为了在未来取得成果而采取行动。否则，就只有诺言和希望，没有规划可言。

一项规划必须通过对管理者提出下面这个问题进行检验："你现在把哪些最优秀的人员投入到了这项工作中？"如果这名管理者反驳说（大多数管理者都会这么说）："我现在不能把最优秀的人员抽出来，只有在他们完成手头的工作以后，我才能让他们开始为明天做准备。"这名管理者这么说，实际上是承认自己没有什么规划，同时也表明他确实需要一项规划，因为规划的目的正是为了揭示稀缺资源应该用于何处，而优秀的人员是最稀缺的资源。

把规划转化为工作，不仅意味着需要由某个人来承担这项工作，而且意味着责任、完工期限以及对成果进行衡量，也就是对工作和规划过程本身的成果的反馈。

在战略规划中，衡量会带来一些严峻的问题，特别是概念上的问题。然而，正因为我们衡量什么以及如何衡量决定着大家认为什么是合适的，进而决定着我们看到的是什么以及我们（也包括其他人）做的是什么，所以衡量在规划过程中是极为重要的。特别重要的是，我们必须设法把各种期望包含在规划决策中（并且比较清楚地了解在时间和数值方面存在哪些重大偏差），从而及早知道这些期望是否真正能够实现。否则，我们就无法做规划。如果没有反馈，就没有从实际事件回到规划过程的自我控制方法。

管理者不能决定自己是否想要做出需要冒风险的长期决策，因为做出这种决策是管理者的天职。管理者只是有权决定自己是负责任地，还是不负责任地做出这种决策，是努力捕捉成功的合理机会，还是纯粹靠乱猜。由于决策过程在本质上是一个理性过程，也由于创业型决策的有效性取决于其他人的理解和自愿努力，所以决策方法越是合乎理性、越是有组织、越是以知识而非预言为依据，它就越是负责任的，越有可能生效。不过，决策的最终结果不是知识，而是战略。**它的目标是立即行动。**

战略规划并不是用事实代替判断，也不是用科学代替管理者。它甚至不会降低管理者的能力、勇气、经验、直觉，甚至预感的重要性和作用，这就像生物学和医学不会降低医生的这些个人品质的重要性一样。相反，系统地开展规划工作并为其提供知识，是对管理者的判断力、领导力和远见的强化。

小　结

战略规划让企业在今天就开始做迎接未来的准备。它要问的是："我们的事业**应该是**什么？""我们今天**必须做**什么事情才能拥有未来？"战略规划需要做出有风险的决策，需要有条理地舍弃过去，需要对创造预期中的未来所需的工作进行明确的界定和分配。战略规划的目标是**立即行动**。

3

服务机构的绩效

MANAGEMENT

公共服务机构，包括政府机构、医院、大中小学、军队和专业协会等，近几十年来成长速度比企业更快，它们是现代社会里的成长型部门。然而，它们的绩效并没有跟上它们数量和作用成长的步伐。这些公共服务机构的绩效为什么会落后？它们应该怎样管理才能取得理想的绩效？另外，在企业中，服务性人员的增长通常比经营部门更快，这些人员的绩效给管理带来了很大的挑战。

组织社会中服务机构的管理

　　企业只是现代社会不同机构中的一种，企业管理者也不是社会中唯一的管理者。各种服务机构也是社会机构，也同样需要管理。最为人们熟知的服务机构包括政府机构、军队、大中小学、研究实验室、医院等医疗机构、工会、大型律师事务所等专业组织以及各种专业、行业和商贸协会。这些机构都付钱请人管理，尽管这些人的头衔可能不是"经理"，而是局长、指挥官、院长或所长等。

多机构社会

　　现代社会是一个多机构社会。公共服务机构是由经济活动创造的经济盈余供养的，它们是社会的日常费用。公共服务机构在 20 世纪和 21 世纪的增长，是企业履行创造经济盈余这个任务取得成功的最好明证。

　　但是，现在的服务机构不像 19 世纪早期的大学那样只是一种奢侈品或装饰品，而是已经成为现代社会不可缺少的一部分。社会和企业要正常运转，这些服务机构就必须正常运转。这些服务机构占用了现代社会的很大一部分支出。美国（以及大多数其他发达国家）的国民生产总值有近一半是用于公共服务机构的。在工业化和城市化的发达社会中，每一个公民的生存都与公共服务机构的绩效息息相关。同时，这些服务机构也体现了发达社会的价值。在我们的社会中，经济能力和生产率增长的结果，是让大家获得更好的教育、更好的医疗、更多的知识和更便利的交通，而不仅仅是获得衣食和住所。

然而，服务机构的绩效并不让人满意。学校、医院和大学的规模，如今大得超过了前一代人的想象，它们的预算增长得更快。可是，无论什么地方的服务机构都面临着危机。在一两代人之前，服务机构绩效差被视为是理所当然的，但现在它们会因为绩效差而受到各方的批评。一些服务机构，如邮局和铁路，在19世纪不用费很大的力气就可以经营好，但如今都深陷赤字之中，需要政府提供巨大的财政补助。全国性的和地方性的政府机构都在为了谋求更高的效率不断地改组，可是每一个国家的公民都在大声抱怨政府的官僚主义与日俱增。他们认为，政府机构只为它们的工作人员的便利着想，而不是为了做出**贡献**和取得**绩效**。这些都属于管理不善。

服务机构得到了有效管理吗

服务机构本身已开始有"管理意识"。它们越来越多地向企业学习管理。在所有的服务机构中，诸如管理人员开发、目标管理等许多企业管理的概念和工具都得到了广泛的应用。

这是一个好现象，但这并不意味着服务机构已经清楚自己在管理上存在哪些问题，而只是意味着它们开始认识到目前自己还没有进行有效的管理。

服务机构是可以管理的吗

有些人对服务机构的绩效危机有一种大不相同的反应。越来越多的批评者认为，服务机构在本质上是无法得到管理的，是不可能取得良好绩效的，于是甚至有人主张解散它们。但是，没有任何证据表明当今社会愿意不要各种服务机构所提供的服务。那些大声攻击医院缺点的人，需要的是得到更多更好的医疗服务；那些对公立学校持批评态度的人，是希望人们得到更好而不是更少的教育；那些对政府官僚主义抨击最猛烈的人，投票支持政府是希望其能推出更多的计划。

除了学习有效地管理服务机构，让它们取得良好的绩效之外，我们别无选择。

其实，**服务机构是可以通过管理取得良好绩效的。**

服务机构通过管理取得良好绩效

不同类型的服务机构需要不同的组织结构，但是所有这些机构的领导者都必须像前面各章范例中的领导者那样，遵守一些必要的准则。

（1）他们必须界定"我们的事业是什么以及它应该是什么"。他们必须披露对这些问题的备选定义并进行深入的思考。他们甚至应该在相互矛盾的不同定义之间取得某种平衡（就像一些美国大学校长所做的那样，具体内容见本章后文）。

（2）他们必须按照所在机构的**职能**和**使命**设定明确的目标和目标值。

（3）他们接下来必须**确定优先顺序**，这会让他们得以**选择目标值**、设定成绩和绩效的**标准**，也就是界定**可以接受的最起码的结果**、设定**完成期限**、开展工作，并且让人**对结果负责。**

（4）他们必须界定绩效衡量标准，例如用病患满意度衡量医疗服务机构的绩效，以用电家庭数量衡量电力公司的绩效（这个数字更加容易衡量）。

（5）他们必须使用这些衡量标准对自己的工作做出反馈，也就是说他们必须在工作体系中建立**根据结果进行的自我控制**。

（6）最后，他们必须对目标和结果进行系统的评审，**剔除**那些已经失去意义或者已被证明无法实现的目标。他们必须找出那些不如人意的绩效领域，找出那些已经过时或者没有效果，甚至二者兼而有之的活动。他们必须建立一个终止这些活动的机制，避免在效果很差的领域里继续浪费资金和人力。

最后一条可能是最重要的一条。不接受市场的检验，服务机构就不可能建立一个内在的约束机制——这种机制会迫使企业最终抛弃过去，否则就会破产。评估并且抛弃那些绩效太差的活动，对服务机构来说可能是最痛苦，但也会是最有益的改进。

成功不可能"永生"。然而，抛弃过去的成功比重新评估失败更加艰难。一个项目一旦取得成功，它的光环就会延续到它真正有益的时期结束之后，并会掩盖这个项目的不足。特别是在服务机构中，过去的成功已经成为"政策""美德"和"信念"，甚至成为"圣经"。因此，服务机构必须严格地深入思考自己的使命、目标、优先事务和行动，否则它的成效就会越来越差。如今美国的福利体系运行得如此糟糕，很大程度上就是因为这个制度在 20 世纪 30 年代实在是太成功了，因此我们无法抛弃它，而是把它错误地用于解决城市贫民的问题，尽管他们的问题已与当时大不一样。

至此，我们应该已经明白，要让服务机构取得良好的绩效，需要的不是伟大的领导者，而是一个体系。这个体系的基本要素与企业的绩效体系没有太大的差别。当然，它们的实际应用会有比较大的差别，因为服务机构不是企业，因此绩效的含义也是大不一样的。

在服务机构中应用这些基本要素的方式，会因为机构本身的性质而大相径庭。我们在后面将会看到，**服务机构至少有三种不同类型**。它们不是因为取得绩效和结果，而是因为付出努力和开展计划而得到回报的机构。

三种类型的服务机构

第一种是**自然垄断机构**。它生产或者至少应该生产商品和服务，但恰恰因为它是一个自然垄断机构，所以它不是根据结果和绩效取得回报的。

按照经济学家的定义，自然垄断机构就是在某个领域必须拥有独占权的机构，如电力公司和自来水公司。但是，一家化工公司的研究实验室也可能是公司内部的自然垄断机构。

利连索尔与田纳西流域管理局

田纳西河流域管理局（TVA）是美国中南部的综合性公共工程和公用事业机构，它主要建成于罗斯福新政时期。[⊖]如今它已经不再是一个有争议的机构。它是一家普通的大型电力公司，只不过是归政府所有，而不是归私人投资者所有。但是，在兴建早期，也就是 75 年前，TVA 可不是这么简单。当时，它是一个口号、一种战斗的呼声和一种象征。无论是拥护者还是反对者，总有些人把它看成美国电力国有化的序幕。另外一些人则认为，这是对田纳西流域的一个恩惠，因为它能为这个广大的农业地区提供廉价的电力和免费的肥料。还有一些人则主要对防洪和航运感兴趣。由于各方对 TVA 所持期望如此不同，因此它的第一任局长亚瑟·摩根（Arthur Morgan）的工作做得一塌糊涂。由于没有想清楚 TVA 应该是怎样的一个机构以及如何平衡

⊖　如今（2007 年），TVA 是全美最大的公共电力公司，可靠发电容量为 3300 万千瓦。它通过 158 家地方性的公共供电公司为田纳西流域的约 870 万户居民供电，资金完全自筹。

各种不同的目标，他最终一事无成。最后，罗斯福总统只好让戴维·利连索尔（David Lilienthal）来替代他。利连索尔是一位律师，当时还很年轻，默默无名，也没有多少管理经验。

利连索尔没有逃避 TVA 的业务需要界定这个事实，并且最终得出结论：首要任务是建立一个真正高效的发电厂，向缺电地区源源不断地供应廉价的电力，其他目标都要服从这个目标。现在，TVA 已经实现许多其他的目标：防洪、航运、肥料生产，甚至包括社区的均衡发展。但是，正是由于利连索尔坚持要明确界定 TVA 的业务并确定其优先顺序，才使 TVA 在今天得到了大家的认可，就连 75 年前的反对者也不例外。

下面这一组服务机构是通过**预算分配**取得资金的。尽管它们都有一个共同点，但是它们各自的目的和达到目标的具体方法并不一定相同。它们的优先顺序可以而且也经常应该大不一样。

美国的大学就是这样一个例子。

美国的大学

现代美国大学在 1860 年至一战期间的建立过程，也说明了要怎样才能让服务机构取得良好的绩效。美国大学在这一时期的出现，基本上是少数人努力的结果。这些人包括安德鲁·怀特（Andrew W. White，于 1868~1885 年担任康奈尔大学校长）、查尔斯·埃利奥特（Charles W. Eliot，于 1869~1909 年担任哈佛大学校长）、丹尼尔·科伊特·吉尔曼（Daniel Coit Gilman，于 1876~1901 年担任约翰斯·霍普金斯大学校长）、戴维·斯塔尔·乔丹（David Starr Jordan，于 1891~1913 年担任斯坦福大学校长）、威廉·雷尼·哈珀（William Rainey Harper，于 1892~1904 年担任芝加哥大学校长）、尼古拉斯·默里·巴特勒（Nicholas Murray Butler，于 1902~1945 年担任哥伦比亚大学校长）。

所有这些人都持有一个基本的理念：传统的学院，主要是 18 世纪训练传教士的神学院，已经完全过时，培养不出合适的人才。

这种旧式学院正在迅速消失。1860 年，在这些学院中就读的美国学生人数比 40 年前还要少得多，而 40 年前总人口要少得多。这些创办新式大学的人抱着一个共同的目标：创建一种新式教育机构，一种真正的大学。不过，他们全都认识到，虽然欧洲的大学有许多值得学习的地方，但自己创办的这些大学必须是适合美国的大学。

然而，他们除了抱有上述共同信念之外，在大学应该是什么以及它的目的和使命是什么这些问题上，看法却极为不同。

哈佛大学的埃利奥特认为，大学的目的是培养具有独特风格的领导群体。他要把哈佛大学办成一所全国性的大学，而不是"得体的波士顿人"的自留地（哈佛学院就是为此目的创办的）。但是，他认为哈佛大学的职能是要在新英格兰恢复道德精英的统治地位，就像美利坚合众国早期的联邦领导人所做的那样。哥伦比亚大学的巴特勒认为，大学的职能是把理性思考和分析系统地应用于现代社会中的一些基本问题，包括教育、经济、政府和外交等。芝加哥大学的哈珀也持同样的见解，不过没有这么明确。约翰·霍普金斯大学的吉尔曼认为，大学是先进知识的产生地，因此该校最初只开展前沿研究，并不招收本科生。康奈尔大学的怀特则旨在培养出受过良好教育的公众。如此等等，不一而足。

他们每一个人都知道必须做出一些妥协，必须满足对大学持不同看法的不同利益相关者和公众的要求。例如，埃利奥特和巴特勒必须在原有的基础上来创建他们的新型大学，而且不能疏远原来的校友和教职工。其他人则可以从头开始创建他们的大学。他们全都充分意识到自己的大学必须吸引和维持资金资助。

哈佛大学的埃利奥特坚持"道德领导"并首创了毕业生就业办公室，为毕业生在各处，特别是在企业界谋求高薪职位。巴特勒则意识到哥伦比亚大学创办较迟，当时的百万富翁慈善家已被竞争对手笼络过去，于是在大学中首创了公共关系办公室，旨在同中产阶级建立联系并获得其资助（结果非常成功）。

他们每一个人都非常重视对大学的目的和使命的界定。然而，**这些界定在创始人离去之后没有得到坚持**。例如，甚至还在埃利奥特和巴特勒的有生之年，他们所创办的大学就已不再受他们的控制，目标和优先次序都开始发生变化。到了 20 世纪，所有这些大学，也包括其他许多大学，例如加利福尼亚大学和其他一些主要的州立大学，都变成了同一个类型。

现在，尽管这些大学都成了"多学科大学"，彼此很难区分，但是它们的创始人留下的印记还没有完全消除。在罗斯福总统的新政时期，高级幕僚和决策者主要来自哥伦比亚大学和芝加哥大学，这绝非偶然，因为新政也就是要把理性思考和分析应用于公共政策和公共问题。30 年后，肯尼迪总统当政，这一届政府信奉精英主义，便自然要去哈佛大学选拔人才。这些大学的创始人最初所做的有**关于大学的目的和使命的清晰界定**，至今仍在它们的教师和学生身上依稀可见。

这六位大学校长都关心高等教育，都设法在 18 世纪神学院腐朽的废墟上创办新型大学。他们都看到了多种不同的使命和职能，并且在创建自己的大学时都强调自己对于"我们的事业是什么或者它应该是什么"的不同选择，都设立了不同的优先顺序。他们心照不宣和深思熟虑地创建了相互竞争的机构，然而这些机构的结构完全相同：管理机构、教员和学生、完全相同的学位以及相似的学位课程。

最后，第三种服务机构是手段和结果同样重要，因此必须统一构建和管理的机构。司法和军队就属于这种类型。

服务机构的具体需要

这些机构分别有什么样的需要？

自然垄断机构对结构的要求最少。尽管它不是按经营结果取得回报，但也接近这一模式，因此也必须做其他企业应该做的所有事情，只是需要更加有系统性罢了。

这是自然垄断机构应该置于公众监管之下而不是采取公有制的有力证据。一个不受监管的自然垄断机构不仅会无能和低效，而且必然会压榨顾客。一个政府所有的垄断机构可能不会压榨顾客，但是对于它的效率低、服务差、收费贵、漠视顾客需求等不良现象，顾客无能为力。独立经营但是处于公众监管下的自然垄断机构，在响应顾客的不满和顾客的需要这个方面，比不受监管的私营自然垄断机构或者政府所有的自然垄断机构要强得多。独立经营但是处于公众监管下的自然垄断机构，通过监管机构了解自己的绩效。这些机构通过控制费率和利润，至少在理论上表达了公众对于自然垄断机构的意见。

20 世纪 60 年代末，美国电信系统的运营效率在某些地区，特别是在纽约城的效率明显下降，初装或维护服务的等待时间从数日延长到了数周甚至数月。于是，顾客采取了有效的行动，他们立即开始反对电信公司提高收费的要求——这可能是约束垄断企业的最好办法。美国电信系统如今已经放松监管，市场竞争非常激烈。

相反，法国电信服务的顾客享受的服务可能是所有发达国家中最差的，可是他们除了抱怨之外别无办法，因为法国的电信公司是国有的，消费者在它面前完全没有力量。

另外，政府监管机构可能会提供一些手段，让垄断企业在组织结构中融入自我约束，从而取得良好的绩效。

至于企业中研究实验室所代表的垄断机构，高层管理可以而且应该要求它们想清楚自己的目标、设定目标值和优先顺序，衡量绩效，并且抛弃已经没有产出的业务。这是让处于垄断地位的研究实验室富有效率，并对公司的需要做出响应的唯一办法。

有一位卓有成效的管理者（他本人还是一位世界著名的科学家）就经常问："你在这个研究实验室里三五年来为公司的愿景、知识和结果做了哪些贡献？"然后他会接着问："你在五年内希望为公司的愿景、知识和结果做出哪些贡献？"他说，他首次提出这个问题时候没人能够答得上来，但他连续几年不断地问，慢慢就有人能够做出回答，再过几年就慢慢有人获得了研究成果。

服务机构的社会主义竞争

第二类服务机构的典型代表是大中小学和医院。企业中的大部分参谋服务人员亦属此列。这种类型的服务机构是发达社会的特征。

在发展中社会占支配地位的服务机构，是垄断组织和政府机构，也就是第一类和第三类服务机构。但是在经济和社会的发展过程中，第二类机构逐渐成为主要机构。它们的绩效对于现代发达社会至关重要。而且，不管是在发达社会还是发展中社会，与普通公民或者管理者的日常生活关系最为密切的就是这类服务机构。

这类服务机构的顾客并不是真正的顾客，他们更像是纳税人。无论他们是否乐意，他们都要以税收、征款或者费用分摊等方式为这些服务机构付费。这些机构的产品满足的不是人们的欲求，而是他们的基本需要。学校、医院以及企业中典型的参谋服务人员所提供的服务，是每一个人都应该要，也必须要的，因为它们"对他们有益"，对社会有益。

我们谈到"每一个孩子都有受教育的权利"以及"每一个公民都有获得良好医疗服务的权利"，其实我们现在已经有了义务（强制）教育，并且正在朝着强制医疗的方向大步迈进。

当针对大多数人的医疗服务的重点转向以预防为主时（这很快就会发生），我们会要求每一个人都去使用医疗设施。换言之，我们会让医疗成为一种强制性的服务。

参谋服务人员的使用在许多企业也是强制性的。例如，一个分权制公司的总部营销人员在召开营销研讨会时，通常不会询问各分公司的营销经理是否愿意参加，而是会直接通知他们前来参加。

第二类服务机构需要一种类似于奥斯卡·兰格（Oscar Lange）所提出的社会主义竞争的制度。这种机构的目标和总体使命必须具有普遍性，并有最低绩效和成果标准。但是为了让它们取得绩效，这些机构即便是接受政府的监督或者监管，也最好不要为政府所有，并且要让它们拥有自主管理权。对于完成基本任务的方式以及不同的优先顺序和不同方法，消费者也应该有少量的选择。[⊖]市场竞争应该足够激烈，以便这些机构能自觉达到绩效标准。

美国社会正在讨论和试验中小学教育券计划（voucher plan）。这个计划的内容，就是任何一所通过认证的学校每接收一名学生，美国政府就付给这个学校一笔费用，这笔费用相当于公立学校对一个孩子进行教育的成本。在这种制度下，无论学校有多大的腾挪空间，有一点是肯定的：一所学校如果不能教会学生基本的阅读、写作和计算技能，就不可能通过认证，成为一所合格的学校。至于采用什么教学方法，全部由学校自己决定，它们可以使用传统的课堂教学，也可以采取开放式教学，或者两者并行，但是基本的目标和最低标准是必须而且应该满足的。至于学龄儿童是否上学，他们是没有选择余地的——无论他们自己还是他们的父母是否愿意，他们都必须上学。但是，这些儿童及其父母可以像消费者那样行使选择权，选择上哪所学校。（关于中小学教育的其他选择，参见第 14 章。）

一些大型企业已经把同样的方法用于参谋服务人员。有一家以制造和销售品牌消费品的大型跨国公司，把自己的业务界定为"营销"。该公司既然

⊖ 兰格的模型主张生产资料公有，但这个模型也主张企业拥有自主管理权，受自己管理当局的领导，在市场经济中相互竞争，并且按照经营成果取得回报。换句话说，兰格所要求的是所有权的社会化。然而，一个经济体要想实现资源的合理配置，并且取得良好的绩效，就必须按照绩效和成果进行资源配置。

如此界定自己的业务，人们自然认为它会有一个庞大的营销服务部门。可事实上，这个部门很小，而且预算很少，主要是用来支付营销服务人员的培训、营销领域的研究工作以及图书资料等费用，不包括公司各个业务单元的营销服务。该公司在世界上30多个国家有四五十个分权自治的业务单元，它们各自对自己的市场营销绩效和营销成果负责。各个业务单元的总经理为了取得既定的绩效，可以使用总公司的营销服务部门。但是，公司并不强制要求他们使用这个部门的服务，而是允许他们选用外部咨询顾问或者自己担任营销顾问。他们只有在使用总公司的营销服务时，才需要为此支付费用。但是，总部营销服务部门会对每个业务单元的营销标准和营销绩效进行审计。根据我掌握的最新信息，该公司有18～20名事业部经理和地区经理使用了总部的营销服务，有11人或12人使用了外部咨询顾问，还有12人二者都没有使用。这些经理的营销绩效与他们使用咨询服务的方法无关。无论使用的是哪一种方法，既有绩效最好的事业部，也有最差的事业部。不过，该公司哪怕是营销绩效最差的事业部，营销标准也很高，成绩也很好。该公司的营销服务部门，无论是从效果和绩效，还是从活力和热情上讲，都是我所知道的最好的营销服务部门之一。

社会治理机构

第三类服务机构从事的主要是传统的政府活动——司法、国防以及同制定政策有关的所有活动。这些机构并不提供经济学家所称的公共产品，而是实施社会治理。

这种机构不可能实行管理自治，而且是根本不应该存在竞争的。它们必须直接由政府控制和管理，但是它们的活动仍然需要有**目标**、**优先顺序**以及**对成果的衡量**。

因此，这种机构需要有一种有组织的独立审计，以便对其承诺、基础假设和绩效做出评审。这类机构无法建立结果反馈机制，所以只能对其进行分析和评审。

既然这类服务机构已经起着如此核心的作用，费用也是如此高昂，我们有必要设立一个目标和绩效总审计署。我们必须迫使自己考察所提出的政府政策、法律和计划，同时也考察服务人员的政策、计划和活动，并且提出下面这些问题：这些目标现实吗？它们是可以实现的，还是只不过是一些口号？这些目标与它们计划满足的需要有什么关系？有没有设定合理的目标值？优先顺序是否已经考虑清楚？成果与诺言和期望相符吗？

我们还必须更进一步，把每一个政府机构和每一项法案都看成非永久性的当作基本前提。任何一项新活动、一个新机构和一个新计划，都只应该存在于一段有限的时间，只有在结果表明它们的目标和所用手段是合理的之后，才能延长它们的有效期。政府以外的其他服务机构，包括那些虽然是公众机构，但应该实行自治的机构（如学校或医院），也必须把这作为标准的思维方式。整个社会已经非常依赖于服务机构的绩效和成果，我们不能容忍传统制度永远延续。

我们面临的许多最严重的问题，就是没有及时废止绩效低下的方案所造成的。例如，美国和欧洲共同市场农业计划的失败，威胁我们的城市甚至有可能将其毁灭的"福利混乱"以及我们的国际开发计划的失败，都是因为这个原因。

我们如果不从结果中获得反馈，保护环境的努力就不会取得成功。因此，我们非常需要了解结果。然而，我们迄今为止既没有想清楚我们的目的是什么，没有确定优先顺序，也没有在方向、重点和保护环境的努力方面获得关于结果的反馈。可以预料，这只能意味着毫无结果，而且不会很快醒悟过来。

服务机构不需要变得更像企业，而是要尽可能地接受绩效的检验，哪怕只是接受"社会主义竞争"的检验。它们需要变得更像医院，更像大学以及更像政府，更像教堂等。换句话说，它们必须想清楚自己的特定职能、目的和使命。

　　服务机构不需要更加优秀的人员，而是需要能够系统地施行管理，并使自己和所在机构有目的地全力以赴谋求卓越绩效和成果的人员。它们的确需要提高效率，也就是更好地控制成本，但是它们最需要的是效果，也就是全力以赴谋求正确的结果。

　　现在，很少有服务机构苦于管理人员过少，大多数都是苦于管理过多，程序太烦琐，机构重叠和管理方法杂乱。现在，我们必须学会合理管理服务机构，以便它们取得良好的绩效。这可能是 21 世纪最重要的管理任务。

<h2 style="text-align:center">小　　结</h2>

　　让服务机构和服务人员取得良好的绩效并不需要特别的聪明才智。它需要的是：第一，设定清晰的目标和目标值；第二，对可以集中的资源设定优先顺序；第三，明确的绩效衡量指标；第四，有组织地抛弃过时的东西。对于企业内的参谋服务人员，这四个要求也同样重要。

成功的高绩效非营利组织对企业的教益

女童子军、红十字会、教堂等非营利组织正在成为美国的管理领袖。在战略以及高效的董事会这两个领域，它们身体力行，而大多数美国企业只是说说而已。在知识工作者的激励和生产率方面，它们是真正的先锋，有许多政策和做法值得企业学习。

很少有人知道非营利组织已经成为美国吸纳就业人口最多的部门。⊖美国大约有8000多万人参加各种志愿工作，人均每周为一个或多个非营利组织工作近5个小时，总量相当于1000万个全职员工的工作时间。同时，志

⊖ 美国每天有约100个非营利组织诞生，每年有约1000个基金会成立。美国的志愿者文化近年来达到了历史最高水平，有27%的美国人声称自己经常参加志愿活动。慈善捐助从数年前的1200亿美元上升到近3000亿美元。资料来源：托马斯·蒂尔尼（Thomas Tierney）于2007年11月19日在德鲁克研究院（Drucker Institute）和领导者研究院（Leader to Leader Institute）主办的一次讨论会上的主旨演讲——"开创非营利组织的未来：社会部门的机会和创新"（Creating the Future of Nonprofits: Opportunity and Innovation in the Social Sector）。托马斯·蒂尔尼是Bridgespan Group的董事会主席，曾经担任贝恩咨询公司（Bain）的CEO。Bridgespan Group是一家非营利组织，它的业务是为基金会以及其他非营利组织提供综合管理咨询服务。

愿工作还在迅速发生变化。诚然，有许多人做的志愿工作是不需要多少技能或者判断能力的，例如每年一次在某个周六的晚上在社区里为社区福利基金组织一次募捐，陪伴孩子们挨家挨户上门销售女童子军曲奇饼，开车送老人就医，等等。但是有越来越多的志愿者成为非营利组织的"无薪员工"，在这些组织中担任专业职务和管理职务。

当然，非营利组织也不是全都经营得当（关于许多非营利组织面临的管理挑战，参见第 12 章）。例如，许多社区医院就是一团糟，传统的基督教堂和各个教派的犹太教会堂，不管是自由派的、保守派的、福音派的，还是原教旨主义的，都面临教民不断流失的问题。事实上，以志愿者总人数而言，这个部门从总体上讲在过去 20～25 年并没有扩张。但是，就生产率以及对美国社会的贡献而言，非营利部门 30 年来已经取得了巨大的发展。

致力于管理

救世军改造所自 1975 年达到法律和县里的有关要求后，已经成为佛罗里达州最大的轻微犯罪缓刑监管服务提供机构。[一]该州首次被判处刑期的人，主要是非常贫困的黑人或西班牙裔青年，现在都是采取假释的方式，交由救世军监管——人数每年约为 2.5 万人。统计数据表明，这些年轻人如果真的进了监狱，大部分会变成惯犯，但是救世军通过一个主要由志愿者主持的严格的劳动计划，能够改造其中的 80%[二]，而且这个计划耗费的成本，只是把这些人关进铁窗所需要的很小一部分。

这个计划以及许多其他非营利性行动之所以取得成效，是因为它们都致力于管理。20 年前，非营利组织的人讳言"管理"这个词，因为它意味着

[一] 2007 年 7 月 25 日摘录。资料来源：http://www.cbsnews.com/stories/2007/01/30/national/printable2412890.shtml。

[二] 参见 Robert A.Watson & Ben Brown, Leadership Secrets of The Salvation Army（New York: Crown Business, 2001）pp.153-154.

"商业"，而非营利组织引以为傲的就是它们与商业完全不沾边，不需要利欲熏心地考虑盈利。不过，现在它们大都已经明白，正是因为它们不受盈利的约束，所以比企业更加需要管理。当然，非营利组织仍然致力于"行善"，但是成效最为卓著的那些非营利组织很清楚，美好的愿望不能代替良好的组织和出色的领导，不能代替责任、绩效和结果，因此必须实行管理，而管理则必须从组织的使命出发。

从组织的使命及其要求出发，这是企业可以从成功的非营利组织那里得到的第一条教益。它让整个组织全力关注行动，界定了组织完成关键目标所需的具体战略，让组织富有纪律性。而且仅凭这一点，就能避免各种组织，特别是大型组织容易犯的恶性疾病：把有限的资源分散地用于各种有趣或者看似**有利可图**的事情上，而不是集中用于**极少数真正有价值的**事情上。

最出色的非营利组织会在界定组织使命这个问题上费尽心思。它们会避免一些满是美好愿望的笼统陈述，全力设定对于组织成员（包括员工和志愿者）的工作有明确指导意义的目标。例如，救世军的使命是"让酗酒者、罪犯和流浪者等社会弃儿成为社会公民"。女童子军的使命是"女童子军帮助年轻的女孩成为自信、能干、尊重自己和他人的女性"。大自然保护协会（Nature Conservancy）的使命是"保护动植物的多样性"。成功的非营利组织还从环境、社区和潜在顾客出发，而不是像美国的企业那样通常都从内部，也就是从组织的需要或者希望获得的财务回报出发。

伊利诺伊州南巴灵顿的柳溪社区教堂（Willow Creek Community Church）如今已经成为全美最大的教堂之一，2007 年来做礼拜的教徒每周达 1.5 万人左右。比尔·海伯斯（Bill Hybels）在 1970 年建造这座教堂时才 20 岁出头。他之所以选择这个社区，是因为这里经常做礼拜的人很少，尽管人口增长很快，教堂也很多。他当时挨家挨户地问大家："你为什么不去教堂？"然后，他根据潜在顾客的需要设计了这座教堂，例如，该教堂每周三晚上提供所有的服务，因为有许多平时上班的父母星期天要陪孩子。另外，海伯斯还不断倾听并且做出回应。例如，他的布道还会被录下来，然后灌制成磁带，教徒在离开教堂时可以领取。为什么要这样做？因为海伯斯反复听到有人讲："我想上下班开车的时候听，那样才能把这些思想应用到生活中去。"他还听到有人说："你在布道时总是告诉我要改变自己的生活，但是从来不告诉我怎样去改变。"于是，海伯斯在每一场布道的结尾，都会提出具体的行动建议。

一个定义得当的使命能够时时提醒这个组织不断在组织外部寻找"顾客"和衡量成功的标准。自我陶醉于"我们的美好理想"，从而用美好愿望代替结果，这样的倾向在非营利组织中总是存在的。正因为这一点，绩效卓著的非营利组织已经学会清楚地界定**导致外部发生哪些变化称得上是组织的"成果"**，并已学会全力以赴取得这些成果。

美国西南部一家大型天主教医院的经历就清楚地揭示，一个定义清楚的使命和对成果的关注多么得有价值。尽管 8 年来政府医疗保险支付的金额以及患者住院时间显著下降，这家连锁医院不仅营业收入上升了 15%（从而实现盈亏平衡），而且增设了不少服务，大幅提高了病人护理和医治的标准。该医院之所以能够做到这一点，是因为担任这家医院 CEO 的修女明白——她和她的员工从事的业务是提供医疗服务（特别是为穷人服务），而不是经营医院。

结果，当一些医院因为医疗的需要而非经济的原因开始提供上门医疗服务时，这家连锁医院积极推动这一发展，而不是极力抗拒。它成立了流动的手术中心、康复中心、X 光和化验室网络、健康维护组织等。该连锁医院的座右铭是："如果这有益于病患，我们就必须推动它。至于从中取得多少回报，那是我们自己的事情。"奇怪的是，这家连锁医院人满为患，因为它那些独立的医疗设施非常受患者欢迎，于是很多人都向亲友推荐这家医院。

当然，与那些成功的日本公司的营销战略相比，该医院的做法没有多大的区别。不过，与大多数西方企业的思考和经营方式相比，它的确很不一样。差别在于那些天主教修女和日本人的出发点是组织的使命，而不是自己想要获得的回报，是他们必须在外部、在市场上导致的变化（从而应该得到回报）。

最后，一个界定清楚的使命能够激发创造性构想，并且帮助大家理解为什么这些构想必须得到执行——无论这些构想是怎样公然蔑视传统。我们不妨以稚龄女童子军（Daisy Scouts）为例。这是女童子军几年前专门为 5 岁的孩子开设的项目。90 年来，女童要进入 Brownie 营的最低年龄要求是 6 岁，许多女童子军委员会也想要维持这个惯例。但是，另外一些人通过分析人口构成情况，发现上班的母亲越来越多，她们的孩子经常是"脖子上挂着钥匙"。同时，他们也发现那些孩子比她们的上一代人要成熟得多（主要是因为电视）。

现在，稚龄女童子军的成员已经超过 10 万人，而且在迅速壮大。20 年来，美国社会上有过许多针对学龄前儿童的项目，稚龄童子军是其中最成功的一个，同时它还比各种昂贵的政府项目中的任何一个都成功。另外，它也是迄今为止唯一一个把人口构成出现的变化以及儿童长时间看电视情况当作一个充满机会的项目。

有效地使用董事会

许多非营利组织都拥有真正尽责的董事会——这在企业界还只是例外情况。它们还有在企业界更加罕见的特点：CEO 明确对董事会负责，CEO 的绩效每年由董事委员会做出评估；董事会的绩效每年对照预设的绩效目标进行评估。因此，有效地使用董事会是企业可以向非营利组织学习的第二个方面。

按照美国的法律，董事会仍然是企业的"管理"机构。管理作家和学者也都认为董事会必须是强有力的。从迈尔斯·梅斯（Myles Mace）的拓荒之作[○]算起，他们已为此著书立说超过 35 年。然而，许多大公司的高层管理半个多世纪以来都在削弱董事们的作用、权力和独立性。几十来年经营上遭遇溃败的大公司，最后得知业务已经陷入困境这一信息的都是董事会。如果你想要找一个真正发挥作用的董事会，最好是去非营利部门找，而不是去上市公司找。

这种差别有历史上的原因。在传统上，非营利组织的董事会都是要主事的，或者要努力主事。事实上，仅仅是因为非营利组织已经过于庞大和复杂，再也无法由每个月只来参加一次三个小时会议的兼职人员管理，所以才有这么多组织引入了专职管理人员。美国的红十字会可能是世界上最大的非政府机构，当然也是最复杂的机构之一。它的责任是在世界范围内减灾救灾，它在医院里设有数千个血库、骨髓库和皮肤库，它在全美范围内开展心肺救治的培训，它还在成千上万的学校里开设急救课程。然而，它的 CEO 直到 1950 年才开始领取薪水，第一名专职 CEO 更是在里根时代才有的[○]。

虽然专职管理在非营利组织中已经非常普遍（大多数非营利组织和所有大型非营利组织都有专职的 CEO），但是它们的董事会通常不会像许多企业的董事会那样被废掉。无论非营利组织的 CEO 们如何希望董事会软弱无力（而且确实有不少 CEO 这样想），非营利组织的董事会都不会成为 CEO 手中的橡皮图章。资金是原因之一，因为上市公司的董事很少是大股东，而非营利组织的董事通常都是该组织的主要捐助者，而且该组织还希望他们带来更多的捐助者。非营利组织的董事通常信奉该组织的使命，则是另一个原因。担任教堂或学校董事的人，没有几个不是深切关心宗教或教育的。另外，非营利组织的董事通常还有多年的志愿者经历，因此对这个组织非常了解，不像企业的外部董事那样对企业了解不深。

○　Myles Mace，"The President and the Board of Directors"，*Harvard Business Review* （March-April 1972）p.37.

○　里根在 1981～1989 年任美国总统。——译者注正因为非营利组织的董事会是如此投入，能起到如此大的作用，所以董事会与 CEO 之间极其容易发生争论和摩擦。CEO 指责董事会"多管闲事"，董事会则反过来指责 CEO 篡夺董事会的职权。这种情况导致越来越多的非营利组织认识到，无论是董事会还是 CEO 都不是"老板"，他们全都是同事，为了同一个目标而工作，只是各自的任务不同罢了。它们也已经认识到，负责界定董事会以及 CEO 任务的应该是 CEO。

正如上面这个例子所揭示的，让一个董事会发挥作用的关键不在于讨论它的职权，而在于对它的工作进行组织。越来越多的非营利组织就是这么做的——据我所知，有六家中等规模的文科大学、一家神学院和一些大型的研究性医院和博物馆。

有很多人预言（迈尔斯·梅斯首开先河），大公司的董事会的弱化会使管理当局变得更加无能，而不是变得更加强大，因为那样会削弱管理当局在绩效和成果方面所负的责任。事实上，大公司的董事会很少对照预设的目标对 CEO 的绩效进行评估。管理当局如果受到攻击，弱势董事会还会让它无法取得有效的支持。这些预言在最近接二连三出现的收购中尽显无遗。

要想恢复管理当局的管理能力，我们必须让董事会重新发挥作用，而且应该把这一条归为 CEO 的责任。目前社会已经朝这个方向迈出了几步。例如，大多数上市公司的审计委员会如今有了真正的职责，许多公司已成立负责高管继任和培养的委员会，该委员会要经常约见公司的高管，讨论他们的绩效和计划。但是，没有几家公司通过系统地培养建立一个新型董事会，而在比较大的非营利组织中这已成为惯例。

带来有意义的成就

非营利组织过去常说："我们不给志愿者付钱，因此对他们也不提什么要求。"现在它们可能会这样说："正因为志愿者没有领工资，所以他们能够从所取得的成就中获得更大的满足感，并且做出更大的贡献。"志愿者不断从善意的业余人士转变为受过良好训练、专业的、不领薪水的员工，是非营利部门发生的最重大的变化，也是对未来的企业寓意最为深刻的变化。

这种转变在中西部一个天主教教区可能最为彻底。该教区的牧师和修女数量已经不及 15 年前的一半，但是它从事的活动大为增加，在某些方面，例如对无家可归的人和瘾君子的救助方面，还已经翻番有余。当然，它还是有很多传统的志愿者，例如负责摆放鲜花的圣坛协会成员，但是它如今有近2000 名兼职的、不领薪水的员工，他们负责举办天主教慈善活动，在教区学校里担任管理职务，以及组织青年活动和大学新生俱乐部，有时甚至还组织静修会。

这一现象不仅仅发生在宗教组织中。美国心脏协会在全美每一个大大小小的城市里都设有分会，但是它的支薪员工只包括全美总部的员工，另外还有少数经常出差奔赴现场解决问题的人员。各个分会的管理和运转，包括社区健康教育和资金筹集等所有工作，全都是靠志愿者完成。

这些变化在某种意义上讲是在回应人们的需要。约一半的美国成年人已经是志愿者，这个总人数不太可能再增加。由于资金总是短缺的，因此非营利组织不可能增加支薪员工。如果它们想要拓展自己的活动（对这些活动的需要也在增加），它们就必须提高志愿者的生产率，赋予他们更多的工作和责任。撇开生产率不谈，志愿者角色变化的主要推动力其实来自志愿者自己。

越来越多的志愿者是受过良好教育、担任管理或者专业职务的人，其中有一些是 60 多岁的退休人员，更多的是五十四五岁的"婴儿潮"一代。这些人不会满足于仅仅做一个帮助者。他们在谋生的工作中是知识工作者，他们希望在为社会做贡献的工作——志愿工作中也是知识工作者。非营利组织若想吸引并且留住他们，就必须让他们的能力和知识有用武之地。非营利组织必须给志愿者带来有意义的成就。

培训、培训、再培训

许多非营利组织有系统地安排招募这样的人，它们还会指派经验丰富的志愿者观察新来者，例如，基督教堂或者犹太教会堂的新教民或者为红十字会募捐的邻居，从中物色有领导才能的人，并且劝说他们接受更具挑战性的任务。然后，一些年长的员工（全职支薪员工或经验丰富的志愿者）对这些新来者做出评估，鉴别他们有哪些长处，然后相应地给他们安排职位。他们可能还会给志愿者指派导师和主管，让他们一道制定绩效目标。这两位指导者通常是两个不同的人，而且他们也是普通的志愿者。

拥有 370 万名成员，但只有 98.6 万名志愿者和区区 6000 名支薪员工的女童子军，采取的就是这种方式。⊖志愿者最初做的工作通常开车送孩子们去参加集会，每周一次。然后，一名经验比较丰富的志愿者带领他从事其他工作，例如陪伴孩子们挨家挨户销售女童子军曲奇饼，或者在一次露营活动中给 Brownie 领队当助手。这个一步接着一步的过程不断培养出地方委员会的志愿者董事会，并且最终培养出女童子军的治理机构——全美董事会。每一步，甚至是最起初的一步，都有自己的强制性培训计划，这个计划通常也是由一名志愿者负责的。每个培训计划都有具体的绩效标准和绩效目标值。

这些不领薪水的员工自己有什么要求？是什么让他们留下来？当然，他们可以随时离开。他们的第一要求，也是最重要的要求，就是非营利组织有明确的使命，一个推动这个组织所做的一切事务的使命。某大型地区性银行的一位副总裁是两个孩子的母亲，她在该州的大自然保护协会分会担任董事长，该基金会开展的活动是发现、购买和管理濒临崩溃的自然区域。我问她为什么愿意承担如此繁重的额外工作，她回答说："我热爱我在银行的工作，

⊖ "女童子军的全美总部位于纽约城，有 400 多名为女童子军运动提供支持的专职员工。女童子军与 300 多个女童子军地方委员会或办公室、23.6 万个小队或小组、98.6 万名成年志愿者、全美董事会，以及无数的公司、政府和个人支持者一道，帮助今天的女孩成为明天的领导者。"资料来源：2007 年 7 月 25 日自 http://www.girlscouts.org/who_we_are/。

而且银行当然也有自己的信念，但它不是真正清楚自己的贡献。在大自然保护协会，我知道自己在这里工作的目的。"

这些人的第二个要求是培训、培训、再培训。反过来，非营利组织吸引和留住这些资深人员的最有效的方式，是认可他们的专长并请他们对新来者进行培训。于是，这些知识工作者要求承担责任，特别是承担深入思考并且设立绩效目标的责任。他们希望，组织在制定将会影响他们以及整个组织的工作决策时，会咨询他们的意见并让他们参与其中。他们还希望有发展的机会，也就是有机会在自身绩效允许的情况下承担要求更高的任务和更大的责任。这就是为什么许多非营利组织已为志愿者建立了职业发展的阶梯的原因。

支撑所有这些活动的是**问责制度**。许多担任志愿者的知识工作者要求对照预设的目标至少每年做一次绩效评估，他们也越来越希望组织能够调整那些绩效差的人，把他们安排到更加合适的岗位上去，或者干脆劝说他们离开。中西部某教区负责管理志愿者的一名牧师说："这比美国海军的新兵训练营还差，可是我们的候选人名单上有 400 个人。"中西部某个规模仍在不断扩大的大型艺术博物馆要求志愿者，包括董事、筹资者、讲解员以及负责博物馆通讯编辑工作的人，每年都必须设定自己的目标值并且据此进行绩效评估，如果连续两年没有完成目标就必须辞职。一个中等规模、在大学校园开展相关工作的组织也是如此。

这些担任志愿工作的专业人员目前仍然只占少数，但是比例已经相当可观——可能占所有志愿者的 1/10。他们的数量还在不断增长，而且更加重要的是，他们对非营利部门的影响在不断扩大。越来越多的非营利组织同意一位牧师的话："我们教堂没有俗人，只有牧师，少数人领薪，大多数人都不领薪。"

对企业的警示

有越来越多的专业人员在非营利组织担任不领取薪水的志愿者，可能是当今美国社会最重要的进步。我们经常听到人们谈论家庭解体、社区衰败和价值观沦丧。当然，我们确实有理由担心这一点。但是，非营利组织正在聚集一股强大的逆流。它们正在构建新的社区黏合剂，构建人们对社会事务、对社会责任和高尚价值观的热心和投入。非营利组织对志愿者所做的贡献，当然也跟志愿者对非营利组织所做的贡献同等重要，甚至跟非营利组织为社区提供的服务同等重要，无论它们提供的服务是宗教或教育还是福利方面的。

显然这一进步还对企业有启示作用。发挥知识工作者的生产率是美国管理面临的一大挑战。非营利组织在这个方面的做法值得我们学习。这需要一个明确的使命、精细的工作安排、持续的学习和教导、目标管理和自我控制、严格的要求和相应的责任，以及承担取得良好绩效和结果的责任（关于如何提高知识工作者的生产率，参见第 19 章）。

志愿工作领域发生的这种转变还给美国企业一个明显的警示。我教授过不少针对中层和高层管理者的课程，这些课程的学员来自多个不同的行业，包括银行和保险公司、大型零售连锁公司、航天和计算机公司、房地产开发商等。他们大多数人都在非营利组织，如在教堂、母校董事会、童子军、基督教青年会、社区福利基金或当地交响乐团等机构当志愿者。我问他们为什么要做志愿者，绝大部分人的回答都类似于："因为我现在的工作没有多少挑战性，也不能让我取得足够多的成就，承担足够大的责任。没有使命，只有权宜之计。"

小　　结

企业管理者可以向非营利组织学习的第一条经验，就是要从使命开始。成功的非营利组织避免让自己的使命宣言成为空洞之词，而是让它们言之有物，突出具体的战略和行动。例如，救世军的使命宣言就是："让酗酒者、罪犯和流浪者等社会弃儿成为社会公民。"

成功的使命宣言关注组织外部，也就是社区和顾客。它们在确定什么才是有意义的结果之时，是把目光投向组织外部的。

许多非营利组织有一个真正发挥作用的董事会——很少有企业的董事会能够做到这一点。它们的董事会有明确的职责和责任，对CEO和董事会的有效性也有明确的衡量指标。非营利组织的董事通常既是所在组织的志愿者，又是它们的捐献者，因此不仅坚定信奉组织的使命，而且积极参与组织的实际业务，因此比企业的董事更加了解业务。

最后，成功的非营利组织知道如何管理志愿者。管理志愿者要求有一个清晰的使命（或者分数）、很高的要求、明确的责任关系和不断的培训。为了发挥志愿者的作用所必须满足的这些要求，与经济中其他部门领导知识工作者的要求非常相似。

负责任的学校

以台式计算机和通过卫星直接把信号传进课堂为主要特征的技术革命正在席卷我们的学校。这场革命将在几十年后极大地改变人们的学习方式和教学方式。它还将改变教育的经济学特性，把它从高度劳动密集型改变为高度资金密集型。

但是，学校在社会地位和角色方面的变化，是一个更加深刻却极少有人讨论的话题。学校虽然长期以来都是一个重要的机构，但它与社会相对独立。它只招收年轻人，这些年轻人还不是已经成年的公民，不用负完全责任，也没有成为劳动人口。然而，知识社会的学校还要招收成年人，特别是受过高等教育的成年人。尤其重要的是，学校还负有绩效和结果方面的责任。

这些特点要求学校不同于捷克教育家、神学家约翰·阿莫斯·夸美纽斯（John Amos Comenius）350年前所提出的要求，那时连课本都不是印刷的。

学校应该满足的新要求包括以下几个方面：

- 学校必须提供程度很高的普及基础教育——远远超出"基础教育"（literacy）这个词现在所指的水平。
- 它必须让不同程度和不同年龄的学生有学习的动力，并让他们养成持续学习的习惯。
- 它必须是开放式的，对所有的人都开放，无论这些人是已经接受过良好教育的人，还是因为某种原因年轻时没有接受过高等教育的人。
- 它在传授知识时必须既把它作为内容，也把它作为过程——用德语讲，前者是 Wissen，后者是 Können。
- 最后，教育不再由学校垄断。在知识社会，教育必须遍布整个社会，并由各种各样的组织提供。各种组织，包括企业、政府机构和非营利组织，都必须同时成为学习和教学机构。学校必须与用人组织开展越来越紧密的合作。

新的绩效要求

普及程度很高的基础教育是第一要务，也是取得良好绩效的基础。没有这个基础，知识社会就没有希望取得良好的绩效。让学生掌握取得良好绩效所需的工具并拥有就业能力，是任何一个教育系统的首要社会职责。

关于学习的新技术首先会对普及教育造成影响。大多数学校历来都把大量的时间用于传授一些最适合学习，而不是最适合传授的东西，也就是一些通过具体的行动，通过练习、重复和反馈学习的东西。小学开设的大部分科目，再往上各个阶段开设的许多科目，都属于这一类。这些科目，包括阅读、写作、算术、拼写、历史、生物，甚至包括一些比较高级的科目，例如神经外科、医学诊断和大部分工程科目，最好都是借助计算机程序学习。老师的作用是激励、指导和鼓励，实际上成为一个领路人和支持者。

在将来的学校里，以计算机程序为工具的学生会成为自己的老师。事实上，学生越年轻，计算机对他们的吸引力就越大，对他们的帮助就越大。过去的小学完全是劳动密集型的，将来的小学则会有很高的资本密集度。

然后，尽管有技术手段可以使用，要实现基础教育的普及（universal literacy）仍然面临巨大的挑战。传统的基础教育包括阅读、写作和算术，但这个概念如今已经过时。这些最基本的技能仍然需要，但是基础教育现在已经远远超出这个范围，还包括数学、基本的科学和技术知识、外语以及学会如何做一个高效的组织成员（员工）等内容。

实现基础教育的普及显然意味着要把学校教育摆在首位。它要求学校，特别是针对启蒙儿童的学校，一切都必须让位于让学生掌握基础技能这一任务。除非成功地让这些年轻人掌握这些技能，否则学校就是辱没自己的关键职责：让启蒙儿童建立自信、发展能力，并让他们若干年后有能力在知识社会里取得良好的绩效和成就。

这要求逆转现代教育，特别是现代美国教育的主要趋势。我们过去认为，美国基础教育的普及早在一战结束，或者最迟在二战结束时就已实现，于是美国的教育就改变了自己的主要任务，从一个学习机构变成了一个社会机构。在 20 世纪五六十年代，我们得出如此结论也许是不可避免的，因为当时美国种族问题的程度和范围迫使我们把学校变成种族融合的推动者。奴隶制的遗患 150 年来一直是美国社会面临的主要挑战，而且至少在未来 50～100 年仍会如此。

然而，学校无法承担这一社会职责。学校跟任何其他组织一样，都只擅长于完成自己特定目的的任务。让学习服从于社会目标实际上可能妨碍种族融合，阻碍非裔美国人的进步——越来越多有成就的黑人如今就是这么认为的。把社会目标置于学习目标之上，这是美国基础教育质量下降的一个重要原因。富裕家庭和中产阶级家庭的孩子们仍然能够掌握传统的基础教育技能，但是最需要掌握这些技能的人，也就是那些最贫穷的家庭的孩子，特别是穷困的黑人和移民家庭的孩子，却不能掌握这些技能。

我们现在必须做的事情是重新确立学校原初的目的。**它既不是社会改革也不是社会改良**，而必须是个人学习。美国教育领域最能让人看到希望的变化，可能是有越来越多有成就的非裔和拉美裔美国人自己提出了这一点。例如，威斯康星州密尔沃基的那位黑人女性议员就不顾教育系统的强烈反对，努力推动"凭单制度"的建立。这个制度使得家长们能够为自己的孩子挑选一所真正关注学生和要求学生学习的学校。

这有可能被自由主义者和改革论者斥为精英主义。然而，对精英主义最为信奉的日本学校却创建出一个讲究均等的社会。日本的教育竞争极其激烈，即便是在这个过程中未能脱颖而出的人，也能获得以传统标准来看极高的基础能力以及在现代社会中取得绩效和成就的能力。日本学校把基础教育摆在首位，其他一切均服从于这个任务。当然，美国如今也有很多学校，哪怕是天资最差的学生也能在那里学习，因为学校要求他们学习。

学会学习

"基础教育"过去意味着掌握某些科目的知识，例如能做乘法运算或者掌握一些美国历史知识。可是，知识社会还要求人们掌握过程知识——学校甚至很少尝试传授的一些东西。**在知识社会中，人们必须学会如何学习**。事实上，在知识社会中，科目知识的重要性可能比不上学生继续学习的能力及其继续学习的动力。**知识社会要求人们终身学习**。为此，我们需要一门**学习学**。

实际上，我们确实知道要做的是什么事情。数百年甚至是数千年以来，我们一直在创造继续学习的激励和所需的约束。优秀的艺术教师是这么做的，优秀的运动员教练是这么做的，优秀的企业"导师"也是这么做的。他们带领自己的学生取得如此辉煌的成绩，以至于学生们自己都感到惊讶，从而感到兴奋和动力十足——特别是严格、规范和持久地开展继续学习所需的工作和实践的动力。

很少有什么事情比练习音阶更枯燥了，但一个钢琴演奏家越是出色，就越是坚持不懈地练习，一个小时又一个小时，一天又一天，一周又一周地练习。类似地，一个外科医生的医术越高超，他就越坚持不懈地练习缝合打结，一个小时又一个小时，一天又一天，一周又一周地练习。钢琴演奏家连续数月练习音阶，只能把自己的技术能力再提高一丁点儿，但是这使得他能弹出已在自己脑海中听到的效果。外科医生连续数月练习缝合打结，只能把自己手指的灵活性再提高一丁点儿，但是这使得他能缩短手术时间，从而挽救一条生命。**取得成绩是会上瘾的。**

但是，取得成绩并不意味着把不太擅长的事情做得一点儿不差，真正能够起到激励作用的成绩是把本来就已擅长的事情做得更出色。因此，成绩必须建立在学生的强项上面——就像数千年来每一个艺术教师、每一个运动员教练和每一个导师的所作所为。事实上，**发现学生的强项并让他们取得成绩，**便是对教学的目标所做的最好定义。这也正是西方传统教育制度下最杰出的教师之一、希波市大主教圣奥古斯丁（354—430）在《论教师》（*Dialogue on the Teacher*）中给教学目标所下的定义。

当然，学校和教师都了解这一点，只是很少被允许聚焦于学生的强项并让它们不断接受挑战，而是必然聚焦于学生的弱项。传统的西方教育把几乎所有的课堂时间都花在矫正弱项上了——至少是直到研究生阶段。换言之，时间都用来培养体面的平庸。⊖

学生的确需要掌握最低程度的核心技能，也确实需要一些矫正。他们也的确需要达到普通水平。但是，在传统的学校里，学生几乎没有时间去干别

⊖　美国"磁铁学校"（magnet school，又译为"有吸引力的学校"）的盛行，是鼓励学生发挥强项的一个良好的趋势。这种学校在全城各区招收在某些方面成绩突出或者有天赋的学生，提供较好的教育，并以此作为种族融合的一种方法。

的什么事情。传统学校最得意的成果便是"全 A 生",其实这些学生只不过是在各个方面都满足平庸的标准。他们不是取得良好成绩的学生,而只是顺从平庸标准的学生。不过我还是要强调一句,传统的学校别无选择,因为让每一个学生掌握足够的基础技能是它们的第一要务,而哪怕是采取小班教学的方式,这也只有通过聚焦于学生的弱点并且予以矫正来实现。

对此,新技术也许能够带来巨大的变化。教师过去把大部分甚至是全部时间用于帮助学生进行常规学习、矫正学习和重复学习,而新技术有望把他们从这些活动中解放出来。当然,教师仍旧必须在这些活动中起引导的作用。他们的大部分时间过去都用来"跟进";用一句老话讲,他们的大部分时间都用来做了"助教"。计算机在这个方面的能力很强,实际上能比人类做得更好。因此,我们希望教师能够有越来越多的时间去发现和关注学生的强项,并且引导学生取得良好的成绩。那样的话,教师就会有时间进行真正的教学。

社会中的学校

学校长期以来都是一个重要的社会机构——在西方至少是始于文艺复兴,在东方甚至更加久远。但是,它过去只是"属于社会",而不是"置身于社会中"。它一直是一个完全独立的机构,极少甚至完全不与其他机构发生紧密的联系。西方最早的学校,也就是中世纪早期的本笃会修道院,它的主要任务是培养年轻的修道士而非俗民。学校也不是为成年人开设的,"pedagogy"(教学、教育学)这个词的词根"paidos"在希腊语中的含义就是"男孩"。

学校正在日益融进社会,这一变化的深远程度堪比在科目、教学和学习方法、等方面发生的任何一种变化。学校仍然会教育年轻人,但是学习正日益成为一项终身活动，而不是在"成年"之后就不再从事的活动，因此学校必须顺应这一变化，向人们提供终身学习的机会。所以，学校必须成为"开放系统"。

世界各地的学校几乎全都是按下面这个假设进行设置的：学生每到一个特定的年龄，就必须达到预先确定的标准要求，并且进入对应的学习阶段。例如，5 岁进幼儿园，6 岁上小学，12 岁上初中，15 岁上高中，18 岁上大学，等等。谁若是错过其中的一个阶段（幼儿园除外），就会永远不再合拍，极少能重返那个正常的序列。

在传统的学校看来，这是一个不言自明的公理，甚至是一个自然法则。然而，这与知识的性质不相符，与知识社会的要求不相符。如今的学校需要一个新的公理：一个人接受的学校教育越多，他将来越是需要接受更多的学校教育。

美国社会如今有越来越多的医生、律师、工程师、企业经理人认为自己每隔几年就必须再回学校去学习，以免自己的知识过时。但是，在美国以外的许多国家，成年人返回学校接受正式的学校教育，特别是在某些领域已经具备比较精深的知识并已获得高级学位的成年人返校接受进一步的教育，仍属例外情况。在日本，几乎看不到这一现象；在法国、意大利、德国的大部分领域、英国和斯堪的纳维亚半岛，也均是如此。但是，这必须成为发达国家的一种普遍行为。

更加新颖的是必须让教育系统成为开放系统，也就是允许人们在任何一个年龄进入任何一个教育阶段。

即便是在美国和日本这样很大一部分人读大学的国家，也会有更多的人在 16～18 岁时停止接受学校教育。我们没有理由认为大部分人都没有从事知识工作的天赋。相反，我们的所有经验都证明大部分人是有这个天赋的。年轻人是否去上大学，通常在于他们有没有钱。还有相当数量的非常聪明的年轻人不去上大学，是因为他们在 18 岁的时候开始成熟，想要成为一个成年人，而不愿继续待在青少年的蚕茧中。可是，10 年之后，这些人中有许多想要完成自己的学业。这时，所有教过这些学生的人都能证明，他们会成为富有挑战精神的学生，这可能只是因为他们具有非常强烈的学习动机。这时，他们想要开展一些深入的学习，而那些一直待在学校里的 19 岁的大学生却是别人让他们去学习的。

更加重要的是，保持教育系统的开放性，让人们不论是什么年纪，不论以前获得的是什么学位，都可以获得高等教育，这是社会的必需。

人们必须能够在任何一个年龄阶段继续完成自己的学业，从而完善从事知识工作的条件。社会则必须愿意接受人们从事任何他们胜任的工作，不管这些人的年纪是大是小。

学校教育不会再由学校单独完成，而是日益成为一项共同的事业，学校只是参与其中的一方。在许多领域都会出现多种教学和学习机构，学校只不过是其中的一个选择。

正如上文所述，学校过去是一个人学习的地方，岗位是一个人工作的地方。可是，学习与工作之间的分界线将会日益模糊，学校会成为那些全职工作的成年人继续学习的地方。他们回到学校，或者参加一个为期三天的研讨会，或者参加周末课程，或者接受三周的密集培训，或者在连续几年的时间内每周来上两个晚上的课，直到取得一个学位。

工作岗位也同样会成为成年人继续学习的地方。培训当然不是什么新鲜事物，但过去仅限于对新人进行培训，今后以各种方式进行的培训会日益成为一项终身活动。成年人，特别是那些掌握着精深知识的成年人，既是培训者，又是受训者；既是老师，又是学生。在美国，用人单位在培训成年员工上的花费，已与全美在年轻人的学校教育上的花费大致相当。

将来，学校与用人单位之间可能会建立正式的合作伙伴关系。在过去150 余年间，德国的学徒制让学校和用人单位联合起来对年轻人进行培养。

学校和用人单位也日益需要联合起来对成年人进行继续教育。继续教育这个任务，无论是针对受过良好教育的人的深化教育，还是针对在年轻时因为种种原因未能接受高等教育的人的补充教育，都会由学校和其他组织共同采取多种方式进行，例如合作关系、联盟、实习制度等。学校需要成年人和用人单位的推动，一如成年人和用人单位需要学校的推动。

负责任的学校

我们会把学校分为"好学校"和"差学校"，"名校"和"普通学校"。在日本，东京大学、京都大学、庆应义塾大学、早稻田大学、一桥大学等少数几所大学，基本上把控着毕业生去往该国大公司和政府机构职位的路。在法国，高等专业学院的地位和声望也大致如此。在英国，剑桥大学和牛津大学在高等教育学界虽已不再享有绝对的统治地位，但仍然是举足轻重的两所学校。

我们还可以使用各种不同的衡量指标：某所文科大学的毕业生最终获得博士学位的比例；学校图书馆的藏书数量；郊区某高中毕业生被第一志愿大学录取的比例；不同大学在学生中受欢迎的程度。可是，我们很少问下面这些问题：**这所学校取得的成果是什么？它们又应该是什么？**

这两个问题是迟早要回答的。21 世纪的教育如此昂贵，根本不可能不负责任。发达国家在教育系统上的支出占国民生产总值（GNP）的比例，在 1913 年前后约为 2%，在 80 年后也就是到 1993 年已经飙升至 10%。

另外，学校是如此的重要，根本不可能不负责任，也就是根本不可能不想清楚自己应该取得什么样的成果或者在取得这些成果方面不评定绩效。诚然，不同的教育系统对这些问题会给出不同的答案，但是每一个教育系统和每一所学校很快就都将不得不提出这些问题，并且认真地做出回答。对于成绩不好这一现象，我们再也不会接受老师所找的老掉牙的借口："学生又懒又笨。"当知识成为社会的主要资源，学生的懒惰和愚笨也就成为学校的责任。于是，**学校便只会有履行职责和不履行职责之分。**

学校提供学校教育的垄断地位正在逐渐丧失。

但是，随着不同的机构进入教育领域，各自提供一种与众不同的教育方法[⊖]，竞争将日益在学校和"非学校"之间展开。

随着知识成为知识社会的关键资源，学校的知识"制造者"和"传播渠道"这个角色及其垄断地位，都将受到挑战，而且一些竞争对手必将取得成功。

传授和学习的内容、传授和学习的方法、学校教育的对象、学校在社会中的地位等，在未来几十年内都会发生巨变。事实上，没有其他任何机构像学校这样面临着如此根本性的变化。

然而，最大的变化，也是我们准备最不充分的变化，便是学校必须致力于取得**成果**。学校必须确立自己的"账本底线"，也就是**它应该负责达成并据此得到回报的绩效**。最终，学校必须**负起责任**。

小　　结

知识社会和知识工作者要求得到程度很高的基础教育、建立在强项上的教育以及继续教育。学校是进行基础教育、开发个人强项的一个重要的社会机构。然而，美国的公立学校因为担负的使命太多，因此满足知识社会对教育之需的能力受到了限制。在公立学校体系内外，如今已经可以有许多不同的选择。在公立学校体系内部，特许学校和磁石学校是公立学校的直接竞争对手，它们都是结

⊖ 美国公立学校制度内正在兴起的特许学校，正在催生美国中小学教育的创新机会。美国的特许学校运动是对传统公众教育思想的挑战，为公众提供了不同的选择，在不同方面取得了不同程度的成功。"自从关于特许学校的法律在 20 世纪 90 年代通过以来，新设的特许学校已经接近 3000 所。"资料来源：2007 年 7 月 25 日，http://www.uschartersch- ools. org/pub/uscs_docs/o/movement.htm。

果驱动型的，各自只担负一项使命。在公立学校体系之外，私立学校和家庭学校蓬勃发展。知识社会要求学生掌握一些基本的知识和技能，要求学校提供基于学生强项的教育，进而要求中小学对自己的成果负责，于是就要求中小学确立一个明确的使命和若干可以进行衡量的成果。

反思"政府再造"

在比尔·克林顿执政第一年，副总统阿尔·戈尔（Al Gore）非常高调地推出一项计划，承诺再造政府（reinvent government）[⊖]，结果公众对此反应冷淡。戈尔的计划此后吸引了很多注意力。新闻报道一条接一条，宣称对一个部门或者一项计划完成再造。大型会议也是一个接一个，其中有一个还是总统亲自主持，并且在电视台上做了许多广告。克林顿政府曾经推出许多国内计划，但真正取得了一些结果而不全是空谈的为数不多，这个再造计划就是其中之一。然而，无论是民众还是媒体，都没有表现出多大的兴趣。2000年大选的结果证明，公众对当局开展的再造政府这一计划的绩效没有多少信心。

出现这种情况是有原因的。除了联邦政府以外，那些宣称是再造的变革在完成时甚至根本不会有人通告，即便有可能也就是出现在走廊上的公告牌

⊖ 副总统阿尔·戈尔是全美政府再造合作项目（National Partnership for Reinventing Gove-rnment）的负责人，该项目自1993年4月15日开始运行，2001年1月初终止（参见 http://govinfo.library.edu/npr/index.htm）。该项目的约1300名员工大都是志愿者，来自联邦政府的不同部门。

上面。例如，一家医院希望基层的护士能够独立自主，一家银行希望分行的行长能够独立自主，甚至一家经营不善的制造企业也希望一线主管能够独立自主——这不需要给予太多的赞美，更不用说有什么额外的奖励。

下面是一些政府机构旧时的例子。遗憾的是，这样的例子相当普遍：

- 佐治亚州的亚特兰大市有六个不同的福利计划，每一个过去都有自己的办公室和员工，后来这些计划决定把申请流程统一起来，从而提供"一站式"服务。再造完成之后，实际的效果是，人们打电话过去的时候，而且是第一次打的时候，电话就有人接听。

- 在犹他州的奥登根、加利福尼亚州的奥克兰等城市，美国国家税务局试验过把纳税人当作顾客对待并且提供一站式服务，让每一个工作人员都掌握回答纳税人问题所需的知识，而不是让纳税人东奔西跑。

- 美国进出口银行也做过"再造"，终于承担起 60 年前创建时就该承担的职责：向小型企业提供出口金融服务。

- 位于丹佛市的美国地质调查局的职责之一是向美国公众提供地图，可是公众几乎不知道自己需要的是什么地图，也不知道应该以怎样的方式以及去哪里订购，因为地图的销售目录很难寻得。如果哪一种地图是公众真正需要的，几乎可以肯定这种地图就会缺货。地图不会因为公众的需求量大，或者某一个政府机构订购自用就重印，所以，这种地图如果畅销，它很快就会脱销。另外，地质调查局的仓库照明严重不足，工作人员在接到书面的订单之后，根本找不到对应的地图。后来，该局成立了一个任务小组，结果只是改善了仓库的照明情况，以及另外几处细小的改进。

不过，有一些机构承诺要实现一些宏伟的目标：

- 美国农业部计划把所辖机构从 42 个缩减至 30 个，关闭了 1000 多个办事处，削减了 1.1 万个职位，从而在 5 年内节省开支约 36 亿美元。

·副总统戈尔在 1993 年选定的关于政府再造的 384 个提案中,有近一半是在 1995 年财政预算案中提出来的。如果所有这些建议都被国会采纳,那么有望在 2 年内节省开支约 125 亿美元。

无论是美国农业部的精简计划还是副总统的 384 个提案,都不是什么新鲜事物。我们早就知道许多农业办事处都位于一些已经没有多少农场主的城市和郊区,早在艾森豪威尔时期(1953～1961 年)就已有人建议关闭这些办事处。戈尔的 384 个提案有一大半甚至是大多数可见于 10 年前的《格雷斯报告》(Grace Report),那时还是罗纳德·里根执政。

即便所有这些提案都得到了执行,结果也仍有可能微不足道。美国农业部提出在 5 年内节省开支 36 亿美元,其实平均也就是每年节省开支约 7.2 亿美元,仅比该部 1995 年近 700 亿美元预算的 1% 略高。毫无疑问,戈尔的努力可用一句古老的拉丁俗语来描述:"高山痉挛,生下一只小得可怜的老鼠。"

改　　组

这些努力的徒劳无功,人们经常将其归咎于"官僚体制的阻挠"。当然,谁也不愿意按照上级的命令对本机构进行再造,可实际上戈尔那个计划的成果之一便是获得了许多政府员工,特别是一些基层员工的支持。这些基层员工每天都要跟公众打交道,深受官僚主义和一些荒唐的规章制度之害。例如,他们对地质调查局的地图感到非常骄傲,可是这些精美的地图却因为某些不合理的制度卖不出去。

不够努力这条理由也不充分。以戈尔的计划为例。参加该计划的一些人在华盛顿极其勤勉,每周都要开会讨论,但是仍然没有取得多少结果。参与者有各个主要政府部门的副秘书长,而且有精力极其充沛的副总统也是亲自督阵。整个计划的直接负责人爱丽丝·里夫林(Alice Rivilin)可能算得上对政府机构了解最为深入的内部人士,她首先是国会预算办公室主任,后来担任了美国行政和预算局局长。

这些人非常能干，但是很快就变得举步维艰，因为他们的基本方法不对。他们用打补丁和点焊的办法，这里弄一下，那里弄一下，因此永远做不成什么事情。除非联邦政府及其所设部门从根本上改变它们的管理方式与获得报酬的方式，否则就不可能取得什么结果。所有的政府机构必须让持续改进（continuous improvement）成为自己的一个习惯，并让它实现自我保持。

持续改进，在日本称为改善（Kaizen），被普遍认为是日本人近年来的发明，其实在美国差不多 80 年前它就已得到使用。贝尔电话公司在自一战至 20 世纪 80 年代初解体这段时间，针对每一种活动和每一个流程，不管是安装家庭电话还是生产电话交换机，都一直在使用"持续改进"这种方法。针对每一种活动，贝尔都会界定它的结果、绩效、质量和成本。针对每一个人，贝尔都会设定一个年度改进目标值。管理者不会因为达到这些目标而受到奖励，但是谁要是没有达到目标，就会完全没有获奖的机会，而且很少会获得第二次机会。

这些机构同样需要的还有对标（benchmarking）。这也是贝尔电话公司的发明：每年都要对照每个部门的绩效与其他所有部门的绩效，然后把最好的那个部门的绩效确定为下一年的最低标准。

持续改进和对标在美国联邦政府的文职机构中还几乎不为人知。它们要求现行政策和实践做出根本性的改变，这些改变会受到官僚体系、联邦雇员工会以及国会的强烈抵制。它们要求每一个机构及其每一个部门都要明确**界定自己的绩效目标、质量目标和成本目标**。它们要求对每一个机构应当取得的成果做出界定。然而，持续改进和对标所需的激励又互不相同。绩效改进没有达到预设目标的机构，预算将会被削减——这也是贝尔电话公司的做法。绩效水平连续低于标杆值的管理者将会受到处罚，薪酬降低或者失去晋升的资格——后一种做法效果更好。绩效差的人最终会遭降级甚至被解雇。

尽管国会和联邦政府官员中的几乎每一个人都会认为这是根本性的变

化，但是他们并不能保证所谓的政府再造取得成功。

任何一个组织，无论是生物组织还是社会组织，若其规模要大幅改变，基本结构也必须改变。规模扩大一两倍，组织的结构就必须改变。类似地，任何一个组织，无论是企业，还是非营利组织，或者政府机构，一旦存在的时间达到四五十年，就必须对自己进行反思，因为它的政策和制度已经不再适合当前这样大的规模，如果依然故我，就会变得无法治理、无法管理、无法控制。

美国政府的文职部分就是如此，规模太大，管理政策过时。它的规模如今已经比艾森豪威尔时期大得多，它的结构、政策以及事务和人员管理政策却可以追溯到更早的时间——最早形成于威廉·麦金利（William McKinley）治下的 1896 年，在赫伯特·胡佛的任期 1929～1933 年已经变得基本完整。

实际上，因为美国政府当今所面临的状况而责怪这任或那任总统并没有什么意义，这也不是民主党或共和党的错，而是因为政府的规模已经大到与其现行结构、政策和规章制度不再适应。

反　　思

人们针对混乱的第一反应便总是像戈尔副总统及其助手所做的那样——修修补补。这种做法总是失败。这一招失败后，接下来便是精减人员。管理当局抢起大砍刀，不分青红皂白乱砍一气。在 20 世纪 80 年代末至 90 年代初，美国许多大公司，如 IBM、西尔斯和通用汽车，一个接一个地都是这样做的。它们最初宣称裁减 1 万、2 万甚至 5 万人便可立即扭亏为盈。一年后，扭亏为盈当然仍是镜中花，于是公司宣布再裁减 1 万、2 万甚至 5 万人，可同样还是没有结果。很多精减人员的行为，是外科医生几百年来一直告诫大家要尽量避免的事情：不加诊断便予以切除，结果自然是非死即伤。

不过，有少数组织，包括通用电气等大公司和波士顿的贝斯伊斯雷尔医院等大医院，通过反思（rethinking）悄无声息地实现了逆转。它们的第一招并不是精减人员。事实上，它们清楚削减支出并不是控制成本的正确方式。正确的方法是首先找出哪些活动是高效率的，因此是应该加强、推进和扩张。针对每一个机构、每一条政策、每一个项目、每一项活动，都必须回答下述问题：**"你们的使命是什么？""它现在还值得做吗？""这件事情如果不是因为已经在做，我们现在还会去做吗？"**据我们对成功地使用过这种方法的组织的了解，提出这些问题通常都已足够，不管这些组织是企业、医院、教堂，还是地方政府。

对这些问题的答案几乎从来不会是：现状良好，继续保持。在许多领域，最后一个问题的答案是："是的，我们应该去做，但是会有些变化。我们有了一些新的了解。"

创建于 1970 年的美国职业安全与健康管理局（OSHA）可能就属于这种情况。该局开展工作所依据的假设是：有安全隐患的环境是事故的主要原因。于是，它竭力去做一件绝不可能成功的事情——建立一个没有任何安全风险的世界。毫无疑问，消除安全隐患是一件值得做的事情，但它们只是造成安全事故的原因之一，甚至只是一个次要的原因。事实上，如果单纯只是消除隐患，并没有多少实质性的意义。保证安全最有效的手段是消除危险行为。

该局把安全事故定义为**有人受伤**，这其实是不够的。要真正减少事故，必须这样下定义：只要违反安全制度的行为，无论是否有人受伤，都是安全事故。美国军方的核潜艇，使用的便是这个定义。核潜艇上的每一个人，上至指挥官，下至年轻的海员，只要有违反安全制度的行为，哪怕再轻微，也不管有没有人受伤，都会受到惩罚，于是核潜艇的安全纪录超过了世界上任何一家工厂或一处军事设施，其实很难想象还有哪个环境比拥挤的核潜艇更不安全。

职业安全与健康管理局从事的活动当然有必要继续，但是必须重新确定重点。

许多机构只要做一次这样的分析，就会发现自己的使命已经无法成立——如果现在可以选择，我们肯定不会成立这样的机构。有时是它们的使命已经实现。最神圣不可侵犯的退伍军人管理部是一个例子，该部目前经营着 1400 家医院、医疗中心和疗养院。[○]这些医疗机构在 1930 年前后通过论证成为合格医院，当时老兵比较集中的农村地区和小城镇还很少有医疗水平较高的医院。如今，几乎不管哪里的老兵都很容易找到合格的医院。在医疗水平上，老兵医院顶多算得上中等偏下；在财政上，它们是政府的沉重负担。最糟糕的是，它们不是社区医院，因此老兵在最需要社区和家人照顾的时候不得不远离社区和家人。对于那些年纪比较大又患有慢性病的老兵来说，这一点尤其不便。其实，这些老兵医院和疗养院在很久以前就已完成创办时的任务。除了负责收治近年退伍的军人，为他们治疗心理问题和身体疾病的部分医院之外，其余的全都应该关闭，把业务外包给当地的医院和医疗管理机构。

有时是它们的使命已经不再存在。例如，我们还会成立一个独立的农业部吗？许多美国人会坚定地给出否定的回答。如今农民已经不到美国总人口的 3%，其中只有一半人从事农业生产，因此在商务部或劳工部成立一个局足矣。

那些我们现在不会着手去做的事情，继续开展下去便是浪费，因此应该停止。我们可能很难想象到底有多少政府活动是值得保留的，但是从我和许多组织打交道的经验来看，公众认为没有必要继续存在的文职机构和计划可能要占总数的 2/5 甚至一半。它们甚至没有一个能赢得多数票，也就是大多数人不认为它们组织得当、运行良好。

○　资料来源：2006 年 8 月 27 日，"How Veterans' Hospital Became the Best in Health Care"，Douglas Waller……

放 弃

上述值得继续推行或者予以否决的计划和活动,在任何一个组织中的占比在 3/5~2/3。最棘手的是一些没有产出甚至是起反作用的计划和活动——我们甚至不是很清楚它们错在哪里,更不用说知道如何去理顺它们。

美国政府有两个规模庞大,同时又被认为是极其重要的计划,就属于这个类别。福利计划是一个非常明显的例子。该计划在 20 世纪 30 年代末推出时极其成功,当时它要帮助的对象主要是未婚母亲、孤儿,以及没有知识、没有技能和没有工作经验的人。如今,它所面对的情况已经改变。虽然人们对这个计划实际上还有很大的争议,但是很少有人认为它在起作用或者能够减轻它本该消除的社会问题。

军事援助是美国在冷战时期奉行的主要外交政策,也属于这种情况。如果对一个战时的盟友提供军事援助,效果是非常显著的,看看 1940~1941 年根据《租借法》对英国提供的援助以及对战时以色列的援助就不难明白这一点。但是,如果试图在和平时期通过军事援助的手段来培植一个盟友,那么只会适得其反——这是古希腊哲学家普鲁塔克和罗马历史学家苏维托尼乌斯(Suetonius)信奉的一条定律。美国近年来遭遇的外交困境,特别是巴拿马、伊朗、伊拉克和索马里问题,原因就在于试图通过提供军事援助培植盟友。自冷战结束以来,靠提供军事援助培植出来的真正盟友,即便有,也是极少。通常而言是适得其反,培植出一个敌人。

对于这些计划或活动,人们最常开出的药方就是改革。克林顿总统的福利改革就是一例,后来共和党提出的福利改革也同样如此。这两项改革都是自欺欺人。对于一个失灵的东西,甚至是一个有害的东西,不清楚它为何失灵就贸然对其进行改革,只会让事态变得更糟糕。对于这样的计划,最好的办法是放弃。

也许我们应该进行极少几项受控的试验。在福利计划方面,我们也许可以在全国范围内精心挑选几个地方，对向长期领取失业金的人提供的就业再培训和安置服务实行私有化。印第安纳波利斯的市长史蒂芬·戈德史密斯就在这些方面取得了可喜的成果。在医疗服务方面，我们也许可以在几个州分别实行不同的制度：例如，在拥有实力强大、经验丰富的医疗服务批发商凯撒健康和医疗集团（Kaiser Permanente）的加利福尼亚州，实行有管理的竞争制度（managed competition）；在支持加拿大模式的新泽西州，实行单一给付制度（single-payer）；在俄勒冈州，实行已经试行一段时间的按医疗需要配给的制度。

在某些领域，如军事援助，不可能做试验，而且我们根本不应该做试验，也没有什么假设需要检验，因此我们采取的办法应该是放弃。

反思的结果是发现哪些活动和计划应该加强，哪些应该完全放弃，哪些应该调整重点或者应该对一些假设进行检验。有些活动和计划，尽管没有取得什么成果，但是应该观察多年才终止。

反思的主要目的不是节省开支，而是要大幅提高绩效、质量和服务，但是支出大幅节减始终会作为一个副产品出现，有时节省开支能高达总成本的40%。实际上，美国联邦政府如果通过反思节约支出，数年内便可以消除所有的赤字。但是，反思的主要成果将会是基本方法的改变。传统的决策方法是按照愿望的美好程度排列各种计划和活动的顺序，而反思会按照它们的成果大小进行排列。

例外的"圣战"

读到此，读者肯定都会说："这不可能。对于哪些活动和计划应该加强，哪些应该完全放弃，任何一群人都不可能取得共识。"可是让人感到非常惊奇的是，只是进行反思，不管参与者是什么背景或者持何种信念，他们都会达成相当程度的一致。大家的分歧极少在于应该保留或者加强哪些以及放弃哪些，而是在于一个计划或一项活动是应该立即终止还是过两三年再说。人们意见总有分歧的不会是那些关乎结果的计划，而是那些关乎道德的计划。

在美国，最好的例子是禁毒。禁毒多年，控制滥用药物和吸毒成瘾的成效甚微，甚至还造成许多有害的影响。但是，毒品因为禁毒变得非常昂贵，瘾君子为了弄到足够多的毒资，便去卖淫、行凶、抢劫、杀人，无所不为，从而危害我们的城市安全。换言之，禁毒实际上只是肥了毒品贩子，吓了无毒瘾的人，在城市中心尤其如此。然而，禁毒是一场 "圣战"，禁毒不是出于逻辑性，而是出于义愤，因此无论好处大小，停止禁毒就是 "不义"。

聪明的做法是在反思时把这些 "圣战" 排除在外。所幸这样的计划和活动并不多，90% 以上通过反思都是可以取得很大共识的。

高效的政府

不过，哪怕是一群德高望重的人已经取得共识，有时也不会有结果。对于任何有可能颠覆现状的事情，国会有可能不接受，官员有可能不接受，说客和各种特殊利益群体也会联合起来反对。

在反思之后现在很难采取行动，这一点千真万确。不过，明天呢？ 1992 年美国总统选举，有约 1/5 的选民把票投给了承诺通过削减政府开支消除赤字的罗斯·佩罗（Ross Perot）。还有相当大一部分人，可能也是 1/5，虽然不能把票投给他，但对他的目标也表示拥护。一旦赤字再次大幅增长，那么削减赤字就不可避免，从而让国会、官员和说客们不堪重负。如果不对政府机构目前的绩效进行反思，那么我们就会走上许多大公司的老路——大刀阔斧地，开始精减人员。毫无疑问，会有一些绩效本来还不错，并且需要加强的活动和计划会被错误地砍掉。那样的话，我们非但不能减少赤字，反而会让绩效雪上加霜。

如果我们有一个计划，指出政府有哪些活动需要以及怎样进行反思，那么我们有可能做得到，危机发生时，人们会听从那些事先已经把应对方案考虑清楚的人的意见。当然，没有哪个计划会一字不差地得到执行，哪怕是独裁者也必须做出一些妥协。但是，这样一个计划可以用来作为衡量妥协方案的标准，并有可能让我们避免保留那些过时的、低效的活动时，牺牲那些本该予以加强的活动。尽管它不能保证所有无效的甚至是效果最差的活动被放弃，但它有助于保留那些有效果的活动。

事实上，我们可能已经非常有必要进行政府再造。至少是自大萧条以来，所有发达国家的政府行政时所依照的理论（用富兰克林·罗斯福总统的顾问哈里·霍普金斯的话讲，就是"征税再征税，支出再支出"），都已经**不能继续带来成果**，甚至不能带来选票。"保姆国家"是一个彻头彻尾的失败。美国、英国、德国和俄罗斯的各级政府，都被证明管理不好社区和社会。各地的选民也反对保姆国家的无能、官僚习气和沉重的负担。但是，与此相对立的、主张让政府退回到一战前那种状态的理论，也同样被证明行不通。这种理论首先是哈耶克（Friedrich von Hayek）于 1944 年在《通往奴役之路》（*The Road to Serfdom*）中提出来的，在新保守主义那里达到顶峰。保姆国家尽管在 20 世纪 80 年代占有优势，尽管在美国有罗纳德·里根，在英国有玛格丽特·撒切尔，但它仍然没有衰落。

相反，我们必须找出政府在社区和社会中推行的计划和活动，有哪些是确实服务于某个目的的。它们分别要带来什么结果？联邦、州和地方政府分别可以高效地开展哪些活动？有哪些非政府的手段可以用来完成政府做得不好或者不可能做好，但又值得做的事情？

例如，加州西好莱坞市把过去由市政府提供的许多服务都外包给了私人机构，其中包括公共安全、社区治安、消防、价值 300 万美元的社会服务、市内公共汽车、垃圾搬运，以及交通监控和计算机系统。

同时，克林顿总统在任期的前两年就认识到，政府不能只顾国内事务，而对国际事务不闻不问——那可是他在上任之初的强烈愿望。国际上，例如在波斯尼亚、卢旺达所发生的冲突和危机，美国政府必须关注，因为这些事件是经常会蔓延的。被流亡政府和恐怖组织用作战斗武器的国际恐怖主义，当然也需要政府更加重视外交和军事行动，并且开展更加广泛的国际合作。

我们已经明白，发达国家既不能遂（所谓的）自由主义者之愿扩大政府，也不能遂（所谓的）保守主义者之愿放弃大政府，退回到 19 世纪的无知状态，我们需要的政府必须超越这两个群体的主张。20 世纪建立的超级政府，无论在精神上还是在财政上都已破产。但是，我们要建立的也不能是"小政府"，因为无论是在国内还是在国际上，都有太多的事务需要处理。我们需要的是**高效**的政府——这也正是所有发达国家的选民所呼吁的。

为此，我们需要一个全新的理论：关于政府可以做什么事情的理论。迄今为止，或者至少是从约 500 年前的马基雅维利（Machiavelli）以来，还没有哪个大政治思想家回答过这个问题。所有的政治理论，从约翰·洛克（John Locke）到《联邦党人文集》（*The Federalist Papers*），直至现在的自由主义者和保守主义者所发表的文章，讨论的都是政府的流程，包括章程、权力及其限制、方法和组织等，没有哪一个理论讨论政府本身，也就是讨论政府应该承担什么职能，应该负有取得什么成果的责任。

单纯对政府及其计划、机构和活动进行反思并不能产生新的政治理论，但它可以给我们建立这一理论所需的有关事实的信息。而且有一点是昭然若揭的：我们迫切需要的新政治理论，必须建立在**什么是真正有效的**这一分析之上，而不是建立在我们的**美好愿望**和**承诺**之上。反思不会给我们答案，但或许可以迫使我们提出正确的问题。

迄今为止，"再造政府"还只是一个空洞的口号，但是这个口号揭示了自由政府的需要，而且是迫切的需要。

附　言

1994 年，与纽特·金里奇（Newt Gingrich）有关的、激进共和党人的智囊遗产基金会刊发了题为《政府重建：改造美国的预算案》。它非但没有庆祝胜利，反而完全忽略了"同美利坚的契约"这一宣言。[○]相反，它采取的是本章所主张的方法：系统地针对每一个政府机构、每一项政府服务、每一个政府计划提出"**这件事情如果不是因为已经在做，我们现在还会去做吗**"这个问题。它得出的结论，比我在本章的想法要激进得多。

遗产基金会建议撤销的部门不仅包括本章提到过的农业部，而且包括大部分其他内阁部门，如商务部、能源部、环境署、住房部、退伍军人事务部、国防部、司法部和卫生部（顺便提一下，卫生部是唯一一个在乔治·华盛顿时期不属于内阁的部门）。这个提议对于政府政策和计划也同样激进。这样一个提议被如此严肃地提出，就足以证明"真正再造政府"多年内在美国仍然会是一个中心的、紧迫的政治"热门话题"——在所有发达国家也都是如此。

小　　结

反思政府，首先应该要求每一个机构立即界定自己的绩效目标、质量目标和成本目标，然后要求它们建立正式的持续改进和对标的流程。

接下来，针对每一个机构、每一项政策、每一个项目、每一项活动，都必须提出下述问题："你们的使命是什么？""它现在还值得做吗？""这件事情如果不是因为已经在做，我们现在还会去做吗？"如果对最后一个问题的回答是否定的，那么接着要问："我们拿它怎么办？"那些我们现在不会着手去做的事情，继续开展下去便是浪费，因此应该停止。

○ 1994 年国会选举之前，以纽特·金里奇为首的共和党人发表了一个宣言，详细列举了共和党在取得多数席位之后将要推行的计划。文件的大部分思想来自遗产基金会这一保守智囊。这篇以《政府重建》（*Contract with America*）为题的宣言声称，要通过重新缔结同美国人民的契约，来恢复美国民众对国会和政府的信任。

　　对各种活动和计划进行反思，能让我们发现哪些应该加强，哪些应该放弃。另外，它还能让我们发现哪些是需要试验不同方式的，从而选择一些有能力或者有愿望的地方进行试点。

　　对传统的决策方法进行反思的目标，是要按照各种计划的成果大小，而不是按照愿望的美好程度对它们进行排列。

公共服务机构的创业

公共服务机构，如政府机构、工会、教堂、大中小学、医院、社区和慈善组织、专业和行业协会等，都必须跟企业一样进行创业和创新。事实上，它们甚至比企业更加需要创业和创新，因为当今社会、技术和经济的快速变化，对它们既是更大的威胁，也是更大的机会。

然而，公共服务机构发现自己比最"官僚"的公司都更加难以进行创新，因为"现状"似乎是一个更加难以克服的障碍。自然，每一个服务机构都喜欢变得更大，因为没有利润的考量，规模便成为衡量它们成功的唯一标准，增长的目标便是为了增长。当然，要做的事情总是越来越多。但是，停止"一直在做的事情"，去做一些新的事情，对服务机构来说是令人讨厌的，或者至少是非常痛苦的。

公共服务机构的大多数创新都是在外界或灾难的迫使下进行的。例如，现代大学就是由一个完全的外行、普鲁士外交官威廉·冯·洪堡（Wilhelm von Humboldt）创建的。他在1809年创办了柏林大学，当时17、18世纪的传统大学几乎都被法国革命和拿破仑战争破坏殆尽。60年后，美国的现代大学开始成立，当时美国的传统学院和大学行将就木，对学生再也没有什么吸引力。

类似地，20 世纪军队进行的所有根本性的创新，无论是结构创新还是战略创新，都是在经历耻辱的战败后才开始的：美国军队的结构和战略重组，是在美西战争惨败后由伊莱休·鲁特（Elihu Root）完成的，鲁特是西奥多·罗斯福（Theodore Roosevelt）时期的国防部长、律师；数年后，英国军队的结构和战略重组，也是在布尔战争中遭受同样的耻辱之后由国防部长霍尔丹勋爵（Lord Haldane）完成的，霍尔丹也是一个文官；德国军队在一战中战败之后对结构和战略所做的反思，亦是如此。

在政府方面，1933～1936 年美国的罗斯福新政是近代政治史上关于创新思维的最好范例之一。它也是由严重到几乎把美国的社会结构拆散的大萧条所触发的。

公共服务机构为什么会抵制创业和创新？批评官僚主义的人将其归咎于"胆小的官僚主义者""薪水撑不到下一个领薪日"的趋炎附势之徒、"对权力垂涎三尺的政客"。这已经是老生常谈——事实上在近 500 年前马基雅维利反复论述之时就早已存在。它在 20 世纪初是所谓的自由主义者的口号，现在则是所谓的新保守主义者的口号。事情没有那么简单，选择"更好的人"（这是改革者开出的永远的万能药），其实只是一个妄想。哪怕是最具创业和创新精神的人，只要成为公共服务机构，特别是政府机构的管理者，六个月后就会表现得有如最糟糕的趋炎附势之徒或对权力垂涎三尺的政客。

妨碍公共服务机构创业和创新的力量是内生的，与这些机构如影相随。这一点的最好证据便是企业中的内部服务机构。它们在实质上是企业内部的公共服务机构，通常由来自运营部门的人掌管。这些人的能力已在竞争激烈的市场上受过很好的检验。然而，内部服务机构在创新方面的名声可不是那么好。它们擅长建立帝国，而且总是希望沿着这条路走得更远。它们拒绝放弃任何正在做的事情。简而言之，它们的地位一旦稳固，就很少创新。

现有事务对公共服务机构开展创新的阻碍作用，之所以比在一般的企业还要大，主要原因有三个方面。

（1）公共服务机构的立命基础是"预算"，而不是按成果取得报酬。它是因为开展活动而取得报酬，并且是由别人挣钱之后设立的基金支付的。这里的别人，可以是纳税人或者慈善组织的捐助人，也可以是人力资源部门或者营销服务部门所效力的公司。公共服务机构开展的活动越多，它们的预算就越多。

公共服务机构并不是用取得很好的成果，而是用获得**更多的预算**来定义自己的"成功"，因此放弃一些活动就意味着缩小公共服务机构的规模，从而有损它的地位和威望。开展的活动万一失败，也不能承认。更加糟糕的是，对于目标已经实现这一事实，也是不能承认的。

（2）服务机构有赖于多个投票人。对于一个在市场上销售产品的企业，消费者这个投票人最终优先于所有其他投票人。一家企业只需要占据很小的市场份额，就可以取得成功，进而满足包括股东、员工、社区在内的其他投票人。可是，公共服务机构以及企业内部的服务机构是不根据"成果"获得报酬的，正因为这个原因，力量再微弱的投票人也拥有否决权，因此公共服务机构必须满足每一个投票人，当然也就不能疏远任何一个投票人。

服务机构每启动一项新的活动，就会有相应的支持者，这些支持者会拒绝放弃甚至反对大幅修改这个计划。但是，任何新鲜事物都是会有争议的，这意味着它在还没有获得自己的支持者时，遭到原有活动支持者的反对。

（3）最重要的原因在于，公共服务机构存在的目的就是"行善"。这意味着它们倾向于认为自己的使命是道德上绝对正确的东西，不需要从经济上考虑，因此也无须考虑成本与收益问题。经济学始终要求改变资源的配置方式，谋求更大的产出，因此任何经济上的东西都是相对的，在公共服务机构中没有更大的产出这种东西。在"行善者"看来，"益善"是不存在的。

事实上，在追求"善"的过程中，如果目标没有实现，那就意味着必须加倍努力，因为邪恶的力量比预想的大得多，所以攻击的火力必须更加猛烈。

数千年来，各种宗教的传道者都极力反对"肉体的罪孽"。老实说，他们的成功相当有限，但这一点并不能让传道者分出一部分精力，用来从事一些可能更加容易取得成果的活动。相反，这只能证明他们还必须加倍努力。避免犯下"肉体的罪孽"显然是"道德上的善"，因此是绝对的，无须进行任何成本与收益分析。

用这种绝对正确的方式定义使命的公共服务机构尽管很少，但即使是公司的人力资源部门和生产服务部门，也倾向于认为自己的使命是"行善"，因此是道德使命而非经济使命，是绝对的而非相对的。

这意味着公共服务机构的目标是想要实现**最大化**，而不是实现**最优化**。"反饥饿行动"（Crusade Against Hunger）的负责人宣称："只要地球上还有一个孩子饿着肚子上床睡觉，我们的使命就没有达成。"如果他这样说："如果利用现有的运送渠道让尽可能多的孩子有足够的食物，生长发育没有受到妨碍，那么我们的使命也就达成了。"那么他就会被踢出办公室的大门。以最大化为目标，这个目标也就永远不可能实现。实际上，离目标越近，需要的努力也就越多，因为一旦达到最优化的水平（是理论上最大化的 75%～80%），边际成本就会大幅上升，边际收益大幅下降。因此，公共服务机构离自己的目标越近，挫败感就会越强，推进现有活动的力度也就会越大。

可是，这个时期它取得的成果显然会越来越少。无论成败，只要有人要求它们创新，要求它们做一些其他的事情，公共服务机构都会认为那是对自己的基本承诺、存在的理由以及信念和价值观的攻击，因此非常憎恶这种要求。

这样的想法会严重阻碍创新。公共服务领域的创新大多来自新成立的机构，而不是现有的机构，大体上便是因为这些原因。

当前最极端的例子可能要数工会。在 20 世纪的发达国家中，工会可能是最为成功的机构，它显然实现了成立之初的目标。在西方发达国家中，工会会员所占国民生产总值的比例已经接近 90%，因此工会很难再扩大自己的势力。但是，工会甚至想不出什么新的挑战、新的目标和新的贡献，唯一能做的便是重复过去的口号，发动老套的抗争。由于"劳方权益"是绝对的善，因此显然是不容置疑的，更不用说重新定义了。

大学与工会可能也相去不远，原因之一也在于它在 20 世纪的成长和成功——它们的成长和成功程度仅次于工会。

不过也有不少例外。包括政府机构在内的一些公共服务机构，有时还是历史悠久、规模庞大的机构，它们的经历证明公共服务机构也是可以进行创新的。

例如，美国一些罗马天主教大主教辖区就聘请了一些世俗的人来管理教区，这些人中甚至还有已婚妇女和前公司高管。除了分配圣餐和主持圣会之外，一切事务均由世俗的专业人员和管理者负责。全美的天主教教堂都缺少牧师，这一政策能让牧师把时间腾出来，用于组织圣会和拓展宗教服务。

美国科学促进会是历史最悠久的科学组织，它在 1960～1980 年对自己重新做了定向，在没有丧失领导地位的情况下成为一个"大众组织"。它对自己的周刊《科学》杂志做了彻底的改版，使它成为面向公众和政府的科学代言人，成为报道科学政策的权威刊物，于是成为一本既有坚实的科学基础，又受普通大众欢迎的公开发行的杂志。

美国西海岸的一家大型医院早在 1965 年左右就认识到，医疗行业正在因为自身的成功而发生变化。当时，连锁医院和独立流动医疗中心开始出现，一些大型的城市医院竭力抗拒这些变化，该医院却主动创新，成为这些领域的领导者。事实上，它率先创建了独立的妇产科中心，并向产妇提供汽车旅馆式房间，价格相当低廉，但是配备了所有必要的医疗服务。它还是首家建立独立的移动式手术中心的医院。它还开始创办自愿连锁医院，向所在地区规模较小的医院提供管理服务。

美国女童子军是一个庞大的组织，它成立于 20 世纪初，招收的女童成员达数百万之众。它在组织的三个基本维度，即成员、项目和志愿者三个方面进行创新。

它开始积极从城市新中产阶级家庭，也就是非裔、亚裔和拉美裔家庭招收女童。它认识到，随着越来越多的妇女走上专业和管理岗位，女童需要一些强调专业和职业生涯，而不是强调传统的主妇和保姆角色的新项目和新榜样。女童子军的管理人员还认识到，负责组织当地活动的志愿者资源也在开始枯竭，因为越来越多的年轻母亲不再待在家里无所事事，到处找事情做。不过他们也发觉这些年轻的职业母亲是一个机会，女童子军可以设法为她们做一些事情，同时女童子军与所有的社区组织一样，在志愿者招收上面临严重的制约。于是，他们开始改变女童子军志愿者工作的内容，让志愿者在陪伴自己孩子玩耍的同时对孩子进行培养，以此来吸引职业母亲从事志愿者工作。最后，女童子军还认识到，职业母亲没有足够多的时间陪伴孩子对于女童子军来说还是一个机会，由此开创了学龄前女孩的童子军活动。就这样，女童子军扭转了招收的孩子和志愿者双双下降的不利局面。与此相对，规模更加庞大，历史更加悠久，财力也雄厚得多的童子军，对此局面却束手无策。

我很清楚，我举的这些全都是美国的例子。毫无疑问，类似的例子在欧洲和日本也都能找到。这些例子虽然有局限性，但是我希望它们足以说明公共服务机构开展创新需要哪些创业政策。

（1）公共服务机构需要明确定义自己的**使命**。这个机构努力做的是什么？它存在的目的是什么？它必须关注自己的目标，而不是各种计划和项目。**计划**和**项目**只是**实现目标的手段**，因此始终应该被当成是暂时的、短期的。

（2）公共服务机构需要一个**现实的**目标宣言。它应该说"我们的任务是减轻饥荒"，而不能说"我们的任务是消除饥饿"。它需要一个真正可以实现的目标，从而致力于一个现实的目标。只有这样，它有朝一日才能说："我们的任务完成了。"

当然，有一些目标是永远不可能实现的。例如，在任何一个社会里维持公正显然都是一个没有尽头的任务，即便是用很普通的标准来衡量也是永远不可能充分完成的。但是，大多数目标都可以而且应当是最优化的，而非最大化的。那样的话，就可以说："我们已经实现孜孜以求的目标。"

学校校长的传统目标就应该这样来考虑。他们的目标一直是让大家接受多年的学校教育，这个目标在发达国家早已实现。那么，现在的教育要做什么事情？也就是说，"教育"相对于纯粹的学校教育来说有什么含义？

（3）目标未能实现，应该被视为目标本身是错误的或者至少界定有误。如果在一再努力之后目标仍未实现，那么我们就必须假定目标本身是错误的。不能认为目标没有实现便是需要加倍努力。其实，那显然是怀疑目标是否正确的一个理由——这与大多数公共服务机构的观念恰恰相反。

（4）最后，公共服务机构必须让自己的政策和实践适合于不断寻找创新的机会。它们必须把变化视为机会而非威胁。

即便是政府，也只要遵守一些简单的规则就可以开展创新。例如，内布拉斯加州的林肯市是西方国家第一个由市政府提供交通、电力、煤气和供水等公共服务的城市，但是早在20世纪70年代初，该市就在女市长海伦·博萨利斯的领导下对垃圾收集、学校通勤等许多公共服务实行私有化，由市政府提供资金，通过招标选取私营供应商。结果不仅开支有了显著的节减，而且服务质量有了更大幅度的提高。

博萨利斯看到了把政府这个公共服务的"提供者"与私营企业这些"供应者"分开的机会，这就使得该市可以引入竞争，从而提高了服务标准，提高了服务的效率和可靠性，并且降低了成本。

公共服务机构若想变得善于创业和创新，它们的政策和实践就必须遵守上述四条规则。另外，它们还必须采纳本书第 34～37 章所讨论的政策和实践——它们是任何现有组织变得善于创业都必须遵守。

创新的必要性

公共服务机构的创新为什么如此重要？我们为什么不能像过去那样，让现有组织保持原状，把提供所需创新的希望寄托在新创组织身上？

答案在于公共服务机构在发达国家已经实在太重要、太庞大了。包括政府机构和非营利性的非政府机构在内的整个公共服务部门，在 20 世纪的成长比私营部门更快，速度可能是后者的 3～5 倍。特别是自二战以来，它的增长尤其迅猛。

在一定程度上，它的增速已然过快。公共服务活动只要有可能转化为营利性的企业，就应该转化。这条原则不是仅适用于林肯市那些已经实现私有化的市政服务。事实上，许多美国医院已经从非营利机构转化为营利机构。这有可能让职业教育和研究生教育一哄而上。但无论如何，对发达社会中薪酬最高的人，也就是持有高级专业学位的人提供补贴，是很难找到充分理由的。

资本形成（capital formation）是发达社会一个中心的经济问题，因此如果某些活动可以形成资本，也就是可以盈利，我们就不能让它们成为"非营利"的。换句话说，就不能让它们成为挥霍资本的活动，而是要成为形成资本的活动。

然而，公共服务机构所开展的大部分活动仍然会成为公共服务活动，而且既不会消失，也不会转化为营利性的。于是，这些活动的效果和效率必须得到提高，公共服务机构必须学会成为创新者，学会以富有创业精神的方式进行管理。为此，它们必须学会把社会、技术、经济和人口构成情况等领域的快速变化视为机会。

否则，它们就会成为障碍。抱着那些不再适合于新环境的计划和项目不放的公共服务机构，会越来越无力实现自己的使命，可是它们又不能或者不愿意放弃自己的使命。于是，它们会越来越像1300年左右的封建贵族——丧失了所有的社会职能，除了还拥有阻挠变化和进行剥削的权力之外，已经一无所有，成为毫无用处的寄生虫。它们会不断**丧失合法性**，可是仍然自以为是。显然，这种情况已经发生在曾经最强大的公共服务机构，也就是工会的身上。然而，一个快速变化的社会面临许多新的挑战和新的要求，也会带来许多新的机会，这样一个社会**需要**公共服务机构。

美国的公立学校就同时反映了变化带来的机会和威胁。这些学校如果不大力创新，就不太可能生存下去，随着越来越多的中等收入和高收入家庭把孩子送去私立学校和教会学校，它们最后只能沦为贫民窟少数族裔的学校。

美国社会在历史上首次面临教育阶层化的威胁，几乎只有家庭最贫困的孩子留在公立学校，至少在容纳了大部分人口的城市和郊区是这种情况。造成这一局面的责任完全在公立学校自己身上，因为公立学校应该进行哪些改革早就昭然若揭了。

许多其他公共服务机构的处境也与此类似。情况已经明了，创新的必要性也很清楚，它们现在要学会的就是如何把创业和创新纳入自己的体系。它们如果不这样做，就会被那些新出现的、提供创新公共服务的机构所取代。

19世纪后期至20世纪初期，是公共服务领域创造和创新的高峰时期。在直至20世纪30年代的75年时间内，技术创新非常活跃、丰富和迅猛，社会创新无疑有过之而无不及。但是，这个时期的创新所采取的形式是创建新的公共服务机构。如今，我们对社会创新的需要更加迫切，但是它们绝大多数都将发生在现有公共服务机构内部。因此，让公共服务机构实行创业管理，可能是我们这一代人所面临的首要政治任务。

小　结

社会要繁荣昌盛，就必须拥有许多资本形成的发动机。服务机构的费用来自财富创造机构的盈余。一个发达社会不能让服务机构浪费资本，因此，公共服务机构必须取得良好的绩效，必须善于创新。要做到这一点，方法之一是对任何可以进行外包的活动实行私有化，把非营利性的活动转化为营利性的活动。只要这些服务活动的使命是清晰的，那么仅凭这一步就可以提高这些活动的成效。

社会部门和政府机构开展的大部分活动是不可能私有化的，承担这些活动的机构就必须努力消除创新的障碍。可供参照的成功事例很多，例如美国的女童子军、美国科学促进会和内布拉斯加州的林肯市。

公共服务机构开展创新需要满足四个条件。

（1）明确定义自己的使命。

（2）确立可以实现的目标，并且用最优化的而非理论上最大化的方式来表达。

（3）找出那些反复努力都未能实现的目标。反复努力仍然失败意味着目标要么应该重新界定，要么应该放弃。

（4）引入在其他经济部门已被证明行之有效的创业政策和创业实践。

4

高效率的工作与有成就的员工

MANAGEMENT

让工作富有效率，让员工有所成就，这是管理任务的第二个重要方面。然而，我们对此知之甚少。民间传说和无稽之谈不少，经过检验的、可靠的知识却十分匮乏。我们确切地知道：自200多年前工业革命开始以来，工作和劳动力队伍正在发生着前所未有的巨大变化。我们还确切地知道：至少发达国家需要一系列全新的方法——有关工作分析、综合和控制的方法；有关职位结构、工作关系和报酬结构与权力关系的方法；有关让员工勇于承担责任的方法，等等。我们也确切地知道：我们必须改变人员管理的方式，从过去把"人员"作为"成本中心"和"问题"，转变为对人员进行领导。

让工作富有效率，让劳动者富有成就

没有几个词像"工作"这个词一样，让人充满着如此矛盾的情绪，或者承载着如此丰富的情感。在"工作和休息"这一对词中，"休息"显然是好的。但是，"退休"是否比"工作"更好，则是值得怀疑的。工作比"懒惰"好，这毋庸置疑。不过，"失去工作"非但不是一件好事，反而是一场灾难。

在"工作和玩乐"这一对词中，"玩乐"带有让人向往的含义。但是，"玩乐似地当一名外科医生"，则绝不是一件好事。工作可能会有很高的造诣，例如"某艺术家的毕生之作"，工作也可能是极为劳累、繁重和枯燥乏味的。

"工作"（work）与"劳动"（working）是密切关联的。除非有人劳动，否则工作就不可能完成。如果没有工作，也就无须劳动。

可是，工作和劳动有很大的区别。工作是不具人格的，是客观的，它是一种"事物"。不是所有的工作都可以进行测度与衡量，但即便是最无形的工作，也是独立于劳动者客观存在的。

工作和玩乐有什么区别，这是一个古老的问题，从来没有人给出令人满意的答案。有时，工作和玩乐完全是同一种活动。例如，刨木头这种活动，如果是家具厂的工人在干，它就是工作，但如果是一个业余爱好者在周末干，它就是玩乐。从心理和社会的角度看，两者差别很大。真正的区别可能在于工作不同于玩乐，它是不具人格的，是客观的。玩乐的目的是服务于玩乐者，工作的目的则是服务于最终产品的使用者。如果最终产品不是由玩乐者决定，而是由其他人决定，那么我们就不能称之为玩乐，而要称之为工作。

劳动是由人，即劳动者完成的。它是人类所独有的一种活动。所以，劳动包括**生理**与**心理**、**社会**与**社区**、**个性**、**经济**和**权力**等多方面的因素。正如关于人际关系的一句老话所言："你不能只雇用一只手，因为整个人都会随它们一起来。"

所以，工作和劳动遵循着不同的规则。工作属于客观事物的范畴，有着自己的、不具人格的逻辑；劳动则属于人的范畴，有着动态的性质。但是，管理者始终必须对工作和劳动都进行管理，必须让工作富有效率并让劳动者有所成就，必须把工作和劳动者（员工）整合在一起。

处于快速变化中的工作和劳动者

正如第4章所述，工作和劳动者都在发生快速的变化。20世纪末发生的最重要的变化（它们也有可能成为21世纪大部分时间里最重要的变化），是自工业革命在两个多世纪前发生以来的最根本性的变化。

两个多世纪以来，工作的组织方式从家庭转变为社会，劳动方式则从个人劳动转变为在组织中劳动。与此同时，劳动人口的重心正从体力劳动者转变为知识工作者。在所有的发达国家，用思想、概念和理论来工作，而不是用双手工作的人，在劳动人口中所占比例越来越大。这些劳动者的产出不是实体产品，而是知识和信息。在半个世纪以前，知识工作主要是由少数独立工作或者在很小的团体中工作的自由职业者完成的，劳动人口主要都是体力劳动者。

体力劳动者的危机

这些变化给体力劳动者及其独特组织造成了危机。

产业界的体力劳动者是工业革命的产物。200 年来，他们一直在为争取经济安全、社会地位和权力而斗争。在一战结束以后的 90 年间，他们取得的进展令人瞩目。在大多数发达国家，体力劳动者曾经是处于勉强维持生计边缘的"无产阶级"，但是他们后来获得了充分的经济安全，收入比过去的富裕中产阶级还要高，政治权力也越来越大。

随着知识工作者的兴起，体力劳动者再次陷入危险的境地。他们的经济安全受到威胁，社会地位和威望也在迅速丧失。发达国家的产业工人认为自己非常困苦，甚至在起步之前就已失败。当然，这并不是管理行动导致的结果，而是社会发展及其产生的压力所造成的。

在所有的发达国家，那些能干、聪明和有抱负的人，在达到能从事体力劳动的年龄以后，越来越倾向于留在学校继续学习。所有的社会压力，包括来自家庭、邻居、社区和学校的压力，都迫使年青一代接受更多的学校教育。15 岁左右曾经是从学校毕业开始从事体力劳动的年龄，现在如果有人在这个年龄离开学校，那么他们就是辍学者、失败者和被弃者。

发达国家的体力劳动者现在对自己、组织及其管理当局感到不满、怀疑，心存怨恨。他们不会像先辈那样成为革命者，因为他们非常清楚革命显然不可能改变自己的基本条件。

工人运动仍然在抨击利润制度。在 20 世纪的大部分时间里，在所有的发达国家中，正是体力劳动者和知识工作者形成的联盟，在政治上占据了统治地位，例如美国的罗斯福新政、欧洲的社会民主党和工党。在 21 世纪早期，最主要的政治事件可能是这两个集团之间的裂痕日益增大。

工会的危机

随着重心向知识工作和知识工作者转移，体力劳动者的地位也会发生改变，这不仅会造成新的阶级差别，而且会给体力劳动者自己的组织，也就是工会，带来严重的困难。

这个方面最明显的迹象，也许就是工会领袖素质的急剧下降——这主要是"教育爆炸"所产生的结果。过去，又能干又有抱负的年轻工人，由于贫困而不得不提前离开学校，成为工会领袖便是他们唯一的职业发展机会。现在，发达国家的几乎每一个又能干又有抱负的年轻人，都可以待在学校里读完大学，甚至是获得硕士和博士学位。于是，这些年轻人便跻身专业人员和管理阶层之列。他们可能仍然同情工人，但在工人阶级看来这些人已经丧失了领导素质。填补由此造成的真空的工会领袖，可能不是由于有远大的抱负，而是由于怨恨才走上这条道路的。他们的能力要差得多，特别要紧的是他们还缺乏自信心。他们是软弱的领导者——一个行业最糟糕的情况，就是该行业的工会领导层孱弱无能。

另外，年轻的工人认为自己是"失败者"，这又使得他们抵制自己选出的工会领袖，并对他们心存怨恨。一个工人一旦在工会担任重要的领导职位，他就自动有了"身价"。他们同政府或工商界中的权贵打交道，他们行使权力，他们拥有代表权力的一切东西——大办公室、大批随从和助手、办公桌上摆着好几台电脑等。为了高效地开展工作，工会领袖必须成为"他们"中的一员，不再是"我们"当中的一员。过去，工人认为工会领袖是代表工人的，因此对工会领袖成为有权者感到骄傲。现在，年轻工人强烈地觉得自己是失败者和被弃者，因此就抵制工会领袖的权力，程度甚至超过对上司权力的抵制。结果，工会领袖日益丧失对工会会员的控制力，并且受到工会会员的批判、抵制和否认。反过来，这又使得工会变得日益软弱，因为一个工会如果不能代表工会会员的意志和行为，不能保证履行与资方签署的协议，不能让会员拥护工会领袖的地位和行动，那么这个工会就是软弱无力的。

毫无疑问，集体谈判会碰到麻烦。这里所说的集体谈判，既包括个别公司和工会之间的谈判，也包括像西欧和日本那样一个行业和全行业的工会之间的谈判。集体谈判是一场文明的工业战争，是 20 世纪初的一项重要成就，它今后能否继续存在值得怀疑。如果不能，用什么去代替它，我们至今毫无头绪。

工会与知识工作者

无论是劳动者还是社会，都需要有一个机构来代表劳动者与管理当局打交道。管理当局拥有而且也应该拥有权力。任何一种权力都需要制约和控制，否则就会成为专制。工会是对管理当局的权力形成制约的一种非常特殊的、几乎毫无先例的一个机构。它是一个永远不可能成为执政党的反对党。然而，它在有限的范围内承担着重要的社会职能。不幸的是，它越来越无力履行这项职能。

将来可能比过去任何时候都更加需要工会的这种反对作用。体力劳动者已经开始准确地感觉到，自己不能再依靠一个政党及其对多数人的吸引力。这是工人和自由主义者在罗斯福新政时期的联盟关系逐渐瓦解的结果。而且，需要加以约束的权力，日益变得不是老板或资本家的权力，而是受过良好教育的中产阶级知识工作者的权力。这些知识工作者对利润不是很感兴趣，对权力却很感兴趣。最激烈的权力冲突，并不是发生在私营企业或整个工商界，而是发生在学校工人和学校董事会之间，护理人员和医院当局之间，教学辅助人员和研究生导师之间。这些冲突，是工人与公共利益之间的冲突。在这些冲突中，那些旨在得到大众支持和吸引多数选民的政党，几乎必然站在上司那一边。这是因为，任何雄辩都不能掩盖一个事实：解决冲突所付出的代价，不是用利润来支付的，而是肯定要用涨价或增税来支付。

公共服务机构所面对的组织与员工关系的问题，可能比企业所面临的问题要复杂得多，可是准备得又远没有企业那么充分。医院、学校和政府机构等已经日益工会化。这些机构中的体力劳动者或级别较低的办事员，可能比制造业或服务业中的体力劳动者更加觉得自己处于"被剥夺"的地位，更加觉得自己已经沦为二等公民。

工会自身无力考虑清楚自己的未来作用，也不可能找出结构和职能方面的新方法。原因之一是，工会先驱们已经行将就木或者即将退休，接替他们的新领导人大多没有他们那么能干，那么成熟，那么胜任。同样重要的事实是，这些新领导者只有反对一切，才能维持他们对会员的微弱控制。这些新领导者甚至不敢提出问题，更不用说去寻找答案。他们不敢实行领导，可又必须倾尽全力才能够保住位置。

在劳资关系方面，我们需要有新的政策。无论是在发达国家还是在发展中国家，也无论是企业还是公共服务机构的管理人员，都必须想清楚工会的未来，以及工会在机构内部和社会中的作用、职能和地位。这是管理当局的一项重要的社会责任，也是管理当局的一项重要的商业责任。

工会危机日益严重，我们能否化解以及如何化解这一危机，将极大地影响企业、经济和社会的未来。

深入思考工会的作用和职能，也符合管理当局自身的利益。认为工会软弱便意味着管理当局强大，这完全是自欺欺人。工会化是所有发达国家中的一个既成事实。一个软弱的工会，也就是一个既没有确定的作用、职能和权威，又没有强大、稳固和有效的领导的工会，意味着将会出现罢工、不负责任的要求、日益增长的怨恨和紧张的局势。这不会让管理当局变得强大，而是会让管理当局遭受挫败。

管理知识工作者：新的挑战

管理知识工作和知识工作者基本上是一项全新的任务。我们对这个任务的了解，比对体力劳动者的管理还要少，因此这个任务也更加艰难。然而，正因为它是一项全新的任务，也就不会受由来已久的怨恨、相互犯忌、过时的限制和规章制度之累。于是，对知识工作和知识工作者进行管理，便可以全力关注如何制定正确的政策和实践，全力关注创造未来和把握机会，而不是关注如何摆脱过去和解决问题。

管理知识工作和知识工作者需要出色的想象力和勇气以及高超的领导能力，在某些方面而言比管理体力劳动者要求更高。这是因为，人们长期以来都把各种恐惧，例如对经济贫困的恐惧，对职业保障的恐惧，对公司保卫人员或地方警察施以体罚的恐惧，作为一种武器，用来管理体力工作和体力劳动者，但是这个武器对知识工作和知识工作者完全不起作用。

除了最低层次的知识工作者以外，知识工作者的效率不会因为恐惧而提高。只有**自我激励**和**自我指挥**才能让他们富有效率。可以说，他们要想有任何产出，就必须**有所成就**。

每一个发达社会的生产率都日益取决于**让知识工作富有效率**，以及**让知识工作者有所成就**，这是知识型新社会一个核心的社会问题。管理知识工作没有先例可循。知识工作过去都是由个人独自完成或者以小团体的方式完成的，如今却大多是在复杂的、配备管理当局的大型机构中完成的。知识工作者在组织中扮演的甚至不是过去的"知识型专业人员"这一角色，而是相当于过去的技术工人。

更糟糕的是，我们无法真正界定，更不用说衡量大部分知识工作的生产率。如果是杂货店的一名售货员，我们还可以对他的生产率进行界定和测量，但如果是制造企业的一名现场销售人员，生产率就会变成一个含义不太明确的词。它是指销售总额，还是利润贡献？利润贡献会因为各个销售人员所负责的产品组合存在很大差异。或者，它指的是相对于该地区的潜力销售额（利润贡献）？企业在决定销售人员提高生产率的关键能力时，也许应该选择销售人员保留老顾客的能力，但也许应该选择销售人员开发新顾客的能力。相比界定和测量体力劳动者的生产率，哪怕他们的技术水平再高，上述这些问题也要复杂得多。就体力劳动者而言，人们始终可以用产出的数量，例如用每小时、每天或每周生产的符合某个质量标准的鞋子数量，来界定和测量他们的生产率。

对知识工作者的成就进行界定要困难得多。只有知识工作者本人才能了解在工作、工作绩效、社会地位和自豪感等方面，到底有哪些是能让自己获得满足感的。只有获得满足感，知识工作者才会觉得自己做出了贡献、有所成就、奉行了自己的价值观以及实现了自我。

劳动力的分类

然而，把劳动力分为体力劳动者和知识工作者并不是唯一的划分方式。例如，**服务人员**是"生产"人员，但又不是机械操作人员，因此是性质截然不同的一个重要类别。同样重要的是，在所有发达国家中，劳动力还可以按照性别进行划分。

直到最近，女性员工要么只是从事一些临时性的工作，在学校毕业以后和结婚以前这段时间工作，要么只是从事一些比较低等的工作。"受人尊敬的"工人的妻子，一般不会外出工作。至于有工作的上层女性，大都是独立的专业人员，如医师、律师和教授，另外就是中小学教师和医院护士。

这种情况如今在所有的发达国家中都已显著变化。很大一部分女性成为员工，这似乎是发达国家的一个标志。越来越多的已婚中产阶级女性成为普通的员工。随着生育的儿女数量以及家务大大减少，有越来越多的中产阶级和富裕阶层的女性加入劳动力队伍。这种趋势仍将继续。（关于职业女性增加的趋势，参见第 5 章。）这种趋势的推动力是**经济**、**社会**和**心理**上的因素。

但是，职业女性往往要求有一种符合自身实际情况和条件的不同的工作结构。例如，有孩子的妇女常常不做全职工作或者要求采用弹性工作制。

劳动力的类型不同，对福利待遇的需要也不同。现金工资在大家眼中的价值基本相同。但如果是退休工资、住房或教育津贴、医疗保险等其他福利，他们的需要和期望就会因性别、年龄、家庭负担、自己以及家属所处年龄段而相去甚远。

对工作和劳动者进行管理面临两大挑战：一是**体力劳动者心理和社会地位的变化**（他们所受的教育比过去更多，收入也更高，但是仍然觉得自己从过去颇有自尊的工人阶级降为二等公民）；二是**知识工作和知识工作者出现**并成为后工业知识社会的经济和社会的核心。

新一代劳动者

正是这些变化揭示了新一代劳动者的出现。他们是年轻的一代，特别是受过良好教育的年轻人，他们不仅对传统的经济关系，同时也对传统的权力关系构成挑战。

人们常常把年轻人提出的挑战归因于"丰裕"，这种解释太过肤浅。的确，丰裕是一种全新的现象。在人类历史的长河中，绝大多数人总是生活在勉强维持生计的边缘，绝大多数人从来都是吃了上一顿不知下一顿在哪里。现在，发达国家的绝大多数人在经济上都有了保障，至少从传统意义上讲是如此。但是，没有迹象表明，绝大多数人对经济报酬（无论是物质的还是非物质的）没了胃口。相反，绝大多数人因为已经分到生产率提高的部分果实，显然渴望得到更多——比目前的经济产出水平所能提供的多得多，可能比地球的有限资源所能生产的也多得多。

工作结构和工作特征的变化要求工作不能仅仅提供经济利益。

工作不能仅仅让劳动者维持生计，**它还必须让劳动者拥有生活**。这意味着让工作富有效率以及让劳动者有所成就变得比以往任何时候都更加重要。与此同时，不管是体力劳动者（内心带着深深的不安全感），还是知识工作者

（获得了新的地位），都希望工作能带来非物质的心理和社会满足感。他们未必希望工作是一件愉快的事情，但他们肯定希望工作是一件有成就的事情。

小　　结

　　对工作和劳动者进行管理所面临的主要挑战：一是体力劳动者的心理和社会地位发生了变化；二是工会的传统角色和职能因为过去的成功使其如今面临危机；三是出现知识工作并将成为后工业知识社会经济和社会的中心。工作在发生变化，劳动力队伍也在发生变化，意义特别重大的是发达国家各个阶层的女性有越来越多的人成为职业女性。

体力工作与体力劳动者的管理

管理在 20 世纪所做出的最重要的同时也是真正独特的贡献，是让制造业**体力劳动者**的生产率提高了 50 倍。

管理在 21 世纪所需做出的最重要的贡献，便是要像在 20 世纪那样提高**知识工作**以及**知识工作者**的生产率。

20 世纪的企业所拥有的最宝贵的资产是生产设备，而 21 世纪的机构，无论是企业还是非企业，它们最宝贵的资产是知识工作者以及知识工作者的生产率。

体力劳动者的生产率

首先，让我们来看看目前的情况。

仅仅是在 100 多年以前，人类历史上才出现第一个受过良好教育的人开始对体力工作和体力劳动者进行真正的思考，并且开展深入的研究。一些伟大的诗人，例如希腊诗人赫西奥德（Hesiod，公元前 6 世纪）以及 500 年后的罗马诗人维吉尔（Virgil，公元前 1 世纪末），曾经赞美过农民的劳作，这些诗篇至今堪称人类历史上最杰出的作品。可是，无论是他们笔下的农耕活动还是农民，都与现实情况不符。无论是赫西奥德还是维吉尔，既没有使用过镰刀，也没有放过羊，甚至没有观察过那些劳作的农民。维吉尔赋诗的 1900 年后，卡尔·马克思（1818—1883）开始分析体力工作和体力劳动者，可他也没有亲自摸过机器。第一个先当过体力劳动者，然后开始研究体力工作的人，是泰勒。

自从人类历史有记载以来，当然也远在有任何历史记录之前，我们今天所称的"生产率"一直在不断提高。不过，那都是新工具、新方法和新技术的结果，都是经济学家所称的"资本"的进步。千百年来，经济学家所称的"劳动力"的进步很小。劳动者若想得到更多产出就必须提高劳动强度或者延长劳动时间，这已成为人类历史上的一条公理。19 世纪的经济学家与今天的经济学家一样，彼此的观点大相径庭，但自李嘉图（1772—1823）至马克思的所有经济学家都认为，劳动者在技能水平上千差万别，而在生产率方面只有懒惰和勤劳之分，或者只有身体强壮与羸弱之分。生产率这个概念是根本不存在的。

在泰勒首次对体力工作进行观察和研究之后的 10 年内，体力劳动者的生产率开始史无前例地提升。从此以后，生产率以年均 3.5% 的速度稳步上升，这意味着自泰勒以来已经提高 50 倍之多。20 世纪的所有经济和社会成就，便是建立在这一成就的基础之上。体力劳动者的生产率创造了我们现在所称的"发达"经济体。在泰勒之前，是没有发达经济体的，所有的经济体都是一样的"欠发达"。如今的任何一个欠发达经济体，甚至是任何一个"新兴"经济体，都是一个没有让体力劳动者充分发挥效率的经济体，当然可能还会有其他原因。

提高体力工作生产率的原则

泰勒提出来的原则听起来简单得让人有些不以为然。

提高体力劳动者的第一步是对作业进行观察，**分析这一活动的构成动作**。第二步是记录每一个动作，包括付出的体力和耗费的时间。然后，剔除不必要的动作——无论观察什么样的体力工作，我们都可以发现大量过去认为神圣不可侵犯的步骤其实是浪费，不会创造任何价值。接下来，就是把获得最终产品所需的每一个动作进行合理的编排，以便用最简单的方式，也就是最容易，对操作者的体力、脑力和时间耗费最少的方式来完成这些动作。然后，便是把这些动作合并起来形成一项"作业"。这项作业要有一定的**逻辑顺序或成体系**，包括提供一些对方向、数量、质量和可以接受的偏差等情况进行控制所需的相关信息。最后，对完成这些动作所需的**工具重新进行设计**。无论何时观察哪一项作业，不管这项作业已经存在几千年，我们总能发现一些传统的工具是完全不适合这项任务的。例如，铸造车间用来装卸沙子的铲子就是如此，它的形状、大小和把手的结构都不正确。工人装卸沙子是泰勒研究的第一项作业。

泰勒的这些原则听起来再浅显不过——正确的方法总是如此。实际上，它们是泰勒花了 20 年时间，通过无数次试验才总结出来的。

在过去的 100 多年间，人们对这些原则做过无数次改变、修订和完善，这种方法的名字也一再变化。泰勒最初给自己这种方法命名为**作业分析**或**作业管理**，20 年后将其改名为**科学管理**。又过了 20 年，到一战结束之后，这种方法在美国、英国和日本被称为工业工程，在德国则被称为**合理化**。几乎每个人都宣称自己的方法是"抛弃"了泰勒的方法，并且可以取而代之。

正是让泰勒的方法如此有效的东西，让它们很不受人欢迎。泰勒在对各种作业进行实际观察后发现，实际情况完全有悖于从赫西奥德到马克思等诗人和思想家关于工作的描述。这些人赞颂劳动者的高超技艺，可是泰勒发现体力工作中没有所谓的高超技艺，有的只是一些简单的重复动作。能让这些动作的效率得以提高的东西便是知识，也就是把一些简单的、不需要什么技能的动作结合在一起，合理组织并予以执行的方法。事实上，泰勒是把知识运用到工作中的第一人。[⊖]

这使得泰勒成为同时代工会的死敌。当时的所有工会都是手工艺协会，是建立在技艺的神秘性以及对技艺的垄断这些基础之上的。

另外，泰勒还主张工人应该按照生产率，也就是按照产出而不是投入（如劳动时间）取得报酬——这一点至今仍然受到工会的强烈谴责。泰勒把工作定义为一连串的操作，也大致能够解释他为什么会受到那些不从事任何体力劳动的人的排斥，这些人包括旧时诗人和思想家的后代、知识界人士和知识分子。这是因为，泰勒毁灭了笼罩在工作之上的浪漫气息，让工作变得不再是一种"高尚的技艺"，而是变成了一连串的简单动作。

百余年来，凡是对提高体力劳动者的生产率有任何促进作用，进而也提高了这些人的实际工资的每一种方法，无论它们的拥护者是如何极力宣扬这种方法与泰勒原则的不同之处，实际上都是建立在泰勒原则的基础之上的。"工作扩大化""工作丰富化""轮岗"等，都是使用泰勒的方法去缓解劳动者的疲劳，从而提高他们的生产率。像亨利·福特的汽车装配线那样，把关于作业分析和工业工程的泰勒原则拓展到体力工作的全过程也是如此（福特的装配线是在 1914 年以后创建的，当时泰勒年老体衰，已经退休）。日本企业的"质量小组""持续改进"和"准时制交付"，也均是如此。

但是，最好的例子要数爱德华·戴明（Edwards Deming，1900—1993）

⊖ 对于医学这个最古老的知识型职业，差不多与泰勒同一个时代的人威廉·奥斯勒（William Osier，1849—1919）也在同一个时间做了相同的研究，发表在 1892 年的《医学原则与实践》（*The Principles and Practice of Medicine*）一书中，该书可能是公元前 3 世纪阿基米德《几何》问世以来最好的教科书。我们完全可以把奥斯勒的工作称为把科学管理应用到医疗诊断领域。奥斯勒还跟泰勒一样，声称没有什么"技艺"，只有方法可言。

的"全面质量管理"。戴明所做的事情，也就是让全面质量管理生效的事情，就是完全按照泰勒的方法对作业进行分析和组织。但是，他后来在 1940 年前后引入了建立在统计学理论基础之上的"质量控制"。统计学是在泰勒过世的 10 年前才发展起来的。最后，到了 20 世纪 70 年代，戴明用闭路电视和计算机模拟代替了泰勒的秒表和动作照片。尽管如此，戴明的"质量控制分析员"也酷似泰勒的"效率工程师"，工作方式也完全相同。

尽管泰勒有很多的局限性和缺点，但是在美国历史上，甚至包括亨利·福特（1863—1947）在内，也没有一个人的影响大过泰勒。**科学管理**（及其演化出来的**工业工程**）是真正传遍整个世界的美国思想，其影响之深远甚至超过了《美国宪法》和《联邦主义者文集》。在 20 世纪，全世界只有马克思主义这一思想能与泰勒的思想匹敌。

在一战期间，科学管理的思想横扫整个美国——随之传遍美国的还有福特按照泰勒原则建立的装配线。20 世纪 20 年代，科学管理横扫整个西欧，并且开始在日本扎根。

在二战期间，无论是德国还是美国所取得的成就，都是因为把泰勒原则贯彻到了培训中。德国的总参谋部在一战失败之后开始实行"合理化"，也就是把泰勒的科学管理运用到战士的活动和军事训练。在美国，这些原则用于培训产业工人，首先是在一战期间小试牛刀，后来是在二战期间得到充分运用。这使得美国比德国生产出更多的军需物资，尽管更大比例的美国男性公民在服役，无法从事工业生产。建立在培训基础上的科学管理使得美国平民工人的生产率达到希特勒统治下德国和欧洲工人的两倍多甚至三倍。因此，科学管理使得美国不仅能够在战场上部署比德国和日本更多的士兵，同时还能生产数倍于德国和日本的军需物资。

西方以外的国家和地区自 1950 年以来所取得的经济发展，也主要是因为复制了美国在二战期间的所作所为，也就是把科学管理用于提高体力劳动者的生产率。以前的经济发展都是建立在技术创新之上——最先是 18 世纪的法国，接下来是 1760～1850 年的英国，最后是 19 世纪下半叶新出现的经济"超级大国"德国和美国。以日本为首的、在二战结束后发展起来的非西方国家，则避开了技术创新这条路，而是从美国引入了按照泰勒原则在二战期间发展起来的培训制度，几乎在一夜之间就把一支基本上没有什么技能的、前工业化时代的劳动力队伍变成一支生产率很高的队伍。例如，1950 年日本 2/3 的劳动人口还是依靠土地谋生，除了种植大米之外没有任何生产技能。然而，尽管这支劳动力队伍的生产率很高，但是在十多年时间内他们的报酬仍然保持在工业化之前的水平。于是，先是日本和韩国，后来又有中国台湾和新加坡，能用发达国家几分之一的劳动力成本生产各种产品。

未来的体力劳动者生产率

泰勒的方法是针对制造业的体力工作设计的，最初也只应用于这个领域。尽管有这些局限性，它仍然有广阔的应用范围。对于把体力工作特别是制造业的体力工作当成一个成长型部门的社会和国家，也就是有大量教育和技术水平都较低的年轻人，而且他们的人数仍在不断增长的"发展中国家"，它仍将是正确的组织原则。

但是，正如第 19 章将详述的那样，大量的知识工作，包括一些需要掌握精深的理论知识的知识工作，都会包含一些体力活动。若要提高这些活动的生产率，也需要使用工业工程。

当然，发达国家面临的核心挑战不再是提高体力工作的生产率，因为我们毕竟已经知道怎样去做。这些国家的核心挑战是如何提高知识工作者的生产率。在每一个发达国家，知识工作者都正在迅速成为劳动力队伍中最大的一个群体。如今，他们在美国劳动力队伍中的比例已经达到 1/3，在所有其他发达国家的比例虽然小一些，但是增长迅速。发达国家将来的繁荣昌盛甚至是生存，都将日益取决于知识工作者的生产率。

小　结

认识到**技能和知识存在于劳动中而非工作中，是让工作富有效率的关键**。工作具有普遍性，这意味着可以对它进行系统的甚至是科学的研究。直至最近，对工作的研究都局限于体力工作，因为体力工作是社会上的主要工作。然而，体力工作的原则和方法也同样适用于其他生产工作，例如大部分服务工作。它们也适用于信息的处理，也就是适用于大部分事务性工作。它们甚至适用于大部分知识工作。区别仅仅在于使用的方法和工具不同。让工作富有效率需要开展四项要求各异的活动。由于工作是客观的、不具人格的，是一种"事物"，因此哪怕是针对无形的工作，如信息或知识，要想让它们富有效率也必须从最终产品，也就是工作的产出入手，而不能从输入，也就是所需技艺或正式的知识入手。技能、信息和知识都是工具，而针对什么目的和在什么时候使用哪些工具，必须取决于想要得到的最终产品。最终产品不仅决定着需要完成的是哪些工作，还决定着如何把这些工作综合成一个流程，决定着怎样的控制手段才是正确的，决定着所需的工具应该符合什么样的规格。

知识工作与知识工作者的管理

我们对知识工作者生产率的了解

人们对知识工作者生产率的研究几乎刚刚起步。就实际研究而言，我们针对知识工作者生产率的研究在 2007 年所处的状态，等同于我们针对体力劳动者生产率的研究在 1900 年所处的状态。不过，我们现在对前者的了解，无疑要多过我们当时对后者的了解。有很多问题我们甚至已经找到答案，而且我们也知道有哪些挑战目前还没有找到答案，需要继续研究。

知识工作者的生产率取决于六个因素。

（1）它要求我们提出下面这个问题："任务是什么？"

（2）它要求我们把提高知识工作者生产率的责任交给知识工作者本人。知识工作者必须实行自我管理，必须拥有自主权。

（3）持续创新必须成为知识工作者的工作、任务和责任的一部分。

（4）知识工作要求知识工作者持续学习，也同样要求他们持续传授。

（5）知识工作者的生产率不是产出数量的问题，至少最主要的不是这个问题。质量的重要性应该至少与数量相当。

（6）最后，我们必须把知识工作者视为"资产"而非"成本"，并相应地对待他们。我们必须让知识工作者愿意放弃所有的其他机会，心甘情愿地为所在组织工作。

所有这些要求（也许最后一条除外），都几乎正好是提高体力劳动者生产率所必须满足的要求的反面。

在体力工作中，质量当然也重要，但是质量不好只是一个约束条件，因此必须制定某种最低质量标准。"全面质量管理"把 20 世纪的统计学理论运用到体力工作中，它的成就便是减少（尽管不能完全消除）达不到最低标准的产出。

在知识工作中，质量不能只满足最低标准，也不再仅是一个约束条件，而是工作产出的精华所在。在评判一个老师的绩效时，我们不会问他班上有多少个学生，而是会问有多少学生学到了知识——这便是一个关于质量的问题。在评估一个医学实验室时，考察它的机器能够检测多少个试样，重要性显然不如考察它做的试样有多少是有效的和可靠的。即便是评估文件管理员的绩效，也是如此。

因此，知识工作者的生产率首先必须达到质量标准——不是最低标准，而是最理想的标准，甚至是最高标准。只有在达到质量标准后，我们才应该问："工作的数量是多少？"

这不仅意味着我们必须从质量而非数量的角度来考虑如何让知识工作者富有效率，而且意味着我们必须学会对质量进行界定。

任务是什么

考虑知识工作者的生产率所要回答的关键问题：**任务是什么？**这也是与考虑体力劳动者的生产率最大的不同之处。针对体力工作，关键问题始终是：**工作应该如何完成**？体力工作的任务是给定的，因此负责体力劳动者生产率的人从来不问"体力劳动者应该去做什么事情"这个问题，他们唯一要问的是：体力劳动者完成任务的最佳方式是什么？

泰勒的"科学管理"、最先发明装配线的西尔斯公司或福特汽车公司、戴明的"全面质量控制"，都是如此。

但是，在知识工作中，关键的问题是：任务是什么？

原因之一在于知识工作不像体力工作那样能够安排劳动者的活动。汽车装配线上负责装轮胎的工人，他的活动便是由总装线上的汽车底盘和零部件传输线上的轮胎同时抵达所安排的地方。开着拖拉机耕地的农民不会爬出驾驶室去接电话、开会或者写备忘录。对于体力工作而言，工作内容总是不言自明的。

然而，在知识工作中，劳动者的活动并不是根据任务安排的。

以医院的护士为例。一些重大的紧急情况，例如一个病人突然陷入昏迷状态，当然决定了护士的任务，也决定了她的活动内容。但只要没有紧急情况，护士就基本上可以自主决定是去查病房还是在办公室填写病例。工程师则经常要中断自己的工作，去编写或修改报告，或者应邀参加会议等。百货店销售人员的任务便是为顾客提供服务，并且提供顾客感兴趣或者应该感兴趣的商品，可是他们要花费大量的时间做文书工作、清点库存以及交货时间和交货方式等事务。销售人员因为销售商品和满足顾客的需求而获得报酬，可是所有这些事情都会让他们无法为顾客提供服务，而且对销售人员的生产率也没有任何贡献。

于是，分析知识工作的第一个要求便是确定任务是什么，以便让知识工作者全力以赴完成这项任务，尽可能地排除所有其他的无谓活动。可是，这又要求知识工作者亲自界定任务是什么以及应该是什么，而且这件事情只有知识工作者自己能做。

因此，研究知识工作者生产率的第一步便是要问他们：**你的任务是什**

么？它应该是什么？应该期望你做出怎样的贡献？有哪些东西妨碍你完成任务，因此是应该排除的？

知识工作者自己几乎总是已经考虑清楚这些问题，因此能够做出回答。可是，对他们的职位加以重构，以便他们能够真正做出与所得报酬相称的贡献，却通常需要付出不少时间和努力。不过，这样做也是值得的，因为提出这些问题并且根据答案采取行动，通常能使知识工作者的生产率翻番甚至提高两倍，而且可以在相当短的时间内得以实现。

某大型医院对护士提出这些问题就取得了这样的结果。她们的任务通常是泾渭分明的，有人负责"病人护理"，有人负责"为医生服务"。可是，对于哪些东西妨碍了自己提高工作效率，她们的意见却是完全相同的，那就是她们所称的"杂事"，例如文书工作、摆放花草、接听病人亲属的电话、处理卧床病人的传唤等。然而，这些工作全部或者几乎全部可以交给护工完成，护工的工资只有护士的几分之一。于是，按花费在病人病床旁边的时间计算的护士生产率立即翻番有余，病人的满意度也翻番有余，过去一直高得吓人的护士流失率也在四个月后几乎降至零。

任务得以界定之后，接下来的各种要求便必须交由知识工作者自己去满足。这些要求包括以下几个方面。

（1）知识工作者自己承担做出贡献的责任——知识工作者决定自己应该承担什么样的质量和数量责任，包括履行责任所需的时间和成本。知识工作者必须拥有自主权，而拥有自主权便意味着必须承担责任。

（2）必须把持续创新纳入知识工作者的职责中。

（3）必须把持续学习和持续传授纳入知识工作者的职责中。

至此，提高知识工作者的生产率还有一项关键要求没有得到满足——我们还必须回答下面这个问题：质量标准是什么？

对于一些知识工作，特别是一些需要精深知识的工作，我们已经在衡量它的质量。例如，外科医生的工作质量通常会由同事衡量，衡量的标准则是高难度手术的成功率，比如体外循环心脏手术病人的存活率，或者整形外科手术病人的完全康复率。但从总体上讲，我们对许多知识工作的质量主要还是定性判断，而不是定量衡量。然而，最大的麻烦还不是**质量难以衡量**，而是**难以界定任务是什么以及应该是什么**，特别是人们在这两个问题上的分歧常常很大。

我所了解的最好的例子是美国的学校。大家都知道，美国中心城区的公立学校已经糟糕透顶。可是，它们的隔壁就是一些私立学校（大多是基督教教会学校），这些学校的地点与公立学校相同，招收的学生类型也相同，可是私立学校的学生却品行端正、学习用功。为什么会有如此大的差别呢？人们有无穷多种猜测，但是一个重要原因在于，这两类学校对自己的任务界定不同。公立学校通常认为自己的任务是"帮助差学生"，私立学校（特别是天主教教堂办的教区学校）通常认为自己的任务是"让那些想学习的人好好学习"。因此，公立学校的主要目标是防止教育失败，私立学校的主要目标是取得教育成功。

类似地，大型制药公司的研究部门也有两种类型，它们取得的结果截然不同的原因，也在于对任务的界定不同。一类认为自己的任务是不要失败，也就是不断对现有产品和现有市场进行比较细小但可以预测的改进；另一类认为自己的任务是取得"突破"，因此敢于冒风险。无论是这些部门的员工，还是各自公司的高管和外部分析师，都认为这两个部门是比较成功的，但是它们的运行方式，以及对部门生产率和研究人员生产率的界定，有相当大的差别。

因此，界定知识工作的质量并将这个定义转化为知识工作者的生产率，在很大程度上便是对任务做出定义。它需要对某种行为或活动的"成果"进行界定——它是艰难的、有风险的，而且总是会引起争议。因此，我们实际上知道怎样去做。尽管如此，这个问题对于大多数组织和大多数知识工作者来说还是全新的，做出回答也需要有争论、有异议。

把知识工作者当作资本资产

体力劳动者的生产率与知识工作者的生产率之间，最大的差别在于各自的经济理论。经济理论和大多数企业都把体力劳动者看作一项成本。然而，若想让知识工作者富有效率，就必须把他们看作一种资本资产。

成本必须加以控制和削减，资产则必须使之增值。

在管理体力劳动者时，我们早就知道高流失率让企业付出的成本非常高。众所周知，在 1914 年 1 月福特汽车公司把熟练工人的工资提高了两倍，达到每天 5 美元。它之所以这样做，就是因为当时的工人流失率太高，从而使劳动力成本高得令人咋舌——为了维持 1 万人的工人队伍，每年不得不招聘 6 万人之多。尽管如此，每一个人，包括亨利·福特在内（他最初极力反对提高工资），都确信高工资会大幅减少公司的利润。事实却与人们的设想背道而驰，该公司提高工资后的第一年，利润就差不多实现了翻番。日薪 5 美元的工人几乎没有一个人离职——事实上福特汽车公司很快就有了一个工人候选名单。

然而，除工人流失所招致的再次招聘和培训等费用之外，体力劳动者仍然被视为一项成本。在日本尤其如此，尽管该国的企业强调终身雇用和构建一支"忠诚的"、永久性的员工队伍。除员工流失招致的成本外，管理人员根据工作千百年来几乎全部是体力工作这个假设，仍然认为体力劳动者之间没有什么差别——只有少数技艺水平很高的人例外。

这种思想无疑不适合于知识工作。

从事体力工作的员工不拥有生产资料。他们尽管可能，事实上也经常拥有许多宝贵的经验，但是这些经验只在他们工作的地方有价值，是无法带走的。

知识工作者拥有生产资料——装在他们大脑里的知识。知识是极其容易带走的，而且是一种重要的资本资产。知识工作者因为拥有自己的生产资料，于是有很大的流动性。体力劳动者对职位的需要，大于职位对他们的需要。尽管目前还不是组织对每一个知识工作者的需要都大于知识工作者对组织的需要，但对于大多数知识工作者而言，他们与组织之间是一种共生的关系，彼此的依赖程度相当。

管理当局的职责是留住这些资产。当知识工作者的知识成为机构的资产，甚至在越来越多的情况下成为机构的主要资产，这意味着什么？对于人事政策这又意味着什么？要怎样才能吸引和留住产出最多的知识工作者？要怎样才能提高他们的生产率，并且把他们更高的生产率转化为组织取得更好绩效的能力？

技术人员

至此我们讨论的都是从事知识工作的知识工作者的生产率。可是，大量知识工作者既从事知识工作，也从事体力工作。我把这些人称为"技术人员"（technologist）。

这个群体包括一些运用非常精深的知识的人。

外科医生在真正动手切除脑动脉瘤之前，要花几个小时进行诊断，诊断需要非常精深的专业知识。手术过程中有可能发生意料之外的复杂情况，这时就需要医生运用理论知识和发挥判断能力，它们也属于非常高级别的情况。然而，手术本身是一项体力工作——它们是反复进行的，强调速度、准确性和一致性的双手操作。对这些操作便可以像对其他任何体力工作一样，也就是使用泰勒最初对工厂体力工作所使用的方法，进行研究、组织、学习和练习。

但是，技术人员这个群体也包括这样一些人：知识虽然对他们的工作至关重要，但是相对而言没有那么重要。

传统的以及现在使用计算机的文件管理员，就需要掌握一种特殊的符号系统，这是其他任何经历无法教给他的。他的任务虽然从总体上讲是一种体力工作，而这些知识只不过是这项工作中一个很小的部分，但它是这项工作的基础，是极其关键的。

技术人员可能是知识工作者中最大的一个群体，而且可能是增长最快的一个群体。他们包括绝大部分医疗工作者，如实验室技师，康复技师，X 光、超声波和磁共振等影像技师等，还包括牙医及其所有支持人员，此外还包括汽车技师以及各种维修和安装人员。事实上，技术人员可能算得上是 19 世纪和 20 世纪技术工人的真正继承者。

技术人员也是发达国家拥有真正的长期竞争优势的唯一群体。

在真正的前沿知识这个方面，再也没有哪个国家能像 19 世纪的德国那样，凭借自己的大学，长时间保持领先优势。理论物理学家、数学家、经济理论家等人是没有"国籍"的，任何一个国家都可以用相当低的成本培养出相当大一批掌握着精深知识的人。例如，印度虽然贫穷，但是一直在培养大量一流的内科医生和一流的计算机程序员。类似地，体力工作的效率也没有"国籍"，建立在科学管理基础上的培训，使得所有国家可以在一夜之间让体力劳动者的生产率比肩最发达的国家、行业或公司。只有在培养技术人员这个方面，发达国家在相当长的时间内仍然拥有可观的竞争优势。

美国是唯一一个已经建立这一优势的国家——通过迄今为止算得上独特的、遍及全美的社区大学建立起来的。美国当初**设计**社区大学（始于 20 世纪 20 年代），目的便是培养既需要理论知识又需要手工技能的技术人员。我确信，美国经济所拥有的巨大生产率优势，以及迄今为止算得上独特的、迅速开创一个全新行业的能力，都是建立在社区大学这个基础上的。世界各国还没有与美国社区大学非常相似的事物存在。日本的学校体系闻名全球，但是这个体系培养出来的人，要么从事体力工作，要么从事知识工作。日本直到 2003 年才创办第一个专门培训技术人员的机构，更著名的是德国的学徒制。这个始创于 19 世纪 30 年代的制度，是德国成为全球制造业领导者的主要原因之一，但无论是过去还是现在，它都强调手工技能，忽视了理论知识，因此这一制度有可能迅速过时。

不过，其他发达国家有望迅速赶上美国。还有一些国家，包括"新兴国家"或"发展中国家"，则有可能落后数十年，这一方面是因为技术人员的培养成本高昂，另一方面是因为这些国家的国民仍然看不起那些用双手工作的人。"我们请仆人就是做这个的"仍然是他们最普遍的态度。然而，在发达国家中，而且仍然是美国居于领先地位，越来越多的体力劳动者将会成为技术人员。因此，要想提高知识工作者的生产率，有必要把提高技术人员的生产率摆在前面。

实际上，美国电话电报公司在20世纪20年代初针对自己的技术人员就已经这么做了。该公司的技术人员，也就是为居民或者机构安装、维修和更换电话的工程师。

上门为顾客处理电话业务的技术人员，到20世纪20年代初已经成为该公司一个很大的成本中心，同时也是顾客不愉快和不满意的重要原因。美国电话电报公司花了五年左右的时间，也就是1920～1925年（此时该公司在整个美国以及加拿大部分地区的电话服务行业几乎占据垄断地位），才认识到自己的任务不是安装、维护、修理和更换电话机和线路，而是创造满意的顾客。明确这一点之后，工作的组织便变得相当简单。这意味着首先必须由技术人员自己界定"满意"的含义。结果他们制定出标准，要求新装电话或者安装第二部电话的订单必须在最多48小时内得到满足；每一次顾客报修，如果是在正午之前收到的，必须在当天得到满足，如果是在正午之后收到的，则必须在次日得到满足。

然后，该公司明白必须让服务人员（那时全都是男性）积极参与决策，决定是否需要由一个人负责安装和更换电话机，由另一个人维护和修理电话机，或者由同一个人完成所有这些工作——后来证明这种做法是正确的。当时这些服务人员很少有人接受六年以上的学校教育，可是美国电话电报公司必须让他们掌握相当多的理论知识——他们必须理解电话机、交换机和电话系统的工作原理。他们算不上是合格的工程师或高水平的技工，但是必须掌握足够多的电学方面的知识，那样他们才能正确诊断并排除故障。接下来，便是对他们进行培训，按照"唯一正确的方式"进行操作，也就是采用科学管理的方法进行培训。他们自主做出决策，例如决定在哪里及如何把某个电话机接入系统，以及哪一种电话机和服务适合于某个家庭或某个办公室。除了担当服务人员的职责之外，他们还必须成为销售人员。

最后，美国电话电报公司面临的是如何对质量进行界定的问题。技术人员必须自主开展工作，公司不可能派人去监督他们，因此界定质量标准并按要求开展工作就必须由技术人员负责。这有可能需要数年的时间。起先，该公司认为那意味着实行"抽检"，也就是派主管到现场去检查，针对每个服务人员完成的工作抽查其中的 1/20 或 1/30，从而确定这个人的工作质量。这种方法很快就证明是行不通的，因为它不仅让服务人员不满，而且让顾客感到不满。然后，该公司把质量界定为"没有投诉"。可是很快就发现只有极其不满意的顾客才会投诉。于是，它又把质量定义为"顾客满意"。这便意味着质量终于变成了由服务人员自己控制。例如，在任务完成 10 天后给顾客打电话，询问对方是否感到满意，以及还需要提供什么服务才能让对方感到非常满意。

我有意非常详细地讲述这个多年以前的事例，是因为它体现了让一个**既是知识工作者又是体力劳动者**的人富有成效所需具备的三个要素。

（1）它回答了"任务是什么"这个问题——让每一个知识工作者富有效率的关键问题。正如 AT&T 这个例子所揭示的那样，这个问题的答案并不是唾手可得的。也正如 AT&T 所看到的那样，知道这个问题答案的只有技术人员自己。事实上，直到向技术人员提出这个问题，该公司都一直在犯错误。但是，当该公司向技术人员求解时，这个问题便迎刃而解了——答案就是"满意的顾客"。

（2）技术人员必须承担让顾客满意，也就是达到质量标准的全部责任。这又揭示了这些技术人员必须掌握哪些正规的知识。这个时候，也只有到了这个时候，才有可能对这一工作的体力部分进行组织，以便提高体力劳动者的生产率。

（3）最重要的是，这个例子证明技术人员必须被当成知识工作者。无论他们工作中的体力部分有多么重要，而且可能就像美国电话电报公司的安装人员那样，体力工作占用了他们的大部分时间，只要是想提高他们的生产率，努力的重点必须是如何让他们成为**有知识、负责任和高产出的知识工作者**。

知识工作是一个系统

要想提高知识工作者的生产率，几乎总是必须对工作本身做出调整，使之成为一个系统的一部分。

大型设备的售后服务便是一个范例。以价格高昂的大型挖土机为例。过去，售后服务被认为是既不同于又独立于设备制造和销售的一项工作。可是，当全球最大的挖土机制造商、美国的卡特彼勒公司（Caterpillar）提出"我们是因为什么而获得报酬的"这个问题的时候，该公司发现答案是："我们之所以获得报酬，不是因为提供了设备，而是因为这些设备在客户施工地点的功用。这意味着必须让这些设备一直运转，因为哪怕只停工一个小时，客户遭受的损失就有可能超过设备本身的价值。"换句话说，"我们的事业是什么"这个问题的答案是"服务"。于是，这个答案导致该公司彻底调整了从售后服务直至生产车间的全部工作，以便保证客户获得连续的服务，一旦设备发生故障，便能立即修理或者更换零部件。这样，该公司的服务代表，通常是一名技术人员，便成为真正的"决策者"。

另一个看似大相径庭的例子也揭示了同样的原则。美国西部某市有25

名整形外科医生，他们自发组成一个"系统"，希望以最高的质量开展工作：最大限度地利用医院有限的、昂贵的手术室和恢复室；最大限度地利用好麻醉师和手术护士等支持人员的知识；把持续学习和持续创新融入整个小组和每一个成员的工作中；尽可能降低成本。这些医生仍然对自己的工作有完全的控制权，并且全面负责接诊和治疗每一个病患。过去，这些医生要上班之后才安排手术时间，因此手术室和恢复室在大部分时间都是闲置的。现在，该小组所有的医生统一安排手术时间，使得这些稀缺而又昂贵的资源每天的使用时间达到 10 个小时。这个小组还统一决定工具和设备的标准，以便用最低的成本获得最高的质量。这个小组还每三个月指派三名不同的医生对小组内每一名医生所做的每一例手术，包括**诊断、手术和术后护理**整个过程进行检查，然后与当事医生讨论和评定绩效，并且提出改进意见。如果某名医生的工作不让人满意，那么他们有可能提出让这名医生退出这个小组。这些督察委员会使用的标准每年都会交由整个小组讨论，并且逐年提高，而且经常是大幅度地提高。结果，该小组完成的手术几乎是过去的四倍多。他们还把成本降低了 50%，其中有一半是因为减少手术室和恢复室得来的，另一半是因为对工具和设备进行标准化得来的。在一些可以定量衡量的领域，例如膝关节和肩关节更换手术的成功率以及运动致伤的恢复率等，都有了大幅提高。

至此，我们已经大致了解了提高知识工作者的生产率要做些什么事情，接下来的问题便是如何做这些事。

从何处入手

要想提高知识工作者的生产率，就必须改变基本态度——提高体力劳动者的生产率则只需要把工作方法告诉工人。而且，要改变基本态度的还不只是每一个知识工作者，还包括整个组织。因此，必须对这些改变进行"试

点"——所有重大改变都应该试点（关于试点，参见第 37 章）。试点的第一
步是要在组织内找出愿意做出改变的一个地区或一组知识工作者。例如，上
文所说的整形外科医生就首先选择了四名医生做了试点，一个年纪比较大，
另外三个比较年轻，这四名医生都一直希望进行比较大的变革。然后，必须
让这个很小的小组一贯地、耐心地、不中断地工作相当长一段时间。这是因
为，尝试之初，哪怕参与者热情高涨，也几乎必然碰到各种出乎意料的问
题。只有这个小组的生产率有了显著提高，才能把这些新的工作方法推广到
更大的范围或者整个组织。到那个时候，我们已经知道主要问题存在于什么
地方，又会在哪里碰到阻力（例如中层管理的抵制），要想充分发挥效果需要
在任务、组织、衡量指标以及态度等方面做出哪些改变。试图跳过试点阶段
（人们总是面临着这样做的压力），只会意味着各种错误全都公之于众，成功
则不为人知，只会意味着让整个计划蒙羞。如果正确地试点，那么就会为大
幅提高知识工作者的生产率打下良好的基础。

知识工作者的生产率是 21 世纪最大的管理挑战。在发达国家，它是生
存的头号要求。除了提高知识工作者的生产率之外，发达国家没有任何其他
方式维持自己的发达国家状态，更不用说维持它们的领导地位和生活水平。

在 20 世纪，保持领先在很大程度上取决于提高体力劳动者的生产率。
现在，任何一个国家，任何一个行业、任何一个企业都可以做到这一点——
使用发达国家在自泰勒第一次观察体力工作以来的 125 年间摸索出来的并
付诸实践的方法。现在，任何一个人，在任何地方，都可以把这些方法用于
培训，用于工作的组织，用于提高工人的生产率，哪怕这些工人文化程度很
低，甚至是文盲并且不懂任何技术。

最重要的是（正如第 5 章所讨论的那样），尽管可以承担体力工作的年
轻人在新兴国家和发展中国家仍然在快速增加，至少在三四十年的时间内如
此，但是发达国家中这些人的数量在快速减少，其中以西欧和日本最为迅
速，美国则要慢得多。**发达国家唯一有望保留的优势，便是在供应受过良好**

教育和培训，可以承担知识工作的人员这个方面。在这个方面，发达国家在未来 50 年内都将拥有质量和数量上的显著优势。

不过，这一优势能否转化为绩效，则取决于发达国家及其每一个行业、每一个公司和每一个机构提高知识工作者生产率的能力，而且是像它们在过去 100 年中提高体力劳动者的生产率那样迅速。

在过去 100 年中成为领导者的国家和行业，都是在提高体力劳动者生产率方面处于领先地位的：首先是美国，然后是日本和德国。在 50 年甚至更短的时间内，世界经济的领导地位将由那些最系统、最显著地提高知识工作者生产率的国家和行业获得。

公司的治理

知识工作者及其生产率问题的出现，对公司的治理意味着什么？它们对经济体系的未来和结构又意味着什么？

在过去的 15～20 年，养老基金和其他机构投资者在所有发达国家中都已成为上市公司的大股东（本书对此有多处论述）。这在美国掀起了一场关于公司治理的激烈争论（参见第 6 章和第 44 章）。随着养老基金和共同基金成为上市公司的股东，权力也落入这些股东手中。

可以料想，关于公司等经济组织的目的和治理的定义，在所有发达国家中都将发生类似的变化。

我们现在因为知识工作的出现而必须对公司的治理做出改变，就像当年因为股东资本主义的出现而必须做出改变一样。我们必须把用人组织的目的和管理目标重新界定为让股东等法定所有者满意，让赋予组织财富创造能力的人力资本的所有者满意，也就是让知识工作者满意。包括企业在内的各种组织的生存能力将日益取决于它们让知识工作者富有效率的**比较优势**。吸引并且留住最优秀的知识工作者的能力，是最重要、最基础的前提条件。

可是，能对此进行**衡量**吗？或者它完全是"无形的"吗？这当然会成为一个核心问题——对管理当局、对投资者、对资本市场都是如此。当知识而非资本成为统治力量，**资本主义**的含义是什么？当知识工作者成为真正的资产，而其他任何人都不可能"拥有"知识时，"自由市场"的含义又是什么？知识工作者买不来，也卖不掉，也不可能通过兼并和收购获得。事实上，虽然他们的"价值"最大，但是他们没有"市场价值"，当然这就意味着他们不是传统会计意义上的"资产"。

这些问题已经远远超出本书的范围，但有一点是肯定的：知识工作者及其生产率成为关键问题，将会在几十年之后给**经济体系的结构和性质带来根本性的变化**。

小　　结

曾经在数千年的漫长岁月里，没有一个人认为体力工作的效率可以进一步提高，就连"生产率"这个词也是到二战前后才广为人知。然而，就在泰勒于1881年开始带着批判性的眼光观察体力劳动者如何劳动之后，体力劳动者的生产率立刻开始大幅提高。在1880年以后的一个世纪中，体力劳动者的生产率以每年3%～4%的复合增长率稳步提高，这意味着在100年内提高了50倍。

体力工作的任务总是给定的，例如工厂里的工人，他们的工作内容便是由机器或生产线规定的。因此，体力劳动者的生产率便永远不会是**做什么**的问题，而是**怎么做**的问题。就绝大多数体力劳动者而言，雇主拥有并控制着生产资料和劳动者的工具。然而，对于知识工作者，**首要的和决定性的问题便是做什么**，因为他们的工作内容不是由机器或天气规定的。他们大致上控制自己的任务，而且也必须控制自己的任务，因为他们，而且也只有他们，控制着最昂贵的生产资料（他们的教育）以及最重要的工具（他们的知识）。不仅需要运用精深知识的人如此，维修计算机的技师、在医院化验室培养细菌的化验师、在超市里负责市场测试的培训生等，也都是如此。对于知识工作，只有在回答了做什么之后，才能考虑怎么做这个问题。

提高知识工作者的生产率需要遵循以下几个步骤：

- 界定任务；
- 集中精力完成任务；
- 界定工作结果；
- 界定质量标准；
- 赋予知识工作者自主权；
- 要求知识工作者承担责任；
- 把持续学习和传授融入任务中。

知识工作者的生产率将成为一家公司或一个国家能够拥有的唯一的、真正的竞争优势。这将影响未来公司的治理。

5

社会影响、社会责任及新多元化

MANAGEMENT

生活质量是管理的第三项任务。所有机构的管理当局都必须对它们的副产品，也就是对它们的合法活动给人、自然环境和社会环境造成的影响负责。人们日益要求它们能够预见并能解决各种社会问题。它们必须深入思考并且制定关于企业与政府之间关系的新政策，因为这一关系正在迅速超越传统的理论和惯例。在社会影响和社会责任这些方面，任务是什么？机会是什么？限制是什么？身为领导者但又不是主人的管理者的领导伦理又是什么？

第20章 | CHAPTER 20

社会影响与社会责任

无论是一个企业、一家医院，还是一所大学，它们的社会责任都有可能来自两个领域：一个是机构本身的社会影响，另一个是社会问题。这两个领域都是管理当局必须关心的，因为管理者所管理的机构必然存在于社会和社区中。这两个领域又是彼此不相同的，前者指的是机构对社会做的事情，后者指的是机构为社会做的事情。

现代组织存在便是为了给社会提供某种独特的服务，因此它必然存在于社会中，必须存在于社区中，必然成为一个邻居，也必须是在社会环境中运转。它还必须雇人来完成它的工作，于是它的社会影响必然不仅限于它必须做出的独特贡献。

一家医院的目的不是为了聘用护士和厨师，而是为了治病救人，但是医院为了实现自己的目的，又需要聘用护士和厨师，于是它聘用的这些人便构成了一个工作社区，一个有着自己的任务和问题的社区。

一家铁合金厂的目的不是为了制造噪声或者排放毒烟，而是为了制造能够满足客户需要的高性能金属，但为此它又不得不制造噪声、释放热量和排放烟尘。

社会影响是与组织目的相伴相随的，但大体上又是不可避免的副产品。

相反，各种社会问题，例如越来越差的教育体系，是社会的失灵，而不是组织及其活动给社会造成的影响。

由于机构只能存在于社会环境中，实际上是社会的一个器官，因此这些社会问题必然会影响这个机构。哪怕这个机构与这些问题的出现无关，例如铁合金厂对教育体系的衰败没有起到任何作用，这些问题也会关系到这个机构。

在一个病态的社会中，不可能存在一个健康的企业、一所健康的大学或一家健康的医院。即便社会的病因不是管理当局造成的，但建立一个健康的社会也还是有利于管理当局自身利益的。

社会影响方面的责任

谁都应该对自己造成的影响负责，无论他们造成这些影响是有意的还是无意的，这是铁合金厂要遵守的第一条规则。管理当局应该对该组织造成的社会影响负责，这一点是毫无疑义的。

管理当局不能说："公众不是没有反对吗？"尤其重要的是，管理当局不能声称针对此等问题采取的任何行动都是"不普遍的"，都会遭到同事或合作伙伴的"憎恨"，都是没有人这样要求做的。社会迟早要把这种影响当成对社会完整性的攻击，会让那些没有认真消除这些影响或者没有努力寻找解决方案的企业付出高昂的代价。

我们不妨来看一个例子。20世纪40年代末至50年代初，一家美国汽车公司试图提高公众的安全意识，福特汽车由此推出了配备有安全带的汽车，不料销量剧减，于是只好把所有配备安全带的汽车退市，并且完全放弃了这个项目。15年后，美国驾车者的安全意识大增，汽车制造商开始受到猛烈的抨击，被指责"对安全漠不关心"，完全是"死亡商人"。于是，美国出台相关的法令，既为了保护公众的安全，也为了惩罚漠视安全的汽车公司。

因此，管理当局首先应该发现和预见组织的影响——冷静而又现实地去做这件事。他们可以借助下面这些问题："我们所做的事情正确吗，符合顾客和公众的最大利益吗？"如果存在负面的社会影响，公司就有责任对顾客和社会展开教育，以便消除那些负面影响。

如何处理社会影响

明确机构活动附带产生的社会影响是第一步。可是，管理当局应该怎样处理这些影响呢？目标很清楚：对社会、经济、社区和个人造成的影响，只要不属于机构目的和使命的，都应该尽可能降低，最好是完全予以消除。这样的影响，无论是发生在机构内部，还是作用于社会环境或自然环境，都是越少越好。

如果能够停止造成这种影响的活动，从而完全消除这种影响，那便是最好的，当然也是唯一的好办法。

可是，在大多数情况下相关活动不能停止，于是就需要付出系统的努力，在继续开展相关活动的同时去消除，或者至少是尽可能减少这种影响。

理想的方法是把它变成一个业务机会。一家业界领先的美国化学公司陶氏化学就是一个范例。该公司已有 50 来年的空气和水污染治理经验。该公司在二战结束后不久就认为空气和水污染是负面的社会影响，是应该予以消除的。于是早在公众开始呼吁保护环境之前，它就在工厂内实施零污染制度。然后，它付出努力，把从烟气和水管废液中提取出来的物质转化成有销路的产品，并且努力为这些产品开发新用途和市场。

杜邦工业毒性实验室也是这样一个例子。杜邦公司在 20 世纪 20 年代开始意识到自己的许多工业产品有毒副作用，于是就建立了一个实验室来检测有毒物质，并且开发消除这些有毒物质的工艺。该公司开始消除这种影响时，其他化学用品制造商认为有这种影响是天经地义的。然而，杜邦公司决定把有毒物质控制发展成为一项独立的业务，即成立了杜邦工业毒性实验室。该实验室不仅为杜邦公司服务，而且为许多向杜邦公司购买化合物的客户服务。于是，通过转化为业务机会，这种影响就被消除掉了。

何时需要监管

管理当局始终应该尝试通过转化为业务机会来消除影响，但在许多情况下那是不可能做到的。消除影响通常意味着增加成本。过去由普通大众承担成本的"外部性"，变成公司的成本，因此除非行业内每一个企业都遵守同样的规则，否则谁要是这样做，谁就会处于竞争劣势。要每一个企业都遵守同样的规则，在大多数情况下只有借助政府监管，也就是需要公众采取某些行动。

只要这些影响不可能在不增加成本的情况下予以消除，管理当局就有义务未雨绸缪，提前制定出既有可能以最低的成本解决问题，又对公众和企业都最有利的监管规则，然后推动这些规则真正得到遵从。

管理当局，而且不仅是企业的管理当局，一直逃避这一责任。人们过去对于监管的态度是"没有监管便是最好的监管"，然而这只适合于社会影响可以转化为业务的情况。如果是只有给予约束企业才会去努力消除影响，在这种情况下施行监管就有利于企业，特别是有利于那些负责任的企业。否则，负责任的企业就会遭受赚不到钱的惩罚，成为"不负责任"的企业，那些不择手段、贪婪成性、愚蠢的骗子却大把地赚钱。

这时，希望没有监管便是有意视而不见。

公众目前还没有看到问题不是理由。事实上，哪怕就像前述的每一个事例那样，公众强烈抵制有远见的商业领袖为了避免一场危机所做的努力，也不是理由。如果那样的话，事情总是会以一场丑闻而告终。

任何消除影响的解决方案都需要进行权衡取舍。超过某个水平，消除影响所需耗费资金、精力、资源或者生命成本，就会超过所能获得的收益。因此，管理当局必须在成本和收益之间取得最佳平衡。通常而言，行业内总有一些人是懂得这一点的。但是，**行外人是不了解这一点的，因此他们提出来的解决方案通常会完全忽略权衡取舍这个问题。**

消除社会影响是管理当局的责任，不是因为它是一项社会责任，而是因为它是一项企业责任。最理想的情况是把消除影响转化为业务机会，但只要这种办法行不通，管理当局就有义务设计出成本和收益取得最佳均衡的监管规则，并且公开讨论这个问题，推动最佳监管方案得到执行。

把社会问题转化为业务机会

社会问题是社会的失灵和国家的退变性疾病，或者至少是处于潜伏期的退变性疾病。它们是社会的烦恼。对于各种机构，特别是企业的管理当局来说，它们既是挑战，又是重要的机会源泉，因为把社会问题的解决转化为业务机会，从而既满足社会的需要，又服务于机构自身的利益，这正是企业的职能——这一点对于其他主要机构而言没有这么明显。

企业的任务是要把变化转化为创新，也就是转化为新的业务。一名优秀的经理人不会认为创新仅限于技术创新。其实，在整个商业史上，社会变革和社会创新的重要性，至少不亚于技术变革和技术创新。毕竟，19 世纪的各大行业在很大程度上都是把新的社会环境（即工业城市）转化为业务机会和企业市场的结果。照明的煤气灯和电灯、有轨电车、电话、报纸和百货商店，如此等等，不一而足。

因此，最有可能把社会问题转化为业务机会的领域可能不在于新技术、新产品和新服务，而在于解决社会问题，也就是在于能够直接或者间接地让公司或行业受益和壮大的社会创新。

一些最成功的企业，它们的成功便主要是这种社会创新的结果。我们来看一个美国公司的例子。

一战爆发前夕的美国，工人失业率高居不下，熟练工人的工资在很多情况下低至每小时 15 美分。我们在第 19 章已经介绍，正是在这样的背景下，福特汽车公司在 1913 年年底宣布对所有工人支付每日 5 美元的保底工资。时任该公司总经理的詹姆斯·卡曾斯（James Couzens）坚信，工人们非常困苦，因此工人的流失率非常高，只有采取高调而又激进的行动才能起到作用，于是他迫使犹豫不决的合伙人亨利·福特接受这个决定。卡曾斯还预计，尽管工资标准提高了两倍，但是公司的实际劳动力成本会有所下降。事实很快证明了他的先见之明。在实行这一标准之前，福特汽车公司的工人流失率高得惊人。1912 年，该公司为了维持一支 1 万人的队伍，实际招聘了 6 万名工人。在实行新工资标准以后，流失现象几乎完全消失。这一现象的结果是——尽管所有原材料的成本在随后几年内都急剧上升，福特汽车公司却因为劳动力成本的大幅下降，仍能降低 T 型车的销售价格，同时提高每辆车的平均利润。也正是由于大幅提高工资标准所带来的劳动力成本的下降，使得福特汽车成为市场的主宰。同时，福特汽车此举也让美国工业社会发生了根本性的变化，使得大部分美国工人跻身中产阶级行列。

社会问题一旦在管理行动的作用下转化为业务机会，它们就不再是社会问题。然而，另外一些社会问题有可能成为"慢性疾病"，甚至成为"退变性疾病"。不是所有的社会问题都能通过转化为机会得到解决。实际上，最为严重的社会问题大多不可能以这种方法解决。

那么，对于这些成为慢性疾病或退变性疾病的社会问题，管理当局应该担负怎样的社会责任呢？

它们当然是管理当局应当担负的责任，因为企业的健康是管理当局应当担负的责任，而**健康的企业与病态的社会是很难兼容的**。一个健康的企业只能存在于一个健康的，至少是**正常运转**的社会中。所在的社区健康，是一个企业取得成功和不断增长的前提。

认为只要假装没有看见，这些问题就会自动消失，那只是一种愚蠢的愿望。问题消失，必然是因为有人采取行动。

这些问题既不是因为机构自身的影响而产生的，又不能被转化为符合机构自身目的和使命的机会。对此，企业或者社会中的任何其他有着特殊目的的机构应该担负多大的责任？我们又应该允许这些机构，如企业、大学或医院，担负多大的责任呢？（第 21 章将对这些问题进行更加深入的讨论。）

社会责任有没有限制？如果有，是什么限制？

社会责任的限制

管理者是一个雇员，雇主是他管理的机构，因此他的**首要**责任是对所在机构的责任。无论这个机构是一个企业、一家医院，还是一所学校或者大学，管理者的首要任务都是让这个机构达到它**存在的目的**，履行相应的职能，做出相应的贡献。借身为大型机构负责人之便成为公众人物，在解决社会问题方面积极出头，却疏于管理自己的公司或大学，这样的管理者非但不是什么了不起的领袖，反而是不负责任的、失信于所在机构的人。

机构实现自己的独特使命也是**社会的第一需要和首要利益**。如果机构完成自身的独特任务的能力丧失或者受损，社会非但不会有收获，反而会遭受损失。**履行自身的职能是机构的首要社会责任**。除非能够负责任地履行自己的职能，否则一个机构就不可能履行其他任何责任。一个破产的企业绝不是一个理想的用人单位，也不太可能成为社区中的好邻居，它更不可能创造明日所需的资本或者就业机会。无论一所大学参加多少"善行"，如果不能培养出未来的领导者和专业人员，就是没有承担应负的社会责任。

首先，管理当局必须弄清楚，企业必须取得多大的**最低利润率**，才能承担起风险并且为未来投入资源。它必须了解这一点才能做出自己的决策。它还必须了解这一点才能向其他人，包括政府官员、媒体和大众解释自己的决策。管理当局如果不了解所在机构的利润目标以及利润的功能（也就是他们只按"股东财富最大化"思考问题和举证），它就不可能做出有关社会责任的合理决策，也不可能向企业内外的人把自己的决策解释清楚。

一个企业，只要是不顾经济绩效的限制去承担财力不济的社会责任，它必然会很快碰到麻烦。

其他非经济机构也面临同样的限制。这些机构的管理当局的首要职责，也是要维持所在机构履行自身职能的能力。如果损害这种能力，无论动机多么高尚，也是不负责任的，因为这些机构也是社会的资本资产，社会有赖于它们取得良好的绩效。

毫无疑问，这是一种非常不受人欢迎的看法。但是，各种机构，特别是各种社会关键机构，向管理者支付报酬，并不是要求他们成为大众媒体眼中的英雄，而是要他们取得绩效，担负责任。

承担自己无力完成的任务是不负责任的行为，是残酷的行为，因为那只会让别人先是满怀希望，然后完全失望。一个机构，特别是一个企业，必须掌握承担消除自身影响所必需的任何能力，但是在自身影响以外的社会责任领域，它们采取行动的权利和义务是受它们的能力限制的（关于这一点的进一步论述，参见第21章）。

特别是，一个机构最好不要承担不符合自身价值体系的任务。获取技能和知识还比较容易，要改变自己的个性却很难。在自己并不注重的领域，谁也不可能做得很好。一个企业或者任何其他机构如果切入这样一个领域，是不会把优秀员工投进去或者给他们提供足够多的支持的，是不会真正理解这个任务的内涵，几乎总是会做错事情的。于是，它就会败事有余而成事不足。

因此，管理当局起码必须了解自己以及所在机构的确**不擅长**的事情是什么。通常而言，企业对于"无形的"领域束手无策。企业的强项在于需要**衡量**和**计量**的领域，也就是需要开展市场测试、衡量生产率和满足利润要求的领域。离开这些领域，企业基本上就会无能为力，同时也会基本上背离它的价值体系。在那些实行无形绩效标准的领域，例如"政治"观点和情感、社区的赞同与反对、社区力量的动员以及权力关系的构建等方面，企业都不会觉得游刃有余，也不会看到与此相关的价值观，因此也极有可能不会有这方面的能力。

不过，针对这些领域中某些特定的**局部任务**，通常可以制定明确的可以衡量的目标。尽管整个问题超出了企业的能力，但是企业可以把问题的某些部分转化为符合自身能力和价值体系的工作。

例如，在培训长期无业的青少年方面，美国没有哪个机构做得非常出色，但是企业的记录远没有学校、政府机构、社区机构等机构那么差。这个任务是可以明确和界定的，是可以设置目标的，绩效也是可以衡量的，因此也是企业可以承担的。

权力的限制

权力的限制是机构承担社会责任所面临的最重要的限制。律师们都知道政治学词典里没有"责任"这个词，有的只是"责任与权力"这个词。谁拥有权力，谁就必须承担责任。同样，谁承担责任，也就必须拥有权力。这是一个硬币的两面。因此，承担社会责任总是意味着要拥有权力。

同样，承担社会责任受到权力的限制这个问题也与机构的影响无关，因为影响是运用权力的结果，尽管那些影响完全是相伴而生的，而且不是存心造成的，**先谈权力，然后才是责任**。

企业或者任何其他机构如果被外界要求承担解决社会和社区问题的社会责任，它的管理当局都必须考虑清楚与这一责任对应的权力是否合法，否则就是越权，是不负责任的。

企业无论何时被要求承担责任，都必须问一问："企业有这个权力以及应该有这个权力吗？"如果企业在许多领域都没有或者不应该有这个权力，那么企业在承担这一责任时就必须特别谨慎，因为那有可能不是承担责任，而只是贪图权力。

美国消费者权益保护者拉尔夫·纳德（Ralph Nader）就非常严肃地认为自己是大公司的死敌，而且企业和公众也认可这一点。纳德要求企业承担产品质量和产品安全的责任，就这一点而言他关心的确实是合法的企业责任，也就是履行职责和做出贡献的责任。

承担解决社会问题的责任如果有可能减弱或者损害企业取得绩效的能力，那么管理当局必须予以拒绝——大学或者医院等机构也是如此。如果超出了所在机构的能力，也必须予以拒绝。如果这意味着拥有不合法的权力，也必须予以拒绝。如果这个社会问题非常严重，那么也最好是做深入的思考，然后提出一个替代方案，因为对于严重的社会问题最终总是要有所作为的。

包括企业在内的所有主要机构的管理当局都必须关注严重的社会问题。只要有可能，它们就应该把这些问题转化为业务机会，或者至少应该深入思考问题的性质以及解决办法。管理当局不能漠不关心，因为这个组织社会没有其他人来关心这些真正的问题。**各种机构的管理者就是这个社会的领导群体**。

我们也知道，发达社会需要各种拥有自主管理权并且运转正常的机构，因为它不能成为一个极权主义的社会。事实上，发达社会的标志就是社会的大部分任务都是由各种有组织的机构完成，而这些机构又都设有拥有自主权的管理当局。这些组织，包括大部分政府机构在内，都是一些拥有独特目的的机构，它们是我们社会的器官，各自在某个特定的领域内履行特定的职能。它们所能做出的最大贡献和承担的最大责任，便是履行它们自己的职能。最不负责任的做法，便是让它们承担能力范围之外的任务或者以社会责任的名义僭越权力，从而损害它们履行职能的能力。

责任的伦理

关于企业伦理和经理人伦理，已有无数的宣扬和论述，然而这些言论和著述大多数与企业毫无关系，与伦理也关系甚少。

第一个显而易见的主题是**时刻诚实**。有人非常严肃地指出，经理人不应欺骗、偷窃、撒谎、行贿受贿。可是，这些事情是任何一个人都不应该做的。无论是谁，都不能因为工作而免受人类行为普遍规范的约束，也不会因为被任命为副总经理、市政执行官或者大学系主任就不再是一个正常的人。当然，总会有一些人会欺骗、偷窃、撒谎、行贿受贿，这是一个道德观和道德教育的问题，是个人、家庭和学校的问题。然而，我们的社会在这个方面没有也不需要独立的企业伦理。

唯一需要的就是严惩那些抵制不住诱惑的人，无论他们是企业还是其他机构的管理者。

人们在探讨企业伦理时经常涉及的另一个主题也与伦理无关。

花钱请妓女招待客户这样的行为不是一个伦理问题，而是一个美学问题。真正重要的问题是："我站在镜子前面剃胡须的时候，愿意看到里面那个人是一个皮条客吗？"

要求严格的领导者的确是件好事，只可惜这样的领导者并不多见，无论是国王和伯爵、牧师或将军，甚至是文艺复兴时期的画家和人文主义者等"知识分子"，都是如此。一个要求严格的人，必然会洁身自好，不去干那些违背自尊心和志趣的事情。

近来，除了上面这两个老生常谈的话题之外，又有了第三个主题（特别是在美国）：有人称管理者负有一种"伦理责任"，应该在所在社区发挥积极的、建设性的作用，为社区的事业服务，把时间用于从事社区活动，等等。

然而，我们**绝不应该强迫他们去参与这些活动，也不应该依据参与自愿活动的程度对他们做出评价，给予报酬或提升**。命令或迫使管理者参与这类活动，就是滥用组织权力，是不合法的。

尽管管理者参与社区活动是好的，但与伦理毫无关系，与责任也没有多大的关系，只不过是一个人作为邻居和公民做出的贡献罢了。

因此，把管理者说成领导者并不妥当。他们实际上是"领导群体中的成员"。不过，整个领导群体的确拥有显赫的地位，受人关注，大权在握，因而它必须承担责任。

但是，单个管理者作为领导群体中的一员要承担什么责任，遵守什么伦理呢？

从本质上讲，作为领导群体中的一员，也就是一名传统意义上的"专业人员"。跻身领导群体，就意味着地位、职位、声望和权力，因而也意味着责任。期望每一个管理者都成为领导人，是不切实际的。在一个发达社会里，管理者即使不是数以百万计，也是成千上万，然而总是只有极少数人能够成为领导人。但是，管理者既然身为领导群体中的一员，就必须要服从专业人员的伦理要求，也就是承担责任。

绝不明知其有害而为之

专业人员的首要责任是由近 2400 年前的希波克拉底誓言确定的：首要之务是不可伤害（Primum non nocere）。没有哪一个专业人员，无论是医生、律师还是管理者，能够保证自己一定能给委托人带去惠益。他能做到的，只是尽力而为。但是，他能够保证自己绝不明知其有害而为之。反过来，委托人必须能够相信专业人员不会明知其有害而为之，否则委托人对专业人员根本不会有信任。专业人员必须拥有自主权，不能由委托人控制、监督或命令。他还必须能够独立自主地运用自己的知识和判断来做出决定。但是，他的自主权的基础，实际上也是他的自主权存在的依据，便是他自己"以公众利益为先"。换句话说，专业人员拥有自主权并且不受政治或意识形态的控制，从这个意义上讲他是独立自主的，但是他的言行又必须受委托人利益的制约，从这个意义上讲他又是要受公众监督的。"绝不明知其有害而为之"，便是专业人员伦理的基本准则，是公共责任伦理的基本准则。

　　一个管理者如果因为担心自己成为"俱乐部中不受欢迎的人"，就不深入思考企业所造成的社会影响并且找出解决办法，那就是有意作恶，纵容癌细胞的生长。我们已经讲过，这是极为愚蠢的，最终给企业或行业造成的损害，比暂时"不愉快"造成的损害还要大。而且，这是严重违反专业人员伦理的行为。

　　类似的事情还会发生在其他一些领域。**特别是美国的管理者在以下三个方面就经常违背"绝不明知其有害而为之"**的准则：

- 管理者的报酬；
- 用福利计划给公司员工戴上"金手铐"；
- 有关利润的辩护。

　　他们在这些领域的言行有可能造成社会分裂。他们往往隐瞒健康的现实情况，并经常造成社会弊病或者至少是造成社会紊乱。他们还常常会引起误导，妨碍互相理解。这才是对社会的严重危害。

　　美国社会的收入差距日益扩大是不争的事实，它会破坏那些必须并肩生活和工作的群体之间的相互信任，只能导致各种政治措施的出台，而这些措施不会对任何人有利，只会对社会、经济和管理者造成伤害。

　　今天的管理者未能信守"绝不明知其有害而为之"这一承诺的第二个方面与报酬密切相关。退休金、奖金和股票期权都是管理者取得报酬的形式。从企业以及整个经济的角度来看，无论贴上什么样的标签，它们都是"劳动力成本”，管理当局坐下来与工会谈判时也会这样处理。但是，越来越多的企业利用这些福利去维系员工，不让员工自由流动。这些福利通常取决于员工为同一个用人单位工作多年，而且在结构上有精巧的安排，员工如果中途离职就会受到严厉的惩罚，损失许多本来已经赚取到的福利，这些受损的福利其实是与既往工作相关的所得。

金手铐并不能让公司变得更加稳固。那些明知自己在当前岗位上无法取得成就的人，也就是职位安排显然不当的人，常常不愿意离开，而是继续留在明明不适合自己的岗位上。如果留下来是因为害怕遭受的损失太大，他们在内心里就会抗拒这种安排，并且心生怨恨。他们知道自己是被收买了，于是处于无法拒绝这种安排的弱势地位。这样，他们在以后的工作中就会闷闷不乐、悔恨痛苦。养老金、绩效奖金、利润分成等，都是员工已经“赚得”的，因此就应该提供给员工，而不能限制他们作为一个公民和正常人的权力。管理者为了让这种安排成为现实，还必须设法推动必要的税法改革。

最后，管理者的言辞使得公众无法了解经济现实。这也违背了管理者“绝不明知其有害而为之”的原则。这一点在美国尤其突出，在西欧也是如此。西方的管理者仍然经常把利润动机挂在嘴边，他们仍然把企业的目标确定为股东财富的最大化。**他们不强调利润的客观职能**。他们不谈论或者极少谈论风险。他们不强调对资本的需要，甚至几乎从不提及资本成本，更不用说谈到一个企业必须创造足够多的利润才能以最低的成本获得所需资本。

管理者总是抱怨公众对利润抱有敌意，可是他们很少认识到自己的言辞是造成这一状况的一个重要原因。这是因为，管理当局在与公众谈话时所用的语言，的确不能证明利润的正当性，也解释不清为什么要有利润，更没有阐述利润所起的作用。他们谈到的只是利润动机，也就是某些不知姓名的资本家逐利的欲望——对社会为什么不能像对待其他一些欲望（如重婚）那样完全不予容忍，却从不加以解释。实际上，企业盈利是经济和社会的一项基本需要。

相比社会责任领域如今呼声日益高涨的"政治家才能","绝不明知其有害而为之"这条原则有些平淡无奇,可正如医生们多年前就已经明白的那样,要恪守这条原则实际上并不容易。正是由于它的质朴和自我约束,使它成为管理者所需的正确的伦理准则——关于责任的伦理准则。

小　　结

社会责任的核心问题,首先,企业(或其他机构)在开展合法的、必要的活动时所造成的负面的社会影响,以及由于机构存在于社区中并且拥有管人的权力这一事实所造成的结果。这些影响是始终必须予以消除或者至少是应该尽可能减少的。如果不能通过把它转化为业务机会来消除这些影响,那么就需要进行管制,于是企业必须承担起责任,在丑闻发生之前就考虑清楚并且制定恰当的管制政策这一责任。其次,企业还对医治社会弊病负有责任。最后,由于机构的管理者已经成为社会的领导群体,因此管理者还必须履行好领导职能。

单个管理者,哪怕是一家巨型公司的首席执行官,也只不过是一个普通的员工,但是包括企业、大中小学、医院和政府机关等在内的各种机构的管理者,已经成为现代组织社会的领导群体。因此,他们需要一种伦理、一种承诺和一个行为守则。正确的守则是2000多年前人类历史上第一个专业领导群体,也就是医生制定的守则:"绝不明知其有害而为之。"

新多元化：如何平衡机构的特殊目的与公共利益

　　所有发达国家都已经成为多元社会，而且多元化程度仍在日益提高。社会正在分裂成众多的机构，这些机构各自拥有或多或少的自主权，各自需要自己的领导层和管理当局，各自承担着自己独特的任务。

　　这种多元社会并不是人类历史上首个多元社会，但历史上所有的多元社会都因为无人关心公共利益而自我毁灭。过去的多元社会社群众多，却不能维护，更不用说去创造社群利益。我们这个多元社会若要逃脱这样一个命运，那么所有机构的领导者都必须学会成为"兼顾墙外的领导者"。他们必须明白，仅仅学会领导自己的机构（尽管这是他们必须满足的第一个要求）是不够的。实际上，他们还必须学会创建社群。这超出了我们在第20章所讨论的社会责任。所谓社会责任，通常就是在追逐自身利益或者完成自己的任务时不对别人造成损害。不过，新的多元社会还需要**公民责任**（civic responsibility）：在追逐自身利益或者完成自己的任务时促进社群利益。

让机构的领导者承担这种公民责任，在人类历史上并无先例可循。幸运的是，有迹象表明各种机构的领导者都正在意识到他们需要成为兼顾墙外的领导者。

多元社会简史

西方的最后一个多元社会存在于中世纪早期和鼎盛时期。罗马帝国相当成功地创建了一个统一的国家，而罗马法和罗马军团又在这个统一的国家中实现了政治统一，同时文化的多样性又得以保留。但是，在罗马帝国灭亡之后，这种统一即告土崩瓦解，取而代之的是各种自治或者半自治的机构，包括政治的、宗教的、经济的等。当时还出现了自治的，但是受法律约束的中世纪大学。这时还出现了自由之城——中世纪的跨国公司。另外，还有众多手工业行会以及几乎完全自治的教会授职神父和修道院。

当时还有许多土地所有者，既有小的乡绅，也有大的公爵，几乎全都是完全独立的。这些人的土地旁边便是主教管区，各个主教充其量也就是对罗马教皇和当地贵族在口头上效忠。中世纪西欧和北欧的多元化，其鼎盛时期就体现在数千个类似自治机构中。这些多元化的机构都只关心各自的繁荣，当然最关心的还是自己的壮大。至于围墙之外的社群，谁也不关心。

在整个中世纪都有不少政治家和政治思想家试图重建社群。生活在 13 世纪早期的伟大哲学家、圣徒托马斯·阿奎那（Thomas Aquinas）就在这个问题上倾注过很多心血。生活在 13 世纪后期的中世纪最著名的诗人但丁在《论世界帝国》（De Monarchia）中也同样关心过这个话题。他俩都宣称社会应该分为两个独立的领域：由君主集权统治的世俗社会，以及由罗马教皇集权统治的宗教社会。然而，到 1300 年再来重建社群，实在是太迟了一些，当时整个社会已经完全陷于混乱中。

自 14 世纪开始，此后绵延 500 年，社会的趋势是抛弃多元化。所有的现代社会和政治理论都是以这一倾向为基础，全都宣称整个社会只应有一个权力机构：集权的政府。在500年间，政府对多元化的自治机构逐一加以压制，中世纪的跨国公司和手工业行会就是如此，或者将它们转化为政府机构。这种关于权力的假设就是所谓的**统治权**（sovereignty）——这是一个发明于16世纪末的词，当时在欧洲的大部分国家，政府都已成为处于支配地位的权力机构，但还不是唯一的权力机构。到法国革命和拿破仑战争之后，欧洲便再无自治机构，各地的神职人员都成为公务员，各地的大学都成为政府机构。到19世纪开始五六年之后，社会便只剩下一个有组织的权力机构，即政府；整个社会由许许多多既无政治权力也无社会权力的分子组成。

到19世纪中叶，欧洲及整个西方的政治理论和政治实践都表明，肇始于500年前的权力向政府集中的这一过程已经完成。诚然，政府在行使权力时要受到严格的限制，但是再也没有其他机构拥有权力，过去拥有权力的所有机构要么已被取缔，要么已成为政府机构。

可就在这个时候，**新的多元化**开始萌芽。

第一种不属于政府的新机构是大型企业，它们是在1860～1870年因为交通和通信方面的新技术而诞生的。这些大型企业不是政府的附属机构，拥有相当大的自主权和权力。从此以后，现代社会再次成为一个完全多元化的社会。现在，就连在法律上属于政府的一些机构也拥有自主权，必须自我治理，并且拥有相当大的权力。

20世纪上半个世纪仍然是以试图维护政府对权力的完全垄断为主。极权主义统治可以被视为这种努力的极端形式，它们试图把权力统一到一个中央机构，把下至地方象棋俱乐部的所有机构都纳入由中央控制的权力结构中去。

就算是在美国，社会趋势也是集权化，这一趋势在20世纪60年代肯尼迪和约翰逊执政时代达到顶峰。当时，美国盛行的思想是认为政府能够而且也应该管好社区当中的每一个问题和每一个挑战，这样一种理论如今显然无人相信，但在短短 40 年前那可是深入人心的，几乎无人反对。

如今我们知道，无论是政府还是企业和自由市场，都不可能解决所有的社群问题，于是我们都认为需要有第三部门——由社群组织（主要是非营利组织）构成的社会部门。我们也知道，所有的机构，无论其法律地位如何，都必须自主运行，都必须聚焦于自己的任务和自己的使命。换言之，我们知道，一所大学无论是私立的，还是由政府税收支持并由加州政府所有的，都必须像其他大学一样履行大学的职能。我们也知道，一家医院无论是一个非营利的组织，还是由营利性公司所有的，都不会有大的区别，都必须像一家医院那样开展经营。事实就是每一个现代社会都在快速实现多元化，都变成了由类型、规模、使命和结构各异的组织构成的社会。但是我们也知道，这**意味着社群无人关心**。事实上，导致 14 世纪多元化遭到反对的不利趋势，在如今的发达社会中显然同样存在。在每一个发达国家，单一目的的利益集团支配着政治活动，并且越发放肆地把公共利益置于它们的价值观以及它们的壮大和权力之后。但无论如何，我们需要多元化。

为什么我们需要多元化

150 年来，一个又一个的机构成为自治机构，原因只有一个：以任务为中心的自治机构是唯一能够取得良好绩效的机构。一个机构要想取得良好的绩效，就必须明确聚焦于一个狭窄的领域。同时抱有多个目标的机构，是不可能取得良好绩效的。150 年来每一个领域中的机构所取得的成就，莫不是因为聚焦于一个狭窄的领域，并奉行不为外界所动摇的价值观。现代社会中所有绩效良好的机构，莫不是专业化的，莫不是只关心自己的任务的。例如，医院的存在就是为了治病救人，消防队的存在就是为了防火和灭火，企业的存在就是为了满足经济需要。美国公共医疗方面取得的巨大进展，主要得益于专注于某一种疾病或者人体某一个部位的独立医疗组织（例如美国癌症协会、美国心脏协会、美国肺科协会、美国心理健康协会等）。

一个机构只要跨出自己那个狭窄的聚焦点，就无法取得良好的绩效。一些医院曾经试图从治病救人拓展到"健康教育"和"疾病预防"，结果是一败涂地。美国公立学校陷入泥潭的原因有很多，但有一个重要的原因是，我们试图把学校变成一个社会改革与种族融合的推动者（我们也必然会这么做）。所有其他国家，包括一些同样面临严重社会问题的国家（例如法国要面对大量移民），它们的学校就只有一个目标，那就是教会孩子阅读，因此在这个方面至今仍有出色表现。有人也许会说（我曾经也说过），现在的上市公司把"创造股东价值"作为公司的唯一使命，过于狭隘，而且实际上是不利于自己的。但是，这种做法让这些企业大幅提高了财务绩效，超出了上一代人甚至想象不到的水平，也远远超出了它们试图满足多个目标时的水平。所谓满足多个目标，就是（像我多年来所倡导的那样）兼顾包括股东、员工、顾客和公司所在社区等在内的全部利益相关者，按照"最佳平衡利益"进行经营。

"巨型教堂"的兴起是30年来发生在美国的一个让人惊讶的社会现象。这些教堂便是按照每一个组织只专注于一个目的这种方式运转的：教区居民的精神发展。被它们取代的自由主义新教教堂在20世纪早期走向衰败，原因大致就是它们同时追求的东西太多，特别是它们既想成为精神领袖，又想成为社会改革机构。

现代多元化组织的优点便在于它们是单一目的的机构。这一优点必须予以保持。但与此同时，社群也必须维持——在很多情况下还必须重建。如何平衡二者，也就是平衡公共利益和机构的特殊目的，这是我们必须回答的一个问题。如果我们不能将二者很好地融合，这种新的多元化就必将自我毁灭，一如500年前的老多元化。它之所以会自我毁灭，是因为它会摧毁社群。但是，如果各种机构同时放弃自己的单一目的甚至允许这种目的弱化，那么新多元化就会因为绩效低下而自我毁灭。

兼顾墙外的领导

我们知道这二者是能够融合在一起的。事实上已经有许多成功的事例。

- 所有机构的领导者都必须承担起兼顾墙外的领导责任。
- 他们必须领导自己的机构，并且带领它们取得良好的绩效。
- 这要求机构一门心思努力完成一个任务。
- 与此同时机构的所有成员（而不仅仅是最上层）都必须承担起超出本机构围墙的社群责任。

融合的三个维度

（1）财务维度：政府和企业为自治社群组织提供财务支持。
（2）绩效维度：不同类型的机构结成合作伙伴，一道承担共同任务。
（3）人员维度：

- 各种机构的员工为社群组织做志愿者；
- 功成名就的员工发展第二职业，到中年之后转换职业，例如从一家大公司的部门管理者变为一家非营利性医院的管理者；
- 中年员工发展平行职业，在做好本职工作之余承担一项重要的任务。

最重要的两项责任

首先需要的是一种不同的思维模式。每一个机构的领导者都必须接受一种观点，那就是他们身为领导者肩负着两大责任。

（1）他们对所在机构的绩效负有责任。这要求他们以及所在机构聚焦、专注。

（2）他们作为一个群体还对社群负有责任。这要求他们有所付出：

- 他们必须愿意接受其他机构拥有不同的价值观这个事实，尊重并且愿意去了解这些价值观；
- 他们必须付出艰辛的努力；
- 最重要的是他们必须信奉公共利益，并为此做出承诺和贡献。诚然，每一个机构拥有自主权，都必须完成自己的工作，就像一个乐队的每一件乐器只演奏自己的旋律。但是，我们必须明白这些乐器都是服务于整个**乐章**的，这个乐章就是社群。只有每一件乐器都为这个乐章做出自己的贡献，乐章才会完整，否则就只有噪声。本章所探讨的也就是这个乐章。

小　结

在我们这个多元化的机构型社会中，无论是哪一个机构，如果想要取得一些成果，通过社会责任方面的最起码的检验，它就必须专注于自己狭窄的使命。那么，公共利益谁来关心呢？答案是，除非各个机构的管理者承担起超出组织围墙之外的社会责任，否则就不会有人关心公共利益。他们可以从三个方面来承担这一责任：为社会部门的组织做出**财务贡献**；鼓励员工承担**志愿工作**，为社群利益贡献时间和精力；鼓励**领导群体自愿投入**时间和资源，帮助解决社会问题。一个多元化的机构型社会，一定是由目光能够超越机构围墙的领导群体构成的。这些机构的领导者必须承担公民责任，同时又不会逃避他们的主要责任，也就是实现所在机构的独特的、范围狭窄的使命。

6

管理者的工作与职责

MANAGEMENT

决定管理者是怎样一个人的，不是"对其他人的工作所负的责任"，而是**对企业经营成果做出贡献的责任**，是他们对自身工作所负的责任。"管理者的工作"有它的独特性；"管理职务"有它的独特性；对管理者进行管理的方式也有它的独特性，即目标管理与自我管理。我们在由"中层管理"转向"知识组织"之后，必须满足一些全新的要求。最重要的是，对管理者进行管理的方式必须能在他们心中铸就一种绩效精神。

为什么需要管理者

　　管理者是工商企业的基本资源。一个全自动化的工厂未必有普通员工，但一定会有管理者。

　　在大多数组织中，管理者是最昂贵的资源，也是损耗最快、最需持续补足的资源。一个良好的管理团队需要多年才能建成，倘若管理不善则有可能在短时间内分崩离析。平均每个管理者所需的投资在持续增加。与此同时，企业对管理者的要求也在不断提高。每过一代人的时间，这种要求就成倍地提高，而且我们没有理由认为这一趋势在今后数十年里会趋缓。

　　各地的管理者经常参加各种演讲会和培训课程。他们在这些场合互相告诫他们的职责就是管理下属，互相敦促把管理下属这一责任摆在首位，互相提供有关"下行沟通"的大量建议。然而，我至今没有发现哪一位管理者主要关心的不是自己与上级的关系和沟通——无论是在哪个级别或者哪个岗位。（参见第30章"管理沟通"。）所有的副总经理都觉得自己与总经理之间的关系最重要，以此类推，直到一线主管。这些一线主管相当自信，认为只要"老板"和人力资源部门不干涉，自己就能管好下属员工。

这并非人性反常。管理者最关心自己与上级的关系，并无不妥，因为身为管理者，他们就必须分担企业取得良好绩效的责任。谁不需要承担这一责任，谁就算不上一名管理者。

管理者在自己与上级关系方面所担心的各种问题，包括自己与上司的关系、对工作绩效的疑惑、所在部门的意见和计划被上司接受的艰难、对自己的活动是否受到充分重视的担忧、与其他部门以及专家的关系等，在管理者加以管理时都无法逃避。

福特汽车的兴衰与复兴：关于错误管理的一次受控试验

有关福特汽车公司在亨利·福特治下的兴起与衰落，后来又在他的孙子亨利·福特二世的带领下复兴的故事，已经广为传播，妇孺皆知。

亨利·福特在1905年白手起家，用15年的时间建立了当时世界上最庞大、最赚钱的制造企业。福特汽车在20世纪20年代的前几年，主宰甚至几乎垄断了整个美国汽车市场，在世界其他重要汽车市场上也占据着领导者地位。另外，它还依靠经营利润积累了近10亿美元的现金储备。

然后，到了1927年，也就是短短数年之后，这个看似坚不可摧的企业帝国就已摇摇欲坠。它在丢失市场领导者的地位，勉强保住行业第三的位置之后，在近20年间几乎年年亏损，直到第二次世界大战结束都无力展开强劲的竞争。1944年，公司创始人的孙子，年仅26岁，而且既没有接受过培训也没有管理经验的亨利·福特二世接掌福特汽车。他在两年之后以一场"宫廷政变"废除了祖父任人唯亲的做法，引入全新的管理团队，从而拯救了这家公司。

然而，很少有人意识到，这个如此富有戏剧性的故事，意义远不止是一个人的成败那么简单。最重要的意义在于，它是一次我们可以称之为关于错误管理的受控试验。

老福特之所以失败，是因为他坚信企业不需要管理者和管理团队。他认为，企业需要的只是所有者兼创始人以及一些"助手"。老福特与同时代的商界大多数同行之间的唯一差别是，他无论做什么事情，都恪守自己的信念。他坚决奉行这些信念，对那些胆敢像"管理者"那样行事、做出决策或者没有老福特的命令就擅自行动的"助手"，无论他们多么能干，他都会予以解雇或者架空。老福特应用自己理论的这种方式，只能称之为一种试验，而且结果证明他这种理论是完全错误的。

其实，让老福特这个故事显现出独特性和重要性的原因，在于他能够对自己的假设进行检验。他之所以能够这样做，一方面是因为他的寿命很长，另一方面是因为他有 10 亿美元可以用来支持自己的信念。老福特之所以失败，原因并不在于他的个性或性情，最重要的原因是，他拒绝承认管理者和管理团队是必不可少的，而且这种必要性是任务和职能使然，不是以"老板"的"授权"为基础。

通用汽车：相反的试验

20 世纪 20 年代初，就在老福特努力证明企业无须管理者这一假设的同时，通用汽车公司的新任总经理阿尔弗雷德·斯隆对老福特的反命题进行了检验。那时的通用汽车几乎要被福特汽车这个庞然大物挤垮，只能以赢弱老二的身份苟活。它是由一批不敌福特的竞争而出售的小型汽车公司拼凑起来的，比一个临时凑起来的金融投机组织好不到哪里去。通用汽车当时没有哪怕一款有竞争力的车型，没有像样的经销商组织，也没有多大的财务实力。那些小公司过去的所有者，也都留了下来，并以自己的方式管理着以前属于自己的公司，就好像它们仍然是自己的私有财产。斯隆就任通用汽车总经理之后，对公司的业务以及组织结构应该是什么样的做了深入思考，进而把那些散漫的诸侯改造成一个管理团队。五年后，通用汽车成为美国汽车市场上的领头羊。

20年后，当老福特的孙子开始对斯隆的假设进行检验时，福特汽车已经濒临破产。它在20世纪20年代初持有的那10亿美元之巨的现金资产，已经填了连年亏损造成的大窟窿。亨利·福特二世在1946年掌权之后，做了斯隆20年前在通用汽车所做的事情，建立了管理结构和管理团队。五年后，福特汽车又在国际和国内市场上重新获得了增长和盈利的能力，成为通用汽车的头等竞争对手，甚至在快速增长的欧洲汽车市场上超过了通用汽车。

福特汽车的启示

福特汽车这个故事给我们的启示是，管理者和管理团队是企业的明确需要，是企业必不可少的器官和基本结构。**企业确实少不了管理者**。我们也不能认为，管理团队是按照授权完成所有者的工作的。企业之所以需要管理团队，并不是因为工作多得无法由某一个人完成，而是因为管理一个企业与一个人管理自己的私产有着本质的区别。

老福特之所以不明白企业需要管理者和管理团队，是因为他认为复杂的大企业是从单人小作坊有机地"演化"而来的。毫无疑问，福特汽车创办之初规模确实很小，但是成长带来的不仅是规模的扩大，而且量变引起了质变。福特汽车在规模大到一定程度之后就变成了一个工商企业，也就是一个需要不同结构和不同准则的组织，一个需要管理者和管理团队的组织。

管理不是一个由所有者本人经营的小公司因为成长进化而成的，而是一个从一开始就是为庞大而复杂的企业所设计的概念。

19世纪的美国铁路公司规模庞大，需要处理各种复杂的事务，包括修筑路基的工程事务，筹集巨额资金的财务事务，以及获取修路特许权、土地和补贴的政治关系事务等，我们可以称之为第一家得到了"管理"的企业。事实上，第一家长途铁路公司在美国南北战争结束之后不久设计的管理结构，至今仍然没有实质性的变化。

直到三四十年之后，"管理"这个概念才从那些创建时就已庞大的企业向那些**通过成长变大**的企业转移。安德鲁·卡内基和约翰·洛克菲勒分别把管理引入钢铁和石油行业，稍后一点，皮埃尔·杜邦对自己的家族化工企业进行了改组，创建了管理体系，以图这家公司继续成长，同时又不让它脱离家族的控制。皮埃尔·杜邦于 1915～1920 年在家族企业里创建的管理结构，后来成为通用汽车建立"专业管理"制度的基础。这个故事发生的时间，是杜邦家族买下这家几近破产的汽车联合企业，并且任命斯隆为总经理之后。

管理是一种"相变"

一家由所有者兼创始人带领"助手"经营的企业转变为一家需要管理团队的企业，这相当于物理学上所说的相变——物质从一种状态突然转变成另一种状态，从一种基本结构转变为另一种基本结构，例如水变成冰。斯隆的示例告诉我们，在同一个组织内部是可以完成这种转变的。但是，斯隆对通用汽车进行的重组，也说明这一转变只有在**基本概念、基本准则以及个人思想彻底改变**之后才有可能完成。

亨利·福特不想要管理者，于是他胡乱指挥下属和设计岗位，造成猜忌和沮丧的情绪，使公司陷入混乱，并且妨碍甚至挫伤了管理人员。实际上，管理者在这些领域的唯一选择，是或好或坏地履行管理职责。至于那些职责，由于企业需要管理，因此它们总是存在的。这些职责履行的好坏，基本上决定了这家企业是能够生存和繁荣，还是会走向衰败并最终关门大吉。

小 结

管理者不是助手，他们的职责也不是通过授权确定的。他们的职责是独立存在的，根植于企业的需要中。他们唯一的选择是履行职责的好坏，至于职责本身是一直存在的，因为企业必须得到管理。

管理职务的设计与内容

管理职务始终必须以实现企业目标所需的任务为基础，它始终必须是一个实实在在的职务，能对企业的成功做出显而易见的贡献，这种贡献最好还是可以衡量的。它的范围和职权应该尽可能宽，而不是尽可能窄。管理者的指挥和控制应以绩效目标为依据，而不是以他们上司的意志为依据。

企业需要哪些管理职务，始终应由实现企业目标所需从事的活动以及所需做出的贡献来决定。一个管理职务之所以存在，是因为完成企业所面临的任务离不开这个职务，而不是出于任何其他原因。管理职务必须拥有相应的职权和责任，因为管理者必须行使管理这一职能。

管理职务始终要有一定的管理范围和大小。由于管理者是一个对企业的最终结果负有责任并且必须做出贡献的人，因此管理职务始终要包含尽可能大的挑战，承担尽可能大的责任以及做出尽可能大的贡献。

管理职务设计的常见错误

如何正确设计管理职务并无定法可循，但是应该避免犯下面的六个常见错误，因为它们会损害管理者和管理组织的效力。

（1）**范围太小**。最常见的错误是把职务设计得太小，以至于一个优秀的管理者得不到发展。任何一个管理职务都有可能成为一个最终职务，也就是任职者要在这个职务上干到退休。

高层职务的数量必然远少于基层职务。如果职务设计得太小，任职者没几年就能把所有的东西学会，于是大多数管理者就会感到沮丧和厌烦，从而不再认真工作。他们会"在职退休"。他们会抵制任何变革、任何创新和任何新思想，因为变革只会让他们的状况变得更坏，并且威胁到他们的安全。他们非常清楚自己目前并没有做出真正的贡献，因此地位是很不安全的。

管理职务的范围应该能让任职者在多年之内都能成长、学习和发展。职务范围过大通常不会造成多大危害，因为这种错误很快就会浮现出来，纠正起来也容易。相比之下，范围过小就是一种慢性毒药，会在不知不觉之间使管理者和整个组织麻痹。

所有管理职务都要能让任职者从绩效中获得满足感。职务本身应该具有挑战性，也能带来回报。如果任职者的主要满足感来自晋升，那么这个职务本身就失去了意义。由于大多数管理职务的任职者获得晋升的希望都会落空（这是从高层和基层职位相对数量上，而不是从公司政治出发得出的结论），所以指望晋升并非明智之选。大家始终应该把重点放在职务本身，而不是一个更高的职务上面。

事实上，**如果管理者的晋升速度快到让大家把晋升当成只要工作还过得去就理所当然会得到的奖励，那么它造成的危害之大，很少有什么事情能比得上。**

纽约一些大型商业银行的经历，就是这样一个极端的例子。20世纪三四十年代，纽约的商业银行是在不断萎缩而非不断壮大，因此它们招聘的年轻人非常少。二战结束后，银行业恢复扩张，这时一连串的兼并导致管理者出现冗余。然而，到了20世纪50年代早期，大量在1929年以前招来的人员达到退休年龄，于是这些银行就开始大批招聘刚念完大学或研究生的年轻人。七八年后，这些年轻人中有很多已经升至报酬丰厚的高位，如副总裁和高级副总裁等。也就是说，这些"年轻的新人"有许多虽然年纪不到 30 岁，但已经坐在必然成为最终职务的位子上。然而，在很大程度上由于这些年轻人经验还不够丰富，这些职位虽然头衔高、薪水高，但是职责范围和职权其实相当有限。等这些人到了 40 岁，很多已经变得玩世不恭，对工作感到厌烦和沮丧，对自己的职务及其带来的挑战再也提不起多大的兴趣。

一家快速发展的公司，最好是从外面找一些经验丰富、年龄较大、在其他地方获得了成功的人来担任重要职务，否则就会让公司里那些年轻的管理者萌发晋升的期望，然后没过几年又归于失望。

依赖快速提拔的职务和职务结构必须加以规避的另一个原因是，它们会导致年龄结构失衡。无论是哪一个年龄段的人过多，不管是年轻的还是年老的，都会在组织内部造成严重的混乱。

组织的管理者在年龄结构方面必须保持**连续性**并且**自我更新**。只有保持连续性，这个组织才不会突然要用一大批没有经过锻炼的年轻人去替代经验丰富的年长的管理者。只有保持足够快的"管理新陈代谢"，新思想和新面孔才有机会脱颖而出。一个由同龄人构成的管理群体，迟早要遇到危机。

（2）**虚假的职务**。比职务范围太小更加糟糕的事情是这个职务并不实在，只不过是一个典型的"助理"。

管理职务必须有特定的目标、特定的目的和职能。管理者必须能够做出可以辨别的贡献，并且承担做出这种贡献的责任。

可是，助理通常没有可以做出贡献的职务。他们不承担最终责任，他们的职能、目的和目标也无法明辨。他们只是一名"助手"，上司认为他们应该做什么，或者他们让上司"相信"应该做什么，他们就做什么。这样的职务会腐蚀一个人，使得任职者不是成为一个幕后操纵者，滥用自己对某个重要高管的影响力，就是成为一个马屁精，靠在上司面前溜须拍马往上爬。它还会腐蚀这个组织，因为谁也不清楚这个助理到底是个什么样的角色，拥有什么样的职权和实际权力，于是其他管理者通常就会奉承他、利用他，借其对自己的职务没有安全感的渔利。

（3）**管理与工作失衡**。管理的确是一项工作，但它本身不是一种全职工作。在设计管理职务时，必须把"管理"和"工作"结合起来。这里的"工作"，指的是对某种具体职能或自身职务承担责任。通常而言，管理者应该既是一名管理者，又是一名专业人员。

管理者必须有足够的事情做，否则就会去替下属做本应该他们做的事情。很多人抱怨管理者不"授权"，通常意味着那些管理者要做的事情不够多，于是就去做本该由下属完成的工作。但另一方面，如果他们没有自己的工作要做，也是一件挺让人沮丧的事情——对于那些从工作中成长起来，已经把工作当成习惯的人来说，尤其如此。因此，管理者不能没有自己的工作，否则他们很快就会丧失对工作质量的良好判断，丧失对艰苦工作的尊重。没有了这两样东西，管理者只会成事不足败事有余。管理者应该成为一个"有事干的上司"，而不是一个专职的"协调者"。

（4）**职务设计不合理**。管理者的工作应该设计得尽可能可以由管理者一个人，以及由管理者及其所辖人员一起完成。如果为了完成工作必须连续不断地开会、合作和协调（包括以电子方式进行的），那么这个设计就是错误的。一个职务，特别是管理职务，是不应该去处理更多人际关系事务的，因为管理职务本身所包含的人际关系事务，就已经超出了大部分人的能力。要么工作，要么开会，谁也不可能同时做这两件事情。

另一个常见的错误，通常也是一种不必要的安排，那就是让任职者不得不花大量的时间出差。就像人不能同时开会和工作一样，人也不可能同时出差和工作。与同事、合作者、下属、客户和上司一对一、面对面地谈话，毫无疑问是至关重要的，而且是无可替代的，但子公司的管理者和主要客户最好是每两年一次花比较多的时间去见一见，而不是频繁地"穿梭"——周二离开纽约，周三在巴黎度过，然后周四返回纽约上班。这意味着有四天不能工作，因为一个人在这样的长途旅行之后，通常还需要一天的休整时间。

（5）**把头衔当奖赏**。绝不能把头衔当作奖赏，更不能用它们去掩盖职能的缺失。用头衔"代替职务"比用头衔"代替晋升"更加糟糕，也更加普遍。

美国和德国的大型商业银行就是这样的例子。在美国的银行里，每一个人都必须是副总裁，至少也得是个负责人；在德国的银行里，每一个人都必须是经理。这些银行这样做有它们的道理。比方说，银行的客户，例如某个小企业的一把手，不找到一个负责人是不会讨论财务问题的。可是，这样做也会有麻烦。那些没有得到这种头衔的人会对此感到不满，这些人可能只是因为从事的工作无须与客户密切交往。这种做法还会让另外一些人尤其感到不满——这些人年纪轻轻就获得了副总裁这等显赫头衔，后来却发现自己今后将要日复一日做同样的事情。

正确的做法应该是：对于一流的工作，我们付给丰厚的报酬，但是只有在职能、职务和责任改变以后，头衔才会改变。头衔会让人产生期望，因为它们意味着级别和责任。如果把它们用作一种虚衔，也就是用它们来代替级别和责任，那就是自寻烦恼。

（6）**寡妇制造者**。最后，对那些"寡妇制造者"职务应当进行反思和重新设计。蒸汽机问世的前夜，正是大帆船的鼎盛时期（1850 年前后），那时的每一家船运公司手上都偶尔会有一个"寡妇制造者"。这条船总是莫名其妙地失控，夺人性命。这样的事情发生几次之后，船主如果足够精明，就会让这条船退役并将其拆毁，而不管自己在这条船上花了多少钱，否则他不久就会发现，再没有人愿意去他那里做船长或大副了。

许多公司都有这样的职务，它们让一个又一个的优秀管理者铩羽，可是谁也说不明白那是为什么。这些职务看起来合乎逻辑，设计得似乎也很合理，应该有人能干好，但事实上就是没有一个人能胜任。一个职务如果连续挫败两个过去表现出色的人，那就应当调整。通常只有通过反省，才能弄明白这个职务原先存在哪些不当之处。

寡妇制造者职务的出现有时纯属偶然。某个人不知怎么地把通常在一个人身上找不到的性格特点结合在了自己身上，于是创建了这个职务，并且干起来得心应手。换句话说，一个看似合乎逻辑的职务其实是因为某人的个性巧合而设计的，并非按照工作要求进行设计的结果。可是，你不可能找到两个个性完全相同的人。

对于寡妇制造者现象，第 29 章还将做进一步的论述。

职务结构与个性

滥封头衔和出现寡妇制造者职务这两件事情，同管理职务和管理结构领域争辩最激烈的一个问题有关。这个问题是：组织的结构设计是要让职务去适应人，还是要从组织正常运转的需要出发，让人去适应职务？

按照大家的理解，这是一个伪问题，因为很显然必须有人去担任职务，所以职务必须适合于人。我们设计的职务确实必须适合于人，满足他们的需要，实现他们的期望。我们看到越来越多的大公司进行"组织规划"，它们做这项工作就是为了让职务适应人。

然而，组织的结构必须是不具人格的，并以任务为中心，否则就不可能具有连续性，不可能找人继承前人的工作。一个职务如果是针对某个人而不是一个任务设计的，那么每换一个任职者，它就要调整一次。任何一个有经验的管理者都知道，在这种情况下重新设计职务不可能只针对一个职务，而是是一个真正的"多米诺骨牌效应"，一个真正的连锁反应。重新设计一个职务，通常意味着重新设计一批职务，把很多人调来调去，搞得大家都心烦意乱。

出于这个原因，职务必须设计得适合于一个任务，而不是适合于某一个人。

这条原则只有在一种情况下能够打破：为了聘用一个极其罕见、非常特别的人。

通用汽车公司的组织设计师阿尔弗雷德·斯隆就坚决主张，职务必须是不具人格的，并且要以任务为中心。但是，为了适应 20 世纪最伟大的发明家之一查尔斯·凯特灵（Charles Kettering），他破了一回例。凯特灵是一个极难对付的人，他藐视一切组织规则，但他的许多发明，从自动点火器到柴油发动机的改造，都非常重要。斯隆提出让凯特灵做一个独立的研究人员，可凯特灵却想要当副总经理，做一名"重量级商业人士"，于是斯隆只好妥协，满足了凯特灵的要求。不过，凯特灵一退休，斯隆就立即对他的职务做了重新设计，把它从"常驻的天才"调整为大型研究实验室主任。

职务设计必须从任务出发，但它必须能够适应具有不同性格、不同习惯和不同行为模式的人。这是管理职务应当设计得很大而不是很小的一个重要原因。它必须大到能够让一名优秀的管理者用自己的方式工作，并给这名管理者带去满足感和成就感。

俗话说："职务要小到一个人双手合抱得过来。"**其实这是错误的**。正确的规则应该是：职务要具体到一个人能明确开展工作，但是又要大到一个人伸开双臂合抱不过来。

至于"风格"，无论是在设计管理职务还是在物色人选时，都不该予以考虑。管理职务的唯一要求和任职者要经受的唯一考验，就是绩效。所有组织都必须明确，什么样的行为是可以接受的。它们还必须明确规定，什么样的行为是不能容许的，不管是针对组织内部的员工，还是针对外部的供应商和客户，都是如此。但是，只要在这些界限以内，管理者就应该有充分的自由选择最适合自己性情和个性的工作方式。

总而言之，**"风格"只是外表，绩效才是唯一的实质。**

管理关系的幅度

各种教科书在讨论管理职务应该有多大时，出发点通常都是一个人只能监督少数几个人这一经验，也就是所谓的控制幅度，于是导致管理中出现了一种恶行：层级繁多。层级繁多会妨碍合作和沟通，会遏制年轻管理者的成长，会损害管理工作的意义。

人们经常误用控制幅度这一原理。其实，真正重要的不是有多少个人向管理者汇报，而是有多少个必须通力合作的人向管理者汇报。也就是说，真正重要的不是人员的数量，而是关系的数量。

一家公司的总经理要接受多名高管的汇报，这些高管各自负责一个重要职能。在这种情况下，总经理的直接下属确实不能太多，可能最多也就是8～12人。这些下属，如首席财务官、制造部门负责人和销售部门负责人等，每天都必须相互合作，必须与总经理合作。他们如果自行其是，就根本无法开展工作。所以，虽然总经理的直接下属人数不多，可他**要处理的关系却非常多**。

相反，沃尔玛的一名地区副总经理可以有（也确实有）几百名店长向他汇报。每家店都是独立运营的，彼此之间不需要打什么交道。所有的门店做的都是同样的工作，设置同样的职务，都可以用同样的标准来评估和衡量。因此，一名沃尔玛地区副总经理能够管理和监督的店长的数量，在理论上可以无限多。真正的限制可能来自地理因素，而不是控制幅度。

控制幅度论的第二个缺陷是，它假设管理者的主要关系是下级关系。可实际上，下级关系只是一个方面。按照传统的定义，管理者是对其他人的工作负责的人，因此管理者当然会有下级关系。但是，所有的管理者和所有的专业人员都会有上级。事实上，无论组织结构图是如何表示的，许多管理者的上级还不止一个。对于管理者而言，上级关系至少跟下级关系同等重要。不过更加重要的是，管理者和专业人员还一定会有横向关系。这些人既不是他的下属，也不是他的上级，在职权和责任上也毫无关系。然而，无论是对于管理者开展工作的能力还是这些工作的成效，这些关系都至关重要。

所以，我们必须摒弃控制幅度这个概念，取而代之以一个更加恰当的概念：**管理关系的幅度**。

我们不知道这个幅度能有多宽。毫无疑问，它一定是有限度的。不过我们要明白，管理关系的幅度对于管理职务的设计非常关键。

首先，这些关系明确了这名管理者在管理结构中所处的位置；其次，它们大致定义了他的职务，因为这些关系是职务内容中至关重要和必不可少的组成部分；最后，它们给职务范围划了界限，因为一个只有"关系"而毫无"工作"的职务，根本就算不上是一个职务。在设计管理职务时，必须想清楚这个职务要处理哪些管理关系，并要确保它们不会超出一个人的能力范围，这跟把这个职务的具体职能考虑清楚一样重要。

同样，管理责任过宽比过窄要好。这个原则适用于下级的数量，也适用于上级关系。在管理关系的幅度这个问题上，我强烈建议严加控制的只有横向关系。一个管理职务最好只需要处理极少数横向关系，而且这些关系对于整个组织的运转以及管理者履行职能和实现目标来说，每一项都必须极其重要。究其原因，不仅因为横向关系需要耗费大量时间，而且如果数量过多，就会被敷衍对待，得不到深入思考和认真处理。对横向关系考虑太少，努力不够，这是许多组织的一个共同弱点。

管理职务的界定

管理职务可以从四个方面来界定。

（1）首先是它的**具体职能**，也就是职务本身。它始终应该是一个永久的、持续存在的职务，是在相当长的时间内都需要的。例如，市场研究和运营经理这些职务就是如此，它们在可以预见的将来显然都是必不可少的。

（2）职务说明书或职位指南中对一个职务所做的职能性界定，并没有界定该职务的管理者应该做出的**具体贡献**。虽然这个职务的职能是永久的（至少从意图上讲是这样），却总有一些"现地现时"的**工作安排**是企业和上司应该让这名管理者负责起来的。于是，这些工作安排就成了管理职位和职务的第二个定义。

管理者每年至少要自问一次（在接手任何一个新工作时也是如此）："我这个部门和我自己如果干得真的很好，所做出的哪些具体贡献会给我们公司的绩效和成果产生重大影响？"

可以说，职位指南和职务说明书，就是这个管理职务的**使命**宣言。如果用整个企业打个比方，它们相当于"我们的事业是什么以及应该是什么"，那些工作安排便是**目标和目的**。因此，各种工作安排都需要有具体的目标值、期限、明确的负责人以及根据结果所做的评测。

管理者在其位谋其职的标志，就是这些工作安排总是超出职务说明书所规定的范围。通常来说，职务说明书代表的是已经完成的事情，而创造未来所要做的事情总是会超越已经完成的事情。

（3）管理职务是由各种**关系**界定的——上级关系、下级关系和横向关系。

（4）最后，它是由这个职务**所需信息**以及管理者在**信息流动过程**中所处位置来界定的。

所有的管理者都应该自问："我履行职责需要哪些信息，又该到哪里去获得这些信息？"他们应该确保每一个信息提供者都理解自己的需要——包括信息内容以及提供信息的方式。

管理者还必须想清楚下面这个问题："包括向上、向下和横向，谁需要我向他提供信息，以哪些形式提供？"

这四个定义合在一起就是对一个管理职务的全面描述，同时也是管理者自身的责任。他们应该写出自己的职务说明书，提交关于自己和所在部门应当负责的成果和贡献的建议书，列出并考虑清楚自己的各种关系，最后还应

该界定自己在信息方面的需要以及应当提供的信息。事实上，考虑清楚这四
个方面的责任是一名管理者的首要责任，而且是永远无法推卸的责任。这些
建议的批准与否是上司的义务和责任，思考和提议则是管理者自己的责任。
在这个方面，**"施行管理"的职务，也就是对其他人的工作负有直接责任的
职务，与专业人员的职务之间没有丝毫区别。**

管理者的职权

管理者的职务范围和职权要尽可能大，其实就是说决策要尽可能地下
放，尽可能地靠近所涉及的行动。不过，从效果来看，这一要求与传统的自
上而下进行授权的概念相去甚远。

企业需要从事哪些活动和完成哪些任务，是由企业高层决定的。他们从
企业想要获得的最终产品，也就是企业的绩效目标和成果出发，一步一步确
定所需完成的工作。

但是，在安排管理职务时，我们必须自下而上进行。我们必须从"火线"
上的活动开始，也就是从负责产品和服务实际生产的职务，从最终负责向顾
客销售的职务，从绘制蓝图和工程图纸的职务开始。

火线上的管理者承担的是基础管理职务，企业的其他一切活动都最终建
立在他们的绩效之上。由此看来，级别更高的管理职务目的都是为了协助一
线管理者开展工作。从结构上和整体上看，一线管理者是所有职权和责任的
中心，只有他们自己不能承担的工作才需要往上交。

一线管理者可以做或者应该做的决策，以及应该有的职权和责任，显然
是有很多限制的。一线管理者的职权有限，例如运营主管无权改变销售人员
的薪酬，地区销售经理无权干涉其他地区的事务。他们的决策范围也有限，
例如显然不应做出影响其他管理者的决策，不应单独做出影响整个企业及其
精神的决策。比方说，任何管理者都不应该不经评审单独做出影响下属事业

和前途的决策。这是最起码的原则。

一线管理者也不应该做出本来就不能做的决策。例如，一个对即期成果负责的人是没有时间做长期决策的；一个运营人员没有相应的知识和能力去制订退休金计划或医疗保险方案。这样的决策当然会对一线管理者及其工作造成影响，因此他们必须了解和理解这些决策，并尽可能深入地参与这些决策的准备和制定过程。但是，决策不能由他们来做出。所以，他们没有这方面的职权和责任，因为职权和责任始终应当以任务为中心。从一线管理者直到公司的首席执行官，都必须遵照这个原则。

给管理者的决策权设限有一条简单的规则，那就是一个部门的管理规章应当仿效美国宪法，明确规定实行**职权保留**："一切职权，凡无明文规定保留给高级别管理者的，都授予低级别管理者。"这跟普鲁士关于公民权力的古老思想正好相反。后者规定："凡未明文规定许可的，一律禁止。"换句话说，凡管理者在职务范围内无权做出的决策，均应明确规定；凡未明文禁止的，均应视为其拥有相关职权和责任。

管理者及其上司、下属与企业

管理者同上司和下属的关系都是双向的，都是在职权和信息方面的正式和非正式关系，都是相互依赖的关系。

管理者对下属负有责任，因此首先必须确保下属理解自己对他们有什么要求。管理者必须帮助下属设定目标，然后帮助他们实现。他要负责给他们提供必要的工具、人员和信息。他必须给他们建议，必要时还要教他们怎样做得更好。这种下级关系可以用一个词来定义：协助。

一个部门的目标始终应该由它对整个企业的成功必须做出的贡献组成，始终采取向上的视角。

但是，这个部门的负责人的目标必须包括他为了帮助下属实现目标所必须做的事情。管理者始终要向上看，心怀整个企业，但他还必须向下负责，对自己团队里的人负责。把自己与下属的关系视为对下属负有**义务**，视为**帮助他们完成工作和取得成绩的责任**，而不是把它当成"监督"，是让这个部门富有成效的根本要求。

管理者对企业负有最终义务。管理者的职务和职能根植于企业的实际需要，而非他的头衔或得到的授权。

所以，每个管理者都必须根据企业的目标来界定自己的以及所负责部门的目标。

本章的讨论虽然围绕着工商企业的管理者展开，但完全适合于公共服务机构，特别是政府机关里的管理者。他们一样需要范围足够大的职务，以利于他们的成长。他们一样需要通过做出成绩，而不是通过晋升或头衔来得到满足感。他们的职务也一样要围绕着职务与职位、工作安排、关系和信息方面的需要来设计。他们也一样需要拥有职权，以便完成自己的任务。他们也一样必须根据自己所在机构的目标，来界定自己的目标。

公共服务机构里的管理者对于合理的职务设计、合理的职务内容和职务结构的需要，甚至超过企业里的管理者。这些机构要想提高绩效和士气，第一步，也可能是最重要的一步，是设计出真正的管理职务。

小　结

管理职务始终应当以一项必不可少的任务为基础。它必须是一个实实在在的职务，能够对整个企业的目标做出显而易见（最好是可以衡量）的贡献。它的范围和职权应该尽可能宽。管理者应由绩效目标，而不是由他们的上司来指挥和控制。在设计职务时，有六个具体的错误要予以避免。管理责任的幅度必须加以设计——界定管理职务的方式有四种。管理者同其上级和下属是相互依赖的关系，管理者对企业负有最终义务。

管理与管理者的开发

1950 年以后兴起了一个管理热潮，其间也出现了一个管理开发的热潮。20 世纪 40 年代中期，我刚刚开始对这个主题产生兴趣时，只发现两家公司认真考虑过管理者的开发这个问题，它们分别是美国的西尔斯公司和英国的玛莎百货。那时，美国只有三所大学开设了针对管理者的高级进修课程，它们分别是麻省理工学院的斯隆开设的进修班、纽约大学针对银行和金融业的管理者和年轻专业人员开办的进修课程，以及哈佛大学主办的高级管理进修班。

10 年后，也就是到了 20 世纪 50 年代中期，制订了管理开发计划的公司已经高达 3000 家左右，美国的许多大学也开设了各种各样的高级管理课程。

时至今日，以各种形式进行管理与管理者开发的公司已经不计其数。没有给管理开发配备专门经费或专职人员的大公司，或者大学商学院不开设管理开发课程的，已属异类。另外，许多外部组织，诸如行业协会、咨询公司等，都在开展管理开发工作。

为什么需要管理开发

组织做出一些基本决策需要提前的时间越来越长，但由于无法预见未来，管理当局如果没有甄选、培养和考验一批对这些决策负责的人，也就是未来的管理人员，就无法做出合理的、负责任的决策。

对管理人员的需求数量在日益增加。发达社会的体力劳动越来越少，取而代之的是理论知识以及组织和领导的能力，也就是管理能力。事实上，美国是第一个不以"社会能让多少人从解决生计这一任务中解脱出来，去接受良好的教育"作为基本问题，而是以"社会能够承担得起多少没有受过良好教育的人"作为基本问题的社会。

管理开发也是企业履行对社会所担负的一项基本责任的需要。保持连续性对于企业，特别是对于大型企业来说至关重要。我们这个社会承担不起这些创造财富的资源因为管理上后继无人而受到损害。

现代人工作不再仅仅为谋生，他们还希望从中获得除经济报酬以外的满足感，包括自豪、自尊和成就感等。管理开发其实就是工作和组织不再仅仅是谋生手段的另一种说法。企业承担着让员工在企业里工作成为一种"美好生活"的责任，而它们通过提供各种挑战和机会，让每个管理者都充分发挥自己的能力，也就履行了一部分这种责任。

如果说我们对管理有所了解的话，那就是管理者不是天生的，而是后天培养的。管理人员的供应、开发和技能培养，都必须付出系统的努力，而不能全靠运气。

为什么需要管理者开发

管理者自己也像公司和社会那样需要管理开发。管理者首先必须保持警醒，思维活跃。他们必须不断受到挑战。他们必须在今天掌握明天将会派上用场的各种技能。他们还需要有机会来思考自身经历的意义，特别是需要有机会反省自己，并且**学会如何发挥自己的优点**。而且，他们作为一个人对开发的需要，甚至超过作为一名管理者对开发的需要（参见第45～48章）。

知识工作者的一个优点，同时也是一个弱点，是他们希望从工作中得到满足和激励。在这个方面，他们在成长的早期就已经被惯坏了。

知识工作者，特别是那些功成名就的知识工作者，过了40岁以后就有可能陷入精神危机。他们到了这个年纪，大部分人不可避免地已经达到自己的最终职位，甚至还有可能达到自己在企业里的最终职能，无论是市场研究、成本会议还是冶金技术等。在这个行业里做市场研究15年或者20年，该学的东西他们都已经学会，于是在刚刚走上这个职务时让人兴奋不已的东西，15年以后已经变得让人生厌，索然无味。

换句话说，管理者要能在四十四五岁之前培养一种属于自己的、处于组织以外的生活。

这不仅是他们自己的需要，也是他们所在组织的需要，因为这个年届45岁、对生活失去乐趣的管理者已经"在职退休"，不太可能再对组织做出多大的贡献。他对自己、对所在企业都有责任把自己作为一个"人"来开发，从而培养属于自己的生活，不再完全依赖所在企业，依赖进一步晋升，依赖更换工作。在此过程中，他必须关注自己的个性、长处和兴趣。

我们还必须学会给那些已经功成名就，而且超过45岁的专业人员和管理者开发第二职业。我们必须让那些已在一个组织或者从事一个职能工作20来年的人，也就是大多数管理者，寻找新的挑战和新的机会，让他们在不同事务中做出新的贡献，或者至少让他们在一个新环境和新机构中发挥作用。

那么，"管理开发"和"管理者开发"这两个词到底又意味着什么呢？毫无疑问，我们看到了一些有益的尝试，但也有不少昙花一现的时髦做法。

哪些活动不是管理开发

基于上述原因，我们最好是先辨别哪些活动不是管理开发和管理者开发。

（1）它不是上课。课程是管理开发的工具之一，但它们并不等同于管理开发。

任何课程，无论它是一个关于某项技能的为期三天的研讨会，还是一个每周授课三个晚上，为期两年的"高级"培训项目，都必须符合一个管理集体或一个管理者的开发需要。但是，职务本身、上司以及公司和管理者自己的开发计划都是非常重要的开发手段，而且作用远大于任何课程。

事实上，一些最流行的课程的价值未必真实可信。比方说，我认为让管理者长期脱产接受培训就不是很明智。以我的经验来看，效果最好的是在管理者自己的业余时间里完成的那些课程，例如许多大学开设的"高级管理"夜校项目。效果最好的全职课程，会交替安排学习时间和工作时间，也就是脱产一两个星期集中学习，然后立即返回工作岗位，学以致用，巩固学习的效果。

管理者是以行动为中心的，他们不是也不应该是哲学家。除非他们能立即学以致用，否则那些课就等于没上，掌握的也只是"信息"，永远不可能变成"知识"。从教育学上讲，没有用行动来强化的学习是不可靠的。所谓没有用行动来强化，就是在上个星期五学到的东西，不能在这个星期一付诸实践。最后，管理者脱产 13 周学完高级课程回来后，有可能会发现自己成了无家可归的"难民"。

（2）管理者开发和管理开发不是晋升计划、接班计划，也不是发现高潜质人才。这些活动不仅无益，甚至还会有危害。

一家公司最糟糕的做法是只顾培养"苗子"，对其他人不闻不问。其他人如果不能发展到足以理解和接受"苗子"们的思想，并把它们转化为行动的水平，那就根本不会有什么结果。没有包括在这个计划中的人，十之八九会觉得自己受了冷落，于是变得比过去更加低效，更加不愿意承担新的工作。

试图发现"潜力"也只会是徒劳无益。那样做的成功率，可能还不如从每5个人中随机挑选一个那么高。绩效是真正重要的东西，可是潜力与绩效之间的关系并不是非常高。事实证明，"高潜质"年轻人到40岁的时候十之有五会变为空谈家，而那些看起来并不"超群"也不善言谈的年轻人，到了这个年纪反倒十之有五表现出色。

同样，认为管理开发就是物色"接班人"只会彻底推翻开发的理由。我们之所以需要管理开发，恰恰是因为未来的职务和组织会与今日不同。如果我们所要做的事情，只是简单地替换过去的和现在的职务，那么我们只要对管理者采取师徒制培训就可以了。

在物色接班人中，最糟糕的做法是"立储"。无论是一个拥有合法继承权的王储，还是一个人被立为王储，实际结果都只会是毁了他。保密工作做得再好，立储之事也会很快被整个组织知晓，然后其他所有潜在的竞争者都会联合起来对付这位王储，奋力将其拉下马，而且他们经常会得手。

（3）管理开发和管理者开发不是要通过改变人们的个性对他们进行"改造"。开发的目的是让他们的工作更有成效，是让他们充分发挥自己的长处，让他们能够以自己的方式，而不是按照别人想要的方式开展工作。

雇主不能干涉员工的个性。雇用关系就是一个要求员工做出具体绩效的具体合同，再无他用。雇主试图越过这种关系，都是不道德的，同时也对员工的隐私构成侵犯，是对权力的滥用。员工不必承担"忠诚""热爱"和"良好态度"的责任——有且仅有绩效方面的责任。

管理开发和管理者开发涉及的是人们所需的技能，是职务结构和管理关系，是员工为了发挥自己的长处所需学习的东西。它们关心的应该是如何改变一个人的行为，以便让这个人变得更有成效。它们并不涉及这个人是谁，也就是不涉及一个人的个性或情感。

试图改变一个成年人的个性是注定要失败的，因为一个人开始工作时，个性已经定型。所以，**开发的任务不是要改变一个人的个性，而是要让一个人能够取得成绩，完成工作。**

开发的两个方面

开发不是只有一个孤立的任务，而是有两个相互关联、相互影响的任务：任务之一是管理开发，目的是要保证企业的健康、生存和成长；任务之二是管理者的开发，其目的是要保证管理者同时作为组织的成员和一个人的健康、生存和成长。管理开发是组织的一个职能和一项活动，无论它采取的是什么形式。管理者的开发是管理者自己的责任，尽管他的上级和公司起着重要的作用。

管理开发始于下面这个问题："我们这个组织要在不一样的市场、不一样的经济、不一样的技术环境和不一样的社会里实现目标和开展经营活动，需要什么类型的管理者和知识型专业人员？"

管理开发要关心这样一些问题——管理群体应该保持怎样的年龄结构，管理者应该掌握哪些技能才能胜任明天的工作。它还要关注组织的结构和管理职务的设计，以便满足未来那些"职业顾客"，也就是未来的年轻管理者和年轻的知识型专业人员的需要和抱负。就业市场已经成为一个真正的大众市场，因此每一个组织都必须设计出能够吸引和满足未来职业生涯顾客的"职业产品"。

至于管理开发是否需要专职人员，则取决于这个企业的规模和复杂程度。管理开发无疑不是一项需要大批工作人员和实施大量计划的活动，但是它确实需要权力和威望，因为它的目标是要改变公司的基本规划、组织结构和管理职务的设计。这个任务的核心是规划市场、设计产品以及更新现有的职务和组织结构。从这个角度来看，管理开发是创新者、破坏者和批判者。它的职能就是对公司人力资源提出："我们的事业是什么以及应该是什么？"

管理者开发的重点是人，目的是让这个人最大限度地发展自己的能力和长处，并且取得个人的成就，追求卓越。

没有人能够激励另一个人进行自我开发。一个人自我开发的动力必然来自内心，但哪怕这个人的动力再强，他的上司和所在企业也可以在很多方面削弱这种动力，误导他的努力方向。为了让他们的努力取得最大成效，上司和企业的积极参与、鼓励和引导是必不可少的。

要想进行管理者开发，首先要对他做一次绩效评估，评估的重点要放在下述事项上面：他哪些事情做得好，哪些事情能做好，要想充分发挥长处必须克服哪些弱点。不过，这种评估始终需要多方共同努力，既需要这名管理者的参与，也就是他的自我评估，也需要他的上司的积极参与。

人们在做自我评估时常常走极端，要不是过于挑剔，就是过于宽容。他们还有可能错误地认识自己的长处，误把短处当作长处并引以为傲。

一名一流的工程师可能会认为，因为自己"善于分析"而且"公正客观"，所以自己是一个好的管理者。其实，作为一名管理者还必须具备同理心，能够理解别人开展工作的方式，并且对个性等"非理性"因素有着敏锐的洞察力。一名销售经理可能认为自己长于"战略"，可事实上他只是一个精明的谈判者，他所理解的战略只不过是"下周的大减价"。在许多情况下，一名优秀的分析师在向别人提出建议时，并不能意识到自己其实没有勇气做出艰难的、无人喝彩的决策。

评估应该以这名管理者在其上司协助下设立的绩效目标为依据，从完成目标的程度出发，而不是从这个人的"潜质"出发。上司要提的问题是："这名管理者哪些事情做得很好——不止一次，而是一以贯之？"提这个问题的目的是发现这名管理者的长处有哪些，妨碍他充分发挥长处的障碍又有哪些。不过，自我开发评估还要提的问题有："我对生活有什么期望？我的价值观、抱负和发展方向是什么？为了满足对自己的要求以及对生活的期望，我必须做的、学的、改变的东西分别是什么？"提这个问题的，也最好是一个旁观者，一个了解这名管理者，尊重他，同时又洞察力超群的人。

进行自我开发可能还需要学习一些新技能、新知识和新方式，但最重要的是需要一些新经验。对于自我开发，除了深刻认识自己的长处之外，最重要的因素是自己的工作经验和上司的榜样作用。因此，自我评估得出的结论始终应当是：在必须做出的贡献和所需的经验方面，自己有哪些需要和机会。上司在评估时始终要提的问题是："这个人需要有哪些工作经验，才能最快地开发和最好地发挥他的长处？"

开发始终是自我开发。想让企业承担开发一个人的责任，只是一句空谈。其实，开发的责任在于个人，在于他的能力和努力。没有哪个企业有能力，更不用说有责任，用自己的努力去代替个人自我开发的努力。果真那样做的话，也只不过是错误的包办，愚蠢的自负。

要求现在的管理者着手培养未来的管理者，也是提高这些人的精神、眼界和绩效的需要。一个人在必须讲授一个主题时，学到的东西才是最多的。同样，一个人只有在帮助别人进行自我开发时，他对自己的开发才是最快的。事实上，不对别人进行开发，也就不可能进行自我开发，因为只有在帮助别人开发的过程中，管理者才会提高对自身的要求。无论是在哪一个行业，那些成就最卓著的人，无不把自己培养和开发的后辈视为自己身后最值得骄傲的丰碑。

同样，公共服务机构也像企业一样需要进行管理开发和管理者开发，应该采用的方法也都相同。

但最重要的是，如今的管理者和专业人员都负有自我开发的责任——既是对他们所服务的机构，也对他们自己负责任。

今天有许多人讨论组织成员的疏离，但我怀疑今天的疏离是不是比以前更加突出，毕竟关于疏离的经典诊断并非来自对现代企业的研究，而是来自一个工业化之前的纯粹的农耕社会：索伦·克尔凯郭尔（Soren Kierkegaard）生活的 19 世纪初的丹麦。但是，不管今天的服从度和精神的失望比过去大还是小，个人对自我开发和追求卓越的承诺，都是抗击这两种现象的一股强大力量。

小　结

管理开发是建立在管理和管理者的真实需要之上的，但是很多人都不明白，它可以分为管理开发和管理者开发（而且二者还是有区别的）——前者是组织的需要，后者是管理者个人的需要。管理者开发是自我开发，尽管上司和组织所起的作用有好有坏。管理者开发的目标是追求卓越。

目标管理与自我控制

企业里每个人所做的贡献各不相同，但是所有贡献都必须是为了一个共同的目标。他们的努力必须朝着同一个方向，它们的贡献必须结合成一个整体——没有空隙，没有摩擦，没有无谓的重复劳动。

企业要想实现整体目标，就必须让所有的职务都为了这些目标而努力，特别是每一个管理职务都必须以企业的整体成功为中心，它们的绩效都必须以企业的绩效目标为中心，并以对企业的成功所做出的贡献来衡量。管理者必须清楚，为了实现企业的目标，他们自己必须做出什么样的绩效；他们的上司也必须清楚，自己这些下属应该做出什么样的贡献。这些要求如果没有得到满足，管理者就会迷失方向，徒劳无果。

目标管理需要付出很大的努力，需要使用一些特殊的方法。企业里的管理者不会自动地朝着一个共同的目标去努力。相反，组织本身就包含着四大误导因素：大多数管理者的工作是专业化的；管理的结构是科层制的；不同管理层级的视野和工作存在差异并因此形成隔离；管理群体的薪酬结构。

要克服这些障碍，仅有良好的意愿是不够的，还需要有相应的政策和结构，需要有目的地实施目标管理，并使之成为整个管理群体的生存法则。

管理者的专业化工作

有一个古老的故事，有人问三个石匠他们在做什么，第一个石匠回答说："我在谋生。"第二个石匠边敲石块边回答说："我在做全国最好的石匠活。"第三个石匠抬起头来，带着憧憬的眼神回答说："我在建一座大教堂。"

毫无疑问，第三个石匠才算得上一名真正的管理者。第一个石匠知道自己要从工作中得到什么，于是努力去做。他会"看菜吃饭"，拿多少钱干多少活，但他不是，也永远不可能成为一名管理者。会带来麻烦的是第二个石匠。技艺确实很重要，一个组织如果不要求它的成员贡献出他们力所能及的最高技艺水平，就会士气低落。但是，一个纯粹的工匠或专业人员有可能认为自己是在取得成就，其实只不过是在给石块抛光或者做无足轻重的事情。因此，发挥技艺水平必须得到鼓励，但始终必须服从企业作为一个整体的需要。

任何一个企业里的大多数管理者和专业人员都像第二个石匠，关心的只是自己的专业工作。管理者的习惯、视野和价值观，通常都是在他们从事职能性和专业化工作时形成的。职能专家达到很高的技艺水平，努力成为"全国最好的石匠"是非常重要的，因为如果不用高标准来要求他们的工作，那不仅是对组织的欺骗，而且会腐蚀这些员工及其周围的人。重视并且努力提高技艺水平，能够推动各个管理领域的创新和进步。

管理者竭力把工作做到最好，例如"做具有专业水准的人力资源管理""经营最先进的工厂""开展科学的市场研究"，都是应该得到鼓励的。但是，这种在职能性的专业工作中追求专业水准的努力也是危险的，因为它会让管理者的视野和努力背离企业的目标，把职能性工作本身当成最终目的。管理者不用自己对企业所做的贡献,而是仅用专业水准来做绩效评估的标准,这样的事情屡见不鲜。他们还会用技艺水平来评估自己的下属,并据此论功行赏和提拔。他们憎恨出于组织绩效而提出的要求,因为他们认为这妨碍了"出色的工程工作""均衡的生产""强有力的销售"。职能管理者追求技艺水准有其合理性,但如果恣意纵容,就会把企业搞得支离破碎,沦为一个由不同工作群体组成的松散联合体。每个群体都只关心自己的技艺,都戒备地保守自己的"秘密",都热衷于扩大自己的领地,而不是建设整个企业。**解决的办法是在追求技艺水平和实现组织的共同目标之间保持平衡。**

层级的误导

管理的层级结构放大了上述危险。上司的一言一行,不管是他不经意的一句话,还是他的习惯,甚至是他的癖性,都有可能被下属认为是经过深思熟虑的,是有计划、有含义的。"你听到的都是人际关系如何如何重要,但是老板一找你训话,就总是因为加班太多;一到了提拔人的时候,机会就落到那些把会计表格填得最好的人的头上。"类似的论调,在各个管理层级都能经常听到。这会导致绩效低下,哪怕是在减少加班这件事情上。这也表明大家对公司及其管理失去了信心和尊重。

然而,给下属造成这种误导的管理者,并不是有意为之。他可能真的认为人际关系是工厂经理最重要的任务。之所以讨论加班时间问题,是因为他觉得必须让下属觉得他是一个"懂行的人",或者只是想通过跟他们讨论"本行"和关心他们的工作量,从而表示自己是熟悉他们的问题的。之所以强调了会计部门的表格,仅仅是因为自己跟下属一样对它们感到恼火,或者只是想尽可能地避免主管会计再来找麻烦。可是,他的下属并不了解这些原因,他们看到的、听到的只是他对加班时间的质问,对表格的强调。

要解决这个问题,就必须有一种合理的管理结构,让管理者及其上司关注自己职务的要求，而不是自己上司的要求。如果强调管理风格和行为方式，那只会使问题变得更加严重。事实上，每一个对组织有所了解的人，都曾经看到有管理者试图通过改变自己的风格来避免误导下属，结果却把本来还算让人满意的关系弄成一场充斥着尴尬和误解的噩梦。管理者本人变得非常不自然，因此无法轻松地对待下属，而下属反过来又会是这样的反应："天哪，老板肯定是又读了一本什么书。过去我们还知道他对我们有什么要求，现在只能靠猜了。"

误导还有可能源于不同层级所关注的内容不一样。这个问题也同样不会因为态度和良好的意愿而得到解决，因为它根植于任何一个组织的结构中。它也不可能因为"更好的沟通"得到解决，因为沟通的必要前提是双方有共同语言，可问题的出现通常恰恰是因为缺少共同语言。

盲人摸象的故事在管理人员中广泛流传，这并非偶然。每个管理层级都是从不同的视角来观察同一头"大象"，也就是整个企业。运营部门的主管就像那个摸到象腿并认为那是一棵树的盲人，通常只看到眼前的运营问题。高层管理者就像那个找到象鼻子并认为那是一条蛇的盲人，通常只是把企业当作一个整体，把股东和财务问题等都看成一大堆高度抽象的关系和数字。操作层面的管理者就像那个摸到大象的肚子并认为那是一堵墙的盲人，通常只从职能的角度分析问题。

每个层级都必须有自己独特的视角，否则就无法履行自己的职能，但问题是不同层级的视角差别实在太大，以至于大家在讨论同一件事情却浑然不觉，或者认为大家是在谈论同一件事情，而事实上却是相差甚远——后面这种情况更常发生。

薪酬的误导

薪酬结构可能是管理群体内最强大的误导力量，也是最难消除的力量。

管理人员总会以某种方式取得报酬，但是每一种薪酬体系都容易产生误导。

　　薪酬是企业的成本，领薪者的收入。它还能体现领薪者在企业内和社会上的地位，它是判断领薪者的价值大小和绩效好坏的依据。它还关系到我们是否觉得公平、公正和平等。金钱当然是可以量化的，但不管是在哪种薪酬体系中，它都体现了最难以捉摸也最为敏感的价值观和品质。正是由于这个原因，世上并不存在真正简单或者完全理性的薪酬体系。

　　任何薪酬体系都会确定一个人在这个群体中所处的位置。这个人的报酬与其他人，特别是与其同僚相比的情况，总是比绝对数字更加重要。薪酬始终要努力在对个人的认可以及维持群体的稳定之间保持平衡。因此，没有一个薪酬的"科学公式"是能彻底成功的。最好的薪酬制度，无论是对个人还是对集体，都必定是薪酬的不同职能和意义的"折中"。就算是最好的制度，也仍然会同时起到正确和错误的引导作用，同时鼓励正确的和错误的行为。

　　然而，对于管理者而言，薪酬和薪酬结构可以说是最明确的信号，它的重要性远不止于金钱的经济意义。它还反映了高管的价值观以及领薪者在管理群体内的价值。它以具体的方式明确反映了管理者在这个群体中的地位、级别和得到认可的程度。工资高一点点，按照现行个人所得税率，对于高管来说其实通常是无足轻重的，但是它作为一种地位的象征，还有它所带来的情感上的影响，却是无法估量的。

　　最具破坏性的误导可能来自那些看似最"公平"的薪酬制度，也就是把管理者的报酬与他们的绩效直接挂钩的制度。管理者的绩效通常是以当年的投资回报率来衡量的，如果我们想要**衡量**绩效，是别无他法的。可是，如果过于看重投资回报率和当期利润，那些分权业务的管理者就会被误导，只顾当前而忽略未来。

　　曾经有一家化工企业，它的一个主要分公司虽然有一支能干的管理团队，可是耗费多年都没有开发出一种市场急需的产品。年复一年，他们都向公司高管报告说，新产品还没有完全就绪。最后，公司高管直截了当地质问这个分公司的负责人，为什么拖延这个对于自己公司取得成功显然至关重要的项目。这位负责人回答说："你看过我们的薪酬方案吗？我们管理层和我自己的薪酬，主要是根据投资回报率来确定的。这个新产品虽然是我们的未来，但是在5～8年内只有投入没有产出。我们已经拖了3年了，这一点我很清楚。但是，你真的希望我降低那些最亲密的同事的报酬，对他们施加并不公正的惩罚吗？"这个故事有一个完满的结局。该公司的高管调整了薪酬方案——与杜邦公司在新产品开发方面已经施行多年的方案有些类似。杜邦公司只有在新产品已经投放到市场上之后，开发成本才会计入分公司或子公司的投资基数中。

结果，在一两年之内，这个新产品就开始上市销售了。

在建立薪酬体系时，宁简勿繁。要允许做一些主观的判断，允许根据个人的工作做出调整，而不是简单地把一个公式套在所有人身上。但是，我坚定地认为不可能设计出一个"公平"的，更不用说一个"科学"的薪酬体系。强调一句，我们所能做的只有提高警惕，不让薪酬制度奖励那些错误的行为以及强调错误的结果，从而避免大家偏离整个企业的共同利益。

目标应该是什么

正如"自由的代价是时刻保持警觉"，要想防止误导也必须不断付出努力。上级必须清楚对下属管理者有何期望，下属则要知道自己应该对哪些结果负责。不付出特别的努力，上下级就不可能理解这一点，他们的想法也就无法相容，更不用说保持一致了。

每一个管理者，从"大老板"到基层主管，都需要明确的目标，否则必定陷入混乱。这些目标应该规定每一个管理单元应该做出什么样的绩效。它们还应该规定每一个管理者及其部门要完成哪些工作以便帮助其他部门实现目标。最后，它们还应该规定这名管理者能从其他部门得到哪些帮助以便实现这些目标。也就是说，从一开始就应当强调团队协作和团队成果。

这些目标始终应该来自企业的目标。哪怕是一线的主管，也应该要求他们以公司和运营部门的目标为依据来制定自己的目标。一家公司可能非常庞大，以至于一线主管与公司经营的整体结果之间相距甚远。尽管如此，这些人仍然必须关注公司的目标和需要，以所在部门对整个企业的贡献为依据来界定自己要取得的成果。

每一个管理者的目标都应该明确他在各个领域对实现公司目标需要做出哪些贡献。显然，并不是每一个管理者都要在每一个领域做出直接贡献。例如，营销对生产率的贡献就是间接的，并且难以界定。但是，如果某一个管理者所带领的部门并不需要对明显影响公司生存和繁荣的某一个领域做出贡献，那么应该把这个事实明确指出来，因为必须让这个管理者知道，企业的经营成果取决于在多个领域内的努力和结果及其平衡。这既是让每一个职能和专业充分发挥技艺水平的需要，也是防止不同职能和不同专业建立独立王国和相互嫉妒的需要。这还是避免过于强调某一个关键领域的需要。

对于参谋服务人员和高度专业化的群体（例如信息技术部门的人）来说，这一点尤其重要。他们可能无法时刻把自己的工作与组织目标和组织经营成果直接联系起来，但是除非他们努力去做到这一点，否则他们的工作就有可能背离组织目标和组织经营成果。

为了取得短期和长期的平衡，各个层级和各个领域的所有管理者的目标都必须兼顾短期和长期。当然，所有目标始终应该包括有形的业务目标，也必须包括一些"无形的"目标，例如管理者开发、员工绩效和态度、社会责任等。否则，目标就是短视的，不切实际的。

靠突击进行管理

正常的管理要求均衡地强调不同目标，特别是要求管理高层这样做。只有这样，才能避免常见的弊病——通过突击实行管理。

突击刚过三个星期，事情就会恢复成老样子，对这一点大家都心知肚明。一场以降低成本为名的突击，唯一的结果是解雇了几个送信员和打字员，于是那些拿着六位数薪水的高管只好亲自打字，而且打得很糟糕。尽管如此，很多组织的管理当局并没有得出这个显而易见的结论——靠突击是办不成事情的。

除了没有效果之外，靠突击进行管理还会误导大家。它强调某一段时间的工作，对所有其他事务则不闻不问。一个对通过危机进行管理这种方式见怪不怪的人总结说："我们先是花了四个星期搞全面降低成本，紧接着花了四个星期搞人际关系。我们改善客户服务和礼貌的活动才刚刚开展一个月，存货水平又变回了老样子。我们甚至没有打算去做其他工作。高管嘴里讲的、心里想的、当众宣扬的，全部都是上一周存货数字和这一周客户的投诉，至于我们的其他工作是怎样做的，他们根本就不关心。"

在一个靠突击进行管理的组织里，人们不是丢开自己的本职工作投身到目前的突击中去，就是默默地抵制这场突击以便完成本职工作。不管是哪一种情况，他们都对"狼来了"这一呼声充耳不闻。当真正的危机发生，大家确实必须放下手头的一切工作去奋力应对时，他们却又把危机当成管理当局制造的又一场歇斯底里的突击。靠突击进行管理无疑体现了管理上的混乱，反映了管理当局既无能又不动脑子，特别是反映了这家公司不知道应该要求管理者做什么，因此也不知道如何去引导他们，于是就处处误导他们。

目标应该如何设定以及由谁设定

所有管理者的工作目标，都必须以他们对自己所属的上一级部门取得成功所需做出的贡献来界定。例如，直销经理的目标，应该以他们属下销售人员对整个销售部门所做的贡献来界定；项目工程师的目标，应该以属下工程师和技术人员对整个工程部门所做的贡献来界定；一个分公司总经理的目标，应该以该分公司对母公司目标所做的贡献来界定。

　　这些管理者的上级必须保留对这些目标的审批权，但这些目标的设定是管理者自己的责任，而且是首要责任。这还意味着每一个管理者都应该认真参加自己所属的上一级部门的目标设定。"让他们有一点**参与感**"不仅不够，而且是错误的。成为一名管理者就意味着**承担**责任。正是由于他的目标应该反映整个公司在目标方面的需要（而不仅仅是他的上司以及他本人的愿望），所以他必须赞同并且真正接受这些目标。管理者必须了解并且理解企业的最终目标、企业对自己有何期望及其原因，以及企业对自己的衡量标准是什么及其原因。每一个部门的所有管理者都必须统一思想。为此，唯一的办法是要求全体管理者都认真思考本部门的目标，并让他们积极认真地参与目标的设定。也只有下级管理者以这种方式参与其中，上级管理者才能清楚他们应该做出什么贡献，从而提出严格的要求。

　　这一点非常重要，因此我认识的一些最有成效的管理者还走得更远。他们要求自己的每一名下属每年写两次"管理者报告"。在这份写给上司的报告中，管理者首先要按自己的理解界定上级以及自己的工作目标，然后为自己定下绩效评估标准。然后，他们要列出为了实现这些目标必须做的事情、在自己部门内部存在的主要障碍，以及上级和公司可以帮助自己或者可能妨碍自己的事情。最后，他们还要就明年如何实现自己的目标提出建议。这份材料如果得到上司的批准，那么就会成为这名管理者开展工作的章程。

　　在我所见过的所有方法中，它是最能揭示下面这个事实的：哪怕是一个最优秀的管理者，他随意说出的一些未加思考的话，也有可能造成混乱和误导下属。有一家公司使用"管理者报告"已经 10 年之久，然而在上级收到的几乎每一份报告中，仍然会出现一些莫名其妙的目标和标准。每当他问"这是怎么一回事？"都会得到这样的回答："你不记得了？这是去年春天你和我乘电梯下楼时讲的。"

这种报告还能揭示上级和公司对这名管理者的要求是否存在矛盾。上级是否要求速度和质量兼得，而现实只允许二选一？这时从公司的利益出发应该如何取舍？上级是否要求下属发挥主动性和判断力，可却要求他们在采取任何行动之前必须征得他的同意？上级是否要求下属提出意见和建议，可却从不采纳，甚至不予讨论？公司是不是要求由区区数人组成的工程师队伍在工厂一出现问题时就立即到场，同时又要求他们全力以赴完成新的设计？公司是不是要求管理者保持较高的绩效水准，却又不允许他们把绩效差的人调走？公司是不是创造了一些不利的条件，让人们说："只要我的上司不知道我在干什么，我就能把事情干成。"

正如"管理者报告"所揭示的，在对管理者进行管理时必须付出特别的努力，不仅是为了确立共同的方向，而且是为了消除误导。相互理解是永远不可能通过"向下沟通"和空谈达成的，只有通过"向上沟通"才有可能实现。为此，上级必须愿意倾听，而且必须设计一个专门的工具，让下级管理者的意见真正得到听取。

通过衡量指标进行自我控制

目标管理的最大好处，可能在于它能让管理者控制自己的绩效。自我控制意味着更强的激励：一种尽己所能，而不是敷衍了事的强烈愿望。它还意味着更高的绩效目标和更宽广的视野。尽管让企业管理团队在方向和努力方面取得一致并不一定需要目标管理，但要想通过自我控制实行管理，目标管理是必不可少的。

事实上，目标管理的一个重要优点，就是它能让我们以通过自我控制实行管理来取代通过统治实行管理。

管理者要想控制自己的绩效，仅仅了解自己的目标是什么是不够的，他们还必须能够对照目标对自己的绩效和结果进行衡量。管理者在组织的所有关键领域都必须拥有明确和统一的衡量指标，这些指标未必要严格定量或者非常精确，但是它们必须明确、简单和合理。它们还必须可靠——至少误差范围已经得到大家的公认和理解。它们还必须一目了然，不需要进行复杂的解释或者哲学般的讨论就能被人理解。

所有管理者都应该得到衡量自身绩效所需的信息，并且必须非常及时，以便做出必要的调整，从而取得预期的结果。这些信息应该送交管理者本人，**还有他的上级**。它应该成为自我控制的手段，而不是上级施行控制的手段。

这一点在当今尤其需要强调。当前，由于技术的进步，信息采集、分析和综合能力突飞猛进。过去，关于一些重要事实的信息根本就无法取得，或者得到之时已经于事无补。不过，这也不全是坏事。它虽然让管理者难以进行自我控制，但它也让上级难以进行统治，因为上级没有掌握控制下级所需的信息，也就只好任由下属自行其是。

获得绩效衡量所需信息的能力使得自我控制成为可能。如果使用得当，这种能力会大大提高管理的有效性和绩效。但是，如果使用不当，沦为一个自上而下施行统治的手段，信息技术就会瓦解管理人员的士气，大大降低管理者的工作效果，从而带来无穷祸患。

自我控制与绩效标准

目标管理和自我控制都要求管理者进行自我约束。它会迫使管理者严格要求自己，绝不是放任自流。它可能导致管理者对自己过于苛刻，而不是过于宽松。事实上，这正是人们对这一概念的主要批评（参见第 7 章，特别是亚伯拉罕·马斯洛对 "Y 理论" 的批评）。

目标管理和自我控制假设人们愿意承担责任、期望做出贡献和取得成就。这个假设虽然大胆，但是我们知道人们通常会按照别人对他们的期望行事。

管理者如果一开始就认为人是软弱的、不负责任的和懒惰的，那么就会导致别人表现出软弱、不负责任和懒惰。管理者如果假设人是强大的、负责任的、愿意做出贡献的，虽然有可能经历一些失望，但是管理者的首要任务就是要发挥人们的长处，而要做到这一点就只有从人们（特别是管理者和专业人员）希望做出贡献的这一假设出发。

最重要的是，他们必须把这个假设应用到那些受过良好教育的年轻人身上，这些年轻人会成为未来的管理者。他们在要求管理当局允许他们"做出贡献"时，未必真正明白其中的含义，但是**他们的这种要求是合理的**。他们认为，管理并不是以"受过良好教育的年轻人是希望做出贡献的"这一假设来行事的——他们的这种观点也是正确的，因为管理至今不是按这个假设来行事的。管理当局必须要求这些年轻人接受目标管理和自我控制的约束，当然这些年轻人自己也必须这样做。

一种管理哲学

企业所需要的管理原则，要能充分发挥一个人的长处和责任心，要能统一大家的思想和努力，要能推动团队协作，并且协调个人的目标与企业的共同利益。目标管理和自我控制能让所有的管理者都把企业的利益作为自己的目标。它用更加严格、更加苛刻和更加有效的内部控制来取得外部控制。它能激励管理者根据客观任务的需要来采取行动，而不是因为有人告诉他们或者劝他们那样去做。他们采取行动并不是因为别人的要求，而是因为他们觉得自己必须采取行动。也就是说，他们是作为"自由人"而采取行动的。

我轻易不用"哲学"这个词，甚至根本不愿意用，因为它太大。但是，我认为把目标管理和自我控制称为一种管理哲学是合适的。它的基础包括管理**"职务"**这个概念，包括管理群体的具体需要及其面临的障碍，包括人的行动、行为和激励这个概念。最后，它还适用于**所有的管理者**，无论其级别高低；适用于所有的组织，无论其规模大小。它能**把客观需要转化为个人目标**，从而确保取得出色的绩效。这才是**真正的自由**。

小　结

企业的不同成员所做的贡献不同，但是大家必须朝着一个共同的目标和共同的绩效而努力。每一个人都必须努力在工作中达到最高的技艺水平，但即使技艺炉火纯青，也必须把它们当作实现共同目标的手段。组织在本质上容易给组织成员造成误导，使其背离组织的共同目标，因此必须借助目标管理把不同组织成员的努力融合成共同的绩效。管理者的目标应该由他们自己设定。管理者必须使用自我控制。目标管理和自我控制可以真正称得上是**一种能够实现人类自由的管理哲学**。

从中层管理到信息型组织

与 1988 年的大公司相比，如今大公司的管理层级通常不及一半，管理人员不超过 1/3。它们的结构、管理问题和关注点，都与 1950 年前后的制造公司很少类似。在这些方面，它们其实更像今天的管理实践者和管理学者都不怎么关注的一些组织：医院、大学和交响乐团。

这是因为，如今会有越来越多的企业建立在知识的基础之上，成为一个主要由专家组成的组织，这些专家**借助同事、顾客和公司总部提供的有组织的反馈指引和约束自己的绩效**。由于这个原因，企业会日益成为我所称的"信息型组织"（information-based organization，直译为"建立在信息基础上的组织"）。

企业，特别是大型企业，除了成为信息型组织之外，别无选择。员工的主体正在迅速由体力和事务性工作者转变为知识工作者。知识工作者会抵制企业 100 多年前从军队那里学来的命令与控制模式。经济学方面的状况也要求企业做出改变，特别是要求大企业必须开展创新和创业。尤其重要的是，信息技术要求企业做出这一转变。

信息技术

当然，创建信息型组织并不一定需要先进的信息技术。我们马上就会看到，英国在印度就建立了这样一个组织，当时的"信息技术"还意味着羽毛笔，"电信"系统则意味着光脚信使。但随着信息技术的日益普及，我们必须进行更多的分析和诊断，也就是处理"信息"，否则就会被我们自己产生的数据淹没。

一家公司只要开始尝试把数据转化为信息，它的决策流程、管理结构，甚至工作方式都要开始转变。事实上，这在全球的许多组织中已经发生，而且速度相当快。

我们只要看看信息技术对资本投入决策的影响，马上就会明白这个转变流程的第一步。我们早就明白，分析投资方案不能只用一个指标来判断，而是需要做至少六项分析：预期投资回报率、投资回收周期和预期生产年限、在整个预期生产年限内所有利润的贴现值、不投资或者推迟投资的风险、投资失败的成本和风险、机会成本。每一个学管理会计的学生都会学习这些概念。如果不借助计算机强大的信息处理能力，一个人需要用好几个星期才能完成整个分析，可是现在使用电子数据表软件只需要几个小时就能完成。

这种信息处理能力使得资本投资分析从判断变成分析，也就是变成对不同假设的理性权衡。信息还使得资本投资决策从一个由数字控制的机会主义财务决策，变成一个建立在不同战略性假设发生的概率基础上的业务决策。因此，这个决策既要预先假定一个业务战略，同时又要对这种战略及其假设提出质疑。过去的预算编制变成了今天的政策分析。

一个公司开始使用先进的信息技术处理信息所影响的第二个方面是它的组织结构。它只要开始使用这些技术，几乎立即就会发现管理层级和管理人员的数量可以大幅减少。原因很简单：它会发现很多管理层级既不决策也不领导，它们的主要职能甚至是唯一职能便是"传递"信息——它们在实现信息化之前的组织中负责放大沟通所需的微弱的、没有聚焦的信号。

美国一家大型国防承包商就发现了这个问题。当时，它开始考虑公司的最高层需要得到哪些信息才能完成工作。这些信息从哪里来？它们是什么形式？它们是怎样流动的？在回答这些问题的过程中，该公司很快就发现总共14个管理层级中有多达6个层级是多余的，它们之所以存在，完全是因为此前没有提出过这些问题。该公司的数据很多，但它一直把这些数据用于控制，而不是用于获得信息。

从数据到信息

信息是具有相关性和目的性的数据。因此，把数据转化为信息就需要用到知识，而知识在本质上是专业化的（事实上，无论是在哪一个领域，真正有知识的人通常是过于专业化的，原因恰恰就在于未知的东西还总是那么多）。

从总体上讲，信息型组织需要的专家比奉行命令和控制模式的组织要多得多。另外，需要专家的是它们的运营部门，而不是公司总部。事实上，它们的运营组织通常完全是由各种专家组成的。

信息型组织同过去一样需要以集中的方式开展运营工作，如法律顾问、公共关系和劳资关系等。但是，它们需要的参谋服务人员，也就是只提建议、做咨询或者搞协调，而不承担运营责任的人，数量大幅减少。至于它们的总部，即使需要专家，数量也很少。

由于信息型组织的结构更加扁平，因此它们同一个世纪以前的企业的相似性，大过它们同当今的大公司的相似性。然而，在那时的企业中，所有的知识都掌握在最高层的手中，其他人则全都是帮手或员工，通常都是做同样的工作，并且是按命令行事。在信息型组织中，知识主要位于组织的底层，也就是在从事不同工作、自己指挥自己的专家的头脑里。如果知识大都集中在参谋服务人员那里，那么这个组织就是试图由上到下灌输知识，而不是由下到上获取信息。

最后，信息型组织中的许多工作是以不同的方式完成的。传统部门所承担的角色是标准的监护者和培训中心，是任命专家的地方，而不是完成工作的地方。工作主要是由以任务为中心的团队完成的。

这一变化在研究部门尤其明显——该部门曾经是所有部门中界定最清楚的。在制药、电信设备和造纸等公司，过去都是遵从研究、开发、制造和营销这个顺序，而如今这些工作是同步进行的：从产品的概念形成到研究再到产品在市场上站稳脚跟，都是由来自所有这些部门的专家作为一个团队一同负责。

是否需要采用任务小组的形式，以及任务小组的任务、构成和领导职位，必须逐一做出判断，因此这个组织超出了矩阵制的范围。但是，有一点是明确的，那就是它比矩阵制更加需要自律，更加强调每一个人在建立良好关系和沟通方面所需承担的责任，而矩阵制不过是各个部门的经理派出一些人员在各个项目中承担具体的任务。

信息技术正在改变企业，这一点说说很简单，解读这种转变对公司及其高层提出的要求则要困难得多。因此，我觉得有必要观察其他类型的信息型组织，例如医院、交响乐团和英国在印度的殖民统治机构。

一家规模中等、拥有 400 多张病床的医院，它的员工队伍会有数百名医生和 1200～1500 名辅助医务人员。这些医护人员可以分为 60 多个医学和药学专业，每一个专业都有自己的知识、自己的培训和自己的术语。每一个专业，特别是化验室和理疗室等辅助医务专业，它的负责人都会是一个需要承担专业工作的专家、而不是一个全职的管理者。这些负责人都是直接向医院领导汇报工作，很少假道中层管理。医院的大量工作是采取临时团队的形式完成的，这些团队的构成取决于每个病人的诊断结果和医护需要。

大型交响乐团则更具有启发意义，因为同台演出的乐师可能多达数百人。按照传统的组织理论，整个乐团应该设几个集团副总指挥，并且还有可能需要设五六个部门副总指挥。可是，事实并不是这样。整个乐团只设一个指挥，他相当于公司的 CEO，所有乐师都直接根据他的指挥演奏，没有中间环节。每一个乐师则是一个高级专家、一个真正的艺术家。

信息型组织的最好范例是英国设在印度的文治机构，它规模庞大，而且不设任何中层管理。[⊖]

英国统治南亚次大陆 200 年，从 18 世纪中期直到二战结束。在此期间，组织结构和管理政策没有任何根本性的改变。南亚次大陆幅员辽阔、人口稠密，可是英国驻印度文治机构的成员从未超过 1000 人，而且驻印度的大多数英国人都很年轻。那时，特别是英国殖民统治的早年，印度恶疾横行，白种男人 30 岁就已算得上是命长的。他们大多数住在与世隔绝的边远村落里，彼此相隔至少一两天的路途，而在前 100 年间印度既没有电话也没有火车。

这个机构完全是扁平的。每一个地区官员都直接向相当于企业"COO"（首席运营官）的省政务大臣汇报。当时南亚次大陆划分为 9 个省，因此对于每一名政务大臣，至少有 100 人直接向他汇报，超出"控制幅度原理"所允许人数的很多倍。然而，这个体系运转得非常顺畅，主要原因便是它的设计能够确保每一个成员都能获得完成工作所需的信息。

地区官员每个月都要花一整天的时间给政务大臣写一份全面的报告，他在报告中会叙述自己的主要任务——只有四项任务，而且每一项都定义得很明确。他会就这四个方面详细描述应该做的事情和实际做的事情，如果二者之间存在差异，还要解释原因是什么。然后，他还要列出下个月在每一个关

⊖ 这个方面的经典介绍见于菲利普·伍德拉夫的 *The Men Who Ruled India* 一书，特别是第一卷 *The Founder*（New York：Shocken，1964）。关于这个机构的日常运转，最精彩的阐述见于 *Sowing* 一书（New York：Harcourt Brace Jovanovich，1962），那是雷纳德·伍尔夫（英国作家弗吉尼亚·伍尔夫的丈夫）传记的第一卷。

键任务方面应该做什么事情，自己准备怎么做，并且询问有关政策，评述长期的机会、威胁和需要。政务大臣在接到报告后，会"仔细审读"这些报告，然后做一份全面的批语回复给地区官员。

在看完这些事例后，我们能够发现信息型组织有哪些要求呢？它有哪些管理问题？我们先来看它的要求。几百名乐师能够在 CEO 的指挥下一起演出，是因为他们拿的是同一个**乐谱**。乐谱告诉笛手和鼓手在什么时候演奏什么旋律，同时也告诉指挥每一个乐师会在什么时候演奏什么旋律。类似地，医院的所有专家都抱着一个**共同愿景**：治病救人。诊断结果便是他们的"乐谱"，它规定了 X 光师、营养师、理疗师以及医疗小组中的其他人各自应该采取哪些具体的行动。

换句话说，信息型组织需要有明确、简单，并能转化为具体行动的共同目标。但与此同时，正如上述事例所揭示的那样，信息型组织还必须聚焦于一个，最多也不过是少数几个目标。

由于信息型组织中的"乐师"都是专家，因此他们不会容忍工作方式由别人决定。世界上可能没有几个指挥会吹法国圆号，更不用说告诉号手如何去吹了，但是他可以关注号手的演奏水平以及在乐团的**共同绩效**方面的知识。这种关注焦点便是信息型组织的领导者必须有能力实现的。

然而，企业没有既定的"乐谱"，除非它自己编写乐谱。另外，无论一个乐团是一流的还是蹩脚的，它都不会改变作曲者谱写的乐谱，一个企业则会不断写出新的乐谱，并用它来评估自己的绩效。因此，信息型组织必须围绕着**目标**和**有组织的反馈**去构建，以便它的每一个成员都能实行自我控制。这里的目标要清晰地阐明管理当局对整个企业、每一个部门以及每一个专家的绩效期望，反馈体现的则是实际结果与绩效期望之间的对照。

信息型组织的另一个要求，是每个人都要承担信息责任。交响乐团的巴松管手每次发出一个音符都是在履行信息责任。医生和辅助医务人员都在一个由详尽的报告和信息中心（护士设在病房的值班台）组成的体系内工作。印度的地区官员每次写报告，都是在履行这一责任。

这样一个体系的关键在于每一个人都要回答下面两个问题：组织中有哪些人需要我提供什么样的信息？反过来，我又需要哪些人提供什么样的信息？每一个人的这个列表上都会既有上级也有下级，不过最重要的还是一些彼此之间主要属于协作关系的同事。医院里的内科医生、外科医生和麻醉师之间的关系便是如此，制药公司的生化人员、药理人员、临床实验主任和营销专家之间的关系也毫无二致，都需要每一个人担负起完全的信息责任。

在一些企业，特别是一些中等规模的企业中，人们对别人所负的信息责任了解日益深入，但是人们对自己所负的信息责任仍然基本漠不关心。所谓对自己所负的信息责任，便是组织内每一个人都应该不断地思考，自己需要哪些信息才能履行职责和做出贡献。

即便是当今使用计算机最普遍的企业，这可能也是一个极大的差别。在这些企业，人们要么认为数据越多便是信息越多（这个假设在数据稀缺时代是完全正确的，在数据丰富的时代则会导致数据过载和信息匮乏），要么就是认为信息专家了解管理者和专业人员的信息需要。其实，信息专家只是工具制造者，他们能够告诉我们用什么工具把装饰用的钉子钉进椅子中，但是我们必须自己决定这张椅子是不是需要装饰。

管理者和专业人员需要考虑清楚自己需要哪些信息和数据：首先弄清自己做的是什么，其次能够判断自己应该做什么，最后评估自己做得怎么样。直到这时，信息技术部门仍会是一个成本中心，而不是一个成果中心。

大多数大企业同前述事例的共同点很少。然而，它们如果想要保持竞争力，甚至是生存下去，都必须转变为信息型组织，而且要迅速完成转变。它们必须改变过去的做法，采用新的做法。一家公司越成功，这个过程就会越痛苦。这一转变会危及组织中许多人的职位、地位和机会。服务年限长、已届中年的中层管理人员受到的影响尤其大，他们本来是流动性最小，并对自己的工作、职位、关系和行为感到最安全的。

信息型组织也会带来特殊的管理问题，其中下面这些是最为关键的：

- 为专家制定薪酬和认可机制并创造职业发展机会；
- 在一个由专家组成的组织中创建统一的愿景；
- 为一个由任务小组构成的组织设计管理结构；
- 确保源源不断地供应、培养和考验高管人员。

巴松管手可能只想做一名巴松管手，他们的职业发展机会就是从第二巴松管手升为第一巴松管手，或者是从一个二流的乐团转到一个更好的、名望更高的乐团。类似地，许多医疗技术人员可能也只想做一名医疗技术人员，他们的职业发展机会包括成为资深技师（可能性比较大）以及成为科室主任（可能性要小得多）。那些成为科室主任的人，有二三十分之一的人有机会去一家更大、收入更高的医院工作。印度的地区官员则除了三年任满之后换一个范围更大的地区之外，几乎没有什么职业发展机会。

在信息型组织中，专家的职业发展机会应该比在交响乐团或医院要多得多，相比印度公务员就更不用说了。但是，这些晋升机会也同样是在本专业领域之内，而且晋升的幅度有限。专家晋升到"管理层"的机会很少，原因很简单，那就是因为中层管理的职位很少。这与传统的组织形成了鲜明的对比。在传统的组织中，除了研究实验室之外，级别上升的主要渠道是跳出原来的专业领域，出任全面管理职位。

在 20 世纪 50 年代，通用电气通过为"专业人员"创造"平行机会"来解决这个问题，此后有许多公司也学样。可是，专业人员却不认为这是一个理想的解决方案。在他们及其负责管理的同事看来，只有晋升到管理层才算得上是真正有意义的机会。几乎所有企业采取的薪酬结构又强化了这一态度，因为它们是明显向管理人员倾斜的。

要解决这个问题并不容易，但是看看大型的律师事务所和咨询公司或许会有所帮助。在这两类组织中，即便是最资深的合伙人通常也仍然是专家，而那些没有可能成为合伙人的同事，很早就已另谋高就。但不管最终发展出来的是一个什么机制，都只有在企业的价值观和薪酬结构彻底改变之后才行得通。

管理当局面临的第二个挑战是给这个由专家组成的组织一个共同愿景、一种**整体观**。

印度的公务员机构是要求地区官员对所辖地区有"整体观"。但为了让他全力关注整个地区，在19世纪创建的一个又一个的部门，包括林业、灌溉、考古调查、公共卫生和路政等部门，都是独立于文治结构的，与各个地区官员基本毫无往来。这意味着地区官员与这些对他所管辖的地区影响最大、意义也最大的活动越来越隔绝。于是，"整体观"最终只有省级政府或者位于德里的中央政府才能拥有，而且也变得越来越抽象。

一个企业根本不能这样运转。它需要自己的许多专业人员，特别是资深的专业人员都拥有这种整体观，并为了这个整体全力以赴。可是，它又不得不接受，甚至是不得不培养这些专家个人的自豪感和专业技能，原因就在于他们如果没有机会晋升到中层管理，那么激励就必然来自他们的自豪感和专业技能。

当然，培养他们专业技能的一种方法便是参加任务小组。信息型组织会越来越多地使用一些规模较小的自治单元，并给这些单元分配一些任务，用一句老话讲，这些任务"一个优秀的人用双手抱得过来"。但是，信息型组织应该在多大程度上把绩效良好的专家调离他们原来的专业领域？它的高管又该在多大程度上把为专业人员创建并保持共同愿景当成第一要务？

大量使用任务小组可以使专业技能的培养这个问题得到缓解，但同时又会使另一个问题恶化，这个问题就是：信息型组织的管理结构。谁来做这个企业的管理者？他们要担任任务小组的领导者吗？或者应该采取一个双头怪似的结构——一个类似于医院为医生服务那样的专家结构，一个由任务小组的领导者构成的行政管理结构？

我们在任务小组领导者的作用和职能方面要做出的决策，是有风险的，也是容易引起争议的。他们的工作任务是不是像医院护士长的工作一样，是永久性的？或者是一项随着任务而变化的职能？它是一项工作任务还是一个职位？它有没有级别？如果有，任务小组的领导者是不是最终会像宝洁公司的产品经理那样，成为管理的基本单元和公司的业务经理？他们最终会不会取代部门负责人和副总裁？

上述的每一种情况都能看到一些迹象，但是目前既没有表现出明显的趋势，人们对它们可能导致的结果也知之甚少。但无论如何，每一种情况都会导致一个不同于现状的组织结构出现。

最后，最严峻的问题是确保源源不断地供应、培养和考验高层管理人员。当然，这既是一个早已存在的困境，也是大企业在过去 60 年间普遍采用分权制的一个重要原因。但是，现在有许多企业设有大量的中层管理职位，并且希望这些职位能够培养和考验人才，于是在高管职位出现空缺时，通常就有大量的人可供选择。但是，在中层管理职位大量减少后，信息型组织的高管从哪里来？如何对他们进行培养？又怎样对他们进行考验？

分权制的自治单元无疑会变得比现在更加重要。也许我们应该学习德国的集团（Gruppe）结构。在这种结构下，分权制的单元全都是一个个独立的公司，分别拥有自己的高管。德国公司之所以使用这一结构，是因为它们拥有从专业领域特别是从研究和工程部门提拔管理人员的传统。如果它们在近乎独立的分公司里没有锻炼人的地方，那么就很少有机会去培养和考验那些最有潜力的专业人员。因此，这些分公司就像是棒球大联盟下面的分会。

我们还发现越来越多的大公司从规模较小的公司里面挖人来担任高管。大型交响乐团物色指挥通常采用的也是这种方法——年轻的指挥在一个比较小的乐团或剧院历练，目的就是等着一个大乐团来挖。许多大医院的负责人，职业发展经历也与此类似。

交响乐团和医院的高管已经成为另一种职业，企业能向它们学习吗？指挥课程培养乐团指挥，医院管理课程培养院长。我们在法国能够看到类似的情况，该国大公司的高管此前通常都是在政府部门任职。但是，绝大多数国家的企业是不会接受这种方式的（只有法国有那样神秘的高等师范学院）。而且，即便是在法国，企业的管理，特别是大型企业的管理，如今的要求也已经非常高，没有亲身经历和成功纪录的人是很难管好的。

因此，整个高层管理的培育过程（包括培养、考验和交接）这个问题就会变得更加突出。于是，有工作经验的企业员工越来越需要回到学校去，而所有的商学院则必须弄清楚那些成功的专业人员需要学会哪些东西，才能担任企业高管和企业领导者那样的高级职位。

现代企业是在美国的独立战争和欧洲的普法战争后出现的，它们自从诞生以来在组织的概念和结构上有过两次重大变化。第一次重大变化发生在1895～1905年，现代企业把管理从所有权中分离出来，并让管理成为一种工作和任务。它首先发生在德国。当时，身为德国第一大银行德意志银行的创始人兼领导者乔治·西门子挽救了他的表兄沃纳创办的电器公司。该公司在沃纳的儿子和继承人的管理下几近破产。西门子威胁要切断银行的贷款，以此迫使他的表亲们把公司的管理权交给专业人员。稍后，美国的 J.P. 摩根、安德鲁·卡内基、约翰·洛克菲勒在对美国的铁路和产业公司进行的宏大重组中，也把管理权交给了专业人员。

第二次重大变化发生在 20 年后。现代公司的形成始于皮埃尔·杜邦20 世纪 20 年代初对家族企业实施的重组，以及数年之后阿尔弗雷德·斯隆对通用汽车公司进行的重新设计。他们构建的便是今天的命令与控制型组织，它强调的是分权、集中服务、人事管理、整套预算和控制手段，以及政策与运营分开。20 世纪 50 年代初通用电气公司实施了规模庞大的重组，把

这个阶段带向高潮。此举完善了全世界许多大公司后来竞相模仿的模式。[⊖]

如今我们正经历第三次变化：从命令与控制型组织以及部门与分公司结构的组织，向信息型组织以及专家型组织转变。我们可以想见这种组织会是一个什么样子，尽管还有点儿模糊。我们可以找出它的一些主要特征和要求，可以指出它在价值观、结构和行为方面的一些中心问题。但是，信息型组织的实际创建还在前头——它是我们未来将要面临的管理挑战。

小　结

企业的结构和信息系统经历了三个发展阶段：第一阶段是公司的所有权与日常管理分离；第二阶段是创建命令与控制结构和系统；我们目前已经进入第三阶段——信息型组织。信息型组织是一个由知识专家构成的组织，层级比传统组织要少得多。

借助复杂的现代医院和交响乐团，我们可以确定一个信息型组织成功运转所需满足的要求。首先，它要有一个明确的总体愿景（乐谱），而且这一使命要得到整个组织的广泛认可；其次，信息型组织要想正常运转，每一个人都必须担负起信息责任，既要向别人提供自己应该提供的信息，也要从别人那里得到自己需要的信息；再次，由于晋升到管理层的机会越来越少，因此必须在各个专业领域内部创建可供选择的薪酬制度和职业发展路径；最后，组织必须培养和开发高层管理人员。这个方面可以参考医院、咨询公司和律师事务所的实践。

⊖　阿尔弗雷德·钱德勒（Alfred D. Chandler，Jr.）在他的《战略与结构》（*Strategy and Structure*；中文版：云南人民出版社，2002 年）与《看得见的手》（*The Visible Hand*；中文版：商务印书馆，1987 年）这两本书中，对整个过程按时间顺序做了精到的描述——在对所有主要机构的管理史所做的研究中毫无疑问是最出色的。这个过程及其结果在我的两本书中做了介绍和分析。这两本书分别是《公司的概念》（*The Concept of Corporate*；中文版机械工业出版社已出版）和《管理的实践》（*The Practice of Management*；中文版机械工业出版社已出版）。

绩效精神

组织的目的是要让平凡的人能够做出不平凡的事。组织是发挥成员的长处，同时让他们的弱点变得无关紧要的一种手段。

没有哪个组织能够依赖于天才，因为天才总是罕见的，供应是不稳定的。组织要经受的考验是看它能否让普通人取得比独立工作更好的绩效，看它能否发挥成员的各种长处并以此帮助其他成员取得绩效。与此同时，组织还必须抵消成员的弱点。组织还要经受绩效精神（spirit of performance）的考验。

要培育绩效精神，就必须为每一个人提供取得杰出绩效的空间。关注的重点应该是每一个成员的长处，也就是每一个人能做什么，而不是关注他们不能做什么。

组织的"士气"并不意味着"人们相处融洽"。真正的考验在于绩效。人际关系如果不是建立在因工作绩效出色而带来的满足感之上，那么实际上就是糟糕的人际关系。如果某些优秀的成员的长处和能力威胁到整个组织，他们的出色绩效给其他成员造成麻烦，让这些人感到沮丧和泄气，那么这种情况便是对组织最有力的批判。

"绩效精神"在组织中的含义是它输出的精神力量大于输入的所有努力的总和，它意味着创造能量，这一点用机械的手段是做不到的。一台机器输出的能量不可能大于输入的能量。输出大于输入，只有可能发生在精神领域。

我这里说的精神，指的并不是说教。精神如果要有任何意义，它就必须是一条行动准则。它绝不是演说、说教或愿望，而**必须是行为习惯**。具体而言，就是以下几个方面。

（1）组织关注的焦点必须是**绩效**。绩效精神的第一要求便是高绩效标准，对整个组织以及个人都是如此。组织必须养成争取出色成绩的习惯。

（2）组织关注的焦点必须是**机会**而不是问题。

（3）**涉及人员的决策**，包括人员的职务安排、薪酬、晋升、降级和中止合同关系等，都必须体现出组织的价值观和信念（参见第 31 章）。

（4）最后，人员决策必须向大家表明，管理当局认为**正直**（integrity）是管理者必须满足的一个条件，是一项必须在任职之初就具备的品质，不能在任职之后再去培养。

但求无过的危险

每一个组织时刻都会受到"但求无过"的诱惑。组织健康要满足的第一项要求，就是**实行高绩效标准**。事实上，之所以要推行目标管理并把重点放在任务的客观要求上面，一个主要原因就是必须让管理者为他们自己确立高绩效标准。

这就要求正确地理解绩效。绩效并不是每一枪都正中靶心——那只是马戏团里的一种表演，只能持续几分钟而已。事实上，绩效是一种能在各种不同的工作安排中、在一段很长的时间里持续地取得成果的能力。一份绩效记录必须包括错误和失败，它必须既能揭示一个人的长处，又能表明这个人的弱点。

正如人可以分成很多种，绩效也有不同的类型。有些人一贯干得不错，很少落到一定的水准之下，但也很少有突出的表现。有些人在正常情况下表现一般，在发生危机或遇到重大挑战时却能像一个真正的"明星"那样取得杰出的绩效。这两种人都是"绩效良好者"，都应该予以肯定，但是他们的绩效会显得极为不同。

还有一种人，他从未犯过错误，也从来没有过失，无论做什么都没有失败过。这种人要么是一个弄虚作假的家伙，要么是一个只做稳当可靠的琐事的人。

管理当局如果不把绩效看成一段时间内成功与失败的组合，那它就是错把遵从当成绩效，把没有短处看成长处。这种管理当局会打消整个组织的积极性。一个人越优秀，他犯的错误就会越多，因为他尝试的新事情越多。

一个人的绩效一直不好或表现平平，那么出于对他负责的态度，就应该给他换一个工作。一个发现自己无法胜任工作的人，常常会感到沮丧、苦恼和焦躁。把一个人安排在一个他不能胜任的职位上，对他并没有好处。不正视他无法胜任工作这个事实，那非但不是同情，反而是怯懦。

出于对下级负责，我们也必须有所成就。下级有权要求有一个能干、有献身精神、有成就的上级，否则他们自己就不可能取得良好的绩效。

最后，出于对企业中的所有其他人负责，我们也不能容忍一个绩效很差的管理者存在。有一个管理者或专业人员绩效不佳或没有任何绩效，整个组织就会受损。相应地，如果有人取得卓越的绩效，整个组织就会受益。

乍一看，日本人似乎违背了这一原则，因为日本的组织中很少甚至没有人由于绩效太差而被解雇。可事实上，日本的组织也像西方的任何组织那样要求很高，而且竞争甚至更加激烈。它们不解雇那些绩效很差或平庸的人，但很快就会让他靠边站，给他安排一些"肯定会成功"事情，他本人和组织都清楚这一点。而且，尽管每一个人的工资和职位都会随年资的增加而提高，但是到 45 岁左右时就会算总账，只有极少数人能进入高级管理层，其他许多人则将在 10 年后从科长或部长的位置上退休。

一个人在某个岗位上未能取得好的绩效，那么它所能表明的只有一件事情——管理当局对他的工作安排不当。无论管理者的人事安排做得如何认真，这种错误也是无法杜绝的。在这种情况下，"失败"可能只意味着一名一流的专业人员被错误地任命为一名管理者，一位擅长管理当前业务的人被错误地安排去创新或者创业，或者反过来，一名擅长开疆拓土的人被错误地安排去管理一项已经成型的、高度程序化的既有业务。

如果一个人的绩效记录很好，现在却未能取得良好的绩效，那就意味着要对这个人和这项职务进行认真的分析。毫无疑问，问题有时并不是出在人身上，而是出在职位上（参见第 32 章关于"寡妇制造者"职位的讨论）。

二战期间任美国陆军参谋长的乔治·马歇尔是一位要求严格、绝不让步的上司。他毫不容忍平庸，更不能容忍失败。他经常说："我对士兵和他们的父母负有责任，对国家负有责任，必须立刻把达不到最高绩效标准的指挥官调走。"但他也经常说："把某人安排在那个不合适的职位上，那是我的错误，所以想清楚应该把他安排在哪里是我的**职责**。"二战期间，美国军队中涌现出一大批非常成功的指挥官，其中有很多人都曾被马歇尔调离原来的工作岗位。但是，马歇尔接着就会深入思考**自己**所做的安排错在哪里，然后努力为这个人找到合适的岗位。这在很大程度上能够解释，为什么美国陆军在参加二战后的短短几年之内就培养出一批杰出的军事领袖，可是这些新晋将军在美军参战时没有一个是在司令部任职的。

"良心"决策

最棘手但又最重要的情况是：一些忠心耿耿、服务年限很长的员工，已经没有能力做出什么贡献了。

例如，公司初创时的会计员，随着公司的成长慢慢升职。等他到 50 岁的时候，公司的规模已经很大，他已经成为公司财务总监，可是他发现自己完全无法胜任这份工作。人还是那个人，但是职务的要求已经改变。他一直尽忠尽责。既然他忠诚地给公司服务，公司理应忠诚地对待他。尽管如此，他还是不应该留在财务总监的职位上，这不仅是因为他没有取得杰出绩效的能力，公司会因此受损，而且是因为他的能力不逮会影响整个管理集体的士气和信誉。

这样一个人该怎么安排？许多管理者会"把他踢到更高的位置上去"。可是，让一个人担任一个级别更高、更加无力胜任的职位，只会是自讨苦吃。因此，这个人必须调走。但是，我们必须对他的 30 年忠诚服务担负起责任，因此既要把他调走，又要公正地对待他。于是，我们需要一个有创造性的解决方案。方法之一是找出他的长处，然后要么是给他在组织内部找一个能够发挥效能的职位，要么是大力帮助他在另外一个组织中开始新的职业发展。

幸好这种情况还不是太多，但它们着实是对组织良心的一种挑战。如果让他留在当前的职位上，便是对企业及其全体人员的背叛。但如果解雇这个忠诚服务 30 年的员工，那便是对信任的背叛。这个时候再后悔说"我们早在 25 年以前就该注意这一问题"也已于事无补，尽管这句话说得对。

在这种情况下，应该客观地做出决定，也就是从公司的利益出发，把这名员工调走。但是，这又是一个需要付出深思熟虑和真正的同情心，并且承担起责任的人员决策。亨利·福特二世之所以能在二战后带领垂死的福特汽车公司实现复兴，在很大程度上就是由于他理解了这些"良心问题"的极端重要性。

当时，某个关键部门的 9 名管理人员，没有一个人能够胜任改组后的新职务。后来，他们都没有被安排在这些新职务上，而是被安排到别的地方去担任技术人员和专家。要解雇他们是一件很容易的事情，因为他们毫无疑问缺乏担任管理人员的能力。可是，他们在公司的困难时期一直忠于职守，所以不能轻易解雇他们。对此，亨利·福特二世坚持的原则是：一个人如果不能取得杰出的绩效，就不能留在当前的职位上，但任何人不应该由于前任管理当局的错误而受到惩罚。福特公司能够迅速复兴，在很大程度上便是由于严格遵守了这条原则。

在处理这种良心问题时，人们常说："我们不能动他。他在这里干了那么久，不能解雇他。"其实，这种逻辑是站不住脚的，是一种软弱的托词，它只会损害管理人员的绩效、精神以及他们对公司的尊重。

但是，解雇这个人也同样不是一件好事。它会违背公正和合理的观念，会动摇人们对管理当局的正直性的信心。"瞧！那就是我的下场——老天保佑。"每一个人都会这样讲。但如果管理当局把一个不称职的人继续留在重要职位上，他们又会立刻站出来批评。对这样一个人的处理方式，将在很大程度上决定你们这个组织的凝聚力。

因此，关心组织精神的管理当局会极其严肃地处理这些问题。这样的问题通常来说不会太多，至少不应该太多，但是它们会对组织精神产生与数量极不相当的影响。处理这些问题的方式，将向整个组织表明管理当局是否严肃地对待自己和自己的职务，是否严肃地对待人。

重点放在机会上

一个组织如果一贯把重点放在机会，而不是问题上面，那么它的绩效精神通常就会高涨。如果它把精力放在能出成果的地方，也就是放在机会上面，那么组织中就会充满兴奋感、挑战感和对成就的满足感。

当然，问题是绝不能忽视的。但是，一个以问题为重点的组织，实际上是一个采取守势的组织，是一个认为只要事情不变得更糟就能干得更好的组织。

因此，管理当局若要在公司中营造和维持这种绩效精神，就必须把重点放在机会上面。同时，这也要求机会能转化为成果。

管理当局要想让组织把重点放在机会上面，就必须要求每一位管理人员和专业人员都把机会放在目标中的重要位置。管理人员和专业人员在为自己制定绩效和工作计划时，首先应该回答以下问题："哪些机会，如果实现了的话，将会对整个公司和自己所在单位的绩效和成果产生最大的影响？"

例如，公司每一年应对自己的所有产品进行一番审视，确保没有把精力和资源花在没有什么结果的产品上面。产品至少可以分为六类。

（1）昨天的顶梁柱。这些产品人人都喜爱，因为它们是公司成长的功臣。现在它们已经走过顶峰，下滑迅速，我们捍卫它们的地位只不过是延缓它们的死亡。对于这些产品，我们应该迅速撤出所有的资源。

（2）今天的顶梁柱。这些产品已经或者即将达到顶峰，现在的任务是确保不再投入更多的资源。

（3）明天的顶梁柱。我们应该把人员投向这里，加大促销、销售和技术努力。

（4）特殊产品。这样的特殊产品很多。我们要问的是：我们能获得很好的回报吗？或者只是因为有人袒护它们，例如，一线的销售经理说，"我们必须有这些，那样才能有一条完整的产品线"，或者财务总监说，"我们必须有这些，因为它们能分担管理费用"？

（5）无人关注的产品。它们的表现比任何人所想象的都要好，但是根本没有人注意，这是我们应该加大投入的产品。

（6）对管理者自尊心的投资。这些产品人人都喜爱，人人都知道它们的质量最好，人人都知道它们明年就会大卖特卖，可明年永远都不会到来。这样的产品会让公司慢慢失血至死，可是它们是最难正视和废止的，因为人人都在它们身上倾注了太多的情感。

　　我们必须遵守一条非常简单，但又非常残酷、非常苛刻的原则——**向机会倾斜**。尤其重要的是，我们要把资源投向明天，那里才会有结果，不要把资源投向昨天，那里只存在记忆。

"人员"决策：组织的控制

　　任何一个想要营造强烈绩效精神的组织都会明白，包括职务安排和薪酬、晋升、降级和解雇在内的"人员"决策是组织真正的"控制手段"。它们对员工行为的示范和塑造作用，比会计数字所起的作用要大得多，因为人员决策可以向每一个组织成员表明管理当局真正需要、重视和奖励的是什么。

　　一家公司如果在口头上宣扬"我们希望一线主管重视人际关系"，每次提拔的却是把报表填得很整洁并及时上交的那些人，那么它在人际关系方面就不会有什么收获。哪怕是最迟钝的一线主管也会很快就明白，公司真正需要的是整洁的报表。

　　事实上，人们往往对管理当局的人员决策做出过度的反应。高层眼中只是为了排除障碍或者打破一个政治僵局所做的无关大局的妥协，其他人却有可能把它们看成一个明显的信号：管理当局嘴上宣扬一套，心里真正想要的却是另一套。

　　人员安排和晋升是最关键的人员决策。最重要的是它们必须经过深思熟虑，并且有明确的政策和程序，非常公正和平等。这些决策绝不能以个人看法和个人潜力为基础，而是始终必须以按照明确的目标所确定的实际绩效记录为依据。

　　但是，人员安排和晋升程序再好，仅凭此也无法保证这些关键决策就能强化组织精神，而不是造成损害。为此，高管层必须把自己纳入晋升流程。尤其重要的是，要确保自己参与有关晋升的关键决策。事实上，晋升决策可以向大家表明管理当局真正的价值观和信念是什么，同时也决定着未来的高管层（而且常常是无法改变的）。

　　所有组织的高管层都会积极参与进入高管级或者下一个级的人员晋升决策，例如主要分公司的总经理或者制造和销售等重要职能部门的主管这些职务的人选，但是很少有高管层（特别是大企业的高管层）对更低一级职务的晋升感兴趣，例如市场研究部主任、工厂厂长或者某个分公司的营销经理。他们常把做这些决策的权力授予各个职能部门或分公司的高管。然而，这些中上层管理者才是组织的**真正的**管理当局。更低层级的员工，特别是年轻的管理人员和专业人员都十分清楚，他们的事业前途取决于这些中上层管理人员，而不是取决于大老板。而且，也正是把谁安置在中上层职位的相关决策，决定着若干年后谁将有资格担任高管职务。

　　尤其重要的是，这些晋升决策具有很大的象征意义。它们是对整个组织发出的明确信号："这就是公司所需要的、所奖励的和所尊重的。"因此，古老而又有经验的组织，如军队和天主教会，都会特别关注中上层管理人员的晋升——在军队是提升到校级，在天主教会则是提升到助理主教。

正直是试金石

　　能够证明管理当局诚挚和严肃的最终证据，是它毫不妥协地强调品行的正直。这首先必须在人员决策中得到体现，因为领导正是通过品行来实现的，而让一个人成为榜样并被别人模仿的也是他的品行。可是，品行是学不到的。一个人在任职时没有那种品行，他就永远不会有那种品行。品行也是不可能造假的。一个人的同事，特别是他的下级，只要几个星期就可以知道这个人正直与否。他们可以原谅这个人的许多缺点，例如能力平庸、知识粗浅、性情多变或举止粗鲁，但是他们不会原谅他的不正直，更不会原谅选择这样一个更高层级的管理者。

　　尽管正直很难定义，但要发现一个人缺少担任管理职位所需的正直品行并不难。一个人如果只看到别人的短处，看不到别人的长处，就绝不能让他担任管理职位。只看到别人不能做什么，却从来看不到别人能做什么的人，会损害组织的精神。当然，管理者应该清楚下属的不足，但他应该把这些不足看成对下属能做什么的一种约束，是促使下属做得更好的一种挑战。管理者应该是一个现实主义者，而只看到别人缺点的人是最不现实的。

　　一个人如果对"谁是对的"这个问题的关心，超过对"什么是正确的"这个问题的关心，也不应该被任命为管理者。把对个人的判断置于工作的要求之上，是一种不良行为，而且会造成破坏。问"谁是对的"这个问题会促使下属但求无过，甚至玩弄权术。

　　管理当局还不应该委任那种重才不重德的人。认为才智比正直更加重要，是不成熟的一种表现，而且常常是不可救药的。管理当局绝不能提拔那些害怕下属能干的人，害怕下属能干说明他们软弱。对一个不对自己的工作提出高标准的人，也绝不应该委以管理职责，因为那会让人们轻视工作和管理当局的能力。

　　一个人可能知识浅薄、绩效不佳、判断力或能力不强，如果让他来担任管理者不一定会造成很大的损失，但如果品行不端，缺乏正直的品格，那么无论他多么有知识，多么有才华，取得过多大的成就，都会造成组织的重大损失，因为他会伤害组织中最宝贵的资源——人。这种人会破坏组织的精神，损害组织的绩效。

　　对于企业的首脑来讲尤其如此。组织精神是由最高层创造出来的。一个组织的精神如果是伟大的；那一定是由于它的高层的精神是伟大的；一个组织如果堕落，一定是因为高层已经堕落。俗话说，"鱼烂先烂头"。公司最高层如果不愿意把一个人的品行作为下属的典范，那就不应该让这个人担任高级管理职务。

领导与绩效精神

到目前为止，本章所讲的都是"实践"，没有谈及"领导"，我是有意这样做的。领导是没有什么东西可以代替的，但是管理当局无法创造出领导者，而只能创造一些使潜在的领导品质得以发挥的条件——当然它也可以扼杀潜在的领导品质。为了营造让企业富有效率和精诚团结所需的精神，不能依靠供应极不确定的领导者。

实践虽然看起来单调乏味，但无论一个人的才能、个性或态度如何，都是可以做到的。实践无须天才，需要的只是付诸行动。他们是要实实在在地去做的事情，而不是用来高谈阔论的事情。

正确的实践应该对挖掘管理群体中的领导潜能大有帮助。它们还应该为正确的领导打下基础，因为领导并不是一种个人魅力，那只是一种蛊惑人心的讲法。它也不是"结交朋友和影响他人"，那是奉承人。

领导就是把一个人的思想提升到更高的水平，把一个人的绩效提升到更高的标准，使一个人的个性超越平常的限制条件。要为这样一种领导打下基础，最好的办法莫过于培养出一种管理精神，在组织的日常实践中确立严格的行为和责任准则、高绩效标准以及对个人及其工作的尊重。

尽管如此，"领导素质"之风如今还是刮得那么猛烈！

领导"素质"

"我们想请你来给我们主持一个研讨会，探讨如何培养领袖气质"——某大银行负责人力资源的副总裁在电话里无比热切地对我说。关于领导和"领导素质"的著作、论文和会议多如牛毛。看这架势，是要把每位 CEO 培养成一个勇猛的南方联邦骑兵将军，或者董事会里的埃尔维斯·普雷斯利（又称"猫王"）。

我们在上文已经说过，真正的领导不是目前以这个名义兜售的东西，它与"领导素质"没有太大的关系，与"领袖气质"的关系就更小了。领导是很平凡的，一点也不浪漫，而且非常枯燥。它的本质是**绩效**。

领导本身并不就是好的或者值得向往的。领导只是一种**手段**，因此**最关键的问题在于领导是为了达到什么目的**。

领导者的毁灭

有效的领导并不依赖于魅力。德怀特·艾森豪威尔、乔治·马歇尔、哈里·杜鲁门都是极其出色的领导者，但是他们没有一个人拥有丝毫的魅力。二战后带领联邦德国进行重建的总理康拉德·阿登纳（Konrad Adenauer）也是一个毫无魅力的人。更不用说 1860 年崭露头角，后来成为总统的亚伯拉罕·林肯，他来自偏远的伊利诺伊州，骨瘦如柴，举止拙笨，很难想象还有谁比他更加没有魅力。二战期间那个满脸怨气、满怀挫败感，甚至几乎崩溃的温斯顿·丘吉尔，其魅力之差也让人惊叹。可是，真正重要的是历史后来证明他是正确的。

事实上，**魅力可能毁灭领导者。它可能让他们变得僵化，对自己的绝对正确深信不疑，并且无法做出改变**。研究古代史的人普遍认为，亚历山大大帝如果不是英年早逝，最后也可能难逃失败的命运。

事实上，魅力本身并不能保证一个人成为高效的领导者，那些所谓的"领导素质"或"领导个性"也不能保证。富兰克林·罗斯福、温斯顿·丘吉尔、乔治·马歇尔、德怀特·艾森豪威尔、伯纳德·蒙哥马利、道格拉斯·麦克阿瑟，都是二战期间极为高效，也非常引人注目的领导者，可是他们中没有两个人拥有共同的"人性特质"或者"素质"。

领导就是工作——这是大多数高效领导者反复强调的。例如，恺撒、麦克阿瑟将军和陆军元帅蒙哥马利，（再举一个工商界的例子）在 1920～1925

年重组通用汽车公司的阿尔弗雷德·斯隆，另外就是吉姆·柯林斯在《从优秀到卓越》一书中所列举的"第五级领导者"，全都是这么认为的。

高效领导的基础首先是要**考虑清楚组织的使命**，并且清晰和明确地予以确立。领导者设定目标和事务的优先次序、设置和维护标准，他们当然要做一些妥协。事实上，他们非常清楚自己并不能控制一切（只有那些误导者，才会认为一切都在自己的掌控之中）。但是，高效的领导者在接受一个妥协方案之前，会想清楚什么是正确的和理想的方案。领导者的**首要任务**是做一个发出清脆声响的小号。

把高效的领导者和误导者区分开来的是他们的目标。领导者由于现实条件的制约所做的妥协（包括政治、经济、财务和人员等方面的问题），是否符合他的使命和目标，决定了他能不能算是一名高效的领导者。他自己是否恪守少数基本准则或"标准"（即以身作则），决定了他是一名拥有追随者的领导者，还是一个伪善的趋炎附势之徒。

高效领导的第二个要求是，领导者把领导看成**责任而非地位和特权**。高效的领导者极少是"宽容的"，但当事情出了岔子（总会有事情出岔子的），他们不会责备别人。如果说温斯顿·丘吉尔是一个通过确立使命和目标实行领导的范例，那么乔治·马歇尔将军便是一个通过承担责任实行领导的范例。哈里·杜鲁门"推卸责任止于此"这句通俗的话，至今仍是对领导责任的最好定义。

正是由于领导者清楚只有自己才是负最终责任的人，因此他并不惧怕同事和下属强大。误导者却会惧怕，因此他们总是采取清洗行动。高效的领导者希望同事强大，而且会鼓励他们，激励他们，甚至以他们为傲。正因为他自己会承担同事和下属所犯错误的最终责任，他也会把同事和下属的胜利视为自己的胜利，而不是把它们看成威胁。领导者也许会骄傲自大，例如麦克阿瑟将军骄傲得近乎有些病态；领导者也有可能非常谦逊，林肯和杜鲁门都谦逊得近乎自卑。然而，他们三人都希望身边的人能干、独立、自信；他们鼓励、表扬和提拔身边的同事和下属。另外一个性格非常不同的人，在担任盟军欧洲总司令时也是如此。

当然，高效领导者非常清楚那样做是有风险的，因为能干的人通常有野心，但是他知道下属能干所带来的风险，远小于下属平庸所带来的风险。他还清楚，对一个领导者最严厉的控诉便是在他离开或者过世之后，原来那个组织立刻轰然坍塌，许多公司经常发生这样的事情。高效领导者明白，领导的终极任务是**激发能量和构建愿景**。

必须赢得信任

高效领导的最后一个要求是**赢得信任**。领导者不能赢得信任，就不会有追随者——"一个有追随者的人"是领导者的唯一正确的定义。信任一个领导者，并不一定要喜欢他，也不一定要赞同他。信任便是确信领导者言为心声，是相信他的正直。领导者的行为与他宣扬的信念必须一致，至少必须相符。高效领导不是建立在聪明基础之上，而主要是建立在言行一致基础之上——这同样也是一条古老的常识。

我在电话里对那家银行的人力资源副总裁说完这些话，他沉默了很久，最后说道："可是，它们和我们多年前就已经知道的做一个高效的管理者应该满足的条件，完全没有什么区别。"

小　结

组织的目的是要让平凡的人能够做出不平凡的事。因此，组织的领导层要经受的检验便是绩效精神。领导为此需要的是一些具体的**行为习惯**，而不是说教或魅力。尤其重要的是，领导层必须认识到，正直是组织的管理者和领导者绝对必须满足的一个条件。

7

第七部分

管 理 技 能

MANAGEMENT

管理是一项具体的工作，因此需要一些具体的技能，主要包括以下能力：

- 做出有效的决策；

- 做出正确的人员决策；

- 在组织内部和外部开展沟通；

- 正确使用控制手段与衡量指标；

- 编制预算和计划；

- 使用现代信息技术的工具和概念。

没有一个管理者能够掌握所有这些技能，但是每一个管理者都必须了解这些技能是什么、它们可以用来做什么，以及它们对自己提出了什么要求。

有效决策的构成要素

优秀的决策者不会做**很多**的决策，他们只做那些**重要**的决策。他们也清楚什么时候必须做出决策，这时他们就不会拖延。优秀的决策者知道，最重要、最艰难的事情并不是做决策。做决策通常相当容易。最重要、最艰难的事情是确保思考的问题是正确的。很少有什么事情造成的危害，会大过针对错误的问题做出正确的决策。

优秀的决策者明白，决策没有付诸实施并且发挥效果，决策的过程就没有结束。直到这时，它都只是一个好的构想，还算不上一个决策。他们还明白，决策就是采取行动的承诺，而且通常是由别人来采取行动。因此，正如大多数决策者在付出很大的代价之后才明白的，所需行动必须符合采取这些行动的人的、理解能力、知识、价值观和语言。

最重要的是，优秀的决策者明白，决策有自己的流程、定义清晰的构成要素和步骤。每一个决策都有风险，因为它是把现在的资源投入到充满不确定性的、未知的将来。忽略决策流程中的任何一个要素，决策就会像用湿泥垒的墙一样容易垮塌。相反，如果恪守决策的流程，并且采取所有必要的步骤，那么就能使风险最小化，决策就大有希望获得成功。

我们先来看决策的构成要素。

决策的构成要素

有效的决策包括七个构成要素。你的决策如果包括这些要素，那么就能使风险最小化。这些要素是：

- 判断是否需要做出决策；
- 对问题进行分类；
- 对问题进行界定；
- 判断什么是正确的；
- 让别人接受决策；
- 把决策转化为行动；
- 用实际结果检验决策。

判断是否需要做出决策

不必要的决策不仅浪费时间和资源，而且有可能让所有决策失效。决策者如果不区分必要的和不必要的决策，他们所在的组织很快就会淹没在决策中，从而使大家对所有决策持冷嘲热讽的态度，就连那些非常有必要和非常重要的决策，也很快会被大家看成决策者没事找事的结果。

不必要的决策会损害组织做出改变或者采取有效行动的能力，而且很少有什么事情造成的危害能大过它们。它们会让整个组织无论接到什么决策都认为可以等一等再付诸行动。因此，你必须能够区分必要的和不必要的决策。在有效决策方面，外科医生也许是我们最好的榜样，因为他们数千年以来每天都要做出一些有风险的决策。没有哪个手术是没有风险的，因此外科医生必须避免动不必要的手术。他们的指导原则也非常古老，可以追溯到2400 多年前的医药之父、希腊医生希波克拉底。

外科医生的决策指导原则

原则一：对于有望自愈或者目前比较稳定，对病人又没有风险、危险或者巨大痛苦的病情，密切监视并经常复查。在这样的情况下进行手术，便是一个不必要的决策。

原则二：如果病情恶化或者危及生命，而你又可能采取一些措施，那就要动手术，而且是迅速彻底地动手术。尽管有风险，但这是一个必要的决策。

原则三：界于原则一和原则二之间的病情无疑是最普遍的，既不会恶化又不会危及生命，但又不会自愈，而且相当严重。碰到这种情况，外科医生就必须对**机会**和**风险**进行权衡，他也必须做出决策。而且，正是这种决策能够区分一名外科医生是一流的还是平庸的。

这些古老的原则遗漏了一种必须做出决策的重要情况：**反复发作的危机**。如果发生危机，例如现金短缺、存货积压、在某个地方或某项活动中发生事故，而且只是第一次发生，那么危机处理完了，事情也告完结。但如果同样的危机再次发生，那么我们就应该找出根源并且予以消除，以便杜绝这一危机。

在许多情况下，危机的解决办法都非常简单，以至于事后每一个人都会说："我们自己为什么没有想到？"

例如，所有人都认为银行支票上面印有我们的地址是理所当然的一件事情，但事实上这是在二战结束很久之后才印上去的。战前只有很少的美国人拥有银行支票账户，可到了战后突然之间每个人都有了自己的支票账户。

这时，每一个银行都拥有许多姓名完全相同或者相近的账户。很快，这些账户就开始混在一起。银行花了巨额资金，雇用很多人按月核对支票号码和支票账户。可是，名字、支票和账户还是越来越混乱，客户对此感到烦恼也就不难理解。

然后，有人提出了一个简单但是绝对聪明的主意——把地址印在支票上面。这样，需要核对的便只有支票与月报两处的地址了。于是问题几乎在一夜之间完全得到解决。

接下来我们来看如何对问题进行分类。

对问题进行分类

管理者碰到的问题可以分为四个基本类型：

- 在所在组织和整个行业内常见的一般事件；
- 在所在组织内常见，但在整个行业内并不常见的一般事件；
- 真正独特的事件；
- 看似一个独特的事件，实际上却是一种全新的一般问题首次发生。

除了真正独特的事件之外，其他三种情况都需要一个具有一般性的解决方案。一般问题可能用标准规则和惯例来解答。一旦制定出正确的原则，同一类问题的各种表现形式都可以用这个标准规则来解决。所有管理者要做的事情，便是根据具体问题的具体情况对标准规则做一些调整。

但是，独特的事件需要独特的解决方案，并且必须单个解决。对于那些无法预见的例外事件，管理者是无法通过制定规则去解决的。

真正独特的事件相当罕见，一个组织碰到的几乎每一个问题都总是已有别人加以解决了。因此，决策者应该仔细分析这个问题，判断它到底是属于普遍的还是真正独特的。大部分类型的问题只要运用标准规则或原则就可以解决。

对问题做出界定

第二个关键要素是对问题进行界定。大多数人从来没有做过这件事情。难道问题不是明摆着的吗？其实，这可能是有效决策的最重要同时也是管理者关注最少的构成要素。他们不关注这一点，就好比治病时治标不治本。

我们几乎可以肯定，问题的表象与实质是不相符的。然而，没有什么事情的危害大过针对错误的问题做出正确的回答——这一点再怎么强调也不为过。针对正确的问题做出错误的回答，通常是可以修改和挽救的，因为你很快就会发现，事情并没有按你预计的那样发展，于是你就会知道那不是正确的答案。

针对错误的问题做出正确的回答，则很难纠正——因为它很难被发现。高效的决策者知道，正确的方法是要从一个假设出发：问题的表象几乎总是与实质不符。然后，他们会努力找到正确的问题。

数学老师一再强调学生要把方程式写正确，遵守的也是这个原则，因为如果只是运算过程有差错，是比较容易发现并予以纠正的，但如果方程式错了，而运算过程正确，那么就比较难以发现错误并得到正确的答案。类似地，如果你对问题的界定是正确的，但得到的不是预料中的结果，特别是在你建立了反馈机制的情况下，你就能立即采取纠正措施。如果问题界定错误而回答正确，虽然也不会得到预料的结果，但这时试图通过换一个答案去纠正，仍然不太可能得到理想的结果。

高效的决策者怎样判断一个问题是否正确呢？他们会提出以下问题：

- 它是关于什么的？
- 什么东西与此相关？
- 关键是什么？

这些问题并不新颖，但是对于界定问题非常关键。只有从各个角度进行考虑，才能确保问题的正确性。

我们来看一个实例。

美国某大型制造企业的管理当局对自己的安全记录备感骄傲。该公司的人均事故率（按每千人计算）在整个行业内最低，在全球的制造企业中也能排得上号。然而，工会仍然严厉申斥它的事故率高得吓人，美国职业安全与健康管理局（OSHA）对此也持同样的态度。

该公司认为这是一个公共关系问题，于是耗费巨额资金做广告，宣传自己近乎完美的安全记录。尽管如此，工会的攻击仍然不断，而且所有的民意调查都显示，美国民众认为该公司是一个极不安全的工作场所，并认为该公司对工人的安全漠不关心。

一名优秀的统计人员会认为这是"不合理归并导致的典型问题"。

把所有的事故都归并在一起并用每千名工人的事故率表示出来，这样做完全掩盖了事故高发区在何处。的确，该公司把各种事故进行区分并要求分类汇报，把场所分成完全没有发生事故的、事故率低于平均水平的、事故率与平均水平持平的、事故率高出平均水平的四类，几乎立刻就发现事故率高于平均水平的场所只是极少数（大概只占3%），事故率相当高的场所则更少，而且大多没有安装危险的机械设备，被认为不会有什么危险发生，因此安全和事故预防人员从来不关心。

然而，招致工会抱怨的就是这些场所，也正是这些场所发生的事故上报到了OSHA。于是，该公司几乎没有花费什么时间和资金就解决了这个问题，工会以及OSHA的抱怨自然也就消失了。但是，直到该公司意识到问题不在于事故的多少，而在于事故的报告方式，才能着手去解决问题。

确保问题得到正确界定的方法之一，是将它与观察到的事实进行对比。除非所界定的问题能够解释并且包括所有观察到的事实，否则要么界定是不完整的，要么是错误的，而且以后面这种情况居多。

一旦问题界定正确，做出决策通常是比较容易的。事实上，有效的决策者很少使用复杂的决策模型和决策树。问题得以明确之后，决策者接下来必须做出正确的决策。

判断什么是正确的

在开始形成决策时，决策者必须从什么是正确的入手。我们大多数人，特别是在某个组织中工作的人，通常会从下面这些问题入手回答：

- 上级能够接受的决策是什么？
- 我知道财务那边的人不会喜欢这个决策，可是我要怎样才能让它对他们的口味呢？
- 我知道那不符合所有人的观念。我们要怎样由小到大，由慢到快，才不会给太多人造成冲击呢？

每一个高效决策者都不相同，但是他们每一个人都能做出各种妥协，而且做决策的时候最终总是要做出一些妥协的。然而，妥协有**正误**之分，并且各有一句谚语来形容。体现正确的妥协的一句是："半截面包好过没有。"半截面包虽然不足以给一个成年人提供一天所需的营养，但是它毕竟能让人抵挡一天的饥饿，能让一个人持续做一天的事情，或者让一名战士打一天仗。错误的妥协就像《圣经》故事所罗门断案："半个孩子坏过没有孩子。"得到半个孩子就是得到半具尸体，而不是半个活生生的会长大的孩子。

高效决策者会考虑清楚，而且是提前很久考虑清楚，哪些妥协是"半截面包"和可以接受的，哪些妥协是"半个孩子"，是比不做决策更糟糕的。

判断妥协是否正确的方法有以下几个方面。

（1）回到对问题所做的界定，写下有效决策必须满足的具体要求。

（2）提出"这个决策必须做到什么事情，才能解决界定的问题？"

- 一个不完美但能解决问题的方案便是正确的妥协。
- 一个不能解决问题的方案便是错误的妥协，而且还会造成危害。除非万不得已，不要在"正确的事情"上面做出妥协。

（3）深入思考所有的妥协，以便确定哪些是可以接受的正确的妥协，哪些是必须反对的错误的妥协。但是，不要提前把妥协方案告诉别人，只能把正确的决策告诉他们。这是所有谈判都必须遵守的一条原则。

- 人们经常会接受你认为他们绝对不会接受的事情，这常常会让你感到吃惊。
- 就像每一场谈判，都会有针锋相对的情况。你让一步，对方让一步。如果你一开始就做出让步，就会失去谈判的主动权，而且不会有什么回报。另外，反对决策这个或者那个部分的人，如果他们能说"迪克和玛丽也不接受，但因为我们的劝说，他们至少做出了这个让步（或者那个改变）"，那么他们接受这个决策的可能性就会大得多。

让别人接受决策

除非组织能够"接纳"，否则这个决策就不会生效，仍然只是一种美好的愿望。决策要生效，就必须在决策流程的最源头就考虑如何让别人接受这个决策。如果你等到决策完成再去"兜售"，它就不太可能生效。下面我们来看两个有效的"接纳"流程。

日本人的决策流程

在这个方面我们应该向日本管理学习。在决策流程启动之初，这时离最终决策还很遥远，日本机构的管理当局就会开始劝说别人接受决策。日本人的决策其实**不**是通过"一致同意"制定的，那只不过是对日语词汇的错误理解而已，正确的理解应该是"共识"。

每当要做出一个决策，例如跟某个西方公司建立合资公司，或者收购一个潜在的美国分销商的少数股份，他们都会要求可能受这一决策影响的每一个人写下这个决策会对他的工作、职务和部门造成什么样的影响。大家被明确禁止针对此举发表意见或者表示反对，但是他必须将此举造成的影响考虑清楚。这样，高层管理就能了解每一个人的情况。然后，决策将由高层管理做出，并从上到下传达和落实。

富兰克林·罗斯福的决策流程

罗斯福让决策生效的方法，是一个关于有效决策的更好的范例。

罗斯福在解决一个问题时，会要求三四个内阁成员各自深入地思考这个问题，然后逐个提出他们的建议决策。采用这种方法，他能确保让将来要负责决策执行的人，也就是让某个内阁成员把这个问题考虑清楚。他还能借此了解在这些既独立又自信的内阁成员中，谁与这个决策最合拍，因此这个人也是最有可能把它付诸行动的人。

他还能得到一些异见。他让三四个相当聪明而且经验丰富的人深入思考这个决策，并让他们各自提出自己对问题的见解。这些人每个都有自己的思想、成见、支持者和利益，因此这意味着同一个问题会从不同角度得到思考、研究和分析。

最后，他会自己做出决策，并从上到下传达和落实。

罗斯福用这种方法不可能建立一个融洽的内阁，但是他可能本来就不想要一个融洽的内阁。然而，它有利于做出一流的决策，特别是有利于做出极其有效的决策，因为除非已经考虑多种备选方案，否则就是闭目塞听。在一片欢呼声中出台的行政决策绝不是好决策，只有通过不同看法的碰撞、不同观点的对话，并在不同判断中做出选择，才有可能做出好决策。决策时应遵守的第一准则，就是在没有异议的情况下不做决策。

接下来就要进入倒数第二个步骤——把决策转化为行动。

把决策转化为行动

决策就是采取行动的承诺。没有行动，也就没有决策。有一点几乎是可以肯定的：采取行动的人极少就是那些做决策的人。

决策与行动

决策需要成为某个人的工作任务和责任，并且确定完成的期限。在此之前，决策实际上等于没有做出，它只不过是一种希望而已。

不幸的是，有太多的决策最终都只是一种希望。一群优秀的人用两年的时间制定一项新的政策，然后召开规模庞大的发布会，投影仪、幻灯片、电子表格，让人眼花缭乱好不热闹。大老板也在会上发言，为其赐福。他庄严地说道："我全力支持它！"每个人都拿到一份关于这项政策的备忘录，然后就把它保存在办公桌最下面那个抽屉里，从此以后便无人问津。

可是，有效的决策根本不需要这些表演，而是要转化为行动。一个决策除非从一开始就考虑到所需采取的行动，否则就不可能生效。

把决策转化为行动需要回答几个问题：

- 必须了解这个决策的人有哪些？
- 必须采取的行动有哪些？
- 由谁来采取这些行动？
- 这些行动必须是怎样的，才能让需要采取这些行动的人能够顺利完成？

行动必须与行动者的能力相符。如果这个决策需要人们改变行为、习惯或态度这个决策才能生效，那么这一点就尤其重要。在这种情况下，决策者必须确保衡量指标、绩效标准和激励机制，也必须做出相应的改变。

我们来看两个例子，其中一个于执行阶段失败，另外一个执行得非常完满。

一家规模很大的公司（现在仍然是这个行业内的全球领导者）曾经成立了一个高层团队，准备在公司内部推行定量管理方法。那个团队堪称梦幻，成员包括几名顶级工程专家、几名一流的数学家和几名最优秀的制造专家。

团队的首个任务是对公司第一大部门的生产进行优化。该部门生产小功率电动机，年销量非常大。它已有近 60 年的历史，很自然地，每一家客户都想要一个略有差异的型号，于是该部门的型号多达近 8500 个，而且生产管理是一团糟。

事实上，尽管销量巨大，而且价格很高，但由于型号太多导致制造成本居高不下，因此该部门只能勉强达到盈亏平衡。

该团队经过近 18 个月的努力，成功地把近 8500 个规格的电动机减少到近 90 个。该部门的总经理和制造副总裁欣喜若狂。不过，这些微电动机广泛用于全球各地的家电和机器上，没有哪个客户愿意因为找不到一台价值 1000 美元的电动机，便心甘情愿地让那台价值 10 万美元的电动机报废。

于是，该部门要求在过去 15 年间购买过产品的客户在未来两年内订购备品。两年一过，那些没有保留下来的型号就会停止生产。一时间，它的生意自成立以来的 60 年内就没有这么红火过。

然而，两年后，当那些型号本该停产之时，该部门却发现每一种型号的零部件都足以满足整整 5 年的正常生产。这些零部件最后只能做注销处理，损失惨重。发生这种情况的原因在于：采购人员仍然按一贯以来的做法为老型号订购零部件，而且是根据接到的订货量来做预测的。

该团队认为自己注意过这个问题，因为他们请采购人员来开过会，并在会上解释了这个决策。管理当局也发过无数次文件。但是，没有一个人想过要跟采购人员谈一谈，这个决策要求他们采取什么样的行动。

但是，该团队至少从这次惨败中吸取了教训。他们的后一个任务是公司内一个当时规模还很小的部门，该部门生产的是医疗器械，这些设备需要大量的售后服务。该团队的任务有两方面：一是对这些设备重新进行设计，以便让它们易于服务；二是建立一个合适的服务体系。当时所有的现场服务人员都是工程师。

这时，团队中有人提出："最终用户呢？他们可是真正的服务人员。只有他们解决不了的问题，才会需要我们公司的服务人员。"于是，该团队就走到用户那里去做观察研究。这些用户包括实验室助理、维修主管、医院护士等，当中没有一个人是工程师或是精通数学的。

他们召集了一些用户（如今称为"焦点小组"），并请他们起草使用说明书。三个月后，要求公司提供服务的来电突然下降了 60% 左右，因为用户现在学会了排除大部分故障。该部门业务如今已经成为一项非常庞大的业务，而且尽管有来自一家强大的德国公司和一家同样强大的日本公司的激烈竞争，但是它最终成为这个行业内的领导者。

这些竞争对手的产品有时比这家公司的要好，而且比这家公司卖得便宜，但是客户还是会买这家公司的产品，而这家公司在每次改型或者推出新产品时，也仍然会请用户来集体起草使用说明书。

用实际结果检验决策

一个重要的决策，结果通常需要数年时间才能显现出来，因此在决策中必须融入监控和报告机制，根据实际结果对原来的预期持续不断地进行检验。

为此，高效的决策者会在决策中建立缜密的反馈机制，包括报告、表单、数字、图表和审查等。不过，尽管有如此多的反馈方式，还是有太多的决策会失败。这是因为哪怕是组织得最好的正式反馈也只是一些抽象的东西，它们尽管能够提供一些有用的信息，但是并不能呈现一幅关于现实的完整图像。

高效的决策者了解这一点，于是就会遵照一条由军队发明的古老的原则。指挥官在做出决策之后，不会依靠各种报告来判断决策的执行情况，而是会亲临一线去检查。

没有走出去亲自检查，是行动在过时甚至变得不合理很久以后仍在继续执行的首要原因。这是因为，如果没有掌握关于结果的第一手的信息，决策者就会越来越脱离现实情况。

报告也是抽象的东西，尽管能够提供一些有用的信息，但仅凭它们是不可能掌握所有情况的。

总之，高效的决策者会遵照七个步骤进行决策，以便尽可能地减少每一个决策都固有的风险。

在决策中建立持续学习机制

在管理者的所有工作领域中，在决策中建立持续学习的机会是最为重要的。方法便是对照实际结果与决策时的预期结果。

管理者无论何时做一个重要的决策，无论是资金的分配，产品或服务的战略调整、创新或者重新设计，还是进入新市场或者任免人员，都应该把预期的结果以及取得这些结果的时间写下来，然后在九个月或一年之后开始对实际结果和预期结果进行对照，直到决策的有效期结束。例如，在完成收购之后，管理者就应该从第二年开始做这件事情，并且坚持到第五年。

管理者在这个过程中的收获之多和进步之快令人惊奇，但最让管理者吃惊的是他们所学到的东西。例如，一些管理者发现自己在做一些重要决策时，最大的弱点便是毫无耐心。他们希望取得结果的时间远早于实际能够取得结果的时间，因此他们早早地就认为决策已经失败并开始调整，可事实上这时一切进展顺利，取得结果只是时间问题。他们在了解这一点之后，就给这些决策留出了更多的时间，决策成功率也就有了改观。

有一位非常成功的管理者却有完全相反的发现。他发现自己过于耐心，等待的时间过长。决策就像医生做诊断。自 2400 多年前希腊的希波克拉底开始，医生就要把治疗后患者病情的发展，也就是医生所做决策的结果写下来。正如每一位经验丰富的医生会告诉你的那样，这种方法能让一名天赋平常的医生在数年内成为一名合格的执业医生。同样，它也会让一名天赋平常的管理者成为一名合格的决策者。

小　结

决策仅仅是管理者的任务之一。尽管它通常只占用决策者很小一部分时间，但是做出重要决策是管理者**特有的任务**，只有管理者才能做这种决策。一名高效的管理者在做出这些决策时，会遵照一个要素明确的系统化流程以及一套先后顺序清晰的步骤。事实上，被人期望（由于职位或知识）做出对整个组织及其绩效和成果有重大积极影响的决策，正是一名高效管理者的特征所在。

决策不是一件机械的事情，它需要冒风险，是对判断力的一种挑战。决策的中心问题不是"正确的答案"（通常它总会有办法找到），而是正确理解问题。决策不是一种智力活动，而是需要调集组织的洞察力、精力和资源，采取有效的行动。最后，它还是一项需要**有勇气**和**承担责任**的活动。

怎样做人员决策

组织中没有什么决策比人员决策更加重要。所谓人员决策（people decision），就是给岗位配备人员，给人员安排职位和工作，提拔人员以及解雇人员等。

一个组织在**聘用人员**时无论怎样小心，如果给他们安排的职务不对，这些人也不可能取得出色的绩效。无论组织的高层管理的业务和战略决策、产品或服务决策是多么英明，如果公司的人员决策不能令人满意，那么这些决策都不可能取得成果。

把通用汽车建成世界上规模最大、盈利最丰厚的制造企业的阿尔弗雷德·斯隆曾经对我说："如果某个小事业部的助理厂长不能履行好他的职责，我们高管做出的决策再好也不会取得结果。"

谁都会说，那是当然的。可是，大多数组织以及大多数管理者的人员决策的成功率**低得可怜**。不管是在企业还是在非营利组织，也不管组织的大小，人员决策的结果都只会有三种情况：

- 真正成功的；

- 彻底失败的；

- 既**没有成功**也**没有失败**的。

第三类就像是陈年的肩背疼痛。你不会因为它们而丧生，但是它们会削弱整个组织的绩效能力，拖累为"快要取得出色绩效"的人提供支持的那些人，并且影响整个组织的士气。不幸的是，既没有成功也没有失败的人员决策在组织的所有人员决策中占很大的比例。

面对如此糟糕的记录，用"每个人都达到了他力不能及的水平"这样的话来解释纯粹是胡扯，是逃避责任。在其他任何一个领域的决策记录，都不会比大多数组织和大多数管理者的人员决策更差。而且，记录最差的往往是那些对自己"慧眼识人"感到骄傲的人。

如此糟糕的记录完全是不应该的，也没有什么借口可言。其实，对于怎样做人员决策才能有较高的成功率，我们是清楚的。我们有很多的榜样可以学习——在企业、非营利组织和政府机构中，都有许多人所做的人员决策是非常完美或者近乎完美的。而且，学习并不是太难。

首先，它意味着要严肃认真地对待人员决策。其次，它需要一些相当简单而且非常明显的步骤。在企业和管理者的工作中，可能没有哪个领域能像人员决策一样，可以通过学习如此迅速地提高绩效和成功率。

我们在本章将要探讨：

- 人员决策的**五个步骤**；

- 人员决策的**五个基本原则**；

- 如何提高人员决策的**成功率**。

在开始介绍五个步骤之前，我们来看两个人员决策方面的成功事例。第一个是美国在二战中的人员决策；第二个是斯隆如何把通用汽车公司建设成世界上最大的制造企业，并且在长达 50 年的时间里保持着最为丰厚的利润。

美国在 1941 年加入二战时，几乎每一个高级军官都已经超过退休年龄，不再适合担任战争指挥官。然而，到四年之后战争结束时，它的军队拥有一大批出色的将军，人数有六七百之多，没有一个鱼目混珠。

他们中只有道格拉斯·麦克阿瑟此前有过战场指挥经验，其他人直到战争爆发之前还只不过是一些低级军官。美军能够在指挥官方面取得如此重大的成绩，是因为每一个指挥官都是陆军司令乔治·马歇尔将军亲自挑选的（当时他已过退休年龄）。

人员决策的五个步骤

马歇尔将军在做人员决策时遵循五个简单的步骤。

第一，马歇尔会**对任务加以深入思考**。岗位描述可以长期不变，但是工作任务是时时在变的，而且常常是变幻莫测的。师长的岗位描述自从拿破仑时代以来就没有什么变化，但他的工作任务有时是训练新兵，有时是指挥战斗。

类似地，天主教主教的岗位描述从 13 世纪以来也几乎没变，但是主教的工作任务则随着教堂和教民不断变化的需要而发生改变。**不同类型的任务需要不同类型的人**。深入思考任务能让你把特定任务的需要与合适人选的长处很好地结合起来。

第二，马歇尔总是会**考察若干个合格人选**。正式的任职条件，例如在简历、人事档案、职务公布或报纸广告中可以列出来的那一些，只不过是一个起始点。不具备这些条件的人，就不能成为候选人。但是，最重要的任职条件是人和任务相互匹配。要找到最合适的人，你至少必须考虑 3～5 个候选人。

第三，马歇尔会**研究这 3～5 个候选人的绩效记录，了解他们各自最擅长做什么事情**。他要找的是候选人的长处。一个人不能做什么事情并没有太大关系。你要做的是关注他们能做的事情，并且判断这些长处是不是符合这个任务的需要。

候选人的弱点只是他们面临的局限性。它们也会把候选人排除在外，就像正式的任职条件得不到满足一样。然而，绩效只能建立在长处上面，最重要的是候选人必须具备完成这个任务的能力。

第四，**马歇尔会与候选人的同事交谈，因为一个人的判断可能不全面**。通过询问别人的意见，你可以了解候选人还具备哪些别人印象深刻，而你却没有注意到的长处，同时也有可能发现一些此前没有注意到的弱点和局限性。通过与候选人过去的上级和同事非正式交谈得来的信息，通常是最准确的。

马歇尔将军在物色指挥官时使用的就是这个方法。如果他发现某名士兵是完成某个任务的最佳人选，就会选中这个士兵。

第五，一旦做出决策，马歇尔会**确保任职人真正理解这个任务**。最好的方法可能是让任职者认真思考要做哪些事情才能取得成功，然后让他在到任90天左右后把它们写成书面材料。

虽然这是做人员决策的最后一个步骤，但它可能是最重要的步骤。你如果没有让任职者真正了解新岗位，那么这个人最后若是失败了，就不能怪他们。要怪就怪你自己，因为你没有履行好做一名管理者的责任。

同马歇尔一样，斯隆在担任通用汽车公司的董事会主席和 CEO 的长达30 年的岁月里，他的人员决策记录也近乎完美。

1916～1956 年的 40 年间，斯隆通过仔细界定每一项工作任务和挑选每一名管理者，帮助通用汽车成为世界上规模最大、盈利最丰厚的企业。他知道，人员决策是一名管理者所做的最重要的决策，因此愿意为寻找合适人选投入所需的一切时间和精力。换言之，他严格遵循马歇尔将军在二战期间所遵循的步骤。

例如，通用汽车有一次执行委员会会议，全部三个小时都用来讨论一个小型设备事业部的助理制造经理的任命问题，那可是一个级别相当低的职位。一名与会者问斯隆："你让十几个身居高位，如此忙碌的人花三个小时讨论一个级别这么低的人员决策，理由是什么？"

斯隆回答说："公司给我相当丰厚的薪水，就是让我来做重要决策的。还有什么决策比如何为一个低级别的管理职务物色人选更重要呢？如果那个助理制造经理在上任之后才被发现不能胜任，那么我们这些高层再怎么聪明也没有用啊。结果是在他那个级别上取得的，而不是我们这个级别。还有，如果后来才发现他不能胜任，纠正错误要花的时间会远远超过三个小时。"

人员决策的五个基本原则

尽管马歇尔将军和阿尔弗雷德·斯隆的人员决策接近完美，但是其实完美的记录是不存在的。然而，管理者只要严肃认真地对待人员决策，并且努力做好这些决策，是有可能臻于完美的。

成功的管理者在做人员决策时还会遵守**五个基本原则**。

第一，管理者必须对任何一次失败的任命**承担责任**。管理者责怪任命对象就是逃避责任，因为是管理者自己选错了人。

第二，管理者有责任**把绩效差的人调离**。正如军队里一句俗话所言："战士有权要求得到合格的指挥。"任由一个不胜任工作或者绩效差的人留在岗位上，不仅是对其他所有人的惩罚，进而影响整个组织的士气，而且对这个人自己也没有什么好处。

第三，一个人在岗位上没有取得很好的成绩，并不意味着这个人很糟糕，因此组织应该把他扫地出门。那只是意味着**他不适合这个岗位**。

那么，什么岗位适合他呢？一个人如果有机会回到适合其发挥长处的岗位，也就是担任本该安排他去的职务，取得出色绩效的可能性是很大的。

只是，很少有管理者相信这一点。下面就是几个例子。

美国援外汇款合作组织（CARE）的业务每到一个国家，就会在那里安排一名国家代表——通常是大学毕业没几年的年轻人，他们会得到精心的培训。但由于他们要在异国他乡，例如柬埔寨和肯尼亚那样的地方独自开展工作，所以失败率非常高。

在很长一段时间内，CARE 处理绩效不佳的国家代表的方法，都是把他们召回总部，表示感谢之后予以解聘。然而，该组织没有足够多的新员工去填补所有这些空缺，因此尽管面临组织成员诸多的疑虑和许多反对的声音，它还是**把其中一部分有过一回败绩的人安排到另一个国家去担任代表**。结果出乎所有人的意料——这些人绝大部分都成功了，而且还有相当一部分人绩效超群。

第二次机会的成功率高得让人有些吃惊，但是我们仍然要记住：有且仅有第二次机会。连续两次不能取得良好绩效的人，最好是让他们去投奔竞争对手！

第四，**管理者必须努力做好针对每一个岗位的人员决策**。一个组织取得绩效的能力，也就是一个个员工取得绩效的能力，因此人员决策是必须做好的。组织内可能存在一些没有提升空间的岗位，但是不存在不重要的岗位。

第五，**新员工最好是安排在一个责任明确并且有人协助的岗位上**。新出现的重大任务应当主要交给行为和习惯大家都已经熟悉，并且已经赢得大家信任的人去完成。许多组织喜欢从公司外部找人出任新设岗位，那样做的风险很大，失败率极高。

得到任命的人如果在新岗位上失败了，那么成功的管理者会按照人员决策的基本原则行事，也就是**承担人员决策的责任，立刻把绩效不佳的人调走，然后把他们安排到适合他们发挥长处的岗位上去**。

高风险的人员决策

在大多数情况下，上面介绍的五个决策步骤和五个基本原则能够保证人员决策取得成功，但是也有一些决策的风险很大，尽管严格遵守这些原则可以尽可能降低失败的风险，但是仍然不能保证取得成功。

首先，**为专业组织挑选管理者**通常是高风险的。专业人员（如工程师），是不会真正接受一个在该领域内没有声誉的人做上司的。然而，一名成功的工程师又未必能成为一名成功的管理者，去管理那些工程师。

其次，**把绩效出色的业务人员提拔到一个无须使用过去赖以成功的日常技能的参谋岗位**，也是一个高风险的决策。**把绩效出色的参谋人员提拔到业务岗位上也是如此。**

一个人在这个领域取得成功之后，能否成功地过渡到另一个领域，是没有可靠的办法测试和预测的。只有事实才能证明这一点。如果此举没有奏效，那么你必须承认这是一个错误，并且立刻将这个人调走。

如果这个人原来的岗位尚无人出任，那么可以让他回到这个岗位，否则就将其安排到一个与原岗位类似的岗位上去。仅仅没有在具有挑战性的新岗位上取得出色的绩效，并不意味着他们必须被扫地出门。如果他们在原来的岗位上富有成效，他们回归之后仍然会富有成效，并为整个组织的绩效做出贡献。

大多数人认为这是"降级"。没错，**这确实是降级**，但它与人们的普遍看法恰恰相反，降级不仅是可行的，而且在大多数情况下是受当事人欢迎的。其实，这个人非常清楚自己在新岗位上无法取得很好的绩效，但是很少有人会主动要求把自己的职务撤掉，大多数人觉得必须努力去做明知不可能做到的事情。

当然，他在刚刚被撤的时候会有怨恨情绪，但在几个星期之后他就会说："谢天谢地，我又回到了能够做好的岗位上。我又能睡个安稳觉了，我太太也说她又有了丈夫。"

但是，对于这些高风险的人员决策，聪明的做法是在一开始就建立**退出机制**，也就是如果不适合新岗位就退回原岗位的安排。这相当于"风险共担"。对接受这样一个高风险岗位的人，例如一名即将出任研究部门经理的一流生物学家或者一名即将成为会计经理的税务专家，管理者可以这样讲："我确信你能取得成功，并且喜欢这个新岗位，但如果不是那样，六个月或者一年以后，我仍然欢迎你回到原岗位上去。一名一流的生物学家（或者一名一流的税务专家），我们总是用得着的。"这会让得到任命的人更加有自信心，因此会提高他成功的概率。

除了管理者没有遵照上述决策步骤和基本规则之外，这些人员决策失败的最常见的原因就是我们在前面已经讲到的：新任者仍然按过去取得成功的方式行事。例如，成为地区销售经理的明星销售人员仍然只顾做销售，成为财务经理人的会计仍然一头扎在会计事务中。

在接受任命60～90天之后，每一个人都必须坐下来仔细想一想："我现在必须做哪些事情，才能在这个新岗位上取得成功？"有一件事情是可以预先肯定的：**无论让你在老岗位上取得成功是因为做的什么事情，这些事情都不能让你在新岗位上取得成功。**

寡妇制造者职务

还有一类人员决策是必然失败的，我称为"寡妇制造者"，第23章对其做过简要探讨。

在商业世界里，寡妇制造者就是一个连续挫败两个能干人士的职务。担任这个职务的第三个人，无论他多么能干，都几乎必然遭到挫败。对这样一个职务，唯一的办法就是取消这个职务，对工作进行调整。寡妇制造者通常出现在一个快速增长和快速变化的组织中。

我们来看一个典型的事例。

它发生在20世纪60年代末至70年代初。当时，纽约的许多大型商业银行都建立了国际部。然而，直到这个时候，就算美国最大的银行也是一家纯粹的国内银行。这些银行每一家都设有一名国际业务副总裁，他们的职责便是为本行的国内客户提供一些常规的服务，例如开具信用证或者购买外汇等。至于其他的非国内业务，则一概交给往来的外国银行办理。

后来，纽约所有的银行，还有芝加哥和旧金山的大银行，几乎在一夜之间都开始从事真正的国际业务，并且大力推进这些业务。这时，国际业务副总裁这个职务就成了寡妇制造者。

有人向一位顶尖的金融律师请教这是怎么一回事，他回答说："你说的就是寡妇制造者。对它们只有一个办法：取消这个岗位，做出调整。"

寡妇制造者这种现象发生在许多组织中。例如，有一个以培养本科生为主的教学型学院在 10 年内变成了一所大规模的研究型大学，在此过程中裁撤了两名优秀的校长和无数名系主任，因为它的职务结构还是维持原样未变。同样，这些职务只有在整个学校对职务结构彻底地调整之后，任职者才有可能取得成功。

把反馈控制融入人员决策

就反馈控制的重要性和效果而言，管理者工作和职务的各个方面，没有哪一个能超过人员决策。

没有谁是不心存成见的。没有谁不会因为说不清的原因讨厌某一个人。**没有谁对别人是完全客观的。**很多时候我们对某个人的印象是由很久以前一件很鸡毛蒜皮的事情形成的，例如那个人笑的方式，或者许多年前双方第一次见面时的装束等。**没有谁能抗拒奉承。**

也没有谁是"慧眼识人"的——只有态度严肃认真并以系统的方式做出人员决策的人，剩下的就是不那么做的人。因此，绝对有必要在人员决策中建立反馈控制。

反馈控制是这样实现的：你每做一次人员决策，就把自己的期望以及应该取得的结果写下来，例如你在任命某个销售明星担任中西部地区的销售经理时，是不是希望他招聘并且培训一支新的销售队伍？

然后，确保这名新任经理理解这一点。9～12个月以后，你把这些期望与实际结果做对照。采用这种方法，你很快就会发现你做人员决策时在哪些方面很擅长，在哪些方面还存在一些问题，在哪些方面则容易犯下大错。这也是做好人员决策一个绝对不可缺少的要素。

人员决策的力量

人员决策是组织控制的终极手段。没有一个组织的绩效能够超出它的员工的绩效。想要寻找"更好"的员工也是徒劳，因为"更好"的员工通常来说并不存在。只有岗位安排得当和失当的员工。人员决策是非常受人瞩目的，组织中的每一个人都知道谁被安排到了某个岗位上面。

员工是通过管理当局的人员决策来判断管理当局的价值观和能力的。如果人员决策是以公司政治而不是以绩效作为标准，组织内每一个人都清楚这一点，那么他们就会因为管理当局忽视绩效而产生鄙夷的情绪，要么变得灰心丧气，要么自己也开始玩弄权术，并且后一种情况往往更常发生。

管理者通常不能判断某个战略举措是否得当，他们也未必对此感兴趣。"我不知道我们为什么要买澳大利亚的这个企业，但是它不会干涉我们沃思堡这里的业务"——这是一种很常见的反应。但是，高管要能让这些更加了解乔的管理者在得知"乔·史密斯成了XYZ事业部的会计师"时说出这样的话："乔得到提升是应当的，他是个好人选，这个想要取得快速增长的事业部，找他去搞核算真是找对了人。"

但如果乔之所以得到提拔是因为他是一个玩弄权术的人，那么每一个人都会明白这一点。于是他们就会说："明白了，那就是在这家公司里得到提升的方法。"正如我们早就明白的，组织成员通常会按照其他人受到奖励的方式行事。奖励如果归属那些绩效差、阿谀奉承甚至只会投机取巧的人，那么大家都会变成绩效差、阿谀奉承甚至只会投机取巧的人。

不努力把人员决策做好的管理者，除了绩效糟糕之外，还有可能辱没组织的尊严。然而，管理者没有任何理由不做好人员决策。要做到这一点，你只需遵从人员决策的五个步骤和五条基本原则。

小　结

做人员决策可分为五个步骤：把任务考虑清楚；考察 3～5 个合格的候选人；分析每一个人的擅长之处；向每一个候选人的同事和上司询问这个人的有关情况；确保得到任命的人理解职务及其要求，然后在到任后做出反馈。

决策者必须遵守五个基本原则：第一，为每一次失败的任命承担责任；第二，接受"绩效差的人必须调离"这条原则，这是对组织、对当事人及其同事负责任；第三，这并不意味着这个人必须解雇，而是应该给他换一个适合发挥长处的岗位；第四，管理者必须做好针对每一个岗位的人员决策；第五，新员工最好是安排到之前已经存在的岗位上，这些岗位的责任要求已经明确，他们有需要的话可以得到别人的协助。

管 理 沟 通

　　我们如今有越来越多的机会进行沟通，也就是同别人交谈。我们拥有的沟通手段之多，已经超出自一战前后开始研究组织沟通的人的想象。组织沟通已经成为有关领域的学生以及各种机构，包括企业、军队、公共行政管理、医院、大学和研究机构中的工作人员所关心的中心问题。在改进大型机构的沟通这个领域聚集的人才之多，包括心理学家、人际关系专家、管理者和管理专业的学生等，他们付出的精力之多以及他们的投入程度，没有哪个领域能与之媲美。

　　然而，沟通却像神秘的独角兽那样难得一见。噪声增加得如此之快，以至于人们只知道大家都在议论沟通，除此之外就根本听不到什么。显然，沟通变得越来越少。

　　柏拉图的《斐德若篇》是现存的最古老的修辞学著述之一，书中记载苏格拉底认为在跟别人说话时，要使用对方的话语，也就是说，跟木匠说话就要使用木匠经常使用的比喻，如此等等。只有使用信息接收方的语言或术语，才能真正实现沟通，而术语又是以经验为基础的，因此试图向对方解释术语是没有什么用处的。如果使用的术语不是对方的术语，对方就不可能理解，因为那些术语完全超出了他们的理解能力范围。

沟通时，无论使用的媒介是什么，要问的第一个问题都必须是："它在接受者的理解能力范围之内吗？他接受得了吗？"

人们总是试图把各种印象和刺激纳入某个期望框架中，并且竭力抵制"改变想法"，也就是去感知自己并不期望感知的东西，或者不去感知自己期望感知的事情。当然，可以提醒人们注意，他们所感知的与他们所期望的其实是完全相反的。要做到这一点，我们首先必须了解他们期望感知的东西是什么。然后，还必须有一个明确无误的信号——"这是不同的"，也就是打断连续性的一种震动。

因此，在开始沟通以前，我们必须知道接受者期望看到和听到的是什么，这样才能弄清对方的期望是什么，以及能否利用这种期望开展沟通，或者是否需要有一种"异化的震动"或"觉醒"，以便打破接受者的期望，迫使他承认他预期之外的事情已经发生。

如果符合接受者的愿望、价值观和目的，沟通就会有很好的效果；如果相悖，沟通就会毫无效果。效果最好的沟通是导致"转变"，也就是性格、价值观、信念和愿望的变化。不过这种情况是极为罕见的，也是每一个人在内心里都会强烈抵制的。据《圣经》记载，即使是上帝，也只有先把以色列扫罗王的眼睛打瞎，才能把他提到使徒保罗的地位。因此，通常来说，除非信息符合接受者的价值观，否则就不可能实现沟通。

信息以沟通为先决条件。信息总是编码的，为了接收这些编码，更不用说使用这些编码，接受者必须理解这些编码，这就要求有事先的协议，也就是要求有某种沟通。

换句话说，沟通可能并不依赖于信息。事实上，最完美的沟通可能完全是"共同经历"，不需要任何逻辑。最重要的是感知而不是信息。

向下的沟通和向上的沟通

那么，在组织沟通、沟通失败的原因以及未来取得成功的必要条件等方面，我们可以从现有的知识和经验中学到些什么呢？

几个世纪以来，我们都试图进行"自上而下"的沟通，可是无论我们怎样努力，都没有效果。之所以没有效果，首先在于它们把重点放在我们想要说的东西上面。换句话说，它假定是**信息发送者**在进行沟通。

这并不意味着管理者应该停止努力让自己所说的话或所写的东西更为清晰。事实绝非如此。不过，这意味着最重要的是先要弄清应该讲什么，然后才去考虑如何讲。想通过"我跟你讲"这种方式，无论如何是做不到这一点的。

通过"倾听"也做不到这一点。埃尔顿·梅奥的人际关系学派在 60 年前就已认识到传统沟通方法的失效，他们提出的解决办法则是要求管理者倾听。管理者不能从"我们"，也就是自己想要"讲什么"出发，而是**必须**从下级想要知道什么以及对什么感兴趣，也就是从下级能够接受什么出发。人际关系学派的这一方法，虽然很少被实际采用，但直到现在还是最经典的。

当然，倾听是沟通的先决条件。但是，只有它仍然不够，也不会真正实现沟通。倾听假设上级**一定能够**理解下级**对他们讲**的东西。换句话说，它假设下级能够进行沟通。但是，很难看出为什么上级做不到的事情，下级却一定能够做到。事实上，假定下级能够进行沟通是毫无理由的。

这并不是说倾听是错误的，正像我们说自上而下的沟通行不通，但那并不表示我们反对写得更有条理，说得更加简单明了，以及使用对方的语言而不是自己的行话进行沟通。事实上，认识到沟通必须是自下而上的（或者说沟通必须从接受者开始而不是从发起者开始，这正是倾听理论的假设），是完全合理而且十分重要的。不过，倾听只是一个出发点而已。

提供更多更好的信息，并不能解决沟通问题，也不能弥合沟通差距。相反，信息越多，就越是需要有效的沟通。换言之，信息越多，沟通的差距可能也越大。

<h1 style="text-align:center">目标管理</h1>

那么，我们能够就沟通讲一些什么富有建设性的东西呢？我们可以有所作为吗？当然可以。

目标管理是有效沟通的先决条件。目标管理要求下级考虑清楚，他能为组织或者组织中的某个部门做出哪些重要贡献以及承担什么责任，并把自己得出的结论告诉上级。

下级得出的结论，很少就是上级所期望的。事实上，实行目标管理的首要目标正是要揭示上级和下级在感知方面存在的差异。但是，双方的感知都集中在真实情况之上。认识到双方对同一现实持有的看法不同，这本身就是一种沟通。

目标管理让预定的沟通接受者（这里指的是下级）获得能够理解沟通内容的经验，并让他接触实际的决策、优先次序问题，在个人想要做的和形势所要求做的之间做出选择，尤其是接触到决策的责任问题。他对形势的判断可能不同于上级——事实上也很少相同，甚至不应该相同。但是，他因此可以理解上级所面临的处境的复杂性，并且获悉这种复杂性并不是上级造成的，而是形势本身固有的。

这些只不过是一些例子，而且是一些不很重要的例子。但是，它们也许能够表明我们在沟通方面的经验（大部分是失败的经验），以及在学习、记忆、感知和激励点等方面的研究工作所能得出的主要结论：沟通需要共同的经历。

如果把沟通看成从"我"到"你"，那就不会有沟通存在。只有是从"我们"中的一个成员到另一个成员，沟通才能进行。组织沟通不是一种组织**手段**，而是唯一正确的组织模式。这可能是我们从沟通失败的例子中得出的真正教训，也是沟通所需要的真正的衡量标准。

小　结

组织沟通涉及感知、期望、要求，同时沟通和信息是彼此不同但又是相互依存的。

自上而下的沟通行不通，只有自下而上的沟通才行得通。因此，有效的组织沟通需要目标管理。沟通不是在"我"和"你"之间进行的，它是在一个成员与另一个成员之间进行。

控制指标、控制与管理

在社会机构的用语中，"控制指标"（controls）并不是"控制"（control）的复数形式。更多的控制指标并不一定意味着更多的控制，而且这两个词的含义截然不同。**控制指标**的同义词是"衡量"和"信息"，**控制**的同义词则是"方向"。**控制指标**属于手段，控制则属于结果。**控制指标**针对的是事实，即过去的事件；控制针对的是期望，即针对未来。控制指标是分析性的，涉及过去和现在的情况；控制则是规范性的，涉及应该是怎样的情况。

我们设计控制指标的能力正在迅速提高，这主要得益于技术手段的重大进步，特别是逻辑和数学工具的应用，以及迅速地处理和分析大量数据的能力。这对控制有什么意义呢？具体而言，要使用这些大大增强的控制指标实现更好的控制，必须满足哪些要求呢？从管理者的工作来看，控制指标只是一种手段，控制则是这一手段的目的。

企业中负责控制指标核算的是会计师，但是包括会计师本人在内的大多数管理者都会认为：如果会计师使用这些控制指标在企业中进行控制，那就完全是误用和滥用会计师的权力。他们认为，这实际上会导致企业完全"失去控制"。

之所以出现这种明显的矛盾，原因在于人和社会任务的复杂性。

如果涉及的对象是社会机构中的人，控制指标就必须成为对个人的激励，这样才有能实现控制。在人—社会环境里，控制系统不是一个机械系统，而是一个意志系统。我们对人的意志所知甚少这一点并不是问题的核心所在。问题的核心在于，要使控制指标所提供的信息成为行动的基础，先要有一个转化过程，也就是把一种信息转化为另一种我们称之为"感知"的信息。

社会机构中还存在着第二种复杂性，第二种"不确定性原则"。我们事先几乎无法判断针对社会情境中的某一事件做出什么样的反应才是合适的。

我们可以在机器中安装控制器，使机器在转速超过某个数值之后就开始减慢。为此，我们可以使用机械手段，也可以使用人工控制，用一种仪表显示机器转速，并且明确无误地告诉操作人员：一旦转速超过某个数值就调慢机器。但是，在社会机构中我们不可以这么做。例如，"利润正在下降"这一控制读数根本不意味着需要做出"提高价格"的反应，更谈不上指出需要把价格提高多少。类似地，"销售额正在下降"这一控制读数也不是指示要做出"降低价格"的反应。针对这些事件可能做出的反应有许多，多得通常无法事先指出来。这些事件本身甚至没有表明哪一种反应是可行的，更谈不上表明哪一种是恰当的或是正确的。或许，事件本身没有任何意义，即便有意义，我们也绝不能轻易肯定就是它的意义。事件**有意义**的可能性这一点，可能是一个比**事件本身**重要得多的数据，而且几乎是一个无法从事件的分析中得出的数据。

控制指标的特性

任何一个社会机构中的控制指标都有三大特性。

（1）**控制指标既不是客观的，也不是"中性"的**。我们在测量石头下降的速度时，是完全置身事外的。我们的测量不会改变这个事件，测量也不会改变我们这些观测者。对物理现象进行的衡量是既客观又中性的。

但是，在组织这个复杂的感知环境中，我们的衡量行为既不是客观的，也不是中性的，而是主观的，并且必然带有倾向性。它会使事件和观测者都发生变化。社会情境中的各种事件，便是由于被挑选出来接受衡量而获得价值。无论我们如何"科学"，这种或那种事件被选出来"受到控制"，就标志着我们认为它们是重要的。

每一个观察过预算制度建立过程的人都会发现上述情况。在很长时期内，有的公司甚至一直是这样，人们把实现预算数字看得比预算所衡量的对象，也就是经济绩效更加重要。初次受预算约束的管理者，往往宁可有意压低销售和利润的预计数字，也不愿因为"没有完成预算"而感到内疚。要在预算制度实行多年之后，并在一位非常明智的预算主管的推进下，才有可能让大家的心态恢复平衡。有许多在其他方面都非常明智的研究部门主任错误地认为：取得研究成果而预算费用没有花完，罪过大于没有任何成果而预算全部花完。

在企业这样的社会机构里，控制指标涉及目标和价值的设定。它们不是"客观的"，而是必然带上道德色彩。要避免这一点，唯一的办法便是把管理者淹没在大量的控制指标中，以至于整个控制体系都变得毫无意义，完全成为"噪声"。

控制指标还会导致思想的产生。它们不仅会改变被衡量的事件，而且会改变观察者本人。这意味着根本问题不是"我们如何进行控制"，而是"我们在控制体系中对哪些东西进行衡量"。

（2）**控制指标必须聚焦于成果**。企业（以及所有其他社会机构）之所以存在，是为了对社会、经济和个人做出贡献。因此，企业的成果只存在于外部，存在于经济和社会中，存在于顾客那里。只有顾客才能创造"利润"。企业内部的一切，包括制造、销售和研究等，都只会产生成本。换句话说，管理领域只涉及成本，成果则是创业的结果。

我们能够轻易地对效率，也就是对付出的努力加以记录并量化。可是，我们只有极少几个工具可以用来对成果加以记录并量化。但是，一个制造马鞭的工厂，即使效率再高，如今也不可能再继续生产。工程部门如果把产品设计错了，效率再高也没有什么价值。许多美国公司在古巴的分公司，比在拉丁美洲其他地方的分公司经营得都要好，利润也显然多得多，更不用说麻烦少得多了。但是，这并不能防止它们被古巴政府没收。而且，我敢说，在IBM公司20世纪五六十年代的高速发展时期，运营**效率**有多高并没有太大的关系，因为它的基本创业思想是正确的、**有效的**。

了解体现企业成果的企业外部，比了解企业内部要难得多。大型组织的管理者面临的中心问题便是同外界隔绝。美国总统是这样，美国钢铁公司的总经理也是这样。因此，组织如今需要的就是对外界的**综合感觉器官**。现代控制指标如果能够做出什么贡献的话，那么最主要的便在这一点上面。

（3）**可以衡量的事件和不可衡量的事件都需要控制指标。**企业和其他任何机构一样，有些重要成果是无法衡量的。任何一个有经验的管理者都知道，那些不能吸引并留住优秀人才的公司或行业必然要消亡。任何一个有经验的管理者也知道，这一点比上一年的利润报告更加重要。这是一句不能给出明确定义的话，但如果有哪一个讲逻辑的人胆敢告诉管理者这是一句关于"错误问题"的"错误言辞"，那么这个人很快就会被当成一个傻瓜被解雇，而且可说是咎由自取。这句话尽管不能明确定义，更不能加以"量化"，但它绝不是"无形的"（任何一个同这种企业打交道的人很快就会发现这一点）。它只是不可衡量的，因为可以衡量的成果可能要在10年后才能显现出来。

但是，企业也有一些可以衡量、可以量化、真正有意义的重要成果。它们同过去的经济绩效有关，并且都可以用经济领域里十分独特的衡量手段——金钱来表示。

这并不意味着这些都是"有形的"。事实上，我们能用金钱来衡量的许多事物，如折旧，都是完全"无形的"，但它们确实是可以衡量的。

可以衡量的结果是已经发生的事情，是过去的事情。对于未来，则没有什么事实可言。可以衡量的事件主要是企业内部的事件，而不是企业外部的事件。企业外部发生的重要变化，例如让马鞭行业最终消失以及让 IBM 成为一家大公司的外部因素，直到发展到无法控制的程度之前，一直都是无法衡量的。

因此，在可以衡量的和不可衡量的事件之间取得平衡，是管理当局面临的一个核心问题，而且是一个经常性的问题，是一个真正需要做出决策的领域。如果没有弄清楚哪些无法衡量，后面有哪些假设（或者至少把它们作为边界或约束条件），衡量就会让人误入歧途，传递出错误的信息。但是，我们越是能够对可衡量的领域进行量化，就越是想把全部力量放在这些方面，因此就越有可能出现下面这种情况：控制指标越来越好，实际控制却越来越差，甚至整个组织最终完全失控。

控制指标的具体要求

控制指标要便于管理者用来实行控制，必须满足以下七条标准：

- 必须具有经济性；
- 必须是有意义的；
- 必须适合被衡量事件的特点和性质；
- 必须与被衡量的事件一致；
- 必须及时；
- 必须简单；
- 必须具有可操作性。

（1）**控制指标必须具有经济性**。实现控制所需的努力越小，说明控制体系设计得越好。所需控制指标越少，它们的效力就会越强。事实上，增加控制指标并不能改进控制，只会造成混乱。

因此，管理者在设计或者使用控制指标体系时应该提出的第一个问题是："为了实现控制，我必须掌握哪些最起码的信息？"

不同的管理者可能会有不同的答案。对于存货这个问题，财务经理只需要知道存货占用的资金总额及其增减情况；销售经理需要知道是哪几种产品占据了存货总金额的 70% 左右，至于存货总金额对他来说并不是最重要的。除了每年一两次之外，无论是财务经理还是销售经理，一年到头都不需要全面的存货数字，只需了解其中少量样本的情况足矣。不过，仓储经理需要每天的数字，而且是详细的数字。

具备强大数据处理能力的计算机并不能让控制指标变得更好。相反，真正有助于控制的是提出下面两个问题："为了理解一种现象并且做出预测，需要哪些最起码的报告和统计？""为了可靠地了解这种现象的全貌，需要哪些最起码的数据？"

（2）**控制指标必须是有意义的**。这意味着被衡量的事件本身必须是有意义的（如市场地位），或者标志着有潜在重大意义的发展趋势（例如员工离职率和旷工率突然上升）。

控制指标始终应该与关键目标以及其中最重要的目标有关，与"关键活动"和"良心领域"有关。换句话说，控制指标的依据应该是公司对下面这三个问题的界定：**我们的事业是什么？它将来会是什么？它应该是什么？**

凡是对实现公司目标没有重要意义的项目，就不应该经常衡量，而且只应以防止情况恶化为目的。企业对这些项目的控制应该严格实行"例外"原则，也就是确定一个标准，定期做抽样衡量，只有实际情况明显低于预设标准才汇报。

我们能够对某个事物实行量化，并不是对它进行衡量的理由。决定是否加以衡量的问题应该是：这是管理者应该看重的事情吗？这是管理者应该倾注精力的事情吗？这是正确的控制重点，也就是最经济、最有效的方向吗？

（3）**控制指标必须适合被衡量事件的特点和性质**。这可能是最重要的，但也是人们在实际设计控制指标体系时最不注意的一条标准。

由于控制指标的作用举足轻重，所以我们选择的指标不仅要正确，而且要合适，使它们既能反映真实的情况，又能成为有效行动的基础。衡量不能仅在形式上有效，它还必须能在结构上真实反映被衡量的事件。

员工抱怨或者不满通常是以"在每 1000 名员工中，每月有 5 个不满事件"的形式来报告的。这在形式上是正确的，但它在结构上是否正确呢？或者，它会给人误导吗？这个报告给人的印象是：首先，不满随机分布在员工中；其次，这只是一个小问题，因为每 1000 名员工每月只有 5 个不满事件发生。它在形式上是正确的，提供的信息却是完全**错误的**。

不满是一种社会现象。社会现象几乎从不服从自然界的"正态分布"。在这个例子中，员工人数占整个工厂总员工人数 95% 的大多数部门，一年到头不会发生一个不满事件，可是某个人数很少的部门存在着严重的不满。因此，"5%"可能意味着平均每个月有一个人"严重不满"（这些数字来自一个真实的例子，事实的确如此）。如果这个部门是负责完成所有产品最终装配的总装部门，而管理当局又受控制指标的误导，因此没有重视这种不满情绪，那么这个部门的员工一旦罢工，就会造成极大的影响。事实上，这家公司就因为这个原因破产了。

大多数有关销售绩效的衡量指标，无论是针对整个销售队伍，还是针对个别销售人员，都是按照销售总额来计算的。可是，在许多企业使用这样一个数字是不恰当的。同样的销售额，可能意味着丰厚的利润，也可能完全没有利润，甚至意味着相当大的损失——这取决于所销售的产品的组合。因此，一个没有与产品组合联系起来的绝对销售额，起不到任何控制作用——无论是对销售人员自己，还是对销售经理或高管层，都是如此。这都是一些基本的知识，但似乎很少有管理者了解。传统的信息系统（特别是传统的会计），非但不能揭示这种不适合性，反而将其掩盖起来。如果控制指标不能清楚地表明**事件的真实结构**，管理者就无法了解情况，于是通常就会做错事情。这是因为，管理者繁重的日常工作会迫使他按照事件的**数量**比例来分配精力和资源。人们经常会把精力和资源投入到取得的成果最少的地方，也就是投入数量大，但加在一起几乎没有什么影响的现象上去。

（4）**衡量指标必须与被衡量的事件一致**。著名逻辑学家和哲学家阿尔弗雷德·诺夫·怀特海（Alfred North Whitehead，1861—1947）经常提醒人们要防止"虚假的具体性危险"。如果被衡量的现象只能精确到50% ~ 70%，那么衡量指标即使精确到小数点以后六位，衡量的结果也不可能非常准确。这便是一种"虚假的具体"，实际上会给人以误导。

我们必须明白，有些现象虽然无法精确地衡量，但是可以用一定的幅度或范围进行描述。例如，"我们的市场占有率是26%"这句话听起来似乎非常精确，可事实上通常是一种很不确切的说法，因此几乎是毫无意义的。通常来说，它的真正含义是：我们在市场上既不占统治地位，但也不是无足轻重的。尽管如此，这句话的可靠程度也不会高于我们对市场所做界定的准确程度。

管理者有责任考虑清楚，什么样的衡量指标是适合于所需衡量的事件的。他必须清楚什么时候**近似值**比看似可靠而又详细的数字更为准确。他也必须清楚什么时候一个范围比一个约数更加准确。他还必须明白，**更大和更小、更早和更迟、增加和减少**也是定量词汇，而且常常比具体数字或幅度更为准确，甚至更加精确。

（5）**控制指标必须及时**。经常衡量并迅速"发回报告"不一定可以实现更好的控制，有时甚至还会适得其反。控制指标的时间必须与被衡量事件的时间跨度保持一致。

近来人们时兴谈论"实时"控制指标，也就是持续地提供即时信息的控制指标。某些事件非常适合采用"实时"的控制指标。例如，发酵槽内的抗生素只要温度或压力偏离一个非常小的范围就会很快变质，这种情况显然需要持续"实时"监控。然而，需要采用这种实时控制指标的事件其实很少，而且大多数事件是根本不可能用实时指标进行控制的。真正的控制不能采用这种"实时"形式。

孩子们在花园里种萝卜，叶子刚钻出泥土，他们就会迫不及待地把它们拔出来，看看是不是已经长出萝卜。这确实是"实时"控制——只不过用错了地方。

类似地，企图经常衡量研究进展的做法也会影响到研究成果。就研究工作而言，合理的时间跨度应该是相当长的，比较合适的是每两三年对进展和成果做一次严格的评估。在两次评估之间，则只安排一名经验丰富的管理者进行跟踪，留心观察意外遇到重大麻烦的迹象，并且关注意外获得突破的迹象。对研究工作进行"实时"监控，某些研究实验室一直在这么做，那就是拔萝卜。

同时，也存在着一种相反的危险，也就是衡量的频率太低。对于下列情况，这种危险性特别大：第一，需要相当长的时间才能获得成果的研究工作；第二，必须在某个时点把各个组成部分合并起来才能取得最终成果的研究工作。

（6）**控制指标必须简单**。20 世纪 60 年代，纽约的每一家大型商业银行都在制定管理控制指标，特别是有关成本和人员分配的控制指标。每家银行都花费了大量的时间和资金，并且撰写了相应的控制手册，可实际上只有一家银行真正使用了这些手册。这家银行的经理后来被问及缘由，他并没有像提问者所期望的那样，把它归功于大规模的培训班或者大谈自己的"哲学"。他这样回答："我有两个十几岁的女儿，她们根本不懂银行业务，数学也不是很好，但是相当聪明。我每次给一项活动制定出控制方法，就会把这个程序的草稿带回家，然后解释给她们听。只有它们简单到了能让她们反过来向我说明这个程序想要达到什么目的，以及如何达到这些目的，我才会进一步推行这套制度。只有到那时，它才是足够简单了。"

复杂的控制指标是不会起作用的，只会造成混乱。它们会让人们把注意力不是集中到所要控制的对象上，而是集中到控制机制和控制方法上。如果人们在使用控制体系之前必须先了解它的使用方法，他就根本不可能实现控制。如果他必须坐下来研究才能弄清某个衡量指标的含义，他也不可能实现控制。

（7）**控制指标必须具有可操作性**。控制指标必须以行动为重点。控制指标的目的是指导行动，而不是提供信息。这种行动可能只是研究和分析。换句话说，一个衡量指标可以说："正在进行的事情我们并不理解，但其中有些事情我们需要理解。"但是，它绝不应该只是说："这里有些事情你可能会感兴趣。"

这就意味着控制指标，无论它的形式是报告、研究结果还是数字，都始终必须送到能够采取控制行动的人手中。至于是否应该把它们送给其他人，特别是级别更高的人，则是可以商榷的。但是，控制指标的主要接受者应该是按照工作流程和决策结构的规定，足以采取行动的管理者或专业人员。这又意味着衡量指标所采取的形式必须符合接受者的需要。

工人和一线主管应该收到可以对自己当前的工作提供指导的衡量报告和控制信息，以便他们立刻朝着自己可以控制的成果方向努力。实际情况却不是这样。一线主管通常是每个月收到一份关于整个工厂的质量控制报告，工人则什么也得不到。高管通常收到一些中层作业管理者需要并可以使用的信息和衡量报告，关于他们自己的高层管理工作的材料却很少或者完全没有。

之所以发生这种情况，主要是人们误解了控制的作用，分不清控制是为了统治别人，还是为了采取合理的行为。**除非把控制指标看成导致合理行为的手段，看成进行自我控制的手段，否则它们就会导致错误的行动，那便是错误的控制**。

组织的终极控制

最后还要讲一件更加重要的事情。社会机构的控制指标面临一种根本性的、无法改变的局限性。这是因为社会机构既是一个真正的实体，又是一个虚体。作为一个实体，它有自己的目的、绩效和成果，以及自己的生存和死亡。它们便是我们一直在讨论的领域。但是，社会机构是由人组成的，每一个人都有自己的目的、抱负、想法和需要。无论一个机构实行怎样的权威主义，它都必须满足其成员的抱负和需要。对于这些成员而言，满足自己的抱负和需要是通过个人的能力来实现的，但这又是通过机构的报酬和惩罚、激励和威慑来实现的。它们可以表现为量化的形式，例如增加工资，但整个制度本身在本质上并不是定量的，而且是无法量化的。

然而，这才是机构的真正的控制因素，也就是行为的依据和行动的原因。人们会按照可能得到奖励的方式行事。对他们来说，这才体现了机构的真实价值观、机构的真正目的和角色。

控制指标体系如果与组织的这种控制因素不一致（这种通过人员决策表现出来的控制，是组织真正的、唯一有效的、终极的控制），那么在最好的情况下它只是会没有效力，但在最坏的情况下它还会造成无休止的冲突，并且把组织推向失控的状态。

小　结

控制指标与**控制**是不同的，控制指标是手段，控制是想要的结果。组织中的控制指标既不是客观的，也不是中性的，它们涉及目标和价值的设定。控制指标必须聚焦于结果。无论是可衡量的事件还是不可衡量的事件，都需要控制指标。控制指标必须满足有效控制的七个标准。人员决策则是组织的终极控制。

管理者与预算

预算是仅次于复式记账法和复印机的最常用的管理工具。几乎每一家企业，不论规模大小，都会有某种形式的预算。医院和大学也不例外。最重要的是，世界上没有哪个政府机构是没有年度预算的。事实上，预算是唯一一个起源于政府而非企业的管理工具。

现代预算最初是在 19 世纪的英国发展起来的，它把来源于税收、关税和其他途径的收入列在一侧，把支出列在另一侧，这样便能显示出政府财政是盈余还是赤字，并由此决定需要增加收入、减少支出，还是需要借贷。预算还为政府部门的支出提供了法律依据。政府部门的支出，除非列在预算中并得到批准，否则就是违法的。预算由此成为第一种有效监督官僚机构的工具，第一种以系统有序的方式告诉政府官员应该花多少，以及把钱花在哪里的工具。

所有的预算，无论是怎样制定出来的，都依然服务于这些最初的目的。无论是在企业、医院还是政府机构，预算都使得管理当局能够把资源投入、计划和项目及其费用整合在一个综合性的文件中。预算还把总支出与预期的

总收入进行对比，从而对整个组织的资金来源和资金需求做出预测。预算还
能确定哪些支出是有计划并已得到批准的。还有，预算还能让各个层级的管
理者核查预算期内的各个事件是否与预测保持一致，或者是否出现收入减少
或者支出增加的现象，以及企业、部门、项目或产品在经济绩效方面有无重
大变化。

　　现在，几乎每一个企业都使用预算来预测和控制资金需求和财务状况。
特别是，财务经理需要通过预算来预测企业的现金需求量，并确保提前得到
所需现金资源。因此，每一项预算都会包括"现金流"预算。

　　大多数企业还做资本预算，它的时间跨度一般超过一年。这个预算根据
各类资本来源设定预期的资本需求，从而为怎样把资本资源配置到各种资本
支出（例如在扩大产能和开拓新市场两个计划之间合理地分配资源）提供决
策基础。同时，资本预算还能让管理者获悉资本获取计划能否满足企业的资
本需求，进而及时采取行动使之达到平衡。

预算是一种管理工具

　　预算如今已经远不止是一种财务工具。最重要的是，它已经成为一种管
理工具。经验丰富的管理者可以借助预算对所有的计划进行组织。预算也是
确保把关键资源，尤其是把优秀的人员分配到最迫切需要的、最有利于取得
杰出绩效的地方的最佳工具。此外，预算也是对全体员工进行整合，特别是
对管理者进行整合的工具。预算也可以帮助管理者知道何时应该对计划进行
评估和修改。修改计划的原因可能是由于结果与预期不符（或好或坏），也可
能是由于环境、经济状况、市场状况或技术发生变化，已经不再符合预算编
制时的各种假设。

　　预算编制过程始终应该始于**预期结果**，在企业中尤其如此。在下一年或
两年中，我们希望在这个业务领域取得什么样的成果？在接下来的一年或五

年中，我们希望研究部门取得什么样的成果？只有在深入思考过预期结果之后，才应该进一步思考：这需要付出哪些**努力**？

预算是用货币来表示的。不过，货币只是用于表示实际所需努力的一种象征性的方法，一种符号，它们应该基于"真正的价值"，也就是所需原材料、劳动力和产能。换句话说，预算始终应该是用来思考**预期结果**与**可用手段**这二者之间关系的一种工具。如果管理者仅仅把预算简单地看成费用报表，那么它很快就无法用作计划和控制的工具，而是会退化成为一个控制管理者和约束正确行动的桎梏。

尤其要注意的是，我们要避免陷入一个最严重的，政府预算经常会掉进去的预算陷阱——认为去年的支出"基本正确"并将其用于今年预算的这种倾向。以这种方式编制预算，管理者的典型做法就是在去年的基础上对各个项目或加或减 10% 来生成今年的预算。这样管理者就会得到一个"对称的"预算，但这也意味着他没有把预算当作一种计划工具，因此也就不太可能把资源用到真正需要的地方去。

零基预算

避免上文那种投影式预算的一种方法是零基预算（zero-based budgeting）。按这种方法，管理者不是从去年的支出入手，而是从思考自己在某一特定领域里想要取得的结果开始。他首先要回答："这个领域选择正确吗？它是一个高优先级的领域吗？"然后他要回答："取得这些结果真正需要做的是什么？"

在一家复杂的大公司，针对所有支出领域每年都提出这些问题的确不容易，但是对于一些重要的支出领域这是有必要的。对于一些不太重要的领域，零基预算可以每三年左右做一次，而不用每年都做。每一家企业都可以，而且也应该使用这种方法，轮流对所有的产品、市场和活动进行定期的系统评价。因此，零基预算可以用作一种**系统地剔除**那些过时的、低效的、不必要的产品、市场和活动。

同样重要的是，要意识到任何预算周期都是武断的。预算中有许多支出项目，特别是资本支出项目，跨度必然会超过一年。在一项工程的第一年，如新建设一座工厂，支出可能会很低，主要用于制作一些前期工程与建筑图纸。但是，这个项目在接下来的几年里需要大量的投入。如果因为资金不足而停止投入，那么第一年的投入就会白白浪费。许多其他的活动也是如此，例如研发工作、管理和管理人员的开发、工人或销售人员的培训、促销和广告等。这些活动想要取得任何结果，都必须在一段很长时间内持续不断地付出努力。因此，如果按年给这些活动编制预算，无疑是自欺欺人，并有可能在接下来几年间造成浪费——后期投入跟不上，前期的投入就会浪费掉。对于这些活动，要采用生命周期预算，以便反映整个项目或活动周期内所需的投入。

成本的种类

会计很早就把成本分为三种类型：一种是**可变成本**，即随着产量的变化而变化的成本，例如生产某种产品所需的原材料费用及其生产中的直接劳动力成本等。第二种是**固定成本**，即根据法律或过去的决策企业必须投入的成本，如兴建新工厂的贷款利息、工厂维护费用、房产税和保险费等。员工退休金计划所需费用也属于固定成本。最后一种是**管理费用**，即研发、广告和促销、管理人员开发以及现场销售人员等各项活动的花费。这些费用既不是由生产水平决定的，也不是由过去的投入决定的，而是由当前的管理决策决定的。

生命周期预算

不少会计人员在质疑这种分类是否还有意义。例如，"劳动力"日益成为一种固定成本，而不是可变成本。但是，这种分法对于做预算仍然是有用的。根据定义，任何固定成本或管理费用的跨度都会远远超过一年，因此绝不应该仅以一年为基础进行预算，而应该按合适的时间周期来进行。这样，就需要回答一个问题：当前预算周期的费用在整个时间周期内的总支出中占多大的比例？

这个方面最著名的例子是罗伯特·麦克纳马拉（Robert McNamara）在美国国防部引入的生命周期成本计算。当时，麦克纳马拉在肯尼迪政府担任国防部长。此前，按照美国政府的预算流程，军方每年都要申请武器开发（例如开发一架新战斗机）所需的资金。换句话说，他们提出启动一个项目所需的资金，对完成这个项目所需的总资金却只字不提。于是，在投入数亿美元之后，他们总会以这样的理由申请更多的资金：如果因为接下来的费用大幅上升（例如新飞机从图纸进入生产阶段）而放弃这个项目，已经发生的费用就会全部浪费掉。飞机原型生产完毕，显然又要开展昂贵的长期培训，购买维修配件也需要大笔的费用。这时，他们又会故技重施，声称如果预算不提供这些费用，已经发生的巨额费用就会全部浪费。按照生命周期成本计算法，军方要提交新武器在整个生命周期中预计需要的总费用，包括培训费用以及维护、修理和备件的费用等。这样，至少在理论上能让国防部长、总统和议会提前知道需要投入多少资金及其对未来预算的影响。

生命周期成本计算法及其变体，在工商企业界也日益成为一种惯例。实际上，只有拙劣的预算才会假设一个新项目，不论是资本投资，还是广告或培训项目等活动，将来的支出会比现在少。只有不成功的项目才不需要更多的资金，而这种项目是可以而且也应该停止的：不需要的工厂，应该卖掉；不能培养出合格员工的培训项目，应该马上停止。如果产品畅销，工厂能以合适的成本生产出合适的产品，并且培训项目的确起到了培训的效果，这些项目将来就一定会，而且也应该需要更多的资金支持。因此，无论是对于资本支出，还是对于固定成本或管理费用，管理者在编制预算时都始终必须认真思考：要取得最终的成功，将来还需要投入多少资金。通常，成功可以促使组织增加对该项目的有效支持。

经营预算和机会预算

正是出于这个原因，越来越多的企业把预算分为两个部分：第一部分是**经营预算**，与所有已经在做的事项有关；另一个部分有时被称为**机会预算**，与可能要做的新增事项有关，包括那些全新的产品、市场、活动和项目，以及从事老工作的新方法。经营预算书通常很厚，机会预算书则一般很薄。但是，深谙门道的管理者花在那份简短的机会预算书上的时间，通常会与他们花在那份较厚的经营预算书上的时间一样多。在分析经营预算时，管理者会问："在这个领域，要避免损失的话，**最少**需要多少预算？要维持这项活动，必须投入多少精力和资源？取得预期结果所需的最低成本是多少？"从现代经济学理论的角度来看，这位管理者采用的是**满意法**。他没有想要实现**最大化**，也没有想要实现**最优化**，而只是努力去满足避免出现糟糕的结果所需的最低要求。

对于机会预算，要回答的第一个问题永远是：这是恰当的时机吗？如果答案是肯定的，那么问题就变成：以当前的水平，这个机会可以吸收的最优水平的资源和资金是多少？我们能否通过投入更多的人手来加快某个急需产品的开发过程？这样会不会徒劳无益？早期投入过多的资金和资源，与投入不足是一样危险的。

政府在教育和医疗领域发起的许多计划之所以失败，在很大程度上就是因为没有提出这些问题。当它们只需要少数一流的人才去做实验、开发、学习和论证时，却因为资金过量而窒息。资金会带来强烈的官僚作风，这个官僚体系更加关心的是内部运行机制，而不是取得结果，甚至在结果显现之时也浑然不觉。由于这些项目获得了巨额的预算资金，公众也就希望这些项目立刻实现突破，可一旦发现结果来得非常缓慢，他们就会失去兴趣。然而，教育和医疗项目在本质上就是需要长时间的投入才会显现出成效的。

人力资源预算

为了做好预算，管理者必须把预算作为一个任务控制工具。大多数预算只提供资金并列出对应的条目，不会包括确保**预期结果**的必要条款，也不会包括唯一能创造结果的资源：有才干的人员。

做预算的最后一步，也是最重要的一步，就是决定由谁负责哪一项活动并取得什么样的预期成果。除非已经列出每一个预算支出条目的责任人，否则这个决策就悬而未决。此前已经做出的唯一决策就是要花钱，决定花钱当然是很简单的。

在这个环节，管理者要从自己的机会和优先事项入手。针对其中的每一个部分，管理者都要回答："这是谁的工作？这个人合适吗？他有没有能力取得成果？他有时间来做这项工作吗？"

换句话说，预算并不能替代有效决策，它是一个计划和决策的工具。资金也不能替代思考、绩效和能力。只有人，才能思考，才能取得绩效，才拥有能力。这些项目需要资金，但没有人，资金只会被浪费掉。

除了作为管理者的计划工具之外，预算也是进行**沟通和整合**的最有效的工具。预算总是试图反映企业每个部门的情况，反映每个部门与整体的成果和需要之间的联系。因此，预算编制要求整个组织的负责人与各个部门的负责人通力合作，共同讨论。每个部门的管理者都要在预算过程中承担领导责任。整个组织的预算实质上就是所有部门预算的总和，每个部门的预算则是从总体预算中衍生出来的。

所以，只要运用得当，预算就可以成为管理者沟通和整合的重要工具。一方面，它需要自下而上的沟通，这就能让管理者掌握各个下属部门的观点、优先事项、顾虑和需要；另一方面，预算还会促进横向沟通，就会让其他领域的管理者了解同事想要做什么，以及他们的需要是什么。预算也可以成为一个促进整合的工具，它使得管理者可以向为其工作的人员传达整个公司的需要，包括必须做出的决策，必须设定的优先次序，特别是根据预算对人员所做的安排。

预算会批准一些支出申请，也会否定一些支出申请。预算会强调和支持某些机会，但这样做就会减少或停止对另外一些机会和活动的支持。可以说，预算是一种决策工具，而这些决策会对企业中的每一个人产生影响。因此，预算有时候可以成为对管理者加以限制的工具，或者是管理者自己逃避责任的工具，于是会压抑管理者的工作动力。但只要运用得当，预算就可以成为一个激励和团结的工具、一个促进理解共同利益的工具，甚至成为一个激励那些钟爱的项目遭到否决的人的工具。

预算与控制

预算是一个管理控制工具，它可以向管理者显示组织在每一个主要领域的运行状况。我们已经达到预算，还是没有达到？只要看一看相关数字，就知道每个月、每三个月以及每年的状况。同样，预算还能显示什么时候必须对预测做出修改——因为事态比预期更好、更坏或者发生偏差。

企业常常把预算当作危险和绩效不佳的预警系统，这是预算的一个很重要的功能。但是，预算也应该是一个机会预警系统，实际绩效好过预算，就可能预示着机会。

预算同时预警危险和机会的一个实例，是某大型跨国投资公司开发的一个非常简单的颜色代码方案。该公司在新兴市场开展业务,为各种新产业和新企业提供初始资本。该公司把在每一个国家的所有公司中所做的投资预算,全都绘制在公司总部会议室墙壁上的一张大挂图上面。每一张图都用四种颜色中的一种做出标示:绿色表示正常,符合预算;黄色表示要注意,可能会有麻烦;红色表示已经出现麻烦;蓝色表示比预期的更好或者更快。这家企业的管理者已经学会在蓝色地区花费与黄色和红色地区同样多(甚至更多)的时间。

假设有一家新创企业发现工厂的建设速度比预期的要快一些,于是可以提前一年把产品投放到市场上去。可是,对于招聘员工、建立分销系统、开始做广告和促销、订购原材料以及获取营运资金等方面,这意味着什么呢?如果这些没有配套提供,那么工厂建设方面获得的意外成功所带来的机会将会丧失殆尽。

借助预算控制,管理者可以忽略那些符合预算的条目,同时轻松识别那些严重偏离预算(无论是超出预算还是落后于预算)的条目。实际上,每个月或每个季度分别列示出那些严重偏离预算的条目,并且探究偏离产生的原因,以便管理者决定是否需要采取行动,这才是良好的预算管理。

然而,预算中不同条目的重要性显然是不同的,既有最重要的,也有最不重要的。通常,对于最重要的条目,只实行例外控制是不够的。因此,越来越多的人,特别是针对一些复杂的活动,开始使用**关键因素预算**(critical factors budget,由通用汽车公司在 20 世纪 20 年代发明的)。

关键因素预算会针对每一个产品、每一项服务以及每一个部门提出一个问题:占总预算金额 75% ~ 80% 的主要条目有哪些?在一份包含几千个甚至几百万个条目的预算中,这些条目也不过几百个。针对这些条目,管理者要求做非常明确和详细的汇报。针对其他条目,则只要求在严重偏离预设标准时才汇报。以资金规模或者对战略和经营的影响而论,不怎么重要的条目,就只有在出现更大的偏差时才需要向上级汇报。

另一种重要而且得到广泛应用的改进方法是**里程碑预算**（milestone budget）。里程碑预算通过预设的结果来控制支出。例如，促销和分销预算要得到批准，前提是在给定的时间，以给定的预算成功地完成市场测试。在达到那块里程碑之前，不允许运用任何后续支出，尽管这些支出已经得到批准并已到位。因此，在资本投资项目中，如大型建筑项目、大型研究项目或者产品开发与投放项目等，里程碑预算尤其重要。

甘特图和网络图

无论做预算的是一家企业、一个事业部，还是一个部门，预算都会涉及整个组织。预算控制着该组织的所有收入，并把它们与所有支出进行比较。在每一个预算期内，预算就好比一幅画像或者至少是一张 X 光片，能够反映整个组织的情况，并揭示何处需要加以控制。但是，预算并不是一个可以用于单个项目的计划和控制工具，尤其不适用于一些延续时间很长的复杂项目的计划和控制。

建造一艘大型油轮、一个大型化工厂、一个造纸厂或一座摩天办公楼，往往需要五年的时间。最终产品是一个有机的整体，但它是许多不同活动的结果，要经历不同的阶段。其中，有些工作是有先后顺序的。例如，办公楼的布线和管道安装，必须在大楼的主体框架完成以后，但又必须在内部装修开始之前进行。还有一些工作是可以并行的。油轮的发动机以及连接发动机和螺旋桨的传动系统，可以在修建船体的同时进行，甚至在修建船体之前就开始。但总的来说，负责建造油轮或大楼的公司必须遵守既定的完工日期。不能按时完工通常会遭受巨额的罚款。同时，该项目也不能超过一定的开支。

甘特图就是这样一种项目控制工具。甘特图因其发明人亨利·甘特（Henry L. Gantt，1861—1919）而得名。甘特是科学管理领域的先驱，他发明了这个工具，用于完成一战期间的各种任务。甘特图以及近年来的改进版本，例如包括关键路线法（由杜邦公司在 20 世纪 50 年代开发）和计划评审技术（PERT，由美国海军在 20 世纪 50 年代末开发）在内的网络分析，是管理者可以使用的最好的、最有效的计划和控制工具。

甘特的基本思想惊人得简单。大型复杂项目的设计过去都是从项目的启动入手，将其作为第一步，然后一步一步往后安排，直到项目完成。甘特建议从最终产品入手。他这样陈述自己的理由："我们承诺在 1917 年 11 月 15 日交付一艘完工的驱逐舰。那么，要在这一天完工，必须做的最后一步是什么？什么时候开始做这个最后一步，才能保证驱逐舰真正在承诺的交付期这一天完工？这最后一步之前的一个步骤又是什么？再往前，直到项目启动，都有哪些步骤？"通常，可以用一系列平行的条块来表示上述分析结果，每一个条块代表一项主要活动或工作。甘特图的条块可分为两种：一种表示必须在某一工作完成**之后**才能开始的工作，例如驱逐舰上的汽轮机必须在船体完工之后才能开始安装；另一种表示不依赖于其他工作的完成就可以开始的工作，例如训练船员或者设计仪表盘等。但是，这些工作仍然必须在某个特定的时点开始，才能在预计的时间内完成并组合到最终的成品中去。

在 20 世纪 60 年代，日本和瑞典的造船厂居于世界领先地位，在全球造船业中占据最大的市场份额。尽管劳动力和原材料成本并不比英美的老牌造船厂低多少，但是它们能报出低一大截的价格，并承诺在短得多的时间内交付——它们的确信守承诺。一个主要原因就在于日本和瑞典的造船厂采用了甘特图，其他厂家则拒绝使用这种方法，固守传统的计划方法，也就是一步一步从开始到最终完工的方法。结果，传统的造船厂一再发现，总有一些必需的材料、零部件和培训工作没有纳入计划中，因此不能及时供应，从而导致成本大幅提高，并且延误交付日期。

对于一些极度复杂的项目，例如大型化工厂的建造或武器系统的研发等，需要使用更加复杂的甘特图——关键路线法或计划评审技术（两种方法的区别很小，并且只是技术层面的区别）。它们可以帮助管理者控制相互联系、相互影响的大量不同的工作，让它们及时得以完成。这些方法的首要原则，甘特本人的理解就已经非常清晰——它就是关键路线。每一个大型项目都有一条关键路线，也就是在项目中延续时间最长，并且轻易无法压缩、加速或缩减的一系列前后相连的步骤。

例如，建办公大楼时，只有在大楼的框架、屋顶、地板、布线和管道以及电梯的垂直升降机井道都完工以后，才能开始内部装修。一旦这些工作完成，剩余工作的日程就可以灵活安排。所以，关键路线就是大楼主体的建造，其他工作都必须围绕它来安排。不过，大楼招租也是一条关键路线。在大楼破土动工**之前**，招租工作就可以开始了。如果大楼的招租比预计慢，那么也就不用着急按照设计时间完成最后 25 层或 30 层的建造。于是，大楼设计和建造的关键路线就有两条：一条是**建造关键路线**，另一条是**招租关键路线**。二者必须结合在一起考虑。

最重要的是，关键路线和计划评审技术这两种方法可以帮助管理者做出判断，应该采取什么样的行动才能弥补不利变化，例如工期延误或成本增加等。当某些关键领域有需要时，可以从哪些次要领域调用资源？为了追回误工或者加快工期，可以增加或牺牲哪些东西？增加或减少资金投入，可以赢回或延后多少时间？

除非是一些非常复杂的系统性工作，否则所需的甘特图就不必非常复杂。但是，如果一个项目延续时间很长，或者需要把很多不同的活动在时间或空间上组合到一起，那就必须绘制一张甘特图。没有一个从预期结束点出发，往回推导直到出发点的计划，即便是一些简单的项目，也有可能在时间或成本方面失去控制。

利用预算评估绩效

管理者还必须能够对人员组织的绩效制订计划，并且进行控制。这项工作需要在两个层面开展：构成整个组织的各个群体（事业部、部门、班组和活动），组成各个群体的个人。

管理者首先必须清楚：自己期望这个群体或这个人取得什么样的绩效？管理者必须清楚：这个群体或这个人已经取得哪些绩效？换句话说，起点是绩效计划，而不是绩效评估。人员组织的绩效管理，出发点与甘特图的出发点一样，必须是预期的结果。正如本书已经多次指出的，绩效管理应该聚焦在目标上，并且应该视作管理当局以及管理者和专业人员个人的一项重要责任。

小　结

预算可以使管理者以结果为导向进行资源配置，在收入与支出之间取得平衡，及时控制各项事件并采取必要的矫正行动。甘特图及其各种改进方法，如关键路线法或计划评审技术，可以帮助管理者对重大项目进行规划，在完成项目所经历的不同阶段和所需要的不同工作之间合理配置资源，并且按照所需要的时间和所发生的费用控制项目完成的进程。最后，对单位和个人的绩效进行计划和评估，**有助于管理者使员工、知识、思想和人员组织富有成效，使员工把精力都集中在绩效上，并使组织绩效反过来促进个人的发展。**

信息工具与信息概念

管理者需要一些工具来获取自己需要的信息。这些工具有一些已经存在多年，但是很少甚至从来没有用于管理组织这个任务。有一些正在被人们翻新，因为它们的原始形式已经失效。

历史一再告诉我们，概念和工具是相互依存和相互影响的。其中一个发生变化，另一个也会随之变化。我们所称的**企业**这个概念与**信息**这个工具，正在发生这样的变化。新工具让我们能够，事实上是迫使我们改变对组织的认识。对一些有望在将来发生重要作用的工具，我们至今仍然只有一些最简略的规范。我们还必须对工具本身进行设计。

企业所需要的基础信息

我们才刚刚开始理解如何把信息作为一种工具使用，但是我们已经能够勾勒企业所需信息系统的主要组成部分。于是，我们可以开始去了解未来的企业将会建立在哪些概念的基础上。

从成本会计到结果控制

会计是企业最传统的信息系统，我们对企业和信息所做的重新设计可能在这个方面走得最远。事实上，许多企业已经弃用传统的会计方法，改用作业成本法（activity-based costing）。作业成本法最初是为制造企业设计的，但是它很快传播到了服务企业，甚至还传播到了非企业机构，如大学等。它所代表的业务流程**概念**和**衡量方法**，都不同于传统的会计方法。

如今仍在使用的成本会计的主要方法当时是为大规模生产活动设计的。这些传统方法强调的是为了给存货估值而对产品的成本进行核算。存货成本是把许多价值创造活动（如技术、营销、分销和服务等）的成本排除在外的。

成本会计是在70多年前诞生的，当时制造业的人工成本占制造总成本的比例超过50%，制造业的就业人数占美国工业就业总人数的比例超过50%。如今，这两个条件都已经改变。然而，传统的成本会计仍然应用广泛。

造成这一局面的根本问题不在于**技术**，而在于**思想**。传统的会计方法与作业成本法的成本核算思维方式是截然不同的。传统会计方法**自下而上**，也就是从人工、材料和管理费用入手，主要关注与制造业务相关的直接成本和支持成本，也就是所谓的"产品成本"。作业成本法从成本对象，也就是从产品、服务、客户或分销渠道入手，提出的问题是："成本对象涉及哪些活动，并因此产生了哪些成本？"这种方法根据反映所涉活动数量的指标，对一个产品或服务所消耗的各种活动的成本进行跟踪。因此，我们可以认为作业成本法是一种**自上而下的、整体的成本核算方法**。

涉及竞争力和利润率的成本，是整个流程的成本，也就是作业成本法所记录和管理的成本。它的基本假设是，企业是一个完整的流程，始于物资、材料和零部件抵达工厂的装卸平台，止于成品交至最终用户手中。服务是属于产品的一项成本，安装也是，哪怕是收费的服务和安装。

作业成本法可以显著降低制造成本，不过造成影响最大的可能还是在服务领域。在大多数制造企业，传统的成本会计尚且不能满足需要，对于几乎没有准确的**单位成本信息**的服务行业，如银行、零售店、医院、学校、报纸、电台和电视台等，它自然也不适用。作业成本法揭示了这一状况的原因。问题不在于传统成本会计这种方法有错，而在于它所做的**假设**有错。服务企业不能像使用传统成本会计方法的制造企业那样，从一项一项的作业开始，而是应该从下面这个假设开始：企业只有一项成本，也就是**整个系统的成本**，而且这项成本在任何时候都是一项固定成本。通过假设所有成本都是固定成本，服务企业便能把重点放在顾客身上，也就是放在**结果控制**上。

例如，沃尔玛和开市客（Costco）等折扣零售商就必须假设，一旦货架安装完毕，它的成本就是固定不变的，而管理当局的任务就是要让它在一定时期内产生最大的回报。把重点放在**结果控制**上使得这些零售商获得了更高的利润率，尽管它们的商品售价和加成比例都比较低。

又如，银行数十年来都在努力把传统的成本会计方法用于它们的业务，希望核算出每项作业和服务的成本，结果收效甚微。现在它们开始考虑："哪一项活动处于成本和结果的核心？"答案是：**顾客**。银行业务任何一个主要领域的单位顾客成本都是一项固定成本，因此决定成本和利润率的是**单位顾客产出**，包括顾客使用的服务数量以及这些服务的组合。

正如对固定成本与可变成本进行区分在服务行业没有多大意义，传统成本会计认为**资本**可以替代**劳动力**的假设在知识工作中也没有多大意义。事实上，在知识工作中，**投入更多的资本意味着需要的劳动力更多而不是更少**。一家医院在购买了一台新的诊断设备之后，并不会因此解聘任何一个人，反而需要增加四五个人操作这台新设备。其他知识型组织也必须了解这一点。

在一些生产率难以衡量的领域（如研究实验室），我们可能永远要依赖于估计和判断，而不是成本核算。但是，对于大部分知识工作和服务工作，我们应该用不了多少年就能开发出可靠的工具，用来衡量和管理成本，并且把成本与对应的结果挂起钩来。

我们在对服务工作和知识工作的成本有了更清楚的认识后，便应该能对企业吸引和留住顾客的各种成本有一些新的看法。

从法律拟制到经济现实

然而，仅仅了解各项作业的成本还不够。要想在竞争日趋激烈的全球市场中取胜，企业还必须了解整个**经济链**的成本，并且与链上其他成员共同管理成本，使得产出最大化。因此，越来越多的企业开始从只对企业内部的成本进行核算转变为对整个经济流程的成本进行核算。一个公司的规模再大，也只是整个经济流程中的一个环节。

公司这个法律上的实体，对于股东、债主、员工和税务人员来说却是一个现实。然而，在经济上公司却是一个虚体。30年前的可口可乐公司是一个全球特许人，它的可乐都是由独立灌装厂生产的。如今，该公司拥有在美国的大部分灌装厂。可是，可乐消费者对此毫不关心，就连那些了解这一事实的人也是如此。

在市场中真正重要的是经济现实，也就是整个流程的成本，至于所有者是谁并不重要。商业史上一再上演这样的故事：不知从哪里冒出来的一家名不见经传的公司，好像不费吹灰之力就超过了树大根深的领导企业。人们对此所做的解释不外乎出色的战略、出色的技术、出色的营销，或者是精益制造。然而，在大多数情况下，新来者还有巨大的成本优势。它们拥有这一优势的原因通常都是相同的：**新公司了解并且管理整个经济链的成本，而不仅是它自己的成本**。

丰田汽车可能是一个最广为人知的例子。它了解并且管理自己的供应商和分销商的成本，这些供应商和分销商当然也是丰田财团的成员。通过这个网络，丰田能够把汽车生产、分销和服务作为一个成本流进行管理，在成本最低、产出最大的那些地方下功夫。

企业越来越有必要对整个经济成本链进行管理。实际上，管理者必须突破单个公司的法律边界，以整体观念进行组织和管理的不仅是成本链，而且包括所有其他活动，特别是公司战略和产品规划。

推动企业采用经济链成本核算方法的一股强大力量，可能是**从以成本为导向的定价转向以价格为导向的成本核算**。过去，西方公司给产品定价，采用的方法是以成本为基础，然后加上目标利润率。换言之，它们实行的是以成本为导向的定价。然而，玛莎百货很早以前就开始采用以价格为导向的成本核算。按照这种方法，顾客愿意支付的价格决定允许出现的产品成本，对成本的管理则是从设计阶段开始的。直到不久以前，也只有极少的公司实行以价格为导向的成本核算。不过如今这种做法正变得日益普遍。

外包、联盟、合资，甚至是建立在**合作伙伴关系**上而不是依靠**控制**建立起来的任何一种结构，奉行的都是这种思想。这些形式，而不是母公司加全资子公司的传统模式，正日益成为有利于实现增长的模式，对于那些全球化的行业尤其如此。

对于大多数企业而言，转而采用经济链成本管理这个过程是痛苦的。这是因为它需要整个经济链上的所有公司都采用统一的，或者至少是相互兼容的会计制度，现状却是大家各行其是。另外，经济链成本管理还要求所有的公司实行信息共享，现状却是连在公司内部也有许多人抵制信息共享。

无论面临怎样的障碍，经济链成本管理都势在必行，否则就连目前最高效的公司也会面临越来越大的成本劣势。

创造财富所需要的信息

企业取得收入主要是因为它们能够创造财富，而不是因为能够控制成本。管理企业通常不是为了破产清算，而是必须实现持续经营，也就是为了创造财富。为此，我们需要另外三套分析工具：生产率信息、能力信息、资源配置信息。它们与上文所说的基础信息一道，构成管理者对企业进行管理的工具箱。

生产率信息

创造财富所需的第一套工具包括那些衡量关键资源生产率的工具。最早的生产率工具是在二战期间发明的，它们衡量的是体力工作的生产率。如今我们正在慢慢开发知识工作和服务工作的衡量手段。然而，无论是针对蓝领还是白领工作者，仅仅衡量工作者本身的生产率已经不能给我们提供足够多的信息，我们需要的是**全要素生产率**（total-factor productivity）。

这就是为什么**经济增加值（EVA）**尽管那么复杂，却还能日益盛行的原因。EVA 的基础是人们早已熟知的一个事实：我们通常所称的利润，也就是股东权益应得的资金，其实根本不是真正的利润，可能大部分都是真正的成本。关于这一点人们毫无争议，因为除非企业获得的利润大于它的资金成本，否则这家企业就是亏损的。对于企业缴的税，也尽可以像对待收入表上的利润那样。尽管企业缴了税，但企业对经济所做的贡献仍然可能小于它所消耗的资源。除非企业报告的利润超过资金成本，否则它就连成本也没能抵消。在满足这个条件之前，企业没有创造财富，而是消耗了财富。

EVA 对包括资金成本在内的所有成本的增加值进行衡量，实际上是对所有生产要素的生产率进行衡量。它本身并不能告诉我们，为什么某一个产品或某一项服务没有创造增加值，或者应该采取什么措施。但是，它能告诉我们必须去探索缘由以及我们必须采取行动。我们还应该使用 EVA 去寻找创造了财富的东西。它还能揭示哪些产品、服务、作业或活动具有很高的经济生产率，能够增加很大的价值。此后，我们便应该问问自己："我们从这些成功中可以学到些什么？"

另外一个应用广泛的信息获取工具是**对标**——比照自己公司的绩效与业内甚至是全世界最好的公司的绩效。对标的假设是，无论一个组织做的是什么，任何其他一个组织也能做好。它还假设，任何一个企业都必须拥有全球竞争力。此外，它还假设至少与领导者并驾齐驱是拥有竞争力的前提条件。这些假设无疑都是正确的。**EVA 和对标便是衡量全要素生产率并对其加以管理所需要的诊断工具。**

能力信息

创造财富所需的第二套信息工具涉及的是能力。行业领先者依靠的是有能力做一些其他人根本不能做或者哪怕是达到很低的水平也不容易的事情，依靠的是把市场或顾客价值与制造商或供应商的某种独特能力结合起来的**核心能力**。企业要怎样才能发现自己的核心能力在增强还是在减弱？它还是不是一种有用处的核心能力，需要做出哪些改变？

关于核心能力的讨论大多流于讲讲逸闻趣事，但也有不少非常专业化的、规模中等的公司，例如一家瑞典制药公司和一家美国专用车床制造商，它们正在开发一些衡量和管理核心能力的方法。

首先是要密切跟踪自己公司和竞争对手的绩效，特别是要注意寻找**意外的成功**，以及本该绩效很好但实际上**意外变得糟糕**的领域。成功揭示的是市场所看重并愿意为此付钱的是什么，它们还揭示了企业在哪些领域拥有领先优势。失败则可以看作市场正在发生变化或者公司的能力正在弱化的征兆。

这一分析有助于及早发现机会。

例如，美国某机床制造商通过密切跟踪，发现日本一些小型机修厂在购买自己的高技术含量、高售价的车床，这些产品原本不是给它们设计的，该公司也从来没有向它们推介过这些产品。这就让该公司找到一种新的核心能力：自己的产品虽然在技术上很复杂，但是易于维护和修理。该公司把这一发现运用到产品设计中，很快就在美国和西欧的小工厂和小机修厂市场上取得了领先地位。这些市场的规模庞大，但是该公司过去几乎不在这里开展业务。

每一个组织的核心能力都不尽相同，可以说像每一个组织的个性。但是，每一个组织（不仅仅是企业）都需要一项核心能力：**创新**。每一个组织都需要一种方式来记录和评估自己的**创新绩效**。一些已经在开展这项工作的企业（其中包括几家顶级制药公司），最初并不是从自己的绩效着手的，而是从仔细记录整个领域在某个时期内的所有创新开始的。有哪些创新真正成功的？其中有多少是我们自己的？我们的绩效符合目标吗？符合市场的方向吗？符合我们的市场地位吗？符合我们的研发支出吗？我们那些成功的创新是否属于那些成功最快、机会最好的领域？我们错过了多少个非常重要的创新机会？原因是什么？是我们没有发现这些机会吗？还是我们发现了它们，但是没有认真考虑？还是我们搞砸了？我们在把一项创新转化为商品方面表现如何？必须承认的是，其中很多问题都不是在做衡量，而只是在做估计。它也只是提出问题，而没有回答问题，但无论如何它所提的都是正确的问题。

资源配置信息

企业为了创造财富需要进行信息诊断的最后一个领域是稀缺资源，也就是资金和优秀人员的配置。只有有了这两种资源，才能把管理当局掌握的所有关于业务的信息转化为行动，它们决定了一家企业是做得好还是做得差。

组织的资金分配流程如今已经相当成熟，尽管还不是十分完美。但是，这个方面存在的最严重的问题在于，大多数资金分配流程根本不要求得到下面这两条关键信息。

- 如果投资方案没有取得预期的结果，怎么办？它会给公司造成严重损失，还是不过是损失九牛一毛？
- 如果投资成功了，特别是在比我们想象的成功得多的时候，它会把我们带向何处？

另外，一个资金分配请求必须有明确的最后期限：我们应该在何时取得什么结果？然后，实际的结果，无论是成功或接近成功，还是接近失败或失败，都必须进行汇报和分析。提高组织绩效的最好方式，莫过于对比资本支出的实际结果与当初批准这项支出时的承诺和期望。如果政府的各项计划全都进行这种反馈，美国现在的状况会好多少呢？

然而，资金只是组织的稀缺资源之一，而且绝不是最稀缺的资源。组织最稀缺的资源是能够取得杰出绩效的人员。自二战以来，美国军方就学会了如何检验自己的人员安排决策。如今，军方在挑选一些关键岗位物色指挥官时，首先会深入思考这些岗位的要求，然后据此对备选高级军官的绩效做出评估。军方还会经常根据人事任免的成败，对自己挑选高级指挥官的流程加以评估。

无论是在企业还是在大学、医院和政府机构中，我们几乎从未听说有谁采取这样的人员管理方法：带着具体的绩效期望安排人员，然后对实际结果进行系统的评估。管理者在努力创造财富的过程中，必须像配置资金一样，有目的地、深思熟虑地配置手上的人力资源，而且必须对这些决策的结果加以记录和研究。

结果所在地

以上三类信息仅仅告诉我们有关业务现状的信息，它们为各种战术提供信息和方向。至于战略，我们需要的是关于外部环境的信息。战略必须建立在下面这些信息上：关于市场、顾客以及非顾客的信息；关于本行业以及其他行业技术的信息；关于世界金融的信息；关于不断变化的世界经济的信息。这是因为，外部环境才是组织经营结果的所在地。在组织内部，只有成本中心。唯一的利润中心是提供有效支票的顾客。

重大变化总是从组织外部开始的。一家零售商或许非常了解自己的顾客，但无论这家零售商多么成功，它对整个市场的了解也不过是那一小部分顾客——市场的绝大部分都是它的非顾客。根本性的变化总是始于非顾客，后来才慢慢显现出来。在过去 50 年间，给任何一个行业带来重大改变的新技术，都至少有一半是来自该行业之外的。导致美国金融业发生革命的商业票据，发源地就不是银行业。分子生物技术和基因工程不是由制药行业开发的。尽管绝大多数企业仍然只会在当地或某个地区开展业务，但是它们都会（至少是有这种可能性）面临来自某些闻所未闻的地方的竞争。

的确，尽管有众多专业杂志，但不是所有关于外部的信息**全都是可以获得的**。例如，对于中国大部分地区的经济状况，对于苏联解体后各个国家的法律状况，我们在美国就无法获得有关信息，哪怕只是一些不那么可靠的信息。然而，就算是信息唾手可得，也有许多企业会对它们漠不关心。例如，许多美国公司在 20 世纪 60 年代进军欧洲市场时，甚至没有打探一下当地的劳动法规是什么情况。欧洲公司在进军美国市场时也同样盲目，同样孤陋寡闻。日本 20 世纪 90 年代在加州的房地产投资彻底失败，一个主要的原因便是对当地的分区制和税制毫无了解。

企业失败的一个重要原因是大家普遍假设：包括税收、社会立法、市场偏好、分销渠道、知识产权等在内的外部条件，**必定**符合我们的想法，或者至少符合我们脑海里的**理想状况**。

一个充分的信息系统必须包括让管理者质疑这个假设的信息。它必须引导他们提出正确的问题，而不仅仅是提供他们所期望得到的信息。做到这一点的先决条件，首先是管理者知道自己需要什么信息，其次是他们会定期得到这些信息，最后是他们把这些信息系统地融入自己的决策过程。

这些还仅仅是开始，只不过是在尝试梳理"商业情报"，也就是关于全球竞争对手和潜在竞争对手的信息。许多跨国公司，如联合利华、可口可乐、雀巢、日本的一些贸易公司和大型建筑公司，都一直在努力建立信息系统，用于收集和梳理关于外部环境的信息。就大多数企业而言，这项工作还没有起步。这正在迅速成为所有企业面临的重大信息挑战。

管理者开展工作所需要的信息

为管理者（包括所有知识工作者）自己开展工作提供所需要的信息，可能比为企业提供的信息重要得多。信息日益成为他们与同事和组织以及"网络"之间的纽带。换句话说，知识工作者只有拥有信息，才能完成自己的工作。

如今我们已经非常清楚，除了知识工作者自己之外，没有人能够给他们提供他们所需要的信息。但是，没有几位管理者已经努力去思考自己需要什么信息，更不用说如何去组织这些信息。他们倾向于依靠数据提供者，也就是 IT 人员和会计，向他们提供这些信息。然而，数据提供者不可能知道应该提供哪些数据，才能让数据成为使用者眼中的信息。只有知识工作者自己才能把数据转化为信息。也只有知识工作者自己才知道如何组织这些信息，方能让它们成为自己采取有效行动的关键。

管理者为了获得自己开展工作所需要的信息，必须从回答下述两个问题着手。

- 我应该向与我共事的人以及我所依赖的人提供什么信息？以何种形式提供？在什么时限内提供？
- 我自己需要什么信息？从谁那里获得？以何种形式获得？在什么时限内获得？

这两个问题密切相关，但又有所区别。**我应该向谁提供什么**更加重要，因为它能建立沟通渠道。除非这一渠道已经建立，否则就不会有信息流回到管理者手中。

我是从切斯特·巴纳德（Chester Barnard，1886—1961）的拓荒之作《经理人员的职能》[⊖]出版之后开始明白这一点的。该书出版于 1938 年，距今

⊖ 本书机械工业出版社已出版。

已经 70 年。巴纳德的著作尽管受到了广泛的赞誉，但是对实践没有多少影响。沟通对于巴纳德来说是模糊宽泛的，等同于人际关系，是人与人之间的关系。但是，工作场所的沟通要有成效，就必须围绕着人以外的某些东西进行。它们必须围绕着一个共同的任务和一个共同的挑战进行，它们必须围绕着工作进行。

回答"我应该向谁提供信息，以便他们能够开展工作"这个问题，便是将沟通聚焦在共同的任务和共同的工作上面。这样的沟通是有成效的。因此，有效沟通（正如在其他任何有效的关系中那样）的首要问题不应该是"我想要和需要的是什么"，而应该是"其他人需要从我这里得到什么"以及"其他人是谁"，只有在回答了这些问题之后，才应该问："我需要什么信息？从谁那里获得？以何种形式获得？在什么时限内获得？"

提出这些问题的管理者很快就会发现，自己所需要的信息很少能够从公司的信息系统中获得。有一些可以从会计体系中获得，但在大多数情况下会计数据也必须重新加以思考、整理和安排才会符合管理者自己的工作需要。但是，前面已经说过，管理者自己开展工作所需的许多信息将来自公司外部，它们的组织必须独立于和不同于内部信息系统所提供的信息。

对于"我应该提供什么信息、以何种形式提供、在什么时限内提供"这个问题，唯一能够作答的就是需要有关信息的那个人。因此，管理者获取自己开展工作所需信息的第一步，便是去找每一位同事、每一位管理者自己依赖的人、每一位必须知道管理者本人在干什么事情的人，然后问他们这个问题。但是在提出这个问题之前，我们必须做好回答这个问题的准备，因为对方也会而且也应该反过来问你："你需要从我这里得到什么信息？"因此，管理者必须先把这两个问题考虑清楚，但是接下来便应该先到别人那里去，并且问对方："我应该向你提供什么？"

"我应该提供什么"以及"我需要什么"这两个问题听起来都非常简单，但是每一个提出这些问题的人都会很快发现，做出回答是需要进行深入思考、大量试验以及付出艰辛努力的。而且，答案不会一成不变。事实上，这些问题必须每 8 个月左右就提出来一次。自己或别人的职务和任务每次发生重大变化之后，例如**企业的事业理论发生改变**之后，也应该把它们再提出来。

但是，只要严肃认真地提出这些问题，人们很快就能理解自己需要什么信息以及应该提供什么信息，然后就能着手去组织这些信息。

信息的组织

数据只有在得到组织之后才能成为信息，否则毫无意义可言。然而，信息以何种形式表示才有意义，特别是以何种形式组织起来才对一个人自己的工作有意义，有待细细思考。同样的信息，可以用不同的方式进行组织，以服务于不同的目的。

不妨来看通用电气的例子。杰克·韦尔奇在 1981 年成为公司 CEO 之后，该公司创造的财富冠绝全球，主要原因之一便是该公司以不同形式对各个业务单元的绩效信息进行组织，服务于不同的目的。它像大多数公司一样，采用传统的财务和市场报告，对各个业务单元进行年度绩效考核。同样的数据还被用于制定长期战略，那就是既用于发现意料之外的成败，又用于揭示哪些事项的事实与预期有重大偏差。对这些数据进行组织的第三种方式是，重点关注创新绩效——这是决定业务单元总经理和高管薪酬奖金的重要依据。最后，这些信息还用于揭示业务单元及其管理当局如何管理和培养人员——这是决定管理者，特别是业务单元总经理能否得到提拔的一个关键因素。

针对同样的信息，没有两个管理者会以完全同样的方式进行组织。信息的组织必须按照各个管理者自己的工作方式进行，不过也有一些基本的方法可依。

方法之一是关注**关键事件**。我的个人绩效主要依赖于哪些关键事件？它们可能是技术方面的，例如某个研究项目的成功；可能与人员及其发展有关；

可能与把新产品或新服务销售给某些关键客户有关；可能是获取新客户。什么是关键事件主要取决于管理者个人的判断，但管理者必须与自己开展工作所依赖之人进行商讨。对于组织中的任何一个人，这可能是应当让自己的工作伙伴，特别是让自己的上级明了的最重要的事情。

第二个概念来自**概率论**——例如全面质量管理的立论基础便是这个概念。使用这一方法的要点在于分清某件事情是符合正态分布，还是确属例外。只要偏离的幅度符合正态分布，便无须采取行动。偏离幅度是数据而非信息，然而事件偏离正态分布成为例外却是信息。依据这一信息可知，有必要采取矫正行动。

另外一个基本的方法来自**门槛现象**理论。它是感知心理学的基础理论，由德国心理学家古斯塔夫·费希纳（Gustav Fechner，1801—1887）最先提出。费希纳发现，只有刺激（如针扎）超过一定的强度，也就是超过感知门槛之后，人们才会真正感知到这一刺激。大量的现象都遵循这一法则。事实只有在达到一定强度，超过感知门槛，才能真正成为人们所感知的"现象"，在此之前它们不过是一些数据罢了。

无论是在工作还是在生活中，人们都可以运用这一理论来观察许多事件，并且把数据组织成信息。我们谈论经济"衰退"，指的便是一种门槛现象——销售和利润下滑超过一定门槛，例如持续时间超过多久，方能称之为"衰退"。类似地，一种疾病只在某个人群中的传播超过某个门槛，我们才称之为"传染病"。

这个概念对于组织人事方面的信息尤其有益。人员流失和不满等事件，在超出一定门槛后便会变得意义重大。这一点也同样适用于公司的创新绩效——只不过这里的感知门槛是创新绩效降至需要采取应对行动的那个点。总的说来，感知门槛这个概念对于做出以下判断非常有益：一连串的事件是否成为一种"趋势"，因而需要引起注意并有可能需要采取行动；或者尽管表面上轰轰烈烈，其实本身并不是特别有意义。

最后，许多优秀的管理者发现，对信息进行组织的唯一有效方式便是让它服务于自己了解那些**不寻常的事件**。

"管理者报告"便是一例。与某管理者合作的每一个人，每一个月都要向这名管理者递交一份报告，列举在自己工作和行动范围内的任何不同寻常之事和意外之事。这些"不同寻常之事"大多数是可以放心地忽略的。然而，总有一些事情会落在正态分布规则之外；总有一些事情虽然在每一份报告中无足轻重，放在一起却意义深远。这些管理者报告也总会揭示一些需要引起重视的模式，总会传递出一些重要的信息。

没有意外

知识工作者用于获得自己工作所需的信息的体系，尽管永远不可能做到完美无瑕，但是多年来一直在不断改进。一个信息系统要经受的终极考验，便是不让使用者感到意外。这个系统要能让管理者在有关事件变得显著之前，就已对这些事件做出分析，并在理解的基础上采取了合理的行动。

这方面的一个例子是极少数美国金融机构在 20 世纪 90 年代亚洲金融危机中的经历。当时，只有三四家美国金融机构没有对东南亚的经济崩塌感到意外。之所以能够做到这一点，是因为它们想透了什么才是关于亚洲经济和亚洲货币的"信息"。它们在认识到自己的分支机构所获得的只不过是一些"数据"之后，就开始慢慢弃用这些"信息"，并于 20 世纪 90 年代初开始利用自己掌握的关于新兴市场的金融信息计算出各个国家的风险比率，得到包括外债 /GDP 比率和负债 / 服务比率等微观和宏观的金融和经济信息。例如，ING 银行建立了一个非常成熟的新兴市场风险分析系统，并且提供给自己的公司客户使用。另外，国际货币基金组织还于 1996 年发布了一个东南亚金融市场可能发生危机的警示报告。

这些经济比率还远没有恶化到引发危机之前，这些管理者就已预测到这一天的到来。他们明白，自己必须做出选择，决定是撤出这些国家以为了获得短期成长，还是采取高风险的策略，留在那里谋求长远发展。换言之，他们对关于新兴国家的经济数据进行了组织、分析和解读，已经认识到这些数据的意义。也就是说，他们把数据转化成信息，并在事件真正爆发很久以前就已经确定应该采取什么样的行动。

相反，在那里经营和投资的绝大部分美国、欧洲和亚洲公司，完全依赖自己在这些国家的员工的汇报。事实证明，他们汇报上来的东西根本不是信息——事实上是错误的信息。只有那些花费数年的努力回答"对于我们在泰国和印度尼西亚开展业务来说，什么信息才是有意义的"这个问题的管理者，才能做好应对危机的准备。

管理者必须学会两件事情：弃用与所需信息无关的数据；对数据进行组织并做出分析和解读。然后，他们便必须聚焦于分析和解读的结果，并且采取相应的行动，因为获取信息的目的并不是为了了解，而是为了采取正确的行动。

走 出 去

在发展中国家投资的公司被东南亚金融危机打得措手不及这个例子，充分说明了获得有意义的外部信息的重要性。

管理者获取外部信息的渠道归根到底只有一种，那就是亲自走出去。报告再好，它们所依据的经济或金融理论再好，也不可能胜过亲眼所见。

美国最大的医院物资供应商的创始人兼 CEO，每年会代替一名休假的销售人员做四个星期的业务，每年两次，每次两个星期。他还要求公司的所有高管都这么做。休假的销售人员回来之后，一些顾客，例如天主教医院里负责采购物资的修女，便会对他说类似于这样的话："替你的那个笨蛋是谁啊？他总是问我为什么不从你们那里买东西，而是从别的供应商那里买。他根本就不关心帮你拿个订单什么的。"可是，这恰恰是这一措施的意义所在。

人们早就发现，内科医生要想迅速提高自己的医术，最好的一个方法便是当两个星期的病人。

市场研究、焦点小组等方法备受重视，这确实在情理之中，但是它们关注的始终是公司的产品，从来不关心顾客真正购买的和感兴趣的东西。只有自己成为顾客、销售人员、病患，才能获得真正的外部信息。当然，即便是通过这种方式，获得的也不过是关于自己的顾客和非顾客的信息。可是，管理者要开展工作还需要其他哪些外部信息？他们又如何获取？

去非营利组织做志愿者之所以重要，不仅因为这有助于一个人开拓下半生的事业，而且它同样有助于这个人获取一些外部信息——关于工作不同、背景不同、知识不同、价值观不同以及在其他诸多方面存在差异的人如何观察这个世界，如何做出决策和采取行动的信息。也正是由于这个原因，成年人的继续教育会变得越来越重要，因为在大学的课堂上，这些四十四五岁、事业有成的知识工作者，包括企业管理者、律师、大学校长、教堂牧师等，不得不与一些背景和价值观截然不同的人合作。这不仅是获取新知的一种方式，也是获取外部信息的一种方式。

从长远来看，关于外部的信息可能是管理者开展工作所需的最重要的信息。不过，这些信息也必须得到合适的组织。它们不仅是采取正确行动的基础，同时也是应对知识工作者生产率（参见第19章）和自我管理（参见第45章）这两个方面挑战的基础。这两个问题的解决，在很大程度上依赖于知识工作者了解自己开展工作需要什么信息，以及自己应该向别人提供什么信息，依赖于管理者系统地开发信息方法，把纷繁琐碎的数据整理成条理分明、重点突出的信息，并提供给管理者自己开展工作使用。

小　结

管理者需要三类重要信息，这些信息各有自己的概念和工具。

第一类是**组织内部信息**。我们可以使用传统的会计信息以及一些发展迅速的新方法，例如作业成本法、EVA 和对标等来获取这类信息。第二类是**组织之间的信息**，它们是建立联盟和合作伙伴关系所需要的信息。第三类是**组织外部信息**，它们通常是一些重大变化之源。商业情报系统是收集和组织这一类信息的必要工具。

管理者必须重视自己开展工作所需要的信息、自己应该向别人提供的信息，以及用于把繁杂琐碎的数据整理成条理分明、重点突出的信息的方法。

8

创新与创业

MANAGEMENT

在如今这样一个剧变的时代，变革是常有之事。变革无疑是痛苦的、高风险的，而且需要付出卓绝的努力。但是，除非各个管理者以及整个领导群体把引领变革当作自己的任务，否则组织就无法生存，无论是企业还是大学或医院等，概莫能外。在一个结构变化频发的时代，只有那些不断创新和发起变革的企业才能生存。

处于快速变化时代的组织，若想具备创新能力，若想有机会取得成功和繁荣昌盛，就必须实行**创业管理**，也就是确定创业政策和方法。无论是**老机构**还是**新机构**，都必须遵守和实施这些政策和方法。

组织还必须把**创业战略**运用到外部，也就是市场上。最后，一个富有创业精神的组织还必须努力系统地寻找创新的**机会窗口**，落实创业战略。

创业型企业

人们常常认为"大企业不善创新",这听起来很有道理。的确,20 世纪的重大创新都不是来自历史悠久的大企业。莫说铁路公司发明汽车,它们连试都没有试过。汽车公司尽管尝试过生产飞机(福特汽车和通用汽车都曾在航空和航天领域做过探索),但如今的航空和航天公司都是从新创企业成长而来的。类似地,如今制药行业的巨头,在 50 年前现代药品问世时的规模大部分还很小,甚至根本不存在。电气领域的所有巨头,包括美国的通用电气、西屋电气和美国无线电公司,欧洲的西门子和飞利浦,日本的日立公司等,20 世纪 50 年代都曾逐鹿计算机市场,可是无一成功。

尽管如此,"大企业不创新和无力创新"这个流传甚广的观点,甚至不能说是真假参半,而是纯粹的误解。

首先,这个观点有许多例外,许多大公司在创业和创新方面表现不俗,例如,美国有卫生和医疗领域的强生公司、工业和民用高技术产品领域的 3M 公司、消费产品领域的宝洁公司。身为全球最大银行之一的花旗银行,在银行和金融领域有诸多重要创新。德国的赫斯特公司(Hoechst)是全球大型化学产品公司之一，已有超过145年的悠久历史，在制药领域的创新也屡有斩获。

其次，"大"就会妨碍创业和创新是不实之想。谈到创业，人们通常就会给大企业戴上"官僚"和"保守"两顶帽子。这两种情况无疑都存在，而且确实严重妨碍了创业和创新——当然也妨碍了其他各个方面的绩效。然而，事实确凿不移地证明，在已有机构中，无论是企业还是公共部门的各种机构，规模小的在创业和创新方面表现更差。

在善于创业的已有企业中，有许多规模非常庞大。上文那样的企业，在全球范围内不费吹灰之力就可以找到100家。在善于创新的公共服务机构中，也有许多规模是非常庞大的。

妨碍创业和创新的因素并不是规模，而是老业务本身，特别是成功的老业务。而且，大企业或者规模至少已经达到中等的企业，比小企业更加容易克服这一障碍。任何经营活动，不管是一家生产工厂、一项技术，还是一条产品线或一个分销系统，都需要不间断地倾注精力和注意力。任何经营活动，确凿不移的一件事情是肯定会遇到日常危机。日常危机不能推迟处理，必须立刻予以解决。因此，老业务必须而且应该拥有高优先级。

传统理念出错的地方在于，它假设创业和创新是自然的、有创造性的，或者是自发的。如果创业和创新不是在组织中源源不断地涌现，就一定是受了什么东西的压制。因此，成功的老企业只有少数善于创业和创新，大家便认为这是老企业压制创业精神的确凿证据。

然而，创业既不是"自然的"，也不是"创造性的"，它不过是工作而已。因此，从这一证据中应该得出相反的结论。也就是说，大量老企业（其中有不少是规模中等甚至是大型企业）在创业和创新方面取得成功，表明任何一家企业都可以进行创业和创新。只不过创业和创新需要企业有意识地为之奋斗。创业和创新是可以学会的，但是必须付出努力。善于创业的企业把创业当成一项职责，遵守某些准则，不断地努力尝试。

结　　构

人都在某种结构中工作。

老企业要具备创新能力，就必须创立一个允许人们创业的组织结构，必须以创业为中心来构建关系，必须确保它的奖励和激励措施、薪酬体系、人员决策和各种政策都会奖励正确的创业行为，而不是惩罚这种行为。

（1）这首先意味着创新业务必须独立于既有的老业务。人们尝试让一个既有的部门去负责创业项目，无一例外都是以失败而告终。

原因之一在上面已有提及，就是老业务随时需要有关人员付出时间和精力，而且他们把这些业务摆在首位也是正确的。同规模庞大的已有业务相比，新业务看起来总是那么微不足道、前途渺茫。毕竟，已有业务还必须滋养尚在苦苦挣扎的创新。然而，已有业务中发生的"危机"必须及时化解，因此负责已有业务的人总是想要推迟创业和创新方面的行动，直到为时已晚。无论我们采取何种方法，事实上过去三四十年间我们一直在尝试各种可能想到的方法，既有的部门都主要适合于拓展、修正、调整已有业务，新业务属于别处。

（2）这还意味着新业务必须在组织中有一个特殊的位置，而且是一个级别相当高的位置。尽管新项目在当前的业务规模、收入和市场规模等方面都不能比肩原有业务，但是高管团队中必须有人扮演创业者和创新者这一角色，承担起营建组织未来的任务。

这未必是一个全职岗位，而且在规模比较小的企业里它通常不可能成为一个全职岗位，但是它必须是一个界定清晰的岗位，一个由权力大、威望高的人为此负完全责任的岗位。

新项目就像一个婴儿，而且在可以预见的未来仍将是一个婴儿。婴儿就应该放在托儿所。"成年人"，也就是那些负责原有业务或产品的管理者，既不会理解也不会有时间去打理还处在婴儿期的项目，他们也不容打扰。

无视这一准则，让某大型机床制造商错失在机器人领域获得领导者地位的机会。该公司拥有自动化大规模生产机床方面的多项基础专利，并拥有出色的工程技术能力、良好的声誉和一流的制造水准。工厂自动化兴起的早期，也就是在 1975 年前后，业内的每一个人都认为该公司会成为行业的领头羊。然而，10 年后该公司居然完全落伍了。原来，该公司把负责开发自动化机床的部门放在自上往下数的第三层或第四层，因此该部门必须向传统机床的设计、生产和销售部门汇报工作。这些部门的人也很支持机器人的开发，事实上开发机器人这个想法是他们大力倡导的。可是，他们已经疲于应对传统机床业务领域的竞争，那里出现了包括日本公司在内的许多新竞争对手，因此他们不得不根据新的技术参数对传统机床重新进行设计，并且把大量精力投入这些产品的展示、营销、融资和服务中。"婴儿"项目的负责人每次有事去找上司拍板，都会得到这样的回答："我现在没时间，你下周再来吧。"不管怎么说，机器人毕竟只是一个希望，而原有的机床业务线每年会创造数以百万美元计的收入。

不幸的是，这是一个常见的错误。

避免纯粹因为忽视而扼杀新业务的最好办法，也有可能是唯一的办法，便是从一开始就把创新项目作为一项独立的业务。

采用这一方法的典范是三家美国公司：规模巨大、在创业方面一贯激进的宝洁公司；卫生和医疗产品供应商强生公司；大型工业与消费品制造商 3M 公司。这三家公司的具体做法各有差异，但是它们奉行的策略在本质上是相同的，就是从一开始就把新业务作为一项独立的业务，并且委派一名项目经理主管这项新业务，这名项目经理一直负责该业务，直到它被废止，或者实现目标成为一项羽翼丰满的业务。在此之前，该项目经理可以调动各个部门的资源，包括研究、制造、财务和营销等，让这些职能服务于自己负责的项目。

（3）把创新项目作为一项独立的业务还有另外一个理由：避免让它承受

力不能及的负担。例如，新产品线的投资和回报，应该直到这条产品线已经上市数年后才纳入传统的投资回报分析中。要求一项羽翼未丰的业务像一个既有的业务单元那样承担所有的责任，就好比要求一个 6 岁的孩子肩负 60 斤重物长途跋涉，是注定走不远的。然而，原有业务必须满足会计、人事政策以及报表等方面的要求，这些责任是很难逃避的。

创新项目及其承担部门在许多领域都需要不同的政策、规则和衡量体系。

我多年前在一家大型化工公司开始对此有深刻的体会。当时谁都知道，该公司的一个核心分公司只有不断开发出新材料，才有可能不被淘汰出局。新材料开发计划早已就绪，科研工作也早已完成，然而始终不见新材料的踪影。年复一年，该分公司的借口变了又变。最后，该分公司的总经理在一次评估会议上终于说出了实情："我的管理团队和我自己都主要是根据投资回报率获得报酬的。如果我们花钱去开发新材料，我们的投资回报率就会立刻下降一半，而且至少持续四年。四年后，这些投资开始有回报，就算我还待在这个岗位上——况且我还怀疑，如果我们的利润那么低，公司能够容忍那么长的时间吗？我现在也是在餐桌旁从同行嘴里抢面包。让我们去做这件事情合理吗？"该公司最终改变了核算公式，扣除新材料的开发费用后再计算投资回报率。18 个月后，新材料顺利面市。两年后，这些新材料让该分公司成为所在领域的领导者并保持至今。四年后，该分公司实现利润翻番。

禁　　忌

老企业在实施创业管理（entrepreneurial management）时有一些事情是不应该做的。

（1）最重要的一条戒律是：**不要把经营部门与创业部门混在一起。**绝不能把创业职能交给原有的经营部门，让负责已有业务运营、开发和优化的人承担创新目标。

许多企业试图在不改变原有基本政策和方法的情况下成为一个创业型企业。这种做法是不可取的，事实上几乎注定会失败。顺带做个创业者，是极少能够成功的。

许多美国公司尝试与创业者合作，但是成功者极少。创业者发现自己在各种政策、基本规则和"氛围"面前束手束脚，觉得大公司来的人官僚主义严重、沉闷，尽帮倒忙。他们的合作伙伴，也就是大公司来的人，却不能理解创业者的目的，觉得他们不讲章法、不受约束、不切实际。

大公司创业，如果用的是自己的人员，从总体上讲是成功的。它们只有使用彼此了解的人，既能得到公司的信任，又知道如何调用已有企业资源的人，也就是可以真正成为合作伙伴的人，才会取得成功。不过，这有一个前提，那就是整个公司必须富有创业精神，也就是既把创新作为一个必需品，又把创新当作一个机会，因此渴望创新，并且不遗余力地开展创新。换言之，它的前提是整个组织都"渴望新鲜事物"。

（2）脱离原有业务领域的创新活动极少成功。创新最好不要"多元化"。无论多元化的好处有多大，它都与创业和创新无关。创新本来就不容易，在一个自己并不了解的领域开展创新自然会更加艰难。已有企业最好是在自己拥有专长的领域开展创新，不论这个专长是市场方面的还是技术方面的。任何新业务都一定会遇到麻烦，于是必须有人了解这项业务。多元化除非是以原有业务的某个方面为基础，例如市场或技术相同，否则极少成功。即便是在这种情况下，多元化也会面临一些问题。多元化有自己的困难和要求，再加上创业的困难和要求，结果自然会非常糟糕。因此，人们只应该在自己了解的领域内开展创新。

（3）企业如果试图通过收购新创小企业来避免让自己的企业无须创业，那么皆属徒劳。除非收购方愿意而且有能力在较短的时间内向被收购方派驻管理当局，否则收购极少能取得成功。被收购企业的管理者很少长期留任。如果他们原来是所有者，现在已经变得富有；如果他们是专业人员，那么只有在新公司获得更大的机会之后才会留任。因此，收购方在一两年之内就必须向被收购企业派驻管理当局。如果收购方是一家不善于创业的公司，被收购方是一家创业型公司，就更是如此。被收购公司的管理人员很快就会发现，自己根本无法与收购方的人员并肩工作，反之亦然。

小　结

一家公司如果希望自己拥有创新的能力、成功的机会，从而在这个变幻无常的时代实现繁荣昌盛，那么它就必须把**创业管理**纳入自己的管理体系。它实行的**政策**必须能够在整个组织中激发创新愿望、培养创业和创新的**习惯**。无论规模大小，一家老企业若想成为一个成功的创业者，就必须把自己当作一个创业型企业去管理。

新 创 企 业

对于**现存机构**（existing enterprise）而言，无论是企业还是公共服务机构，"创业管理"这个词组的中心词都是"创业"。对于新创企业（new venture）而言，中心词则是"管理"。在老机构中，管理的存在是创业的主要障碍；在新创企业中，管理的不足是主要障碍。

新创企业有一个构想，可能还有产品或服务，也许还有销售部门，有时甚至是一个规模可观的销售部门。它当然会有成本，可能会有收入，甚至还会有一些利润。但是，它所没有的是一项真正的"业务"，一个能够让企业生存、正常运转、井然有序的"当下"——大家知道自己要走向何方，应该做什么事情，结果是什么或者应该是什么。可是，除非新创企业成为一个"受管理"的企业，否则无论它的创业构想多么美妙，也不管它吸引了多少投资，或者它的产品有多好，甚至不管市场需求有多大，它都不可能生存下去。

19 世纪伟大的发明家托马斯·爱迪生就是因为拒绝接受这些事实，所以他开创的每一项业务都以失败告终。爱迪生的理想是成为一名成功的商人，成为一家大公司的领导人。他本该取得成功，因为他有出色的业务规划能力。他准确地知道，要想开发自己发明的电灯泡，就必须成立一家电力公司。他准确地知道，要怎样才能获取经营事业可能需要的全部资金。他的多种产品都非常成功，市场需求几乎可以说是无限大。可是，爱迪生一直是一名创业者。他认为"管理"就是做老板。他拒绝组建管理团队，因此他创办的四五家公司，每一家都是在规模达到中等之后就一败涂地，而且只有把爱迪生撵走，并以职业管理人员取而代之，这些企业方能起死回生。

新创企业的创业管理必须满足四个要求：

- 以市场为中心。
- 有财务预见性，特别是对现金流和所需资金有良好的规划。
- 在真正需要并且付得起这笔费用的很久以前组建高管团队。
- 创业者对自己的角色、工作领域和关系做出明智的决策。

以市场为中心

新创企业如果没有兑现自己的承诺，甚至失去生存能力，经常会这样解释："在那些人来抢市场之前，我们一直都经营得很好。我们真是不明白，他们提供的东西与我们比，并没有多大差别啊。"我们也有可能听到这样的说法："我们当时干得不错，可是他们那些人开始把东西卖给一些我们甚至没有听说过的客户，于是突然之间市场就被他们占领了。"

一家新创企业如果真正获得成功，通常是在最初的目标市场之外，产品或服务通常不同于最初提供的产品或服务，购买产品或服务的主要是最初没有想到的顾客，产品的用途也有许多不是在设计时所瞄准的。新创企业如果没有预见到这一点，并且设法充分利用这些没有预见到的市场，如果它不是完全以市场为中心，不是市场驱动的，那么它就只能为竞争对手创造机会。

一名德国化学家于 1905 年发明了普鲁卡因，这是现代医药史上第一种局部麻醉药。可是，他无法说服外科医生使用这种产品，因为外科医生都喜欢使用全身麻醉（他们只有在一战期间才接受普鲁卡因）。然而，完全出乎意料的情况发生了——牙科医生开始使用这种产品。据说，发明人得知这一情况后，便开始在德国各地发表演说，反对牙医使用普鲁卡因，因为他发明这种产品不是为了这个目的！

这名化学家的反应有些极端，这一点我承认。但不管怎么样，一些创业者对自己的创新有什么用途是预先有想法的，一旦出现一些其他用途，他们可能会排斥这些用途。他们虽然未必会拒绝给那些不在"计划之中"的顾客提供服务，但他们有可能会明确表示这些顾客是不受欢迎的。

计算机行业就曾发生这样的事情。第一家生产计算机的公司 Univac 认为，自己提供的这种伟大的设备是用于科研工作的，因此当有一家企业对计算机表露出兴趣时，该公司甚至没有派销售人员去做一些了解。该公司认为，这些人肯定不可能了解计算机的用途。IBM 公司也同样确信计算机是一种用于科研工作的设备，自己公司的计算机则是专门为天文计算设计的。不过，IBM 愿意承接企业的订单并为企业提供服务。10 年以后，也就是在 1960 年前后，Univac 公司的计算机仍然是性能最好的，比其他公司的计算机要先进得多。不过，成为计算机市场霸主的却是 IBM 公司。

教科书为这个问题开出的药方是进行"市场研究"。其实那真是开错了药，**人们不可能针对一种全新的东西进行市场研究**。对于一种目前在市场上还不存在的东西，是不可能开展市场研究的。

类似地，好几家公司拒绝购买施乐公司的专利，因为它们通过深入的市场研究发现，印刷公司根本用不上复印机，而企业、大中小学以及个人没有任何迹象会购买复印机。

因此，新创企业必须从这样一个假设出发——自己的产品或服务可能在一个谁都没有想到的市场上找到顾客，服务于一些在设计时谁都没有设想到的用途，销售给一些自己视野之外甚至闻所未闻的顾客。

让一家新创企业以市场为中心其实并不是特别困难，只不过那样做通常会违背创业者的意愿。它首先要求新创企业把意外的成功和失败系统地搜寻出来，它们不能像创业者常常做的那样，把意外情况当成"例外"轻易地打发掉，而是会对这些意外情况进行仔细的研究，将其视为一个独特的机会。

二战结束后不久，一家印度小工程公司从一家欧洲公司那里获得许可，开始生产带有小型辅助发动机的自行车。这种产品看起来非常适合印度市场，但是真正的市场表现一直不好。不过，这家公司的老板发现大部分订单都是只买发动机。他首先是不想接这些订单，不过他很好奇——人们买了这种小型发动机做什么用呢？正是在这种好奇心的驱使下，他去做了实地考察，结果发现一些农民把发动机从自行车上拆下来，用来带动原本用手摇的水泵。后来，该公司成为全球最大的小型灌溉水泵制造商，每年售出的水泵数以百万计，使整个东南亚的农业发生了根本性的变化。

判断来自一个意料之外的市场上的兴趣，到底是预示着真正的潜力还是一个例外，并不需要花费多少资金，需要的不过是保持敏感，并且做一些系统的工作。

最重要的是，新创企业的经营管理者必须花一些时间在组织外部：去市场上接触顾客和销售人员，用心观察和倾听。新创企业还必须采取一些措施，时刻提醒自己——"产品"或"服务"不是由**生产商**定义的，而是由**顾客**定义的。它们还必须不断质疑自己的产品或服务给顾客提供的**效用**和**价值**。

新创企业的最大威胁是，自己比顾客"更加了解"产品或服务是什么或者应该是什么，顾客应该用什么样的方式购买，以及产品或服务应该派什么用场。新创企业必须愿意把意料之外的成功视为一个机会，而不是对自己专长的冒犯。它们还必须接受营销的基本原理：企业不是因为**改变顾客**而获得报酬，而是因为**让顾客满意**而获得报酬。

财务预见性

不以市场为中心是新创企业这个"新生儿"的典型毛病。它是企业在初创时期可能患上的最严重的疾病，而且会给企业的成长造成永久性的障碍。

相比之下，对财务不够重视以及财务政策不当，是新创企业进入下一个成长阶段之后面临的最大威胁。它对快速成长的新创企业构成的威胁尤其大。新创企业越成功，财务预见性差的危险就越大。

我们假设有一家新创企业，它的产品或服务上市之后非常成功，因此成长非常迅速。它宣布公司的"利润迅速增长"，并且发布了乐观的盈利前景。这时，股票市场"发现"了这家公司，如果这是一家高科技公司或是一家热门行业的公司，股票市场更是会如获至宝。于是，不少人预测这家公司的销售额会在五年后达到10亿美元。不料，这家公司在18个月后崩溃了。

它未必关门大吉或者破产，但是它突然之间出现亏损，275名员工解雇了180名，总经理下台，或者被一家大公司以很低的价格收入囊中。原因通常都是：现金短缺；筹集不到扩张所需资金；开支、存货和应收账款失控。这三种财务疾病通常会并发。然而，其中任何一种都足以摧毁新创企业的健康甚至夺走它的生命。

财务危机一旦爆发，就只有在历尽艰辛和经受很大的痛苦之后才能度过。然而，危机本来是可以避免的。

创业者在创办企业时极少不关注资金。相反，他们颇有些贪婪。于是，他们把关注的焦点放在利润上面。可是，新创企业不应该以利润为中心，或者不应该把它放在首位，而是应该放在最后一位。它们首先应该关注的是**现金流、资本和控制手段**。这些事项管不好，利润就是空中楼阁——也许在12~18个月还不错，但是在此之后就烟消云散了。

成长需要养分。从财务上讲，这意味着新创企业的成长需要投入更多的资金，而不是开始收获利润。成长需要更多的现金和资本。一家成长型新创企业即使"盈利"，也是虚构的，只不过是用来平衡账目的一条记录。由于大多数国家都是按照利润征税的，因此这只会产生负债，消耗现金，而不是产生"盈余"。新创企业越健康，成长速度越快，它需要的财务养分就越多。成为报纸和股市新闻宠儿的新创企业，也就是利润快速增长甚至"创纪录"的新创企业，是最有可能在几年后遇到大麻烦的企业。

新创企业必须做现金流分析、现金流预测以及现金管理。美国的新创企业近些年来比过去表现要好得多（高科技公司是一个例外），主要原因便是创业者已经懂得：创业必须要有良好的财务管理。

如果现金流预测比较可靠，那么现金管理就相对容易。这里的"可靠"，指的是做出"最坏情况"的假设，而不是尽往好的方面想。做预测时可以遵循银行家的一条经验法则：在预测现金收入和支出时，假设账单必须比预期的时间提前 60 天付款，而应收账款会比预期的时间推后 60 天收回。如果预测过于保守，那么可能发生的最坏情况就是出现暂时的现金富余，这种情况极少发生在成长型新创企业中。

成长型新创企业应该预测 12 个月后需要多少现金，以及这些现金派什么用场。有了一年的提前期，筹集所需资金也就几乎不会有什么问题。然而，一家新创企业就算是经营良好，遇到"危机"之后再去急急忙忙地筹集资金，必然不是一件容易的事情，而且始终必须付出高昂的代价。特别重要的是，它总是会让公司的关键人物在最为关键的时刻分心。这些人把一连几个月的时间和精力用来筹措资金，从这个金融机构跑到那个金融机构，制作一个又一个值得怀疑的财务预测方案。他们这样努力的结果，通常就是以企业的长期未来做抵押融得一笔为期 90 天的现金应急。等到他们终于能把精力扑到业务上去的时候，最重要的机会已经一去不复返了。新创企业在发展机会最好的时候遇到现金短缺的情况，这几乎是由它们的本质决定的。

新创企业在成功后还会使得原来的资本结构变得不合时宜。按照经验，新创企业的销售额（或者开票金额）每增长百分之四五十，原来的资本金就会耗尽，于是通常就需要采用一种新的资本结构。企业增长到一定规模后，私人资金，不管是由企业主自己还是他们的家人或者其他人提供的，通常都满足不了企业的需要，这时企业就必须"上市"，例如寻找一个或多个老企业作为合作伙伴，或者从保险公司和养老基金融资，以便获得更多的资金。过去通过股权融资的新创企业，如今开始以长期负债的方式融资，或者过去依靠长期负债方式融资的，现在开始采用股权融资。随着企业规模的扩大，它原有的资本结构必定变得不合时宜，从而成为企业进一步发展的障碍。

最后，新创企业必须规划好自己在成长过程中需要建立什么样的财务体系。无数的新创企业都一度拥有出色的产品、有利的市场地位、美好的成长前景，可是突然之间一切都失去控制，比如应收账款、存货、制造成本、管理费用、服务、分销等。一旦某个方面失控，其他各个方面都开始失控。此时，整个企业的规模已经大到无法沿用过去的控制结构，等到新的控制结构建立起来，市场已经被竞争对手占据，顾客变得牢骚满腹甚至满怀敌意，分销商也对公司失去了信心。特别糟糕的是，员工对管理当局失去了信任，而且他们那样做是理所应当的。

快速增长必然会让原来的控制手段变得不合时宜。同样，销售额百分之四五十的成长似乎就是一个临界数字。

局势一旦失控，就很难驾驭。然而，失控其实是相当容易避免的。它首先需要考虑清楚哪些领域是关键的。对于某一家公司，它可能是质量；对于另一家，它可能是服务；再换一家，它可能是应收账款和存货；另换一家，它可能是运营成本。**无论是哪一家企业，关键领域多达四五个的情况是很罕见的。**不过，管理费用和行政开支始终应该入选其中。如果管理费用占销售收入的比例增长过快，那就说明企业聘用管理和行政人员的速度超过了企业增长的速度。

新创企业若想实现增长预期，那么现在就必须在这些关键领域中建立起三年后所需的控制手段。这些控制手段未必要非常精细，数字不够精确也不要紧，真正重要的是管理当局了解哪些领域是关键的，并且经常保持警醒，从而在必要的时候能够迅速采取行动。新创企业如果对关键领域给予足够多的关注，那么通常就不会陷入混乱的局面，于是就能按照实际需要建立起控制手段。具备财务预见性并不需要我们付出大量的时间，但是需要我们深入地思考，因为技术工具很容易获得，在大部分教科书中即可找到，然而具体工作必须由企业自己完成。

组建高管团队

新创企业成功地在合适的市场上站稳脚跟，并且成功建立起所需的财务结构和财务体系几年后，仍有可能遇到一系列危机。就在即将迈过"成年"的门槛，成为一家成功的、地位稳固的、兴旺发达的企业之时，新创企业却可能会遇到似乎无人理解的麻烦。它们有一流的产品和美好的前景，可就是无法实现增长，它们的利润率、质量或者其他任何关键领域，也无法有出色的表现。

造成这一局面的原因始终如一：没有一支合格的高管团队。企业的规模已经大到一两个人管不过来，因此需要一个高管团队。如果这个团队还没有建成，那么这时再着手组建就为时已晚。企业即使勉强生存下来，也有可能落下永久性的残疾，或者留下创伤，多年流血不止。员工的梦想破灭，就会变得士气低落、愤世嫉俗，企业的创始人则几乎总是惨淡出局、痛苦不堪。

救治方法很简单：在企业真正需要之前就组建高管团队。团队不可能一日建成，而是需要长时间的磨合才能发挥作用。团队是建立在相互信任和相互理解的基础之上的，而这个基础需要多年的时间才能建成。凭我个人的经验，最少需要三年。

可是，处于成长过程中的小企业付不起那么多钱请一个高管团队，甚至维持不了五六名头衔和薪水很高的管理者。事实上，在这样的企业里，通常都是少数几个人挑大梁，逢山过山，逢水过水。那么，如何把看似毫无可能的事情做成功呢？

同样，救治办法也很简单。不过，它需要创始人愿意创建一个团队，而不是事必躬亲。如果一两个职位最高的人认为他们自己必须包揽一切，而且也只有他们自己才能办得到，那么几个月之后，最多是几年之后就会发生管理危机，这是不可避免的。

每当客观的经济指标，例如市场调研或人口构成情况分析，表明业务可能在三五年内翻番，企业的创始人就有责任组建一支企业很快就会需要的高管团队。换言之，要采取预防医学的方法。

首先，企业的创始人必须与企业内其他关键人物一道考虑清楚哪些是关键活动。企业的生存和成功取决于哪些具体的领域？这些领域大部分都是人人想得到的，但如果有分歧或异议（对于如此重要的一个问题也是应该有的）就必须给予认真考虑。一项活动，只要小组中有人认为它是关键活动，就必须予以认真对待。

关键活动不是按照书本找出来的，而是对企业的具体情况进行分析之后确定的。在外人看来业务线完全相同的两家企业，在界定关键活动时可能大相径庭。比如，其中一家可能把运营放在中心位置，另一家则把顾客服务放在中心位置。只有两项关键活动是每一个组织都不可或缺的：**人员管理和资金管理**。至于还有哪些属于关键活动，则取决于管理者对企业的具体情况，以及对他们自己的职务、价值观和目标的分析。

接下来，这个小组中自创始人开始的每一个人都应该思考："我擅长哪些活动？我的每一位同事擅长哪些活动？"对于大部分人的大部分长处，人们是会有共识的。同样，任何异议都应该认真对待。（关于设计组织结构的"活动分析"，参见第 38 章。）

小组成员接下来应该问："我们中的每一个人应该把其中的哪些关键活动作为自己的首要职责，因为这些活动符合这个人的长处？哪个人适合承担哪一项关键活动？"

这些问题回答完毕后，便可以开始组建高管团队。如果人员管理不是创始人的长处，那么创始人就应该约束自己，不要去管理和处理人员问题。他的长处也许在于产品和新技术的开发，适合他的关键活动也许是运营、制造、分销或服务，或是资金和财务。因此，人员管理最好是由另一个人负责。不过，每一项关键活动都必须由一个能力已经得到检验的人来负责。

"CEO 应该负责这个或那个"——这样的定则是不存在的。当然，CEO 相当于终审法院，因此要承担最终责任，而且他必须确保能够获得履行这一最终责任所需的信息。但是，CEO 自己的工作取决于企业的需要以及 CEO 本人的特点。只要 CEO 的工作是由关键活动组成的，那么他就是在履行 CEO 的职责。当然，CEO 也有责任确保所有其他关键活动都有人负责。

最后，必须为每一个关键领域设定目标和目标值。每一个对某一项关键活动负主要责任的人，无论这项活动是产品开发还是人员或资金管理，都必须回答下面这个问题："企业能对你有什么期望？应该让你对什么负责？你要努力完成的任务是什么以及完成的期限是什么？"毫无疑问，这些都是基础的管理问题。

比较明智的做法是先以非正式的方式组建高管团队。处于成长过程的新创企业没有必要一开始就给大家封头衔，也不必正式宣布或者支付额外的薪酬。所有这些事情都可以等到一年左右之后，也就是等到团队能够正常运转之后再做。在此过程中，所有团队成员都有很多东西要学，包括各自的职责、合作的方式，以及为了让 CEO 和同事们顺利开展工作，有哪些事情自己必须做。两三年后，到企业成长到需要高管团队时，高管团队也就正好建成。

不过，企业如果未能在实际需要高管团队之前建立好这个团队，那么它就会在实际需要高管团队的很久以前就丧失自我管理能力。这是因为，创始人会严重超负荷，因此有一些重要的任务无法及时完成。如果出现这种情况，事态有可能朝两个方向发展。一种可能性是创始人全身心地扑在切合自身能力和兴趣的一两个领域中。这些领域的确是关键领域，但并不是所有的关键领域。可是，其他关键领域又无人负责。两年后，这些被忽视的关键领域就会把企业拖入可怕的困境中。另外一种更加糟糕的可能性是创始人过于勤勉尽责。他知道人员和资金都属于关键领域，因此都必须得到良好的管理，他也明白自己的能力和兴趣在于新产品的设计和开发（实际上这也是公司原来的立命之本）。可是，由于他非常尽责，于是就迫使自己去管人管钱。但是他并不擅长这两个领域，因此都管得一塌糊涂。无论是做决策还是处理事务，都需要耗费他大量的时间，因此他再也没有时间过问新技术和新产品的开发——这既是他真正擅长的事情，也是公司指望他做好的事情。于是，这家公司在三年之后成为一个没有合适产品的空壳，同时，必要的人员管理和资金管理体系也没有建立起来。

如果是前一种情况，公司可能还有救，因为它毕竟还拥有产品，只不过创始人必然会被前来救助这家公司的人取代；如果是后一种情况，公司通常是无药可救，只有出售或者清算这两条出路。

新创企业在需要高管团队的很久以前，就必须组建好高管团队。在一个人管不过来的很久以前，这个人就必须开始学习如何与同事合作，学习信任他人，并且学习如何让这些人负起责任。也就是说，创始人必须学会成为一个团队的领导者，而不是一名配有"助手"的"明星"。

"我能在哪里做出贡献"

创建高管团队是新创企业开展创业管理最重要的一步。不过，这对于创始人来说还只是第一步。他们还必须想清楚自己的未来应该是什么样的。

随着新创企业不断成长，创业元老的角色及其关系必然发生变化。如果创始人拒绝接受这一点，他们就会妨碍企业的成长，甚至把企业完全毁掉。

每一个创始人都会赞同这一点，并且祈求这样的事情不要发生在自己身上。很多人都听说过，某些创始人因为没有随企业的变化而变化，因此把企业和他们自己都毁了。但是，就算是那些自己有必要做出改变的创始人，也只有极少数知道如何去改变自己的角色和关系。他们的切入点通常是："我想做的事情是什么？"或者顶多是："我适合哪个位置？"其实，正确的问题应该是："从现在开始管理企业的客观需要是什么？"在一个成长型新创企业（或公共服务机构）中，每当业务出现大幅增长，或者方向和特性发生改变，也就是它的产品、服务、市场或需要的人员类型发生变化，创始人都必须回答这个问题。

创始人必须回答的第二个问题是："我擅长的是什么？在企业的所有需要中，有哪些是我能够提供的，而且能够出色地提供？"只有在回答完这两个问题之后，创始人才应该回答下面这些问题："我真正想做的事情是什么？应该做的事情是什么？我愿意为之付出多年甚至毕生精力的事情是什么？这是企业真正需要的吗？这是一种重大的、至关重要的、不可缺少的贡献吗？"

企业需要什么，自己的长处是什么，自己想做的事情又是什么，创始人对这些问题可能会做出不同的回答。例如，宝丽来玻璃和宝丽来相机的发明者埃德温·兰德（Edwin Land）在公司创办之后，亲自掌管公司的时间达 12 年（或 15 年）。1950 年年初，公司进入快速发展时期，兰德于是设计并组建了高管团队。他认为自己并不适合承担公司的最高管理职务，自己能做出贡献的领域是科学研究。于是，他给自己建了一个实验室，并且担任公司的基础研究最高顾问。至于公司的日常经营管理，他全部交给别人去做。

麦当劳的创始人雷伊·克洛克得出的结论也与此类似。他担任公司的总裁到八十几岁，直到自己与世长辞。不过，他把公司的经营管理交给高管团队，自己担任公司的"营销良心"这个角色。直到过世前不久，他都坚持每周视察两三家麦当劳餐厅，认真仔细地考察这些餐厅的餐食**质量、清洁程度和友善程度**。他特别重视考察**顾客**的情况，乐意与他们交谈，倾听他们的想法，他的这些做法使得该公司得以及时做出必要的调整，从而保持在快餐行业的领导者地位。

提出这些问题并不能确保结局就会非常美好。它们有可能导致创始人离开公司。

美国有一家非常成功的金融服务新创企业，该公司的创始人就认为自己应该离开公司。他的确组建了高管团队，并且思考了公司的需要，也分析了自己的长处，结果发现公司的需要与自己的能力完全不匹配，更不用说公司的需要与自己想要做的事情之间的匹配。他说："我培训了继任者18个月左右，然后把公司交给他，我就辞了职。"自那以来，他先后创办了三家公司，没有一家是金融服务公司，同样他也是成功地把它们经营到中等规模，然后退出。他想做的事情是创办新公司，但是并不喜欢经营公司。他认为，自己离开这些公司对双方都只有好处。

面对同样的情形，另外一些创业者可能会得出不同的结论。某著名医疗机构是所在专业领域的领导者，它的创始人就面临类似的难题。该机构需要的是一名管理者和筹资人，可创始人自己想做的是一名研究人员和临床医生。不过，他意识到自己的确善于筹资，也有能力做好一家规模比较大的医疗机构的首席执行官。"于是，我觉得自己有责任为了亲自创办的这个机构，为了我的同事们放弃个人的愿望，承担起首席执行官和筹资人的工作。但是，如果我不知道自己有这个能力，如果不是我的顾问和董事会都让我确信自己有这个能力，我是绝不会那样做的。"他后来这样说道。

"我属于什么地方"这个问题，只要新创企业开始看到成功的迹象，创始人就应该坦然提出来，并且考虑清楚。不过，这个问题也是可以提前很久进行思考的。事实上，最好是在企业创立之前就考虑清楚。

日本本田汽车公司的创始人本田宗一郎（Soichiro Honda）就是这样做

的。在二战结束后最艰难的日子里，他决定创办一家小公司，但是一直按兵不动，直到碰上一个合适的，也就是一个擅长行政管理、财务、分销、营销、销售和人员管理的合作伙伴，因为他从一开始就决定自己只属于工程和制造领域，其他事情一概不管。正是这个决定，成就了本田汽车公司。

还有一个更久远但也更具启发意义的例子，那就是亨利·福特。1903年，福特决定自己创办企业。当时，他的做法与本田宗一郎40年后的做法如出一辙：在创办企业之前，他找到了一个理想的合作伙伴来负责他自认为并不擅长的事务——行政管理、财务、分销、营销、销售和人员管理。福特与本田宗一郎一样，明白自己属于工程和制造领域，因此也只想管这两个领域。福特找的那个人就是詹姆斯·卡曾斯，他对福特汽车公司的贡献堪比亨利·福特本人。福特汽车公司许多常常归功于福特的著名政策，例如，1913年的5美元日薪制，以及开创性的分销和服务政策，其实都是卡曾斯的主意，而且一开始福特都是反对的。卡曾斯的工作如此富有成效，以至于福特本人越来越嫉妒，因而在1917年迫使他离开了公司。当时，卡曾斯坚持认为T型车已经过时，于是提议从公司的巨额利润中拿出一部分用于开发替代车型。此举成为压垮福特忍耐力的最后一根稻草。

福特汽车公司不断成长，呈现一派欣欣向荣的景象。然而，福特忘记了自己原本属于何处，仅仅在卡曾斯辞职几个月之后，福特汽车公司就开始走上了持续数十年的下坡路。亨利·福特死抱着T型车不放，直到10年后几乎完全卖不出去为止。福特汽车在免除卡曾斯的职务之后，它的衰落势头在长达30年的时间里未能得到扭转。等到老福特行将就木，他的孙子亨利·福特二世接手，这家公司已接近破产。

外部建议的必要性

最后这几个例子揭示了一个重要的事实：掌管成长型新创企业的创业者

需要获得独立、客观的外部建议。

成长型新创企业未必需要一个正式的董事会，而且普通的董事会在绝大多数情况下也不可能提出创始人需要的建议。但是，创始人的确需要一个能与其讨论基本决策的人，一个能让自己听从意见的人。必须有人能够质疑创始人对企业的需要，以及他对自己的长处所做的判断。必须有置身事外的人提出问题、评审决策，以及更加重要的是——不断推动新创企业满足长期生存的条件，也就是明确市场重点、提供财务预见性以及创建高管团队。这是在新创企业中施行创业管理必须满足的最后一个条件。

新创企业只要把这样的创业管理融入自己的政策和方法，就能成长为一家欣欣向荣的大企业。

小　结

许多新创企业，特别是高科技企业，会瞧不起甚至唾弃本章所讨论的方法——**以市场为中心、制定财务规划、及早组建高管团队，以及明确创始人的未来角色**。人们这样做的理由是，这些方法属于"管理"，而"我们是创业者"。然而，这种态度并不是不拘小节，而是不负责任，它混淆了形式和实质。自由只能存在于法律的约束下。**没有法律的自由就是放纵**，很快就会退化为无政府主义，进而很快演变为专制暴政。正是因为新创企业必须维持和强化自己的创业精神，它们才需要远见和约束。它们必须为取得成功所需满足的要求做好准备。特别重要的是，它们需要**责任**——这是创业管理最终给新创企业带来的东西。

创 业 战 略

正如创业需要创业管理，也就是在**企业内部**施行相应的方法和政策，它也同样需要在**企业外部**，也就是在市场上实行相应的方法和政策。换言之，它需要创业战略。

具体的创业战略有四种：

- 孤注一掷。
- 攻击他们的软肋。
- 发现并占据一个专业化的"生态缝隙"。
- 改变产品、市场或行业的经济特点。

这四种战略并不是相互排斥的。创业者使用的战略经常包含其中两种甚至三种成分。它们也不总是泾渭分明的，例如同一个战略可能既可以归为"攻击他们的软肋"，也可以归为"发现并占据一个专业化的'生态缝隙'"。另外，这四种战略均有自己的前提条件。它们各自适合某些类型的创新，而不适合其他类型。它们各自要求创业者采取某些特定的行为。最后，它们都有各自的局限性和风险。

孤注一掷

"孤注一掷"（Fustest with the Mostest）是美国南北战争时期一名南部联邦骑兵常胜将军所采取的战略。创业者使用孤注一掷战略的目标是在新市场或新行业获得领导者地位，甚至是支配性地位。"孤注一掷"的目标并不一定是要立即创建一项大规模的业务，尽管这是它的最终目标。但是，它从一开始就是以永久地占据领导者地位为目标。

许多人认为"孤注一掷"是主要的创业战略。事实上，从有关创业的流行书籍中，人们可以得出这样的结论："孤注一掷"是唯一的创业战略。许多创业者，特别是高科技创业者，似乎也持同样的观点。

不过，他们都错了。许多创业者的确选择了孤注一掷战略，这一点千真万确。可是，"孤注一掷"甚至不是最主要的创业战略，更称不上是风险最小或成功概率最大的战略。相反，在所有创业战略中，它的赌博性是最强的，因为它不容许犯错误，也不会让人有第二次机会。

但是，"孤注一掷"战略一旦取得成功，就会带来非常丰厚的回报。

下面我们用一些例子来说明这种战略的内容以及成功的条件。

瑞士巴塞尔市的霍夫曼 – 拉罗什公司（Hoffmalnn-LaRoche）多年来一直是全球规模最大、获利也最丰厚的制药公司之一。然而，它的出身却相当卑微：直到20世纪20年代中期，该公司都还是一家只生产几种纺织染料的化学品制造商，规模很小。它完全生活在一些德国染料制造商和两三家瑞士大型化学品公司的阴影之下，仅能勉强维持经营。后来，它把宝全部押在当时新发现的维生素上面，那时科学界还没有完全接受有这些物质存在这一事实。它从维生素的发明者、苏黎世大学的教授手中买下了无人问津的维生素制造专利，并用高薪把他们请到公司工作——薪水达到教授工资的好几倍，并且创造了行业历史纪录。然后，它不仅倾囊而出，而且把借来的每一分钱都用来生产和销售维生素。60年后，维生素的专利早已过期，然而霍夫曼－拉罗什公司在全球维生素市场上所占份额仍然接近一半，年营业收入高达数十亿美元。

杜邦公司也曾采用孤注一掷战略。它经过艰苦的研究，屡遭挫败，历时15年，最终发明了人类历史上第一种真正的合成纤维——尼龙。杜邦公司立即大举进军这一领域，兴建产能庞大的工厂，启动大众广告计划（该公司还是第一次有消费产品用作广告宣传），开创了我们现在所讲的塑料行业。

不是所有"孤注一掷"战略都必须以创建一项庞大的业务为目标，尽管它始终必须以**在市场上占据绝对优势**为目标。总部位于明尼苏达州圣保罗市的3M公司，似乎就有意不进行可以单独成为一项庞大业务的创新。强生公司也是如此。然而，这两家公司都是最高产、最成功的创新者。当然，它们寻找的是可以在市场上占绝对优势的创新。

也许因为孤注一掷战略必须瞄准建立全新的、真正不同的事物，因此非专家和外行干得似乎不比专家差——事实上还经常更为出色。比如，霍夫曼－拉罗什公司的战略并不是化学家制定的，而是一名音乐家制定的。他是公司创始人的孙女婿，需要供养自己的乐团，可是公司的分红实在太少，根本满足不了他的资金需要。时至今日，该公司也从未交给化学家打理，而是由一些在瑞士大银行功成名就的金融界人士管理。

采用孤注一掷战略，要么是正中靶心，要么就是完全脱靶。换一个比方，"孤注一掷"就像是发射登月火箭：弧度只要稍有偏差，火箭就会消失在外太空。而且孤注一掷战略一旦启动，就很难调整或者纠正。

换句话说，采用孤注一掷战略必须经过深思熟虑和深入分析。一些大众作品或好莱坞电影中的创业者，通常都是灵光一闪，想到一个"好主意"，然后立刻付诸行动。事实上，这种做法是不可能成功的。

实施孤注一掷战略必须有清晰的目标，而且必须全力以赴。一旦努力有了结果，创业者就必须做好准备调集大量的资源。

创新成果转变为成功的业务之后，工作才真正开始。新创企业在取得领导者地位后，只有持续不断地努力才有可能保住这一地位，否则就会前功尽弃，完全为人作嫁。它必须比过去跑得更快，并以很大的规模继续开展创新；它必须拨出比成功之前更多的预算；它还必须为产品找到新用途，找到新顾客，并且说服他们试用。尤其重要的是，靠"孤注一掷"成功的创业者还必须赶在竞争对手之前淘汰自己的产品或流程。产品或流程一旦成功，就必须立刻着手开发下一代，而且同样要全力以赴，投入资源。

最后，实施"孤注一掷"战略的创业者，只有系统地降低产品或流程的售价才能保住领导者地位。**维持高价就是保护和鼓励潜在竞争对手。**

"孤注一掷"的风险的确非常高，因此采用孤注一掷战略通常要接受这个假设：它的失败率比成功率要高得多。意志不够坚定，它会失败；努力不够，它会失败；创新虽然成功，但由于投入的或者可以获利的资源太少，它也会失败。尽管它只要成功就会带来丰厚的回报，但由于它的风险实在太大，成功的难度实在太高，因此只适用于一些重大的创新。

在大多数情况下，最好采用其他战略——主要不是因为其他战略的风险更低，而是因为大多数创新所带来的机会还没有大到足以采用"孤注一掷"战略，投入那么多的成本、努力和资源。

攻击他们的软肋

美国南北战争期间另一位南方联邦常胜将军也有一句名言："攻击他们的软肋。"这句话道出了另外两种完全不同的创业战略——创造性模仿与创业柔道。

创造性模仿

"创造性模仿"是一个明显自相矛盾的词。有创造性就必定是原创的，而模仿绝非原创。即便如此，这仍然是一个非常贴切的词。它描述的是一种本质为"模仿"的战略，创业者所做的事情是有人做过的。然而，它又是"创造性的"，因为运用"创造性模仿"的创业者比创新者本人能更好地理解创新的意义。

最早也最成功地运用这种战略的企业是 IBM 公司。

20 世纪 30 年代早期，IBM 研制出一种高速计算设备，为纽约哥伦比亚大学的天文学家承担计算任务。几年后，它研制出一种类似于计算机的设备，同样是用于天文计算，只不过这一次是在哈佛大学。到二战结束时，IBM 已经研制出真正的计算机——第一台真正拥有计算机特征，也就是有"内存"、有"可编程"能力的机器。然而，很少有史书把 IBM 当成计算机的发明者，这样做是有充分理由的。这是因为，IBM 将 1945 年开发出的一台先进计算机，摆在纽约市中心的展厅供普通大众参观，结果吸引了如潮的观众。然而，该公司很快就放弃了自己的设计，转而采用竞争对手的设计——由宾夕法尼亚大学开发的 ENIAC。ENIAC 远比 IBM 的计算机更加适合商业用途，例如计算工资等，只不过它的设计者没有看到这一点。IBM 对 ENIAC 做了一些改造，使它变得更加易于生产和维护，并能做一些普通的"数据处理"工作。1953 年，IBM 版的 ENIAC 问世，它立即成为商用多功能大型机的标准。这便是创造性模仿。

创造性模仿的实质就是静观其变，等到别人创造出新的事物，可又差那么一点火候的时候才开始行动。然后，它在很短的时间内完成对这个新事物的改进，使它真正能够满足顾客的需要，能做顾客想要的而且愿意为之付费的工作。这时，创造性模仿者就成为标准的制定者、市场的主导者。

半导体问世之后，钟表行业的每一个人都清楚，他们可以用这种技术生产更加准确、更加可靠也更加便宜的产品。瑞士钟表公司很快研制出石英数字表。可是，它们在传统制表工艺上的投入实在太多，因此它们决定**逐步推出**石英数字表。那样，石英表在这个漫长的过程中也能成为昂贵的奢侈品。

日本的 Hattori 公司也是一家传统的机械表制造商，产品主要在日本销售。

它发现了这个机会，并且立即进行创造性模仿，力图让石英表成为业界标准。等到瑞士钟表公司醒悟过来，一切为时已晚。这时的精工表已经成为全球最畅销的产品，几乎把瑞士钟表完全挤出市场。

创造性模仿与"孤注一掷"一样，也是以获得市场或行业领导者地位，甚至是支配性地位为目标。不过，它的风险要小得多。创造性模仿者采取行动时，市场已经形成，这个新事物也已被人接受。事实上，市场需求已经超出原创者的供给能力。细分市场已经明朗，或者至少是可以弄清楚的。到这个时候，企业可以通过市场研究了解顾客购买的是什么，是如何购买的，以及他们心中的价值是什么等问题。

当然，原创者也有可能做得天衣无缝，从而使得创造性模仿无门可入。霍夫曼－拉罗什公司的维生素、杜邦公司的尼龙就是这样的例子。不过，从开展创造性模仿的创业者的人数及其可观的成功率来看，原创者抢先占领市场的可能性并不大。

创造性模仿者是充分利用别人的成功。创造性模仿并不是人们常说的"创新"。创造性模仿者并没有发明一种产品或服务，而是对它们加以**完善**，并给它们**定位**。它们在最初入市时还存在一些缺陷，创造性模仿者所做的事情，可能是增加某一项功能，可能是对它们进行细分，用略有差别的版本满足略有差别的细分市场，也有可能是为它们在市场上合理定位，或者填补一些空白。

创造性模仿者是从顾客的角度来看待产品或服务的。

总的来说，创造性模仿的出发点是市场而不是产品，是顾客而不是生产者。它既是以市场为中心的，也是由市场驱动的。

创造性模仿者取得成功，并不依赖于从开拓者手中抢夺顾客，而是服务于开拓者创造出来但又没有服务好的市场。创造性模仿满足的是一种已经存在的需求，而不是创造一种全新的需求。

创造性模仿战略也有自己的风险，而且风险还不小。创造性模仿者很容易走上多面下注的道路。另外，它们有可能误判趋势——自己模仿的对象后来并没有得到市场的青睐。

IBM 这个创造性模仿鼻祖的经历就是一个明证。它成功地模仿了办公自动化领域的每一个重大创新，因此它在每一个子领域都取得了领先地位。然而，由于这些产品都是模仿来的，品种繁多，而且彼此之间兼容性极差，因此使用 IBM 的产品根本无法建造出集成的自动化办公室。这种**聪明过头的风险**是创造性模仿战略所固有的。

创造性模仿在高科技领域是最管用的，原因只有一个：高科技创新者是最不可能以市场为中心的，它们最有可能**以技术和产品为中心**，因此它们容易误解自己的成功，进而错失满足自己创造的需求这个机会。

创业柔道

日本的柔道高手重视寻找对手引以为傲的长处。他们认为，对手每一次比赛都会根据自己的长处制定战略战术。于是，他们就会思考——长期依靠某一个长处会让对手在哪些方面变得**毫无防备，易受攻击**。这样，他们就能**把对手的长处转化为对手的致命弱点**。这就是创业的柔道战略。

1947 年，贝尔实验室发明了晶体管。人们马上意识到，晶体管势必取代真空管，特别是在收音机和当时新出现的电视机这些消费电子产品行业。每一个人都清楚这一点，但是没有一个人采取行动。领先的消费电子产品制造商，当时全是美国公司，开始研究晶体管，并计划在"1970 年前后"开始采用晶体管技术。他们声称，晶体管技术在那之前都"不成熟"。

当时，索尼公司在日本以外默默无名，甚至没有涉足消费电子行业，但它的社长盛田昭夫（Akio Morita）在报纸上看到了关于晶体管的消息，于是亲自前往美国向贝尔实验室购买了晶体管的使用权——花费少得可怜，总共只有区区 2.5 万美元。两年后，索尼推出了第一台便携式晶体管收音机，重量只有当时真空管收音机的 1/5，售价只有其 1/3。三年后，索尼占领了美国的廉价收音机市场。五年后，日本公司占领了全球的收音机市场。

当然，这是拒绝**意外成功**的一个范例。具有讽刺意味的是，美国公司之所以拒绝晶体管，是因为它"不是我发明的"，即不是由美国无线电公司和通用电气这样的电气和电子公司发明的。这也是因为自负而丧失机会的一个典型事例。美国人当时以自己的产品为荣，认为真空管收音机简直就是工艺奇迹在他们眼里，硅片是劣质的，甚至是有损他们尊严的。

不过，我们真正要关注的不仅仅是索尼的成功。我们如何解释日本公司反复使用这一种战略，而且总是取得成功，总是让美国人大为吃惊？换句话说，日本公司一次又一次地用"创业柔道"打败了美国公司。

MCI 和斯普林特公司（Sprint）利用贝尔电话系统公司（后来是美国电话电报公司）自己的定价体系从后者手中抢走很大一部分长途电话业务，ROLM 利用贝尔公司的政策从后者手中抢走很大一部分专用小型交换机业务，花旗银行在德国创办面向消费者的家庭银行（familienbank），并在短短数年内主宰德国的消费金融业务，使用的全都是这种战略。

德国银行当时也知道，普通消费者已经拥有相当强的购买力，成为值得服务的客户。它们已经开始提供消费银行业务，但是它们并不想真正服务这些客户，因为它们觉得自己是大型银行，而且拥有那么多企业客户和富裕的投资客户，给零散的消费者提供服务有损自己的尊严。如果消费者确实需要开设账户，他们应该去邮政储蓄银行办理。

所有这些新来者，包括日本公司、MCI、ROLM 和花旗银行，都是在玩"创业柔道"。无论从哪个方面讲，在所有创业战略中，特别是旨在获得行业或市场领导和支配性地位的战略中，创业柔道是风险最小、成功概率最大的战略。

每一个警察都知道，惯犯总是以同样的方式作案——无论是撬保险箱还是准备洗劫大楼。他这样做，就像是留下一个像指纹一样独特的"签名"。哪怕这个签名会致使他一再被捕，他还是不会改变。

其实，难以改变习惯的不仅仅是罪犯，我们每一个人都是这样，所有的企业和行业也概莫能外。哪怕这个习惯一再导致企业丧失领导者地位和市场份额，它仍然会根深蒂固。例如，美国的制造企业就死守着一些习惯，让日本公司得以一再从它们手中夺走市场。

罪犯被抓之后，他很少会认为那是因为自己的习惯出卖了他，反而会找出各种各样的理由，不改旧习。同样，**被习惯出卖**的企业也不会承认这一点，也会找出各种各样的理由。例如，美国的电子产品制造商就把日本公司的成功归结为日本的"劳动力成本低廉"。不过，也有少数勇于面对现实的美国制造商，如美国无线电公司和 Magnavox 公司，做到了让自己的产品在价格上能与日本产品抗衡，在质量上也不逊色，尽管它们是按美国的标准支付人员薪酬，而且要承担各种工会福利。德国各大银行也都认为花旗家庭银行之所以成功，是因为花旗冒了它们不敢冒的风险。可是，家庭银行在消费贷款方面的坏账率比德国银行低，发放贷款的条件也像德国银行那样严格。德国银行当然清楚这一点，但它们还是一如既往地解释自己的失败和花旗家庭银行的成功。这种情况很常见。这也解释了为什么创业柔道战略可以一而再再而三使用的原因。

具体而言，有五种常见的坏习惯使得新入行的企业可以采用创业柔道战略，进而打败已经站稳脚跟的老企业，获得行业领导者地位。

第一个坏习惯是美国俚语所称的"非我发明"（not invented here，NIH）。这是一种专横的傲慢，认为不管什么新事物，除非是自己发明的，否则就是百无一用。于是，这个企业或行业就会轻视新生事物，美国消费电子产品制造商对晶体管的态度便是如此。

第二个坏习惯是想要在市场上"撇脂"，也就是只想占领利润高的那部分。施乐公司在复印机市场上大致就是这么做的，从而让日本模仿者有可乘之机。该公司重点关注的是大公司，也就是购买多台复印机或者购买价格昂贵的高性能复印机的公司。它虽然并不拒绝其他客户，但是并不设法去吸引它们。特别是，它认为不应该给这些客户提供服务。结果，正是对施乐的服务或者说对施乐不提供服务感到不满，使得这部分客户愿意接受其他厂商提供的复印机。"撇脂"有违基本管理和经济规则，必然招致丢失市场的惩罚。

第三个坏习惯是"质量"观念不正确，它更加容易导致企业失去竞争力。产品或服务的"质量"，不是供应商在产品或服务中投入的东西，而是顾客从中获得并为之付钱的东西。制造商通常认为，产品制造工艺复杂或者成本高昂就意味着"高质量"，其实不然，那只能说明制造商能力太差。顾客只为对自己有用、能为自己提供价值的东西付钱。除此之外，都不是"质量"的构成要素。

第四个坏习惯是幻想获得"溢价"，它与"撇脂"和"质量"有关。"溢价"往往会招来竞争对手。市场领导者获得的高利润，实际上是给新来者提供补贴，使得后者有机会在短短数年内就取而代之，成为市场的新王者。"溢价"不是一件值得欢欣鼓舞的事情，也不是支持更高股票价格或市盈率的理由，而是始终应该把它看成一个威胁、一个危险的弱点。然而，通过"溢价"赚取更高利润的幻想几乎人人都有，尽管它总会为创业柔道留下一道方便之门。

第五个坏习惯在老企业身上十分常见，也是它们衰败的一个重要原因——追求**最大化**，而不追求**最优化**。施乐公司就是一个很好的例子。随着市场的增长和发展，它们试图用同一种产品或服务满足每一个顾客。相反，当日本的复印机公司与施乐展开竞争时，它们针对不同的用户群设计产品，例如小型办公室，无论那是牙医、内科医生还是校长的办公室。它们不像施乐公司那样试图让客户接受自己最引以为豪的功能，如速度快、清晰度高等，而是想这些小办公室所想，给它们提供价格低廉、功能简单的复印机。于是，它们立即在这个市场中站稳脚跟，然后开始进军其他市场，用一款款最适合的产品打开一个个细分市场。

索尼公司一开始也同样是进军低端收音机市场，即只有部分波段的便携式收音机市场。在这个市场上站稳脚跟之后，它才开始切入其他市场。

创业柔道的**第一个目标是占领一个滩头堡**，一个市场领先者未加防守或者心不在焉的细分市场，就像花旗银行成立家庭银行时，德国银行没有展开反击那样。一旦牢牢地占据滩头堡，也就是新来者占领了足够大的市场份额，并且拥有健康的现金流后，就会开始进军"海滩"的其他部分，最终挺进整个"岛屿"。它们每走一步，都会重复这种战略——**针对各个细分市场设计最适合的产品或服务**。原来的领先者很少会在这个方面胜过它们，也很少改变自己的行为方式，直到新来者抢走它们的领导者地位，成为市场的统治者。

创业柔道需要一些真正的创新。不改变产品或服务，而只是一味地降低成本，通常是不够的。它们必须在某个方面与其他企业区别开来。换句话说，新来者仅以更低的价格做得像现有领导者那样好，只是服务好一点是不够的，它们必须让自己与众不同。

创业柔道与"孤注一掷"和创造性模仿一样，目标都是获得领导者地位，最终主宰整个市场。不过，它采取的方式**不是与领导者直接竞争**，至少不在领导者在乎竞争或者担心出现竞争的领域与其交锋。**创业柔道**与**创造性模仿**一样，都是"攻击他们的软肋"。

发现并占据一个专业化的"生态缝隙"

我们在前面讨论的创业战略，"孤注一掷"以及"攻击他们的软肋"（包括创造性模仿和创业柔道两种形式），目标都是要获得市场或行业的领导地位，甚至成为市场的主宰。

生态缝隙（ecological niche）战略的目标则是取得控制权。前两项战略的目标是在一个大市场或主要行业中找到很好的定位，生态缝隙的目标则是**在一个狭窄的领域实现事实上的垄断**。前两项战略是竞争战略，生态缝隙战略的目标是免受竞争的干扰。成功实施"孤注一掷"以及创造性模仿和创业柔道战略的公司，都会成为大公司，即便不是家喻户晓，也是赫赫有名。成功实施生态缝隙战略的公司，却是只顾闷声赚钱。它们自甘默默无闻，对于无人喝彩这一点并不在乎。事实上，最成功的生态缝隙战略的要旨便在于不引起别人的注意，哪怕这种产品对于某个流程是不可或缺的，也无人想要与之一争高下。

生态缝隙战略可以分为三种，它们的要求、局限性和风险各不相同：

- 收费站战略；
- 专业技能战略；
- 专门市场战略。

收费站战略

爱尔康公司（Alcon）开发出的一种酶，使得标准的白内障切除手术可以省掉一个步骤，从而让手术过程变得更加合理和顺利。在取得这种酶的专利之后，该公司便获得了"收费站"的地位。没有哪个眼外科医生少得了这种酶。不管爱尔康公司对一例白内障手术所需的那一小点儿酶收多少钱，相比整个手术的费用而言它仍然微不足道。我怀疑，没有哪个眼外科医生或哪家医院关心过那么一丁点儿东西价格有多高。这个市场的规模这么小，全球一年可能也就 5000 万美元，显然不值得任何人再去开发一种竞争产品。所以，如果真有潜在竞争对手想要进入这个市场，最终的结果也就是为大众省钱，自己却得不到多少好处。

因此，从很多方面来看，收费站地位都是一种最理想的地位。不过，它有严格的要求。首先，**产品必须是某一个流程不可或缺的**；其次，**不用这种产品招致的风险**，例如眼睛失明、油井毁坏或者罐头变质；最后，市场的规模还必须足够小，只要有人抢先占据了这个市场，其他人就不会再进来。也就是说，它必须是一个严格意义上的生态缝隙，**一个物种就能完全占据**，同时又小到不会吸引任何竞争对手。

这样的收费站地位很难找到。通常而言，它们只会在出现不一致的情况时发生。所谓的不一致，在爱尔康公司研制酶这个例子中，就是**某个流程的节奏或逻辑出现不一致的情况**（关于流程的不一致，参见第 37 章）。

收费站地位也有很大的局限性和风险。它在本质上是一个静态的位置，一旦完全占据这个生态缝隙，就不会再有多大的成长空间，企业也无法扩大业务或者加强控制。无论它的产品有多好或者价格有多便宜，市场需求的大小都取决于对相关流程或相关产品的需求。

一旦收费站战略的目标实现，公司就成为一家"成熟"公司。这时，它的成长速度便取决于最终用户的成长速度。可是，如果有人找到另一种方式来满足同一种最终用途，这种产品就会被淘汰，整个公司也就开始衰落。

另外，采取收费站战略的创业者绝不能滥用自己的垄断地位。他绝不能成为德国人所说的"强盗骑士"（raubritter，词义类似于英语里的 robber baron，但不完全相同，把自己的城堡建在山岗上，经常打劫从附近山路或河谷经过的旅客），绝不能滥用这种垄断地位剥削、敲诈和粗暴对待顾客。如果他真那么做，用户最终会设法引入另一家供应商，或者转而使用效果虽然差一些，但自己能够控制的替代品。

专业技能战略

每一个人都知道几家大汽车制造商的名字，但是很少有人知道为这些汽车提供电气系统和照明系统的供应商的名字，尽管这些供应商的数量比汽车制造商的数量要少得多，如美国的德科公司（Delco）、德国的博世公司（Robert Bosch）、英国的卢卡斯公司等。

但是，一旦这些公司在自己的专业技能领域取得控制地位，它们就会长期保持这一地位。**它们与采取收费站战略的公司的不同之处在于，它们占据的是一个虽然同样独特，但是规模比较大的缝隙市场。它们取得控制地位的原因，是很早就培养出了很高的技能水平。**

一个名叫卡尔·贝德克尔（Carl Baedeker）的德国人，在旅行指南这个需要专业技能的缝隙市场上地位是如此稳固，以至于旅行指南如今仍然以他的名字命名。1828 年，莱茵河上第一批蒸汽船向中产阶级游客开放，贝德克尔便出版了自己的第一本旅行指南。直到一战爆发，德文书籍在西方国家被禁，他几乎独占这个领域。

从这个例子中可以看出，在开创专业技能缝隙市场时，时机是至关重要的。它必须在一个行业、一种习俗、一个市场或一种趋势刚刚出现的时候开始。

要占据一个专业技能缝隙市场，始终需要推陈出新，需要锦上添花，需要真正的创新。

贝德克尔之前早已有旅行指南出版，但是那些指南都只介绍文化景点，如教堂和风景等，至于一些实用信息，如旅店、马拉出租车的费用、路程以及小费数目等，出游的英国绅士全都依靠伴游服务员提供。可是，中产阶级请不起伴游服务员，于是贝德克尔的机会就来了。一旦他已经掌握旅行者需要的信息，并且弄清如何收集和编排这些信息（现在仍然有很多旅行指南沿用他设计的格式），其他人再来模仿他建立一个竞争性的组织，就很难得到多少回报。

在一项重大发展的早期，专业技能缝隙市场会带来一个很好的机会。这样的例子不胜枚举。比如，美国的飞机螺旋桨行业在很长时间内都只有两家制造商，而且它们都是在一战之前创建的。

专业技能缝隙市场很少是偶然发现的。无论何时，它都是系统地分析创新机会的结果。无论何时，都是创业者经过苦苦搜寻，发现这样一个地方：自己的企业既可以在这里积累专业技能，又能获得独特的控制地位。

罗伯特·博世花了数年的时间研究新出现的汽车市场，希望找到一个领域能让他的新公司立刻取得领先地位。连续多年占据美国飞机螺旋桨行业的汉密尔顿－斯坦达德公司（Hamilton Standard），就是它的创办人在动力飞行刚刚兴起之初做过系统分析之后的结果。贝德克尔在推出与自己同名的旅行指南并一举成名之前，好几次尝试创办服务企业。

因此，第一个要点是，在新产业、新市场或新趋势形成的早期有机会通过系统的研究找到施展专业技能的机会，这时通常会有足够的时间培养这种独特的技能。

第二个要点是，专业技能缝隙市场的确需要一种与众不同的技能。

汽车行业的先驱无一例外都是机械师。他们谙熟机械、金属材料和发动机，对电气却是一窍不通，他们既不具备关于电气的理论知识，也不知道怎样去获得这些知识。贝德克尔同时期也有不少其他出版商，但是出版旅行指南需要赴实地收集大量的详细信息，需要不断地调查，需要聘请评审员四处去做这些事情，因此那些出版商无能为力。

因此，占据专业技能缝隙市场的公司不会受到顾客或供应商的威胁，因为顾客或供应商都不会真想涉足这个自己**对相关技能和特点都一无所知**的领域。

第三个要点是，占据专业技能缝隙市场的公司必须不断提高自己的技能。它必须保持领先地位，不断进行自我淘汰。

早年的汽车制造商抱怨位于美国代顿市的德科公司以及位于德国斯图加特市的博世公司让它们感到窘迫。这两家公司生产的照明系统远远超出了当时普通汽车的需要，超出当时汽车制造商所理解的顾客需要和支付意愿，甚至让汽车制造商不知道如何装配。

专业技能缝隙市场虽然有它的独特优势，但也存在一些严重不足。第一个严重不足是，它使得占据这一地位的企业变得目光狭隘。这些企业为了维持自己的控制地位，就必须学会目不斜视，完全只关注自己那个狭窄的专业领域。

第二个严重不足在于，它们通常有赖于他人把产品或服务推向市场，它们的产品只是一个零部件。例如，顾客并不知道汽车电气公司的存在，这既是这些公司的优势，当然也是它们的劣势。

最后一个，但也是最大的一个危险是，这个专业领域成为一个大众化的领域。

因此，专业技能缝隙市场与所有的生态缝隙一样，都是有限的——在**范围**上和**时间**上都是如此。生物学告诉我们，占据这样一个缝隙的物种，外界环境哪怕是发生一丁点儿变化，它们都会适应不了。企业也同样如此。但是，除了这些不足之外，专业技能缝隙市场是一个非常有利的位置。如果技术、行业或市场处于高速增长的过程中，它可能是最具优势的战略。

1920 年的汽车制造商如今仍然存在的已经极少，那时的电气和照明系统制造商却还有许多存在。企业一旦占据专业技能缝隙市场这个位置并加以合理维护，就能免受竞争的威胁。究其原因，则恰恰是因为汽车购买者不知道也不在乎汽车的头灯或刹车是谁制造的。因此，没有哪个汽车买家会去四处选购前灯或刹车。自从贝德克尔成为旅行指南的代名词之后，就不用担心有人试图涉足这个市场，至少在市场发生重大变化之前不会。

在新技术、新行业或新市场中，采取专业技能战略的**成功概率最大，而失败的风险最小**。

专门市场战略

专业技能缝隙市场与专门市场之间的主要区别在于，前者是围绕着产品或服务建立的，后者则是围绕着关于某个市场的专门知识建立的。除此之外，它们基本相同。

西方国家的曲奇和饼干自动烘炉，绝大部分都是由两家中等规模的公司提供的。这两家公司一家位于英国北部，另一家位于丹麦。

据说，制造烤炉不需要掌握特别复杂的技术。产品与这两家公司一样好的公司，在全世界有十几家。但是，真正了解市场的只有这两家：它们了解每一家大的糕点公司，每一家大的糕点公司也了解它们。这个市场不大，因此只要这两家公司仍然令人满意，竞争对手就没有动力进入这个市场。

面对一个新发展，借助下面这个问题就能找到合适的专门市场：有什么样的机会能够给我们提供一个独特的缝隙市场，我们又必须做好哪些事情才能抢先占领这个缝隙市场？

早期的烤炉并没有什么特别先进之处，那两家领先的烤炉制造商的诀窍在于认识到了曲奇和饼干的烤制已由家庭转移到工厂，于是就研究那些商业糕点公司需要怎样的烤炉，才能烤制出杂货店和超市能够卖出且家庭主妇又愿意买的产品。换句话说，它们根据市场研究而非工程技术决定生产什么样的产品，而工程技术大家都能获得。

专门市场的要求与专业技能缝隙市场的要求完全相同：对新趋势、新产业或新市场进行系统的分析；一种独特的创造性贡献，哪怕只是一种"变形"，例如美国运通公司把传统的信用证转化成旅行支票；不断改进产品，特别是改进服务，以便在获得领导者地位后就能一直保持。

它的缺点也与专业技能缝隙市场一样。对占据专门市场的公司来说，最大的威胁是它取得成功之后，这个市场变成一个大众市场。

例如，旅行支票市场的很大一部分，如今已被银行业的全球化和信用卡占据。

香水也是如此。法国的科蒂公司（Coty）开创了现代香水产业。该公司认识到，第一次世界大战改变了人们对化妆品的态度。战前，只有"放荡"的女人才使用或者敢于承认自己使用化妆品；战后，使用化妆品成为一种可以接受和受人尊敬的行为。到 20 世纪 20 年代中期，科蒂公司在大西洋两岸几乎占据了垄断地位。直到 1929 年，化妆品市场都是一个"专门市场"，一个只属于中上阶层的市场。可是，它在大萧条时期突然出现爆发性增长，成为一个真正的大众市场。它还分裂成两个部分：一个是高端品牌市场，产品价格高，采用专门的分销渠道和特殊的包装；一个是大众品牌市场，物美价廉，在超市、杂货店和药店等多种渠道都可以买到。在短短几年内，科蒂公司统治的专门市场便消失了。可是，它迟迟没有决定是进入化妆品大众市场还是成为一家高端品牌制造商，而是试图留在一个不复存在的市场中。最终，它于 2005 年通过一次金额巨大的收购，成为大众化妆品市场上最大的制造商。

改变产品、市场或行业的经济特点

我们前面讨论的各种创业战略，都是以推出一项创新为目标。本节要讨论的这种创业战略，战略本身便是一项创新。这项战略涉及的产品或服务可能早就存在，但它把这种已经成型的老产品或老服务转化为一种新产品或新服务。它改变产品或服务的效用、价值和经济特性，尽管在物理上没有什么改变，但在经济上那是一种全新的东西。

本节所讨论的各种创业战略有一个共同点，那就是它们都是创造顾客，事实上，这也是企业和经济活动的最终目的。它们创造顾客的方式有四种：

- 通过创造顾客效用；
- 通过定价；
- 通过适应顾客的社会和经济现实；
- 通过向顾客提供真正的价值。

创造顾客效用

运用创造效用这种战略，价格通常无关紧要。这个战略就是要让顾客能做满足**自身目的**的事情。它之所以成功，是因为它认真思考了下面这个问题：在顾客看来，什么是真正的"服务"、真正的"效用"？

每一个美国新娘都想得到一套"精美瓷器"。可是，买一整套瓷器的费用实在太高，而且宾客不知道新娘想要什么样的款式，或者别人已经送了其中的哪些，于是就只好改送别的礼物。换句话说，需求摆在那里，但是顾客得不到效用。一家中型餐具制造商雷诺克斯公司（Lenox）觉得这是一个创新机会，于是就搬出一个并不新颖的主意——推出"新娘登记"服务，专门"登记"雷诺克斯的瓷器。准新娘选择雷诺克斯的一个经销商并把自己喜欢的款式告诉它，然后把自己选定的这家经销商告诉可能送礼物给她的亲友。经销商然后会问来登记的人："你想花多少钱？"得到回答之后就会解释："你可以买两个带托盘的咖啡杯。"或者说："咖啡杯已经齐了，她需要的是甜点盘。"于是，新娘、送礼的亲友和雷诺克斯皆大欢喜。

同样，它不涉及先进的技术，也没有什么可申请专利的，只不过是以顾客的需求为中心而已。然而，尽管非常简单，可能正是因为它的简单，新娘登记服务让雷诺克斯成为最受欢迎的"精美瓷器"制造商。

定价

在许多年间，金·吉列（King Gillette）是全世界最为人们熟悉的美国脸孔，他的头像印在全球各地出售的吉列刀片的外包装上。每天早晨，使用吉列剃须刀的男性在全球多达数百万之众。

安全剃须刀并不是吉列的发明。在19世纪后半叶，人们发明了数十种安全剃须刀并申请了专利。

吉列剃须刀并不比别的产品更好，而且生产成本要高得多。吉列也不"卖"剃须刀，他几乎是免费派送自己的产品，零售价只要55美分，批发价20美分，仅比生产成本的1/5略高一点。不过，他的剃须刀设计很特殊，只能使用他的受专利保护的刀片。刀片的生产成本不到1美分，而售价为5美分。由于一块刀片只能使用六七次，因此顾客每刮一次胡须的成本不到1美分——还不到理发师剃须收费的1/10。

吉列所做的事情是对顾客真正购买的东西，也就是对刮胡须这项活动定价，而不是对制造商卖的实物定价。结果，吉列的顾客所支付的费用，可能要多过先花5美元买一款竞争对手的刀架，然后再买一块一两美分的刀片。顾客当然清楚这一点，但是他们接受吉列这种定价方式。他们觉得是为自己购买的东西，也就是刮胡须付钱，而不是为一件"东西"付钱。吉列刀架和刀片带给他们的剃须体验，远远胜过使用危险的折叠式刀架，而且比去附近的理发店刮要便宜得多。

复印机的专利权被纽约州罗切斯特郡的一家不知名的小公司获得，原因之一就是大型印刷机制造商认为复印机根本卖不掉——那家小公司当时叫哈洛伊德（Haloid）。按照它们的核算，这样一台机器当时至少要卖4000美元。当时的复写纸非常便宜，因此没有人会花这么大一笔钱买复印机。同时，花4000美元买一台设备意味着要打拨款申请报告，不仅要计算投资回报，而且要提交给董事会审批——为了购买这样一个给秘书当帮手的小玩意儿简直不可思议。哈洛伊德公司（如今的施乐公司）在设计出最终产品之前做了大量的工作，但是它的主要贡献在定价方面。每复印一张纸只要花5~10美分，这样便无须打拨款申请报告。这是"小额现金花费"，秘书甚至不用上报就有权开支。**施乐公司把自己的机器定价为每一张复印件5美分是一项真正的创新。**

大多数供应商，包括公共服务机构，从来没有想过把定价作为一项战略。然而，定价可以让顾客为自己买到的东西，如刮一回胡须、一份复印件付钱，而不是为制造商生产的东西付钱。当然，顾客最终支付的金额是相同的。但是，顾客支付的方式是**按照他们的需要和实际情况设计**的，与他们实际买到的东西是相符的。它收费的对象是顾客买到的真正的"价值"，而不是供应商的"成本"。

适应顾客的社会和经济现实

通用电气公司在大型汽轮机领域之所以能取得世界领先地位，就是因为它早在一战之前就已经把顾客的现实情况考虑清楚。汽轮机不同于过去用来发电的活塞式蒸汽机，它非常复杂，在设计、制造和安装等方面有很高的要求。任何一家电力公司都不可能包揽所有工作。它们只有在新建电厂时才会购买大型汽轮机，通常是每 5 年或 10 年才买一台。可是，汽轮机的维修服务必须随叫随到。因此，汽轮机制造商必须建立并维持一个庞大的咨询服务机构。

然而，通用电气很快发现，电力公司无法支付咨询服务费用。根据美国法律，这些费用必须征得国家公共事业委员会的同意，可是该委员会认为电力公司自己应该有能力完成这些工作。通用电气也发现，把咨询服务费用计入汽轮机的售价这种做法也行不通，因为公共事业委员会同样不会同意这么做。但是，汽轮机的使用寿命很长，每隔一段时间就必须更换一次叶片，通常是 5～7 年换一次，而这些叶片必须由汽轮机的制造商提供。通用电气建立了全球最初的电厂工程咨询机构，尽管该公司很小心地不把它称为"设备销售部"而是工程咨询部。通用电气的汽轮机不比竞争对手的产品贵，该机构也不向电厂直接收费，而是把工程服务的成本再加上一笔相当可观的利润计入替换叶片中。10 年后，其他汽轮机制造商也纷纷采用这种定价方法。这时，通用电气已在这个市场上取得世界领先地位。

在更早的 19 世纪 40 年代，出于对顾客现实情况的考虑，分期付款得以诞生。赛勒斯·麦考密克（Cyrus McCormick）是众多发明收割机的美国人之一。农民对收割机的需求是显而易见的，但麦考密克发现自己跟其他发明者一样，产品根本卖不出去，因为农民没有购买能力。买一台收割机，两三季就能收回成本，这一点谁都知道，也都认可，但是当时没有哪个银行愿意借钱给农民买机器。麦考密克于是推出了分期付款制度，让购买者用收割机在此后三年间所产生的收益来支付。这样，农民就买得起收割机了——确实有许多农民购买。

制造商经常说"不理性的顾客"。其实，根本就没有"不理性的顾客"。古话说得好："只有懒惰的制造商。"我们必须认为顾客是理性的，只不过**他们的现实情况与制造商的现实情况通常大相径庭**。

向顾客提供真正的价值

最后一种创业战略是向顾客提供他们想要的"价值",而不是提供制造商眼中的"产品"。这实际上只是在接受顾客的现实情况这种战略的基础上更进一步。

美国西部有一家中等规模的润滑油公司,它生产的是专用润滑油,主要用于工程承包商建设高速公路用的大型推土机和拖运机、清理露天矿藏表层岩土的重型设备、煤矿用的重型卡车等,它在这一市场上所占份额超过50%。该公司面临一些大型石油公司的竞争,后者可以随时调用众多润滑油专家为客户解决问题,但该公司之所以仍能够胜出,在于它采取的策略根本就不是卖润滑油,而是一种保障。承包商眼里的"价值"并不是机器润滑良好,而是设备正常工作。承包商某台设备停工一小时所导致的损失,远远超出他们整整一年的润滑油开支。另外,承包商如果未能按时完成工程,通常还面临高额的罚款,承包商必须非常精确地计算工期才有可能拿到合同,因此他们必须与时间赛跑。

这家位于中西部的润滑油制造商的策略是,先给承包商的设备进行维护服务分析,然后提出年度维护计划和费用,同时保证承包商的重型设备因为润滑问题停工的时间不超过多少个小时。毫无疑问,维护计划会指定使用该制造商的润滑油。然而,承包商买到的东西并不是润滑油,而是设备的无故障运行,这一点对于他们来说极其可贵。

这些例子看似显而易见,难道不是只要稍微动一下脑筋就想得到,就能制定出这些策略来吗?不过,据说"系统经济学之父"李嘉图曾经说过:"利润不是由与众不同的聪明创造的,而是由与众不同的愚蠢创造的。"这些战略之所以奏效,并不是因为它们高明,而是因为大多数供应商都不动脑筋,不管它们是企业还是公共服务机构,也不管它们提供的是产品还是服务。这些战略之所以奏效,正因为它们是"显而易见的"。那么,为什么这样的战略少之又少?上面这些例子说明,只要提出"顾客真正购买的是什么"这个问题，无论谁都可以赢得比赛。事实上，这甚至不能算是一场比赛，因为赛道上面没有其他人在奔跑。这又做何解释？

一个原因在于经济学家及其"价值"观念。每一本经济学教材都指出，顾客购买的不是一个"产品"，而是这个产品为他们所做的事情。可是，每一本经济学教材在讲完这个概念之后，"价格"就成了唯一的主题。它们所说的"价格"，就是顾客为了获得产品或服务所支付的费用。至于这个产品为顾客所做的事情，永远不会再次提及。令人遗憾的是，无论是产品供应商还是服务供应商，大都听信经济学家的言论。

我们可以说"产品 A 的成本是 X 美元"，也可以说"我们必须把产品价格定在 Y 美元，那样才能收回生产成本，补足资本成本，从而得到足够多的利润"。但我们不能因此得出这样的结论："所以，顾客每买一件 A 产品就必须付 Y 美元。"正确的结论应该是："顾客支付的单价对我们来说就必须是 Y 美元。至于顾客如何支付，取决于他们认为哪种方式最有利，取决于产品为他们做什么事情，取决于哪种方式符合顾客的现实情况，取决于顾客所理解的'价值'。"

价格不是"定价"的全部内容，也不代表"价值"。"这只不过是一些基本的营销知识罢了。"许多读者会提出这样的反驳。说得没错，这确实就是一些营销的基本知识。从顾客获得的效用出发，从顾客购买的东西出发，从顾客的现实情况出发，从顾客眼中的价值出发——这就是营销的全部内涵。只不过，现实依旧是这样的：**只要有人愿意把营销作为战略的基础，就能迅速获得行业或市场领导者地位，而且几乎毫无风险。**

小　结

为某个创新成果选择合适的创业战略是一个高风险的决策。某些创业战略更加适合于某些特定的场合。例如，如果行业内的领先企业年复一年地不改自己的傲慢，沉湎于自己虚假的优势中，那么新进入者就可以采用创业柔道战略。各种不同的创业战略都有自己的典型优势和典型缺陷。

最重要的是，我们越是从用户出发，也就是从他们获得的效用、价值和现实情况出发，创业战略就越有可能取得成功。创新是市场或社会中发生的变化，它能让用户获得更大的产出和更大的财富创造能力。因此，创业始终需要以市场为中心——事实上，必须由市场驱动。

然而，创业战略仍然是创业过程中的一个决策，因此是要承担风险的。它绝不是凭直觉行事或者赌博，而是讲求精确的科学，是审慎分析之后的判断。

利用机会窗口进行系统的创新

系统的创新存在于有目的、有组织地探求变化的过程中，存在于对这些变化可能带来的经济或社会创新机会进行系统的分析过程中。

制定通过系统的分析寻找创新机会窗口的政策，其重要性一点儿也不亚于创业战略（参见第 36 章）以及创业管理（参见第 34 章和第 35 章）。它们是创新与创业中的最重要的三个主题。

七大创新机会窗口

对机会窗口进行分析需要有系统的政策，每 6 个月或 12 个月搜索一遍可能带来机会的种种变化，搜索的范围则是称为"机会窗口"的领域。

创新机会有七大来源，不同来源之间非但没有明确的界线，反而有不少的重合。它们就好像一幢建筑的七扇窗户，分别位于七堵墙上。从每一扇窗户中往外眺望，都能看到从相邻两扇窗户中可以看到的部分景色，但是每一扇窗户正对着的景色都是独特的。

这七大来源包括以下几个方面。

（1）组织自己的**意外成功**和**意外失败**，以及竞争对手的意外成功和意外失败。

20世纪30年代早期，IBM公司开发出人类历史上第一台现代财务处理机，设计时的目标客户是银行。但是，1933年的银行并不打算购买新设备。根据公司的创始人、长年担任公司CEO的托马斯·沃森津津乐道的一个故事，IBM之所以能够绝处逢生，是因为它利用了一次意外的成功：纽约公共图书馆想买一台机器。与银行不同的是，罗斯福新政初期的图书馆资金丰裕，于是沃森把100多台在其他地方卖不掉的机器都卖给了它们。

意外失败也是一个同样重要的创新来源。人人都知道，福特汽车公司的埃兹尔（Edsel）是汽车史上最惨痛的新车型。然而，鲜为人知的是，埃兹尔的失败却为该公司日后的诸多成功奠定了基础。埃兹尔惨败之后，尽管相关的规划、市场研究和设计部门都已解散，但是福特公司已经认识到，汽车市场正在发生一些变化，这些变化背离了福特、通用汽车以及其他所有汽车公司的设计和营销的基本假设。市场细分的主要依据不再是收入，而是我们现在所说的生活方式。福特采取的对策是推出了野马（Mustang）。这个品牌给福特汽车赋予了独特的个性，并让福特公司再次成为行业的领导者。

（2）**不一致性**，尤其是流程（无论是生产还是分销流程）以及顾客行为的不一致性。

爱尔康公司是20世纪60年代最为成功的一家公司，原因便在于它的共同创始人比尔·康纳（Bill Conner）抓住了白内障手术过程中一个不一致问题或一个危险的步骤。他发明了一种酶，使得眼科医生可以省略那个危险的步骤。这是一个在机会窗口中运用**收费站创业战略**的例子，这一点在第36章已有介绍。康纳所做的事情，无非就是在这种酶中添加了一种防腐剂，使它可以保存数月。保存期延长之后，就使得眼科医生随时都可以使用这种产品。于是，眼科医生立刻接受了这种新的制剂，康纳则在全球市场确立了自己的垄断地位。

　　流程的逻辑或节奏存在不一致的现象只是创新机会的来源之一，它们的另一个来源是经济现实之间的不一致。比方说，当一个行业的市场规模在稳步增长，利润率却在不断下降，这便是一种不一致现象。发达国家的钢铁市场在 1950～1970 年就曾发生这种事情，小型钢铁厂这种创新的事物便应运而生。

　　（3）流程需要。

　　基于流程需要的创新，其实组织内每一个人早已知道这种需要是存在的，但通常谁都无动于衷。可是，一旦创新面世，立刻就会被认为是"显而易见的"，并且很快成为"标准"。

　　流程创新需要具备五个条件：

- 独立的流程；
- 流程中有一个环节比较薄弱或者缺失；
- 目标有清楚的定义；
- 解决方案的规格有清楚的界定；
- 大家普遍认为需要有一种更好的办法。

　　为了把潜在流程转化为现实流程，通常需要进行"方案研究"。需要必须是已知的，而且必须有可能判断需要的是什么东西。针对流程需要开展创新的典范是托马斯·爱迪生。在 20 多年的时间里，人人都知道"电力行业"将会兴起。在最后的五六年，大家非常清楚地意识到，**电灯泡**便是那个**缺失的一环**。没有电灯泡，电力行业也就只是空谈。爱迪生在弄清楚什么样的电灯泡才能让电力行业成为现实之后开始研制工作，不到两年就研制出了合适的电灯泡。

　　（4）行业和市场结构的变化。

　　最近几十年来，美国商界最成功的范例之一是帝杰证券公司（Donaldson,

Lufkin & Jenrette）。该公司于 1960 年年初创建，并于 2006 年年初被 E*TRADE 公司收购。创建这家公司的是三位年轻人，他们都是哈佛商学院的毕业生。他们认识到，随着机构投资者成为投资的主流，金融业的结构正在发生变化。这些年轻人几乎没有什么资金，也没有什么人脉关系。尽管如此，他们的公司在使用协议佣金方面成为行业的领导者，并在短短数年内就成为华尔街的业绩明星。它是最早成立股份公司并上市的首家机构投资者。

同样，行业结构的变化为美国的医疗保健机构创造了大量的创新机会。在过去 25 年左右的时间里，独立的外科和心理诊所、急救中心以及健康维护组织（HMO）在全美各地纷纷成立。

电信行业也曾发生同样的事情。行业动荡带来大量商机，既包括数据传输领域（例如，在长途电话领域崛起的 MCI 和斯普林特公司），也包括设备领域（例如，ROLM 这类专用小型交换机制造商的兴起）[⊖]。

某个行业如果正在快速增长，而整个市场的绝大部分份额又被一家规模庞大的制造商或供应商占据，那么利用市场结构的变化开展创新就会非常有效。例如，面对美国联合包裹公司和联邦快递规模的日益壮大，所占市场份额越来越大，美国邮政并没有做出什么反应。美国邮政之所以如此容易受到攻击，原因在于对文件和包裹限时送达业务需求的快速增长。

（5）人口构成情况的变化。

在创新机会的外部来源中，人口构成情况是最靠得住的。与人口构成情况相关的一些事情是可以预先获知的。例如，2020 年美国劳动大军中的任何一个人如今都已出生。由于政策制定者经常忽视人口构成情况，那些留心这些情况并加以利用的人便会大大获益。

日本人之所以在机器人领域获得领先地位，便是因为他们关注人口构成情况。20 世纪 70 年代前后，发达国家的每一个人都知道，那既是一个生育

⊖　ROLM 先是被 IBM 公司收购，后来又被西门子公司从 IBM 手中收购。

低谷，又是一个教育爆炸的时代，至少有一半的年轻人在高中毕业后继续求学，因此制造业可以招到的蓝领工人必然减少，到 1990 年就会面临短缺。谁都知道这一点，但只有日本人对此采取了行动，所以他们在机器人的研制方面领先了 10 年。

（6）观念的变化。

"这只杯子是半满的"和"这只杯子是半空的"两句话，描述的是同一种现象，含义却迥然不同。一位管理者的观念如果能从"半满"变为"半空"，他就能发现许多巨大的创新机会。

例如，所有的事实都表明，40 年来美国人的健康状况有空前的改善——无论是用新生儿死亡率、高龄老人的存活率、癌症发病率和治愈率、器官移植成功率，还是用其他任何指标来衡量，都能得出这一结论。尽管如此，集体性的疑难病症还是困扰着这个国家。人们对于健康的关注或担忧从来没有如此强烈过。突然之间，好像所有的东西不是能致癌，就是会导致心脏退化或记忆力早衰。显然大家认为杯子是**半空的**。

美国人非但没有为健康状况的大幅改善而欢欣鼓舞，反而似乎更加关注离长生不老还有多远。这种思维方式带来了大量创新机会：保健杂志、健身训练班、慢跑器材以及各种各样的健康食品。

（7）新知识。

在可以载入史册的创新中，高居榜首的是以新知识为基础的创新——这里所说的知识包括科学知识、技术知识和社会知识。它们是最耀眼的创业明星，能让创新者名利双收。人们谈到创新，通常指的就是这类以新知识为基础的创新，尽管不是所有基于知识的创新都很重要。

在所需时间、失败率、可预测性以及对创业者构成的挑战等方面，以知识为基础的创新都有别于其他类型的创新。它们的准备时期是最长的，从新知识出现到把它们提炼为可以使用的技术，要有一个漫长的过程。把这种新技术再转化为产品、流程或服务进入市场，又需要很长一段时间。

通常而言，这类创新需要的不只是一种知识，而是需要运用多种知识。例如，计算机就需要至少六种独立的知识：

- 二进制运算。
- 19 世纪上半叶查尔斯·巴比奇（Charles Babbage）关于具备计算能力的机器的构想。
- 赫尔曼·赫勒里斯（Herman Hollerith）为 1890 年美国人口普查发明的穿孔卡片。
- 1906 年发明的一种电子开关——三极管。
- 伯特兰·罗素（Bertrand Russell）和阿尔弗雷德·怀特海于 1910～1913 年提出的符号逻辑概念。
- 编程和反馈概念，源于一战期间失败的高射炮研究项目。

尽管所有这些知识在 1918 年就已齐备，但是世界上第一台可以运算的数字计算机直到 1946 年才问世。

针对这七大机会窗口中发生的变化，我们都应该思考下面这些问题："这是我们开展创新，也就是开发新产品、新服务和新流程的机会吗？它是否预示着新市场和新顾客、新技术、新分销渠道的出现？"创新从来不是没有一点儿风险的，但如果利用的是**已经发生的机会**，无论是在企业内部、市场上和社会上的机会，还是人口构成情况等方面的机会，风险就要比不利用这些机会**小得多**。

创新不是"灵光乍现"，而是一项艰苦的工作。它必须成为企业各部门常规工作的一部分，也必须成为各层级管理者工作的一部分。

试　　点

各种组织都越来越多地使用市场研究和顾客研究等方法，以求降低甚至消除创新的风险。但是，对于全新的事物是无法进行市场研究的，也没有什么事情是第一次就能全部做对的。毫无例外，总会有一些意料之外的问题发生。毫无例外，创新者最初认为很棘手的问题，实际上不值一提甚至完全不存在。特别是，真正奏效的方法毫无例外地不同于最初的设想。只要是全新的东西，无论是产品、服务还是技术，主要市场和主要应用场合总是不同于创新者和创业者的预期，用途总是不同于创新者或创业者的设想，这几乎成了一条"自然法则"。这一点，也不是市场研究或顾客研究能够发现的。

下面这个古老的故事是一个很好的示例。

詹姆斯·瓦特（James Watt，1736—1819）于 1776 年设计并申请专利的改良蒸汽机，在大多数人看来是工业革命的开端。可事实上，瓦特至死都只看到蒸汽机有一种用途：给煤矿抽水。他就是为了这个用途设计这台机器的，也只向煤矿出售自己的蒸汽机。他的合作伙伴马修·博尔顿（Matthew Boulton）才是真正的"工业革命之父"。博尔顿发现，改良的蒸汽机可以用在当时英国第一大产业，即纺织业中，特别是用于棉纺和织布环节。在博尔顿向棉纺厂卖出第一台蒸汽机 10 年或 15 年之后，棉纺织品的价格下降了70%。此举开创了人类历史上第一个大众市场，促生了第一家大规模生产的工厂——随之诞生的是整个现代资本主义和现代经济。

无论是理论研究还是市场研究或计算机模拟，都不能代替**实践的检验**。因此，任何经过改进的东西或新的需要，首先都必须进行小规模的试验，也就是进行**试点**。

试点的方法是在组织内部找一些真正想要尝试这个新鲜事物的人。正如上文所述，所有新鲜事物都会遇到麻烦，这时便需要有人提供支持，需要有人站出来说"我来负责让它取得成功"，然后真正努力促使它成功。这个人必须是一个大家都尊重的人，但并不一定是组织内部的人。找一个真正想要尝试新鲜事物，真正想要与制造商一起让这种新产品或新服务取得成功的顾客，也是一种试点的好方法。

试点成功之后，如果发现一些事先谁也没有料到的问题，同时发现一些事先谁也没有料到的机会（无论是在设计、市场还是服务方面），变革的风险通常就会相当小。经过试点以后，应该在哪里以及如何发起变革，也就是使用哪一种创业战略，通常就会变得相当明确。

小　结

系统的创新政策有助于创新思维的形成，它能让整个组织把变化视为机会。通常而言，这些变化是已经发生或者正在发生的。成功的创新绝大部分都是利用变化带来的机会。诚然，也有一些创新本身就是一种重大的变革。一些重大技术创新，如怀特兄弟发明的飞机，本身就是重大变革。大多数成功的创新只是利用了变化，远没有这么出彩。因此，创新是非常重视分析的，是对通常能够带来创业机会的变化领域进行系统的研究。

创新机会的七大来源各有自己的特征，因此需要对它们进行独立的分析。但是，没有哪一个领域在本质上比其他领域更加重要，或者产出更高。重大的创新既有可能出自对变化征兆的分析（例如，原本以为是产品或定价方面的一次无关紧要的变化，可是意外地大获成功），也有可能出自大规模地应用重大科研成果产生的新知识。

任何全新的或改进的事物，在大规模推广之前都应该先试点。

9

管 理 组 织

MANAGEMENT

组织结构是出现最早、研究最透彻的一个管理领域。但是，我们在组织方面有了一些新的需要，它们不能用人们熟知的并历经检验的"职能制"和"分权制"等结构来满足。于是，一些新的组织结构应运而生，例如任务小组型团队、模拟分权制和系统结构等。我们已经知道，组织并不是从结构开始的，而是从基本结构单元开始的。唯一正确或者普遍适用的组织结构是不存在的，每一个组织必须围绕着适合自己使命和战略的主要活动来设计组织结构。经营、创新和高层管理这三种不同的工作，必须组合在同一组织结构中。组织结构必须既以任务为中心，又以人为中心；既有一条权力轴线，又有一条责任轴线。

战略与结构

导致公司、事业部和部门进行改组的组织研究，在过去几十年里成为一个越来越引人注目的"成长型行业"。每一个组织，无论是企业、政府部门、军事机构、研究实验室、天主教学校、大学还是医院，似乎都处在永无休止的改组过程中。

人们确实有理由关心组织，有理由认为过去的组织结构或"诞生不久"的结构不可能满足机构的需要。特别是，我们已经明白，错误的组织结构会祸患无穷。**尽管最好的结构也不能保证获得理想的结果和绩效，但错误的结构必然会导致糟糕的绩效。**错误的结构会导致人们摩擦不断，情绪低落。它会致使人们把重点放在错误的事件上面，激化无关紧要的争论，并且把鸡毛蒜皮的事情放大得有如巍峨山岳。它会让人们关注短处，而不是关注长处。

因此，组织结构正确是取得理想绩效的前提条件。

直到不久以前，只有规模非常庞大的企业才关心组织结构问题。最早的例子都来自大型企业，例如，阿尔弗雷德·斯隆于 20 世纪 20 年代在通用汽车公司构建的组织结构。

现在我们知道，组织结构在企业从小规模成长到中等规模以及从简单变到复杂时最为重要。小型企业要想成长，哪怕只是想要成长为一个中等规模的企业，都必须深入思考并且构建一个合适的组织结构，即便自己能像小公司那样运营，又能在规模上不断扩大。类似地，对于单一产品、单一市场的企业，多样性或复杂度哪怕增加一分，都会面临重要的组织问题。

过去的最终答案

尽管我们认为组织和管理结构是极其重要的，但是我们的需要已经迅速变化，过去的"最终答案"这件衣服已经不再合身。

在短短的管理史上，我们已经有过两次有关组织结构的"最终答案"。第一次大约是在 1910 年，法国实业家亨利·法约尔在深入思考制造企业的各种职能之后，提出了职能制结构。那时的制造企业确实面临着真正重要的组织问题。他所划分的职能部门，如工程、生产和营销等，仍然适用于今天的制造企业。

一个时代以后，人们可以说又一次"知道"了答案。法约尔为单一产品的制造企业找到了"正确答案"，阿尔弗雷德·斯隆在 20 世纪 20 年代重组通用汽车公司时迈出了第二步，为组织复杂的大型制造企业找到了"正确答案"。斯隆的方法是：在企业的第二层级，即各个"部门"采用法约尔的职能制组织，而在企业整体这个层次上按照**联邦分权制**进行组织。这种结构的基础是**职权分散**与**控制集中**。二战以后，它成为全世界流行的一种组织模式，特别是广泛应用于大型企业中。

又过了一个时代，到 20 世纪 50 年代早期，通用汽车公司的模式显然已经无法解决组织中新出现的一些重大挑战，一如当年斯隆在解决通用汽车的管理难题时，法约尔的职能制无法解决一个巨型企业面临的挑战。

在切合组织的实际情况时，法约尔模式和斯隆模式仍是无与伦比的组织方式。法约尔的职能制仍然是小型企业特别是小型制造企业的最佳组织结构。斯隆的联邦分权制则仍然是经营多种产品的大型企业的最佳组织结构。事实上，只要是在**适合采用**职能制和联邦分权制结构的情境下，新出现的结构没有哪一种能出其右。可是，组织中的现实情况如今越来越不适合采用这两种结构。事实上，这两种模式所依据的假设，已经不再适合于满足大型组织的需要以及应对大型组织所面临的挑战。

传统假设与当前需要

识别组织结构的当前需要的最好办法，也许是把斯隆时期的通用汽车公司的基本特征与组织及其结构的当前需要和现实情况进行对照。

（1）通用汽车是一家生产和销售高技术产品的制造企业。法约尔经营的也是一家生产实物产品的企业，具体来讲就是一家中等规模的采煤公司。我们目前所面对的挑战是对不以制造为主业的大型企业进行组织，这些企业有大型金融机构、大型零售商、全球性的运输公司、通信公司，以及一些虽然也从事制造业务但是以顾客服务为主业的公司（如大多数计算机企业）。另外，还有各种非营利性的服务机构（参见第 12 ～ 16 章）。这些非制造业的机构日益成为发达国家的真正重心，它们雇用的人员最多，创造和占用的国民生产总值比例最大。如今根本性的组织问题便存在于这些机构中。

（2）通用汽车当时和现在都基本上是单一产品、单一技术和单一市场的企业，大部分销售额来自汽车。该公司销售的汽车，虽然在大小、马力和价格等细节方面存在差别，但基本上是同一种产品。

相反，现在的企业大多包括多种产品、多种技术和多个市场，它们的中心问题是通用汽车无须面对的：**复杂和多样化的组织**。

（3）斯隆时代的通用汽车仍主要是一家美国公司。它在美国的汽车行业中占据统治地位，因此在国际汽车市场上排名靠前。从组织上说，美国以外的世界对于通用汽车公司来说是**隔离的、外在的**。

相反，50 年来成长最快的是跨国公司，也就是许多国家和许多市场都同等重要或者至少都很重要的公司。

通用汽车如今也是一家跨国公司，除了北美的核心业务之外，还有欧洲、亚太地区和拉美以及亚洲和中东这三块重要的海外业务。

（4）由于通用汽车当时是单一产品和单一国家的公司，信息并不是一个重大的组织问题，因此无须倾注很多精力。无论是以行业还是以国度论，公司里每一个人说的都是同一种语言，即汽车行业的语言和美国英语。每一个人都充分了解其他人正在做的或者应该做的是什么，因为他自己也在做同样的工作。

通用汽车当时就是（现在也是）按照市场的逻辑以及权力和决策的逻辑来进行组织的。当时，它在组织结构方面无须关注信息的逻辑和流动。

相反，如今有多种产品、多种技术和多个市场的公司，必须注意按照信息的流动设计组织的结构。它们必须确保组织的结构不会违背信息的逻辑。可是，斯隆模式在这个方面对我们并无教益——斯隆时代的通用汽车并不存在这个问题。

（5）通用汽车当时的员工 80% 是生产工人，要么是体力工人，要么是从事例行工作的办事员。换句话说，通用汽车当时雇用的是旧时劳动力，而不是今日的劳动力。

如今的基本组织问题涉及知识工作与知识工作者。知识工作与知识工作者如今在每一个企业都是增长最快的核心要素。

（6）最后，通用汽车是一家**管理型**企业，而不是一家**创业型**企业，即不是一家开创新业务和开发新产品的企业。斯隆模式的长处在于它能对既存的、已知的事物进行出色的管理。通用汽车当时并没有什么创新性，只不过是把众多独立的汽车公司合并在一起。

然而，企业日益面临的挑战是创业和创新。我们需要的是一个既能开展创新，又能施行管理的组织。在这个方面，通用汽车对我们并无教益。

但是，自法约尔那一代人开始考虑组织问题以来，我们当然已经学到了许多东西。我们知道了这是一项怎样的工作，主要方法是什么，什么应该放在第一位，什么是行不通的——虽然不知道什么是一定行得通的。我们知道组织结构的目的何在，因而也知道应该如何检验组织设计是否成功。

（1）我们获知的第一件事情是：法约尔和斯隆关于组织结构不能自然演变的观点是正确的。**组织结构的自然演变只会造成混乱、摩擦和绩效不良。**找到正确的组织结构不能靠直觉，正如希腊的庙宇和哥特式教堂不是直觉的产物一样。传统也许可以揭示问题所在，但无助于问题的解决。**组织设计和组织结构需要思考、分析和系统的研究。**

（2）我们获知的另外一件事情是：设计组织结构并不是第一步，而是最后一步。第一步是识别和组织基本结构单元，也就是那些必须纳入最后结构之中的承担整个组织结构载荷的那些活动。

现在我们知道，基本结构单元是由它们所做**贡献**的类别来决定的。我们还知道，贡献的传统分类方法（传统的美国组织理论把贡献分为**参谋**和**直线**）对于我们理解组织是弊多利少的。

（3）**战略决定结构**。组织不是机械的，不是**装配**，是无法**预制**的。每一个企业或其他机构的组织都是独一无二的，因为组织结构只有按照战略进行安排才会有效。

组织结构是实现组织目标的**手段**，因此结构方面的任何工作都必须从目标和战略入手，这是我们在组织研究领域近来获得的最重要的洞见之一。它看似浅显，而且也确实浅显，但是人们在组织结构方面犯的一些最严重的错误，原因便在于把一种"完美的"或者理论上可行的结构强加给一个活生生的组织。

组织的**战略**决定组织的**目的**。战略便是以下三个问题的答案：**我们的事**

业是什么？它应该是什么？它将来会是什么？一个组织对这三个问题的回答决定了该组织应该从事哪些关键的活动。能让这些活动顺利开展并取得出色绩效的结构，便是一个有效的结构。反过来，这些关键活动便是这个有效结构的**承重件**。组织设计首先要关注的就是这些关键活动。

三种工作

一个组织无论是多么小和多么简单，都必然会包括各种不同的工作。

第一种是**经营管理工作**。它对既有的和已知的事务进行管理、强化，发挥它们的潜力并且解决其中的问题。

第二种是**高层管理工作**。它是一种有着自己的任务和要求的工作，有别于经营管理工作。这一点将在第43章讨论。

第三种是**创新工作**。它也有着不同的要求，有别于经营管理工作和高层管理工作。

正如在本篇以后各章中将要指出的，没有一种现存的组织设计原则能够适用于所有这三种工作。但是，这三种工作都必须得到组织，必须结合成一个统一的组织。

我们应该忘记什么

还有一些东西是我们应该忘记的。组织理论和实践领域一些最为激烈而又最费时间的论战完全是没有意义的。它们争论的是**非此即彼**，其实正确答案应该是**兼而有之**，只不过二者的比重会有所变化。

（1）第一场应该忘记的论战是，工作设计和组织结构应该以工作为中心，还是以人为中心。重复一遍前面已经讲过的观点，**组织结构和职务设计**必须以工作为中心，但**工作任务**必须既要适合于人，又要适合于**情势的需**

要。再重复一遍，工作是客观的、非人性的，工作必须由人来承担。

（2）第二场应该忘记的论战是关于科层组织和自由式组织的争论，与第一场由来已久的争论有一定的联系。

传统的组织理论中只有一种既适用于基本结构单元，又适用于整个组织的结构——所谓的**科层组织**，也就是由上下级构成的一种金字塔形组织。传统组织理论认为，这种结构适合于所有工作。

现在，另外一种组织理论正大行其道。这种理论认为，组织的形态和结构是我们可以随心所欲决定的，它们是或者应该是**自由式的**。所有的东西，无论是形态、大小，当然也包括任务，都是由人际关系产生的。事实上，组织结构的目的就在于让每一个人都能"**做我自己的事情**"。

有关这种争论的第一个错误在于，认为前一种形式是严格控制的，后一种形式则是自由放任的。实际上，这两种组织形式需要同样程度的约束，只不过是这些约束的分布有所不同而已。

科层组织并不像它的批评者宣称的那样，上级掌握更大的权力。相反，科层组织的第一个作用便是保护下级免受上级滥用权力的侵犯。这一结构之所以能够做到这一点，是由于它详细地规定了下级的权力范围，也就是上级不得干预的范围。它让下级可以说"这是分配给**我**的工作"，从而保护下级。对下级的保护作用，也体现在层级原则坚持一个人只能有一个上级这一点上。如果不止一级，下级就可能处于两种互相冲突的要求、互相冲突的命令、互相冲突的利益和互相冲突的忠诚要求之中。有句古老的谚语说："一个坏主人也比两个好主人要好。"

同时，科层组织还给人赋予最大的**个人**自由。履行好了职责就是完成好了工作，除此以外无须承担任何责任。

"**自由式组织**"（free-form organization）这个词容易让人误会。实际上，它指的是按照特定的任务，而不是永恒的目的来设计组织。它指的主要是小组形式或团队形式的工作组织。

这种组织首先要求每一名团队成员都进行严格的自我约束（本篇以后章节会做更详细的探讨）。每一个人都必须做"团队的事情"，都必须对整个团队的工作和绩效负责。亚伯拉罕·马斯洛批评Y理论对软弱、胆小的人（这样的人在组织中占大多数）提出了非人道的要求，其实这种批评更适用于自由式组织。一个组织越灵活，它的成员就必须越强大，承担的工作就必须越多。

在任何一种组织结构中，无论是各个成员还是整个组织都需要有一定的等级层次，因为必须有人做出决定，否则组织就会陷入无休止的自由讨论。知识型组织尤其需要明确界定决策权力和具体的、指定的"渠道"。每一个组织都有陷于共同危险的时候，这时，如果不赋予某个人明确的、毫不含糊的、法定的**指挥权**，所有人都会遭殃。

政治家早就明白，政府的顺畅运行需要良好的法律和良好的管理者。与此类似，组织的构建者也必须明白，合理的组织结构既需要一个权力科层结构，也需要把任务小组、团队与个人长期和临时组织起来的能力。

（3）这些无谓的论战，无论是应该以工作为中心还是以人为中心的论战，无论是应该采用科层组织还是采用自由式组织的论战，都反映了传统组织理论的一种观点，即认为必然存在唯一"正确"而且**永远**"正确"的"最佳原则"，必然存在**一个最终答案**（第7章对这一观点予以了驳斥）。

二战结束以后的30年间诞生了三种新的组织设计原则，而不是"唯一正确"的原则。这三种原则是**团队、模拟分权制和系统管理**。它们以及法约尔的职能制和斯隆的联邦分权制，都是可供企业选择的组织结构形式。然而，这三种原则没有一种是"普遍适用的"，而是各有严重的结构缺陷和有限的适用范围。当然，对于某些种类的工作来说，它们是最好的答案；对于某些任务来说，它们是最好的结构；对于高层管理和许多行业的创新等重大问题来说，它们是最好的解决方法。

组织的基本结构单元

人们在设计组织的基本结构单元时常常需要回答三大问题：

- 组织应该由哪些基本结构单元组成？
- 应该把哪些基本结构单元结合在一起，把哪些分开？
- 不同基本结构单元的最佳规模和形式是怎样的？

确定基本结构单元的传统方法是对组织取得绩效所需的全部活动加以分析，由此得出各项典型职能的一张清单。无论是零售企业、制造企业，还是服务组织，都这样操作。

以这种方法对待职能是以机械的眼光看待组织，认为它们是不同职能的集合。然而，尽管组织的确会开展这些典型的活动（当然未必全部需要），但是组织的结构取决于想要得到的结果。**组织结构必须从预期的结果出发**。

关键活动

我们必须了解的并不是组织结构中可能包括的所有活动，而是其中承载重量的部分，即各项**关键活动**。

因此，组织设计应该从以下问题开始：

- 为了实现公司的目标，哪个领域必须有出色的表现？
- 哪些领域的绩效不佳会危及企业的成果，甚至危及企业的生存？

我们通过一些例子来看这些问题可能导出什么样的结论。

美国的西尔斯公司和英国的玛莎百货在许多方面惊人地相似，这当然与玛莎百货的创始人有意识地模仿西尔斯公司有关。不过，这两家公司在"实验室"的组织安排和作用上面却有着显著的差别。西尔斯公司把自己的业务界定为**美国家庭的采购员**，并利用自己的实验室检验采购来的商品，于是尽管该公司的实验室规模大、能力强而且受尊重，但是从组织的角度去看它的地位并不高。与此形成对照的是，玛莎百货把自己的业务界定为给工薪阶层家庭开发上等阶层水平的商品，因此它的实验室在组织结构中处于中心地位。需要什么样的新产品，决定权在实验室而不在采购人员。产品的开发、设计、测试和生产也均由实验室负责。直到产品生产出来，采购人员才开始接手。于是，玛莎百货的实验室负责人是公司的高层管理人员，并且从许多方面来看他都是业务的主要规划者。

任何一家对成功有所理解的公司，都会把关键活动，特别是把为了实现经营目标而必须有出色表现的关键活动，作为组织结构的核心要素。

下面这两个问题也同样重要："在什么领域表现不佳会使我们遭受严重的损失？我们的主要弱点在什么领域？"可是，很少有人提出这些问题。

纽约的证券经纪公司在生意红火的 20 世纪 60 年代很少问过这些问题。它们当初如果提出了这些问题，就会发现：处理顾客订单、顾客账户和证券的"后台办公室"绩效不佳会严重危及企业。1969～1970 年那场席卷华尔街的金融危机，最重要的原因便是这些公司没有把后台办公室作为一项关键活动。思考过这些问题的美林证券把后台办公室视为组织结构中**承重的关键**，它在这场危机中成为证券经纪行业的巨头。

最后要提出的问题是："什么**价值**对于公司是最重要的？"答案可能是产品质量，也有可能是公司的经销商向顾客提供良好服务的能力，或者产品和流程的安全等。不管这些价值是什么，它们都必须在组织中得到体现，必须有一个基本结构单元，而且是一个关键的单元对这些价值负责。

上述三个问题有助于识别关键活动，而这些关键活动又将成为组织的承重结构单元。至于其他活动，无论它们有多么重要，无论它们意味着多少资金，无论它们雇用了多少人员，都是次要的。显然，它们也必须得到分析和组织，并且安排到组织结构中，但是首先要关心的是对于落实企业战略和实现企业目标至关重要的那些活动。后面这些关键活动，必须得到明确界定和妥善组织，并安排到组织结构的核心位置。

这意味着，企业只要调整自己的战略，就必须分析自己的组织结构。企业无论是出于市场或技术发生变化，开展多元化经营或者确立新的目标，还是因为别的原因调整自己的战略，都必须对关键活动进行分析，并且对组织结构做出相应的调整。反过来，在战略没有改变的情况下调整组织结构，要么是多此一举，要么意味着调整后的结构是不合适的。

贡献分析

自从人们开始关心组织结构以来，争议最大的问题就是："哪些活动应该合在一起，哪些活动又应该分开？"

其实，如果按照活动所做的贡献进行区分，它们大致可以分为四大类：

第一类是**产生成果的活动**。它们是产生可以度量的成果并与整个企业的绩效直接或间接相关的各种活动，其中有一些是可以直接产生收入的。

第二类是**支持性活动**。这些活动虽然是必需的，甚至是有重大意义的，但它们本身并不产生成果，只有企业中的其他部门利用了它们的"输出"以后才能产生成果。

第三类是**辅助性活动**。这些活动与企业成果没有直接或间接的关系，是**内务活动**。

第四类在性质上不同于前三类活动中的任何一类，它们是**高层管理活动**。本书将在第 43 章对其进行单独论述。

在产生成果的活动中，有一些能够直接带来收入。在服务机构中，它们是直接关乎"治病救人"或者"学习"的那些活动。销售活动以及有系统、有组织地开展销售工作所需的各种活动，包括销售预测、市场研究、销售培训和销售管理等，就属于这个类别。财务职能，即企业的资金供应和管理也属于此列。

在产生成果的活动中，第二种是那些并不直接产生成果，但是与整个企业或某个重要的成果创造单位的成果有着直接联系的活动。为了区别于前一种活动，我称之为**对成果有贡献的活动**。

生产就是这类活动的典型。人员招聘、培训和使用也属于这类活动。它们涉及给企业提供受过培训的合格人员。采购和实物运送属于对成果有贡献但不产生收入的活动。另外，大多数组织里的"工程"也是一种对成果有贡献但不产生收入的活动。商业银行的数据和文件处理等"作业"活动、人寿保险公司的理赔业务，也都属于这一类。劳资谈判以及许多其他类似的"关系"活动，虽然不能产生收入，但都是对成果有贡献的活动。

第三种产生成果的活动（或者对成果有贡献的活动）是**信息活动**。尽管信息活动产生每一个人都需要的"最终产品"，但是信息本身并不会产生任何收入。对于收入中心和成本中心，信息都是一种"耗材"。

支持性活动本身并不生产产品，而是为其他活动提供输入。第一种支持性活动是**道德活动**。这些活动给企业的所有关键领域设立标准、树立愿景，并且提出追求卓越绩效的要求。用"道德"这个词来描述这些活动看起来有些奇怪，可是恰如其分。道德活动的任务不是帮助组织改进现有的活动，而是让组织遵守各种标准，同时提醒大家有哪些事情是应该做可又没有做的。

道德活动在大多数企业都不受重视。其实，每一家公司（以及每一个服务机构）都必须为自己以及公司的管理者提供愿景、价值观、标准，以及根据这些标准进行绩效评估的有关规定。

另一种支持性职能是**咨询和教育**。它们的贡献不在于活动本身做什么或者可以做什么，而在于对其他人的行事能力的影响。这类活动的"产品"使其他组织成员的业务能力得到了提高。

许多"关系"方面的活动，如法律顾问或专利部门的活动，也都是支持性活动。

按贡献划分的最后一类活动是**辅助性活动**，包括从医务部门到清洁工人，从工厂食堂到退休金和养老金的管理，从寻找厂址到保管政府所要求的记录，等等。这些职能对企业的成果和绩效没有直接贡献，但如果出了问题就会对企业造成损害。它们的作用是满足法律上的要求、提高员工的士气和承担公共责任。它们是所有各种活动中最繁杂的，在大多数组织中也是最不受关注的。

这种分类很粗略，也谈不上科学。某些活动在这家企业可能划归某一类，换一家可能划归另一类，再换一家则可能模糊不清，根本不做区分。

那么，为什么还要分类呢？答案是：贡献不同的活动，必须用不同的方式对待。活动的贡献决定活动的**排名**和**安排**：

- 关键活动绝不能排在非关键活动之后；
- 产生收入的活动绝不能排在不产生收入的活动之后；
- 支持性活动绝不应与产生收入的活动以及对成果有贡献的活动混在一起，而是应该分开。

"道德"活动

一个组织的道德活动绝不应该排在任何其他活动之后，也不应该与其他活动混在一起，而是应该截然分开。

树立愿景、设定标准以及对照标准进行绩效评估的道德职能，基本上属于高层管理职能。但是，它又必须与整个管理团队通力合作。每个企业，哪怕是小型企业，也必须有这项职能。小企业不必单独设立道德职能，而是可以把它作为高层管理工作的一个组成部分。但是，达到或超过中等规模的企业，通常都必须单独设立道德职能，并且配备专职人员。

但是，实际从事这项道德工作的人应该非常少。这是由一个人而不是由一组人来承担的工作。这个人必须靠自己的绩效赢得管理团队的尊敬，而不应该是这方面的"专家"。最好的人选是一个绩效得到了长期检验，对道德工作十分关心，有深刻的理解和浓厚的兴趣，而且愿意成为这个道德领域里的典范的高层管理人员。

只有那些对于公司的成功和生存至关重要的极少数领域，才应该划归道德领域。企业的目标和战略决定了企业需要哪些道德活动。人员管理和市场营销始终属于道德领域。企业对环境的影响、对社会的责任以及同外界社群的关系，也属于基本的道德领域。创新（无论是技术创新还是社会创新）对于任何一个大型企业来说，也是一个道德领域。

但是，除此以外，就没有什么规则可循了。

对这些从事道德活动的少数几位高管，通常应该对他们的任期加以限制。一位负责道德活动的高管无论多么受尊重，无论过去多么成功，他的品格或受人欢迎的程度最终必定会下降。这是高层管理人员为自己辉煌的职业生涯画上句号的一个好地方。如果从事这项工作的人还比较年轻，那么就应该在几年以后将其调离，而且最好是回到"实干"的工作中去。

发挥参谋服务人员的效能

从事咨询和教育活动的人员，也就是参谋服务人员，也应该服从类似的严格规则。

规则的数量应该很少，而且只应该在关键活动领域设立。参谋服务工作卓有成效的秘密，在于集中精力而不是忙忙碌碌。

从事咨询和教育的人员绝不能试图每样事情都做一点，而是应该专注于极少数的关键领域。他们不应该为每一个人服务，而是应该选择几个领域——管理者愿意接受，因此无须"推销"该种服务的领域，而且成功后将会对整个公司产生最大影响的领域。

参谋服务人员及其活动应该保持精简。

性格适合于这项工作的人并不是很多。一个人要做好咨询和教育工作，就必须真正希望别人建功立业。这项工作要求他从以下目标出发：首先，让别人能做他们想要做的任何事情，只要那件事情不是不道德的或者不合理的就行；其次，这项工作要求他有让别人学习的耐心，而不是独自去完成工作；最后，这项工作还要求他不以自己靠近权力中心的总部职位之便玩弄权术、操控时势和拉帮结派。具有上述这些品质的人并不多。如果让不具有这些品质的人来从事参谋服务工作，那么只会有害无益。

咨询和教育人员要遵守的一条基本规则是：在开始一项新的活动以前，就要放弃一项旧的活动。否则，他们很快就会开始"创建自己的帝国"或者生产"罐头食品"，也就是只顾写各种方案和备忘录，而不是去帮助那些从事生产活动的人员**获取知识和提高取得杰出绩效的能力**。他们还会被迫使用二流的人，而不是任用能力超群的人。只有要求他们在接手新的活动以前就放弃旧的活动，才能让参谋服务部门针对每一项工作派出真正一流的人员。

咨询和教育人员绝不应该参与"经营"。人力资源部门的人有一个普遍的缺点就是直接参与经营活动。他们亲自参与劳资谈判，做许多类似于管理食堂这样的内务工作，或者直接做培训。结果，应该做的咨询和教育工作却没有做，因为这些工作总是可以推迟一些，于是解决经营活动中的"日常危机"便占据了优先地位。

咨询和教育工作不应该成为一种职业。它是管理者或专业人员在成长过程中应该有的一段经历，而不是一个人应该长期担任的常规工作。如果成为一种职业，它会使人腐化，使任职者蔑视"那些愚蠢的经营人员"，也就是蔑视勤勉的工作。它会强调"聪明"，而不是"正确"。它还会让任职者有挫折感，因为它不能让任职者取得属于自己的成果，而只能取得第二手的成果。

然而，在没有指挥权的情况下去努力取得杰出的绩效，却是一种很好的培训和开发，是对性格和能力的一种严峻考验。这也是每一个晋升为高层管理者的人应该具有的一种经验，但又是任何人都不应该接触太长时间的一种工作。

信息的两个方面

信息活动是组织中的一个特殊问题。它有两个方面、两个维度和两个方向。与大多数产生成果的其他活动不同，信息活动不是仅与过程的某一个阶段有关，而是与**整个过程**有关。这意味着信息活动必须既是集中化的，又是分散化的。

传统的组织图用连向"领导"的两条不同的线来表示这一点。其中，实线连向信息接受单位的负责人，虚线连向中央信息部门。例如，公司的财务月报可能需要交给运营部门的负责人和公司的会计师。

由此可以得出一个结论：信息工作应该与其他各种工作分开。美国企业经常违背这条规则，它们把会计（一种传统的**信息活动**）作为财务管理（提供和管理资金是一种**产生成果的经营活动**）的一部分。这些企业这么做的理由是，这二者都"跟钱打交道"。实际上，会计所处理的并不是钱，而是数字。这种老方法的后果是削弱了财务管理。

信息活动方面的难题是，信息活动哪些应该是合在一起的，哪些又是应该分开的。现在，人们热衷于谈论"全面整合的企业信息系统"，这意味着所有的或者至少是大多数的信息活动应该集中在一个部门。如果这意味着那些新的、不同的信息活动（如企业资源计划系统）不应该属于传统的会计部门，那么这一点是对的。但是，二者应该协调一致，还是应该相互独立？

内务活动

按照贡献划分的最后一类活动是内务活动（辅助性活动）。它们应该与其他工作分开，否则就无法完成。这倒不是因为这些活动特别困难——有一些确实比较困难，还有许多并不困难。问题在于它们与成果之间甚至连间接的联系都没有，因此经常受其他部门的蔑视。

美国医疗保健成本剧增的一个主要原因，就是医疗机构在管理上忽视"住院服务"。医院里掌权的人，也就是医生和护士，全都知道住院服务工作至关重要，因为除非病人在住院期间感到舒服、吃得好，床单经常更换、房间经常清扫，否则他们就会更加难以康复。但是，对于医生、护士和 X 光技师来讲，这些并不是专业工作。他们不愿意做出一点点让步，以便这项工作的负责人可以把工作做得更好。他们也不愿意有这方面的人进入医院的高管层。于是，医院对住院服务工作放任自流，这就意味着住院服务往往又差又贵。

甚至有一些关系到巨额资金的活动，也常常受到忽视。例如，美国很少有公司对养老基金的管理给予足够多的关注，尽管这些基金涉及的金额巨大。因为这似乎是一项与经营成果没有任何联系的活动，因此是应该外包出去的。

解决办法之一就是把内务活动交给员工团体去做。这些活动是为员工服务的，所以最好交由员工管理，或者外包给专门管理养老基金或者经营食堂的公司。

但是，只要公司的管理当局还在处理这些事情（选择厂址和建造工厂是一家公司必须自己来做或者至少必须积极参与的），就应该把它们与其他的工作分开。它们要求不同的人员、不同的价值观念、不同的衡量标准，而且无须管理当局过多地干预。

总的规则是：凡是做出同样贡献的活动，不管它们属于哪个专业领域，都应该集中到一个部门进行管理。做出不同贡献的活动，则一般不应该放在一起。

所有的咨询和教育活动，无论是人事、制造、营销，还是采购方面的，全都集中到一个"服务部门"并交由一位管理者统管，这是完全可行的，而且通常是最好的办法。类似地，除了大型企业之外，都可以只由一个人负责主要道德领域的工作。对职能起决定作用的，是贡献而不是技能。

决策分析

通过确定关键活动并对它们的贡献进行分析，我们便可以对组织的基本结构单元做出界定，但在确定这些单元的结构之前还必须做好两件事情：**决策分析**和**关系分析**。

实现绩效目标**需要做出哪些决策**？这些决策是什么类型的？应该在组织的哪一个层级做出这些决策？它们涉及或者影响到哪些活动？因此必须参与决策或者至少事先征求意见的管理者有哪些？决策做出之后应该获知的管理者又有哪些？决策分析应该从回答这些问题开始。

一家大公司的管理者必须做出的 5 年期决策，有 90% 以上是"典型的"，而且可以归为少数几种类型。如果事先对问题做了深入的思考，只有少数情况才必须提出"这项决策应该归属于哪里"这个问题。但是，由于没有做决策分析，几乎有 3/4 的决策必须"寻找归属地"，而且大多数会提交给比实际需要高得多的管理层级上去。公司把组织活动安排到一些结构层级很低的部门，这些部门既没有权力，也没有足够多的信息做出这些决策。

任何一项企业决策的性质都取决于以下四个基本特征。

第一个特征是决策涉及**时效的长短**。公司有多长时间受这项决策的限制？它在多长时间内可以撤销？

一些零售公司的采购人员在采购数量方面实际上不受限制，但是如果没有整个采购部门负责人（一般是公司的二把手或三把手）的批准，任何采购人员或采购主管都无权停止采购某种产品或者新增一种产品。类似地，大型商业银行的外汇交易员在交易金额上所受限制也很宽松，但是如果没有银行相关高管的批准，他不能开启一种新外币的交易。

第二个特征是决策**对其他部门的影响**，对其他领域或整个企业的影响。如果决策只影响一个部门，它就属于最低层级的决策，应该交由比较低的层级去做。否则，这项决策就应该交给一个足够高的层级（高到足以考虑到这项决策对所有相关部门所造成的影响），或者与受影响的各个部门的负责人密切磋商之后做出。用行话讲，就是一个部门的流程和绩效的"最优化"，不能损害其他部门的利益，否则就是不良的"次优化"。

一个看似只影响某一个领域的纯"技术性"决策，实际上有可能影响到许多领域。大规模生产的工厂改变零部件库存管理方法就是一个例子。它将影响所有的生产工作，并要求装配线做出重大改变。它还会影响交货，甚至还有可能引起营销和定价方面的重大变化，例如废弃某些款式和型号的产品。尽管库存的技术问题也相当重要，但是相对于因为库存方法的改变而在其他领域导致的问题，它们显得微不足道。牺牲其他领域实现库存方法的"最优化"，是不能允许的。但是，只要把这个决策权交给一个相当高的管理层级，并把它作为一项影响整个流程的决策来对待，就可以避免发生这种情况。这就意味着要么把它交给高于工厂的管理层级，要么与各个部门的管理者密切磋商。

一项决策的性质还取决于它所包含的**定性因素的多少**。定性因素包括基本行为准则、道德价值观、社会和政治信念等。如果涉及这些因素，这项决策的级别就要提高，并由较高的管理层级拍板或者审核。在所有定性因素中，人是最重要而又最常见的因素。这就是为什么我们在第 27 章中强烈建议高层管理者要积极参与中上层管理者的提拔决策。

最后，决策还可以按照它们是**定期重复发生**的还是**不常发生**的进行划分。重复发生的决策要求建立一般规则，也就是确立决策原则。例如，由于员工停职是一个涉及个人的决策，因此它的一般规则应该由组织中相当高的管理层级来制定。至于把这个原则应用于具体的事例，虽然也是一种决策，但它是可以放在一个低得多的管理层级上去做的。

然而，不常发生的决策必须作为特殊事件对待。这种事件一旦发生，就必须进行深入的思考。

决策始终应该放在**尽可能低的层级，尽可能地靠近活动的现场**。但是，它们又始终应该放在**高得足以确保受影响的所有活动和目标都能得到充分考**

虑的层级。前一条规则讲的是决策应该低到什么层级；后一条规则讲的是它可以低到什么层级，以及什么人应该参与这项决策，什么人应该知晓这项决策。这两条规则合起来就能确定某项活动应该安排在什么位置上。对某项决策承担责任的管理者，他的层级应该高到足以有权做出与自己工作有关的"典型决策"，又应该低到对"活动现场"有详细的了解和第一手的经验。

关系分析

设计组织基本结构单元的最后一步是关系分析。它的作用是告诉我们某一个单元应该放在哪里。

在组织结构中安排活动的基本原则，是让它的关系尽可能少，并让那些关键的关系（即决定其成功与贡献的关系）尽可能简单、易于理解并且成为该单元的中心关系。简而言之，就是让关系尽可能少，并且每一项都很重要。

这条原则说明了为什么各个部门不能是相关技能的集合。例如，如果遵照传统的组织理论，生产计划就要归入各种计划人员所属的计划部门。可是，生产计划所需要的技能，与所有其他生产安排活动所需要的技能是密切相关的，于是我们就把生产计划人员归入生产部门，并让他们尽可能地靠近生产经理和一线主管。按照工作关系，这就是生产计划人员的归属。

按照决策分析进行安排和按照关系分析进行安置经常会发生冲突，我们通常应该尽可能地遵守关系的逻辑。

结构不合理的症状

世间不存在十全十美的组织结构，它顶多是不制造麻烦罢了。但是，在设计组织的基本结构单元并把它们组合在一起的时候，最常见的错误是什么？组织结构中存在严重缺陷的常见症状又是什么呢？

组织结构不当的最常见和最严重的症状，就是管理层级越来越多。设计组织结构应该遵守一条基本规则：层级尽可能少，指令链尽可能短。

每增加一个层级，就会制造更多的噪声，使信息造成更大的失真，从而增加相互理解的难度。每增加一个层级，就会增大目标歪曲和注意力分散的程度。链条上的每一个环节都会制造压力，都是一个保守、摩擦和懈怠的来源。

组织结构不当的第二个最常见症状是组织问题一再发生。人们认为某个组织问题刚刚得到"解决"，没想到它立即改头换面又出现在人们面前。

产品开发的归属问题是一个典型的例子。营销人员认为它应该归自己管，研发人员同样坚信它应该归自己管。但是，无论把这项工作交给哪一个部门，都会造成重复发生的问题。事实上，无论把它划归其中哪一个部门都是错误的。在一个想要创新的企业里，产品开发是一项产生收入的关键活动，不应从属于任何其他一项活动，而应该成为一个独立的部门。

要想解决重复发生的组织问题就必须做出正确的分析——关键活动分析、贡献分析、决策分析和关系分析。如果一个组织问题再三发生，那就不能采用机械的方法，试图通过在组织结构图上简单地移动几个代表各个部门的小方框予以解决。发生这种情况表明对于组织结构没有想清楚，没有搞明确，没有理解透。

另外一种同样普遍和同样危险的症状是：**组织机构使得关键人员把注意力放在不恰当的、不相关的次要问题上**。组织应该关注重大决策、关键活动以及绩效和成果。如果不是这样，而是关注行为是否合适、礼仪是否得体或者程序是否规范，那么组织就是关注错了方向。那样的话，组织就会成为取得出色绩效的绊脚石。

另外还有几种常见症状，不用做进一步判断就可以确定那是因为结构不当所引起的。第一种症状就是**有太多的人要参加太多的会议**。

无论在什么时候，管理者（最高层管理者除外）花在会议上的时间如果超过一定的比例（可能是 1/4 或更少一些），就明显意味着结构不当。会议过多表明职务界定不清、职责范围太窄、责任不够分明。会议过多还表明决策分析和关系分析要么是根本没有做，要么是做了但没有付诸使用。在这个方面，设计结构应该遵守的规则是：尽可能减少需要把大家召集到一起才能做事的情况。

在一个组织中，如果人们总在关心感受问题和其他人的喜恶，那么这个组织就不是一个有着良好人际关系的组织。相反，这是一个人际关系糟糕的组织。良好的人际关系就像得体的行为方式一样，都是出于自然的。如果需要时刻担心别人的感受，那么这种人际关系就是最糟糕的。

一个组织如果有这个毛病（许多组织都有这个毛病），那就可以毫不含糊地说它已经超员。这是从活动的角度来说的。人们不是全神贯注于那些关键活动，而是什么事情都想做一点——特别是在咨询和教育方面，这也有可能表现为某些活动超员。房间里面挤了太多的人，彼此弄得心神不安，你碰到我的眼睛，我踩到你的脚趾。如果人们都有足够大的空间，就不会发生碰撞。超员的组织只会没事找事，而不是想着如何提升绩效，它们会导致员工敏感、烦躁、担心彼此的感受，摩擦不断。

一个组织如果依赖于**"协调员""助手"**或者其他没有固定职务的人，那么这也是结构不当的一种症状。它表明各项活动和职务设计得过于狭窄，或者表明设计这些活动和职务的目的不是为了取得某个明确的成果，而是为了同时承担许多不同种工作，但是每一种都只做一部分。这通常也意味着各个部门是按照技能，而不是按照它们在整个流程中的地位或贡献进行组织。实际上，一项技能所做的贡献通常不是一项完整的成果，而只是其中的一部分，就需要有一个协调员把这些部分结合在一起，可是这些部分本来就是不应该分开的。

慢性病"组织结构癖"

许多企业，特别是复杂的大企业，都患有"组织结构癖"这种慢性病。在这种组织里人人关心组织问题，并且不断重组。只要露出麻烦的征兆，哪怕只是一个采购人员与工程人员对某种物品的规格有些争执，就都会吵到"组织医生"（外部的咨询人员或内部的参谋人员）那里去。没有一个关于组织结构的解决方案能够得以长期维持。事实上，组织安排常常是还没有得到充分的检验，另一项组织研究就已经启动。

在某些情况下，这种做法实际上就表明组织不当。如果没有抓住组织结构的基本要点，组织就会患上"组织结构癖"。特别是，组织如果在规模大小和复杂程度，或者企业的目标和战略方面发生重大变化，可又没有重新思考并调整结构，就会患上"组织结构癖"。

正因为"组织结构癖"是臆想症的一种，所以需要强调的是：不应该经常和随意地进行结构调整。结构调整就像外科手术，哪怕再小，也是有风险的。

对于一有小毛病就进行组织研究或者结构调整的要求，应该予以抵制。没有一个组织会是十全十美的，一定程度的摩擦、矛盾和混乱，是在所难免的。组织结构是否完美，不是纸上谈兵，而是要经得起绩效的检验。

小 结

在短短的管理史上，我们已经两次认为找到了关于组织结构的正确答案。第一次是一战期间亨利·法约尔的"职能制"，第二次是 20 年后阿尔弗雷德·斯隆的"联邦分权制"。在切合组织的实际情况时，它们仍然是最佳的组织结构。但是，它们越来越不符合我们面临的实际情况，于是我们不得不设计新的组织原则，现在我们一共有五种组织原则。

100 年来，我们在组织领域获知甚多。我们现在已经知道有效的组织应该满足哪些规范；知道我们必须在同一种结构中组织三种截然不同的工作，即经营管理工作、高层管理工作以及创新工作；知道组织结构必须服从组织战略，因此结构不是机械的，而是必须按照组织的目的和目标确定，并且建立在实现目标所需的关键活动之上；知道设计组织结构必须从"基本结构单元"开始；知道哪些活动应该结合在一起，哪些应该分开；知道组织结构不合理的症状有哪些；知道并不存在唯一正确的组织结构（参见第 7 章）。

组织结构合理并不能保证组织绩效出色，但是结构不合理必然妨碍组织取得出色的绩效——**绩效是检验组织结构的标准**。

以工作和任务为中心的组织结构

如今的组织设计师可以使用**五种设计原则**，即五种组织活动和排列关系的不同方式。其中有两种是传统的，它们分别是法约尔的职能制和斯隆的联邦分权制。

还有三种模式是新的，它们分别是团队组织、模拟分权制和系统结构。

这五种组织设计原则，每一种都是为了满足特定需要而发展起来的。因此，它们给人的第一印象就是：它们只不过是一些权宜措施，而不是组织设计，更谈不上有什么逻辑。但事实上，它们各自代表着**不同的设计逻辑**，各自围绕着管理组织某一个**大的方面**构建相应的结构。

正式规范

组织结构必须在以下各个方面满足最低要求：明确性、经济性、思想的方向、个人对自身任务及共同任务的理解、决策、稳定性与适应性，以及长期存续与自我更新。

（1）**明确性**。每一个管理单元、每一个人，特别是每一位管理者，都必须了解自己属于哪里，处在什么位置，以及应该到哪里去获得所需要的信息、协作或决策等。明确绝不等同于简单。事实上，有些看似简单的组织结构可能并不明确，有些看似复杂的组织结构却非常明确。

在一个组织结构中，人们如果不借助一本详细的组织手册就不知道自己属于哪里、应该去哪里、处在什么位置，那就会造成摩擦、时间浪费、纷争和烦恼以及决策延误等不良现象，从而成为绊脚石，而不是一种助力。

（2）**经济性**。与明确性密切相关的一项要求是经济性。组织结构应该能让管理者做到：人们取得出色的绩效，只需要施加极小的控制、监督和劝诫。组织结构应能使人们实行自我控制，并且鼓励人们进行自我激励。组织结构应该尽可能减少人们（特别是那些工作能力特别强的员工）把时间用在维持组织的正常运转上面。

任何一个组织都会因为维持正常的运转而消耗一些能量，都会在"内部控制""内部沟通"和"人员问题"上面花费一些时间。但是，**一个组织用于维持运转所消耗的"投入"越少，它的"产出"就会越多**，这样的组织就越具有经济性，最终转化为绩效的"投入"也就越多。

（3）**思想的方向**。组织结构应该让每一个人和每一个管理单元都把思想放在绩效上面，而不是放在努力上面。它应该让大家把思想放在成果上面，也就是放在整个组织的绩效上面。

绩效是所有活动的目的。事实上，我们可以把组织过程比作传送，它把各种活动转化为"动力"——绩效。这种传送越是"直接"，即越是无须为了取得出色的绩效而改变各种活动的速度和方向，组织就越富有效率。在工作中，应该让尽可能多的管理者成为实干者，而不是成为"专家"或"官僚"，应该用业务绩效和成果检验尽可能多的管理者，而不是主要用管理技能或专业能力上的标准去检验。

（4）**理解个人任务和共同任务**。一个组织还应该让每个人，特别是让每一名管理者和每一名专业人员，都理解自身的任务。

一个组织同时也应该让每一个人理解共同任务，也就是整个组织的任务。为了把自己的努力与共同利益联系起来，每一名组织成员都必须了解自己的任务是如何与整体任务保持一致的。反过来，每一名成员都必须了解整个组织的任务对自己的任务、贡献和方向有着什么样的意义。因此，组织结构必须能够促进沟通，而不是妨碍沟通。

（5）**决策**。现有组织设计原则没有一种主要是以"决策模式"为中心建立起来的。但是，人们必须做出决策，必须就正确的问题在合适的层级做出决策，而且必须把决策转化为工作和成绩。因此，在检验组织结构时还必须考察它对决策过程起的是妨碍作用还是强化作用。

组织结构如果迫使人们把决策权交到组织中尽可能高的管理层级，而不是交由尽可能低的管理层级做出，那么这个结构显然是在妨碍决策过程。类似地，一种决策结构如果使得做出重大决策的需要变得模糊不清，或者把大家的注意力集中在错误的问题，例如管辖范围的争执上面，那显然也是起妨碍作用。

（6）**稳定性与适应性**。一个组织需要足够的稳定性。哪怕外面的世界已经一团糟，它也必须能够正常运转。它必须能够在过往绩效和成绩的基础上继续前进，必须能够对未来和连续性进行规划。

每一个组织成员都需要有一个"大本营"。没有人能够在候机厅里完成很多工作，也没有人能够刚刚走马上任就成绩斐然。人都需要归属于一个"社群"，一个大家相互了解、关系牢固的人群。

但是，稳定不是僵化。相反，组织结构还必须具有适应性。极其僵化的组织结构是不稳定的、脆弱的。组织结构只有能够适应新情况、新需求和新条件，才能继续存在。

（7）**长期存续与自我更新**。最后，一个组织还必须能够使自己长期存续，能够实现自我更新。这两种需要引发了一些要求。

　　一个组织必须能够从内部产生未来的领导者。为此，一项最低要求是，管理层级不能太多。如果能干的人在 25 岁就开始担任管理职务，却不能经过正常的升迁，在他还相当年轻和富有效率的年纪做到高层管理职位，那层级就太多了。

　　组织要实现自我更新，必须满足的一个要求是：在每一个层级上都为更高一个层级培养和考察管理者，特别是对目前的基层和中层管理者进行培养和考察，为他们担任高层和最高层职位做准备。为了实现长期存续和自我更新，组织结构还必须能够接纳新的思想，并且愿意和能够做一些新尝试。

满足规范

　　这些规范显然有一些是互相矛盾的。没有一种组织设计原则能够完全满足上述所有规范。但是，凡是能够取得出色绩效并存续的组织结构，都必须在某种程度上满足上述所有规范。这意味着妥协、取舍和平衡，这也意味着即便是一个简单的组织，也有可能应用多种组织设计原则，而不只是一种，因为上述规范中如果有任何一种没有完全得到满足，企业就无法正常运转。因此，人们在设计组织时必须充分理解各种组织设计原则，理解它们的要求、局限性以及它们与各种设计规范的匹配程度。

　　首先，我们要了解这些设计原则的内在逻辑。"职能制组织"和"团队组织"是以**任务**和**工作**为中心的。"联邦分权制"和"模拟分权制"是以**结果**为中心的。"系统结构"是以关系为中心的。

组织工作的三种方式

　　所有的工作，无论是体力工作还是脑力工作，都可以采用三种方式进行组织。第一种方式是分成**先后几个不同的阶段**。我们在建房时先打地基，然后建框架和屋顶，最后才搞内部装修。

第二种方式是**把工作送到每一个工序所需技能或者工具所在地**。例如，传统的金属加工车间，就是把铰床和车床摆一排，冲床摆一排，热处理设备摆一排，然后把工件依次送到这些由熟练工人操作的设备上去加工。

第三种方式是拥有不同技能和使用不同工具的一组人员围绕着工件开展工作，而工件本身固定不动。电影摄制组就是如此，导演、演员、灯光师、音效师等，都聚集在片场进行拍摄。每一个人都做着自己那份非常专业的工作，但他们是一个真正的团队。

人们认为"职能制组织"就是把工作组织成"相关技能的集合"。事实上，它兼有按阶段组织和按技能组织的特点。制造和营销等传统职能中包含着许多互不相关的技能。例如，生产中包含机械师的技能和生产计划人员的技能，营销中包含销售人员的技能和市场研究人员的技能。同时，**制造和营销又是同一个过程的不同阶段**。其他一些职能，如会计和人事，则是按技能组织的。但是，无论是在哪一个职能制组织中，都是工作向各个**阶段或各种技能移动**，也就是**工作是移动的**，而**员工的位置是固定不变的**。

但是，"团队结构"中的**工作和任务可以说都是"固定的"**。组织召集拥有不同技能和使用不同工具的人组成一个团队，然后给它分配一项工作，例如承担某个研究项目或者设计一幢办公楼等。

职能制结构和团队结构都是古老的组织设计模式。埃及金字塔的建造者就是按照职能组织的。"狩猎队"这种有组织的、永久性的团队，则可以追溯到更早的时期——最后一个冰河时期。

任何工作和任务都必须有一定的结构，并且得到有效的组织。任何一个组织在设计自己的工作和任务时，都必须应用职能制结构和团队结构中的一种或者同时应用这两种结构。许多组织应该同时运用这两种结构，这一点我们将在本章的后面讨论。同时，所有的组织都必须理解这两种结构。

职能制结构

职能制组织的最大优点是明确。每一个人都有自己的"大本营",每一个人都了解自己的工作。它还是一种具有高度稳定性的组织。

但是,明确和稳定的代价是:每一个人,包括每一个职能部门的高层人员,都很难理解整体的任务,并把自己的工作同其联系起来。这种组织结构虽然稳定,但是僵化,而且拒绝做出调整。它不能为将来培养和考验人员。总的来说,它容易让人们只想把已经在做的工作略加改进,而不愿意去寻找全新的构想和工作方法。

由于存在这些优点和缺点,职能制组织在经济性方面有一些独特的特性。在最理想的情况下,职能制组织会有很高的经济性,只需要极少数高管去维持组织的运转,也就是在组织、沟通、协调和调解等工作上面花比较多的时间,其他高管则可以放心做自己的工作。但是,在最糟糕的情况下(这种情况相当常见),职能制是很不经济的。只要组织的规模或复杂程度达到中等水平,"摩擦"就会越来越多,整个组织很快就会充满着误会、派系、独立王国和柏林墙。很快,它就会要求使用协调者、委员会、会议、调解员和特派员等手段,可是这些手段不仅浪费每一个人的时间,而且通常并不能解决很多问题。另外,这种矛盾日益突出的倾向不仅仅发生在不同"职能部门"之间,那些拥有多个子部门或子职能的部门也会变得日益低效,因此需要花费越来越多的努力去维持它的正常运转。

职能制组织**以工作为中心**,这既是它的优点,又是它的缺点。每一个职能部门的管理者都认为自己那个部门是最重要的,这就导致他们高度重视技艺水平和专业标准。但是,这会使得职能部门的人员即便不让整个企业的利益服从于自己部门的利益,至少也会使其他职能部门的利益服从于自己部门的利益。对于职能部门的这种倾向,并没有很好的解决办法。每一位管理者都想做好自己的工作,这种愿望值得称赞,但它的代价是每个部门都想提高自己在组织中的地位。

规模较小的职能制组织的沟通，通常是比较顺畅的，但是随着组织规模的扩大，沟通效果就会慢慢恶化。哪怕是在各个职能部门，例如营销部门的内部，只要部门规模变大或者结构变复杂，沟通效果也会变差。大家只关心自己那个狭窄的专业领域，日益不闻外界之事。

作为一种决策结构，职能制组织，哪怕规模相当小，表现也很差。这些组织的决策一般只由最高层级做出，因为只有最高层级的管理者才能纵观企业全局。结果，企业的决策就容易招致大家的误解，实施情况通常也不理想。由于职能制组织**稳定性好但适应性差**，因此破旧立新的想法通常会受到压制，而不是得到公开受理和答复。

职能制组织在人员开发、培养和考验等方面表现也很差。职能制组织主要关注的是员工必须提高在对应职能方面的知识和能力。但是，职能专家在视野、技能及忠诚对象等方面都会过于狭窄。职能制组织强调大家不要对其他职能部门或者专业领域工作过于好奇，这也就是鼓励狭隘的部门化。

职能制组织从一开始就暴露出这些局限性和缺点，所以人们一直在努力弥补这些局限性和缺点，特别是在努力弥补它最大的缺点：职能制组织容易让各个职能部门的成员更多关注**工作和职责**，而不是关注**贡献和结果**。

不适宜的范围

哪怕是在适合采用职能制的情况下，它适应的范围也仅限于运营工作。高层管理是一种工作（参见第 43 章），但它不是一种"职能"工作，是不适合采用职能制的。只要是采用职能制，就必然导致高层管理的羸弱。

职能制更加不适合创新工作。我们在开展创新时，是要试图做一些过去没有做的事情，也就是做一些我们并不了解的事情。这时我们的确需要不同领域的各种技能，但是我们并不清楚是哪些地方需要、什么时候需要，也不清楚需要多长时间、需要深入到什么程度，或者需要多少。因此，创新任务不能按职能制进行组织。它们是互不兼容的。也就是说，职能制不适用于组织创新工作。

职能制的适用范围

在适合采用职能制的企业里，职能制组织原则会如鱼得水。这个模式是亨利·法约尔在 20 世纪初为自己经营的煤矿设计的。这家煤矿在当时称得上是一家规模相当大的企业，但以现今的标准来看则非常小。它的员工除了少数工程师以外，都是做同一种工作的体力工人。煤矿只有煤炭这一种产品，唯一差别在于量的多少。除了简单的洗煤和选拣以外，煤炭不需要其他处理工作。煤炭当时只有有限的几个市场，如钢铁厂、铁路和轮船、发电厂和家庭，而且这些市场基本上是被煤矿垄断的。尽管当时的采煤机械和工具变化很快，但采煤过程本身完全没有改变。因此，煤矿开展创新的空间并不大。

法约尔的公司正是非常适合采用职能制的企业。任何一家在复杂度、变化和创新方面超过该公司的企业，都要求组织原则具有取得出色绩效的潜能，而这恰恰是职能制原则所没有的。职能制结构一旦超出法约尔模型的适用范围，很快就会导致时间和精力的巨大浪费，而且很有可能导致企业不把精力用在如何取得出色的绩效上面。在规模、复杂度和创新范围方面超出法约尔模型的企业，只应该把职能制作为组织设计原则之一，不应该以它作为唯一的原则。即使是适合于采用法约尔模型的企业，高管层级的设计和结构也需要使用另一种设计原则。

团 队

团队是由来自组织的不同领域，而且拥有不同背景、技能和知识的人组成的，这些人为了完成某项特定的任务而在一起工作。团队一般都有一个团队领导或组长，而且在团队存续期间一直担任这一职务，但是领导者会随着工作的逻辑以及工作进展的特定阶段而发生变化。在团队中没有上下级之分，只有新老之别。

每一个企业（任何一个其他类型的机构也都如此）都一直在各种一次性的任务中使用团队，不过人们直到最近才认识到我们在冰川时期的游牧先人早已了然在胸的一点——团队也是一种**永久的组织结构设计原则**。团队的使命是完成某项特殊任务，例如狩猎或产品开发，但是团队本身可以是永久性的。团队的成员可能随着任务的不同而改变，而且一些成员可能分散在不同任务中，或者同时属于几个不同的团队，但是它的基础基本保持不变。

医院里存在的团队可能是最容易被人们理解的。医院的基本结构单元便是由**组长**（即主治医师）根据病人的需要从各**部门**抽调来的人员所组成的团队，护士则是这个团队的执行官。

医院里每一个与病人治疗直接相关的人，也就是团队中的每一个人，都要对整个团队的成功承担自己的责任。在医院里，主治医生的医嘱就是法律，但是其他医护人员未必会完全遵守他的安排。例如，理疗师在按医嘱给病人做康复操时，如果发现病人有发烧的迹象，他就应该停止做操，并立即通知护士测量病人的体温。在自己的管辖范围内，他会毫不犹豫地纠正医嘱。主治医生可能嘱咐为一位矫形患者配制一副拐杖，并教他如何使用，但理疗师在对病人进行观察后可能会说："你并不需要一副拐杖，只要一根普通手杖就可以了，甚至完全不要什么支撑工具，直接戴着矫形套走就行了。"

绩效责任是由整个团队承担的。每一个医疗团队的主管护士按照治疗需要调用全医院的各种资源。她一会儿调用 X 光技师，一会儿调用理疗师，一会儿又调用化验师，如此等等。给不同病人配备的医疗团队成员可能有所不同，但是承担着主要执行责任的主管护士在与每个职能领域打交道时，调用的通常就是固定不变的那么三四人。

团队结构的要求

团队结构需要一个由不同具体任务构成的**绵延不断的使命**。如果没有一个绵延不断的使命，这就是一个临时性的任务小组，而不是一个以永久性团队为基础的组织。**如果任务不发生变化，那就没有必要设置团队。**

团队需要一个清晰的、界定明确的目标，而且必须能够根据目标提供反馈，用来评价整个团队以及每个团队成员的工作和绩效。

团队需要领导。它可以是一个永久性的领导者，例如医院医疗小组的主治医生和护士或者高管团队的公认领导人。领导者也可以随着任务所处的阶段而变化。在这种情况下，组织在任何一个阶段都必须明确指派一个人来决定由谁担任某个阶段的领导角色。这个人承担的不是做出决策和发号施令的责任，而是决定由谁来担负做出决策和发号施令的责任。因此，团队并不是完全"民主的"，而是非常强调**权力**的。但是，这种权力是**从任务派生出来的，是以任务为中心的**。

任务的责任始终是由整个团队承担的，各个组织成员则为这个任务贡献自己的技能和知识，但每一个成员始终要对整个团队的产出和绩效负责，而不是只对自己的工作负责。**团队是最小的组织单元。**

团队成员相互之间未必需要非常了解对方，但是他们必须了解各自的职能和所能做出的贡献。换句话说，团队成员之间并不一定需要"和谐""共鸣"和"人际关系"，但是**彼此了解各自的工作以及共同任务至关重要**。

因此，团队领导者的首要职责便是树立明确性：目标的明确性，包括团队领导者自己在内的每一个人的职责的明确性。

团队原则的优点和缺点

团队具有一些明显的优点。例如，每一个人都始终了解整个团队的工作并对此负责。又如，团队善于接纳新思想和采用新的工作方法，适应性也很强。

不过，团队也有极大的缺陷。例如，团队的明确性取决于团队领导者本人。团队的稳定性也不太好。它的经济性也比较差，因为团队需要持续不断地关注管理问题，关注团队成员之间的关系，关注对各个成员的工作安排，关注解释、商议和沟通等。团队成员的许多精力花在维持团队的正常运转上面。尽管每一名成员对团队的共同任务非常了解，但是他们不一定了解自己的具体任务，完全有可能由于对别人的工作过于感兴趣而对自己的工作关注不够。

团队具有良好的适应性。团队善于接纳新思想和采用新的工作方法，是克服**职能部门之间相互隔绝和狭隘利益**观的最好办法。任何一名专业人员都应该参加一些团队。

但是，在培养人们担任高层管理工作以及检验人们的绩效方面，团队比职能制组织仅略好一些。团队既不利于进行明确的沟通，也不利于做出明确的决策。整个团队必须不断地对团队成员和组织中的其他管理者解释：它想要做的是什么，正在做的是什么，以及已经取得成功的又是什么。团队还必须不断披露哪些决策是必须做出的，否则就很有可能做本不应该做出的决策，例如做出对整个公司造成影响的决策。

团队的失败率是相当高的，主要原因是它们拥有高度的自由，却又没有足够的自律和承担相应的责任。没有一个任务小组"放任自流"的同时却又能发挥作用。

然而，团队结构的最大局限性在于它的**规模**。团队只有在成员较少时才能高效运转。古时的狩猎队一般由 7～15 人组成，橄榄球队、棒球队和板球队也大致如此。团队的规模过大，就会变得难以驾驭。规模过大会削弱它的一些优点，例如灵活性和成员的责任感强等。另外，这又会突出团队的一些缺点，例如明确性不强、沟通不通畅以及过于关注内部关系等。

团队的适用范围

规模上的局限性决定了团队组织原则的适用范围。

团队是高层管理工作最理想的组织设计原则，而且有可能是适合于高层管理的唯一的组织设计原则（第 43 章将做深入探讨）。另外，创新工作也应该优先使用团队设计原则（参见第 40 章）。

但是，对于绝大多数经营管理工作，我们不应该把团队作为唯一的组织设计原则，而是应该把它作为职能制的一种补充——非常有必要的补充。团队可以让职能制充分发挥功效，真正实现设计者的初衷。

团队结构与知识型组织

团队作为职能制组织的一种补充结构，能够做出最大贡献的领域可能是**知识工作**。知识型组织有可能在作为员工**大本营**的职能部门与作为员**工工作场所**的团队之间取得平衡（描述这种结构的术语便是"**矩阵组织**"）。

知识工作在本质上是专业化的工作，因此**中层管理向知识型组织的转变使得一批专家以经营管理人员的身份加入管理群体**。一些传统的职能正在被许多新的职能代替。当然，其中有许多是可以而且应该归并在一起的。然而，尽管税务专家常常与其他财务人员归并在一起，要么归入会计部门，要么归入财务部门，但税务专家的工作其实还是不同的，并且是可以单独开展的。这也同样适用于产品经理和市场经理，他们与传统营销部门也是这种关系。

这就要求组织有更好的职能管理水平。组织必须决定自己需要一些什么样的专业领域，否则就会陷于无用的学习之中。同时，组织必须考虑清楚需要专业化知识的关键活动是哪些，并且保证各个关键领域的知识工作能够深入而出色地开展。至于其他领域的知识工作，只需付出较小的努力，甚至根本不去涉足。

每一个专业领域或职能对企业所做的贡献，都必须符合设置这个领域或职能的初衷。管理当局还必须预测未来必需的新专业领域以及未来对现有专业领域提出的新要求。换句话说，管理当局必须关心开发专业化知识，这就是第 24 章所讲的"管理开发"。

专业人员本身也极其需要关怀和管理。他们是在做真正重要的事情，还是在打发时间？他们是在重复做一些轻车熟路的事情，还是在开发潜能和新的能力？他们得到了高效的使用，还是劳而无功？他们在专业和个人方面是否都有发展？

这些问题极为重要，而且不可能通过核查工作时间做出回答。要回答这些问题，就必须对职能领域有深入的了解，并且有出色的职能管理水平。

毫无疑问，许多知识工作将会严格按照职能进行组织，许多知识工作也将由本身就是组织结构基本构成单元的个人来完成。

然而，越来越多的知识工作者会有一个职能"大本营"，他们的工作却是在团队中与其他职能和学科的知识工作者一起完成的。知识越精深，就必然越专业，因此专业知识就只是一个个碎片，甚至是一些纯粹的"数据"，只有成为他人决策、工作和见解的一种输入，它们才会起作用。换言之，它们只有在团队中才能转化为成果。

因此，知识型组织将日益拥有两重性。在一根轴线上，它是一个职能组织，管理的是人及其知识；在另一根轴线上，它是团队组织，管理的是工作和任务。其特点也具有两重性。从一方面看，它削弱和破坏了职能制原则；从另一方面看，它又挽救了职能制原则并使它的作用得以充分发挥。因此，知识型组织自然要求有强大的、专业的和有效的职能管理者和职能部门。

显然，团队并不是一种灵丹妙药。它是一种要求严格自律的结构，而且有着严重的局限性和一些重大缺陷。

但是，团队也不像许多管理者至今相信的那样，是一种用来应对非重复发生的特殊问题的临时性措施。事实上，**它是一种真正的组织设计原则**。对于高层管理工作和创新工作等长期的组织任务来说，它是最好的组织设计原则。它还是对职能制结构的一个重要的甚至必不可少的补充——对于大规模生产的工作（无论是体力工作还是事务性工作）来说是如此，对于知识工作来说更是如此。它可能是借助矩阵制结构让各种专业技能在知识型组织中充分发挥作用的关键所在。在矩阵制结构中，以职能为导向的部门是其中的一根轴线，以任务为导向的团队是另一根轴线。

小　结

我们现在有五种不同的组织设计原则，它们分别能够满足一些设计规范，但是没有一种能够满足所有的规范。每一种原则都有自己的优点和局限性，必须满足某些严格的条件才能发挥作用。每一种原则体现出不同的设计逻辑。前两种设计原则，也就是"职能制"和"团队"是依照工作和任务的逻辑进行组织的。尽管它们经常看似矛盾，其实大致上是互补的，在知识工作中尤其如此。越来越多的知识工作是以矩阵组织的方式完成的，矩阵组织同时包含着职能制结构和团队结构。

团队的三种类型

团队建设如今在美国社会的各种组织中很是时兴，然而结果不过尔尔。

福特汽车公司在 20 多年前就开始组建团队开发新车型，结果却出现"严重的问题"，福特汽车与日本汽车公司的新车开发时间差距也几乎没有缩小。通用汽车的土星事业部在"未来工厂"中也一度想用团队代替传统的装配线，但慢慢退回到了典型的底特律装配线模式。宝洁公司也曾在新产品的开发和营销方面高调推出团队建设计划，但也很快退回到各负其责的状态。

这些事例几近彻底失败的一个原因（可能是主要原因）便是管理者普遍相信团队只有唯一的正确结构。事实上，团队可以分为三种类型，它们在结构、要求团队成员采取的行为、优点、弱点、局限性、要求，特别是它们的能力和适用的场合等方面，都是不相同的。

第一种类型是棒球队型团队。一个做心内直视手术的医疗小组便是一个**棒球队型团队**。底特律汽车公司传统的新车设计团队也属于这个类型。

团队成员**参与**团队的工作，但并不是**以团队的方式**开展工作。他们的位置是固定的，从不更改。二垒手极少去帮助投手，麻醉师也极少去帮助手术护士。棒球圈里有一句名言："轮到击球的时候，你就完全成了孤家寡人。"在传统的底特律汽车设计团队中，营销人员极少能见到设计人员，设计人员也从不征求营销人员的意见。设计人员完成设计后，把设计方案交给开发工程师；开发工程师完成开发工作后，把图纸交给制造人员；制造人员把汽车生产出来，把汽车交给营销人员。

第二种类型是橄榄球队型团队。凌晨三点抢救心肌梗死患者的医疗小组就是一个"橄榄球队型团队"。橄榄球队的球员与棒球队球员一样有固定的位置，但他们是**以团队的方式**打球的。

底特律汽车公司和宝洁公司极力模仿的日本汽车公司设计团队，便是橄榄球队型团队。用一句工程术语来描述，设计师、工程师、制造人员和营销人员是以**并行**的方式开展工作的，而传统的底特律团队是以**串行**的方式开展工作的。

第三种类型是网球双打组合型团队——通用汽车土星事业部的管理当局希望用来代替传统装配线的团队。爵士乐队、大公司里构成"总裁办公室"的高管，以及很有可能推出真正创新产品（如个人电脑）的团队，都属于这种类型。

网球双打组合的两个球员担任的**不是固定位置**，而是有主次分工。他们应该"帮衬"队友，根据队友的长处和弱点以及比赛的要求随时做出调整。

无论是企业管理者还是管理文献，也无论是在办公室还是在工厂车间，对于棒球队型团队都没有什么好的评价，甚至人们根本不认为它们是真正的团队。其实，这种类型的团队有很多优点。例如，每一个团队成员都能单独评估，都能有明确而具体的目标，都能对成果负责并接受衡量——狂热的球迷对棒球明星的技术统计数据如数家珍便是明证。每一个团队成员都能接受相应的培训，把自己的长处发挥到极致。由于每一个团队成员并不需要根据其他人的情况进行调整，因此每一个位置上都可以安排一个"明星"，无论这个人的脾气有多大，嫉妒心有多强，或者多么热衷于出风头。

不过，棒球队型团队不灵活。只有在比赛进行过无数次，而且所有团队成员都对动作的先后顺序理解充分的情况下，它才能大显身手。这便是底特律过去采用这种团队的原因所在。

直至 30 年前，底特律的汽车公司都极其不愿意又快又灵活地开发新车型，因为传统的大规模生产要求采用变化尽可能少的大批量生产模式。由于"车况良好的二手车"（使用时间不超过 3 年）的转售价格对于购买新车的人来说极为关键，因此在一个车型上市不足 5 年时推出新车型便是一个严重的错误——因为那会让老车型贬值。克莱斯勒公司好几次就因为推出新车型的时间过早，销售额和市场份额双双下降。

"柔性大规模生产"并不是日本人的发明，这一模式最早可能是在 IBM 公司得到应用的，时间是 1960 年前后。但是，日本汽车公司在采用这一模式以后，便能在老车型取得成功的同时平行地推出新车型。这时，棒球队型团队就再也不适合于底特律汽车公司，甚至是再也不适合实行大规模生产的所有行业。这种情况下的设计团队就必须采用橄榄球队型的结构。

橄榄球队型团队的确拥有底特律所需要的灵活性，但是它的一些要求比棒球队型团队严格得多。它需要一个**乐谱**，一个像教练临场布置战术那样的纲领。日本企业在开始设计新车型或者开发新的消费电子产品前所制定的规范，包括产品的款式、技术、性能、重量、价格等因素，比底特律汽车公司所使用的规范要严格得多，也详细得多。

在传统的棒球队型设计团队中，每一个职位，如工程、生产和营销，都是按自己的方式开展工作的。在橄榄球队型团队中可不能这么随意。在这里，教练的指令便是法律，球员只接受来自教练的指令，他们的奖励、评估和提拔也全都取决于教练一个人。

日本企业的设计团队中的每一名工程师，都属于公司的工程部门。他们之所以加入这个设计团队，是因为设计团队的领导者主动要求征调他们，而不是工程部门的负责人把他们送来的。他们可以向工程部门求助或者征询意见，但他们的工作指令是由设计团队的总工程师发出的，他们的绩效评估也是由这名总工程师做出的。这些团队中如果出现明星，那也是因为团队领导者允许他们**单打独斗**。如果团队领导者不允许这种行为，那么每一个人都必须服从于团队。

要求更加严格的是**网球双打组合型团队**——通用汽车土星事业部希望在"柔性制造工厂"里建立的就是这种团队，柔性制造工厂也的确需要这种类型的团队。这种团队的规模必须相当小，最多5~7个人。只有在团队成员一起接受培训，并且在合作一段时间之后，它们才会像一个真正的团队那样发挥作用。尽管每一名团队成员的工作和绩效可以有相当大的灵活性，但是整个团队必须有一个明确的目标。而且，在这样的团队中，只有整个团队才会有"绩效"，各个团队成员只是"做出贡献"而已。

这三种类型的团队都是真正的团队，但是它们在所要求的行为、最擅长的事情以及所能完成的任务等方面都大相径庭，因此它们不可能混合起来使用。一种团队只能以一种方式运转，它想要转变为另一种团队会非常困难。

要想改变团队的类型，循序渐进是行不通的，必须与过去完全决裂——无论这个过程多么痛苦。这意味着人们不能既向过去的上司汇报，又向新的教练或新的团队领导者汇报。他们的奖励、薪酬、评估、晋升等，也必须完全取决于他们在新团队的新职位上所取得的绩效。然而，这种方式非常不受人欢迎，因此人们总是非常容易做出妥协。

例如，福特汽车设计团队里的财务人员仍由财务部门管理，而不是向设计团队的领导者汇报。通用汽车土星事业部也试图维护老上司，也就是一线主管和车间主任的权力，而不是把决策权移交给工作团队。然而，这就像是让同一批队员在同一个球场上同时打棒球和网球双打，结果自然只会是队员垂头丧气，工作徒劳无功。宝洁公司当时似乎也陷入了类似的混乱。

换言之，团队只是工具，因此每一种结构都有自己的用途、特点、要求、局限性。团队协作既不是"好的"行为，也不是"理想的"行为——它只不过是一个事实而已。人们在一起工作或者比赛，他们便属于一个团队。**出于什么目的使用什么团队才是一个至关重要的、艰难的、高风险的但又是更加难以改变的决策，管理当局必须学会如何做出这个决策。**

小　结

团队正在风行，因此我们必须了解团队在什么情况下才是正确的设计原则，也必须弄清楚某个既定的任务适合于采用什么类型的团队。团队可分为三种类型。第一种是棒球队型团队。在这种团队中，每一名成员都是专家，主要以独立的方式开展工作，而且极少离开固定的位置。医院的手术小组便属于这种类型。第二种类型是橄榄球队型团队。在这种团队中，每一名成员也有自己的专业领域，但是每一个人都按教练的指令平行地开展工作，团队协作是取得成功的关键。医院创伤科的急救医疗小组便属于这种类型。第三种类型是网球双打组合型团队。在这种团队中，每一名成员都会接受多个位置的培训，并且在对团队取得成功必须做出的贡献方面拥有相当大的灵活性。

以成果和关系为中心的组织结构

联邦分权制

实行联邦分权制的公司是由若干个自治的业务单元组成的。每一个业务单元都对自己的绩效、成果以及自己为整个公司做出的贡献负责。每一个业务单元都有自己的管理当局，而且这个管理当局是自治单元事实上的经营管理者。

联邦分权制假设自治单元内部的各项活动是按职能制原则组织的，当然并不排斥团队的使用。企业设计这种结构的目的，是让自治业务单元的规模小到可以发挥职能制结构的优点，同时又规避职能制结构的弱点。

不过，分权制的出发点不同于职能制和团队。职能制和团队是从**工作和任务**出发的，并认为成果是全部努力的总和。它们的基本假设是："只要组织得当，努力就会得到正确的结果。"分权制则不同，它是从"我们的目标是取得什么成果"这个问题出发的。它首先试图建立恰当的业务，也就是最有能力取得成果，特别是在市场上取得成果的业务单元。然后，它会提出下面这个问题："在这个自治单元内部必须确立和组织哪些工作、哪些努力和哪些关键活动？"

当然，一家公司最好是在所有自治单元中建立，同样的或至少是类似的职能结构。例如，几乎所有大型连锁零售商都会设一个店铺总管、一个运营经理以及多名负责主要商品类别的部门经理。

但是，我们必须避免让这种本来让人称心的相似性变成死板的一致性。

通用电气公司在 1950~1952 年进行的改组，便揭示了过犹不及的危害。通用电气公司当时认为，"典型的制造业务"有五项关键职能，分别是工程、制造、营销、会计和人事。当然，每一个人都看得出，这并不适合于通用电气信贷公司（如今的通用电气金融服务集团）这样的非制造业务。可是，人们没有看出另外两件事，结果造成了很大的损害。第一，某些制造业务还需要设置另外一些重要的职能，或者至少需要对同样的职能工作实行不同的安排。计算机业务便是一例。产品开发和顾客服务对于计算机业务非常重要，根本不应该划归工程部门和营销部门。尽管该公司的计算机业务失败的原因不止一个，但是强行采用典型制造业务的职能结构便是其中的一个主要原因。第二，一些业务单元从事的业务看似是制造，实际上却是创新业务。这些单元是真正提供成果的业务单位，但它们并不提供"产品"，而只是为了开发新产品。它们没有"市场"，只有研发合同，而且通常是与美国政府签订的合同。它们并不"制造"，顶多只有一个生产少量原型的车间。可是，通用电气公司却要求它们采用典型的制造单元的职能结构。在这些创新开发单元中，有一些靠暗地里抵制这种官方规定的职能结构才得以生存下来，**有一些则由于承担了多余职能的重任，特别是由于思想和努力的方向出现偏差而招致严重的损失。**

联邦分权制的优点

在现有的各种组织设计原则中，联邦分权制原则最接近于满足所有的组织设计规范（参见第39章）。它的适用范围最宽，无论是经营管理工作还是创新工作，都可以成为分权的自治单元。尽管高层管理显然不能作为一个自治单元，但如果联邦分权制运用得当，就能让高层管理变得强大且高效，因为这个结构有利于高层管理者把时间和精力都用在高层管理工作上。

联邦分权制有很高的明确性和相当程度的经济性。它能让自治单元的每一个成员都比较容易地了解自己的任务以及整个企业的任务。同时，它具有高度的稳定性，但是又有一定的适应性。

它能让管理者把思想和努力都直接扑在企业的绩效和成果方面，从而大大减少自我欺骗的危险——关注熟悉但陈旧的事物，而不是关注困难的但处于发展中的新事物，或者让无利可图的业务拖累盈利的业务。联邦分权制还能让业务的真实情况不会轻易被一般管理费用或销售总额所掩盖。

在沟通和决策方面，联邦分权制是目前唯一能让人满意的组织设计原则。

由于整个管理群体，或者至少是其中上层，有着共同的愿景和共同的理解，因此他们的沟通通常比较顺畅。由于这个原因，联邦分权制也鼓励从事各种不同工作的人员进行充分的沟通，而不是加以反对。同样，决策层也不用费多大的力气就可以安排妥当，人们也容易找到正确的问题，并且关注那些真正重要的决策。

不过，联邦分权制的最大优点在于管理者的开发。在现有的各种组织设计原则中，只有它能够为高层管理职位锻炼和考验年轻人。仅凭这一点，它就比其他任何一种组织原则更受人们的青睐。

在联邦制结构中，每一位管理者都与企业的绩效和成果密切相关，因此能把注意力集中在企业的绩效和成果上面，并从绩效中得到关于自己任务和工作的反馈。由于能够有效实行目标管理和自我控制，管理者所能直接领导的人员和业务单元的数量就只受管理责任幅度的限制。

尤其重要的是，分权制业务单元的总经理，哪怕所在业务单元的规模再小，他也是真正的高层管理者。他们要应对一家独立公司的高管通常要应对的大多数挑战。通常而言，除了不涉及融资和财务投资之外，他们必须做决策，必须组建团队，必须分析市场和业务流程，必须考虑人员和资金、目前和未来。于是，他们在自主指挥中得到充分的考验，而且是在职业生涯的较早阶段和较低层级上得到考验的。所以，他们即使犯了什么错误，也不至于对公司造成太大的损害，同样重要的是，错误不会对他们自己造成太大的伤害。在锻炼和考验未来的领导者这个方面，无论是对企业还是对其他机构来说，现有的组织原则中没有哪一种比联邦制原则更加出色。

建立锻炼和考验未来领导者的制度，是政治理论和政治实践中的一个老问题，没有哪种政治制度完满地解决了这个问题。当然，联邦分权制原则也不可能完全解决这个问题。联邦分权制下拥有自主权的业务单元负责人，还不需要承担高层职位的全部责任，更谈不上充分感受高层职位的孤独感。但是，联邦制原则比其他任何已知的组织设计更有可能解决这一问题。

联邦分权制的要求

联邦分权制有一些严格的要求，在责任心和自律方面也提出了很高的要求。

分权制绝不意味着总部羸弱。相反，联邦分权制的一个主要目的，就是强化高层管理并使其能够从事自己的工作，而不是被迫对经营管理工作进行监督、协调和提供支撑。只有在对高层管理工作做出明确界定和深入思考之后，联邦分权制才能发挥作用。

联邦分权制能否发挥作用，关键在于是否拥有一个强大的高层管理团队。在实行分权制的公司里，高层管理的首要职责就是要考虑清楚"我们的事业是什么以及它应该是什么"这个问题。它必须负责为整个公司制定目标，并为实现这些目标制定战略。换句话说，它必须负责做好本职工作。实行联邦制结构的公司，如果它的高层管理者不能承担起本职工作的责任，就会让公司变成一个烂摊子。

高层管理者必须考虑清楚自己应该**保留**哪些决策权。有一些决策是与整个企业、企业的完整性和前途密切相关的，还有一些决策是以有利于某个自治业务单元为原则的。只有那些能够纵观全局并对全局负责的人，才有可能区别并且正确做出这两种类型的决策。

具体而言，企业要想保持完整性而不至于四分五裂，高层管理者必须保留三个方面的权力。第一，一个实行联邦分权制的公司，应该有且只有高层管理者能够决定**进军哪些技术、市场和产品，放弃哪些业务，以及奉行哪些基本价值观、信念和原则**。

第二，高层管理必须保留**资本这种关键资源的分配权**。公司的融资与投资都是高层管理的职责，不应该交给自治业务单元。

另一种关键资源是人员。在实行联邦制的公司中，人员特别是管理者和重要的专业人员，是整个公司的资源，而不是任何一个业务单元的资源。公司关于自治业务单位中的人员以及关键岗位的有关政策，是高层管理者应该保留决策权的第三个领域，当然，这些决策离不开自治业务单元管理者的积极参与。另外，实行联邦分权制的公司在高管团队中必须有一位强有力的、受人尊重的资深经理人，来负责人员的道德工作。

联邦分权制要求实行**集中控制和统一的衡量标准**。一个联邦制组织遇到麻烦，其原因总是在于总部使用的衡量标准不够好，因此必须代之以人员监督。无论是自治单元的管理者还是公司的高管，都必须了解公司对每一个业务单元有什么样的期望、"绩效"这个词的含义是什么、哪些方面的进展具有重要意义。**要想给下级赋予自治权，上级就必须有信心**。这就需要上级找到合适的控制手段，使得无须高管发表个人意见。要想实行目标管理，人们就必须了解目标是否正在一步步地实现，这就需要有明确可靠的衡量标准。

联邦制结构要求有共同的愿景。联邦制公司中的每一个单位都是自治的，但并不是独立的，而且不应该是独立的。业务单元的自治只是整个公司取得更好绩效的一种手段，它的管理者更应该把自己看成一个更大的团体，也就是整个企业中的一员。

规模要求

联邦分权制是为了解决企业的规模问题设计的，因为当企业的规模超过中等大小，职能制结构就开始不再适用。但是，联邦分权制也有规模上的要求。当业务单元的规模大到它下属的职能部门不能高效地运转时，这些自治单元就会整个儿变得笨拙、迟钝，并且大到难以正常运转。自治业务单元的"大脑"，也就是它的高层管理者也许仍能正常工作，但它的"肢体"，也就是它的职能部门会变得僵化、官僚化，进而日益以自己为中心，而不是为共同的目标服务。

为了克服这种缺陷，杜邦公司一方面把过于庞大的自治单元一分为二，另一方面就是在大型的自治分权单元中再建立一些小型的自治分权单元。另外就是强生公司所采用的方法。该公司是一家卫生保健用品跨国公司，产品范围相当广泛。多年来，该公司一直把每一个单元的规模限制在 250 名员工以内，每一个单元都是一个拥有自己管理当局的独立公司，直接向母公司的小规模高层管理团队报告工作。如今的强生公司在全球的销售额超过 500 亿美元，员工总数超过 10 万人，因此不得不允许下属单元的规模大大超过 250 名员工，但仍然会对每一个单元的规模加以限制，在必要时将其分拆，而不是允许它们继续扩大。因此，强生公司各个业务单元的职能部门，规模还是相当小的。

但是，自治单元成长到相当大的规模后，并不总是能够把它们分拆或者做进一步的划分，至少现实中并不总是这样做的。于是，就出现了职能王国。

例如，通用汽车公司的雪佛兰事业部曾经达到庞大的规模，如果它是一家独立的公司，便是全球第三大或者第四大汽车公司。雪佛兰事业部本来可以分拆成多个独立的事业部，例如一个负责大型卡车业务的事业部、一个负责小型车或微型车业务的事业部，原来的雪佛兰事业部则只限于标准乘用车业务。

多小的规模算太小

不过，自治单元的规模也必须大到足以支持它所需要的管理当局。

多小的规模算太小，这取决于该单元所从事的业务。例如，玛莎百货的一家门店，规模再小也能支持一定的管理活动——一名店长和少数几名实际上负责管理卖场的部门主管。

在其他一些行业，如大规模生产的金属加工行业，则面临最小规模的限制。除非它的年营业额达到两三千万美元，否则很难支持一个管理团队以及自己的工程、制造和营销等工作。销售额小的单元，往往会出现人手不足或者人员能力不够强等现象。

不过，决定性的标准不是规模大小，而是管理职务的**范围和挑战**。联邦制单元始终应该有足够大的范围，以便管理者能够施展才能。它还应该有足够大的挑战，以便其管理团队能够进行真正的管理，也就是深入思考目标和计划，把人力资源组成高效的团队，把工作整合起来并对其绩效进行衡量。它还应该有足够大的挑战，使得管理团队在业务的所有重要阶段都必须进行工作，并且能够真正地开发市场、产品或服务，尤其重要的是，真正地进行人员开发。业务单元的规模能否实行自治，真正的判断标准不是经济性，而是**管理范围和挑战以及管理绩效**。

分权制组织需要高效的"道德"工作。规模越大，业务多元化程度越高，越需要对高层管理进行有组织的思考和规划。它需要强大的中央信息部门以及统一的控制手段和衡量标准。它会有一些公共的经营管理工作，例如资金的供应和管理、研究、法律咨询、公共关系、工会关系、政府事务和采购等。它也许还需要把营销和人员管理等关键活动的创新工作集中起来开展。

但是，分权制组织中的自治业务单元不应该过于依赖总部的参谋服务人员，也就是不能过于依赖总部提供的咨询和教育活动。这些分权单元应该足够强大，足以自立。分权制组织过于依赖总部的参谋服务机构，只会让它带上职能制结构的弱点和缺陷，而不会获得职能制结构的优点和好处。

什么是"业务单元"

联邦分权制只适合于能够划分成若干个真正的业务单元的组织，这是它的基本限制条件。

那么，什么是"业务单元"？当然，最理想的情况是联邦制单元本身就是一个完整的企业。

20世纪20年代初阿尔弗雷德·斯隆在通用汽车公司创建的组织结构，便是以这种思想为基础的。该公司的每一个自治事业部都自己完成设计、工程、制造、营销和销售等工作。各个事业部除了汽车的售价必须符合公司规定的价格幅度以外，在其他方面是完全自治的。通用汽车公司的几个零配件事业部把相当一部分产品卖给本公司的各整车事业部，但是它们卖给外部市场的产品更多，其中很多客户是通用汽车公司的竞争对手。无论从哪个方面讲，这些零配件事业部都是完整的企业。

强生公司组建的自治企业也是如此。这些企业都有自己的产品线、研发部门、市场和营销部门。

可是，一个业务单元要具备一个真正的企业的多少特点，才能让联邦分权制发挥作用呢？答案是：它们最起码应该向公司贡献利润。它的利润或损失应该直接成为公司的利润或损失。事实上，公司的总利润应该是各个业务单元利润的总和。

更加重要的是，联邦制业务单元必须拥有自己的市场，这是自治的真正标志。这里指的市场可以是一个地理区域，例如玛莎百货的门店，或者像美国的几家大型人寿保险公司划区而治组建的分公司。无论如何，联邦制单元必须有一个明确的市场，它在这个市场中则是拥有自治权的。

一个业务单元只要承担完全的市场责任，成果的比较有客观的标准，那么即便是从其他自治单元或公司统一经营的生产厂获得产品，它也能成为一个自治的业务单元。

然而，只要业务单元不接受真正的市场检验，我们就不能说它是自治的业务单元，联邦分权制也就无法发挥作用。

我们迄今讨论的是经营管理工作，也就是现存的、已知的业务单元的联邦分权制。从事创新工作的分权制单元需要不同的结构和衡量体系（参见第35章）。但是，对于这样的工作，只要它的绩效和成果是可以客观衡量的，只要创新团队可以在该业务单元内自由组建，联邦分权制就是一种有效的组织设计原则。分权制的创新单元也必须是一个业务单元，或者必须能够成为一个业务单元。

模拟分权制

只要构成单位可以成为自治的业务单元，就没有一种组织设计原则可以同联邦分权制媲美。不过我们知道，许多大公司并不能划分成真正的业务单元，尽管它们的规模显然超出了职能制或团队结构在规模和复杂性方面的限制。

于是，这些企业日益转向**模拟分权制**，希望借此解决自己面临的组织问题。

企业在采取模拟分权制时，把本来不能成为业务单元的视同为业务单元，赋予它们尽可能大的自治权，让它们拥有自己的管理当局，而且至少让它们承担**模拟的利润和损失责任**。它们之间用**转移价格**互相购买和销售产品，而这些价格是由内部行政命令决定的，而不是由外部市场决定的；或者，它们的利润是由内部**成本分摊**来决定的，通常是在成本的基础上加成一定的标准费用（例如 20%）。模拟分权制是化工、钢铁、玻璃和石油行业等大型材料公司唯一能用来解决组织问题的组织结构。这些行业内的公司，所有的产品都来自同样的原材料，而且都是经由同样的流程生产出来的，但是每一种产品都有许多不同的市场。

一些规模非常庞大，但又不适合采用联邦分权制的企业，也尝试使用模拟分权制，其中 20 世纪 60 年代纽约的一些大型商业银行进行的重组最值得玩味。这些例子清楚地显示出模拟分权制的一些重大问题。例如，一家小型时装设计公司的负责人可能希望向他的公司提供资金的那家当地支行还可以兼管他的个人银行业务，处理他的储蓄账户，担当他的遗嘱执行人和投资的管理人，以及他公司的养老金的受托人。但是，他不愿意与这家银行的四个不同的支行打交道。这时，应该把他算作哪一家支行的顾客，他带来的业务又该归为谁的功劳呢？要模拟计算每一个支行的盈亏情况，就必须明确这些业务的归属。

模拟分权制的应用显然存在许多困难和问题，但尽管如此，它在将来还是会得到更多的应用，因为它有可能最适合于经济和社会中一些不断成长的领域——流程加工业以及私营和公共服务机构。这些领域既不适合使用职能制结构，也不适合使用联邦分权制结构。因此，管理者有必要了解模拟分权制的要求和局限性。采取这种结构的组织将会遇到哪些问题呢？

模拟分权制的问题

模拟分权制与**所有的**组织设计规范都不大匹配。它缺乏明确性，不利于以绩效为中心，很难满足每一个人都能了解自己的任务这条规范，也无法确保管理者和专业人员了解整体任务。

模拟分权制最不能满足的是经济性、沟通和决策权力这些方面的要求，这些都是这种结构无法避免的缺点。由于模拟分权制的构成单位并不是真正的业务单元，因此它的成果并不是真正由市场绩效决定，而主要是内部管理决策的结果，也就是转移价格和成本分摊方面决策的结果。

沟通方面也存在问题。管理者把大量的时间和精力用于划分本该实行自治的不同单元之间的界限，用于确保这些单元互相合作和解决它们之间的争端。哪怕再小的调整，也会成为一个高层决策，成为实力的较量，成为一件关乎荣誉和神圣原则的事情。

模拟分权制对人有很高的要求：要求他们自律，要求他们互相忍让，要求他们把自己包括薪酬在内的利益交由上级裁决，要求他们胜不骄、败不馁。这些要求远比联邦分权制对人提出的要求更难满足，更加重要的是，它们更加容易挑起纠纷。

我听过这样一个故事。一家大型银行在为一个很高的职位物色人选时，否决第一位候选人的理由是，他让银行遭受损失，而他所领导的单元取得了出色的绩效——"他把自己那个单元的绩效置于其他一切事务之上"。第二个候选人也遭到否决，原因则是，"他过分愿意让自己那个单元的绩效服从其他单元的要求和需要，以至于他那个单元未能取得足够好的绩效"。我听了之后就问："有没有什么行动指南呢？有没有采取什么办法事先告诉管理者，你认为什么是'过分协作'呢？"每一个人都答不上来，同时每一个人都承认，这正是他们自己下属的最大烦恼。一位职位最高的管理者最后总结道："你必须用耳朵辨音。"不过，他自己顿了顿，接着说道："不过，用谁的耳朵呢？"

就其适用范围来看，模拟分权制仅限于经营管理工作。它显然不适用于高层管理工作。至于创新工作，如果不能成为联邦分权制单元的话，那就应该采用职能制结构或团队结构。

使用模拟分权制的规则

模拟分权制是在其他结构都不适用的情况下才使用的结构。只要职能制结构（无论有没有团队作为补充）还能起作用，也就是只要一个企业的规模还比较小或者属于中等，它就不应该使用模拟分权制，而在超出中等规模以后，首先应该考虑使用联邦分权制。

即便是那些材料企业，也首先应该试行联邦分权制——尽管它有可能根本不适用。对真正的联邦分权制进行修改并用于材料企业的一个例子，是位于俄亥俄州托雷多市的欧文斯－伊利诺斯公司（Owens-Illinois），那是一家很大的玻璃瓶制造公司。二战结束后，塑料瓶开始得到广泛应用，该公司为了保持在瓶子市场上的领先地位而涉足塑料瓶行业。经过深思熟虑之后，该公司决定建立两个彼此独立的、自治的"产品"业务单元，在同一个市场上面向同一批客户相互竞争。

该公司这种战略大获成功，取得了飞速的成长。不过，它在 15 年后，也就是在 20 世纪 70 年代初，又改用模拟分权制。它保留了那两个部门，但是仅限于制造业务。所有的瓶子，无论是玻璃瓶还是塑料瓶，都由一个新成立的销售部门来负责销售。它这样做的理由是：客户希望自己所需的全部瓶子都由一个来源供应。对他们来讲，"玻璃"或"塑料"都无所谓，因为他们买的是瓶子，而不是材料。

因此，尽管模拟分权制有一些局限性、缺陷和风险，但是在一家大企业的各个部分既要相互合作，又要承担各自的责任这种情况下，它可能是最适合的组织设计原则。在市场的组织原则与技术和生产的组织原则不一致的情况下，它尤其适用。

例如，铁路公司或航空公司在本质上就没有纯粹的"当地"业务单元，因此这些企业不可能使用联邦分权制，只好按照职能制进行组织，顶多是再设一名地区协调员，在各个职能部门之间进行协调、调解和联络。影响运输系统绩效的那些决策，只能由公司统一做出。其中最重要的是关于资本使用、飞机、机车和货车分配的决策。然而，运输企业除了一些不太重要的任务之外都不能采用联邦分权制，但它们的规模显然已经大到不太适合使用职能制结构。

事实上，这就意味着我们还没有为某些企业找到合适的组织设计原则。

对于模拟分权制，我们至少已经知道它有些什么利弊。因此，组织理论和组织实践的一个重要任务就是：为铁路公司和绝大多数政府机构那样规模庞大而又过于集中的职能制组织制定一种结构，让它的效果不逊于模拟分权制在大型材料公司和大型商业银行所产生的效果。这也许需要使用模拟分权制的某些原则。

系统结构

在所有的组织设计原则中，可以说只有法约尔的职能制是从理论分析出发的，其他各种原则，包括团队、联邦分权制和模拟分权制，都是为了应对某些特殊挑战和需要而制定的。系统结构也不例外。

系统组织是团队设计原则的一种扩展，只不过团队是由个人组成的，系统组织则是由多种不同组织构成的团队。这些构成单位可以是政府机构、私营企业、大学和独立的研究人员，以及母公司的内外组织。系统结构根据任务的要求可能用到职能制和团队、联邦分权制和模拟分权制等其他各种设计原则。

系统结构中某些成员承担的特定任务可能在系统结构存在的整个期间都不发生变化，另外一些成员则有可能在项目的不同阶段承担不同的任务。有些成员可能是永久性的，另外一些则可能只负责完成某一项具体的工作。

尽管系统结构是美国国家航空和航天局（NASA）在 20 世纪 60 年代制订太空计划时才成为一种**明确的组织设计原则**，但它实际上已经存在至少一个世纪。它最初是作为一种企业结构发展起来的，如今的主要应用也可能是在企业中。一些大型日本公司与其供应商和分销商之间的关系，很像 NASA 与其供应商、承包商和合作者之间的关系。这些大型日本公司有时拥有供应商的所有权，在更多的情况下并不拥有或者只拥有很少的股权，但无论是在哪种情况下，供应商都是整合在系统中的。类似地，这家大公司通常又依靠一家既独立又一体化的商社。

使用系统结构的组织之间有一个共同点，那就是它们必须把不同的文化和价值观整合成统一的行动。系统的每一个组成部分都必须按自己的方式开展工作，按自己的逻辑和标准发挥作用，否则它们就根本无法发挥作用。然而，所有的组成部分又必须为了共同的目标而努力。同时，每一个组成部分都必须接受、理解并履行自己的职责。为此，必须在人和各个团体之间建立直接的、灵活的、因时制宜的关系，从而用个人联系和相互信任弥合观点之间的差异，弥合人们在什么是"恰当的"和"适宜的"这个问题上的认知差别。

例如，NASA 当时就面临价值观和文化差异这个问题。作为一个大型政府机构，NASA 几个重要部门的人员都是军人，他们习惯的是美国军方那一套。它的另外一些部门则是由沃纳·冯·布劳恩（Wernher von Braun）那样在德国出生、在德国接受培训的航天科学家所建立和经营的，他们习惯的是教授与助理的关系。参加航天计划的还有一些规模大小不一的企业，它们都是以"合作伙伴"而非"承包人"的身份参加这个团队的。它们并不是按照预定的规格制造或提供零部件，而是负责规划、设计和管理整个航天计划的"神经系统"。位于加利福尼亚州帕萨迪纳市的喷气推进实验室就是这样一个例子。另外还有一些团队成员是大学的科研人员，他们各自在自己的实验室里从事相关工作。然而，NASA 必须把所有这些传统、价值观和行为模式整合起来，使之服务于大家的共同绩效。

系统结构的困难和问题

系统结构与模拟分权制一样，与**所有的**组织设计规范都不太相符。它缺乏明确性，也缺乏稳定性。人们既不容易了解自己的工作是什么，也不容易了解整体工作以及自己的工作与整体工作之间的关系。沟通始终是一个问题。某个决策应该由谁来做总是模糊不清，事实上就连哪些决策是基本决策都模糊不清。它的灵活性很大，而且接受新思想的能力几乎是大得过了头。但是，它通常并不能为高层管理职位培养和考验人选。特别重要的是，系统结构违背了内部经济性这一原则。

NASA 成立之初，担任领导工作的科学家认为，借助控制手段，特别是借助计算机提供的信息，就可以让这个系统运转起来。不过，在了解到面对面的个人联系、经常召开会议并让大家参与决策（甚至是关于同自己的工作关系不大的事情的决策）的极端重要性之后，他们的想法很快发生了变化。NASA 的主要领导几乎把 2/3 的时间用于开会，而且会议的议题大多与他们自己的工作没有直接关系。

人际关系是使系统结构免于崩溃的唯一因素，因此必须经常对系统中不同成员之间在方向、预算、人事和优先次序等方面发生的冲突做出仲裁。最重要的一些人物，无论他们的职位说明或者工作安排是什么，都把自己的大部分时间用于维持系统的运转。从**维持内部团结所需的努力与产出之间的比例来看，没有哪一种组织结构比系统结构更差**。

系统结构的要求是极为严格的。它要求目标十分明确。尽管目标本身可能改变，但在任何一个时刻它们都必须是明确的。系统中每一个成员的工作目标都必须源自整体目标，并与之有直接的联系。换句话说，只有把"我们的事业是什么以及它应该是什么"这个问题考虑清楚之后，系统结构才能发挥作用。此外，系统结构还要求组织的运营目标和战略是严格按照组织的基本使命和目的制定的。一个能让系统结构发挥作用的目标，要像在 1970 年以前把人送上月球这样明确。

系统结构的另外一个要求是**人人承担沟通的责任**。系统结构的每一个成员，特别是管理当局中每一名成员，都必须确保自己充分理解组织的**使命、目标和战略**，都必须确保系统中每一名成员的困惑、疑问和意见都得到倾听、尊重、思考、理解和解决。NASA 航天计划这样的项目中存在很大的沟通问题，其中就包括把任何问题、突破性进展或者发现立刻通知成百上千名相关人员。

系统结构的第三项要求是，每一个团队成员，也就是每一个管理单元，都要承担远远超过自身工作的责任。事实上，每一个成员都必须承担**高层管理的责任**。整个组织若想获得任何成果，都要求每一个成员独立承担责任，并且积极主动地工作。同时，每一个成员还必须努力了解整个系统在做什么，并且时刻牢记整个组织的共同目标。特别是，管理者必须始终带着整个项目的视角来看待自己的工作任务。

因此，难怪系统结构在总体上讲并不是一种无条件的成功。每一次成功的登月发射（几乎总是有无限制的预算来支持它），都有成打的系统结构惨败，或者尽管成功了，代价却是完全不负责任地花费预算——以这种方式花钱，私营企业是无法生存下去的。欧洲的协和式飞机以及欧洲和美国的各种武器系统的失败，都是这样的例子。试图用系统管理去解决重大的社会问题，肯定会彻头彻尾的失败。当我们从探索外层空间（那里终归是没有选民的）转向地球上的城市以及各种城市问题，转向经济发展，甚至转向大规模运输这样一些看似纯技术性的问题时，社会和政治复杂性几乎必然会把系统结构压垮。波士顿的中央隧道项目"大开挖"（Big Dig）使得工程系统和社会系统不堪重负便是明证。

NASA "阿波罗计划"以及日本企业的系统结构的成功表明，系统结构是行得通的，而且可以是非常有效的，**只不过它需要明确的目标，需要所有的人高度自律，并且需要高层管理亲自承担联系和沟通的责任**。

大多数管理者认为系统结构与自己没有直接的关系。不过，任何一名身处联盟中的管理者若想出色地履行自己的职责，就必须理解这种结构（联盟管理的相关事务参见第 42 章）。系统结构是一个重要的结构，一个组织设计者和管理者必须了解和理解的结构——哪怕只是为了弄清在哪些情况下可以使用其他更简单、更容易的组织结构，因此不应该使用系统结构。

小 结

联邦分权制和模拟分权制都是以成果为中心的组织结构，系统结构是以关系为中心的组织结构。在所有已知的组织设计原则中，联邦分权制是最接近于满足所有组织规范的。不过，它的适用性有限，而且必须满足一些严格的要求才有可能发挥作用。如果这些要求得不到满足，我们就只有使用模拟分权制。这种结构虽然复杂、拙笨、难以管理，而且远不令人满意，但它是唯一适用于材料企业、大型银行等服务企业或政府机构的组织结构。系统结构则更加复杂和更加难以管理，但是 NASA 的美国太空计划那样的多文化组织又离不开它。

联　盟

　　兼并、收购和剥离这些现象由来已久，联盟却还是一个比较新鲜的事物。当前的经济和企业重组的不同之处在于，全球范围内出现了构建各种联盟的趋势：合资企业、技术秘密使用协议、外包、营销联盟、研究联盟，如此等等。

　　这些联盟跨越行业，跨越国界。联盟既有企业之间的，也有非企业之间的，例如大学与政府机构之间的联盟。

　　从数量上讲，联盟会超过所有重大兼并、收购和剥离案之和。同样重要的是，兼并通常是防御性的。商业分析师把它们称为"绝望战略"，因为它们的目的是要延缓所在行业（如商业银行）的衰落，或者通过削减成本延缓行业利润率的下降。

　　相反，大多数联盟被商业分析师称为"希望战略"，因为它们的目的在于获得更快的增长、更大的市场份额和更高的利润率。联盟很少会成为媒体的头条新闻，甚至很少得到报道。它们通常不需要获得政府监管机构或股东的批准，在很多情况下甚至不涉及资金的流动。

然而，联盟给商业世界带来了快速的变化，它正在成为一个**以合作关系而不是以股权为基础的世界经济网络**。无论是在大公司还是在中小企业之间，无论是在高科技行业还是在科技含量较低甚至毫无技术含量的行业，也不管是在跨国公司还是纯粹的本土公司之间，构建联盟的趋势都日益普遍。**这种趋势是由技术的需要、营销的需要和人员的需要推动的。**

联盟有自己的规则，也有自己的要求和禁忌。这些规则与以所有权和控制为基础建立的传统企业的规则有相当大的差别。

然而，没有几个企业及其管理者了解这些规则，更不用说遵守这些规则了。许多联盟在建立之初非常成功，可却在成功之后崩塌。原因就在于联盟的各方并不了解管理联盟的规则，遑论遵守这些规则。下面几个问题有助于揭示这些规则。

为什么要建立联盟

组织之间建立联盟通常是出于五大原因。第一，它们可能是希望获得一种全新的**技术**。计算机制造巨头购买小型软件公司的股权，大型电子产品制造商购买小型专用芯片设计公司的股权，大型制药公司购买基因研究新创企业的股权，大型网站购买小型在线公司的股权或者签署交叉推广协议，均出于这个原因。

第二，联盟可能是多家独立的公司取得**协同效应**的途径。例如，一家公司擅长研究，并且开发出一种出色的产品或服务，另一家公司擅长制造，还有一家公司则擅长营销，这三家公司显然就有动力建立联盟，因为这样一个联盟将让这个产品线获得必要的"推动力"。一家制造企业有多余的生产能力，而一个分销网络的吞吐量还没有饱和，这两家企业也会有动力建立联盟。

第三，联盟是获得拥有技术秘密的**人员**的一种方式。

第四，一家独立的公司承担一些**基本供应活动**，而这些活动事实上是整合在另一家公司的运营中的。

第五，联盟是一家公司实现**地域拓展**的一种方法，有时甚至是唯一的方法。在法律和物流方面在国外设立分公司通常不啻为一场梦魇，它还意味着这家公司必须适应自己并不熟悉的当地经济和国情。但是，这家公司可以与外国公司结成联盟，让对方代表自己在对方的母国或者互相代表在各自的母国销售、生产产品。

这种联盟绝不仅限于在不同国家开展业务。例如，美国就有许多国内联盟，一家规模中等，在美国东部市场地位比较稳固的公司，与一家同样规模中等，但是在西海岸或中西部市场地位比较稳固的公司结成联盟。这样，它们就可以通力合作，在无须放弃自己的独立性和股权的情况下，享受一家全国性公司的大部分有利条件。

总而言之，组织通常是出于以下五大原因之一构建联盟：获得全新的技术；发挥两家合作伙伴的优势之间的**协同效应**；获得掌握着特殊知识的**人员**；**把非核心活动外包给专业公司**；拓展到新的**地域市场**。

全球几乎每一家制药公司都跟一些小型的基因技术或生物分子技术公司建立了联盟关系，目的就是为了获得新知识和新技术，因为基因和生物分子技术最终也能生产这些制药公司正在研制的药物，只不过使用的是不同的知识。事实上，基因和生物分子技术公司也需要不同的思维方式——制药公司的生物化学人员和医生持有的思维方式。

著名芯片制造商英特尔公司与一家日本大型制造商之间的联盟，就是为了获得协同效应。英特尔负责的是新型微芯片的研发，那家日本公司则拥有独特的微型化技术——这是日本 200 年来一项独特的传统艺术的结晶。因此，该公司把英特尔的设计方案转化为可以制成微芯片的产品。于是，这两家公司开始时一起制造芯片，然后以竞争对手的身份独立销售这款芯片。在这一联盟关系中，双方没有一分钱换手。

通过联盟获得关键人员的最佳范例，便是企业与大学之间签署的无数合作协议。这样的企业有很多类型，包括化工企业、制药企业、材料企业等。有些美国企业不仅与美国的大学，还与加拿大的一些大学签订合作协议。

这一现象在欧洲也逐渐盛行。企业资助一些费用高昂的大学研究，研究的具体内容则由大学研究人员自己决定。作为回报，企业拥有任何研究成果的优先购买权。企业资助与政府拨款不同，企业不对研究人员的研究方向和研究内容加以控制，因此这些研究人员仍然保持着自己的独立性。

它们也不同于传统的大学研究，因为研究成果的商业应用是由企业控制的，而不是由大学或研究人员自己控制的。

因为外包而建立联盟的范例始于二战结束之后的一种现象——医院和学校把保洁和维修服务外包给一些专业的公司。如今成长最快的外包领域则是数据处理。在美国政府开此先河之后，越来越多的组织把数据处理外包给一些独立的、专门从事数据处理的公司。如今，越来越多的公司开始把制造业务也外包出去。

事实上，在电子商务外包模式下，制造外包可能会成为最普遍的外包形式，它使得拥有强大品牌的公司，例如一家强大的消费品制造商，通过电子商务中心实行集中销售，但是在顾客所在地实行本地配送。

最显而易见的地域联盟，是美国和欧洲公司20世纪六七十年代在日本建立的成百上千家合资企业。当时，日本的市场正在快速成长，但是日本政府给西方企业设置了很高的障碍，使得它们在没有日本合作伙伴的帮助下会举步维艰——尽管一些坚持不懈地采用独资方式的西方企业最终也获得了成功。

当然，进军外国市场还需要克服语言这一难关。西方企业的管理者很少有会说日语的。特别重要的是，西方企业在日本几乎不可能请到有经验的中层管理人员和专业技术人员，这些人通常享有终身雇用待遇，因此只能由合资企业的日方提供。

不同类型的联盟

联盟可以有很多种形式。**合资企业**是一种，它指的是两个或两个以上的公司致力于一个共同目标的实现。**少数股权协议**是一种，它是指一个公司持有另一个公司或者两个公司相互持有对方的少数股权。**交叉持股**也是一种，它也是一种少数股权协议，只不过双方持有对方的股权比例相同。

不过，越来越多的联盟根本不涉及股权，上文提到的英特尔与日本公司的联盟便是如此。销售联盟也是一种，结盟的各家企业联合销售产品或服务，各自负责不同的市场；外包联盟也是一种，提供独特的支持性外包服务的公司成为其客户公司事实上的一个部分；**知识产权交叉授予也是一种这样的联盟**。

所有联盟都有一个共同点——结成联盟的两个或多个组织同意在某个领域内开展合作，但仍然保留自己的身份和管理当局。换言之，**它们同意成为合作伙伴**。

既然联盟有这么多种形式，那么哪一种最有可能取得成功，适合于什么样的情况？哎呀！这就像是问哪一种类型的婚姻可能获得幸福一样，这是一个没有答案的问题。不过，所有联盟都有另外四个共同点：

第一，它们都不同于建立在所有权基础上的组织。用一本非常古老和非常著名的法国小说里的一句话讲，它们是"危险的联系"——在发挥作用的时候极其令人满意，但是很脆弱，因此容易断裂。

第二，它们都面临同样的问题。

第三，它们都需要合作双方采取某些基本的行为。

第四，可能也是最重要的一点，联盟在处境艰难的时候，也就是在联盟组建之初，通常易于维护，而且运转良好，但是一旦取得成功之后，联盟就变得难以维系，这一点不同于大多数管理者熟悉的企业。

联盟面临的问题及其解决办法

联盟的成功会导致问题的产生，因为合作伙伴在目标以及对联盟的期望等方面存在的差异，到这个时候就会显露出来。只要联盟还处于艰苦奋斗的过程中，合作伙伴通常就会协调一致，各方的目的就是要充分发挥联盟的作用，但是一旦目标实现，每个合作伙伴对这个成功的联盟抱有的期望也就会出现差异。

下面来看两个典型的例子。

第一个例子是一家美国化工公司和一家德国化工公司之间的联盟。这两家公司的规模都不小，但也不是十分庞大，它们携手在拉美地区设立制药公司。

这家合资企业经过五年的艰苦努力才实现盈利。在此期间，合作双方精诚合作。可是在企业实现盈利之后，美国公司希望把所有的利润都用来继续投资，因为它想把这家公司建成拉美地区一家主要的制药公司。然而，德国公司却迫切需要现金用于支持国内的研究项目，因此希望尽可能多、尽可能快地从合资企业中获取利润。

双方年复一年地争执，慢慢地在什么事情上都无法达成一致。后来，这家原本前景美妙的合资企业便悄无声息地陨落，最后以清算告终。

第二个例子是四家大型银行于20世纪70年代早期成立的一家以东南亚国家为目标市场的开发公司。在这四家银行中，两家是美国的银行，两家是欧洲的银行，它们都认为东南亚国家的经济将会不断增长，因此会带来很好的投资机会。同样，这一联盟运转非常顺畅，直到它取得成功。从成立到成功，花了四年的时间。

　　这时，四家合作伙伴中的三家希望开发公司能够获得尽可能大的成功。这意味着要在东南亚国家大力推进商业银行业务，这就会与它们各自的母公司发生面对面的竞争。

　　第四家银行，也就是一家大型欧洲银行，却希望自己成为东南亚市场上的一家主要商业银行。事实上，该银行参加这个联盟的目的，就是为了进入这个市场并且积累经验。因此，它觉得这家成功的合资企业成了一个不知天高地厚的愣头青，需要的不是鼓励或表扬，而是需要给它一些教训，于是反对合资企业开拓商业银行业务，以达到自己的目的。

　　同样，经过几年的争吵之后，合资企业也以清算告终——正是在东南亚真正开始腾飞之时。

　　一个联盟要想继续取得成功并且运转顺畅，结盟各方就应该事先预计到这些问题，并且在问题真正出现之前设法予以消除。各方在正式建立联盟之前，就必须考虑清楚自己的目标以及联盟的目标。

　　各方真的希望合资企业最终成为一家独立的、自治的公司吗？各方从一开始就允许，甚至鼓励合资企业与结盟的某一方或者所有各方的母公司展开竞争吗？如果答案是肯定的，那么是在哪些产品、服务或市场上？

　　对于结盟各方分别在不同市场上销售产品的销售联盟，在目标方面也必须同样明确。协议的范围是仅限于某一种产品或服务？还是在取得成功之后，它的范围最终可以扩大到每一方的更多的产品或服务？利润是继续在合资企业中投资，还是尽可能地由母公司收回？合资企业应该建立自己的研究部门，还是必须把研究工作完全承包给一两家母公司。

　　研究联盟则必须就研究成果的知识产权归属签订协议。它是属于实际负责研究工作的大学科研人员？还是属于研究人员所在的大学？抑或属于提供研究资金的公司？

　　这些目标每隔几年就应该评估一次。如果联盟取得了成功，这项工作就尤其重要。结盟各方还必须考虑清楚这个联盟应该归谁管理。无论联盟采取何种形式，它的管理都应该独立于结盟的各方。负责人则必须有使之获得成功的动力。

联盟应该采取什么样的方式管理——是由结盟各方组成委员会负责，还是由某一方承担全部责任？

无论联盟在法律上属于何种形式，它都必须有自己的管理当局，而**不能交由委员会管理，因为组建委员会意味着无人承担责任。**

如果它是一家合资企业，那么它需要有独立的管理当局，而且无论这些管理人员来自何处，他们都只对合资企业的经营结果负责，并且只用合资企业的业绩来衡量他们的绩效。

对合资企业的管理者绝对不能有下面这样的想法："约翰的工作做得不怎么好，但是他维护了我们的利益，在我们的合作伙伴面前不会吃亏。"

事实上，合资企业管理者的最重要的一项职责，就是在合资企业的管理当局认为母公司的要求并不符合合资企业的最佳利益时拒绝母公司的要求。

其他类型的联盟也必须明确管理责任。例如，为医院提供维护和保洁外包服务的公司，管理责任便落在该外包合同的负责人肩上。

毫无疑问，他必须满足医院管理当局的要求，因为毕竟维护和保洁费用几乎要占医院全部预算的30%，而且维护和保洁的标准对于保证医院的医疗质量十分重要。同时，这名负责人也必须满足自己上司的要求，因为那是**他的本职工作**。

结盟的协议内容如果是双方分别在自己的市场上销售双方的产品，那么每一家公司都必须有人对此负责。当然，双方也可以共同指定一个人来负责，于是这个人就是一个只有一名成员的合资企业。那么，这个人便代表着**这个联盟**。

结盟各方必须解决的下一个问题是，合资企业与它的分支机构以及与结盟各方应该保持什么样的关系。哪怕合资企业在某个结盟公司那里的地位相当低，例如卢森堡一家小型保险公司的股东之一是一家大型商业银

行，而该行所占股份只有 1/6，这时合资企业的管理层里也必须有人能够
直接找到母公司的决策者，而不是通过层层上报才能找到。最好的方式
是把所有这些"危险的联系"交给某一位高管负责——在大公司中尤其
如此。

最后，结盟各方事先必须建立争端解决机制。从上到下的指令在联盟中
是不起作用的。最好的办法是在争端出现之前确定一位各方都了解并且尊重
的仲裁者，并且要求各方都把此人的仲裁作为最终解决方案。

结盟各方应该赋予仲裁者就事论事以外的权力。例如，他应该能够决定
结盟的每一方都有权按照事先确立的条款购买另一方的股权；他还应该能够
建议把合资企业清算，或者让它成为一个独立于母公司的企业。这些都是重
大举措。但正是由于这个原因，仲裁的结果应该被双方当作最终解决方案。
这些条款能让结盟各方认识到自己必须让自己的利益、观点和自尊心在多大
程度上服从于联盟的长久成功。

把联盟当作营销合作伙伴关系来管理

联盟之所以难于管理，正是因为它们没有"老板"。它们是**合作伙伴关
系**。合作各方在本质上是平等的，无论哪一方都不能对其他各方发号施令。
因此，联盟取得成功的秘诀就在于把它当成**营销关系**来管理。在传统的组织
中，命令与控制建立在所有权的基础之上，因此管理者是从下面这个问题开
始思考的："怎样才能让大家**接受**我们认为他们应该做的事情？"

在合作关系中，我们要把其他各方视为顾客。这时首要的问题就不是
"我们想要做什么"，而应该是"合作伙伴的目标是什么，合作伙伴认为什么
是有价值的，合作伙伴是如何开展经营和管理的"。

一旦上述观点得到结盟各方的理解和认同，联盟就能顺畅运转。

小 结

组织通常是出于以下五大原因之一构建联盟：获得全新的技术；发挥两家合作伙伴的优势之间的协同效应；获得掌握着特殊知识的人员；把非核心活动外包给专业公司；拓展到新的地域市场。

许多联盟在建立之初都能顺畅运转，但是在取得成功之后分崩离析。为了避免这样的命运，结盟各方事先必须考虑清楚四个重要问题：合作伙伴及其联盟的不同目标是什么？怎样对联盟进行管理，由谁来负责管理？合作伙伴之间以及各自与联盟之间是什么样的关系？争端如何解决？

联盟的风险很大，也很难管理，但是企业增长越来越离不开它。传统的增长方式要么是过于昂贵，例如通过基础研究获得增长，要么就是不容易在现有企业中使用。它们可能需要一些全新的，而且通常是截然不同的技能；需要一些拥有不同价值观的人员，例如大学科研人员的价值观、习惯和政策；需要开拓不同地域和不同市场。

结盟各方应该把联盟视为一种营销关系来管理。

新千年的首席执行官

CEO 要对机构中所有人的工作负最终责任，不过他们也有自己的专门工作——管理研究至今对此关注甚少。无论这个机构是企业、非营利组织、教堂、大中小学还是政府机构，无论它的规模大小，也无论它是全球性的还是只在当地开展业务，CEO 的工作都是相同的。它们既是只有 CEO 能做的工作，也是 CEO 必须做的工作。

在任何一家组织中，无论它的使命是什么，CEO 都是**内部**与**外部**之间的桥梁。这里的内部指的是这个组织，外部则包括社会、经济、技术、市场、顾客、媒体和公众舆论等。**组织的内部只有成本，它的经营成果全都存在于外部**。事实上，人们创建现代组织（始于 1536 年的耶稣会）的明确目的，就是在外部取得成果，也就是对社会和经济产生影响。

CEO 的任务

1. 界定对组织有意义的外部环境

界定对组织有意义的外部环境是 CEO 的首要任务。这个任务并不容易完成，界定的结果更不是唾手可得的。例如，对于某一家银行来说，有意义的外部环境是当地的商业贷款市场？还是全国的共同基金市场？或者大型实业公司及其短期贷款需要？所有这三种外部环境都与资金和贷款有关，但是人们并不能凭借该行公布的财务数据判断它是聚焦于哪一种"外部环境"。每一种外部环境都意味着一种不同的**生意**，因此需要不同的组织、不同的人员、不同的能力，以及对成果的不同定义。哪怕是规模最大的银行，也不可能成为所有"外部环境"中的领导者。聚焦于其中的哪些是一个风险很大又很难改变或逆转的决策，只有 CEO 才能做出这个决策，同时组织的 CEO 也必须做出这个决策。这是 CEO 的首要任务。

2. 从"外部环境"获得信息并把它们转化成便于使用的形式

CEO 的第二项具体任务是考虑清楚外部环境中的哪些信息是有意义的，而且是组织需要的，进而努力把它们转化成便于使用的形式。有组织的信息在过去 100 年间大幅增加，但主要是"内部"信息，如会计信息。计算机的应用又进一步强化了对内部的重视。至于组织的外部，数据在大幅增长——始于 20 世纪 20 年代赫伯特·胡佛担任美国商务部部长一职期间（我们现在能够获得 GNP、生产率和生活水平等数据主要得感谢他）。然而，无论是企业、非营利组织还是政府机构的 CEO，没有几个人按照自己的需要把这些数据转化成系统的数据（关于把数据转化为信息的方法，参见第 33 章）。

我们来看一个例子。每一个品牌消费品的主要制造商都清楚，没有几件事情的重要性大于有关非顾客（他们不买公司的产品，而且占所有消费者的绝大多数）价值观和行为的信息，特别是关于这些人的价值观和习惯变化的信息。有关数据是不难获得的，但是没有几个消费品制造商把它们转化成有组织的信息，并据此做出自己的决策（一个广为人知的例外是壳牌石油下属的各家公司）。同样，需要这些信息的是 CEO，设法获得这些信息也是 CEO 的职责。

决定哪些外部信息对组织是有意义的也是一个高风险的决策。例如，20 世纪五六十年代的美国企业管理者认为（在很多情况下都是经过思考的），日本企业界当时发生的事情对自己、对自己所在的公司都不是什么特别有意义的信息。美国企业后来被日本出口商品打个措手不及，主要原因便在于此。

获得外部信息需要付出艰辛的努力。有太多的机构（而且不仅仅是企业）把"外部"主要定义为直接竞争对手。玩具制造商把"外部"定义为构成竞争关系的其他玩具制造商，医院把"外部"定义为同一个城郊区域内构成竞争关系的另外两家医院……其实，对于玩具制造商而言，最重要的竞争对手并不是其他玩具制造商，而是抢夺潜在顾客的可支配收入的所有其他厂商。因此，关于这家玩具制造商外部环境的最有意义的信息，便是玩具给潜在顾客提供了什么价值。换句话说，顾客研究比市场研究更加重要，但也要难得多。

3. 决定什么结果对组织有意义

在界定对组织有意义的外部环境以及组织需要哪些信息之后，就可以开始回答下述关键问题："我们的事业是什么？它应该是什么？它将会是什么？"对这些问题的答复不仅确立了组织经营的边界，同时也构成 CEO 开展工作的基础。特别是，它们使得 CEO 能够判断哪些结果对组织是有意义的。

对于那些不受利润约束的机构，也就是非商业机构来说，对结果进行定义不仅意义重大，同时又充满风险——每一个发达国家都有数量非常庞大的非商业机构。然而，就算是企业，也不能仅以利润作为自己对成果的定义——利润的意义可能因为该机构对"有意义的成果"的界定而大为不同。判断利润代表着什么结果是 CEO 的一项主要职责。这一判断不是建立在"事实"的基础上的——它们不是关于未来的事实。这一判断也不是凭借直觉就可以做出来的，而是需要分析和决断。同样，只有 CEO 才能做出这一判断，CEO 也必须做出这一判断。

对什么是理想的结果做出界定，必然要求对"短期—长期"做出判断。这一判断的风险如此之高，以至于过去的人们都避免下结论。事实上，现代经济的一项重大制度创新便是创建了上市公司这种可以系统地承担和分享风险的组织，从而使得个人可以严格限制自己在投资时承担的风险。

我们因此可以说，企业使得人们可以在很大的范围内大量做出这些时间决策，从而创造了现代经济——无论是在物质上还是在概念上，它的作用都比其他任何一种创新大得多。企业发明之后，管理者成为一种独特的角色和职能，在短期收益与延期目标之间做出决策，便成为他们的一项重要职责。做出这个决策需要 CEO 付出艰辛的努力。（马基雅维利的《君主论》和莎士比亚的《威尼斯商人》是文艺复兴时期的两部不朽名著，它们都是围绕着时间决策带来的挑战展开的，背景都是正在萌芽中的现代经济。）

4. 确定优先事务

在任何一个组织中，只要这个组织不是行将瓦解，任务就总会比资源多得多。然而，只有通过集中资源，特别是集中最稀缺、最有价值的资源，也就是经过实践检验拥有出色绩效能力的人员，才有可能取得成果。

每一位 CEO 总是背负着什么事情都做一点的压力。那样虽然会让所有人皆大欢喜，但是注定不会取得什么成果。拒绝是 CEO 最重要同时也是最艰难的一项工作。这不仅需要意志力，而且需要进行大量的研究，需要付出艰苦的努力——这是只有 CEO 才能做的工作，也是 CEO 必须做的工作。

5. 为关键岗位配备人员，这归根到底决定着组织的绩效能力

每一个组织都会说："我们的人员更加优秀。"这种说法无疑是站不住脚的。一个组织除非只有少数几个人，否则它的人员就会遵循大数定律。这是一条最不讲情面的统计学定理，它的内容就是一个足够大的群体必定符合

"正态分布"。组织的优劣体现在能否让平凡的人做出不平凡的事，而这主要取决于它们的员工能否被安排到可以发挥长处的岗位上，还是员工因为没有明显的弱点而得到任用——后面这种情况往往要普遍得多。没有什么事情比"人员决策"需要更多的努力。比人员安置需要更多时间的（并且需要更多努力），只有纠正错误的人员决策这一件事情。同样，关键的人员决策只有CEO 能做。

6. 组建高管团队

美国大公司 CEO 近些年频频遭遇失败。15 年来，许多 CEO 上任一两年便遭到解雇，因为这些公司认为他们无法胜任工作。可是，这些 CEO 每一个人都是因为能力得到了实践的检验而入选的，每一个人在此前的职位上都是非常成功的。这种情况表明他们承担的是一份无法完成的工作。美国CEO 的记录表明，这种失败不是人的失败，而是系统的失败。大公司的高**层管理**需要一种全新的组织概念。

这个概念的一些基本构成要素正在慢慢形成。例如，通用电气公司CEO 杰克·韦尔奇建立的高管团队中，公司的首席财务官和首席人力资源官与 CEO 几乎平起平坐，但是这两个人都被明确排除在 CEO 继任候选人名单之外。他还给自己以及整个高管团队确立一项明确的、公开的优先事务。在担任 CEO 的 21 年间，韦尔奇先后设置了三项这样的优先事务，每一项占用他 5 年甚至更长的时间。在此期间，他都把除此之外的所有其他事务授权给公司的高层运营管理团队去完成。

瑞典工程巨头 ABB 公司采用的是另一种方法。于 2000 年从 CEO 职位上退休的戈兰·林达尔（Goran Lindahl）在两个方面比通用电气的韦尔奇走得更远：一是把业务单元建成独立的全球性业务；二是建立一个由少数几名不负责经营的高管组成的高管团队。他还给自己定义了一个新的角色——公司的单人信息系统。于是，他经常在世界各地出差，亲自去了解所有的高管，倾听他们的见解，并把公司内部发生的事情告诉他们。

　　一家大型金融服务公司采取的方法不同于以上两种：它任命了六名CEO。该公司旗下五个业务单元的负责人，同时也是公司某一个管理领域，例如公司战略规划或者人力资源的CEO。另外一名CEO（主席）则是整个公司的对外代表，并且直接负责资金的获取、分配和管理。这六名CEO组成高管委员会，每周开两次会议。这种安排看似运转顺畅，但前提是那五名CEO都不觊觎主席职位，都愿意继续担任自己的经营管理职务。然而，就连设计了这一制度并亲自担任主席职务的这个人也怀疑，这个制度在自己任期结束之后是否还能维系。

CEO：走向世界的美国发明

　　CEO是美国的发明，它最先是由亚历山大·汉密尔顿（Alexander Hamilton）在美国建国之初于《美国宪法》中设计的，后来移植到私营部门——汉密尔顿自己的纽约银行和位于费城的美国第二银行。世界上其他国家在管理层和组织中都没有真正与CEO相当的职位。德国的"sprecher des vorstands"（董事会代表）、法国的"administrateur délégué"（常务董事）、英国的"chairman"（主席）或者日本的"president"（社长），在权力和职责范围上面都与美国的CEO有显著的差别。

　　然而，CEO很快成为美国一个重要的输出品。例如，英国首相托尼·布莱尔、德国总理格哈德·施罗德都想按照美国总统的模式改造自己国家的最高政治职务。商业界对CEO模式接受得更快，例如，欧洲最大的工业公司德国西门子集团最近完成的改组，便采用了这一模式。实际上，美国式CEO的独特之处在于CEO拥有自己独特的工作。

小　结

　　21世纪的CEO有六项独特的任务。它们是：

- 界定对组织有意义的外部环境；
- 从"外部环境"获得信息并把它们转化成便于使用的形式；
- 决定什么结果对组织有意义；
- 确定优先事务；
- 为关键岗位配备人员；
- 组建高管团队。

CEO 这个概念是美国发明的，并已向美国以外输出。

养老基金对公司治理的影响

　　养老基金成为最主要的所有者和贷款人，这是经济史上发生的最令人惊讶的权力变迁事件之一。1950 年，通用汽车公司成立了第一只现代养老基金。到 2006 年，养老基金控制的资产，包括普通股票、固定收益证券、对冲基金、私人股权、房地产等，总规模已达 4.6 万亿美元之巨。从人口构成情况来看，这些资产的规模仍将继续大幅增长。

　　美国社会未能认识到这一权力的变迁（更不用说顺势而为），是美国金融行业在 20 世纪 80 年代波澜迭起，例如恶意收购、杠杆收购和全面重组频频发生的一个重要原因。近来机构投资者在私人股权公司中的影响日益扩大，也反映了这种权力变迁。

　　对此，我们特别需要关注两个问题：养老基金这些新兴的所有者应该让公司的管理当局对什么负责？应该采用什么样的组织结构去保证管理当局承担这一责任？

卖不掉的股权

养老基金在 20 世纪 70 年代早期开始成为美国公司的第一大股东,但这个事实在此后的 15～20 年几乎完全被人忽视。原因之一在于养老基金自己并不想要成为"所有者",而是希望成为消极"投资者",也就是短期投资者。它们声称:"我们并不是购买一家公司,而是购买这家公司的股票,持有比较短的一段时间,一旦它带来资本回报的前景变得不怎么好,我们就会把它卖掉。"另外,这种情况完全不符合美国的传统,也不符合当时每一个人对美国经济结构的定见(也不符合当前很多人的定见)。在养老基金成为权益资本的最大持有者很久以后,人们仍然称美国是一个实行"大众资本主义"的国度,也就是认为数以百万计的个人各自拥有美国大公司的少数股权。毫无疑问,美国公司的员工已经成为生产资料的所有者,但他们的所有权是通过数量很少、规模很大的"受托人"来行使的。例如,最近一项研究发现,100 个大型公司的福利计划在 2006 年所拥有的资产规模已经超过 1.3 万亿美元(Millman 咨询与精算公司,2007 年)。

这层迷雾终于消散之后,养老基金的受托人,特别是代表公职人员的基金受托人,开始认识到一个事实——自己不再是股票投资者。按照定义,投资者可以卖掉自己持有的股票。一些小型养老基金也许还可以这么做。这样的小型基金有成千上万个,但是它们的资产总额占所有养老基金所持资产的比例不超过 1/4。哪怕只是一家中等规模的养老基金,也会发现自己持有的股票已经多到不那么容易卖掉。或者更准确地讲,它持有的股票只有在另外一个基金接手时才卖得出去。它们的规模大得无法轻易被散户消化,因此总是在机构之间循环。

持有 1% 的股票便不能轻松卖出,持有超过 30% 的股票(主要是养老基金)更是根本卖不出去。它在这家公司的投入几乎等同于德国的"主持银行"(Hausbank)对公司客户或者日本的财团对成员公司的投入。于是,这些大基金慢慢领会了德意志银行的创始人、主持银行制度的发明者乔治·西门子在 100 年前说的一句话："卖不掉，就得管。"当时，有人质疑他和银行为什么要把那么多时间花在一家经营不善的客户身上，他说出了这番话。

养老基金不可能像很多 19 世纪的所有者那样成为公司的管理者。然而，哪怕是一家很小的企业也需要一个有权力、有连续性、有能力建立和经营企业的、强有力的并且拥有自治权的管理当局。因此，成为美国公司所有者的养老基金，日益需要确保这些公司拥有合格的管理当局。我们在过去 60 年间已经知道，这意味着管理当局必须明确对某一个人负责，而且他们承担的责任必须用制度确定下来。这意味着管理当局必须对绩效和成果负责，而不是对经过巧妙量化修饰的良好意愿负责。这意味着管理当局承担的责任必须包括财务责任，尽管谁都知道绩效和成果远不止利润这一项。

毫无疑问，大多数人都会说，我们知道**绩效**和**成果**对于企业是什么含义。我们当然应该知道这一点，因为清晰地定义这些词汇是管理当局取得成效以及所有者获得利润的前提条件。事实上，自二战以来先后有过两个定义，但是没有一个经受住了时间的检验。

管理服务于各种利益相关者

第一个定义形成于 1950 年前后，差不多就是现代养老基金发明的时候。那个时代最杰出的"职业经理人"、通用电气公司的 CEO 拉尔夫·科迪纳声称，大型上市公司的管理当局是"受托人"。他认为，公司的高管必须"按照股东、客户、员工、供应商和工厂所在社区的最佳**平衡利益**"管理企业。如今我们称所有这些相关主体为**利益相关者**。

正如一些人立刻指出的那样，科迪纳的答案仍然需要给"成果"以及"最佳"的"平衡"下一个定义。它还需要一个明确的责任结构，这个结构中必须有一个独立的、强大的监督和控制机构，以确保管理当局对绩效和成果负责。否则，职业管理者就会成为一个开明的独裁者，而开明的独裁者，无论他是柏拉图式哲学家的君主还是 CEO，既不可能取得出色的绩效，也不可能长期在位。

然而，科迪纳那一代人及其继任者既没有清楚地定义什么样的**绩效和成果**能够创造**最佳平衡**，也没有建立相应的责任制度。结果，20 世纪 50 年代的职业管理者既没有取得出色的绩效，也没能生存很长的时间。

科迪纳式管理遭受的最沉重的打击，便是 20 世纪 70 年代后期兴起的恶意收购。一个又一个科迪纳式管理者被赶下台，幸存者也被迫彻底改变自己的管理方式，或者至少是彻底改变自己的言辞。据我所知，现在没有哪个公司的高层管理者称自己是"受托人"，是为了"利益相关者"的"最佳平衡利益"进行管理的。

养老基金是这一变化后面的推动力。如果不是投票权集中在少数几只养老基金手中，而且这些基金又愿意支持收购，那么大多数恶意收购和杠杆收购就根本不可能发起。一家公司如果需要获得极度分散的数百万名个人股东的支持才能发起收购，那么这家公司很快就会把时间和资金耗尽。

毫无疑问，养老基金管理者在这些收购案中，也经常怀疑收购对被收购公司的影响，以及它们对经济的价值。这些基金管理者，特别是那些收入中等、负责公职人员养老金管理的公务员，对于被收购企业管理者的"金手铐"制度，对于赚得盆满钵满的收购方以及为其提供咨询服务的律师和投资银行，他们在良心和道德上是存有很多疑虑的。尽管如此，他们认为除了给这些收购行动提供资金和所需的投票权之外，别无选择。

养老基金之所以提供支持，原因之一就是这些交易让它们继续幻想自己可以卖出手中的股票，也就是继续扮演"投资者"的角色。另外，收购还能立刻带来资本收益。由于养老基金经理的绩效考核依据的是他们负责管理的投资组合的收益好坏，因此他们是极其欢迎这些收益的。

使得收购不可避免（或者至少是为此创造了机会）的真正原因，是这些公司的管理当局绩效平平。这些管理当局既没有明确定义绩效和成果，也不对某一个明确的人负责。有人也许会说，美国在 1960～1990 年有那么多的大公司绩效平平，错不在于管理当局，而在于错误的公共政策使得美国民众的储蓄率太低，因此公司的资本成本太高。但无论如何，公司负责人必须对他们治下的公司的绩效负责。无论是出于什么原因或者寻找何种借口，美国大公司的绩效直到最近都不是非常出色的——无论是用竞争力，还是用市场地位，或者创新绩效来衡量。至于长期财务绩效，它们的成果甚至没有达到可以接受的最起码的水平——相当于资本成本的资产回报率。

收购发起人便发挥了必要的职能。古谚说得好："没有掘墓人，就得有秃鹫。"不过，收购是一个大手术。大手术虽然不会危及生命，但是它会造成巨大的震动。收购会严重扰乱并且疏远中层管理者和专业人员——企业的绩效归根到底取决于他们受激励的水平、努力程度和忠诚度。在他们看来，自己为之奉献多年的企业被人收购或者拆散无异于遭人背弃，这会摧毁他们高效工作、爱岗敬业的一切基础。结果，不少被收购企业几年之后的绩效一点儿也不比在旧体制下好。

如今，几乎所有美国大公司的 CEO 都宣称自己的经营目的是"为了股东利益"或者"为了使股东价值最大化"。这是自二战以来出现的第二个关于**绩效和成果**的定义。它听起来远没有科迪纳宣称的"最佳平衡利益"那么高尚，但是要现实得多。然而，它会比过去的职业管理当局更加短命。在大多数人看来，"股东价值最大化"意味着股票价格在 6 个月或者一年后升得更高——自然不会是更长时间。以这种短期资本收益为目标，对于企业和控股股东而言都是错误的。因此，"股东价值最大化"作为一种关于公司绩效的理论，是没有多大生命力的。

就企业而言，短期思维的代价几乎可以说是不言自明的。大型养老基金的利益在于持有股票的价值，在基金缴纳人开始领取养老金时有无增值。这意味着养老基金的投资期平均达到 30 年，而不是 3 个月或者 6 个月。对于这些投资者，这个回报期才是合理的。

然而，有一个群体自认为能从短期收益中获利，它们就是参加"固定养老金"计划的雇主。它们只是一个少数群体，但是**这些雇主的利益**至今左右着养老基金行使所有者权力的方式。参加固定养老金计划的员工在退休后领取固定养老金，金额通常是退休前 3～5 年的平均工资。雇主每年向养老基金缴纳的金额随基金资产的价值而变动。只要基金总值高（相比为退休员工发放养老金实际所需金额而言），雇主缴纳的钱就会减少；基金价值低，缴纳的钱就会增加。

固定养老金计划的诞生纯属偶然。通用汽车公司的管理当局 1950 年提出这种养老基金，几位势力强大的董事认为这等于是给工会的馈赠，因此抵制这一方案。他们的立场后来才开始温和下来，因为有人解释说这一方案几乎不需要公司缴纳多少钱，原因是股市不断上升所带来的增值就可以满足将来支付养老金的资金需要。大多数私人雇主都效仿通用汽车这种模式，因为他们也都自欺欺人地认为，股市能够帮助自己履行支付养老金的义务。

毫无疑问，这是痴心妄想。一些固定养老金计划表现很差，原因恰恰就是这些基金不合理地追逐短期收益。另外一种计划，也就是雇主按员工薪水的固定比例缴款的"固定缴款计划"，大部分表现更加出色。实际上，固定养老金计划正在慢慢失去吸引力，因为它们没有获得当初承诺的资本收益，于是很多出现了资金严重不足的情况。从现在开始，按照新的会计准则，不足部分的资金要计为公司的负债，并在资产负债表上表现出来。这意味着哪怕只是碰到轻微的衰退（公司的盈利与股市同时下降），许多公司就有可能陷入无力偿付债务的境地。同时，多年以来许多公司把养老基金的盈余作为利润表上的"净收益"的做法已被禁止。

于是，一个又一个公司开始废止**固定养老金计划**。实行固定养老金计划并以短期收益为决策目标的组织，也不应该是绝大多数。事实上，它们已经退居次要地位。大多数公职人员基金实行的都是固定养老金计划，它们在规模最大的养老基金中占大多数。这些不受公司管理当局影响的基金，取代私营企业养老基金成为风尚的引领者，开启养老基金的管理新模式。

我们已经不再需要在理论上推导应该如何去定义大企业的绩效和成果，因为已经有一些成功的例子。德国和日本企业的股权都高度集中在机构投资者手中，但是它们都不真正参与管理。然而，这两个国家的实业都从二战的废墟中迅速崛起，表现极其出色，为本国经济的复兴立下了汗马功劳。

那么，德国和日本的机构投资者如何定义绩效和成果？它们的定义方式完全相同，尽管它们的管理方式不同。它们不同于科迪纳，不搞任何"平衡"，而是追求最大化。但是，它们努力实现最大化的不是股东价值或者任何一个企业利益相关者的利益，而是**企业创造财富的能力**。正是这个目标把短期和长期经营成果统一起来，也正是这个目标使得企业绩效的经营指标（市场地位、创新、生产率、人员及其开发）把企业的财务需要和财务成果挂起钩来。各个利益相关者，无论是股东、员工还是客户，也正是依靠这个目标来满足自己的期望和目标。

把绩效和成果定义为企业创造财富能力的最大化，可能被人斥为含糊其辞。没错，我们不可能通过填写表格找到答案。我们必须做出决策，而把稀缺资源投入到充满不确定性的未来始终是有风险的，是会引起争议的。当拉尔夫·科迪纳开历史先河试图定义绩效和成果时，使企业创造财富的能力最大化这一定义也许的确有些含糊不清，但是经过众多人士数十载的努力，如今已经变得非常明确。我们现在能对输入生产流程的所有要素进行相当严格的量化。精于此道的日本和德国企业，无论是日本的大公司还是德国的银行，它们的计划部门现在的确能够做到这一点。

这个概念朝着明朗化方向的第一步，可能是我在1954年的《管理的实践》一书中迈出的。这本书列出了企业的八大关键目标领域。这些领域（或者它们的变体）仍然是一些日本大公司制定业务规划的出发点。自那以后，在把目标转化为绩效指标需要什么样的战略这个方面，管理分析师做了大量的工作。

企业需要财务目标把所有这些目标结合起来。事实上，财务责任是管理当局和企业绩效的关键所在。不承担财务责任，也就不可能承担任何责任。不承担财务责任，也就不可能在其他任何领域取得成果。

这也不是"最终答案"。到目前为止，它还不能称得上是一种理论，而只是一种得到检验的实践。从德国和日本企业的绩效来看，它所导致的结果显然要胜过把企业当作利益相关者的"受托人"，或者实现股东短期收益最大化所导致的结果。

便于明晰责任的组织结构

美国企业必须做好，而且只能依靠我们自己做好的一件事情是，如何把**管理责任**的新定义融入组织结构中。

就算是美国规模最大的养老基金，也只能持有一家公司的极少数股权，远不足以控制这家公司。美国的法律也只允许公司养老基金最多持有另一家公司 5% 的股权，而且只有极少数基金接近这一上限。这些基金本身不是企业，因此掌握的商业或业务信息有限。它们关注的不是业务，也不可能关注业务，它们是资产管理者。然而，它们需要对多只基金共同控制的公司进行深入的业务分析。它们也需要一个融合了管理责任的组织结构。

在美国，业务分析（也称业务审计）必须交由某些独立的专业机构完成。一些管理咨询公司已经在从事这些工作，尽管只是偶尔为之，而且通常是在一家公司陷入麻烦之后才会做这项分析——往往为时已晚。最近有几家新成立的公司开始给养老基金（主要是公共基金）提供关于投资对象（包括行业和企业）的咨询服务。

我推测社会上最终会出现正式的业务审计服务，就像提供财务审计服务的独立专业会计师事务所那样。尽管业务审计不必每年都做（在大多数情况下每三年做一次就足矣），但是它必须依据预先设好的标准对企业的绩效进行系统的评估，从企业的使命和战略开始，然后分析营销、创新、生产率、人员开发、社区关系等，直到盈利水平。我们知道开展业务评估需要哪些材料，而且这些材料也是可以获得的。不过，我们必须按照一个系统的程序去分析，而且最好是交由一个专门从事审计的组织负责，当然这个组织可以是一家独立的公司，也可以是某个会计师事务所新设的一个独立部门。

因此，一家企业如果不经过独立的专业公司审计，大型养老基金就不会投资它的股票或固定收益证券，这不是什么异想天开的事情。当然，企业的管理当局会抵制这种做法。只不过，在 20 世纪 30 年代，对于外界提出的让企业接受外部会计师进行财务审计的要求，特别是公布审计结果的要求，企业的管理当局也曾抵制——实际上是憎恨。

不过，问题仍然没有得到彻底解决。谁来使用这个工具？考虑到美国的实际情况，只可能有一种答案——经过调整后的董事会。

高效的董事会

20 世纪 40 年代以来，每一个研究上市公司的人都强调公司需要一个得力的董事会。要想经营一家企业，特别是一家规模庞大、业务复杂的企业，管理当局必须拥有相当大的权力。然而，不用承担责任的权力总会变得无法服众或者变成专制，而且通常是二者兼而有之。毫无疑问，我们知道如何让董事会成为一个得力的公司治理机构。它的关键不在于拥有更加优秀的人，事实上只需要普通人就可以做到这一点。建设一个得力的董事会需要**详细列出它的工作，明确它的绩效和贡献目标，并且定期对照这些目标评估董事会的绩效**。

这一点其实我们早已清楚。然而，美国公司的董事会总体上变得越来越不得力，而不是相反。代表着良好意愿的董事会不可能成为一个高效的董事会。只有成为强大的所有者的代表，并且致力于经营好这家公司，董事会才成为一个高效的董事会。

1933 年，阿道夫·伯利（Adolph A. Berle，Jr.）和加德纳·米恩斯（Gardner C. Means）合著的《现代公司与私有财产》（*The Modern Corporation and Private Property*）出版。这无疑是美国商业史上最重要的一部著作。他们在书中证明，19 世纪那种资本家式的传统"所有者"已经不复存在，所有权正在迅速转移到无数不知姓名的投资者手中，这些投资者对公司既无兴趣也不愿意投入精力，只对短期收益感兴趣。他们指出，这一状况导致的结果是所有权与控制权分离，从而成为一个纯粹的法律拟制，而管理当局不用对任何人和任何事负责。15 年后，拉尔夫·科迪纳提出的**职业管理当局**接受了所有权与控制权分离这一事实，并且试图把它变成一种有利情况。

如今，历史走过一个轮回。养老基金与 19 世纪的大亨有天壤之别，它们之所以成为所有者，并不是它们想那样做，而是由于别无选择，因为它们持有的股票卖不出去。它们也不可能成为所有者兼管理者。但无论如何，它们是所有者，因此它们不是仅有权力，**还有责任确保最大的、最重要的美国公司能够取得出色的绩效和成果**。

小　结

现代企业的员工通过他们的代表，也就是养老基金，拥有企业越来越多的股份。美国大型养老基金拥有的股份之大，使得它们很难像普通的散户一样，在对企业的绩效感到不满意时出清手中的股票。因此，养老基金实际上会推动企业之间开展收购，以此作为套现的手段。这一需要的根源在于企业的绩效不佳，而养老基金的投资负责人必须承担增值的责任。

自从所有权与控制权分离以来，公司责任先后出现过三种模式。第一种模式是由拉尔夫·科迪纳提出来的，它认为管理当局应该按照"最佳平衡利益"经营公司。这种模式未能让公司的所有者享受成果，最终导致恶意收购盛行。

美国企业界出现的第二种模式是按照"股东价值最大化"经营公司。它通常表现为追逐短期收益最大化，并且导致管理当局采取实际上会削弱公司长期健康的行动。这种模式没有考虑到员工作为养老基金的投资者，他们追求的应该是长期利益，是应该在一个至少长达15年的时间框架下来考虑的。

因此，我们似乎应该建议美国公司采取第三种模式——以创造财富的长期能力最大化为目标，采取严格的评估指标，并由一个得力的董事会监督高层管理承担这一责任。这种已在日本和德国得到应用的模式，有望提高公司的责任感，并有望满足养老基金的主要受益人，也就是员工的长期利益。

10

对个人的新要求

MANAGEMENT

劳动力队伍中越来越多的人（包括大部分知识工作者），都必须进行自我开发。他们必须找到能够做出最大贡献的地方，必须学会开发自己。他们必须学会在长达50年的职业生活中保持身体健康、思维活跃。他们还必须学会如何以及何时改变自己的工作内容、工作方式和工作时间。

　　许多知识工作者的寿命会比他们供职的机构更长。按照发达国家目前的人均寿命，他们的寿命将达到80多岁。就算尽可能推迟进入劳动大军的时间，例如在将近30岁的时候获得博士学位之后再工作，他们的平均职业生活也会达到50年。

　　然而，成功企业的平均寿命只有约30年——在如今这个变幻无常的年代，只会变得更短。就算是那些通常比较长寿的组织，例如大中小学、医院和政府机构，也会经历许多快速的变化。就算是它们得以存续（有很大一部分肯定不可能存续，至少不可能以目前的形式存续），它们也会改变自己的组织结构、工作内容、所需的知识和人员类型。因此，越来越多的劳动者，特别是知识工作者，职业生活的长度会超过供职机构的存续时间，因此他们必须准备好经历不止一种职业、不止一类任务、不止一段职业经历。

自 我 管 理

本章讨论的是**单个知识工作者面临的新要求**。但凡有大成就的人，例如拿破仑、达·芬奇和莫扎特等，都是非常善于自我管理的人。这在很大程度上是他们取得非凡成就的原因。不过，他们那样的人毕竟是凤毛麟角。他们的天赋和成就都是如此不同凡响，因此常常被人们视若神灵。不过，就算是资质一般的人，也就是芸芸众生，如今也必须学会管理自己。

因此，知识工作者面临一些**全新的要求**：

- 他们必须回答——我是谁？我有什么长处？我是怎样工作的？
- 他们必须回答——我属于什么地方？
- 他们必须回答——我做出的贡献是什么？
- 他们必须承担起关系责任。

我有什么长处

大多数人自以为了解自己的长处，其实很多时候都是错的。人们更多的是了解自己不擅长做什么——就算在这个方面，人们也是错多对少。人不能依靠弱点，更不用说靠自己力不能逮之事去取得绩效。

仅仅在数十年前，对于绝大部分人而言，了解自己的长处都是毫无用处的，因为那时的职业和工作是由出身决定的。农民的儿子还是农民，如果不擅长农活，他就会穷困潦倒。同样，工匠的儿子也是工匠……但是，人们如今有了选择，因此他们必须了解自己的长处，那样才能找到适合自己的地方。

方法只有一种：**反馈分析**。每做出一个重要**决策**，每采取一个重要**行动**，都把自己的预期写下来，并且在 9 个月或者 12 个月之后，对照实际结果与当初的预期。

这不是一种什么新方法。它是 14 世纪一名德国神学家发明的，除此之外他别无可圈可点的贡献。大约 150 年后，卡尔文主义的创始人约翰·卡尔文（John Calvin，1509—1564）在瑞士的日内瓦，耶稣会创始人圣徒罗耀拉（Ignatius of Loyola，1491—1556）在西班牙的罗耀拉城，分别吸收了这一思想，并将其纳入自己的群体，也就是卡尔文教派牧师和耶稣会神父的戒律。这就是为什么这两个组织（均创办于 1536 年）在创办 30 年后就已成为欧洲占绝对优势的教派：卡尔文教派在信奉新教的北欧；耶稣会在信奉罗马天主教的南欧。那时，这两个教派的神职人员都是数以千计，因此大部分都不是资质超群的人。他们中有很多人是独立工作的，有些甚至处在与外界隔绝的环境中。许多人还必须隐蔽地开展工作，并且时时担心受人迫害。即便如此，背叛者也只是极少数。经常对照结果和预期，让他们坚定了自己的信仰。这种反馈使得他们能够全力关注绩效和成果，关注随之而来的成就感和满足感。

这个简单的步骤只要相当短的时间，可能也就是两三年，就能给你带来丰硕的成果。首先，它能揭示你的长处所在——这可能是了解自己的最重要的事项；其次，它能揭示你做的什么事情或者没有做的什么事情，使你的长处没有得到充分的发挥；再次，它能揭示你在哪些方面并不是特别擅长；最后，它能揭示你在哪些方面完全没有长处，因此做不出什么成绩。

反馈分析可能得出几个**行动结论**。第一个结论，同时也是最重要的结论是：专注你的长处。你应该为自己找一个适合发挥长处的地方。

第二个结论是：努力提高自己的长处。反馈分析很快就能揭示一个人需要在哪些方面提高技能或者学习新知。它能揭示一个人在哪些方面的技能和知识已经不足，因此必须更新。它还能揭示一个人欠缺哪些方面的知识。

第三个非常重要的结论是：反馈分析很快就能揭示你在哪些方面的自大导致了无知。太多的人，特别是一些在某个领域有很深造诣的人，瞧不起其他领域的知识。反馈分析很快就能揭示，一个人之所以绩效不尽如人意，原因就在于这个人的知识面过于狭窄，瞧不起自己专业领域之外的知识。

一流的工程师可能对自己不谙人情世故而备感骄傲——在那些出色的工程师看来，人情世故实在是太混乱。一些会计师也持同样的想法。

相反，搞人力资源的人通常因为自己对会计或定量分析方法一无所知而备感骄傲。一些去海外任职的优秀经理人也通常认为只要掌握商业技能足矣，对工作所在国的历史、艺术、文化和习俗不以为然，结果发现自己根本做不出成绩，空有一身商业技能。

因此，反馈分析得出的一个重要行动结论是，要克服思想上的狂妄自大，努力学习能充分发挥自身长处所需的技能和知识。

另一个同样重要的结论是，要改变自己的坏习惯——自己做的或者没有做的，妨碍自己发挥效能和取得成绩的事情。在反馈分析中，这些事情很快就会浮出水面。

比如，通过反馈分析可能发现，周全的计划之所以失败，原因在于计划者没有对计划进行跟踪。计划者同许多聪明人一样，认为想法能移山。事实上，移山得用推土机，想法无非就是指明推土机必须去哪里工作。许多聪明计划者的工作总是止于计划落定之时。其实，计划落定之时，真正的工作方才开始。他们还必须找到合适的人，向这些人解释计划，培养他们并在落实过程中对计划做出必要的调整和变更。当然，他们还要决定何时停止计划的推行。

反馈分析还能揭示一个人之所以徒劳无功，原因便在于态度粗鲁。许多聪明的人，特别是聪明的年轻人常常不明白，良好的行为举止是一个组织的"润滑剂"。

两个相互接触的物体在相对运动时会产生摩擦力，这是自然定律。两个人交往时也必然会有矛盾。这时，得体的行为举止便是两人之间的润滑剂，使得两人无论喜欢对方与否，都能并肩工作。这里所说的行为举止得体，其实是一些简单的事情，例如多说"请""谢谢"这类表示尊重的词，记住对方的生日或名字，并且时不时问候对方的家人。如果分析表明，一个非常聪明的人，只要遇到需要别人合作的工作就失败，那么很可能是这个人不够礼貌。

从反馈分析中得出的另一个行动结论是，**不要去做什么事情**。

对照结果和预期，很快就能发现自己在哪些方面应该什么事情都不做。它能揭示一个人在哪些领域一点儿天赋都没有——任何人都会有很多这样不擅长的领域。在这些领域里，我们没有天赋，没有技能，甚至连达到普通水平的机会都很小，因此也就不应该承担这些领域的工作、职务和任务。对于知识工作者而言，尤其如此。

最后一个行动结论是，尽可能不要把精力浪费在弥补自己的不足上面。我们应该关注的是自己擅长的、技能娴熟的领域。从完全没有能力提高到中等以下水平所需付出的努力和心血，远比从一流提高到卓越所需付出的努力和心血要多。然而，大部分人，包括大部分教师和大部分组织，都是试图把精力放在把一个人从完全没有能力提高到中等以下水平。其实，这些时间、精力和资源应该放在把一个胜任的人培养成一个业绩明星上面。

我是怎样做事情的

"我是怎样做事情的"这个问题的重要性，特别是对于知识工作者而言，堪比"我有什么长处"。

事实上，这个问题甚至更加重要。可是，只有极少数人了解自己是如何做事情的。相反，大多数人甚至不知道，不同的人有不同的工作方式。因此，很多人的工作方式其实并不适合自己——这几乎必然导致他们做不出成绩。

那么多人不了解自己的工作方式，主要原因可能是在于有史以来各个学校都必然强调所有学生都用同一种方式来完成功课。一个班里有40个学生的老师，根本没有时间去发现每一个学生的学习方式。相反，这位老师会强调所有学生以同样的方式，在同一个时间，做同样的功课。于是，所有人过去学会的都是同一种工作方式。新技术发挥最大积极作用的地方，可能就要数这个领域。我们应该使用新技术，使得哪怕只是勉强胜任的老师都能发现一个学生的学习方式，然后鼓励这个学生按照适合自己的方式完成学业。

一个人的工作方式同一个人的长处一样，都是独特的，是这个人的个性使然。无论个性是与生俱来的还是后天养成的，它都无疑是在一个人工作以前就已形成的。一个人的工作方式是"给定的"，就好比一个人擅长的事情和不擅长的事情是"给定的"一样。它可以做一些调整，但不太可能彻底改变。正如只有做自己擅长的事情才能取得成果，一个人也只有按照自己的方式工作才能取得成果。

反馈分析可以揭示出我们的工作方式中缺少什么东西，但是它很难帮助我们找到原因。不过，要找到原因并不是特别困难。只要工作几年之后，就能很快发现自己的工作方式。这是因为，一个人的工作方式是由少数几种共同的性格特征决定的。

我是善读者还是善听者

要判断自己的工作方式，首先要判断自己是善读者（reader）还是善听者

（listener）。然而，很少有人知道存在这种差别，而且很少有人既是善读者又是善听者。知道自己属于哪一类人，那就更少了。不过，我们只要来看几个例子，就会明白不了解这一点的危害有多大。

艾森豪威尔将军在担任盟军欧洲战区的司令官期间，是媒体竞相采访的对象，记者们认为参加他的新闻发布会简直就像赴一场盛宴。这些发布会以形式独特而著名，因为艾森豪威尔总是有问必答，而且总是三言两语就能精确地把一项策略解释清楚。可在 10 年之后，艾森豪威尔担任总统期间，他过去的敬慕者开始公开指责他，认为他是一个傻瓜。他们抱怨说，他总是不直接回答问题，而是无休止地顾左右而言他。他还不断遭人讽刺，说他语无伦次、不讲语法的答复简直就是对标准英语的糟蹋。人们完全忘记了，艾森豪威尔早年的英名主要来自他担任道格拉斯·麦克阿瑟将军的演讲撰稿人这段经历，这可是一个对文采要求极高的职位。

合理的解释是，艾森豪威尔根本不清楚自己是一个善读者还是善听者。他在担任盟军欧洲战区司令官时，他的助手总会把媒体提的所有问题写在纸上，在新闻发布会召开的至少半个小时之前交给他。然后，一切都交由他掌控。他当总统时，前面的两任总统，也就是富兰克林·罗斯福与哈里·杜鲁门，都是善听者。这两位总统都知道这一点，于是在新闻发布会上总是能畅所欲言。罗斯福非常清楚自己是善听者，于是他要求把一切都读给他听，然后才会看书面材料。杜鲁门成为总统之后意识到自己必须对外交和军事有更多的了解，过去他对这两个领域都没有太大的兴趣，于是他安排两个最能干的内阁成员乔治·马歇尔将军和国务卿迪安·艾奇逊（Dean Acheson）每天给他上一堂课，先是他们二人各讲 40 分钟，然后他提问题。艾森豪威尔显然也觉得自己应该效仿两位著名的前任，结果，他根本听不明白记者问的是什么问题。艾森豪威尔还不是一个不善于听的极端例子。

几年之后的林登·约翰逊（Lyndon B.Johnson）当总统也当得一塌糊涂，很大程度上是因为他不清楚自己是什么人——与艾森豪威尔不同，约翰逊是一名善听者。约翰逊的前任约翰·肯尼迪清楚自己是一名善读者，因此自己的助手团队中有多名出色的写手，如历史学家阿瑟·史勒辛格、曾经是一名顶尖记者的比尔·莫耶斯（Bill Moyers）。肯尼迪要求助手先交一份书面的备忘录，然后再当面讨论。约翰逊保留了这些人，并且仍然让他们写报告。只不过，他们写的东西，他一句也没有看进去。然而，约翰逊在四年前担任参议员的时候，表现是非常出色的，因为议员首先必须是善听者。

仅仅在一个世纪之前，哪怕是在当时最发达的国家，也只有极少数人清楚自己到底是惯用右手还是惯用左手。左撇子会受到迫害。可是，他们中只有极少数能够熟练地使用右手，大多数人两手都不灵活，并且患有口吃等严重的精神障碍。

然而，正如只有极少数左撇子成为惯用右手的人，也只有极少数善听者可以主动或被动转变为善读者，反之亦然。善听者要想成为善读者，最终命运就好比林登·约翰逊；善读者要想成为善听者，最终命运就好比艾森豪威尔。他们的最终结果是表现不佳，或者潜能不能得到充分发挥。

我是怎样学习的

要判断自己的工作方式，第二件事情是要弄清自己是怎样学习的。人们对这一点的了解之少，比对自己是善读者还是善听者的了解之少有过之而无不及。这是因为，世界各地的学校都抱着同一个假设——正确的学习方式只有一种，因此人人都应该采用这种学习方式。

许多一流的写手在学校并不拔尖，温斯顿·丘吉尔就是其中之一。在他们的记忆里，上学纯粹是受折磨。然而，他们的同班同学只有极少数人对学校和老师有这样的记忆，他们可能不觉得上学多么美好，但顶多也就是感到枯燥乏味。究其原因，可能就是因为一流的写手大多不是通过倾听和阅读学习的，而是通过写作学习的。由于学校不允许他们以这种方式学习，于是他们的成绩就比较差。他们被迫接受传授的学习方式，于是觉得那是一段糟糕透顶的经历，纯粹就是在受折磨。

下面我们用几个例子来说明不同的学习方式。

贝多芬留下了大量的草稿本，可是他说自己在真正作曲时从来不去翻看这些本子。有人问他："那你为什么还要带个草稿本？"据说他是这么回答的："如果不把它们立即写下来，我马上就会忘掉。如果把它们写到草稿本上，就永远不会忘记，因此我永远都不用再看。"

阿尔弗雷德·斯隆把通用汽车建成全球规模最大的汽车公司，并让它在60年间一直是全球最成功的汽车制造商。他的管理活动大都是以小型讨论会的方式进行的。会议一结束，斯隆就会回到自己的办公室，花好几个小时给与会者写信。这封信的内容包括会上讨论的重要问题、提出的各种事项、做出的各项决策、已经发现但没有解决的各种问题。有人因为这些信而恭维他，据说他是这样回答的："会议结束之后，如果我不立即坐下来把会议内容想清楚，并且把它们写下来，不到24个小时我就会忘得一干二净。那就是我为什么写这些信的原因。"

有一名管理者在20世纪五六十年代一直担任某公司的CEO。在他的带领下，该公司从一家又小又平庸的公司成长为所在行业的全球领袖。他有一个习惯，把所有高管都召集到自己的办公室，通常是每周一次，让他们围着自己的办公桌坐成一个半圆，然后对他们连续讲两三个小时的话。在此期间，他极少问这些人有什么看法或问题，而是自己与自己辩驳。他会提出采取某种战略举措的可能性，比如收购行业内一家经营惨淡但是掌握某项独特技术的小公司，然后总是会提出三种不同的方案，一种是赞成这一举措，一种是反对这一举措，还有一种是应该具备哪些条件才能采取这一举措。他需要的只是一群听众。这就是他的学习方式。同样，这虽然是一个比较极端的例子，但不是绝无仅有的。成功的辩护律师和许多诊断医生都是以这种方式学习的。

学习的方式可能有六七种之多。有些人通过大量做笔记学习，例如贝多芬。可是，斯隆在开会时从不做笔记，上文提到的那名 CEO 也不做笔记。有些人通过自言自语学习，有些人通过写作学习，有些人通过动手学习。我对一些美国的大学教授做过一次非正式的调查，这些教授都出版过很有影响力的学术著作，他们中有很多人告诉我："听自己讲话是我教课的原因，因为接下来我就可以写了。"

事实上，在所有关于自己的重要知识中，这是最容易掌握的。人们如果提出"我是怎样学习的"这个问题，大部分人是知道答案的。但是，当我问他们"你在了解之后采取行动了吗"，很少有人会做出肯定答复。然而，付诸行动才是取得良好绩效的关键所在，换句话说，不付诸行动便是宣判自己只会徒劳无果。

"我是怎样工作的"以及"我是怎样学习的"这两个问题，是进行自我管理时应该最先提出来的。其他的问题还包括："我跟别人合作得很好，还是适合单打独斗？"如果认为自己跟别人合作很好，那么接下来还要问："在什么样的关系中我跟别人合作得很好？"

有些人最适合做下属。二战期间的美国军事英雄乔治·巴顿将军便是最好的例子。他是美国陆军的最高指挥官，可是当有人提出让他独立担任司令官时，当时的美国陆军参谋长乔治·马歇尔将军（他可能是美国历史上最功勋卓著的人物之一）回答说："巴顿是美国军队史上最出色的下级，但他会成为最差的司令官。"

有些人最适合在团队中工作。有些人最适合担任教练和导师，有些人则根本不适合做导师。

要判断自己的工作方式，另一个重要的方面是要了解自己是能在承受很大压力的情况下很好地工作，还是适合在一个高度结构化和预见性强的环境下工作。

还有，你最适合在一个大池塘里做一条小鱼，还是最适合在一个小池塘里做一条大鱼？很少有人能够在这两种情况下都游刃有余。很多人在诸如通用电气或花旗银行这样的大型组织里如鱼得水，但在换到一个规模较小的组织之后变得一败涂地。同样，很多人在小型组织里绩效超群，但在进入大型组织之后变得一败涂地。

还有一个关键的问题要回答："我是以决策者的身份还是以咨询顾问的身份更加容易取得成果？"很多人是出色的咨询顾问，但是承担不起决策的压力。相反，许多人需要咨询顾问去迫使他们思考，但接下来他们便能又快又自信地做出大胆的决策，并且迅速付诸行动。很多二把手在成为一把手之后绩效不佳，这是一个重要的原因。一把手必须是一个出色的决策者，一个出色的决策者通常会选择一个自己信任的二把手，担当自己的咨询顾问。二把手在这个位置上表现非常出色，但是一旦成为一把手就会失败，他们知道正确的决策应该是什么样的，但就是承担不起决策的责任。

由此得出的行动结论是：不要试图改变自己——这不太可能成功。正确的做法是努力完善自己的工作方式，不要试图采用你根本无法做出成绩或者只能勉力为之的工作方式。

我的价值观是什么

为了实现自我管理，你最后必须知道下面这个问题的答案："我的价值观是什么？"在道德方面，每个人应该遵守的规范都是相同的，检验的标准也只有一个，我称之为"镜子检验"。

据记载，20世纪初全球列强驻伦敦的所有外交官中，德国大使是最受人尊敬的。他显然有能力担任更高的职务，即使不成为德国的联邦总理，也可以担任该国的外交部部长。不料，他在1906年突然辞职了。原来，英国的亲王爱德华七世继位将要满五年，外国驻伦敦使节准备为他举办一个盛大的宴会。德国大使是外国使节中的泰斗，因为他在伦敦驻扎已接近15年。因此，大家推举他为宴会的主持人。爱德华七世喜欢玩弄女性是出了名的，他亲自提出这个宴会应该办成什么样子。于是，德国大使选择辞职，而不是选择主持这场晚宴。

这便是我说的镜子检验。在道德观念上，我们要做的事情就是问问自己："我早上刮胡须或者涂口红的时候，希望在镜子里看到一个什么样的人？"换言之，道德规范是一个明确的价值体系。它们的变化也不大——在这个组织或者这种情境中合乎道德规范的行为，在另外一个组织或者另外一种情境中也是合乎道德规范的。

但是，道德规范只不过是价值观体系的一部分，特别只是组织价值体系的一部分。

一个组织的价值体系如果不能被某个人接受，或者不符合这个人的价值观，那么这个人在这个组织里工作只会备感挫折，并且做不出什么成绩。

我们来看几个例子。

有一个既能干又非常成功的管理者，在自己供职多年的公司被一家更大的公司收购之后情绪非常低落。事实上，他还得到了大幅的提升，而且是晋升到一个工作内容最适合他的职位。他的部分职责是为公司的关键岗位物色人选。他坚信，这些关键岗位应该先在内部物色人选，只有在完全没有办法满足的情况下再去外面招聘。可是，自己担任人力资源高管的这家公司，却奉行完全相反的思想——关键岗位出现空缺之后，首先应该从外部招聘，"以便输入新鲜血液"。这两种方法都有一定的理由（凭我的经验，应该双管齐下）。这两种思想显然彼此冲突，并且不是策略上的冲突，而是价值观上的冲突。它们反映的是对组织与员工之间关系的不同理解，反映的是对组织向员工负有的责任以及在人员开发方面的不同理解，反映的是对什么才是员工为组织做出的最大贡献的不同理解……在经受几年的煎熬之后，这名人力资源高管不顾将遭受重大经济损失，选择了辞职，因为他自己的价值观与公司的价值观互不相容。

类似地，对于一家制药公司而言，是通过频繁的小幅改进取得经营成果，还是通过少数高投入、高风险的"突破"取得经营成果，主要不是一个经济问题，因为无论采取哪种战略，经营成果可能是大同小异。它从根本上讲是不同价值观的冲突：前者奉行的价值体系认为，制药公司的贡献在于为本来就已成功的医生锦上添花；后者奉行的则是一个以"科学"为导向的价值体系。

类似地，一个企业应该追求短期成果还是"长期利益"，也是一个价值观问题。财务分析师认为企业可以二者兼顾。事实上，成功的商业人士的理解更加深刻。毫无疑问，任何一家企业都必须取得短期的经营成果。但是，如果短期成果与长期增长之间存在冲突，这家公司可能选择长期增长，那家公司可以选择短期成果。同样，这也主要不是在经济上存在分歧。**从本质上讲，这是在企业的职能以及管理当局的责任这两个方面存在价值观上的冲突。**

美国有一个成长很快的牧师教堂，它以发展新教民的数量作为衡量成功的指标。它认为，最重要的是有多少过去从不去教堂的人加入教会，并且经常上教堂。它还认为，只要教民的数量足够多，上帝自然会满足教民在精神上的需要。另一个福音派新教教堂却把教会活动摆在首位，它会把那些虽已加入教会，但是不参加教会活动的人悄悄清退。

同样，这也不是一件只关乎数字的事情。乍一看，后面这家教堂的发展速度似乎要慢一些，可事实上它留住的新教民比例比前面那家教堂大得多。换句话说，它的成长要可靠得多。这也不是一个神学问题，或者神学问题是其次的，这是一个价值观的问题。这两个教派的牧师在一次公开辩论中有这样的对话："你首先要到教堂来，否则你永远找不到通往天堂的门。""不对。"另一个牧师反驳说，"除非你首先找到通往天堂的门，否则你就不属于教堂。"

组织必须有自己的价值观，人也如此。一个人要在一个组织中取得成效，他自己的价值观与组织的价值观就必须相容。它们未必需要完全一致，但是必须相似到足以共存。否则，这个人不仅会备感沮丧，而且会无法取得成果。

价值观冲突时怎么办

一个人的长处与这个人的工作方式极少冲突，因为它们是互补的。但是，一个人的价值观与这个人的长处有时会发生冲突。一个人擅长的事情，甚至是非常擅长的事情，未必符合这个人的价值体系。在这个人看来，这些事情并不是自己可以做出贡献的地方，不值得为之奉献自己的一生（甚至不值得为之奉献大部分时间）。

请允许我说一段亲身经历。我在多年以前也面临这样一个抉择：在自己擅长的并干得很成功的事情与自己的价值观之间做出选择。在20世纪30年代中期，我在伦敦一家投资银行干得极其出色，这份工作显然非常适合我发挥自己的长处。可是我认为，如果做一名资产管理者，无论做得有多好，都没有什么贡献。我认为对人进行研究才符合自己的价值观。我觉得做一名死后留下大笔财富的富翁，也没有多大意思。当时正是大萧条时期，我既没有积蓄，也没有工作，前途渺茫，但我还是辞职了——我认为那是一个正确的选择。

换言之，**价值观就是而且也应该成为最终检验标准**。

我属于什么地方

一个人，特别是知识工作者，如果能够回答三个问题，就应该能够判断自己属于什么地方。这三个问题是：我有什么长处？我是怎样工作的？我的价值观是什么？

对于大多数人而言，不应该在职业生涯早期做出这个决策。

诚然，极少数人很早就知道自己属于什么地方。数学家、音乐家和厨师，通常在四五岁的时候就表现出相应的才能。医生也通常是在十几岁甚至更早的年龄就确定志向的。但是，大多数人，特别是一些非常有天赋的人，是要过了二十五六岁很长时间以后才会真正明白自己是属于什么地方的。不过，他们到那个时候应该对自己的长处、工作方式和价值观都有了充分的了解。

这时，他们就能够，而且也应该决定自己属于什么地方，或者他们应该能够判断自己不属于什么地方。一个已经明白自己并不真正适合大型组织的人，如果有大型组织给他提供职位，他应该学会拒绝。一个已经明白自己不是一个决策者的人，如果有人给他提供一个需要决策的任务，他应该学会拒绝。一个巴顿将军那样的人（他自己可能永远无法明白这一点），如果有人给他提供一个独立的司令官职务，而不是一个高级别的下级，他应该学会拒绝。

一个人把这三个问题考虑清楚之后，在遇到合适的机会、职位和任务时，也应该能够做出这样的回答："好的，我能做。不过，我会用这样的方式去做，它应该采取这样的方式做出安排，我在处理关系的时候会采用这样的方式，你从我这里得到的结果应该是这样的，而且是在这个时间期限之内，因为我就是这样的一个人。"

成功的职业生涯不是"规划"出来的，而是靠在了解自己的长处、工作方式和价值观之后，时刻准备着抓住合适的机会。明白了自己属于什么地方，就算是普通人，只要勤奋，并且有胜任工作的能力，也能取得杰出的绩效。

我做出的贡献是什么

"我做出的贡献是什么？"回答这个问题意味着把知识转化为行动。这个问题不是"我想要做出什么贡献？"也不是"别人要求我做出什么贡献？"而是"我应该做出什么贡献？"

这是人类历史上的一个新问题。过去，人们的任务是给定的。它要么是由工作本身确定的，要么是由主人确定的，前者如农民和工匠的任务，后者如仆人的任务。直到不久以前，人们约定俗成地认为，大多数人都是下属，因此只要做好上级布置的任务就行。

知识工作者的出现迅速改变了这一切。他们必须学会回答："我做出的贡献应该是什么？"只有在回答了这个问题之后，他们才应该思考："它符合我的长处吗？那是我想要做的事情吗？"以及"我觉得这件事情有价值并能产生激励作用吗？"

我认为最好的范例是哈里·杜鲁门成为美国总统之后对自己的定位。当时二战即将结束，总统富兰克林·罗斯福突然与世长辞。杜鲁门因为完全专注于国内事务而被选为副总统，因为那时大家普遍认为战争结束之后（当时眼看战争就将结束），美国将把绝大部分精力放在国内事务上面。杜鲁门对外交从来都不感兴趣，对此一无所知，人们也完全不向他呈递外交方面的信息。他就任总统几个星期之后，德国投降，他代表美国去德国参加波茨坦会议。他在那里度过了一个星期，他身旁一边坐着温斯顿·丘吉尔，另一边坐着约瑟夫·斯大林。他惊恐地发现，外交事务会占据他的大部分时间，可是自己对此一无所知。从波茨坦回国之后，他打定主意要放弃自己想要做的事情，全力以赴去做自己必须做好的事情，也就是专注于外交事务。他立刻找来乔治·马歇尔将军和国务卿迪恩·艾奇逊做他的老师。短短几个月之后，他就成了外交专家。他在西欧推行"马歇尔计划"，拯救了西欧的经济；他决定帮助日本进行重建；他还号召全世界发展经济。

相比之下，林登·约翰逊不仅输掉了越南战争，国内政策也很不成功，因为他死抱着"我想要做什么事情"这个问题不放，而不是思考"我做出的贡献应该是什么"这个问题。

约翰逊与杜鲁门一样，精力完全放在国内事务上面。他在成为总统的时候也想要完成罗斯福新政的未竟事业，但他很快意识到，越南战争才是他应该全力以赴的事情。可是，他不想放弃自己想要做的贡献，于是就在越南战争与国内事务之间分散用力，结果双双受挫。

为了决定"我做出的贡献应该是什么",还必须回答下面这个问题:"**我在什么地方以及以什么方式能够取得有影响的成果?**"

回答这个问题必须平衡多个因素,取得成果不太容易。用一个流行的词,它们应该要求你"拉伸"(stretch)。力图取得无法实现的成果,或者只有在不太可能发生的情况下才能取得的成果,并不是有"雄心壮志",而是愚蠢。另外,这些成果还必须是有意义的。它们应该能让事情有所改观,应该是看得见的,并且最好是可以衡量的。

我们来看一个非营利组织的例子。

一位新上任的医院院长向自己提出了下面这个问题:"我做出的贡献应该是什么?"这个医院规模很大,而且声名远扬。可是,它已经吃了30年的老本,因此已经变得平庸。这位院长经过思考之后得出结论,自己的贡献应该是选择一个重要的领域,然后在两年内成为这个领域的标杆。他决定全力扑在急救室和外伤治疗中心的改造上面——这两个科室规模大,又引人注目,而且作风散漫。他认真思考了应该对急救室提出什么样的要求,并且考虑清楚了应该如何衡量它的绩效。他要求病人在送达急救室后60秒内就能得到具备一定资格的护士的救护。结果,12个月以后该院的急救室就成了全美的标杆。这个医院的转变说明,即便是一家医院,也是可以建立标准、纪律和衡量体系的。

因此,回答"我做出的贡献应该是什么"这个问题的决策会平衡三个方面的因素。要考虑的第一个问题是:"这个情境要求我做的事情是什么?"第二个问题是:"以我的长处、工作方式和价值观,我如何能够在这个方面做出最大的贡献?"最后要考虑的问题是:"必须取得哪些成果才能让事情有改观?"

由此可以得出下面这些**行动结论**:做什么,从哪里入手,如何开始,确立怎样的目标和期限。

纵观人类历史,可以自由做出选择的人少之又少。绝大多数人的任务,要么是由工作性质决定的，要么是由他们的主人决定的。他们完成任务的方式也基本如此，他们预期取得的成果也是如此。换言之，这些东西都是给定的。

"做自己的事情"并不是自由，而是出格。那样是不可能取得成果，不可能做出贡献的。但如果是从"我应该做出什么贡献"这个问题出发，我们就能获得自由。它之所以能赋予我们自由，是因为它赋予了我们责任。

关系责任

单打独斗并能取得成果的只有极少数人，例如少数伟大的艺术家、科学家和运动员。大多数人都需要与人合作，并且通过其他人取得成效。无论他们是归属于某个组织，还是独立的法人，都是如此。因此，要实现自我管理，就必须**承担关系责任**。

关系责任有两种。

第一种责任是承认一个事实：其他人与自己一样，都是有血有肉的个体。他们有权像普通人一样行事。这意味着他们有自己的长处，有自己的工作方式，有自己的价值观。因此，我们要想取得成效，就必须了解同事的长处、工作方式和价值观。

这听起来再明显不过，但真正注意这一点的人极少。

比较普遍的情况是，前一任上司是一名善读者，于是下级得到的训练就是写报告，而后一任上司是一名善听者，可这些下级还是用报告的方式汇报工作，就像约翰逊的助手仍然不停地写报告，因为聘请他的人约翰·肯尼迪是一名善读者。毫无例外，这些下级都很难取得什么成果，他们的新任上司会认为他们又蠢又懒又无能。他们成了失败者。然而，要避免这样的结局，他们只需要观察一下自己的上司，问一问下面这个问题："他的工作方式是怎样的？"

上司不是组织结构图上的一个职位或一种"职能"，他们其实是一个个有权按自己的方式完成工作的、活生生的人。下级有义务去观察自己的上司，发现他们的工作方式，并且调整自己的工作方式，使得上司能够发挥成效（关于"管理上司"的深入论述，参见第 46 章）。

例如，有一些上司需要一定的时间才能理解财务数字——通用汽车公司的斯隆就是这样一个人。他不是财务出身的，而是一个有着良好营销天分的工程师。作为工程师，他受到的训练就是要先看数字。

通用汽车公司三名最能干的年轻高管最终未能进入最高管理层，原因就在于他们没有分析斯隆的工作方式——他们没有意识到，除非让斯隆提前一段时间看到数字，否则他们无论是给他写书面报告还是做口头汇报，都没有用。他们在面见斯隆时才递交报告，数字也是这个时候才交，就会错过与斯隆做深入讨论的机会。

前面已经讲到，善读者很难变成善听者，善听者也很难变成善读者。但是，每一个人都可以学会做像样的口头汇报或者写像样的书面报告。让上司能够顺利完成工作，这是下级的基本责任。为此，他们必须观察自己的上司，并且回答下面这些问题："他有什么长处？工作方式是什么样的？价值观又是什么样的？"

我们对自己的每一个合作伙伴都要这样做。他们每一个人都是按自己的方式，而不是按"我的"方式工作。而且，他们每一个人都有权按自己的方式工作。真正重要的是，他们能否做出成绩以及他们秉持怎样的价值观。至于他们的工作方式，通常是因人而异的。我们要想取得成效，第一个秘诀便是要了解我们的合作伙伴，并且充分利用他们的长处、工作方式和价值观。这是因为，工作关系既建立在"事"的基础之上，也建立在"人"的基础之上。

实现自我管理和取得成效的第二件事情，是承担起沟通责任。人们在弄清自己的长处、工作方式和价值观，特别是在弄清自己应该做出什么样的贡献之后，他们必须回答下面这个问题："谁必须了解这一点？我有赖于谁？谁又有赖于我？"然后，我们应该去告诉他们每一个人，而且是用对方习惯的方式，也就是用备忘录告诉善读者，以谈话的方式告诉善听者，依此类推。

组织内大部分"个性冲突"产生的原因，是因为人们不知道别人在做**什么**，或者不知道别人是**怎样**工作的，或者不知道其他人专注于做出什么**贡献**以及期望取得什么成果。他们不知道这些情况的原因是因为他们没有问，因此也就没有人告诉他们。

与其说这反映了人类的愚蠢，还不如说这反映了人类的历史。直到最近，人们都没有必要把这些信息告诉任何人。在中世纪的城市里，同一个区域的每一个人做的都是同一个行当——这一条街上全是铁匠，那一条街全是鞋匠，还有一条街上全是制造军械的。每一个铁匠都准确地知道其他所有的铁匠做的是什么，鞋匠和军械制造者也是如此。因此，他们根本不需要向别人解释任何东西。在同一个峡谷里种植同一种作物的农民也是如此。只要地上的冰雪融化，他们就要准备播种，人们根本不需要告诉邻居自己准备种土豆——毕竟那个时候邻居准备做的事情也是种土豆。

少数做"不同寻常"的事情的人，例如专业人员，他们单枪匹马地工作，也用不着告诉任何人自己正在做什么事情。现在，绝大部分人都需要和做不同事情的人合作。

公司的营销副总裁可能是销售出身，因此对销售了如指掌，但他可能对促销、定价、广告、包装、销售规划等一无所知，因为他从来没有做过这些事情。因此，副总裁的下属就必须确保他理解自己准备做的是什么事情，为什么要做，怎样做，以及将会有什么结果。

如果营销副总裁没有理解这些高级专家要做的是什么事情，那么责任主要在于这些专家，而非副总裁，因为是他们没有向他解释清楚。反过来，营销副总裁有责任确保与自己合作的每一名下属都了解他对营销是什么看法，他的目标是什么，他是怎样工作的，他对自己以及每一名下属有什么样的期望。

人们就算是明了关系责任的重要性，也通常不会告诉自己的同事或者询问他们。他们害怕别人说他们自以为是、多管闲事、愚不可及。其实，他们这样想是错误的。实际上，一个人无论何时对自己的同事说："这是我擅长的事情，我是以这种方式工作的，我的价值观是这样的，我准备全力做出的贡献是这样的，我有望提交的成果是这样的。"对方的反应总会是这样的："这太有帮助了。只是，你为什么不早点告诉我啊？"

接下来，如果问对方："我应该对你的长处、工作方式、价值观和准备做出的贡献有哪些了解？"通常也会看到同样的反应。

事实上，知识工作者应该要求自己的合作伙伴，包括下级、上级、同事和团队成员，按照自己的长处和工作方式调整自己的行为。善读者应该要求自己的合作者写书面报告，善听者则应该要求合作者做口头交流。同样，无论何时把这些事情告诉对方，对方的反应也会是："谢谢你告诉我。这很有帮助。只是，你为什么不早点告诉我啊？"

组织的建立不再以武力为基础，而是越来越多地建立在信任的基础上。这并不意味着人们彼此喜欢，而只是彼此信任，它的前提是人们相互了解。因此，承担关系责任是绝对必要的，这是我们的一项义务。一个人，无论他是一个组织的成员，还是这个组织的咨询顾问、供应商、分销商，都对自己的合作伙伴、自己所依赖的人以及有赖于自己的人负有关系责任。

小　结

劳动者的平均寿命，特别是劳动力队伍的结构和工作发生了一些根本性的变化。现在的劳动力大军，已经成为一支知识型队伍，因此知识工作者要想有一丝机会取得成功和成就，都必须做一些前无古人的事情。他们必须自我管理，这就给每个人提出了一些新的要求。首先，他们必须了解自己擅长做的是什么事情，也就是了解自己的长处。反馈分析是许多成功的管理者用来了解自身长处的方法。他们还必须了解自己最高效的工作方式是什么样的。知识工作者在了解自己的长处和工作方式之后，他们还必须了解自己的价值观。一个人在自认为有价值的领域施展长处，表现通常是最好的。然后，知识工作者就能在机会出现时为自己找到最合适的地方。

知识工作者在进入一个组织之后必须问："按照我的长处和价值观，我在什么地方能够做出最大的贡献，以满足这个组织的需要。"最后，知识工作者还必须承担做出贡献所需的关系责任。为此，每一个人都必须向合作伙伴提出若干问题，并且回答对方提出的这些问题。另外，他们还必须适应合作伙伴的长处和工作方式。

管 理 上 司

几乎每一个人都会有自己的上司，但也有一些例外。一些独自执业的专业人员就不用适应别人，不对谁负有业绩上的责任，也没有上司。他们包括：

- 小城镇里独自执业的律师；
- 独自执业的医生；
- 独立会计师；
- 教堂的牧师或大学资深教授可能也属于这个行列。

但是，这些人在所有劳动人口中只占极小的比例。

大多数人有不止一个上司

在某个团队中负责人力资源事务的人至少有两个上司：一个是委派他参加这个团队的人力资源经理，另一个是这个团队的管理者。一家大公司旗下某分公司的会计师也至少有两个上司：一个是公司的总会计师或首席财务官，另一个是分公司的负责人。

从发展趋势来看，知识工作者的上司会越来越多，在开展工作时需要取得越来越多人的批准、评估和支持。

上司是工作取得成效的关键

上司不仅是决策下级薪酬、晋升和委任的关键人物，也是知识工作者取得成效的关键人物。

无论是作为组织的员工，还是作为一个外包商或供应商，知识工作者的成效都离不开自己的上司。无论他们的工作做得有多好，如果不被上司采用，就会无果而终。

另外，对一个人职业生涯发展的助益，没有几件事情能大过上司的升迁。这些东西其实大家都清楚，但是几乎无人采取行动。

忽略对上司的管理

忽略对上司的管理有深刻的历史原因。什么是管理者？大多数管理书籍和研讨会至今仍在使用一个数十年前就已过时的定义：一个有下级的人。我们在很久以前就已知道，这个定义是完全错误，而不仅仅是以偏概全的。

谁是上司

我从 20 世纪 50 年代就开始讲，管理者是一个对周围全体人员的工作负责的人，而他本人的绩效有赖于他周围的这些人。上司无疑是其中最重要的一个人。

我们大多数人凭直觉就知道这一点，从亲身经历中也了解这一点。我曾经跟一些人交谈，例如高级管理培训班上一名 40 岁的学员或者某个客户组织中的员工，要求他们介绍自己的工作和公司，没有一个人是从自己的下属讲起的。每一个人都告诉我关于他们上司的事情，而且大多数人都说："我要是知道怎样管理上司就好了。"其实，我们是知道怎样去管的。那既不困难，也不复杂。

管理上司

成功地管理上司有七大关键：

- 列出"上司名单"；
- 要求每一名上司为你提供相关输入，并且给他们每一个人提供你的输入；
- 让上司能够顺利开展工作；
- 发挥上司的长处；
- 让上司了解实情；
- 避免让上司感到意外；
- 从不低估上司。

列出"上司名单"

第一步是要列出"上司名单"。在纸上写出你要向其负责的每一个人，可以指挥你本人或者你的下属的每一个人，对你本人和你的工作做出评估或者对你本人和你的绩效发表意见的每一个人，你本人和你的下属工作取得成效所依赖的每一个人。这个名单不太可能超过一年还不变化，因此每年要更新一次，如果职务或职位发生变化，就要立刻更新。

人们在列这个名单时最常见的错误是，忽略那些组织以外的成员，也就是合作项目、联盟或客户组织中的人。事实上，这些联盟或合作组织陷入困境的常见原因之一，就是这些组织的成员没有被合作伙伴或客户列入上司名单。

通用汽车公司就是一个久远但富有启发意义的例子。如果该公司（或者整个美国汽车行业）的营销人员在 20 世纪 60 年代把那些影响力最大的经销商列入自己的上司名单，那么今天的境况就不会如此尴尬。可是，他们没有那么做，结果他们对自己的经销商毫无了解，对自己的哪些营销行动给经销商造成了麻烦也一无所知。到最后，为通用汽车销售的汽车数量最多、带来利润最多的经销商，变成了怨恨情绪最强烈的经销商。

总之，在定义上司时不能使用狭窄的法律关系，而是应该从运营的角度来定义。上司就是任何一个这样的人：他有权对你本人，对你的绩效、工作、能力和胜任资格发表意见，而且你可能应该（更不用说必须）听从他的这些意见。先在这个名单上多列几个人，哪怕以后从中划掉，总好过漏掉一些本该列在这个名单上的人。

每一名管理者都应该问："谁应该出现在我的上司名单中？"而且这个名单不仅要包括具体的人，还要包括相关角色和人员类型。

要求上司提供输入

每年至少去上司名单上的每一个人那里问："我本人和我的下级所做的哪些事情，对你的工作有帮助吗？我们做的哪些事情会妨碍你的工作，给你添麻烦了？"

这听起来很简单，但是很少有人这么去做。你的绩效首先有赖于你的上司，因此你首先应该对上司的绩效负责。为此，你必须直接问名单上的每一个人："我做的哪些事情对你有帮助，哪些事情对你有妨碍？"

大多数上司即刻就能回答这个问题。事实上，大多数上司很早以前就已意识到你和你的下级所做的哪些事情妨碍了他们，但是通常要费一点儿事他们才能告诉你哪些事情是对他们有帮助的。

在他们回答这个问题之后，你可以说："我考虑几天，跟我的下属谈一谈，然后回来向你报告，我本人和我的下属打算怎样减少或者完全消除妨碍你的那些事情，怎样多做一些对你有帮助的事情。"

一定要认真履行这个承诺，而且不要拖得太久。顶多10天左右，你就应该向你的上司汇报，提出一些具体的建议。

同时，你也应该准备一张清单，列出上司所做事情有哪些是对你和你的下级有帮助的，哪些又是有妨碍的。"你做的这些事情对我本人和我的下属有帮助。这样的事情你做得越多，我们做工作就越容易。但是这些事情是对我们的工作造成妨碍的，它们是必不可少的吗？"

到每一个上司那里去询问和通报这些事情，难道人们不会害怕吗？第一次做这件事情，大多数人都会有些踌躇，并且很不自在。然而，一旦他们鼓起勇气，真正走到上司跟前提出这个问题，通常会大吃一惊。上司的反应几乎毫无例外的是："你为什么到这个时候才问？"上司在听到自己所做的事情对下级有帮助或者造成妨碍时，通常会说："你为什么没有早一点告诉我？"

多年前，我与一家大银行的负责人有过密切的合作。在一连六七年时间里，我每个月都要与他本人及其下属待一整天的时间。一两年后的某一天，我向他提出了这个问题。

他的回答让我大吃一惊。我们每次见面的时候，他都会告诉我，他是如何重视我在会后递交给他的报告。可是，他对我上面这个问题的回答是："给我造成妨碍的是，你没有考虑我怎样把你的报告用到管理下级的工作中。"自那以后，我写报告时都会让它们成为我的上司的工具。

他回答了我的问题之后，我告诉他给我造成妨碍的是他要拖到会前一两天才把议程发给我，使得我没有充分的时间做准备。他盯着我，说道："那么说，每次开会我那些助手总是要浪费那么多时间才能真正切入正题，也就是这个原因。我没有给他们足够多的时间做准备。谢谢你告诉我。只是，你为什么没有早一点告诉我？"

故事还没有结束。当然，这个人早就退休了，我们之间除了每年互寄一张圣诞贺卡之外，完全没有别的往来。可是，1999 年 11 月，我在 90 岁生日那天接到了他的一封亲笔信。他说："你对我个人以及我们银行最大的贡献，是你告诉我，我所做的哪些事情对你的工作是有帮助的，哪些事情又是对你的工作构成妨碍的。我认为，我经营这家银行的成功就是从这个时刻开始的。"

让上司能够顺利开展工作

世间不会有两个工作方式或行为习惯完全相同的人，因此我们必须认识到每一个上司都有自己的工作方式、自己觉得习惯的方式，以及最有可能取得成效的方式。下级的职责不是要去改造、教育上司，或者让上司的行为符合书本或商学院的标准，而是要让每一个上司都以自己独特的方式顺利开展工作。

这就要求下级考虑清楚某些问题，例如："上司是不是想要我每个月就我们部门的绩效、计划和问题做次口头汇报？上司是不是每次在做汇报、解决问题或者分析结果时都需要我参加？上司是喜欢书面报告还是口头报告？上司需要的信息，是在一上班就要，还是在下班的时候或者中间某个时刻要？"

这样的问题无穷无尽，但万变不离其宗，也就是你必须接受一个事实：让上司按照他们自己独特的方式开展工作，这是你的责任。为了让你的上司顺利开展工作，你必须判断他们的工作方式是什么样的。

发挥上司的长处

管理者的任务之一是要让人们能够发挥自己的长处，并让他们的弱点变得无关紧要。这一点既适合于管理者的下级，也适合于管理者的上司。

管理上司意味着建立一种信任关系。这就要求你既能让他们充分发挥长处，又能弥补他们的不足和弱点，从而让他们感到舒服。这听起来很复杂。

要怎样才能发现上司的这些特点？难不成你得成为心理分析师？

为什么不问你的上司呢？我们谈的既不是价值观，也不是激励。我们谈是只是行为习惯。大部分人都清楚自己在这些方面的习惯，而且没有理由保密或者为此感到难堪。当然，你仅凭借观察就能对一个人有很多的了解。你所需要的信息，通常都能通过观察掌握。

但是，一种既可靠又简单的方法是问："你希望它是怎么样的？"注意，你要问的这个问题不是"他是一个什么样的人"。一个人的行为方式，你最好是通过询问对方本人来获知，最最下策才是试图做一个心理分析师，自己寻思着回答下面这个问题："一个人为什么会有这样的行为？"

让上司了解实情

你的上司始终必须清楚你和你的下级将会做成什么事情，这意味着你必须让他们时刻了解你们的目标和优先事务是什么。

这绝不意味着事事要上司同意。事实上，有时反倒没有必要取得上司的同意。但是，上司必须理解你们的目的，必须知道可以对你们抱有什么期望，不能对你们抱有什么期望。

毕竟，你上司的上司要求你的上司对你和你的下属的绩效负责任。他们必须能够这样讲："我知道安妮（或乔伊）想要做的是什么。"只要他们能这样讲，他们就能完全信任你。

避免让上司感到意外

惊喜这个东西在组织中是不存在的。在自己负责的组织中遭遇意外，只会让这个人感到脸上无光，而且通常是在大庭广众之下丢人现眼。因此，下属有责任不让上司遇到意外情况。如果可能发生意外，不同的上司所需的警告可能大相径庭。有些人喜欢一个简单的警示，例如有人提醒说事情可能会偏离原来的预期；有人可能要求得到一份详尽的报告，哪怕发生意外的可能性微乎其微。无论是哪种情况，上司都必须避免遇到意外情况，否则他们就不会再信任下属，而且理由充分。

约翰·肯尼迪总统在任时就痛恨遇到意外情况，因此哪怕发生意外的可能性微乎其微，他也总是要求得到一份详尽的书面报告。你认为，肯尼迪总统为什么希望有人提醒他可能发生的意外情况？因为他知道，意外会让人丢脸，而且在工作中所谓的惊喜是不存在的。

肯尼迪在上任之初是不知道自己必须掌握实情的，也不知道自己应该以怎样的方式去掌握实情。美国在他主政第一年发生的"猪湾事件"中惨败，这就是一个重要的原因。

类似地，克林顿政府在第一年里也洋相不断，主要原因就是新任总统比尔·克林顿对自己和幕僚的组织不当，未能保护总统避免遭遇意外情况。

不同的人需要以不同的告知方式——我们必须接受这个事实。如果你不能调整自己，适应每一个上司获知信息的方式，你就不可能取得成效。

同样，我们还是用非常引人注目的美国总统来做例子。富兰克林·罗斯福希望尽早得到关于意外的警示，而且是通过口头汇报的方式得到。如果有人用的是书面报告，就根本不可能给他留下印象。他完完全全是一个善听者。哈里·杜鲁门根本不需要警示。如果下属能够处理，他甚至不想听到这些事情，尽管他说的"处理"包括下属设法让媒体不做星点披露。艾森豪威尔喜欢的是一页纸的备忘录。他是一个善读者，而且始终希望在备忘录的末尾看到行动建议。

罗斯福、杜鲁门和艾森豪威尔这三个人的方式都是再正常不过的，但是彼此差别很大。他们三人都有自己信赖的幕僚，肯尼迪信赖的是哈里·霍普金斯，杜鲁门信赖的是乔治·马歇尔将军，艾森豪威尔信赖的是约翰·杜勒斯。这三个人都问过自己的上司："你想要以什么样的方式获知信息，以免遇到意外情况？"他们靠的可不是胡猜乱想。

在向上司通报情况这个方面，管理者和专业人员最常犯的错误是什么呢？这样的错误有两个。第一个错误是上司换了，通报情况所采取的方式没有随之改变。这样做的结果无疑会糟糕透顶。新来的上司要么认为这名下属想要隐藏信息，要么认为这名下属愚不可及。他们通常认为后面这种情况要普遍一些——这的确是事实。

上司换了，通报情况的方式也应该随之改变。再说一次，决定采用什么方式的最佳方法是亲自问上司。林登·约翰逊当总统当得一塌糊涂的一个重要原因，便是肯尼迪旧部仍然按肯尼迪教给他们的方式，也就是用连篇累牍、论述详尽的书面报告向他汇报。可是，约翰逊是一个善听者，不是一个善读者，因此这些冗长的报告对他根本起不到什么作用。

第二个错误是没有问："我在保护上司避免遇到意外情况这个方面失败过吗？如果有，我应该换一种什么样的方式才能避免失败？"

从不低估上司

最后，永远不要低估你的上司。他们要么会识破你的小把戏，恨得咬牙切齿，要么就会像你看待他们一样看待你。可是，如果你高估自己的上司，那么什么风险也没有，顶多是他们觉得你在奉承他们。

小 结

管理上司相当简单，但又很重要。你只要掌握七大关键，就能管理好自己的上司。这七大关键是：列出"上司名单"；要求上司提供输入；让上司能够顺利开展工作；发挥上司的长处；让上司了解实情；避免让上司感到意外；从不低估上司。管理上司需要你开动脑筋，并且掌握一些常识。它还需要你付出一些努力。但最重要的是，它要求你把管理上司既看成一个重要机会，也看成一项重大责任。

自我激发：七段亲身经历

一个人，特别是一个运用知识的人，要怎样才能取得成效？这样一个人，在生活与工作多年之后，在历经多年的变化之后，又要怎样才能一直保持成效？

这个问题关乎个体，因此不妨从我自己开始探讨。我先讲七段人生经历，它们教会了我如何一直保持成效、不断成长、不断改变，并在年龄不断增长的同时不断实现突破。

高中毕业，我便离开了出生之地奥地利的维也纳，去德国汉堡的一家棉纺产品出口公司做了学徒，那时我还不满 18 岁。我的父亲不是很高兴，因为我家世代都是政府公务员、律师、医生，所以他想让我上大学。可是，我已经厌倦学生生活，想要去工作。为了安抚父亲，我随便在汉堡大学法律系注了册。

那是 1927 年。在那个遥远的年代，奥地利和德国的大学并不要求学生必须上课，学生只要请教授在登记本上签名就可以了。学生甚至不需要为了这件事情走进教室，而是只要给系里的传信员一点儿小费，传信员就会为学生弄到教授的签名。

出口公司的学徒工作极其枯燥，我几乎没有学到什么东西。早上 7 点半上班，星期一到星期五下午 4 点下班，星期六中午 12 点下班，因此我有大量的闲暇时间。

到了周末，我便和另外两名同样来自奥地利，但在其他公司工作的学徒经常去远足，在汉堡美丽的郊外游荡，晚上投宿青年招待所——我们是在册学生，可以免费住宿。

每周 5 个工作日，晚上我就泡在汉堡著名的市政图书馆里，它就在我办公室的隔壁。图书馆鼓励大学生借书，想借多少就借多少。一连 15 个月，我就不停地看书，看各种各样的书，有德语书、英语书和法语书。

经历一：威尔第教我确立目标和愿景

那时我一周去看一次歌剧。汉堡歌剧院当时是（现在也是）世界上最顶尖的歌剧院之一。我当时很穷，因为学徒是没有薪水的，但好在大学生可以免费看歌剧。我们只要在演出开始前的一个小时赶到那里。在演出开始前的 10 分钟，那些便宜的座位如果还没有卖完，就会免费提供给大学生。有一天晚上，我去听伟大的意大利作曲家威尔第的封笔之作——他在 1893 年创作的《福斯塔夫》(Falstaff)。

该剧如今已成为威尔第最受欢迎的作品之一，但那时很少上演，因为歌手和观众都认为它的难度太大。

我完全被它征服了。我在孩提时期受过良好的音乐教育，那个时代的维也纳是一个音乐之都。我听过的歌剧很多，但是从来没有听过这样的作品。那天晚上它给我留下的印象让我永生难忘。

我后来做了一些研究，非常惊讶地发现，这部洋溢着欢乐、对生命的热情和无限活力的歌剧，居然出自一位 80 岁高龄的老人之手！在当时年仅 18

岁的我看来，80 岁是一个让人难以置信的年纪。我甚至怀疑我是不是认识年纪那么大的人，那时人们的普遍寿命也就是 50 岁上下。后来，我读到威尔第自己写的一篇文章，他在文章中谈及，人们问他身为一个著名人物，并被誉为 19 世纪最杰出的歌剧作曲家之一，为什么在如此高龄还要不辞劳苦再写一部歌剧，而且是一部难度极大的歌剧。"我作为一名音乐家，毕生都在追求完美，可完美总是躲着我。我觉得自己完全有义务再试一次。"他写道。

　　这段话让我没齿不忘——它们给我留下了不可磨灭的印象。威尔第在我那个年纪，也就是 18 岁的时候，就已经是一名训练有素的作曲者。我在那个年纪却根本不知道自己将来要成为一个什么样的人，只知道靠出口棉纺织品是不太可能取得成功的。18 岁的我，幼稚得不能再幼稚，天真得不能再天真。直到 15 年之后，到了 33 岁左右，我才真正知道自己擅长的是什么事情，知道自己属于哪个地方。但是，我当时下定决心，无论我的毕生事业是什么，威尔第的话都将成为指引我前行的明星。我当时就下定决心，如果我能长寿，我将永不放弃。同时，我还会追求完美，尽管我非常清楚，完美总会躲着我。

经历二："众神看得见它们"——菲狄亚斯的教诲

　　差不多同一时间，也是在汉堡做学徒的期间，我还看到了另外一个故事，它让我进一步明了"完美"的含义。那是一个关于古希腊最伟大的雕塑家菲狄亚斯的故事。公元前 440 年，他受命创作一组神像——历经 2400 年的风雨，如今它们依然矗立在雅典卫城帕特农神庙的屋顶上。它们被誉为西方最杰出的雕塑作品之一。创作完成之后，它们受到了广泛的赞誉，可雅典城的司库在接到菲狄亚斯的账单之后，却拒绝按单付款。他说："这些神像立在神庙屋顶上，而神庙盖在雅典最高的山上，大家只能看到神像的前面，可你是按四周都雕刻收费的。也就是说，神像的背面谁也看不见，但你收了钱。"

"你错了，"菲狄亚斯驳斥说，"众神看得见它们。"我还记得，我是在看完《福斯塔夫》不久后读到这个故事的。它深深打动了我，我从此信守这条原则。我做过许多希望神没有注意到的事情，但我始终认为哪怕只有"神"注意得到，我们也必须追求完美。

无论何时有人问我认为自己写的哪一本书最好，我都会笑着回答："下一本。"我那不是开玩笑，而是认真的，一如威尔第说自己在80岁高龄仍坚持创作，追求自己终生求索而始终未得的完美。尽管我现在比创作《福斯塔夫》时的威尔第年长，但我仍然在思考，并正在写两本新书，而且希望它们比我过去写的任何一本都更好，更重要，更接近完美。

经历三：持续学习——当记者时下的决心

几年后，我搬到了德国的法兰克福。最先，我在一家经纪公司做学徒。后来，纽约股市于1929年10月崩盘，我所在的经纪公司也随之破产，在我20岁生日那天，我被法兰克福最大的报社录用，成为一名财经和外交事务记者。我在当地大学的法学院注了册，因为大学生转学在那时的欧洲是一件很容易的事情。我那时仍然对法律不感兴趣，但是我始终记得威尔第和菲狄亚斯给我的教诲。记者要涉的话题很多，因此我认为自己必须了解许多领域，那样才能做一名合格的记者。

供职的那家报社下午出版报纸。我们早上6点开始工作，下午2:15出版，于是我迫使自己在下午和晚上学习，学习的内容包括国际关系和国际法、社会和法律机构的历史、普通史、金融等。就这样，我慢慢构建起自己的知识体系。我现在仍然坚持这个习惯，每隔三四年我就会选择一个新的领域，如统计学、中世纪史、日本艺术、经济学等。三年的学习当然不足以让我掌握一个领域，但足以让我对它有所了解。因此，在60多年的时间里，我不断地学习，每次学习一个领域。这不仅让我掌握了丰富的知识，而且迫使我去了解新的学科、新的途径和新的方法——我研究的每一个领域，它们的假设不同，采用的方法也不同。

经历四：回顾——主编的教诲

使我的思维保持活跃、知识不断增长的另一个习惯，是该报主编、欧洲一位著名报人给我的教诲。那家报社的编辑都很年轻，我在 22 岁那年成为三名助理总编辑之一。我得到提拔，并不是因为我特别出色。事实上，我从来都不是一流的日报记者。但是，在 20 世纪 30 年代，本该出任这些职位的人，也就是 35 岁左右的人，在欧洲很难找到，因为他们大都已在第一次世界大战中战死疆场。于是，即便是一些位高权重的职务，也只好由我这样的年轻人来担任。

20 世纪 50 年代中期和晚期，我在太平洋战争结束 10 年后去日本，在那里发现的情况也是大同小异。

50 岁左右的报纸主编不辞劳苦地培训和磨砺他的年轻下属。他每周都要跟我们每一个人谈话，讨论我们的工作。每年在新年到来之初以及在暑假于 6 月开始之时，我们会把星期六下午和整个星期天的时间用来讨论此前 6 个月的工作。主编总是从我们做得好的事情开始，然后讨论我们努力想要做好但又没有做好的事情，接下来再讨论我们努力不够的事情，最后严厉地批评我们做得很糟糕或者本该做却又没有做的事情。在讨论会的最后两个小时，我们会制定接下来 6 个月的工作：**我们应该全力以赴的事情是什么？我们应该提高的事情是什么？我们每一个人需要学习的东西是什么？**主编要求我们在一周之后递交自己在接下来 6 个月内的工作和学习计划。

我非常喜欢这些讨论会，但是一离开那家报纸便把它们忘得一干二净了。

将近 10 年后，我已身在美国，我又想起了这些讨论会。那是在 20 世纪 40 年代初，我已成为一名资深教授，开始了自己的咨询生涯，并且开始出版一些重要的著作。这时，我想起了法兰克福那位日报主编教给我的东西。自此之后，我每个暑假都会留出两个星期的时间，用来回顾前一年所做的工作，包括我做得还不错，但本来可以或者应该做得更好的事情开始，我做得不好的事情，以及我应该做却没有做的事情。另外，我还会利用这段时间确定自己在咨询、写作和教学方面的优先事务。

我从来没有严格完成自己每年 8 月制订的计划，但是这种做法迫使我遵守威尔第"追求完美"的训谕，尽管完美直到现在仍然"总是躲着我"。

经历五：履新之后必须做的事情——高级合伙人的教诲

几年之后，我再次经历了一件富有教益的事情。1933 年，我从德国的法兰克福移居到英国伦敦，先是在一家大保险公司做证券分析员，一年之后去了一家快速发展的私人银行，担任该行的经济学家，同时兼任三名高级合伙人的执行秘书。这三名高级合伙人，一名是 70 多岁的公司创始人，另外两名都是三十五六岁。起初，我只是跟后面这两名合伙人接触，大约 3 个月后，公司创始人把我叫进他的办公室，劈头盖脸地说道："你刚来这里的时候，我觉得你没什么了不起，现在也还是觉得你没什么了不起，只不过你比我想象的还要愚蠢，简直是愚蠢到了极点。"由于那两位年轻的合伙人每天都把我夸上了天，因此我愣在那里什么话也说不出来。

接着他说："我知道，你在保险公司做证券分析做得很好。但是，如果我们想要你做的是证券分析，就会让你待在原来那个地方。你现在成了合伙人的执行秘书，可是做的还是证券分析。你想想看，你应该做些什么事情，才能在这个新岗位上取得成效呢？"我当时非常生气，但还是意识到他说得对。于是，我彻底改变了自己的行为和工作内容。从那以后，我每换一个新岗位，都会思考下面这个问题："在这个新岗位上，我必须做些什么事情才能取得成效呢？"每次要做的事情都是不同的。

我做咨询顾问 60 年，给许多国家的许多组织提供过服务。我在所有组织中见过的人力资源方面的最大浪费，便是提拔不成功。许多能干的人被提拔到新的岗位上，但真正成功的人不多，有不少人更是彻底的失败，更多的人既谈不上成功也谈不上失败，成了平庸之辈。

一个在 10 年甚至 15 年间都很称职的人，为什么突然之间变得不胜任工作呢？我所见过的事例，几乎都犯了我 70 年前在伦敦那家银行里所犯的错误——他们走上了新的岗位，做的却仍然是在老岗位上让他们得到提拔的那些事情。因此，他们并不是真正不能胜任工作，而是因为做的事情是错的。

我有一个多年的习惯，对那些卓有成效的客户，特别是大型组织中卓有成效的客户，我会问他们成效卓著的原因是什么。我得到的答案与我当年在伦敦的经历如出一辙：一名严厉的上司迫使自己把新职位的需要考虑清楚。没有哪一个人（至少在我的见闻中）是自己发现这一点的。人们一旦明了这一点，就不会忘记，而且几乎毫无例外都会在新岗位上取得成功。其实这不需要有出众的知识，也不需要有惊人的天赋，而是需要全力以赴做好新岗位要求的事情，也就是对于应对新挑战、完成新工作和新任务至关重要的事情。

经历六：记下来——耶稣会和卡尔文教派的教诲

又过了一些年月，1945 年前后，我选择欧洲现代史的早期，特别是 15 世纪、16 世纪作为自己为期三年的学习领域（我已于 1937 年从英国移居到美国）。我在研究过程中发现，有两个组织在欧洲成了两股具有支配性的力量，它们分别是在南部天主教地区的耶稣会和在北部新教地区的卡尔文教派。这两个组织的成功都是出于同一个原因，都是创建于 1536 年（独立创建），都是在一开始就采取了同一种学习方法。

按照规定，每当耶稣会神父或卡尔文教派牧师做一件比较重大的事情，例如做出一个重要决策，都应该把自己预期的结果记下来，在 9 个月之后再用实际结果进行对照。这样，他们很快就能发现自己什么事情做得好，自己的长处是什么；有哪些东西是必须学习的，有哪些习惯是必须改变的；哪些事情是自己没有天赋的，因此做不好。我自己也使用这种方法，至今已经坚持 50 年。它能帮助一个人发现自己的长处——这是人们了解自我的最重要的一点。它还能揭示在哪些方面需要改进，以及需要的是什么类型的改进。最后，它还能揭示一个人没有能力去做，因此根本不应该去尝试做的事情是什么。了解自己的长处以及如何强化这些长处，并且了解自己不能做的是什么事情——它们便是持续学习的关键所在。

经历七：想要留下怎样的名声——熊彼特的教诲

这是我要讲的关于个人发展的最后一段经历。1949 年圣诞节，我开始在纽约大学教授管理课程之后不久，我父亲从加利福尼亚前来看望我们，那一年他 73 岁，退休已有一些年月。新年刚过，也就是 1950 年的 1 月 3 日，父亲和我一起去探望他的老朋友约瑟夫·熊彼特。熊彼特那时已经成为一名享誉世界的经济学家，虽然已经 66 岁，但仍在哈佛大学传道授业，并且担任美国经济学会的主席，活跃在学术圈内。

1902 年，我年轻的父亲在奥地利财政部担任公务员，但也在大学兼职，教一些经济学课程，于是认识了熊彼特。熊彼特当年还只有 19 岁，是班里最聪明的学生。他和我父亲性格完全不同。他态度浮华、狂妄自大、粗暴无礼、爱慕虚荣，而我父亲性情温和、彬彬有礼、谦卑有加。可是，他俩却一见如故，友谊历久弥坚。到 1949 年，熊彼特已与当初判若两人。年近七旬，执教于哈佛大学的他，名声已至顶峰。

两位老人在一起尽情回忆往事，度过了一段非常愉快的时光。他俩都在奥地利长大，都在奥地利工作过一段时间，后来又都到了美国——熊彼特是在 1932 年来的，我父亲迟他 4 年。突然，我父亲笑出声来，问熊彼特："约瑟夫，你现在还在想要留下怎样的名声这个问题吗？"熊彼特爆发出一阵爽朗的笑声，我也跟着笑了。熊彼特在自己两本重要的著作出版之后，曾经说过一段广为人知的话。他说，自己最想留下的名声是"欧洲最伟大的情圣和欧洲最伟大的骑师——也许还有世界上最伟大的经济学家。"那时他还只有30岁左右。他回答我父亲说："是啊，这个问题现在对我也还是很重要，不过答案不一样了。我现在想留下的名声是一位培养出六七名一流经济学家的教师。"

他肯定是看到我父亲那吃惊的表情，因为他接着说道："你知道，阿道夫，我已经到了一个知道光是靠书和理论留名远远不够的年纪。一个人如果不能改变人们的生活，那他就什么也没能改变。"我父亲去探望熊彼特的一个原因，是知道他已经病入膏肓，来日无多。五天后，他撒手人寰。

他们这段对话让我永生难忘。我从中学到三件事情：第一，我们必须问一问自己，到底想留下一个怎样的名声；第二，答案会随年岁的增长而改变，它会随自己的成熟以及外部世界的变化而改变；第三，只有改变了别人生活的东西才是值得纪念的。

这些东西人人可以学会

我之所以不厌其烦地讲述自己的这些故事，原因只有一个——我所了解的长年保持成效的每一个人，无论是管理者还是学者，也无论是高级军官还是一流的医生，也不管是教师还是艺术家，都曾获得一些与我非常相似的教益。无论是跟谁合作，我迟早都会设法找出对方把自己的成功归结于什么因素。作为一名咨询顾问，我跟许多人有过合作，他们来自不同类型的组织，包括企业、政府、大学、医院、歌剧院、交响乐团、博物馆等。毫不例外，我都会听到极为类似的故事。

因此，对于"一个人，特别是一个运用知识的人，要怎样才能取得成效？这样一个人，在生活与工作多年之后，在历经多年的变化之后，又要怎样才能一直保持成效"这个问题，我的答案是：通过做一些相当简单的事情。

第一，我们要树立自己的目标或理想，就像威尔第的《福斯塔夫》为我树立了目标和理想那样。为了目标和理想而奋斗，意味着一个人能够人老心不衰。

第二，我发现长年保持成效的人对工作的态度一如菲狄亚斯：众神看得见。他们不甘平庸，在工作中恪守自己的标准。事实上，他们有强烈的自尊心。

这些人的第三个共同点是：他们把持续学习作为一种生活习惯。他们未必像我这样，每三四年就学习一门新的学科。但是，他们会不停地试验，对自己的成绩从不满足。他们对自己的最低要求是，无论做什么都要做得更好，而且常常要求自己用不同的方法去做这些事情。

这些思维活跃、不断成长的人，还会坚持进行绩效评估。我发现，越来越多的人像耶稣会和卡尔文教派率先做的那样，把自身行为和决策的结果记录下来，然后把它们与当初的预期两相对照。这样，他们很快就能发现自己的长处在哪里，同时也发现自己哪些方面需要提高、改变和学习。最后，他们还能知道哪些事情是自己不擅长的，因此是应该让别人去做的。

每次我问一个成效卓著的人，请他们告诉我成功的原因，我都会听到类似的故事，例如一位仙逝多年的老师或上司告诉他们，只要自己的工作、职务或职位有变，就必须把新工作、新职务或新职位的要求考虑清楚——它们总是不同于原来那份工作或那个职位的要求。

自己的责任

所有这些行为习惯所体现的一个最重要的原则，就是那些卓有成效，并能不断成长和改变的人，特别是那些以运用知识为主的人，承担起了自身发展和工作安排的责任。

　　这可能是最新颖，也可能是最难以付诸实践的结论。如今的组织，无论是企业还是政府机构，仍然建立在下面这个假设上面：组织要负责员工的工作安排，以及提供员工所需的历练和挑战。据我所知，这个方面的最佳范例当属日本大企业的人力资源部门，或者它们所依据的原型，即传统军队的人力资源部门。我没有见过比典型的日本企业人力资源部门更加负责任的部门。但就算是它们，我认为也必须学会做出改变。它们不能像过去那样做决策者，而是必须成为老师、领路人、顾问和参谋。

　　我确信，每一名知识工作者的发展和工作安排的责任都必须由知识工作者自己承担。每一名知识工作者都必须承担起回答下面这些问题的责任：我现在需要什么样的职位？我现在能够胜任什么样的职位？我需要获得什么样的经历、知识和技能？当然，这个决策不仅涉及员工个人，还必须考虑到组织的需要，必须以对员工个人的长处、能力和绩效做出外部评估为基础。

小　结

　　员工发展必然成为自我发展，员工的工作安排也必然成为自我安排，而且员工自己必须对此负责。否则，知识型员工就不可能在漫长的职业生涯中保持成效和高生产率，并且不断成长。

受过良好教育的人

知识不像货币那样是客观的。知识并不存在于书本、数据库和计算机软件中——它们收纳的都是信息。知识始终体现在人的身上，知识的承载、创造、增补或完善、运用、传授、使用或滥用，都必须由人来完成。因此，知识社会的到来使得人成为社会的核心。这个转变过程对知识社会的代表，也就是对受过良好教育的人（educated person）提出了许多新的挑战、新的议题以及前所未有的新问题。

在过去的所有社会中，受过良好教育的人都是社会的装饰。他们体现的是 kultur——这是一个德语词汇，带有敬畏和嘲讽的意味，在英语中找不到一个对应的词，就连"highbrow"（知识分子）这个词的含义也相去甚远。然而，在知识社会中，受过良好教育的人是社会的象征、社会符号和社会的标准持有人。借用社会学的话讲，他们是社会的"原型"。他们界定社会的绩效能力。他们还体现了社会的价值观、信仰和承诺。如果说中世纪的骑士是中世纪早期的最佳体现，"资产阶级"是资本主义的最佳体现，那么受过良好教育的人就代表着以知识为核心资源的知识社会。

　　这必然改变"受过良好教育的人"的真实含义，也必然改变"受过良好教育"这个词的真实含义。因此，我们可以预见它使得"受过良好教育的人"的定义成为一个关键议题。在知识成为关键资源之后，受过良好教育的人面临各种新的要求、新的挑战和新的责任。**受过良好教育的人现在成了一个至关重要的群体。**

　　自 20 世纪 70 年代初开始，美国学术界针对受过良好教育的人这个话题展开了激烈的辩论。社会上应该有这样的人吗？能出现这样的人吗？"教育"到底是什么？

　　形形色色的女权主义者以及其他"反对者"称，社会上不存在受过良好教育的人。这个群体中的其他一些人则称，由于每一个性别、每一个民族、每一个种族、每一个"少数族裔"群体都需要自己不同的文化和不同的（事实上是孤立主义的）受过良好教育的人，因此社会上只有受过良好教育的人。但是，反传统主义者的观点让人回想起极权主义者的观点。他们瞄准的目标是相同的：处于受过良好教育的人这个概念的核心的普遍性，无论它的名字是什么（西方称之为"受过良好教育的人"，日本称之为"文人"）。

　　对立的阵营（我们或可称之为"人文主义者"）也瞧不起目前这个体系，但原因是现行体系没有培养出在各个领域都受过良好教育的人。人文主义批评人士要求退回到 19 世纪，退回到"博雅技艺"和"经典著作"，也就是德国人所说的 gebildete mensch。到目前为止，尽管他们没有重复 20 世纪 30 年代芝加哥大学罗伯特·赫钦斯与莫蒂默·阿德勒的观点，也就是认为全部"知识"是由 100 部"传世之作"组成的，但他们"回到现代以前"的要求与赫钦斯与阿德勒是一脉相承的。

　　其实，这两大阵营都是错的。

知识社会的核心

知识社会必须把受过良好教育的人这个概念置于核心，它还必须是一个**广博的**概念。究其原因，则恰恰因为知识社会是一个由各种知识组成的社会，是一个全球化的社会——资金、经济、就业、技术、重要事项，特别是信息，都是全球化的。知识社会需要一股把各方面统一起来的力量。它还需要一个领导群体，使得各个地方的不同传统都致力于实现共同的价值观、共同的卓越理念以及相互尊重。

因此，知识社会的需要与解构主义者、女权主义者以及反西方人士的主张恰恰相反，它需要的正是：一个在多个领域受过良好教育的人。

然而，知识社会需要的受过良好教育的人，不同于人文主义者为之奋斗的理想。反对者要求抛弃人类传承得来的"伟大传统"（the great tradition）、智慧、知识与美，在人文主义者看来那是一种愚蠢的行为。但是，人文主义者主张的只不过是要建立一条通往过去的桥梁。这是不够的。受过良好教育的人必须有能力用自己的知识影响现在，更不用说必须有能力用它们去塑造未来。人文主义者的提议中既不包括这种能力，也不关心这种能力。但是，没有这种能力，"伟大传统"就只不过是一种收集古物的癖好。

德国作家、1946 年诺贝尔文学奖得主赫尔曼·黑塞（Hermann Hesse）在他的小说《玻璃珠游戏》（*Das Glasperlenspiel*）中预言了人文主义者心中的理想社会，也预言了这种社会的失败。该书描写的是一群知识分子、艺术家和人文主义者亲如兄弟，过着与世隔绝的生活，恪守"伟大传统"，醉心于它的智慧和美。然而，他们中的英雄、造诣最深的兄弟会首脑最终决定重返现实生活，尽管现实已被玷污，粗俗不堪、动荡不安、罢工不断、追逐金钱。这是因为，他的价值观除非是与现实世界有关，否则它就像一个深埋在地底下的黄铜矿，没有现实的价值。

黑塞 1943 年的预见如今确实发生。"人文教育"和"一般教育"（德文

"allgemeine Bildung"）如今正面临危机，因为它们已经成为一个"玻璃珠游戏"，那些最聪明的人正在离弃它们，投向愚蠢、粗俗、追逐金钱的现实世界。那些最聪明的学生懂得人文学科的重要性，而且像他们毕业于一战前的祖先那样喜欢这些学科。对于那些先人来说，人文学科和一般教育为他们界定身份，并且在一生中都是有意义的。对于二战前毕业的我们这一代的许多人，它们也是有意义的，尽管我们刚刚离开校园就把学过的拉丁语和希腊语忘记得一干二净。但是，现在世界各地的学生在毕业几年之后就开始抱怨，"我那么努力学的东西根本没有意义，它跟我感兴趣的东西或者希望做的事情毫无关系"。他们仍然希望自己的孩子学习一些人文学科课程，去普林斯顿大学、卡尔顿大学、牛津大学、东京大学、法国的国立高等学校、文科中学[⊖]，只不过主要目的是获得社会地位和找到好工作。他们在自己的生活中则批判这些价值观，批判人文主义者秉持的受过良好教育的人这个概念。换言之，他们所受的人文教育不能让他们理解现实，更不用说让他们把控现实。

参与目前这场辩论的双方大致上都是错的。其实，知识社会比过去的社会更加需要受过良好教育的人，而继承遗产是必不可少的一点。但是，这里所说的遗产，不是像人文主义者极力主张的那样，只包括西方文化，也就是犹太教与基督教所共有的传统。受过良好教育的人还必须具备理解其他文化和传统的能力，例如，中国、日本和韩国的绘画和陶瓷艺术，东方的哲学思想和宗教，以及伊斯兰教和伊斯兰文化，等等。他们还必须摒弃人文主义者的人文教育给他们灌输的"尽信书"思维。他们需要通过教育培养领悟能力，也同样需要通过教育培养分析能力。

未来可能是"后西方的"，也有可能是"反西方的"，但它不会是"无西

⊖　德国的学制比较复杂，只有就读 Gymnasium（文科中学）的学生毕业后才能进入大学学习。其他类型的中学，例如 Hauptschule（国民中学）和 Realschule（实科中学），学生毕业之后接受的通常都是职业教育。——译者注

方的"。未来的物质文明和知识也将建立在西方的基础上：西方的科学、工具和技术、生产方式和经济学；西方式的金融和银行业。

如今，最彻底的"反西方"运动还包括以秘鲁"光明之路"（Shining Path）为代表的反抗行动。这个行动的实质是，绝望的秘鲁土著印加人的后裔拼死想要消除"西班牙征服"带来的影响，重新使用印第安的古老语言奇楚亚语和艾马拉语，并将欧洲人及其文化赶回茫茫大海。然而，这个反西方运动使用的资金，却来自给纽约和洛杉矶的瘾君子种植的古柯。

将来，受过良好教育的人必须做好在全球化世界里生活的准备。世界会成为一个越来越部落化的世界。受过良好教育的人必须成为一个"世界公民"——拥有全球化的远见、视野和信息。他们还必须从自己的当地文化中汲取养分，并且反过来丰富自己的当地文化。

知识社会与组织社会

知识社会也是一个组织社会，两者相互依赖，但它们的概念、观点和价值观又大相径庭。受过良好教育的人在运用知识时，即便不是全部，也会有大部分都是置身于某个组织中。因此，受过良好教育的人必须准备好同时在两种不同的文化中生活和工作：一种是重视文字和思想的"知识分子"的文化；另一种是重视员工和工作的"管理者"的文化。

知识分子把组织视为一个工具，组织使得他们能够运用自己的技艺（techne）[⊖]，即他们的专业知识；管理者把知识视为实现组织绩效这个目标的一个手段。二者都是正确的。他们是对立的，但他们之间的关系就像磁铁的两极，而不是彼此矛盾。他们无疑是彼此需要的：研究人员需要研究主管，

　　⊖　源自古希腊语的一个词，包含艺术、技能和手艺等意义。——译者注

一如研究主管需要研究人员。如果一方压倒了另一方，那么结果只会是绩效全无，人人沮丧。如果没有管理者的制衡，知识分子的世界就会成为一个人人"自行其是"，但是无人有所成就的世界。如果没有知识分子的制衡，管理者的世界就会成为一个由"组织人"构成的、让人一无所成的官僚体系。如果双方处于均衡状态，就会创造力和秩序兼得，成就与使命兼顾。

知识社会的许多人会同时生活和工作在这两种文化中。更多的人应该在职业生涯的早期，通过工作轮换拥有在这两种文化中工作的经历，例如从专业岗位轮换到管理岗位上，让年轻的电脑工程师担任项目经理和团队领导者，或者让年轻的教授兼两年管理工作。另外，在社会部门的某个机构做一名"不领薪员工"，能让人们获得尊重两个世界，即知识分子的世界和管理者的世界所需的正确观点和平衡感。

在知识社会里，所有受过良好教育的人都必须准备好理解这两种文化。

技艺与受过良好教育的人

对于 19 世纪受过良好教育的人来说，各种**技艺**是不算作知识的。尽管大学已经开设相关课程，它们已经成为"学科"，以此为业的人也成为"专业人员"而不是"手艺人"或"工匠"，但它们并不是博雅技艺或一般教育的一部分，因此也不是知识的一部分。

大学颁发技艺学位有悠久的历史。欧洲的法律学位和医学学位可以追溯到 13 世纪。在欧洲和美国（英国不在此列），新兴的工程学位（最早是拿破仑时代的法国于 1800 年的一两年前授予的）很快就为社会所接受。大多数被认为"受过良好教育的人"都是通过运用技艺谋生，例如，当律师、医生、工程师、地质学者以及越来越多的人投身商业（只有英国人对没有职业的"绅士"心存尊敬）。然而，他们的工作或职业被认为是一种"谋生"手段，而不是一种"生活"。

这些以技艺为业的人（或称技术人员）不会在办公室以外谈论自己的工作，甚至不会谈论自己的学科，那些东西便是"行话"（shop-talk）。德国人嘲笑那是"不离本行的谈话"（fachsimpelei）。法国人对它的嘲讽更加厉害：谁要老是谈自己的本行，就会被人认为是一个俗不可耐的人，于是很快就不会再有人邀请他们参加上流社会的聚会。

如今，各种技艺或技术已经成为一门门的学科，因此它们必须成为知识的一部分。它们也必须成为受过良好教育的人要学习的知识的一部分。如今的学生在大学里非常喜欢各种博雅技艺课程，可是几年之后就开始批判它们，原因便在于这些课程拒绝这样做。于是，学生感到失望，甚至觉得被人引入了歧途。他们有这种情绪是有道理的。没有把各种知识融合成一个"知识整体"的博雅技艺或一般教育，既不"自由"（liberal），也不是"教育"（bildung）。它们连"培养相互理解"这个首要任务都未能完成。没有相互理解这个"论域"，文明也就不可能存在。这样的学科非但起不到融合作用，反而会造成割裂。我们既不需要，也不可能培养出精通许多不同知识的"博学之士"。事实上，我们可能会变得更加专业化。但是，我们着实需要的是理解不同知识的能力——这也是给知识社会里受过良好教育的人所下的定义。每一种知识的内容是什么？它的目的是什么？它关注的核心问题和理论是什么？它产生了哪些重要的洞见？它没有涉及的重要领域、不足和挑战分别是什么？

让各个学科成为通往知识之路

没有这种相互理解，各个学科就会结不出果实，事实上是再也不能成为"学科"。它们只会让人变得傲慢自大，徒劳无果，因为每一门专业知识都有许多新的重大发现源自另一个独立的专业，源自另一门学科。

　　例如，经济学和气象学正因为数学领域的混沌理论而发生一些重大的变化。地质学因为物理学，考古学因为 DNA 测定，历史学因为心理学、统计学和技术的分析和方法，都在发生深刻的变化。又如，美国的詹姆斯·布坎南（James M. Buchanan）获得 1986 年诺贝尔经济学奖，就是因为把经济学理论成功地运用于政治程序的分析，从而颠覆了政治学家 100 多年来的许多假设和理论。

　　专家必须承担让自己和自己的专业被别人理解的责任。包括杂志、电影和电视在内的媒体，也要在此过程中扮演一个至关重要的角色，但它们不可能独立完成这个任务。其他任何形式的普及手段也无法完成。然而，各个不同专业又必须让别人相信它们是一门门严肃的、严谨的、富有挑战的学科。这就要求每一门学科的领头人，特别是各个领域里领先的学者，必须努力阐述自己所做的是什么样的事情。

　　在知识社会里，不存在什么"学科之王"，所有的学科都是同样有价值的。用伟大的中世纪圣人和哲学家博纳文图拉（Saint Bonaventura）的话讲，所有学科都同样通向真理。但是，要把它们变成通往真理、通往知识的道路，责任必须由熟知这些学科的人来承担，他们集体承担着维护知识的信誉这一重任。

　　今天试图去写《知识论》不仅是极其自以为是的，而且时机远没有成熟。但是，这样一本书，甚至就是以《知识论》为名的一本书，在 100 年之后出现是完全可以期待的。那意味着我们成功经受住了这场目前刚刚开始的转型的考验。现在试图对《知识论》做出预测，可能就像在 1776 年对百年之后的社会做出预测一样可笑——这一年，美国独立战争爆发，亚当·斯密的《国富论》出版，詹姆斯·瓦特的蒸汽机问世。

　　但是，有一件事情我们是可以预见的，那就是社会的最大变化必将是**知识的**变化——知识的形式、内容、内涵、责任及其对一个受过良好教育的人的意义。

小　结

什么样的人称得上是一个受过良好教育的人，这个概念因为知识社会的到来而发生了改变。在过去的社会里，受过良好教育的人是社会装饰。在如今这个知识社会，受过良好教育的人是这个社会的主要代表和核心资源。这给个人带来了一些全新的责任和要求。接受博雅教育的人不仅要了解优秀的传统，而且必须能够理解和把握现实情况。只有这样，他们才能驾驭现实情况。

受过良好教育的人还必须有能力理解世界各地的文化、宗教和传统，不能把自己禁锢在西方文明中。在当前这样一个快速变化、充满转折点的时代，受过良好教育的人既要学会如何分析，也同样要学会如何理解。

受过良好教育的人必须熟悉多个学科的知识，因为一个学科的变化常常起源于另一个学科的创新。知识的融合将日益成为管理者工作的一部分，于是需要管理者持续开展学习和传授。随着知识的分化更加精细，让其他学科背景的人理解自己的专业知识，对于知识型组织的管理将变得越来越有必要。

未来的管理者

目前在大学接受管理教育的学生将来还能工作 45～50 年，也就是工作到 2050～2075 年。

一个世纪之前，谁也无法预测 1950 年或 1960 年的世界会是个什么样子。在如今的许多管理者刚刚进入大学或者开始工作的 20 世纪 60 年代，谁也无法预测 2008 年的世界会是个什么样子。我们对未来政治、社会和经济能做的唯一一个预测，就是它们将会发生巨变。

然而，我们对未来的管理者，即目前正在学习管理的学生，也能做出一些比较有把握的重要预测。他们无疑要掌握一些新的技能，因此这些未来的管理者必须安排好自己的发展，并养成持续学习的习惯。管理者的三大任务将保持不变。未来管理者的首要责任是确保**供职机构取得良好的绩效**。他们还必须负责使**工作富有效率**以及**使员工富有成就**。**社会影响和社会责任**的管理只会变得更加重要，更加费神。换句话说，未来管理者要承担的任务、要操心的事情与今日的管理者完全相同，要面临的问题和必须满足的要求也基本相似，尽管他们为了适应知识社会，在完成这些任务时要使用更多的知识，进行更多的思索，做出更好的规划和具备更强的能力。

首先，管理者必须学会如何在自己没有指挥权，而且自己既不受人控制，也不能控制别人的情境下进行管理。管理教科书现在主要讨论的仍然是如何管理下属。但是，我们再也不能用有多少人向其汇报工作来评估一名管理者，因为这个标准不能很好地反映这个工作的复杂性、所使用和提供的信息、应当做出的贡献，以及开展工作所需的不同类型的关系。

类似地，现在的商业新闻讲的也是管理下属。然而，这是20世纪五六十年代使用的控制手段。过去，企业的成长方式有两种：要么是靠内部增长，要么是靠收购。在这两种情况下，管理者都有控制权。然而，今天的企业经常是通过联盟、各种松散的联系和合作实现增长的，知道如何有效地管理这些增长方式的管理者只是极少数。这些新的增长方式使得传统的管理者心烦意乱——他们认为自己必须拥有或者至少能够控制资源和市场。

管理者必须让那些不是组织的员工但又为组织工作的人富有效率。组织可能把大部分不能提供通往高层管理职业通道的工作外包出去。为了提高效率，你还可能要考虑把没有自己的高层管理的活动外包出去。外包这个趋势与其说是为了节省费用，还不如说是为了提高质量。

一些管理者仍然在谈论向自己"汇报"的人，但我们应该把"汇报"这个词从管理词典中删除。**信息正在取代权力。**一家公司的财务主管可能只有两名助理和一名接待员，但他的外汇决策在一天内产生的盈亏，可能会超过公司其他所有人忙活一整年的盈利。一家大公司的科研人员有权决定研发实验室的项目，尽管他既没有秘书，也没有头衔，但他的成绩斐然，因此他的决定不太容易被否决，于是他对公司业绩的影响可能大过CEO。在军队，过去的中校通常会指挥一个营，但他们的下属如今可能只有一名接待员，承担的工作则是与某个大国之间的联络。

不过，运用管理任务这个概念的机构会大增。包括政府机构、医院、大中小学等公共服务机构开始施行系统的管理，是一个确凿不移的变化。事实上，管理的前沿过去 70 年间在工商企业，21 世纪上半叶则可能出现在公共服务机构。

需要未来管理者付出系统努力的每一项主要任务，也各有自己的重大优先事项。在第一个任务领域，也就是在企业与公共服务机构的具体**绩效**方面，最迫切的问题就是要设法**系统地放弃**那些过时的、没有效果的、不合时宜的活动。我们对有组织地开展创新已经了解甚多。我们也至少已经明白，创造一个不一样的明天是管理者的一项重要责任。现在我们必须明白，抛弃昨天也是一项重要的管理任务。公共服务机构的管理者，尤其需要明了这一点。迄今为止，公共服务机构很少放弃过时的活动，而且几乎从不系统地开展这项工作。

在**工作与劳动**这个领域，最棘手的事情是让组织的人力资源管理切合社会的现实情况。在过去 70 年间，所有发达国家的"劳动阶层"都经历了重大变化。如今的劳动者更多的是"知识工作者"而非"体力劳动者"。事实上，"蓝领工人"在所有发达国家明显已经成为一个少数群体，到 2020 年将只占全体劳动人口的极小比例。就算是今天的体力劳动者，也就是制造业的蓝领工人，在收入方面，特别是在教育程度方面，已经大大不同于昨天的体力劳动者。"劳动者"与"所有者"之间过去存在的界线也正在迅速消失——这一界线已经成为历史，无论我们在言辞中对它多么依恋。这是因为，组织的员工通过养老基金正在成为企业的所有者。这一现象在美国表现得尤其突出，员工养老基金拥有整个工商企业的股份约为 1/3，拥有大公司股份的比例则还要高得多。到 2020 年，养老基金拥有美国企业的股份比例将上升至50% 上下。同样，拥有大公司股份的比例也会高得多。至于其他发达国家，最终也会殊途同归。

这不会把人力资源管理带入乌托邦。本书讨论的工作与劳动方面存在的种种紧张关系、问题和冲突，将来仍会存在。但是，劳动者通过养老基金成为真正的所有者（尽管劳动者本人并不直接控制企业），使得我们系统地、有目的地使劳动者成为本书所称的"承担责任的员工"既有可能，也有必要。所谓"承担责任的员工"，就是无论做的是什么工作，他们都会对自己的任务，自己所在的工作群体、工作社区的治理及其顾虑承担起很大一部分管理责任，为此并不需要大量的创新。许多企业100多年以来一直都在做这件事件，只不过它们过去属于例外，而且彼此孤立，将来则要成为一种常规。最需要这种变化的同样是公共服务机构，因为它们在工作和劳动的管理方面远远落后于一般的企业。

工作和劳动管理方面的另一个变化是，员工必须管理自己的职业生涯。即便是现在，也只有极少数美国人做好了自主择业的准备。当你问他们："你知道自己擅长的事情是什么吗？你知道自己的弱点吗？"他们会面无表情地看着你。他们在做自己的简历时，仍然是把担任过的职位——列举出来。是时候摒弃过去那种按照职务或职业通道思考的方式了。正确的做法是，按照自己先后承担过的任务以及由此获得的能力介绍自己。

要想清楚自己是一个什么样的人，以及哪一些事情做得最好，是非常困难的。在帮助人们学会如何担负起责任这个方面，我们的教育体制是越来越适得其反。你在学校待的时间越长，你要做的决策就越少。例如，是否选修中级法语或艺术史可能取决于你是否愿意早起。研究所的情况则更加糟糕。

大部分大学生毕业后进了大公司，因为他们没有弄明白自己应该去什么地方，而碰巧这些公司向他们所在的学校派出了招聘团。但是，一旦入职培训结束，真正开始工作，他们就必须开始做出关于未来的决策。没有人会代替他们做出这些决策。

一旦开始做决策，他们中许多最优秀的人就会在三五年内跳槽到中型企业，因为他们在那里更有可能做到高层。中型企业通常不那么在乎资历，那里的员工可以走进上司办公室主动请缨："我已经做了三年的会计，现在想要去做营销。"

成为封建王朝式的精英治理是知识经济的最大隐患。你可以看到文凭主义在盛行。他们连个博士学位也没有，还有什么必要对我说自己是一名优秀的研究人员呢？人们很容易落入这样的陷阱中，因为学位证书是白纸黑字的，似乎比较可信。其实，**衡量一个人贡献的大小是需要运用判断力的。**

你不仅需要弄清自己的能力，而且必须了解下属、同事和上司的能力。许多管理者仍然采取一把抓的态度。他们仍然会讲"我们的工程师"如何如何。我对这种态度的回答是："仁兄，你没有什么工程师，只有乔、玛丽、吉姆和鲍勃，他们每一个人都是独一无二的。"你再也不能把下属当成一个整体来管理，而是必须一个个区别对待。你对他们的了解必须深入到足以让你走过去对他们说："玛丽，你觉得接下来是不是应该去做这份工作？是的话，那么你要学会改变自己好斗的态度。忘掉你自己是一名女性，你首先是一名工程师。你还要对别人更加体谅一些。比方说，星期五上午9点就知道下午要加班，不要拖到离下班只有10分钟的时候再把消息告诉大家。"

提高知识工作者生产率的关键在于，让他们明确任务并且全力以赴。你知道为什么大多数的提拔都不成功吗？原因就在于人岗不匹配。最典型的例子是销售明星晋升为销售经理。销售经理的职责可能有四种情况：销售人员管理、市场经理、品牌经理或者单枪匹马去开辟一个全新的领域。可是，晋升到这个职位上的人没有花心思去弄清到底自己是属于哪一种情况，因而只是更加努力地去做让自己得到提拔的事情。这种做法必败无疑。

知识工作者的管理方面最糟糕的问题之一，是知识工作者认为：如果一个人所做的工作能够被人理解，那么这个人就是粗浅的。在我年轻的时候，人们普遍认为，无论是哪个学科的领军人物，如经济学家、物理学家、心理学家等，都应该让自己的工作能够被人理解。爱因斯坦为了让自己的相对论能够被普通人所理解，就花了多年的时间，先后跟三个人合作对它进行修改。就连经济学家约翰·梅纳德·凯恩斯，也在让自己的理论变得更加简明易懂这件事情上煞费苦心。

我们不能让知识工作者傲慢自大。知识就是力量，这就是为什么掌握知识的人过去常常想把知识作为秘密加以保守。在知识工作中，力量来自传播信息并让信息产生结果，而不是把信息藏匿起来。

这就意味着我们不能容忍知识工作者的傲慢自大。无论是在哪个层级，知识工作者都必须让别人理解他们的工作；无论管理者来自哪个领域，他们都必须强烈希望理解别人所做的工作。这可能是技术人员的管理者要做的一项主要工作。他们绝不能仅起到翻译的作用，而且必须在专业深度与知识广度之间取得良好的平衡。

知识的生产率包括质量和数量两个维度。我们知道，经理人必须既是专家的管理者，又是不同知识领域的综合者。这一情况对于担心知识分子变得难以驾驭的传统管理者是一个威胁，对于担心自己的学科因为变得过于商业化而失去别人尊敬的知识分子也同样是一个威胁。然而，在以知识为基础的组织中，知识精深的人与知识粗浅的人必须通力合作。

最后，在社会影响和社会责任的管理方面，管理者必须学会如何系统而又周全地"平衡"各种相互矛盾的需要和权利。同时，管理者还必须学会预见所在机构造成的社会影响，无论他们所在机构是工商企业、大中小学，还是医院或政府机构，也无论机构造成的影响是技术方面的还是社会方面的，或者影响的是组织成员还是社会、社区或外部环境。这是一项领导责任。在组织社会中，管理者这个群体便是社会的领导力量，尽管某一名管理者个人的角色和权力无足轻重。

管理面临许多新挑战和新要求，管理者个人也同样面临一个重大变化。将来，越来越多的管理者会有不止一段职业生活。他们在40~50岁会改变自己的工作、环境和角色。一个人作为一名管理者或专业人员越是成功，就越有可能做出这样的职业转变。

这种转变有可能只是从一家公司换到另一家公司，或者从会计部门换到销售管理部门，但也有可能是从一种机构换到另一种机构。例如，一家中型企业的审计师转投一家医院。"第二职业"如今就已不再罕见。尽管我们现在仍然认为那是一种例外，但它们将来可能会被人们广泛接受。原因之一（当然绝不是唯一的原因）在于员工养老金计划，特别是企业的员工养老金计划。它们的存在，使得管理者和专业人员到中年就能实现相当高程度的经济安全。过去，仅仅因为经济的不确定性这一原因，他们哪怕已经超龄、对工作感到厌烦，觉得工作已经没有挑战性，也没有愉悦感可言，也会继续工作，待在原来的岗位上。我们可以有把握地说，这个变化将极大地鼓励管理者持续学习，鼓励他们承担自我开发（作为一个普通的人以及一名管理者）的责任，以及鼓励他们深入了解管理者的工作，掌握各种管理技能和管理工具。

对于未来的管理者，我们能做的最重要的预测是——以**预期贡献**定义的未来管理者必将出现。未来的管理者必定比今天更多，也必定比今天的管理者更加重要。除非人类在核战争这样自我制造的浩劫中毁灭，否则人类社会仍然会是一个组织社会、知识社会。随着社会和经济的不断进步，发展中国家也会日益成为组织社会。

现有的各种组织远未达到完美之境。每一名管理者都知道，它们非常难于管理，充满着挫折、紧张和摩擦，并且又笨拙又累赘。尽管如此，它们是我们用来实现生产和分销、医疗保健、治理和教育等社会目的的仅有的工具。这些服务只有绩效良好的组织才能提供，而我们没有任何理由认为社会是愿意放弃这些服务的。事实上，我们有充分的理由相信，社会要求所有组织的绩效更上层楼，社会对所有组织的绩效也会更加依赖。

决定组织绩效的人，正是管理者。

跋

本书是对彼得·德鲁克有关管理和社会的著述所做的提炼和综合。它们以 1973～2005 年 11 月的著述为主，有一些已经出版，还有一些是没有出版的。1973 年，《管理：使命、责任、实践》出版；2005 年 11 月 11 日，德鲁克与世长辞。他在这个阶段的著述，主题比 1954～1973 年更加宽泛（《管理的实践》出版）。

我与彼得·德鲁克是多年的同事，从 1979 年开始，直至他在 2005 年逝世。1999 年，德鲁克教授开始减少教学活动，我则着手开发和讲授"德鲁克论管理"这门针对 MBA 学员和进修经理人的研究生课程。德鲁克给我的教学建议是：以综合管理为中心，确保学生能够把管理原理直接运用到工作中，或者间接地用于案例分析。他还出于这个目的撰写了一本案例集。

自 2001 年初开始，彼得·德鲁克让我与他合作撰写了几本书，其中包括《德鲁克日志》和《卓有成效管理者的实践》。我时时感觉有一位导师相伴左右。与他的合作对我而言是一次脱胎换骨的经历，对此我将永远心存感激。我也会永生难忘他给我的这些教益：对人的尊严和发展的关切，对任务和结果的重视，对人际关系中正直品行的毫不妥协。

修订这本书的念头始于 2001 年 12 月我与德鲁克的一次谈话。那天，我们在一起吃午饭，度过了一段非常愉快的时光，席间他就职业发展一事给了我儿子一些指点。饭后，我开车送他回家。行车途中，我问他打算什么时候修订那本"大部头"管理书。"永远不会。"他高声回答我。我有点吃惊，但还是大着胆子问道："那么，我们怎么继续讲你的东西呢？""到处找嘛，都在那里摆着。"他这样回答我。

　　跟他合作撰写《德鲁克日志》让我有机会在他的所有著述中"到处找"。那是一件让我自惭形秽的事情。他一生著述之广之深，让我感到非常吃惊。

　　2005年6月8日，我去了德鲁克的住所，当时他正在审阅和修改《卓有成效管理者的实践》的初稿。他结束工作之后，转过来对我说道："我知道，你是想要修订我那本《管理的实践》。"他突然提起这个话题，让我感到很是意外，但我回答说："不是，我想修订的是你那本管理书。"他说："没有那样一本书啊。"我告诉他："就是《管理：使命、责任、实践》。"他应声说："哦，那可是要费不少工夫。"我点了点头，他接着说道："行。"

　　如今修订本付梓，回望来路，才意识到有那么多人给过我帮助，我想借机对他们表示感谢。首先要感谢的是彼得·德鲁克及其遗孀多丽丝（Doris），他们给了我这个机会。我希望这本书不辱使命，抓住了彼得·德鲁克管理思想的中心，并能扩大他的影响。他告诉过我们应该如何管理组织才能取得成果，并在此过程中培养人员。他还告诉过我们如何在取得成功的同时承担社会责任。

　　德鲁克著作信托基金的Joan Drucker Winstein和HarperCollins出版社的资深编辑Ethan Friedman付出了艰辛的劳动，谨对她们的信任和帮助致谢。

　　HarperCollins出版社的编辑助理Sarah Brown和助理编辑Matt Inman在整个项目过程中帮助良多，在此表示感谢。同样也要感谢HarperCollins出版社的总编Diane Aronson和本书的责任编辑Ceci Hunt。

　　Emily Trent和Kazumi Sakuhara是我的助手，她们帮助我梳理德鲁克的知识体系，很是能干。在两年的时间内，她们既是我的同事，也是我的朋友。Jasper Spencer-Scheurich帮我审阅和校对书稿，使我能赶在最后期限之前完工。我对这三位助手的辛劳致以深深的感谢。

　　德鲁克研究院的档案管理员Jacob High和我一道寻找、复制和梳理本书所用的全部主要素材，谢谢Jacob。

彼得·德鲁克与伊藤雅俊管理学院的院长 Ira Jackson 牵头组建了德鲁克研究院。没有他本人以及德鲁克研究院的院长 Rick Wartzman 和助理院长 Zach First 的帮助，修订项目就不可能顺利完成。感谢他们。

我的助理 Bernadette Lambeth 更是每天都在帮助我。她默默无闻地努力为我营造一个可以高效工作的环境。感谢 Bernadette。

最后我要感谢我妻子一如既往的支持。她容忍我两年来把大部分时间都花在这本书上，并且不停地给我鼓励。她天性乐于给予，是上帝赠予我的礼物。

约瑟夫·马恰列洛

2007 年 12 月

参 考 文 献

　　管理学著作很多，我们很难一一注明，即便是挑选一些"优秀"书籍，也只是一种徒劳的尝试。我们在此试图编写一份书单，希望书单中的书籍对世界各地的读者、有经验的管理者而言是令人兴奋的、可读的、有价值的。为了让书单更加实用，书籍被分为几大类，并冠以标题。

美国出版的关于德鲁克的书籍

Beatty, Jack. *The World According to Peter Drucker.* New York: Free Press, 1998.

Cohen, William A. *A Class with Drucker: The Lost Lessons of the World's Greatest Management Teacher.* New York: AMACOM, November 2007.

Eldersheim, Elizabeth Hass. *The Definitive Drucker.* New York: McGraw-Hill, 2006.

Flannerty, John E. *Shaping the Managerial Mind—How the World's Foremost Management Thinker Crafted the Essentials of Business Success.* San Francisco: Jossey-Bass, 1999.

Tarrant, John J. *Drucker: The Man Who Invented the Corporate Society.* Boston: Cahners Books, 1976.

管理的起源、基础和任务

Chandler, Alfred D., Jr. *Strategy and Structure.* London: MIT Press, 1962.

Chandler. Alfred D.. Ir. *The Visible Hand: The Managerial Revolution in American Business.* Cambridge, MA: Belknap Press of Harvard University Press, 1993 (new edition).

Chandler, Alfred D., Jr., and Stephen Salisbury. *Pierre S. DuPont and the Making of the Modern Corporation.* New York: Harper & Row, 1971.

Drucker, Peter F. *Concept of the Corporation.* Rutgers, NJ: Transaction Publishers, 1993. Originally published by John Day Company, NY, 1946.

Drucker, Peter F. *The Future of Industrial Man.* Rutgers, NJ: Transaction Publishers, 1995. Originally published by John Day Company, NY, 1942.

Drucker, Peter F. *The New Society.* Rutgers, NJ: Transaction Publishers, 1993. Originally published by John Day Company, NY, 1950.

Drucker, Peter F. *The Post-Capitalist Society.* New York: HarperCollins, 1993.

Landes, David S. *The Unbound Prometheus: Technological Change and Industrial Development in Western Europe from 1750 to the present.* Cambridge, UK: Cambridge University Press, 1969.

Machlup, Fritz. *The Production and Distribution of Knowledge in the United States,* Princeton, NJ: Princeton University Press, 1962.

Maciariello, Joseph A. "Peter Drucker on Executive Leadership and Effectiveness," in *Leader of the Future 2.* Edited by Frances Hesselbein and Marshall Goldsmith, San Francisco: Jossey-Bass, 2006, pp. 3–27.

Maciariello, Joseph. "Peter F. Drucker on a Functioning Society." *Leader to Leader* (Summer 2005).

McCraw, Thomas K. *Prophet of Innovation: Joseph Schumpeter and Creative Destruction,* Cambridge, MA: Belnap Press of Harvard University Press, 2007.

Nevins, Allan, and Frank E. Hill. *Ford: Decline and Rebirth 1911–1962.* New York: Scribner, 1962, 1963.

Schumpeter, Joseph. *Capitalism, Socialism and Democracy.* London: Allen & Unwin, 1950.

Schumpeter, Joseph. *The Theory of Economic Development.* Cambridge, MA: Harvard University Press, 1934. Original German edition, 1911.

Siemens, George. *Der Wegtler Elektrotechnik: Geschichte des Hawes Siemens.* Freiburg: Alber, 1961.

Sloan, Alfred P., Jr. *My Years with General Motors.* New York: Doubleday, 1963, 1990.

Watts, Steven. *The People's Tycoon: Henry Ford and the American Century.* New York: Knopf, 2005.

Woodruff, Philip. *The Men Who Ruled India.* 2 vols. London: Macmillan, 1954.

管理过程与管理学科

Drucker, Peter F. *Management Challenges for the 21ˢᵗ Century.* New York: HarperCollins, 1999.

Drucker, Peter F. *Managing the Nonprofit Organization.* New York: HarperCollins, 1990.

Drucker, Peter F. *The Practice of Management.* New York: HarperCollins, 1993. Originally published by Harper & Row, 1954.

Gantt, Henry. *Gantt on Management.* Edited by Alex W. Rathe. New York: American Management Association, 1961.

Leader to Leader Institute. *The Drucker Foundation Self-Assessment Tool.* 2nd ed. San Francisco: Jossey-Bass, 1998.

Simon, Herbert A. *Administrative Behavior.* 4th ed. New York: Free Press, 1997.

Urwick, Lyndall F., and E.F.L. Brech. *The Making of Scientific Management.* Facsimile edition. Thoemmes Continuum. 2002. Originally published by Pitman, London, 1966.

日本的管理

Liker, Jeffrey K. *The Toyota Way.* New York: McGraw-Hill, 2004.

Womack, James P., Daniel T. Jones, and Daniel Roos. *The Machine That Changed the World: The Story of Lean Production—Toyota's Secret Weapon in the Global Car Wars That Is Now Revolutionizing World Industry.* Paperback ed. New York: Free Press, 2007.

成果管理

Collins, Jim. *Good to Great.* New York: HarperCollins, 2001.

Drucker, Peter F. *Managing for Results.* New York: HarperCollins, 1993. Originally published by Harper & Row, 1964.

Drucker, Peter F. "Not Enough Generals Were Killed." Foreword in *The Leader of the Future.* Edited by Frances Hesselbein, Marshall Goldsmith, and Richard Beckhard. San Francisco: Jossey-Bass, pp. xi–xv.

Gerstner, Louis V. *Who Says Elephants Can't Dance: Leading a Great Enterprise through Dramatic Change.* New York: HarperCollins, 2002.

Interviews and Postscript by Joseph A. Maciariello. *The Journal of Management, Spirituality & Religion.* Special issue. *Values and Virtues in Organizations.* Edited by Charles C. Manz, Kim S. Cameron, Karen P. Manz, and Robert D. Marx. Vol. 3, nos. 1 and 2 (2006).

Penrose, Edith R. *The Theory of the Growth of the Firm.* 3rd ed. New York: Oxford University Press, 1995.

Porter, Michael E. "Strategy and the Internet." *Harvard Business Review* (June 2001).

Prahalad, C. K., and V. Hamel. *Competing for the Future.* New York: Free Press, 1995.

Rose, Stuart. "Back in Fashion: How We're Reviving a British Icon," *Harvard Business Review.* May 2007.

Warren, Rick. *Purpose-Driven Church.* Grand Rapids, MI: Zondervan, 1995.

Welch, Jack. *Winning.* New York: HarperCollins, 2005.

Schumpeter, Joseph. *The Theory of Economic Development.* Cambridge, MA: Harvard University Press, 1934.

工作与员工

Davenport, Thomas H. *Thinking for a Living: How to Get Better Performance and Results from Knowledge Workers.* Boston: Harvard Business School Press, 2005.

Friedman, Thomas, L. *The World Is Flat.* New York: Farrar, Straus & Giroux, 2005. Updated and expanded edition, 2006.

Herzberg, Frederick. *Work and the Nature of Man.* London: Staples Press, 1968.

Herzberg, Frederick, B. Mausner, and B. R. Snyderman. *The Motivation to Work.* New York: Wiley, 1959.

Likert, Rensis. *The Human Organization.* New York: McGraw-Hill, 1967.

Malone, Thomas W. *The Future of Work.* Boston: Harvard Business School Press, 2004.

Maslow, A. H. *Eupsychian Management: A Journal.* Burr Ridge, IL: Richard D. Irwin, 1965.

Maslow, A. H. *Motivation and Personality.* London: Harper & Row, 1970.

Mayo, Elton. *The Human Problems of an Industrial Civilization.* Boston: Harvard Business School Press, 1946.

Mayo, Elton. *The Social Problems of an Industrial Civilization.* London: Routledge & Kegan Paul, 1949.

McGregor, Douglas. *The Human Side of Enterprise.* New York: McGraw-Hill, 1960.

Taylor, F. W. *Scientific Management.* New York: Harpers, 1912 (and many editions since).

Wiener, Norbert. *The Human Use of Human Beings.* London: Sphere Books, 1969.

Womack, James P., Daniel T. Jones, and Daniel Roos. *The Machine That Changed the World: The Story of Lean Production—Toyota's Secret Weapon in the Global Car Wars That Is Now Revolutionizing World Industry.* Paperback ed. New York: Free Press, 2007.

社会影响与社会责任

Drucker, Peter F. "What Is Business Ethics?" *The Public Interest* (Spring 1981) pp. 18–36.

Friedman, Milton. "The Social Responsibility of Business Is to Increase Its Profits." *The New York Times Magazine,* September 13, 1970.

管理者的工作与职责

Barnard, Chester I. *The Functions of the Executive.* Cambridge, MA: Harvard University Press, 1938, reprinted 1968.

Drucker, Peter F. *The Effective Executive.* New York: HarperCollins, 2005. Originally published by Harper & Row, 1966.

Follet, Mary Parker. *Mary Parker Follet Prophet of Management: A Celebration of the Writings from the 1920s.* 1st ed. Edited by Pauline Graham. Boston, MA: Harvard Business School Press, 1995.

Ghoshal, Sumantra. "Bad Management Theories Are Destroying Good Management Practices," *Academy of Management Learning & Education,* Vol. 4 No. 1, 75–91.

McGregor, Douglas. *The Professional Manager.* New York: McGraw-Hill, 1967.

管理技能与管理工具

Allison, Graham, and Phillip Zelikow. *Essence of Decision: Explaining the Cuban Missile Crisis.* 2nd ed. New York: Longman, 1999.

Anthony, Robert N., and Vijay Govindaragan. *Management Control Systems.* 12th ed. New York: McGraw-Hill Irwin, 2007.

Anthony, Robert N., and David W. Young. *Management Control in Nonprofit Organizations.* 6th ed. Burr Ridge, IL: Richard D. Irwin, 1999.

Chandler, Alfred D., Jr. *Scale and Scope: The Dynamics of American Capitalism.* Cambridge, MA: Harvard University Press, 1990.

Cooper, Robin, and Robert S. Kaplan. *The Design of Cost Management Systems.* 2nd ed. Englewood Cliffs, NJ: Prentice Hall, 1998.

Forrester, Jay W. *Industrial Dynamics.* Cambridge, MA: MIT Press, 1961.

Kaplan, Robert S., and David P. Norton. *Alignment: Using the Balanced Scorecard to Create Corporate Synergies.* Boston, MA: Harvard Business School Press, 2006.

Kerr, Steven. "On the folly of rewarding A, while hoping for B." *Academy of Management Executive,* 1995, 9(1): 7–14.

Porter, Michael E. *Competitive Strategy.* New York: Free Press, 1980.

Senge, Peter M. *The Fifth Discipline: The Art and Practice of the Learning Organization.* Rev. ed. New York: Doubleday, 2006.

Solomons, David. *Divisional Performance: Measurement and Control.* Homewood, IL: Richard D. Irwin, 1988.

Stewart, Bennet G. *The Quest for Value.* New York: HarperCollins, 1991.

组织设计与组织结构

Drucker, Peter F. *Concept of the Corporation.* Rutgers, NJ: Transaction Publishers, 1993. Originally published by John Day Company, NY, 1946.

Fayol, Henri. *General and Industrial Management.* London: Pitman, 1967.

Galbraith, Jay R. *Designing Organizations.* San Francisco: Jossey-Bass, 1995.

March, James G., and Herbert A. Simon. *Organizations.* 2nd ed. Boston, MA: Blackwell Publishers, 1993.

Sayles, Leonard R., and Margaret K. Chandler. *Managing Large Systems: Organizations for the Future.* New York: Harper & Row, 1971.

Sloan, Alfred P., Jr. *My Years with General Motors.* New York: Doubleday, 1963, reprinted 1990.

Urwick, Lyndall F. *Notes on the Theory of Organization.* New York: American Management Association, 1953.

Vancil, Richard F. *Decentralization: Management Ambiguity by Design.* Homewood, IL: Dow-Jones-Irwin, 1979.

高层管理

Chandler, Alfred D., Jr., and Stephen Salisbury. *Pierre S. DuPont and the Making of the Modern Corporation.* New York: Harper & Row, 1971.

Cloud, Henry. *Integrity: The Courage to Meet the Demands of Reality.* New York: HarperCollins, 2006.

De Geus, Arie. *The Living Company.* Boston, MA: Harvard Business School Press, 2002.

Schien, Edgar H. *The Corporate Culture Survival Guide.* San Francisco: Jossey-Bass, 1999.

Sloan, Alfred P., Jr. *My Years with General Motors.* New York: Doubleday, 1963, reprinted 1990.

Woodruff, Philip. *The Men Who Ruled India.* 2 vols. London: Macmillan, 1954.

战略与结构

Chandler, Alfred D., Jr., and Stephen Salisbury. *Pierre S. DuPont and the Making of the Modern Corporation.* New York: Harper & Row, 1971.

Dale, Ernest. *The Great Organizers.* New York: McGraw-Hill, 1960.

Sayles, Leonard R., and Margaret K. Chandler. *Managing Large Systems: Organizations for the Future.* New York: Harper & Row, 1971.

Monks, Robert A. G., and Nell Minow. *Corporate Governance,* 4th ed. West Sussex, England: John Wiley & Sons, 2008.

跨国公司

Bartlett, Christopher A., and Sumantra Ghoshal. *Managing Across Borders.* Boston: Harvard Business School Press, 1999.

Hofstede, H. "Motivation, Leadership, and Organizations: Do American Theories

Apply Abroad?" *Organizational Dynamics* (summer 1980) pp. 42–63.

Yoshino, Michael Y., and Srinivasa U. Rangan. *Strategic Alliances: An Entrepreneurial Approach to Globalization.* Boston: Harvard Business School Press, 1995.

创新型组织

Argyris, Chris, G. *On Organizational Learning.* 2nd ed. Oxford: Blackwell Publishing, 1999.

Christensen, Clayton M. *The Innovator's Dilemma.* New York: HarperCollins, 2003.

Drucker, Peter F. *Innovation and Entrepreneurship.* New York: HarperCollins, 1993. Originally published by Harper & Row, NY, 1985.

Gendron, George. "Flashes of Genius," *Inc.Com* (May 1996): http://www.inc.com/magazine/19960515/2083.html.

未来的管理者

Drucker, Peter F. *The Age of Discontinuity.* Rutgers, NJ: Transaction Publishers, 1992. Originally published by Harper & Row, 1969.

Drucker, Peter F. *Management Challenges for the 21st Century.* New York: HarperCollins, 1999.

Drucker, Peter F. *Managing in the Next Society.* New York: St. Martins, 2002.

德鲁克著作简介

论　　著

1. *The End of Economic Man*. Transaction Publishers，1995. Originally published by John Day Company，NY，1939.（《经济人的末日》，上海译文出版社，2015 年。）

本书是彼得·德鲁克的第一部专著。它对极权主义国家做了深刻的剖析，是研究极权主义起源的首部著作。德鲁克在书中阐述了法西斯主义兴起的原因，指出各种机构的失灵导致法西斯主义的盛行。他揭示了极权主义社会的运行机制，这有助于我们理解极权主义产生的原因，从而防止此种灾难再次发生。他指出，建立能够正常发挥自身职能的社会、宗教、经济和政治机构，将防止有利于极权主义国家滋生的土壤形成。

2. *The Future of Industrial Man*. Transaction Publishers，1995. Originally published by John Day Company，NY，1942.（《工业人的未来》，机械工业出版社已出版。）

德鲁克在本书中提出了一般社会理论和工业社会理论，以此阐述了一个社会正当地存在以及正常运行所需满足的要求。他指出，这样一个社会必须给个人赋予社会身份和职能。本书探讨的是这样一个问题："在管理权力和公司占主导地位的工业社会，个人的自由怎样才能得到保护？"本书成稿之时美国尚未加入第二次世界大战，但它对战后的欧洲抱有乐观的态度，再次断言欧洲的希望和价值观能够经受那个艰难时世的考验。本书大胆地提出了下面这个问题："我们对战后的世界抱有何种希望？"

3. *Concept of the Corporation*. Transaction Publishers，1993. Originally publi-shed by John Day Company，NY，1946.（《公司的概念》，机械工业出版社已出版。）

　　这是一部经典之作。它是首部阐述和分析通用汽车这家大公司的结构、策略和实践的著作。本书把"企业"视为一个组织，也就是一个为了满足经济需要和社会要求而将众人聚集在一起的社会机构。它把"组织"看成一个独特的事物，把组织的管理当局看成一个有正当理由存在的研究对象。本书是德鲁克前两部关于社会的著作与后续关于管理的著作之间的桥梁。它深入探讨了分权、定价等管理实践以及利润和工会的作用。德鲁克对通用汽车公司的管理机构做出剖析，试图弄清该公司经营如此成功的原因。本书回答了若干重要的问题，例如："该公司的核心原则是什么，它们对于公司的成功有何贡献？"本书介绍的通用汽车公司的组织和管理原则，成为全球众多企业的模板。它还探讨了一些超出公司范围之外的问题，其中包括"公司化国家"（corporate state）这个主题本身。

4. *The New Society*. Transaction Publishers，1993. Originally published by Harper & Row Publishers，NY，1950.（《新社会》，机械工业出版社已出版。）

　　德鲁克在本书中对《工业人的未来》和《公司的概念》进行了扩充，对第二次世界大战之后形成的工业社会进行了系统地、鞭辟入里地分析。分析的主题包括大型企业、政府、工会以及个人在这些机构中的地位。《新社会》出版之后，乔治·希金斯（George Higgins）在天主教教会刊物《公共福利》（*Commonweal*）中写道："作为一名最杰出的现代作家，德鲁克分析了单个公司或'企业'中的劳资关系。他谙熟经济学、政治学、工业心理学和工业社会学，并且非常成功地把自己在这四个领域中的发现融合起来，用于分析'企业'的实际问题。"德鲁克认为，工人、管理当局和公司的利益与社会的利益是可以取得一致的。他提出了"工厂社区"（plant community）这个概念——工人承担更多的责任并像"管理者"一样行事。他还质疑了工会能否以当时的形式继续存在，如果企业鼓励工人像管理者那样行事的话。

5. *The Practice of Management*. HarperCollins，1993. Originally published by Harper & Row Publishers，NY，1954.（《管理的实践》，机械工业出版社已出版。）

这是一部经典之作。它是首部把管理确立为一种实践和一个学科的著作，从而确立了德鲁克作为现代管理学创始人的地位。管理的实践由来已久，但本书对管理进行了系统的论述，使之成为一个可以传授和学习的学科。它为希望提高自身效能和生产率的管理实践者提供了一部系统的行动指南。本书还提出，"目标管理"是一种真正的管理哲学，它可以把公司的利益与管理者以及其他贡献者的利益统一起来。书中大量使用实例，包括福特汽车、通用电气、西尔斯百货、通用汽车、IBM 和美国电话电报公司等。

6. *America's Next Twenty Years*. Out of print. HarperCollins，Harper & Row Publishers，NY，1957.（《美国的下一个 20 年》，已停印。）

德鲁克在这本文集中探讨了自认为对美国社会至关重要的一些话题，例如即将出现的劳动力短缺、自动化、大量财富掌握在少数人手中、大学教育、美国政治——尤为重要的是贫富差距日益扩大的不平等现象。他在这些文章中指出了一些"已经发生"并"决定未来"的重大事项。"发现已经发生的未来"是德鲁克许多著作和文章的主题。

7. *Landmarks of Tomorrow*. Transaction Publishers，1996. Originally publi-shed by Harper & Brother Publishers，NY，1959.（《已经发生的未来》，机械工业出版社已出版。）

本书指出人类生活与经验的三个重要领域中"已经发生的未来"。书的第一部分探讨的是人们的世界观从笛卡尔机械论转而认为世界是一个包含不同模式、目的和构造的世界。德鲁克指出，将知识工作者和高技能员工组织起来，通过合作取得绩效是这一转变的关键构成要素。书的第二部分勾勒出对自由世界的人们构成挑战的四种现实情况：知识社会、经济发展、政府有效性下降以及东方文化的衰落。书的最后一部分探讨的是人类的精神状况。它们被视为20世纪后期社会的基本要素。德鲁克在自己给1996版撰写的序言中回顾了本书的主要结论，并且评价了它们在现实中的有效性。

8. *Managing for Results*. HarperCollins，1993. Originally published by Harper & Row Publishers，NY，1964.（《为成果而管理》，机械工业出版社已出版。）

本书以企业的经济效益为中心议题，指出经济效益既是企业的独特职能和贡献，又是企业存在的原因。德鲁克称，高效的企业会全力以赴去把握机会，而不是全力以赴去解决问题。作为德鲁克经典之作《管理的实践》的姊妹篇，本书的主题是企业如何做到聚焦于机会，从而实现繁荣和增长。《管理的实践》探讨的主要是管理作为一个学科和一种实践是如何发挥效能的，《为成果而管理》探讨的则是作为决策者的管理者必须做哪些事情才能推动企业的发展。本书的一个主要贡献是它把具体的经济分析与创业的力量结合起来，认为它们是企业实现繁荣不可或缺的因素。尽管德鲁克的这本书在"做什么"上面所着笔墨比以往的著作多，但它同样强调了企业的定性因素：每一个成功的企业都必须确立自己的目标和精神。《为成果而管理》是首部讨论今天所称的"经营战略"的专著，也是首部提出今天所称的组织"核心能力"的专著。

9. *The Effective Executive*. HarperCollins，2005. Originally published by Harper & Row Publishers，NY，1966.（《卓有成效的管理者》，机械工业出版社已出版。）

本书是一本里程碑式的著作。德鲁克通过对企业和政府机构中众多卓有成效的管理者的观察，提出了管理者为了取得成效应该养成的一些具体的行为习惯。德鲁克开宗明义地指出，衡量管理者成效的标准是"做正确的事情"的能力。它包括五个方面的行为习惯：①管理自己的时间；②关注贡献而非问题；③发挥长处；④确定优先事项；⑤做出有效的决策。书中很大篇幅探讨的是做出有效决策的流程，以及有效决策的判断标准。书中列举了众多卓有成效的管理者的例子。本书最后指出：管理者是可以通过学习提高成效的，而且他们必须提高成效。

10. *The Age of Discontinuity*. Transaction Publishers，1992. Originally published by Harper & Row Publishers，NY，1969.（《不连续的时代》，机械工业出版社已出版。）

德鲁克在本书中清晰而敏锐地剖析了导致经济局势发生重大变化，并对未来社会产生决定性影响的若干变革力量。他指出了现代社会和文化中发生突变的四大领域：①新技术的剧增导致众多重要的新行业形成；②跨国经济转变为全球经济；③多种不同机构的繁荣昌盛给政治、哲学和精神领域带来严峻的挑战；④教育普及使得知识工作呈现新的局面和新的含义。本书勾勒的蓝图引人入胜，可以很好地指导人们构建未来。

11. *Men，Ideas，and Politics*. Out of print. HarperCollins，Harper & Row Publishers，NY，1971.（《人与商业》，机械工业出版社已出版。）

本书收录 13 篇关于社会的文章，议题涉及人、政治和思想。文章的内容涉及亨利·福特、日本的管理以及若干杰出的总统，其中有两篇反映德鲁克思想的文章尤为重要：一篇讨论的是"不受欢迎的克尔凯郭尔"，它主张提高人的精神层次；另一篇讨论的是约翰·卡尔霍恩的政治思想，它阐述了美国多元化的基本原理，以及它们是如何影响美国政府的政策和计划的。

12. *Technology，Management，and Society*. Out of print. Harper & Row Publishers，NY，1970.（《技术与管理》，机械工业出版社已出版。）

本书首先对现代技术的性质做了概述，然后探讨了现代技术与科学、工程和宗教的关系。德鲁克把对技术发展影响越来越大的社会和政治力量放在制度变化这个更大的框架下做了分析。整个社会越来越依赖于技术来解决复杂的社会和政治问题，对此感到担忧的学者和学生一定会喜欢德鲁克的批判性观点。

13. *Management. Tasks, Responsibilities, and Practices*. HarperCollins, 1993. Originally published by Harper & Row Publishers, NY, 1973. (《管理：使命、责任、实践》，机械工业出版社已出版。)

本书是德鲁克管理思想的纲要。它对《管理的实践》进行了更新和扩充，是管理者必不可少的一部参考书。《管理》提出了一个完整的知识体系，它由管理任务、管理工作、管理工具、管理责任以及高层管理的职责构成。德鲁克对这本书的评价是："这本书试图为管理者提供完成今天的工作和明天的工作所需要的认识、思想、知识和技能。"作者从事教育、培训和咨询工作长达三十余年，本书出版之后，他在课堂、经理人培训班和研讨会上，以及在为大大小小的企业、政府机构、医院和学校提供咨询服务的过程中，对这部管理学的经典之作进行了拓展和检验。

14. *The Pension Fund Revolution*. Transaction Publishers, 1996. Originally published as *The Unseen Revolution*, by Harper & Row Publishers, NY, 1976. (《养老金革命》，机械工业出版社已出版。)

德鲁克在本书中提出，机构投资者，特别是养老基金，已经成为美国大公司的控股股东和美国的"资本家"。他探究了公司的所有权是如何高度集中到大型机构投资者手中，以及"生产资料的所有权"是如何通过养老基金实现"社会化"却没有"国有化"的。本书的另一个主题是美国的老龄化。德鲁克分析了这一趋势给美国在医疗、养老以及社会安全在美国经济和社会中的地位等方面带来的挑战。他还指出，美国政治在总体上将越来越多地被中产阶级的相关问题以及老年人的价值观所占据。在本书再版的后记中，德鲁克讨论了养老基金日益成为投资的主导力量为何会成为美国经济史上发生的最令人诧异的权力转移，并对它们造成的现时影响做了探究。

15. *Adventures of a Bystander*. John Wiley & Sons, 1997. Originally published by Harper & Row Publishers, NY, 1978. (《旁观者：管理大师德鲁克回忆录》，机械工业出版社已出版。)

　　本书是德鲁克的自传体故事和短文集。他在本书中描绘了自己的一生以及那个时代的历史图景。从自己在维也纳度过的少年时光开始，到第一次世界大战期间在欧洲度过的日子，再到在美国度过的罗斯福新政时期、第二次世界大战以及战后的岁月，他通过对许多熟人的近距离生动刻画讲述自己的人生故事。我们在书中不仅能见到银行家和交际花、艺术家、贵族、先知和帝国缔造者，还能见到德鲁克的家人和密友，其中不乏赫赫有名的大人物，如西格蒙德·弗洛伊德、亨利·卢斯（Henry Luce）、阿尔弗雷德·斯隆、约翰·刘易斯 (John L.Lewis)、巴克敏斯特·富勒（Buckminster Fuller）等人。《旁观者》不仅反映了那个动荡不安重要的历史时期，而且反映了德鲁克自己是一个富有同情心，对人、对思想、对历史有着浓厚兴趣的人。

　　16. *Managing in Turbulent Times*. HarperCollins，1993. Originally published by Harper & Row Publishers，NY，1980.（《动荡时代的管理》，机械工业出版社已出版。）

　　这是一部重要而又及时的专著，讨论的是企业、社会和经济的不远的将来。德鲁克称，我们正在进入一个有着新趋势、新市场、全球经济、新技术和新机构的新经济时代。管理者和管理当局如何应对这些新现实导致的动荡形势？正如德鲁克所说的，这本书"关乎行动而非认知，关乎决策而非分析"。它探讨的是适应变化、把快速变化转变为机会，也就是把变化带来的威胁转化为高效、能盈利，并能为社会、经济和个人做出贡献的行动所需采取的策略。一个组织的结构必须能够经受得住环境动荡所造成的冲击。

　　17. *Toward the Next Economics and Other Essays*. Out of print. HarperCollins，Harper & Row Publishers，NY，1981.（《迈向经济新纪元》，机械工业出版社已出版。）

　　本书收录的文章涉及企业、管理、经济学和社会等众多主题，全都与德鲁克所称的"社会生态"有关，特别是与机构有关。这些文章反映的是"已经发生的未来"，它们还反映了德鲁克认为诸多领域在 20 世纪 70 年代发生了深刻的变化。这些长期以来被认为是既定事实的领域包括：人口结构与动态、各种机构扮演的角色、科学与社会的关系、经济学和社会学的基本理论。从范围上看，这些文章具有国际视野。

18. *The Changing World of the Executive*. Out of print. Truman Talley Books，NY，1982.（《时代变局中的管理者》，机械工业出版社已出版。）

这本文集收录的是发表在《华尔街日报》上的专栏文章，所涉主题众多，包括劳动力队伍的变化（职位和期望）、"雇员社会"的权力关系、技术和世界经济的变化等。这些文章探讨了工商企业、学校、医院、政府机构等主要机构所面临的问题和挑战，并且重新审视了管理者的任务和工作、管理者的绩效及其衡量、管理者的薪酬。尽管论题各异，但有一个主题贯穿始终，那就是管理者的世界在不断发生变化——组织内部在快速变化；员工、顾客以及其他各方的视野、理想甚至特性都在快速变化；组织外部环境中的经济、技术、社会和政治也在快速变化。

19. *Innovation and Entrepreneurship*. HarperCollins，1993. Originally publi-shed by Harper & Row Publishers，NY，1985.（《创新与企业家精神》，机械工业出版社已出版。）

本书是首部把创新和创业作为一门有目的的学科加以系统阐述的著作。它解释和分析了创业型经济产生之后给企业和公共服务机构带来的挑战和机会。本书是对管理当局、组织和经济顺畅运转的一个重要贡献。全书分为三个部分：①创新实践；②企业家精神的实践；③企业家战略。德鲁克认为，创新和创业既是一项实践，也是一门学科。他在书中选择关注创业者的行动，而不是关注创业心理和创业性格。在市场经济环境下，包括公共服务机构在内的所有机构，都必须变得善于创业才能存续和繁荣。本书还对创业策略和创新机会窗口做了介绍，无论是新创组织还是历史悠久的组织都可以用它们来指导创新。

20. *Frontiers of Management*. Truman Talley Books，1999. Originally

published by Truman Talley Books，NY，1986.（《管理前沿》，机械工业出版社已出版。）

本书是一本文集，共收录文章 35 篇，其中 25 篇发表在《华尔街日报》的社论版上。在再版序言中，德鲁克对 21 世纪的商业趋势做了预测。《管理前沿》对全球趋势和管理实践做了清晰、直接、生动和全面的深入分析。书中有部分章节讨论世界经济、恶意收购以及成功带来的意外问题，还有部分章节讨论的是工作、年轻人和职业发展停滞等主题。德鲁克在本书中自始至终都强调前瞻性的重要性，以及认识到在管理决策的每一个领域"变化即是机会"的重要性。

21. *The New Realities*. Transaction Publishers，2003. Originally published by Harper & Row Publishers，NY，1989.（《管理新现实》，机械工业出版社已出版。）

本书的主题是"下一个世纪"（21 世纪）。它的论点是"下一个世纪"业已来临，而且我们早已置身其中。德鲁克在本书中阐述的是"社会上层建筑"——政治与政府、社会、经济与经济学、社会组织以及新出现的知识社会。他描绘了政府的局限性以及"魅力"型领导者的危害。他指出，组织将来会变成以信息为基础的组织。尽管本书不是一部"未来主义"之作，但它试图挑明有望在数年之内变成现实的顾虑、问题和争端。德鲁克关注的是为了明天在今天要做什么事情。他力图在自我设定的限制条件内制定一个日程表，用于解决昨日的成功带来的、在今日仍未得到解决的一些最严峻的问题。

22. *Managing the Non-Profit Organization*. HarperCollins，1992. Originally published by HarperCollins，NY，1990.（《非营利组织的管理》，机械工业出版社已出版。）

当今美国社会的服务部门或称非营利部门正在快速增长（员工总数超过 800 万，志愿者超过 8000 万），因而极其需要关于如何有效地领导和管理这些组织的指导方针和专家建议。本书把德鲁克的管理思想运用到各种非营利机构上面。他用诸多实例解释了非营利组织的使命、领导、资源、营销、目标、人员开发、决策等概念。本书还收录了就非营利部门的若干关键问题对9名专家所做的采访。

23. *Managing for the Future*. Truman Talley/E. P. Dutton，1992.（《管理未来》，机械工业出版社已出版。）

本书收录的是德鲁克一些最精彩的近作，这些文章涉及经济学、商业实践、变革管理以及现代公司形态的变化。本书提出的一些观点和总结的一些经验，有助于人们赢得永不歇息的竞争。德鲁克的世界是一个由四个领域组成的不断扩展的世界，他在这四个领域中都驾轻就熟：①对我们生活与生计造成影响的经济力量；②当今不断变化的劳动力队伍和工作场所；③最新的管理概念和实践；④包括公司在内的各种组织随着任务和责任不断增加而发生的形态变化。德鲁克在书的每一章探讨一个商业或者公司或"人员"问题，揭示如何解决这个问题或者把它变成一个发起变革的机会。

24. *The Ecological Vision*. Transaction Publishers，1993.（《生态愿景》，机械工业出版社已出版。）

本书收录的31篇文章，长时跨度长达40多年。它们虽然涵盖许多不同学科和主题，但有一个共同点，即全都是"社会生态学方面的文章"，讨论的都是人工营造的环境。它们全都以这种或那种方式探讨个人与社区之间的互动关系。它们把经济、技术和艺术视为社会阅历的维度以及社会价值观的表述。文集的最后一篇文章"不受欢迎的克尔凯郭尔"，是对"人"的存在、精神和个人维度的肯定。德鲁克撰写此文的目的在于证明仅有社会是不够的（哪怕是对于社会本身也是不够的），另外就是为了证明希望总是存在的。这是一本重要的、富有洞察力的文集。

25. *Post-Capitalist Society*. Transaction Publishers，2005. Originally publish-ed by HarperCollins，NY，1993.（《知识社会》，机械工业出版社已出版。）

德鲁克在本书中指出，社会每隔几百年就会经历一场剧变，使得社会的世界观、基本价值观、商业与经济以及社会与政治结构发生深刻的变化。德鲁克认为，人们正处在一场这样的剧变中。这场剧变，就是人们正从资本主义和民族国家时代迈向知识社会和组织社会。换言之，也就是我们正在进入后资本主义社会。在后资本主义社会，知识将会成为核心资源，"知识工作者"则成为社会的领导阶层。德鲁克对工业革命、生产率革命、管理革命以及公司的治理做了回顾性和前瞻性的讨论。他解释了组织的新职能、知识的经济特性，以及为什么要把提高生产率列为社会和经济的优先事务。他还讨论了民族国家向超级国家的转变、政治体系的新多元化以及政府需要完成的转变。最后，他详细分析了后资本主义社会中的知识问题，以及知识的作用和使用。全书分为社会、政治和知识三篇，既对未来做了敏锐的展望，也对过去做了重要的分析，但着眼点在于剖析当前这个过渡阶段所面临的挑战，以及我们如何在理解这些挑战并做出正确的反应之后去创造一个全新的未来。

26. *Managing in a Time of Great Change*. Truman Talley/E. P. Dutton，1995.（《巨变时代的管理》，机械工业出版社已出版。）

本文集收录了德鲁克在1991~1994年撰写，发表于《哈佛商业评论》和《华尔街日报》的文章。书中所有文章都以变革为主题：经济、社会、企业以及普遍意义上的组织中的变革。管理者应该如何适应这些构造上的变化？德鲁克围绕着如今已经无处不在的知识工作者和全球经济提出诸多建议。他在书中阐明了企业当前面临的种种挑战。他还分析了当下的各种管理趋势及其有效性、政府的改革对企业的影响，以及管理当局与劳方之间力量的动态平衡。

27. *Drucker on Asia*. Out of print. Butterworth-Heinemann，1997. First published by Diamond, Inc., Tokyo, 1997.（《德鲁克看中国与日本：德鲁克对话"日本商业圣手"中内功》，机械工业出版社已出版。）

本书是德鲁克与另一名全球商业领袖中内功（Isao Nakauchi）的对话录。他们探讨了经济中正在发生的变化，指出了自由市场和自由企业正面临的挑战，其中特别强调了中国和日本的情况。这些变化对日本有何意义？日本若想创造"第三个经济奇迹"必须怎么办？这些变化对于社会、每个公司以及每名专业人员和管理者分别意味着什么？德鲁克与中内功就这些问题展开了精彩的对话，对亚洲的经济做了精到的展望。

28. *Peter Drucker on the Profession of Management*. Harvard Business School Press，1998. Revised edition published as *Classic Drucker*：*Wisdom from Peter Drucker from the Pages of Harvard Business Review*. Harvard Business School Press，2006.（《德鲁克论管理》，机械工业出版社已出版。）

本书是一本文集，收录的是彼得·德鲁克发表在《哈佛商业评论》上具有里程碑意义的文章。德鲁克在这些文章中探寻和指明管理者所面临的最重要的事项，对从公司战略到管理风格再到社会变革等诸多主题做了剖析。本书有助于我们追踪发生在工作场所的重大变化，以及更好地理解管理者在平衡连续性与变革过程中的作用——后面这个主题德鲁克在著述中经常论及。本书收录这些文章的目的在于阐述两个统一的主题：一个是"管理者的责任"，另一个是"管理者的世界"。书中还收录了德鲁克就"后资本主义时代的管理者"这一论题接受的一次采访以及德鲁克的一篇自序。本书由《哈佛商业评论》的资深编辑南·斯通（Nan Stone）编撰。

29. *Management Challenges for the 21st Century*. HarperCollins，1999.（《21世纪的管理挑战》，机械工业出版社已出版。）

这是德鲁克在1993年《知识社会》出版以后所写的第一部专著。他在书中对管理的新范式做了探讨，剖析了它们是如何改变的，以及将来还会怎样改变我们对管理实践和管理原理所持的基本假设。德鲁克还分析了战略管理的新现实，指明了在变化不断的时代如何才能当好领导者，并对管理者必需的以及应该提供的信息做了讨论，以此阐述"新信息革命"对于管理者的意义。他剖析了知识工作者的生产率，并且指出：若想提高知识工作者的生产率，不仅工作的结构需要改变，知识工作者个人以及组织的基本态度也需要改变。德鲁克最后还指出，知识工作者的劳动寿命变得更长，而他们的工作场所在不断发生变化，这给知识工作者提出了许多新的要求。在此基础上，他还对知识工作者面临的自我管理这个终极挑战做了探讨。

30. *Managing in the Next Society*. St.Martin's Press，2002.（《下一个社会的管理》，机械工业出版社已出版。）

这本文集精选了德鲁克发表在一些杂志上面的文章，其中包括发表在2001年11月《经济学人》上的一篇长文以及德鲁克在1996～2002年接受的一些采访实录。他在书中对我们这个不断变化的商业社会，以及管理所扮演的不断扩展的角色做了高屋建瓴的预测。他指出"下一个社会"已经来临。塑造"下一个社会"的是三大趋势：年轻人在总人口中所占比例下降；制造业的衰落；劳动力队伍的深刻变化（再加上信息革命造成的社会影响）。德鲁克断言，电子商务和电子教学对于信息革命的意义，就好比铁路对于工业革命的意义，因此信息社会正在形成。他还探讨了社会部门（即非政府和非营利组织）的重要性，因为非营利组织可以创造我们目前需要的东西：为民众，特别是为日益成为发达国家主导群体的知识工作者创造社区。

31. *The Daily Drucker* (with Joseph A. Maciariello). HarperCollins，2004.（《德鲁克日志》，上海译文出版社，2006年。）

本书以一种简明的日志方式介绍彼得·德鲁克所传授的管理思想的精髓，行文的方式是先列出德鲁克的一段话，然后对这段话进行简要的评述和解释。书的主题非常宽泛，包括管理、商业与世界经济、不断变化的社会、创新与创业、决策、不断变化的劳动力队伍、非营利组织及其管理等。然而，本书最重要的部分是书页上的空白，这是供读者记录自己的行动、决策及其结果的地方。全书共366个条目，每个条目涉及一个重要主题，全年一天一条。每个条目都以主题和德鲁克格言开头，例如"掌握你的时间"，然后阐明这个主题的要旨。接下来便是从德鲁克的著述中直接选取的一段话。再后便是行动环节，读者在这个环节要深入思考这段讲义，然后把它应用到自己身上和组织中去。

32. *The Effective Executive in Action* (with Joseph A. Maciariello). HarperCollins，2005.（《卓有成效管理者的实践》，机械工业出版社已出版。）

本书是《卓有成效的管理者》的姊妹篇。它是一部循序渐进的行动指南，目的在于把读者培养成一个卓有成效的人、一名卓有成效的知识工作者、一名卓有成效的管理者，即培养自己做正确的事情。本书有助于读者培养有助于提高成效的习惯，把智慧运用到完成任务上面。我们要成为一个卓有成效的人，就必须掌握五种行为习惯或者技能：①管理好自己的时间；②把精力扑在做出贡献上面；③发挥自己的长处；④把精力集中在对结果最为重要的任务上面；⑤做出有效的决策。这本书既讲了"做什么"，也讲了"怎么做"，是一个自我开发的好工具。把自己的决策、决策的理由以及预期结果记录在书页上的空白处，然后将它们与实际结果进行对照，我们很快就能发现什么事情是自己擅长的，什么事情是需要提高的，什么事情又是自己根本不应该去做的。

文　　选

33. *The Essential Drucker*. HarperCollins，2001.（《德鲁克管理思想精要》，机械工业出版社已出版。）

用德鲁克自己的话讲，《德鲁克管理思想精要》"是一部条理分明、相当全面的'管理学绪论'，对我的管理学著述做了全面的纵览，从而回答了我经常被人问及的一个问题：'你的哪些著述是最精要的？'"全书共收录组织的管理、管理与个人以及社会的管理等方面的文章 26 篇，涉及管理的基本原理和研究领域以及管理的问题、挑战和机会，从而帮助管理者、经理人和专业人员掌握相关工具，更好地完成当今以及未来的经济和社会交给他们的任务。

34. *A Functioning Society*. Transaction Publishers，2002.（《功能社会：德鲁克自选集》，机械工业出版社已出版。）

德鲁克在本书中精选的是自己关于社区、社会和政治体制方面的部分文章。建立一个能让个人获得地位和承担职能的功能社会，是他最为关切的事情。书的第一部分和第二部分介绍的是可以重建社区的机构——社区的崩溃曾经导致欧洲出现极权主义，这部分内容成文时间是第二次世界大战期间。第三部分探讨的是政府在社会和经济领域能力的局限性，这部分探讨的是大政府与有效政府之间的差别。

小　说

35. The Last of All Possible Worlds. HarperCollins，1982.（《最后的完美世界》，机械工业出版社已出版。）

36. The Temptation to Do good. HarperCollins，1984.（《行善的诱惑》，机械工业出版社已出版）

译 者 后 记

2009 年是德鲁克诞辰 100 周年。可以料想，国内会掀起又一阵德鲁克热，自然会有一众的学者和实践者发表宏论。作为本书的译者，我只做自己的本分，仅针对翻译过程中的体会和感想说两点，希望对读者有所裨益。

就这本书要说的一句话是：此《管理》已非彼《管理》。

《管理》原版于 1973 年面世，它提出了一个关于管理的知识体系，是德鲁克管理思想的纲要，修订版也仍然是德鲁克思想的纲要，只不过，读原版，与你神交的是 60 岁出头的德鲁克，而读修订版，你领略的是一个 95 岁老人一生的智慧。

修订版删除了有原版相当一部分内容，同时增补了德鲁克直至 2005 年仙逝在管理方面的著述和思想。内容得到了极大的丰富，例如增加或拓展了创新、自我管理等主题，篇幅反而有所缩减，于是全书就像一场演讲的 PPT，虽纲举目张，但是少了许多生动的示例和解释，信息因此变得高度浓缩和抽象。除非读者很熟悉德鲁克的著作，否则最好是采纳修订人马恰列洛教授的建议，把本书当作一部提纲，读到意犹未尽之处或者觉得似有言外之意，就去相关著述中寻找更加详尽的解释。

这个问题颇有些鸡与蛋谁先的意味——如果很熟悉，哪用得着去查找？如果不熟悉，又哪知道去什么地方找呢？在我看来，编撰这样一个索引是一件意义非凡的事情，但愿国内能有研究和传播德鲁克管理思想的机构和学者站出来担此大任。

就翻译要说的一句话是：理解德鲁克可以更加平实一些。

德鲁克被尊称为"管理学大师中的大师"。或许是因为我们有顶礼膜拜大师的传统，拔高甚至歪曲德鲁克著述的情况并不罕见。有些人或许认为，只有思想、精神、使命这样关乎美好情感和思想境界的话题，才配得上大师的称号。其实大谬。有人甚至认为德鲁克"太偏实践"（见吉姆·柯林斯为本书所作序言）。以下仅举几例。

Management: Tasks, Responsibilities, and Practices 一书的译名是《管理：使命、责任、实践》。管理者的"使命"是什么？德鲁克给出的答案是：目标管理、组织、激励与沟通、绩效管理、自我管理与人员培养。可是，这些分明都是再客观不过的工作，说成"任务"既贴切又明了，可为何中译本大都选择"使命"这个词？

又如，*Innovation and Entrepreneurship* 一书译为《创新与企业家精神》。然而，德鲁克在该书前言的第二句就指出："本书要谈的不是企业家的心理和性格特质，而是他们的行动和行为。"当然，把 Entrepreneurship 译为"企业家精神"，或许也是出于无奈，因为这个由法国经济学家萨伊创造的词，就连在英语世界里也没有形成统一的定义，在汉语里也根本找不到一个完全对应的词。马恰列洛教授向笔者解释说，德鲁克所称的 Innovation，指的是"创造新的财富"（the creation of new wealth），Entrepreneur 则是"为创新创造条件的人"——他们可能亲自参与创新，也可以放手让别人去做。我们常常用"企业家"来称呼那些白手起家，最终成就斐然的企业领导人，有时也用来称呼比较有影响力的企业负责人。对于这些人身上表现出来的不畏险阻、敢闯敢拼、百折不挠的品性，我们则称之为"企业家精神"。然而，德鲁克在 *Innovation and Entrepreneurship* 的第 1 章开篇就指出，Entrepreneurship 指的是一种"大幅提高资源的产出，创造一个新的市场和一批新的顾客"的行为。（我将其译为"创业"，取"开创一种全新的业务"之意。它与当前时兴的"大学生创业""不就业就创业"等情境中的词义是不同的。后者在很多情况下就是德鲁克所说的"前人做过无数次"的"熟食店或墨西哥餐馆"。）明明是实实在在的东西，为何要把它跟看不见、摸不着的"精神"强扯上关系？大抵是因为"使命"和"精神"几乎总是与"神圣"

"崇高""伟大"这等词如影相随，能让管理这一职能及其承担者的形象变得更加高大吧。

"theory of business"的译法也值得玩味。德鲁克用它来概括"组织建立和经营所依据的假设"，也就是组织对方方面面做出怎样的判断和预测，它讨论的也是再客观不过的事情。《哈佛商业评论》中文版译之为"经营之道"，用"道"这个蕴涵深厚中国传统文化内涵的字眼，这无疑是给它赋予了高尚的感情，只不过也让它变得有些高深莫测。对此我不敢苟同。我保留了王永贵先生译本的译法——"事业理论"。如果是首次译介，我更倾向于选择"业务理论"，因为说到底它回答的是"一个组织想做和应该做什么事情"这个问题，它应该是冷静客观地分析，不应该带上丝毫的感情色彩。

德鲁克是不认同那些译法的。知识工作者抱有"如果一个人所做的工作能够被人理解，那么这个人就是粗浅的"这种看法，是最糟糕的问题之一。"专家必须承担起让自己和自己的专业被别人理解的责任……每一门学科的领头人，特别是各个领域里领先的学者，必须努力阐述自己所做的是什么样的事情。""一个人如果不能改变人们的生活，那他就什么也没能改变。"一个持这些观点的人，怎么可能认同那些有意无意把道理说得很复杂、很玄乎的做法呢？

德鲁克总是力图用最简单的语言讲述最朴素的道理，虽然不少观点在提出来的时候极具前瞻性，甚至不无离经叛道的意味，但到了今天，如果读者像他用毕生的精力所倡导的那样，真正信奉并且致力于"让整个社会变得更加富有效率，并且变得更加仁爱"，致力于"把人本身看成目的"，那么他讲的道理其实是不难理解的。

最后，还要讲一些程序化但也非常重要的话。首先要感谢我的妻子超艺，她鼓励我接下这个任务，并一如既往地在繁重的工作之余，默默承担起打理家务和照料孩子的重任。没有她的全力支持和悉心照料，本书的翻译根本不可能按时完成。感谢修订版的执笔人约瑟夫·马恰列洛教授，他不厌其烦地通过邮件为我释疑解惑。感谢《管理》上版的译者王永贵先生。我在翻译本书（特别是第六部分、第七部分和第九部分大部分章节）时参考了他的译文。感谢以各种方式参与本书译校的石书贤、周望贞、周金桂、石志宏、张璐、张颖、陈虎、林荣琴、戴训军、张欣、聂曙光等朋友。

在110天的时间里译完本书，我的学识、能力、时间和身体都承受了一场挑战极限式的考验。深感遗憾的是，德鲁克最重要的著作大都已在国内翻译出版，但由于没有上文所说的"索引"，再加上时间紧迫，未能一一找来参考，以更好地满足机械工业出版社编辑"出精品"的期望。译文若有差错，全部责任在我，敬请读者指正。您可以联系机械工业出版社编辑，也可以给我发邮件：enjoy2075@gmail.com。这样，将来再版，大家便能读到一个更好的版本。

辛弘

2019 年 9 月 3 日

欧洲管理经典 全套精装

欧洲最有影响的管理大师
（奥）弗雷德蒙德·马利克 著

超越极限

如何通过正确的管理方式和良好的自我管理超越
个人极限，敢于去尝试一些看似不可能完成的事。

转变：应对复杂新世界的思维方式

在这个巨变的时代，不学会转变，错将是你的常态，
这个世界将会残酷惩罚不转变的人。

管理：技艺之精髓

帮助管理者和普通员工更加专业、更有成效地完成
其职业生涯中各种极具挑战性的任务。

公司策略与公司治理：如何进行自我管理

公司治理的工具箱，
帮助企业创建自我管理的良好生态系统。

管理成就生活（原书第2版）

写给那些希望做好管理的人、希望过上高品质的生活
的人。不管处在什么职位，人人都要讲管理，
出效率，过好生活。

战略：应对复杂新世界的导航仪

制定和实施战略的系统工具，
有效帮助组织明确发展方向。

正确的公司治理:发挥公司监事会的效率应对复杂情况

基于30年的实践与研究，指导企业避免短期行为，
打造后劲十足的健康企业。

彼得·德鲁克全集

序号	书名	要点提示
1	工业人的未来 The Future of Industrial Man	工业社会三部曲之一，帮助读者理解工业社会的基本单元——企业及其管理的全貌
2	公司的概念 Concept of the Corporation	工业社会三部曲之一，揭示组织如何运行，它所面临的挑战、问题和遵循的基本原理
3	新社会 The New Society：The Anatomy of Industrial Order	工业社会三部曲之一，堪称一部预言，书中揭示的趋势在短短十几年都变成了现实，体现了德鲁克在管理、社会、政治、历史和心理方面的高度智慧
4	管理的实践 The Practice of Management	德鲁克因为这本书开创了管理"学科"，奠定了现代管理学之父的地位
5	已经发生的未来 Landmarks of Tomorrow：A Report on the New "Post-Modern" World	论述了"后现代"新世界的思想转变，阐述了世界面临的四个现实性挑战，关注人类存在的精神实质
6	为成果而管理 Managing for Results	探讨企业为创造经济绩效和经济成果，必须完成的经济任务
7	卓有成效的管理者 The Effective Executive	彼得·德鲁克最畅销的一本书，谈个人管理，包含了目标管理与时间管理等决定个人是否能卓有成效的关键问题
8 ☆	不连续的时代 The Age of Discontinuity	应对社会巨变的行动纲领，德鲁克洞察未来的巅峰之作
9 ☆	面向未来的管理者 Preparing Tomorrow's Business Leaders Today	德鲁克编辑的文集，探讨商业系统和商学院五十年的结构变化，以及成为未来的商业领袖需要做哪些准备
10 ☆	技术与管理 Technology，Management and Society	从技术及其历史说起，探讨从事工作之人的问题，旨在启发人们如何努力使自己变得卓有成效
11 ☆	人与商业 Men，Ideas，and Politics	侧重商业与社会，把握根本性的商业变革、思想与行为之间的关系，在结构复杂的组织中发挥领导力
12	管理：使命、责任、实践（实践篇） Management:Tasks,Responsibilities,Practices	
13	管理：使命、责任、实践（使命篇） Management:Tasks,Responsibilities,Practices	为管理者提供一套指引管理者实践的条理化"认知体系"
14	管理：使命、责任、实践（责任篇） Management:Tasks,Responsibilities,Practices	
15	养老金革命 The Pension Fund Revolution	探讨人口老龄化社会下，养老金革命给美国经济带来的影响
16	人与绩效：德鲁克论管理精华 People and Performance: The Best of Peter Drucker on Management	广义文化背景中，管理复杂而又不断变化的维度与任务，提出了诸多开创性意见
17 ☆	认识管理 An Introductory View of Management	德鲁克写给步入管理殿堂者的通识入门书
18	德鲁克经典管理案例解析（纪念版） Management Cases(Revised Edition)	提出管理中10个经典场景，将管理原理应用于实践

彼得·德鲁克全集

序号	书名	要点提示
19	旁观者：管理大师德鲁克回忆录 Adventures of a Bystander	德鲁克回忆录
20	动荡时代的管理 Managing in Turbulent Times	在动荡的商业环境中，高管理层、中级管理层和一线主管应该做什么
21☆	迈向经济新纪元 Toward the Next Economics and Other Essays	社会动态变化及其对企业等组织机构的影响
22☆	时代变局中的管理者 The Changing World of the Executive	管理者的角色内涵的变化、他们的任务和使命、面临的问题和机遇以及他们的发展趋势
23	最后的完美世界 The Last of All Possible Worlds	德鲁克生平仅著两部小说之一
24	行善的诱惑 The Temptation to Do Good	德鲁克生平仅著两部小说之一
25	创新与企业家精神 Innovation and Entrepreneurship:Practice and Principles	探讨创新的原则，使创新成为提升绩效的利器
26	管理前沿 The Frontiers of Management	德鲁克对未来企业成功经营策略和方法的预测
27	管理新现实 The New Realities	理解世界政治、政府、经济、信息技术和商业的必读之作
28	非营利组织的管理 Managing the Non-Profit Organization	探讨非营利组织如何实现社会价值
29	管理未来 Managing for the Future:The 1990s and Beyond	解决经理人身边的经济、人、管理、组织等企业内外的具体问题
30☆	生态愿景 The Ecological Vision	对个人与社会关系的探讨，对经济、技术、艺术的审视等
31☆	知识社会 Post-Capitalist Society	探索与分析了我们如何从一个基于资本、土地和劳动力的社会，转向一个以知识作为主要资源、以组织作为核心结构的社会
32	巨变时代的管理 Managing in a Time of Great Change	德鲁克探讨变革时代的管理与管理者、组织面临的变革与挑战、世界区域经济的力量和趋势分析、政府及社会管理的洞见
33	德鲁克看中国与日本：德鲁克对话"日本商业圣手"中内功 Drucker on Asia	明确指出了自由市场和自由企业，中日两国等所面临的挑战，个人、企业的应对方法
34	德鲁克论管理 Peter Drucker on the Profession of Management	德鲁克发表于《哈佛商业评论》的文章精心编纂，聚焦管理问题的"答案之书"
35	21世纪的管理挑战 Management Challenges for the 21st Century	德鲁克从6大方面深刻分析管理者和知识工作者个人正面临的挑战
36	德鲁克管理思想精要 The Essential Drucker	从德鲁克60年管理工作经历和作品中精心挑选、编写而成，德鲁克管理思想的精髓
37	下一个社会的管理 Managing in the Next Society	探讨管理者如何利用这些人口因素与信息革命的巨变，知识工作者的崛起等变化，将之转变成企业的机会
38	功能社会：德鲁克自选集 A Functioning society	汇集了德鲁克在社区、社会和政治结构领域的观点
39☆	德鲁克演讲实录 The Drucker Lectures	德鲁克60年经典演讲集锦，感悟大师思想的发展历程
40	管理(原书修订版） Management(Revised Edition)	融入了德鲁克于1974～2005年间有关管理的著述
41	卓有成效管理者的实践（纪念版） The Effective Executive in Action	一本教你做正确的事，继而实现卓有成效的日志笔记本式作品

注：序号有标记的书是新增引进翻译出版的作品